F0rb1dd3n Network
Anatomie eines Hacks

Jayson E. Street, Kent Nabors, Brian Baskin

Übersetzung aus dem Amerikanischen
von Jürgen Dubau

mitp

Bibliografische Information der Deutschen Nationalbibliothek
Die Deutsche Nationalbibliothek verzeichnet diese Publikation in der
Deutschen Nationalbibliografie; detaillierte bibliografische
Daten sind im Internet über <http://dnb.d-nb.de> abrufbar.

Bei der Herstellung des Werkes haben wir uns zukunftsbewusst für
umweltverträgliche und wiederverwertbare Materialien entschieden.
Der Inhalt ist auf elementar chlorfreiem Papier gedruckt.

ISBN 978-3-8266-9065-5
1. Auflage 2011

E-Mail: kundenbetreuung@hjr-verlag.de

Telefon: +49 89/2183-7928
Telefax: +49 89/2183-7620

www.mitp.de

© 2011 mitp, eine Marke der Verlagsgruppe Hüthig Jehle Rehm GmbH
Heidelberg, München, Landsberg, Frechen, Hamburg

Lektorat: Ernst-Heinrich Pröfener
Fachlektorat: Claudia Nölker, Softpearls GmbH
Satz: III-satz, Husby, www.drei-satz.de
Druck: Beltz Druckpartner GmbH und Co. KG, Hemsbach

Inhalt

4

Inhalt

Teil ② Security Threats Are Real (STAR) 2.0   189

Inhalt

Inhalt

9

Widmung

Für Earl L. Street
Du hast mich zu dem gemacht,
der ich heute bin, und wirkst auch noch
in meinen Kindern weiter.
Dank dir – ich denke jeden Tag an dich
und vermisse dich.

Für Dee Drake und Aliera
Dank euch für all die Liebe,
die ihr mir schenkt.
Dass ihr für mich Verständnis habt,
wenn ich da bin,
und dass ich euch fehle,
wenn ich fort bin.

Danksagungen

Danke an Haki Berkeri für Pizzas, Pepsis und gute Ratschläge, die mir weiterhalfen, als sonst nichts mehr ging.

Danken möchte ich auch Weldon für den Mittwoch und Dee für alle Tage dazwischen. Ich danke Rudy für die Mitfahrgelegenheiten und dass er bei Hanzo am Ball geblieben ist. Mein Dank geht an David Letterman, dass ich in seiner Show Gast sein durfte (und für Stephen Colbert, hoffe ich). Danke, Del Rhea und Lee, dass ihr die Nagetiere so liebt, die in der Mall rumhängen. Rafe für seine Geduld und Toleranz gegenüber einem wilden und lauten, verrückten Zimmergenossen. An Laura (sie weiß warum). Pam dafür, dass sie ging. Dank an Crystal, Jason und Sean, dass sie gute Studenten sind. Marco für die Erfahrung, in einem Lagerhaus zu leben. Dank an Leslies Mutter, dass ich Jackie von ihr bekam (ich kümmere mich gut um sie). Capt. Tom Johnson, dass er mir die Pistole geliehen hat (war froh, als ich sie zurückgeben konnte). Mrs. F. Collins, der einzigen Lehrerin, die mich zum Lernen ermutigte und mir den Zugang zur Poesie ermöglichte. Für Sherry, Andrea und Kris, die bei mir diesem Buch hinter den Kulissen so sehr halfen. Außerdem danke auch an Rachel, die sich mit einem Geek auf Twitter eingelassen hat K. Und natürlich auch Dank an Syngress, dass sie mir halfen, meinen Traum zu verwirklichen. *Bleibt auf Empfang – gleich kommen noch mehr.* Ich danke meiner Familie, denen ich die Schuld daran gebe, solch eine kreative und einzigartige Persönlichkeit geworden zu sein. Und ich danke jener speziellen Person für diese ganz besondere Sache (yup, du weißt schon, wer gemeint ist) – das war *toll*.

Last, but not least bedanke ich mich bei den Communitys von INFOSEC (hier vor allem Tim Smith) und der Hacker-Szene, durch die mein Leben viel interessanter geworden ist, als wenn ich doch Rechtsanwalt geworden wäre.

Jayson

Lisa, Christina und Margaret – ich danke euch, dass ihr mir die Zeit und die Inspiration zum Schreiben gegeben habt. Mrs. Coffin danke ich, weil sie mir beigebracht hat, mich kurz zu fassen.

Kent

Ich danke meiner Familie und meinen Kindern für die Zeit, die Freiheit und die Motivation, das zu tun, was getan werden musste. Ich danke allen Strafverfolgungsbehörden, die jeden Tag unermüdlich daran arbeiten, diese Welt zu einem besseren Ort zu machen, und den Hackern, die ihren Job interessanter und spannender machen. Danke an Jayson und Kent, dass sie eine solch ausgezeichnete Story zusammengestellt haben. Mein Dank gilt auch Jayson, dass er diesen harten Kampf durchgestanden und nebenbei noch gelernt hat, wie man unterwegs noch weitere Gipfel erstürmt und auch noch fröhlich dabei bleibt. Und allen anderen, die daran mitgearbeitet haben, dass dieses Buch ein Erfolg wird.

Brian

Vorwort

Die Welt der Hacker ist eine Welt voller Schmerz und Frust. Frustration für den Hacker, wenn er herauszufinden versucht, wie er das neueste und beste Sicherheitsgerät knacken kann, und Schmerz für den Hersteller, der dieses Gerät produziert hat, oder die Firma, die sich darauf verlässt.

Zumindest ist das die Betrachtungsweise des Laien: Der Hacker ist der »Bösewicht«, dem es darauf ankommt, schlimme Dinge zu tun und denen Leid zuzufügen, auf die er bei seinen Machenschaften stößt. Außerdem ist er nur an einem interessiert: die Sicherheit der Systeme zu zerstören, auf die er stößt. Dabei ist der Hersteller das unschuldige Opfer, das einfach nur seinen Geschäften nachzugehen versucht, aber unter grundlosen Angriffen leiden muss. Aber so einfach ist das nicht. Hacker gibt es in allen Formen und Arten. Manche sind gut, manche schlecht, und sie alle hacken aus den unterschiedlichsten Gründen, manche gutartig und manche egoistisch. Hersteller gibt es auch in allen möglichen Formen und Arten, und natürlich kommen auch Schmerz und Frust in vielerlei Varianten vor:

- Der Frust, die eigene Botschaft nicht vermitteln zu können und dabei zu scheitern – nicht nur dabei, wenn man den Leuten klarmachen will, *was* an ihrem Produkt nicht in Ordnung ist, sondern auch dabei, *warum* es so wichtig ist, dass sie es richtig hinkriegen.

- Der Schmerz, mit ansehen zu müssen, dass die eigenen Nachforschungen unter Bergen von Klageverfahren begraben werden, auch wenn man Recht hat und wenn das entdeckte Problem nur darauf wartet, von jemandem ausgenutzt zu werden.

- Der Frust, sich mit Herstellern oder kommerziellen Unternehmen herumzuschlagen, die ihren Profit oder Eigennutz über die Sicherheit im Allgemeinen und der Enduser im Speziellen stellen.

- Die Qual, Daten zu verlieren oder bei einem ungepatchten System einen Eindringling zu bekommen ...

Die Liste ließe sich beliebig verlängern.

Als ich Jayson traf, wusste er es noch nicht, aber Schmerz und Frust sollte er doppelt und dreifach erleiden. Er hatte sich einen brillanten Plan einfallen lassen, um all diese Hindernisse zu überwinden, und der sollte eigentlich kinderleicht umzusetzen sein. Und außerdem war er auch noch enthusiastisch, intelligent, sympathisch, engagiert und stand vor allem auf der *richtigen* Seite! Er gehörte zu uns, den Guten, und brachte etwas mit, um das fortwährende Problem zu lösen, wie man die Leute an machtvollen Positionen dazu bringen kann, nicht nur zu verstehen, *was* geschehen muss, sondern auch, *warum* es passieren sollte. Anders ausgedrückt: Wie man sie also für dieses Thema gewinnen kann. Erzählen Sie mir was von Marketing, und mein Blick geht ins Leere, und ich bin eine Million Meilen weg in meiner eigenen Welt. Sprechen Sie mit Managern über technische oder Sicherheitsprobleme, und bei den meisten rufen Sie den gleichen Effekt hervor: Geistig treten sie einfach weg, und Ihre klugen Worte gehen ins eine Ohr rein und gleich zum anderen wieder raus.

Jayson hingegen hatte sich einen Plan zurechtgelegt. Was gefällt den Leuten besser als technische Handbücher und Vorträge über Bedrohungs-Management oder Risikoeinschätzungen? Storys natürlich. Krimis! Action! Thriller! Geheimagenten, die sich mit den Mächten des Bösen anlegen und gewinnen!

Jayson und ich treffen uns etwa einmal in Jahr in – wer hätte das gedacht? – Las Vegas. Wir fahren wegen DEFCON dorthin – der größten »Hacker«-Konferenz der Welt. Als ich ihn das erste Mal traf, war Jayson ganz aufgedreht. Er hatte ein Buch im Kopf. Dieses Buch. Sobald er mir das Konzept erklärt hatte, war ich ganz hin und weg. Die Idee, dass man ein gutes Buch lesen konnte, das nicht nur unterhaltsam war, sondern sich auch in eine technische Referenz verwandeln konnte, über die man genau gezeigt bekam, wie all diese tollen Hacks funktionieren, würde ganz bestimmt zum Volltreffer. Vielleicht könnte das eine Möglichkeit sein, wie man den »Schlipsträgern« klarmachen konnte, dass das hier keine fiktiven Geschichten sind. Es ist real, und es passiert – *gerade jetzt, bei ihnen!*

Als ich ihn im folgenden Jahr wieder traf, war er immer noch aufgedreht. Die Ideen flossen nur so, die Recherchen wuchsen und gediehen, und sein Buch nahm Formen an. Nun suchte er nach einem Verlag. Die Sache sah ziemlich gut aus.

Im nächsten Jahr war er immer noch wie unter Strom, aber hatte den Schmerz der Ablehnung und Frustration erlitten, weil es nicht so einfach war, wie er anfangs gedacht hatte, einen Verlag zu finden. Aber er war optimistisch. Er war jemand mit einer Mission. Er hatte bergeweise neue Ideen im Kopf, was einfach bedeutete, dass das Buch sogar noch besser sein würde, wenn es erscheinen würde, also alles kein Problem … Augen zu und durch!

Drei weitere Jahre vergingen, und da ist er wieder: lächelt weiter und ist immer noch fest entschlossen, aber auch ... frustriert und gequält. Die kapieren's einfach nicht. Das Buch wird immer besser, aber er beißt einfach auf Granit.

Hier hätte die Geschichte vorbei sein können, aber Aufgeben passt nicht zu Jayson. Die andere Sache, die mich bei unserem ersten Treffen an ihm so beeindruckt hatte, war seine Entschlossenheit, die Dinge bis zum Ende durchzuziehen. Er verspricht nie etwas, was er nicht einlösen kann (und wir alle wissen, dass es auf Konferenzen solche Versprechungen wie Sand am Meer gibt ... »Klar, ich schick dir den Kram, sobald ich nach Hause komme ...«), und er hält stets die Augen offen, ob er seiner Umgebung etwas Gutes tun kann. Bei diesem Buch geht es vor allem ums Lernen und Weitergeben von Informationen, und das umfasst das Hacker-Ethos und ganz speziell auch das Ethos von DEFCON. Sobald du etwas weißt, teile es mit anderen. Wenn du etwas gelernt hast, lerne mehr. Wenn du deine Sachen wirklich gut kennst, unterrichte andere darin.

Die Publikation dieses Buches war ein hart erkämpfter Sieg, und ich hoffe, Sie können viel daraus lernen, so wie es Jayson bei seinen Recherchen ergangen ist. Doch vor allem hoffe ich, dass Sie so viel Spaß damit haben wie ich, weil es dieses Buch einfach verdient hat, genossen zu werden.

Adam Laurie

W13 m4n *F0rb1dd3n Network – Anatomie eines Hacks* l13st

Die beiden Teile dieses Buches erzählen nur eine einzige Geschichte. Die abenteuerliche Geschichte von Bob und Leon soll nicht einfach nur Spaß beim Lesen machen. Sie illustriert viele sehr reale Bedrohungen, denen sich Personen, Firmen, Organisationen und sogar Länder ausgesetzt sehen. Die vernetzte Welt ist derart miteinander und untereinander verbunden, dass von vielen überhaupt nicht erkannt wird, was für ein wertvolles Ziel sie in Wirklichkeit sind. Hier fließen in einer von uns selbst geschaffenen Welt, deren Auswirkungen wir noch gar nicht ganz überblicken, das Beste und das Schlimmste der Menschen zusammen, kombiniert mit der atemberaubenden Geschwindigkeit und Leistungsfähigkeit moderner Technologie.

F0rb1dd3n Network erzählt die Geschichte zweier Jugendlicher, die sich völlig unerwartet in ein Abenteuer verstricken. In ihrer digitalen Welt fühlen Bob und Leon sich ausgesprochen wohl, müssen aber bald entdecken, dass digitale Aktionen auch Konsequenzen in der realen Welt nach sich ziehen. Ihre Geschichte ist zwar fiktiv, aber für die reale Welt gibt es eine Menge Lektionen daraus zu lernen.

STAR (dieses Akronym steht für *The Security Threats Are Real*, etwa: Die Gefahren für die Sicherheit sind real) ist der zweite Teil des Buches. Er konzentriert sich auf die Lektionen, die sich aus Teil 1 für die reale Welt ergeben. Die Hacks und Tools der fiktiven Geschichte gibt es wirklich. STAR hingegen liefert die Details, Quellen und Verweise, um mehr über die Bedrohungen, Abwehr- und Angriffstechniken zu erfahren, und stellt in der fiktiven Geschichte sogar ein paar coole Spielzeuge vor.

F0rb1dd3n Network macht als Krimilektüre Spaß. Es kann aber auch als Veranschaulichung der in STAR beschriebenen Probleme gelesen werden. Im ganzen *F0rb1dd3n Network* treffen Sie auf Querverweise in STAR. Dort erfahren Sie mehr über die Schlüsselkonzepte aus der fiktiven Geschichte. Oder wenn Sie STAR lesen, finden Sie Verweise auf *F0rb1dd3n Network*. Dort illustriert die Geschichte dann ein Szenario, in dem genau diese Tools und Techniken eingesetzt werden. Jeder Teil stützt sich auf den anderen. Wie Sie beide lesen, bleibt ganz Ihnen überlassen.

Wer als Leser noch mehr Abenteuer erleben will, findet in *F0rb1dd3n Network* sogar »Ostereier«, sogenannte *Easter Eggs*. In diesem Buch sind Referenzen, Hinweise, Tipps, Formulierungen und vieles andere mehr eingebaut, und damit werden Sie zu zentralen oder auch trivialen Erkenntnissen über die Hackerkultur geführt. Auch hier hilft STAR Ihnen, mehr über diese *Easter Eggs* zu erfahren. Doch wir verraten nicht alle Antworten. Es muss auch noch ein paar ungelöste Geheimnisse geben, damit sich das Hacking auch lohnt.

Also lesen Sie *F0rb1dd3n Network* als Krimistory. Lesen Sie STAR als Referenzwerk. Machen Sie sich im *F0rb1dd3n Network* auf die Jagd nach *Easter Eggs*. Wenn Sie alles zusammennehmen, erfahren Sie mehr über die sehr realen Bedrohungen der digitalen Welt, in der wir alle leben.

»*F0rb1dd3n Network* – Anatomie eines Hacks« geschieht auch IRL.

Über die Autoren

Jayson E. Street Jayson ist nicht nur Autor des Buches »*F0rb1dd3n Network – Anatomie eines Hacks*«. Vom FBI und dem Secret Service wurde er als Berater bei versuchten Netzwerkeinbrüchen hinzugezogen, und durch seine Arbeit konnten die daran beteiligten Kriminellen gefasst und erfolgreich verurteilt werden. 2007 beriet er den Secret Service zur Lage der WLAN-Sicherheit des Weißen Hauses.

Er hat auch Vorträge bei DEFCON, BRUCON, UCON sowie anderen *CONs und Hochschulen in der ganzen Welt gehalten und sich dabei mit den verschiedensten Aspekten und Themen der Informationssicherheit beschäftigt. Er war auch Mitbegründer und Referent bei der ExcaliburCon, die in Wuxi (China) durchgeführt wurde. Außerdem stand er als Gutachter in zivil- und strafrechtlichen Fällen den Gerichten zur Verfügung.

Aktuell ist er Vorstandsmitglied von »InfraGard« in Oklahoma. Überdies ist er Vizepräsident der ISSA in Oklahoma City. Jayson ist seit vielen Jahren Mitglied des »SNOsoft«-Forschungsteams von Netragard.

Wenn Sie mehr über ihn wissen wollen, als nicht einmal er selber zugeben mag, gehen Sie einfach zu *http://f0rb1dd3n.com/*. Außerdem ist er ein höchst lebendiger Redner und kennt sich auch noch bei Pizzas von Beijing bis Brasilien aus. Er erwartet gar nicht, dass irgendwer bis hierhin liest, aber falls das doch der Fall sein sollte, sei darauf verwiesen, dass er mal zu jenem Personenkreis zählte, aus denen *Time* dann seine *Person des Jahres 2006* ausgewählt hat.

Kent Nabors ist Vizepräsident für die Informationssicherheit bei einer mehrere Milliarden Dollar schweren Finanzinstitution. Seine weitreichende und profunde Berufserfahrung sammelte er sowohl in der Banken- als auch in der IT-Branche. Bei verschiedenen Bankenprüfungen hat er mit der *Federal Deposit Insurance Corporation* (einem amerikanischen Einlagensicherungsfonds) und der *Federal Reserve Bank* (der US-Notenbank) zusammengearbeitet.

Zu Kent Nabors' beruflichem Hintergrund gehören die Entwicklung von Sicherheitsrichtlinien, Systemimplementierungen, Incident Response sowie die Entwicklung von Schulungen.

Kent Nabors ist Absolvent der University of Oklahoma und der Southern Nazarene University.

Wenn er nicht darüber nachdenkt, wie man Bits und Bytes ausschaltet, versucht er meist, mit seiner Frau und den beiden Töchtern Schritt zu halten. Zu seiner Freizeit gehört bevorzugt der Umgang mit Elektrowerkzeugen oder die Beschäftigung mit seiner umfassenden und vielseitigen Leseliste.

Brian Baskin ist ein bei der CSC angestellter Computerforensik-Profi und arbeitet als *Deputy Lead Technical Engineer* bei der DCITA (Defense Cyber Investigations Training Academy), die zum *Department of Defense Cyber Crime Center* (DC3) gehört. Seit über zehn Jahren ist Brian Baskin bei der DCITA beschäftigt, um forensische Antworten auf die wachsenden Cyber-Bedrohungen zu erforschen, zu entwickeln und darin zu schulen. Brian Baskin recherchiert vor allem über die stetig wachsenden Internet-Verbrechen, über Netzwerkprotokollanalyse und Intrusion Responses unter Linux und UNIX.

Brian Baskin ist außerdem als technischer Gutachter für die DCITA tätig. Er analysiert Inhalte und Prozeduren von mehr als zwei Dutzend Schulungen zur Internetsicherheit auf deren technische Validität und Relevanz. Nur so zum Spaß managt er ein Team, das Inhalte für webbasierte Incident Response-Trainings entwickelt, durch das in Übersee stationierte militärische Einheiten praktische Erfahrungen sammeln können. Sein Team arbeitet für verschiedene Gruppen bei Strafverfolgungsbehörden im staatlichen und militärischen Bereich für Informationsweitergabe und Zusammenarbeit vor dem Hintergrund bestehender Bedrohungen und Best Practices.

Brian Baskin war an verschiedenen Syngress-Buchprojekten beteiligt und hat auch als Fachmann für die Entwicklung von Inhalten für das *National White Collar Crime Center* (NW3C, einem Institut zur Bekämpfung von Wirtschaftskriminalität) und dem *Federal Law Enforcement Training Center* (FLETC), der US-amerikanischen bundespolizeilichen Ausbildungsstätte, gearbeitet.

Marcus J. Carey ist in der Community der Informationssicherheit ein unverzichtbarer Ratgeber. Er blickt auf über 17 Jahre Berufserfahrung in der Informationssicherheitsbranche zurück und hat in militärischen und privaten Bereichen sowie im Auftrag der Regierung gearbeitet. Marcus J. Carey war über acht Jahre in der Cryptologic Security Group der US Navy aktiv tätig. Nach Ende seines Dienstes bei der Marine wurde er in die NSA (National Security Agency) berufen, wo er die Sicherheitsnetzwerke des amerikanischen Verteidigungsministeriums aufbaute, überwachte und verteidigte. Marcus J. Carey nennt einen Master of Science in Netzwerksicherheit am Capitol College in Laurel, Maryland, sein eigen.

TECHNISCHE BERATUNG

Dustin D. Trammell ist Gründer des *Computer Academic Underground* und Mitbegründer von AHA!, der *Austin Hackers Association*. Er verfügt über mehr als ein Jahrzehnt an Berufserfahrung in verschiedenen Bereichen der Informationssicherheit, u.a. zu Themen der Schwachstellenbeurteilung, Penetrationstests, sichere Netzwerkarchitektur, Schwachstellenforschung und Exploit-Entwicklung sowie Sicherheitsforschung in speziellen Bereichen, die mit Netzwerkprotokollen und -applikationen sowie Steganografie und Voice over Internet Protocol (VoIP) zu tun haben.

Im Laufe der Jahre war Dustin D. Trammell an vielen Projekten der Sicherheits-Community beteiligt, z.B. dem Design und der Entwicklung des SPF (Sender Policy Framework) für E-Mails (RFC 4408), außerdem als Core Developer am Metasploit-Projekt. Dustin D. Trammel veröffentlichte überdies eine ganze Reihe von Sicherheits-Tools, z.B. das berüchtigte PageIt! (eine Applikation für massenweises Paging), hcraft (ein Framework zur Erstellung von HTTP-Exploits) oder das Steganografie-Tool SteganRTP für VoIP.

Er informiert die Öffentlichkeit regelmäßig über Schwachstellen und Exploits, hält Vorträge bei Events und Konferenzen zu Sicherheitsfragen und gehört dem technischen Beraterteam der Voice over IP Security Alliance (VoIPSA) an.

Dustin D. Trammell hat während seiner ganzen Karriere zu Fragen der Sicherheitsforschung und -entwicklung gearbeitet, die sich auf Angriffsvektoren und Exploit-Methoden konzentrierte. Hier war er für BreakingPoint Systems tätig, für TippingPoint hat er Sicherheitsforschungen unternommen und die VoIP-Schwachstellenforschungsgruppe am VIPER Lab bei Sipera Systems gegründet. Vor Sipera war Dustin D. Trammell als Forscher für Sicherheitsfragen bei Citadel Security Software tätig (wurde von McAfee aufgekauft) und kümmerte sich dort um Schwachstellenanalysen, Forschung und Sanierung auf Plattformen wie Linux, Solaris, AIX und HP/UX.

Teil 1

F0rb1dd3n

Pr010g

EIN NEUER AUFTRAG

Dienstag, 09:24

Stepan Senn schaute in den klaren blauen Herbsthimmel. Als er seinen Kopf drehte, konnte er das Rascheln trockenen Grases unter seinen Füßen hören. Die kühle Luft schnitt scharf in sein Gesicht, während ihm warmes Blut aus dem Mundwinkel rann. Sein Mund schwoll rasch an. Er versuchte, sich aufzusetzen, aber sein Körper wollte ihm nicht gehorchen. Ein schneidender Klang ... Metall auf Metall. Das Geräusch kam ihm bekannt vor, aber sein Verstand arbeitete nicht schnell genug, um seine Situation zu erkennen. Er verdrehte seinen Hals bei dem mühsamen Versuch, nach oben zu schauen. Er konnte Beine erkennen, ein grimmiges Gesicht, das auf ihn herabsah, und eine ... Waffe? Die Form der Waffe schien sein ganzes Gesichtsfeld auszufüllen, sodass er nichts anderes mehr wahrnehmen konnte.

Alles begann sich in seinem Kopf zu drehen. Er kniff fest die Augen zusammen, um sich vor dem Gesehenen zu schützen.

•••••••●●●●●•••••••

»Sir? Hören Sie mich?« Eine Hand berührte Stepan an der Schulter, und er schrak hoch. »Entschuldigung, ich wollte Sie nicht erschrecken.«

»Kein Problem.« Stepan antwortete automatisch, als er nach der Aktenmappe griff, die er gerade fallengelassen hatte. Er merkte erst jetzt, wie müde er war, nachdem er die letzten Abende so lange aufgeblieben war.

»Sir, Sie müssen los, das Boarding für Ihren Flug wird gerade aufgerufen.«

Stepan schaute benebelt den Aeroflot-Mitarbeiter am Gate an. Als sein Gehirn wieder schaltfähig war, stand er auf.

»Danke«, antwortete er und ergriff seine Aktenmappe und den Mantel. Er ging den Weg die Gangway hinunter und ins Flugzeug wie in einem mentalen Nebel. Sein umwölkter Verstand begann sich aufzuklaren, als er die Umgebung verarbeitete, in der er aufgewacht war.

Sein Job hatte Stepan Senn schon in alle Welt gebracht. Er war schon mit vielen verschiedenen Flugzeugtypen geflogen, aber die russische Tupolew 154 gehörte nicht zu seinen Favoriten. Nach dem Zusammenbruch der UdSSR war er ein paar Jahre lang Aeroflot geflogen. Er erinnerte sich daran, dass das Personal seine Sache insgesamt recht gut gemacht hatte, aber das Flugzeug selbst hatte verbraucht gewirkt. Sein Außenanstrich war verblasst und angeschlagen, die Innenausstattung war abgenutzt, und die Sitze waren schmutzig. Sogar die Uniformen der Crew wirkten abgeschabt und fadenscheinig. Stepan war damals nicht davon überzeugt gewesen, dass das Flugzeug hätte in Dienst genommen werden dürfen.

Stepan erinnerte sich auch daran, wie er noch vor gar nicht langer Zeit dienstlich in Barcelona war und ein Aeroflot-Pilot mit dem gleichen Flugzeugtyp 250 Meter rechts neben der Landebahn aufgesetzt hatte. Aeroflot war für Stepan einfach ... suboptimal.

Als er seinen Sitz einnahm, besserte dieses Flugzeug Stepans Eindruck von der Airline nicht im Geringsten. Die Kabine wirkte vollgestopfter als vergleichbar große Boeings und Airbusse, die Stepan kannte. Ihre ovale Form und die niedrige Decke machten das Sitzen auf einem Fensterplatz besonders unangenehm. Er war dankbar, dass er diese Reise nicht wiederholen würde.

Aber was soll ich schon erwarten, wenn ich ins zweitärmste Land Europas fliege? ging ihm durch den Kopf.

Nach Erreichen der Reiseflughöhe entspannte Stepan sich wieder und schloss die Augen. Er begann, darüber nachzudenken, wie es schlussendlich zu diesem Flug gekommen war. Er war in Moskau gewesen. Kurztrips im Oktober in die russische Hauptstadt waren für jemanden aus der Schweiz wie ihn kein Problem. Der russische Herbst war eine willkommene Abwechslung, und sein Arbeitgeber achtete darauf, dass er angenehm reisen konnte. Oder zumindest war das bis jetzt der Fall gewesen.

Stepan hatte den Auftrag bekommen, persönlich eine Sendung in einem Büro abzuliefern, das einem Geschäftspartner seines Arbeitgebers gehörte. Über die Hintergründe, was er da eigentlich bei sich trug, wusste er nicht ganz Bescheid, aber es gehörte entscheidend zum Auftrag, nicht zuviel zu wissen. Er hatte den Umschlag am Empfang übergeben. Nachdem die Sekretärin per Mail seinem Chef die Zustellung bestätigt hatte, verließ Stepan das Büro, und sein Auftrag in Moskau war abgeschlossen. Er wusste, dass man besser keine Fragen stellte oder gar herauszubekommen versuchte, was sich auf der CD befand, die seiner Meinung nach im Umschlag steckte.

Es war ein klarer, kalter Tag, und Stepan beschloss, zu Fuß zurückzugehen. Der Weg zum Hotel Rossiya dauerte zu Fuß nur ungefähr 25 Minuten. Er nahm sich sogar die Zeit, an der Ostseite des Kremls entlangzugehen, wo er dann am Spasski-Turm in Richtung Hotel Rossiya abbog. Auf seinem Zimmer schaltete Stepan seinen Laptop ein und ging übers Netzwerk des Hotels online. Er musst erst sein übermäßig langes Passwort eintippen und wünschte dem mageren Techniker aus dem heimatlichen Büro ein qualvolles Ende, weil der immer darauf bestand, dass alle sich diesen Quatsch merken sollten, bloß um auf ihre Laptops zugreifen zu können.

Stepan zog seinen Access Token hervor und gab die sechsstellige Zufallszahl aus dem Token ein und dann aus dem Gedächtnis die vierstellige PIN. Bald war die verschlüsselte Verbindung zum Büro in Zürich eingerichtet. (*Seite 267*). Er startete seine E-Mail-Software und las die Nachricht, die gerade eingegangen war:

Ihr Kontakt wartet in Kischinau (Moldawien). Der Flug ist bereits organisiert. Sie starten morgen um 7:00 Ortszeit mit Aeroflot. Im Hotel Dedeman Grand Chisinau ist ein Zimmer für Sie reserviert. Dort liegt an der Rezeption eine Sendung für Sie bereit, die Sie abholen und überbringen sollen.
Sie werden Simon Torgova im Straßencafé an der Columna-Straße gegenüber des zentralen Parks treffen, und zwar am Tag Ihrer Ankunft um 15:00 Ortszeit. Sein Passwort ist das gleiche wie der Name Ihres Projekts. Melden Sie sich hier zurück, wenn es zu einer Übereinkunft gekommen ist.

Dies war Stepans erstes Projekt, bei dem er mehr über die Hintergründe wusste. Er hatte keine große Lust mehr, vom Schreibtisch aus für eine internationale Ölfirma aus seiner Heimatstadt zu recherchieren, die in der Ölbranche Vermittlungsgeschäfte abwickelte. Er hatte eine Sache ausbaldowert, durch die sein Arbeitgeber im internationalen Handelsgeschäft Riesenvorteile bekommen konnte. Tatsächlich glaubte er, eine neue Produktlinie für Vermittlungsaktivitäten geschaffen zu haben: das Geschäft mit Informationen. Er hatte die Zielfirma identifiziert und sogar jemanden gefunden, der auf einfache Weise beeinflusst werden konnte, sie zu unterstützen. Als Stepan seine Recherchen und Ermittlungen vorgestellt hatte, wurde ihm gesagt, er solle ein paar Kurierdienste übernehmen, und währenddessen sollten Vorbereitungen getroffen werden. Es hatte zwei Monate gedauert, bis er aus einer Mail seines Chefs erfuhr, dass nun die Zeit zum Handeln gekommen war.

Stepans Boss hatte sich darum gekümmert, einen passenden Mitarbeiter in der Zielfirma zu identifizieren. Stepan verfügte über keine Kontakte, die ihm in dieser Phase des Projekts hätten helfen können. Doch dieses Projekt wurzelte in seiner Idee. Er würde es schaffen, aus dem Bereich Recherchen herauszukommen, und bekäme vielleicht sogar die Chance, an einigen Deals seiner Firma mitzumischen. Aber warum Moldawien, und wo war das überhaupt?

Stepan rief Google auf und tippte »Moldawien« ein. Er dachte, er hätte schon eine Menge von der Welt gesehen, vor allem in den letzten beiden Monaten Außendienst, aber solch hinterwäldlerische Sowjetterritorien lagen bisher noch nicht auf seiner Reiseroute. *Von Land umschlossen, in der Nähe des Schwarzen Meeres, südlich der Ukraine und östlich von Rumänien. Warum sollte irgendjemand das als Basis für seine Operationen nehmen?* dachte er.

· · ◦ ◦ ● ● ● ⬤ ● ● ● ◦ ◦ · · ·

Mit einem Ruck öffnete Stepan die Augen. Er war wieder eingeschlafen. Als das Flugzeug über der unebenen Landebahn von Kischinau zum Landeanflug langsamer wurde, blinzelte Stepan und schaute sich um. Er nahm sich fest vor, auf seiner nächsten Tour entweder mehr Kaffee zu trinken oder besser zu schlafen. Es wurde Zeit, mit der Arbeit in Moldawien zu beginnen. Er zog seine Aktenmappe unter dem Sitz vor ihm hervor und wartete, bis das Flugzeug am Gate stoppte.

Stepan schaute aus dem Fenster. Die der Rollbahn zugewandte Seite des Flughafengebäudes war verwahrlost und ärmlich. Das Flugzeug hielt schließlich kurz vor dem Terminal, dann wurde eine Landetreppe an den Ausstieg gerollt. Stepan musste mit den anderen Passagieren die Treppe hinabsteigen und über den Asphalt ins Abfertigungsgebäude laufen. Keine abgedeckten automatischen Gangways, die vor dem Wetter schützten.

»Warum Moldawien?«, murmelte Stepan vor sich hin, als er durch den Flughafen ging und seine bereits schlechte Meinung über das kleine Land bestätigt fand. Innen war der Flughafen ein Relikt prachtvoller, aber vergangener Tage, obwohl Pracht kaum ein treffendes Wort war. Die Gesichter der Reisenden, die herumsaßen und auf ihren Abflug warteten, wirkten viel besser gelaunt als die der eintreffenden Passagiere. Stepans Stimmung passte zu der seiner Mitreisenden, als er auf seinen Koffer wartete.

Als er aus dem Gebäude trat, wandte Stepan sich um und schaute sich die Vorderseite an. Die blauen Fenster und der leuchtendrote Haupteingang waren sauber und modern. Sie kontrastierten mit den abgetakelten Überresten des Kalten Krieges, die er von innen gesehen hatte. Stepan schüttelte den Kopf und war unversehens sogar noch dankbarer, in der Schweiz zu leben. Er fand rasch ein Taxi, das ihn ins Dedeman brachte. Das Wetter war wärmer als in Moskau, aber immer noch frisch.

· · ◦ ◦ ● ● ● ⬤ ● ● ● ◦ ◦ · · ·

»Willkommen im Hotel Dedeman, Sir. Wie lange werden Sie bei uns bleiben?«

»Nur eine Nacht.«

»Sehr wohl. Wenn Sie bitte dieses Infoblatt ausfüllen, werde ich mich um ein Zimmer für Sie kümmern.«

Der Angestellte reichte Stepan ein Formular und einen Stift. Als Stepan das Blatt ausgefüllt hatte, fragte er: »Haben Sie hier einen Portier?«

»Sicher, mein Herr. Er heißt Viktor und steht dort drüben.« Er zeigte zu einem mittelgroßen, jungen Mann hinüber, der auf der anderen Seite der Lobby an einer Theke stand.

»Vielen Dank.«

»Ach, und dies ist wohl für Sie, mein Herr.« Der Angestellte drehte sich um, nahm von einem Tisch hinter der Rezeption einen kleinen, ausgebeulten Umschlag und reichte ihn Stepan. Stepan nahm den Umschlag und die Schlüsselkarte für sein Zimmer in Empfang und ging durch die Lobby zu Viktor.

»Herzlich willkommen! Was kann ich für Sie tun?«

»Ich werde morgen früh auschecken, und zwar von Zimmer 330. Bestellen Sie bitte ein Taxi um acht Uhr früh, das mich zum Flughafen bringt.«

»Kein Problem, mein Herr. Kann ich noch etwas für Sie tun?«

»Ja, und zwar würde ich gerne wissen, ob das auf der anderen Straßenseite der zentrale Park der Stadt ist«, sagte Stepan und zeigte in Richtung der Vorderseite des Hotels.

»Genau, mein Herr. Im Herbst ist er nicht so schön, aber ein guter Startpunkt, wenn Sie einen Spaziergang durch die Stadt machen wollen.«

Als Stepan fortging, tippte Viktor eine Notiz ins neue Gästeinfosystem des Hotels, damit es ihn daran erinnerte, ein Taxi für Mr. Senn auf Zimmer 330 zu bestellen.

Stepan machte sich auf den Weg zu seinem Zimmer, stellte Koffer und Aktentasche aufs Bett und schaute auf seine Uhr. Sein Magen meldete sich, und bis zu seinem Treffen blieben ihm noch mehrere Stunden. Er prüfte seine Taschen.

Umschlag. Zimmerschlüssel. Geldbörse. Handy. Okay, Zeit zum Futtern, sagte er sich, als er die Tür hinter sich ins Schloss zog. Er verließ den Fahrstuhl und ging durch die Lobby zum Restaurant des Hotels. Sogleich wurde er von einer attraktiven, dienstbeflissenen Kellnerin mit leuchtenden Augen und freundlichem Lächeln an seinen Platz gebracht.

Na gut, vielleicht kann dieses Land doch noch mit ein paar Qualitäten punkten, dachte er, als er die Speisekarte von der Kellnerin entgegennahm und ihr Lächeln erwiderte.

Stepan ließ sich bei der Auswahl Zeit und entschied sich schließlich für ein anständiges Menü. Verglichen mit dem Flug war es eine Freude, hier still sitzen und essen zu können.

Viktor schaute von der Lobby zu, wie Stepan mit dem Essen begann. Er hatte schon fast ein Jahr für das Hotel als Portier gearbeitet. So konnte er seine Sprachkenntnisse verbessern und die nötigen Lei verdienen, um seine Schule zu bezahlen. Der Anruf, der nun folgte, würde Viktor die Euros einbringen, die er als Taschengeld brauchte.

»Ich glaube, Ihr Gast ist eingetroffen.«

»Bist du sicher?«

»Sie haben gesagt, da käme ein alleinreisender Geschäftsmann. Er sollte an diesem Nachmittag eintreffen und nur eine Nacht bleiben. Wir hatten hier nur diesen einen Mann, der alleine eingecheckt hat. Morgen früh reist er wieder ab.«

»Gute Arbeit. Wir sind gleich da. Pass genau auf und melde dich bei mir, wenn er das Hotel verlässt.«

Stepan beendete seine Mahlzeit, ließ die Rechnung aufs Zimmer buchen und ging dann hinaus auf die Straße. Moldawien war nichts Besonderes, aber er würde sich zumindest mal umschauen, wenn er schon die Zeit dazu hatte. Ihm fiel nicht auf, wie aufmerksam Viktor seine Bewegungen beobachtete und sich die Uhrzeit notierte, wann er das Hotel verließ.

Einige Minuten später betraten zwei Männer die Lobby. Vlad war ein großer Mann mittleren Alters mit kalten, grauen Augen und dunkelbraunem Haar, das an den Seiten kurz geschnitten, aber oben lang genug war, um Naturlocken zu zeigen. Vlad strich sich die Haare zurück, als er aus dem Luftzug in die Hotelhalle trat. Er bewegte sich mit der Leichtigkeit eines Sportlers, war aber wie ein vielgereister Geschäftsmann gekleidet. Er hatte ein schwarzes, am Kragen offenes Hemd an und einen seidenen Blazer. Pavel war jünger und kleiner. Er trug seine schmutzigen blonden Haare in einem kurzen Pferdeschwanz zusammengebunden und hatte sich einen recht abgegriffenen Rucksack über eine Schulter geworfen. Unter dessen Gewicht ging er etwas krumm, als sie sich durch die Lobby auf den Weg zum Portier machten.

Viktor wurde nervös, als Vlad auf ihn zukam, doch dass sein älterer Bruder Pavel dabei war, half ihm, sich zusammenzureißen.

»Hallo Viktor! Danke für den Anruf.«

»Hier ist der Zimmerschlüssel, mein Herr, den Sie verlegt hatten«, sagte Viktor ein wenig zu laut.

»Vielen Dank. Den Service hier im Hotel fand ich schon immer sehr gut. Dein Bruder macht gute Arbeit für mich. Kümmere dich gut ums Studium an der Uni, und vielleicht ist auch mal ein Job für dich drin.«

»Ja, Sir. Ihr Kompagnon ist gerade vor fünf Minuten gegangen.«

Vlad nahm die Schlüsselkarte und machte sich gemeinsam mit Pavel auf den Weg zu Stepans Hotelzimmer. Darin fanden sie, was sie gesucht hatten: eine Aktentasche mit einem neuen IBM ThinkPad Computer. Es war einer dieser ultraleichten Computer, die gleichzeitig auch zum Managerspielzeug taugten.

»Pavel, kümmere dich schon mal um den Laptop. Ich sehe mich mal um«, befahl Vlad.

Während Vlad sich in dem Raum umschaute, Schubladen öffnete und in Stepans Koffer schaute, hob Pavel flink den Computer hoch. Er wirkte wie jemand, der es gewöhnt war, mit Geräten umzugehen, an die Tastaturen angeschlossen sind. Er schaltete das Gerät ein und drückte die Standard-Tastenkombination, um die Boot-Einstellungen zu ändern. Keine Passwortabfrage beim Hochfahren. Darauf konnte Pavel immer zählen: Diese Business-Typen machten ihre Hausaufgaben einfach nicht. Sie glauben, dass bei Spionage immer nur Regierungen die Zielscheibe sind. (*Seite 274*)

Pavel richtete den Laptop so ein, dass er von einem USB-Gerät booten konnte. Er zog seine Schlüsselkette hervor und steckte das kleine Speichergerät in den Port auf der rechten Seite des Laptop-Gehäuses. Anstatt des normalen Startup-Bildschirms, den Stepan jeden Tag zu sehen bekam, wurde Pavel von einem schwarzen Bildschirm begrüßt, der nur ein paar einfache Befehlsoptionen hatte. Es war ein praktisches Tool, das Pavel sich von einer Security-Website besorgt hatte. Damit konnte er jedes Passwort auf einem Windows-System resetten, solange er steuern konnte, wie das System startet. Pavel machte sich nicht die Mühe, dem Administrator-Konto ein neues Passwort zu geben. Er setzte ein leeres Passwort, zog den USB-Stick heraus und startete den Rechner neu. Bald erschien der Begrüßungsbildschirm von Windows XP. Er tippte »administrator« als ID ein und ließ das Passwortfeld leer. Dann drückte er die Eingabetaste. Er war eingeloggt. (*Seite 319*) Pavel drehte den Computer auf dem kleinen Tisch um und stand auf, damit Vlad sich hinsetzen konnte.

»Das ist zu einfach. Ich wünschte, er hätte ein anderes Hotel genommen«, meinte Pavel, als Vlad sich vor den nun entsperrten Computer setzte. »Dann wäre es zumindest eine Herausforderung gewesen.«

»Welche Herausforderung hätte dir denn gefallen?«, fragte Vlad.

»Da Viktor uns ins Zimmer gelassen hat, haben wir die Infos aus dem Laptop bekommen, aber jetzt kann ich den Hotel-Hack nicht mehr machen.«

»Den was?«

»Bei der DEFCON hat Major Malfunction einen Hack vorgestellt, wie er mit einem Linuxrechner über den Fernseher im Hotelzimmer in die Hotelinformationssysteme einbrechen konnte. Da kann man dann die Reservierungsinfos aufrufen, die Fernsehsendungen, die Gäste geschaut haben, und bekommt manchmal sogar Kreditkarteninfos oder kann ihre E-Mails lesen.«

»Wer ist Major Malfunction?«

»Was? Den kennen Sie nicht? Das ist der Typ, der den Hack geschrieben hat!«

»Nie gehört«, antwortete Vlad.

»Sie sollten auf jeden Fall auf dem Laufenden bleiben, was die Über-Leet-Leute so drauf haben, wenn Sie ...« Pavel sah, wie Vlads Gesichtsausdruck eine bestimmte Entschiedenheit annahm, und brach ab.

»Ach, stimmt ja, Sie hatten viel damit zu tun, Virenschreiber für einen unserer Jobs zu rekrutieren. Da haben Sie ein paar echt erfahrene Hacker verpasst.« Wenn Pavel so mit Vlad sprach, war er dabei, dessen Nerven zu strapazieren. Aber ihm war klar, dass er Recht hatte. Wenn Vlad weiterhin solche Aufträge heranschaffen würde, wusste Pavel, dass er sich noch eine ganze Menge Fähigkeiten und Wissen aneignen musste.

Vlad schien dieses Gespräch zu reichen. Er nahm ein Schweizer Taschenmesser heraus und zog eine kleine Kappe vom Messer. Nun konnte er es mit einem Verbindungsstück in den USB-Port von Stepans Laptop stecken. Dann kopierte er den Ordner »Eigene Dateien« von Stepans Laptop auf sein »Taschenmesser«. (*Seite 408*)

»Nur zehn Megabytes. Er muss noch einen anderen Computer im Büro haben oder er bewahrt alles in seinen E-Mails auf«, sagte Pavel, während er Vlad über die Schulter schaute.

Vlads schneller Blick erinnerte Pavel daran, dass sein Arbeitgeber mit der Geduld bereits am Ende war. Pavel schwieg, ging durchs Zimmer und nahm die TV-Fernbedienung in die Hand.

Vlad ignorierte Pavel und konzentrierte sich auf den Laptop. Er schaute in den Standardordner und fand schnell das Gesuchte. Er kopierte die Datei »outlook.pst« auf das Taschenmesser. So hatte er Kopien aller E-Mails, die Stepan lokal gespeichert hatte. Nachdem er die E-Mails gesichert hatte, schaute er zu Pavel hoch. (*Seite 327*)

»Was machst du?«

Pavel schaute sich auf dem Fernseher etwas an, was offenbar Stepans Hotel-rechnung war.

»Dieser Typ hatte keine Zeit gehabt, einen Film auszusuchen, und hat auch das E-Mail-System nicht benutzt, das das Hotel anbietet. Aber er hat sich ein Taxi für acht Uhr morgen früh bestellt und alles mit American Express bezahlt. Hier ist die Nummer. Ich kann gar nicht glauben, dass dieses Teil nicht so eingestellt ist, dass die einzelnen Ziffern in der Darstellung nicht ver-deckt werden!«

»Das ist vielleicht ganz praktisch«, antwortete Vlad mit einem leichten Lächeln. Pavel ist ein junger Mann voller Ressourcen, rief Vlad sich in Erinne-rung, auch wenn er manchmal seine Nerven sehr strapazierte.

»Wenn du mit dem Rumspielen am Fernseher fertig bist, kümmere dich mal hier um diesen Laptop«, befahl Vlad.

Pavel nahm Stepans Laptop von Vlad und leerte die drei Log-Files für die Windows-Events. Als Nächstes änderte er den Registry-Schlüssel des zuletzt angemeldeten Benutzers (*last logged in user*), damit es so wirkte, als ob das Konto zuletzt von Stepan benutzt worden war. (*Seite 355*)

»Soll ich auch das Administrator-Passwort zurücksetzen?«, fragte Pavel.

»Nein, du hast schon genug gemacht. Der Typ kriegt niemals mit, was ihm hier flöten gegangen ist«, antwortete Vlad, als er zur Tür ging.

Pavel fuhr den Rechner herunter, stellte ihn dorthin, wo er ihn gefunden hatte, und folgte seinem Boss.

Vlad und Pavel schlenderten schweigend durch die Lobby. Vlad ging voraus auf die andere Straßenseite und kehrte in ein kleines Café ein. Sie setzten sich an einen Tisch in Fensternähe, sodass Vlad den Hoteleingang gut überblicken konnte, falls Stepan zurückkehren sollte.

»Mach deinen Laptop an. Ich will mir ansehen, was wir gefunden haben«, ordnete Vlad an.

Pavel gehorchte, zog den mit Stickern vollgeklebten Laptop aus seinem Rucksack und stellte ihn vor sich auf den Tisch. Er loggte sich ein, nahm Vlads Taschenmesser und steckte ihn in einen USB-Port.

Vlad nahm Pavels Laptop und schaute sich die Liste der Dateien an, die sie gerade von Stepans Laptop abgegriffen hatten. Er hatte nicht viel Zeit, also sortierte er die Dateien nach dem Änderungsdatum und überflog die Liste. Eine Datei fiel ihm sofort auf. Sie hieß »Odysseus.doc« und war gerade ges-tern aktualisiert worden. (*Seite 409*)

»Das wäre auch zu offensichtlich«, sagte er mehr zu sich selbst, als er auf den Dateinamen klickte.

Nach einem kurzen Blick auf die erste Seite sagte er zu Pavel: »Ich habe, was ich brauche. Du kannst den Rest des Tages freinehmen. Ich rufe dich später an, falls sich was beim Treffen ergibt. Bis dahin leihe ich mir deinen Laptop aus.«

Pavel stutzte. Er trennte sich nicht gerne von seinem Laptop. Dafür hatte er zu viele Tools darauf, für die er Monate gebraucht hatte, sie »zu besorgen«. Aber er wusste auch, dass man Vlad besser gehorcht.

»Seien Sie vorsichtig mit dem Laptop. Ich arbeite an einer potenziellen Schwachstelle des IE, und alle meine Unterlagen sind darauf gespeichert. Ich richte Ihnen ein Konto ein, dann können Sie ganz normal mit den Tools arbeiten, ohne sich mit meinen Shortcuts rumschlagen zu müssen.«

Pavel zog den Laptop zu sich heran und erstellte ein neues Benutzerkonto. Dann wechselte er den Benutzer, tippte als User-ID »boss« ein und schob den Laptop wieder zurück über den Tisch.

»Ihr Passwort ist ›penguin‹. Rufen Sie mich einfach an, und ich hole ihn ab, wenn Sie fertig sind.« Pavel erhob sich vom Tisch und ging weg. Zumindest musste Vlad jetzt auch Pavels Rechnung übernehmen.

Als Pavel das Hotelrestaurant verließ, begann Vlad, sein Passwort einzutippen.

Der Bengel kann's einfach nicht lassen, dachte er, während er Pavels nicht sonderlich subtilen Denkzettel eintippte, sich nicht wirklich gut mit Linux auszukennen, obwohl er darauf bestand, es als Haupt-Betriebssystem zu nutzen. Vlad fand das Dokument, das er vorhin aufgerufen hatte, und fuhr mit dem Lesen fort. Es schien, als habe Stepan von seinem Arbeitgeber ein Projekt zum Recherchieren bekommen. Stepan hatte in dieses Dokument Notizen und Informationen eingetragen, die er sich von Websites gezogen hatte. Begonnen hatte er mit einer Firma namens Data Mining Inc., die in Raleigh-Durham in North Carolina heimisch war. Er hatte ein paar Infos über eine kleine Firma namens 3DNF aus Houston, Texas, zusammengestellt, die im vergangenen halben Jahr von Data Mining aufgekauft worden war. Vlad fand ein paar Links von der Website der amerikanischen Börsenaufsicht U.S. Securities and Exchange Commission und den Text einer Pressemitteilung über diesen Firmenankauf. (*Seite 211*)

Dann hatte Stepan ein paar Namen und E-Mail-Adressen aufgelistet, die zur Domäne 3dnf.com gehörten. Vlad konnte nur vermuten, dass Stepan den Domänennamen gegoogelt hatte, um diese Adressen abzugreifen. War das der Fall, dann war Stepan bei seinen Recherchen ziemlich einfallsreich. (*Seite 202*)

Einer der Namen war nicht wie die anderen in schwarzer, sondern in roter Schrift. Michael Resol war für Stepan wohl irgendwie interessant. Dann folgten Links, die offenbar zu einem von Michael geschriebenen Blog führten. Es gab sogar Links auf Zocker-Seiten. Stepan hatte ein paar Dinge angemerkt:

Michael Resol ist das beste Ziel. Er ist seit fünf Jahren Netzwerkadministrator für 3DNF. Er wurde bei Beförderungen übergangen und redet in seinem Blog zuviel über seinen Arbeitgeber. Sowohl im Blog und auch auf seinen Facebook-Seiten verweist er auf seine bevorzugten Zocker-Seiten. Ich glaube, er steckt finanziell in der Klemme - siehe Link weiter unten. (*Seite 197*)
Michaels technische Position, seine lange Beschäftigung bei 3DNF und Geldsorgen machen ihn zu einem guten Kandidaten für die Umsetzung unserer Zwecke. (*Seite 193*)

»Interessant, aber was sind denn das für ›Zwecke‹?«, murmelte Vlad. Ihm war ein Gedanke gekommen, als er an den Namen der Datei dachte, in der er gerade las. Vlad schaute auf die Uhr. Er musste langsam los. Während seines Treffens mit Stepan wollte er die letzten Lücken füllen, und dann waren auf Stepans Laptop noch ein paar andere Dateien, die man lesen musste.

Vlad fuhr den Laptop herunter und stand auf. Wegen seiner bisherigen Fortschritte war er guter Laune. Er gab ein gutes Trinkgeld, als er die beiden Essen bezahlte. Draußen überquerte Vlad die Puschkin-Straße und bog in den zentralen Park in der Stadtmitte ein. Er ging den von Bäumen gesäumten Spazierweg entlang bis zum Brunnen im Zentrum des Parks. Dahinter wandte er sich nach rechts und ging zur Columna-Straße. Einmal links abbiegen und einen Block weiter, schon sah er das Straßencafé.

Als Vlad näherkam, sah er einen kleinen Mann über dreißig, der allein an einem der Tische des kleinen Cafés saß. Sein blondes Haar war kurz geschnitten, er trug eine Brille und hatte scharf geschnittene Gesichtszüge. In seiner Art, sich zu bewegen, lag etwas, das Vlad auf den Gedanken brachte, dass dieser Mann sicher von allem überrascht wäre, was sich hinter der nächsten Ecke befände. Beim Näherkommen sah Vlad, dass der Mann die Vorstellung nur schlecht vermitteln konnte, die hiesige Zeitung lesen zu können.

»Beeindruckend. Sie sehen nicht wie jemand aus, der Rumänisch lesen kann«, sagte Vlad in perfektem Englisch. Tatsächlich klang jedes einzelne Wort von Vlad, als wäre es wohldurchdacht, bevor er es aussprach. Er kannte seine Baritonstimme und wusste dieses Instrument effektiv zu handhaben.

»Das kann ich auch nicht«, gab Stepan nervös zu. »Aber ich dachte, ich sollte wenigstens mal reinschauen und sehen, ob ich was über die Stadt erfahre.« Vlad fiel Stepans Schweizer Akzent sofort auf. Er setzte sich auf den Stuhl gegenüber. »Sind Sie Simon?«, fragte Stepan.

»Ja«, log Vlad. So schludrig, wie Stepan seinen Laptop gesichert hatte, wusste Vlad, dass er sonst zuviel von seinen Aktivitäten verraten würde. *Darum nennt man eben nie den richtigen Namen*, dachte er.

»Sie müssen Stepan sein.«

»Mein Arbeitgeber hat Sie mir aufs Wärmste empfohlen.«

»Ich beende meine Jobs effizient, wenn es das ist, was Sie meinen«, antwortete Vlad.

»Äh, sicher.«

Stepan war in dieser Branche offensichtlich neu.

»Was für eine Beratung benötigt Ihre Firma?«, fragte Vlad.

»Wir brauchen jemanden, der ein bestimmtes Programm auf einem Computer in einem Unternehmen in Houston, Texas, installieren kann.«

»Was für eine Art Programm und welche Art Firma?«, entgegnete Vlad.

»Ein Rootkit, um Ihre erste Frage zu beantworten, und die zweite: eine Beratungsfirma für Datenbanken«, entgegnete Stepan.

»Das erscheint kaum als Aufgabe, die meiner Fähigkeiten wert ist«, antwortete Vlad.

»Wir müssen sicher sein, dass das Programm auf einem bestimmten System installiert wird, und wir sind bereit, dafür zu bezahlen, damit es garantiert so funktioniert, wie es programmiert wurde. Und das Ganze muss auf jeden Fall diskret und effektiv erledigt werden«, entgegnete Stepan.

»Das kann ich alles erledigen. Wäre das alles?«

»Es gibt noch ein paar andere Schritte, um sicher zu gehen, dass die von uns benötigten Informationen zugänglich sind. Die Details haben wir für Sie dokumentiert.«

»Sind Sie sich über mein Honorar im Klaren?«, fragte Vlad.

»Ja«, antwortete Stepan.

Vlad nahm einen Stift und einen kleinen Zettel aus seiner Manteltasche und schrieb auswendig »Volksbank, 111-8-18-1-13-15-27-1« darauf. »Lassen Sie die erste Hälfte der Zahlung auf dieses Konto überweisen. Ich fange an, nachdem ich den Geldeingang feststellen konnte. Übrigens sollten Sie sich nicht beschweren, falls Sie extra Zahlungen auf Ihrer American Express-Karte bemerken. Ich erwarte von Ihnen, dass Sie ein paar meiner sonstigen Spesen abdecken.« (*Seite 410*)

»Sicher, in Ordnung. Haben Sie die nötigen Informationen über dieses Konto?«

Stepans verwirrter Gesichtsausdruck war für Vlad eine reine Freude.

Prolog

»Ich war so frei, mir Ihre finanziellen Details zu besorgen. Bloß eine Demonstration, welche Fähigkeiten Sie von mir kaufen«, sagte Vlad zu ihm. *Du bist viel zu unfähig, um so etwas zu machen,* dachte er, als er Stepans überraschten Blick erwiderte.

»Ja, na klar, sicherlich werden wir auch alle anderen anfallenden Kosten übernehmen, die bei diesem Job anfallen.« Stepan nahm einen Umschlag aus seiner Jacke und schob ihn über den Tisch. »Mein Arbeitgeber hat mir auch ein paar Infos über den Job gegeben, die für Sie nützlich sein können.«

Vlad öffnete den versiegelten Umschlag. Darin war ein Stift.

»Wofür ist dieser Stift?«

»Das ist ein Datenspeicher. Wenn Sie die Kappe abnehmen, sehen Sie einen USB-Anschluss für Ihren Rechner. (*Seite 408*) Auf dem USB-Stick ist eine verschlüsselte Datei mit detaillierten Infos für Ihr Team und auch über die Applikation, die Sie auf dem Zielsystem installieren sollen. Um auf die Dateien zugreifen zu können, nehmen Sie das Passwort Odysseus.«

Vlad erlaubte sich bei dieser letzten Info ein kleines Lächeln.

»Wie schon gesagt, ich fange an, sobald ich die Zahlungsbestätigung habe.«

Stepan war sich offensichtlich nicht sicher, was er nun machen sollte. Er begann damit, seine Zeitung zusammenzufalten, und hielt dann inne.

»Ich habe noch eine Frage: Mir ist bekannt, dass Sie in vielen Ländern operieren. Warum gerade Moldawien? Kommen Sie von hier?«

Vlad entfuhr ein aufrichtiger Lacher.

»Nein, ich komme nicht aus Moldawien. Aber ich habe familiäre Wurzeln hier. Ich fand heraus, dass die Gesetzeslage dieses Landes für meine Art von Arbeit dienlich ist. Es ist manchmal schwer, hier Leute mit den nötigen Talenten zu finden, aber die sind dafür dann erschwinglich. Die Leute hier wollen unbedingt Arbeit finden, mit der sie aus dem Land kommen, und wenn jemand das kann, was ich brauche, biete ich es ihnen an.«

»Ah, na klar, das ist natürlich richtig. Ich werde dafür sorgen, dass alles in Ordnung geht.« Stepan stand auf und verließ das Café.

Vlad bestellte noch eine Tasse Kaffee und schaltete Pavels Computer ein, den er immer noch bei sich trug. Er loggte sich in das von Pavel erstellte »boss«-Konto und steckte den Stift in den USB-Port. Er schaute sich die Files auf dem Stift an. Tatsächlich, zwei Dateien. Eine hieß »instructions.exe« und die andere »files.exe«. Vlad klickte doppelt auf die »instructions.exe« und bekam eine Fehlermeldung.

»Alle gehen davon aus, dass die ganze Welt mit Windows arbeitet«, murmelte er, wobei ihm die Ironie entging, dass er immer noch Windows-Gewohnheiten beibehalten hatte, obwohl er kürzlich zu Linux konvertiert war. Vlad durchsuchte die Programmliste auf Pavels Linux-Laptop. Ah, da war es: VMWare. Vlad startete das Programm und stellte fest, dass Pavel mehrere Images für Windows-Betriebssysteme installiert hatte. Er klickte auf das Image, das Pavel »Surfing Win2K« genannt hatte, und wartete, bis es gebootet war. Vlad musste lächeln: Pavel hatte den Begrüßungsbildschirm so geänderte, dass statt des normalen »Willkommen« von Windows ein Pinguin erschien. Es brauchte auch kein Passwort eingegeben werden. Vlad versuchte wieder, die Datei zu öffnen. Diesmal erschien ein Fenster und forderte zur Eingabe eines Passworts auf. Er tippte »Odysseus« ein. Das Programm erstellte auf dem Desktop ein Verzeichnis namens »Transfer«. Vlad öffnete das Verzeichnis und fand darin die erwarteten Dateien. Er öffnete die Datei namens »instructions.doc« und begann zu lesen.

Eine halbe Stunde später ging er durch die Stadt. Es schien so, als müsste er seinen Job etwas eher antreten als erwartet. Auf der letzten Seite des Dokuments hatte er Anweisungen gefunden, dass er jeden auszuschalten hatte, der vollständig über seine Aktivitäten Bescheid wusste – und das schloss jene Person ein, die die Instruktionen übermittelt hatte. Es würden für diesen Dienst zumindest noch Extrazahlungen zu erwarten sein. Er zog sein Handy hervor und rief über Kurzwahl eine einprogrammierte Nummer an.

»Da?« Die raue Stimme klang verschlafen.

Vlad seufzte missbilligend und antwortete auf Russisch: »**Andrei, du musst morgen früh um acht Uhr** jemanden **am Dedeman-Hotel mit einem Taxi abholen.**«

......•••••●•●●•••·····

Stepan fühlte sich am nächsten Morgen sehr wohl. Er hatte seinen ersten echten »Auslandseinsatz« ohne irgendwelche Probleme abgeschlossen. Außerdem hatte er nun schließlich auch eine Idee umgesetzt, an der er schon seit Monaten arbeitete. Wenn Simon es geschafft hatte, bei dieser amerikanischen Firma eine verlässliche Hintertür zu installieren, dann konnte er seinen Chefs eine neue Verdienstmöglichkeit zeigen. Rohstoffspekulationen waren für seine Firma schon seit Jahren ein lukratives, aber altmodisches Geschäft. Die Arbitrage mit Informationen war Stepans Chance, zum Firmenpartner aufzusteigen.

Stepan wusste, dass ein ehemaliger Partner von Mark Richardson seine Firma gegründet hatte. Der Amerikaner musste nach einigen fragwürdigen Geschäften aus seinem Heimatland fliehen und hatte in der Schweiz ein internationales Handelsunternehmen gegründet. Seine neue Tätigkeit war erfolgreich, weil seine Firma dazu bereit war, Geschäfte mit praktisch allen zu machen. Stepans Plan würde genau zu einer solchen Firma passen.

Stepan packte seine letzten Sachen zusammen und ging zur Lobby hinunter. Er trat zu Viktor an den Portiertisch.

»Ist das Taxi schon da?«

»Ich schaue sofort nach. Welches Zimmer hatten Sie?«

»330.«

»Ah ja. Das Taxi steht draußen schon bereit. Brauchen Sie jemanden zum Koffertragen?«

»Nein.« Stepan war bereit, sich auf den Heimweg zu machen. Er ging durch den Hoteleingang und weiter zum Taxi.

»Guten Morgen. Ich muss zum Flughafen.«

»Yes, Sir«, antwortete der Taxifahrer mit einem starken russischen Akzent. Der Taxifahrer nahm Stepan den Koffer ab und legte ihn in den Kofferraum. Stepan setzte sich auf den Rücksitz und machte es sich für die kurze Fahrt zurück zum Flughafen gemütlich.

Der Tag war klar und frisch. Ein leichter Wind wehte, aber in den Straßen schienen alle die Sonne zu genießen. Auf dieser Fahrt bekam Stepan mehr von der Stadt mit als gestern. Dieses Mal war seine Stimmung nicht so trübe, und er konnte genießen, was er sah. Er bemerkte vor allem alte Autos russischer Marken auf den Straßen. Ihm fielen die kleinen Läden auf, die gerade für den nächsten Arbeitstag geöffnet wurden. Der Park, durch den er am gestrigen Nachmittag spaziert war, war fast leer. Einige Menschen liefen dort herum, wahrscheinlich gerade auf dem Weg zur Arbeit.

Der Verkehr war an diesem Morgen nicht schlimm. Die Fahrt die Bucuresti-Straße hinunter verlief flott. Bald schon hatten sie die Stadt hinter sich gelassen, und Stepan konnte mehr von der Landschaft sehen. Bescheidene Häuser wichen einem Blick auf ländliche Gegend. Die Landschaft wirkte wegen des bevorstehenden Winters karg, aber die Klarheit des Morgens wärmte durch das Fenster des Taxis. Plötzlich fuhr er wie elektrisiert hoch und lehnte sich nach vorne.

»Ist das der Weg zum Flughafen?«

»Yes, Sir«, kam die schnelle Antwort.

»Das sieht nicht so aus wie der Weg gestern, als ich gekommen bin.«

»Yes, Sir.«

»Do you speak English?«, fragte Stepan mit wachsender Sorge.

»Yes, Sir.«

Diese Antwort überzeugte Stepan nicht. Er lehnte sich in seinem Sitz zurück, und ihm dämmerte sein Problem. Er war alleine in einem Land, das er nicht kannte. Sein Koffer war hinten im Kofferraum. Er konnte mit dem

Fahrer nicht kommunizieren. Doch der Fahrer hatte offenbar ein bestimmtes Ziel geplant, das nicht der Flughafen war … Er dachte daran, aus dem Wagen zu springen. Aber das wäre auch nicht sinnvoll gewesen. Dann wäre er seine Sachen los gewesen und hätte auch nicht gewusst, wie er in die Stadt oder zum Flughafen kommen sollte.

Der Taxifahrer bog plötzlich von der Straße ab. Sie fuhren eine Schotterstraße entlang, bogen nach ein paar Bäumen rechts ab und hielten hinter einer kleinen Anhöhe an. Stepan schaute sich um. Er konnte die Straße nicht mehr sehen. Der Fahrer stellte den Wagen ab und stieg aus. Stepan war viel zu verängstigt, um etwas zu sagen. Sein Herz schlug ihm bis zum Hals, und seine Hände begannen zu zittern.

Andrei öffnete Stepans Tür und traf ihn mit seiner Faust hart auf den Mund. Stepan sackte zusammen. Er verlor nicht das Bewusstsein – zumindest nicht ganz. Der Schock dieses Schlages hatte den gewünschten Effekt. Stepan stolperte, als Andrei ihn aus dem Wagen zog und zu Boden warf.

Stepan Senn schaute in den klaren, blauen Herbsthimmel. Als er seinen Kopf drehte, konnte er das Rascheln trockenen Grases unter seinen Füßen hören. Die kühle Luft schnitt scharf in sein Gesicht, während ihm warmes Blut aus dem Mundwinkel rann. Sein Mund schwoll rasch an. Er versuchte, sich aufzusetzen, aber sein Körper wollte ihm nicht gehorchen. Ein schneidender Klang … Metall auf Metall. Das Geräusch kam ihm bekannt vor, aber sein Verstand arbeitete nicht schnell genug, um seine Situation zu erkennen. Er verdrehte seinen Hals bei dem mühsamen Versuch, nach oben zu schauen. Er konnte Beine erkennen, ein grimmiges Gesicht, das auf ihn herabsah, und eine … Waffe? Die Form der Waffe schien sein ganzes Gesichtsfeld auszufüllen, sodass er nichts anderes mehr wahrnehmen konnte.

Andrei zog den Abzug durch und ging zum Wagen zurück. Heute Nachmittag würde Vlad ihn für einen weiteren erledigten Job bezahlen. Vlad hatte Andrei in letzter Zeit ziemlich gut beschäftigt.

0N3

1

PROBLEM GELÖST

Montag, 10:11

»Ja! Wir haben den Schweinehund!«

Mark Jackson rutschte mit dem Stuhl vom Tisch weg und stieß die Faust in die Luft. Er hatte die letzten vier Stunden damit verbracht, sich durch Stapel von Papieren und Büchern zu wühlen, die gestern aus dem Haus von Randolf Jamison geholt worden waren.

Jamison saß in Houston in Untersuchungshaft. Er war wegen des Verdachts auf Verbreitung von Kinderpornografie festgenommen worden. Mark war FBI-Agent der Houston Computer Crime Task Force und hatte den Auftrag bekommen, alle Festplatten zu durchsuchen, die aus den drei Computern von Jamison entnommen worden waren.

Leider war Mark sofort auf eine Mauer gestoßen. Die meisten Informationen auf den Computern wirkten normal, aber auf zweien waren zwei Drittel des Speicherplatzes mit verschlüsselten Ordnern gefüllt. An diese Daten war nicht heranzukommen, und die Beweise in seinem Haus reichten nicht aus, um ihn in Haft zu behalten. Dieser Fall war nicht wichtig genug, dass er die speziellen Ressourcen des FBI für solche Probleme bekäme. Also musste Mark einen anderen Weg finden, um an diese verschlüsselten Dateien heranzukommen.

»Versuch das mal, den kleinen Kindern zu erklären, die dieser Perversling benutzt hat, um mit ihnen Geld zu verdienen!«, hatte Mark seinen Vorgesetzten angefahren, als er erfuhr, dass er selbst einen anderen Weg finden müsse. Mark kannte sich aus. Es gab keine Möglichkeit, wie man in diese Laufwerke einbrechen könnte – außer wenn Randolf Jamison dumm war.

»Wäre er schlau, dann hätte er so was überhaupt gar nicht erst gemacht«, sagte er sich, als er begann. Mark ging jedes kleine Stück Papier durch, das man in Jamisons Haus gefunden hatte. Freilich musste Mark sich noch bis zum späten Nachmittag seines ersten Tages gedulden, bis er einen Treffer landete. Mark hatte sich durch Magazine, Rechnungen, Briefe, Bücher und sogar gespeicherte Junk-Mails gewühlt, um einen Hinweis zu finden. Für einen Perversen wirkte Jamisons Sammlung recht ordentlich geführt. Sie hatten nur ein paar Fotos gefunden – gerade ausreichend, um die Aussage der Mutter eines mutmaßlichen Opfers zu bestätigen. Aber Mark fand schließlich etwas, das irgendwie nicht dazugehörte. Eine offenbar aus einem Hotel gestohlene Gideon-Bibel fiel ihm auf, weil sie so offensichtlich nicht zum restlichen Material passte. Darin steckte hinten ein Zettel. Was Mark dort fand, war der Schlüssel, um Jamison einzusperren.

»Gott sei Dank sind Kriminelle manchmal ganz schön schludrig!«, sagte Mark laut in dem leeren Konferenzraum. »Wenn man einen Dechiffrierschlüssel aufschreibt, findet ihn letzten Endes irgendwann jemand!«

Mark stand vom Tisch auf und begann, im Raum herumzugehen. Sein Körper bewegte sich automatisch, während sein Geist verarbeitete, was er gerade gefunden hatte. Agent Jackson wusste, dass ihm nun bevorstand, die Inhalte des entschlüsselten Laufwerks zu katalogisieren, das er geknackt hatte. Aber er hatte zuviel Energie, um stillzusitzen. Er machte sich auf den Weg in die Halle, um sich Kaffee zu holen. Vielleicht traf er dort auf jemandem vom Cyber Crime Team, mit dem er reden konnte. Wofür löst man solche Puzzles, wenn man nicht damit angeben kann?

••••••●●●●●●••••••

»Da geht er gerade«, sagte Special Agent Thompson und zeigte durch die Glaswand des Konferenzraumes. Der vollgestopfte Raum hatte einen großen, in der Mitte aufgestellten Tisch. An beiden Seiten verliefen zwei Glaswände und Flure. Mark war auf der gegenüberliegenden Seite damit beschäftigt, heißen Kaffee aufzutreiben, als sein Chef ihn bemerkte. Agent Battle hatte kaum Zeit, die verschwommene Silhouette zu betrachten, als Mark den Flur hinunter verschwand.

»Sie werden merken, dass Agent Jackson recht ... heftig ist.«

»Ist er gut?«

»Einer der besten Ermittler, den wir in der Cyber Crimes Task Force haben.«

Special Agent Fredrick Thompson war schon seit fast 20 Jahren im Bureau. Nach fünf Jahren Außendienst hatte er gezeigt, dass er sich mit seiner mentalen Flexibilität besser als die meisten anderen auf Technologien einstellen konnte. Das führte erst zu ganz besonderen Aufträgen, dann ins Houston Field Office und schließlich zu dem Auftrag, die Cyber Crimes Task Force für den amerikanischen Süden aufzubauen.

Einige Jahre lang bestand dessen Arbeit hauptsächlich aus Drogenfällen. Der organisierte Drogenhandel in Kolumbien und Mexiko war ständig auf der Suche nach neuen Vorteilen – und das bedeutete sehr oft, dass man sich höchst ausgefeilte Kommunikationsmittel und Computer zulegte, um den Geschäften nachgehen zu können. Doch seit dem 11. September verbrachten alle im Bureau mehr Zeit mit der Terrorbekämpfung. Und bei Jacksons Team war das nicht anders. Sein aktueller Fall eines altmodischen Perversen, der sein Material über Bundesgrenzen verschob, war fast wie eine Rückkehr zu alten Zeiten. Das einzig Neue daran war die Technologie, mit der dieser Verbrecher seine Aktivitäten versteckte.

Thompson war im Bureau dafür bekannt, ein schlagkräftiges Team zusammenbringen zu können, das aus traditionellen FBI-Agenten, aber auch technischen Talenten bestand, die er persönlich von der Air Force rekrutiert hatte.

»Agent Jackson war eine meiner Entdeckungen im ›Tiger Team‹ in der Air Force Base von San Antonio. Das ist eine Elitetruppe von Computerfreaks, die sich darauf spezialisieren, in militärische Netzwerke und Einrichtungen einzubrechen, um deren Sicherheit zu testen.«

»Das erklärt, warum das so ein Hungerhaken ist. Kennt er sich mit Waffen aus?«, fragte Agent Battle mit offensichtlicher Skepsis.

»Er ist für Außeneinsätze qualifiziert, aber das ist nicht seine Spezialität. Darum sind Sie hier. Ich will Ihnen hier noch ein paar Sachen zeigen. Wir treffen Ihren neuen Partner dann später.«

·····•••●●●•••·····

»Haben Sie Battle mittlerweile getroffen?«

»Nein. Und Sie?«, entgegnete Agent Jackson und nippte an seinem Kaffee.

»Ja, ganz beeindruckend. Erst Marines, dann NYPD. Battle hat sogar bei der Terrorbekämpfung in unserem New Yorker Büro gearbeitet, bevor Thompson beschloss, dass wir Verstärkung brauchen.«

Mark stand an einem Schreibtisch und sprach mit Agent Frank Adams, einem anderen Mitglied der Cyber Crimes Task Force. Mark hatte gerade seine Story beendet, wie er den Chiffrierschlüssel gefunden hatte, der wieder einen Perversling hinter Gitter bringen würde. Frank war nicht sonderlich beeindruckt. Tatsächlich wirkte Frank so, als habe er noch etwas in der Hinterhand, als er Mark zuhörte. Sobald Mark mit seinem Bericht fertig war, hatte Frank ihn unterbrochen, um nach Agent Battle zu fragen. Mark meinte sogar, in Franks Gesicht eine gewisse Spannung zu entdecken – so wie bei einem Kind, das sein Geheimnis kaum für sich behalten konnte.

»Was für eine Art Name ist Battle überhaupt? Kann es noch mehr geballtes Testosteron geben als bei einem Marine namens ›Battle‹?«, fragte Mark.

Frank lächelte. »Wahrscheinlich nicht«, entgegnete er und wollte sich mit einem leichten Schulterzucken wieder auf den Weg zu seiner Arbeit machen. Aber Mark war noch nicht fertig.

»Verstärkung ist das Letzte, was wir hier brauchen. Ich hab' genug kahlgeschorene Kämpfer gesehen, als ich beim Tiger Team in San Antonio war. Ich wette, das Einzige, was Agent Battle zu einer Festplatte einfällt, ist, sie als Zielscheibe zu nehmen.« (*Seite 410*)

»Ich glaube, die Wette gehe ich ein, Jackson«, antwortete Frank und wich Marks Blick aus.

Mark drehte sich um und sah seinen Boss neben seinem neuen Partner stehen. Als sein Gehirn versuchte, das Gesehene zu verarbeiten, hörte er, wie Frank ein Glucksen unterdrückte und sich zu seinem Arbeitsplatz verkrümelte. Neben Special Agent Thompson stand eine Frau: groß, athletische Statur. Sie schaute ein wenig auf Mark herab, als sie einander mit intensiven Blicken abschätzten. Agent Chris Battle gewann eindeutig, der Überraschungseffekt war auf ihrer Seite. Mark brach den Blickkontakt ab, als Special Agent Thompson das etwas zu lange Schweigen unterbrach.

»Agent Jackson, dies ist Agent Chris Battle. Sie gehört nun zur Cyber Crimes Task Force und wird Ihre Partnerin sein. Warum bringen Sie Battle nicht gleich auf den aktuellen Stand, indem Sie uns kurz über Ihre Fortschritte im Fall Randolf Jamison briefen?«

»Äh, ja sicher, Sir. Ich wollte gerade zurück in den Konferenzraum. Wenn Sie mich bitte begleiten wollen, kann ich Ihnen zeigen, was ich gefunden habe. Ich glaube, bis zum Abend werden wir alles über Jamison haben, was wir brauchen.«

Als Mark sie in den Konferenzraum führte, hörte er aus mehreren Richtungen des Großraumbüros verstohlenes Kichern. Als sein Boss etwas zu ihm sagte, durchfuhr ihn ein Gedanke: *Oh, das wird noch ein langer Tag.*

»Wirklich? Ist das der Grund, warum ich Sie vorhin aus dem Raum stürmen sah?«, fragte Thompson seinen Untergebenen.

»Richtig, Sir. Tja, eigentlich brauchte ich unbedingt eine Tasse Kaffee. Ich hatte gerade den Dechiffrierschlüssel für die Computer von Jamison entdeckt«, sagte Mark, als sie zu dritt in den Konferenzraum traten.

»Gut. Vielleicht bekommt die restliche Abteilung dann endlich diesen Raum zurück, Jackson. Wie sind Sie ihm auf die Schliche gekommen? Heute Morgen haben Sie mir noch erzählt, dass wir nicht die Tools hätten, um an diese Daten zu kommen.«

»Das haben wir auch nicht, Sir. Ich habe seinen ganzen Kram im Konferenzraum ausgebreitet, um einen besseren Überblick darüber zu bekommen, was Jamison in seinem Haus hat. Ein Dechiffrierschlüssel ist der einzige Weg, um auf diese Laufwerke zugreifen zu können, und Jamison wirkte auf mich nicht besonders vorsichtig. Ich ging einfach mal davon aus, dass er seinen Schlüssel für alle Fälle irgendwo aufschreiben und aufbewahren würde. Agent Battle, nehmen Sie sich doch mal diesen Stapel vor und schauen, ob Sie etwas Interessantes finden.«

Während Jackson gesprochen hatte, hatte Battle sich bereits daran gemacht, Magazine und Bücher vom Tisch zu nehmen. »Sicher«, antwortete sie. Als Agent Battle am Ende des Tisches angekommen war, drehte sie sich um und meinte: »Ich dachte, ich hätte Sie vorhin sagen hören, dass Jamison ein Pädophiler sei. Ich sehe hier bloß Sachen, die auf einen durchschnittlichen, langweiligen alleinstehenden Mann hindeuten. Was hat Sie überhaupt auf seine Spur gebracht?«

»Wir bekamen einen Tipp von Perverted Justice. Das ist die heutige Online-Version der Guardian Angels aus den 1970ern. Sie haben diesen Perversen in einem Chatroom ins Gespräch verwickelt. Er behauptete, er habe da selbst produziertes ›Material‹, und sie haben ihn überredet, davon mal ein Beispiel zu schicken. Als sie das bekamen, sagten sie uns Bescheid. Jamison hatte Perverted Justice eine E-Mail-Adresse bei Yahoo! genannt. (*Seite 411*). Das Bureau hat das überprüft und fand heraus, dass auf dieses Konto zuletzt aus dieser Stadt zugegriffen wurde. So bin ich an den Fall gekommen. Wir schickten an diese Adresse eine Mail mit einem versteckten eingebetteten Link auf eine von uns kontrollierte Webseite. Als Jamison die Mail öffnete, musste sein Computer automatisch auf unsere Webseite zugreifen, und so konnten wir seine IP-Adresse loggen«, erklärte Mark.

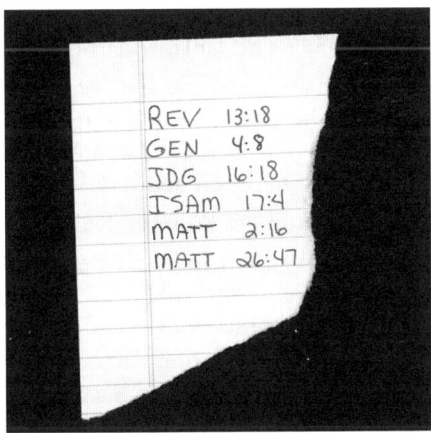

»Warum haben Sie nicht einfach gerichtlich verfügen lassen, dass sein E-Mail-Konto offengelegt wird?«, fragte Chris.

»Wir wussten, dass er eine Mailadresse benutzt, die über einen russischen E-Mail-Server läuft – das ist nicht ganz einfach, da drüben eine Auskunft zu erzwingen. Wir wussten bereits, dass er sich hier in der Gegend befindet. Wir haben die aufgezeichnete IP-Adresse benutzt, um seinen ISP herauszufinden, und dann über die gerichtliche Anordnung das bekommen, was wir brauchten«, antwortete Mark. »Dann konnten wir ihn über seinen Internet Service Provider zurückverfolgen. Jamison hat einen DSL-Anschluss unter eigenem Namen. Trotz all der Vorkehrungen mit der Verschlüsselungssoftware kam er nicht auf den Gedanken, dass wir ihn über seine E-Mails zurückverfolgen könnten.«

»Was ist hiermit?«, unterbrach Chris den Bericht von Mark und hielt die Gideon-Bibel hoch.

»Nicht schlecht, Agent Battle«, sagte Mark lächelnd. »Wie kommen Sie darauf?«,

»Wenn wir es mit einem Pädophilen zu tun haben, ist dies genau das Buch, was hier einfach nicht hingehört.«

»Ganz dicht dran. Aber wie finden Sie darin ein Passwort?«, hakte Mark nach.

»Agent Jackson, wir sind ganz beeindruckt, was Sie alles herausbekommen haben. Erzählen Sie uns nun einfach, was Sie gefunden haben, damit ich zu meiner Arbeit zurück kann«, sagte Special Agent Thompson ungeduldig.

»In Ordnung.« Mark nahm Chris die Bibel aus der Hand und öffnete sie. »Das Erste, was mir auffiel, hat auch Chris bemerkt. Die Bibel gehört nicht hierher. Und schauen Sie: Da steckte hinten zwischen den Seiten eine handgeschriebene Liste mit Bibelversen.«

»Also besteht der Dechiffrierschlüssel aus einzelnen Versen? Das macht doch keinen Sinn – da müsste man viel zu viel im Kopf behalten oder eintippen, und die meisten Verbrecher sind faul«, erklärte Agent Battle.

»Da haben Sie recht. Ich habe alle Verse nachgeschlagen und aufgeschrieben. Hier, schauen Sie sich die Liste an.« Mark reichte Chris ein Blatt mit einer Liste handgeschriebener Bibelverse. In den Versen waren eingekreiste Worte, Zahlen und Namenslisten, die an den Rand gekritzelt waren.

»Wo steckt bei alldem denn nun des Rätsels Lösung?«

»Zuerst fiel mir auf, dass die Verse nicht in der Reihenfolge waren, in der sie in der Bibel stehen, sondern es wirkte zufällig. Das brachte mich auf den Gedanken, dass sie vielleicht alle etwas Gemeinsames haben. Ich spielte mit den Nummern der Verse und Kapitel herum, aber das klappte nicht. Ich markierte alle Namen, und dann fiel mir auf, dass bei allen Versen ein Missetäter aus biblischen Geschichten vorkam. Tatsächlich hatte sich Jamison die Mühe gemacht, die Verse alphabetisch zu ordnen, und zwar nach den Namen der Bösewichte. Also nahm ich alle Namen und tippte sie ein. Beim zweiten Versuch hatte ich Glück: Er hatte nichts groß geschrieben und keine Leerzeichen benutzt. Also lautet sein Passwort ›beastcaindelilahgoliathherodjudas‹.«

»Sehr clever, Jackson. Sie können nun zusammen mit Agent Battle das Chaos wegräumen, das Sie in meinem Konferenzraum angerichtet haben, und machen sich anschließend daran, die Daten durchzugehen, die Jamison netterweise für uns gespeichert hat.«

Als ihr Boss durch die Tür trat, blickten sich die neuen Partner einen Moment an und wandten sich dann den entgegengesetzten Seiten des Raumes zu, um die Papiere, Magazine und Bücher aufzusammeln, die Jackson auf dem Boden verteilt hatte.

»Sorgst du eigentlich immer für so ein Chaos?«, fragte Battle.

»Ich glaube nicht, dass man hier von Chaos sprechen kann. Ich habe bloß versucht, ein Muster zu finden.«

»In so einem Durcheinander kann ich nicht denken. Ich dachte, so ein Typ von der Air Force wäre besser organisiert.«

»Ich bin organisiert, aber das heißt nicht, dass das für die Inspektion in einer Marines-Kaserne reichen würde.«

»Nein, ganz bestimmt nicht. Wo soll der Kram also hin?«

»Zurück in den Bereich von Cyber Crimes. Los, ich zeig dir, wo wir arbeiten.«

Die beiden Agents mussten ein paar Mal hin und her laufen, um alle Kartons in einen großen Raum zu bringen. In diesem Großraumbüro waren viele Arbeitsnischen, deren Abtrennungen gerade hoch genug waren, dass man im Sitzen etwas ungestört war.

»Was soll denn dieser ganze Müll auf den Schreibtischen?«, fragte Battle.

»Was meinst du?«

»Das hier«, sagte Battle und hob eine Dose Diät-Pepsi hoch, die in einem Plastikhalter steckte, der die Form von R2-D2 hatte.

»Das ist kein Müll, das ist Atmo. Ich mag's nicht, wenn's hier so behördenmäßig aussieht.«

»Scheint so, als ob ihr in diesem Bereich alle nicht sonderlich behördenmäßig drauf seid«, kommentierte Battle, als sie die R2-D2-Dosenhülle mit einer Hand hochhob und auf ein schwarzes T-Shirt zeigte, das in Jacksons Arbeitsnische über dem Tisch an die Abtrennung gepinnt war.

»Was bedeutet ›I am the Fed‹?«, fragte Battle, als Jackson ihr die Dose aus der Hand nahm und einen Schluck der mittlerweile warmen Pepsi trank.

»Mich haben sie diesen Sommer bei der DEFCON ›entdeckt‹.« *(Seite 412)*

»Du hast zugelassen, dass deine Tarnung aufgeflogen ist?«

»Ich war nicht undercover. Ich bin nicht im Außendienst, zumindest nicht in Las Vegas.« Jackson setzte sich auf seinen Stuhl und schaute zu Battle hoch. »Hast du einen PC zu Hause?«

»Mmh.«

»Klar. Welches Betriebssystem?«

»Okay, ich weiß, worauf das jetzt hinausläuft. Du willst wissen, ob ich Geek genug bin, um hier zu arbeiten. Du kannst mir zehn Fragen stellen, und dann ist Schluss. Aber zuerst werde ich dich nur zwei Sachen fragen.«

»Damit werd' ich fertig. Fang an«, antwortete Jackson.

»Hast du jemals im Einsatz mit deiner Waffe schießen müssen?«

»Nein.«

Battle ließ zu, dass man ihr die Enttäuschung über die erste Antwort im Gesicht ansah. Sie erkannte auch, dass sie nicht den richtigen Anfang genommen hatte. »Musstest du jemals deine Waffe im Einsatz ziehen?«

»Nein.«

Battle verdrehte die Augen und ging hinüber zum anderen Stuhl bei Jacksons Schreibtisch. »Du bist echt genau wie erwartet. Und falls du mich fragst, lauten meine beiden Antworten auf diese Fragen ›Ja‹, und beide Male in meiner ersten Woche.«

Sie starrten sich einen Moment lang an. Dann unterbrach Jackson die Stille.

»Wie wär's, wenn wir uns zu Mittag mal 'ne Pizza holen? Ich überspringe die Geek-Fragen.«

Der Anfang

Dienstag, 15:30

Pavel setzte sich in seinem Zimmer im Houstoner Hotel JW Marriot an den Tisch. Er schloss aus der komplizierten Logistik und weil es ein gutes Hotelzimmer war, dass dieser Auftrag für Vlad sehr wichtig war. Vlad hatte ihn über New York nach Houston fliegen und dann einen Tag in Chicago im Hotelzimmer warten lassen. Nun sollte er sich in Houston einrichten und abwarten, bis Vlad ihn am nächsten Tag aufsammeln würde. Vlad hatte ihm gesagt, dass an diesem Job noch ein paar andere mit ihnen zusammenarbeiten würden. Pavels einziger anderer Trip in die Staaten mit Vlad war zur DEFCON nach Las Vegas. Das war bloß ein langer Flug ohne Abstecher.

Pavel wusste, dass dies zu der Arbeit gehörte, die sie vor ein paar Wochen in Kischinau begonnen hatten. Er hatte keine Ahnung, was Vlad noch erfahren hatte, nachdem er ihn an jenem Tag im Hotel verlassen hatte. Er hatte auch keinen blassen Schimmer, was er für Vlad in Houston eigentlich erledigen sollte.

Ihm war nur gesagt worden, dass er alle Tools mitbringen sollte, die er für eine Netzwerkpenetration brauchen würde. Pavel kam eine Idee, wie er ein paar von den Details herausbekommen könnte.

Pavel griff in seinen Rucksack und zog ein IBM Thinkpad hervor. Er drückte den Einschaltknopf, und während er darauf wartete, welches Betriebssystem geladen wurde, begann er, in seinem Rucksack herumzusuchen.

»Typisch ... Windows!«, murmelte er, als der vertraute Begrüßungsbildschirm erschien. Er zog seine CD-Tasche heraus und wühlte nach der Installations-CD für Ubuntu. Als er in der Tasche suchte, schweiften seine Gedanken ab. Als Pavel damals in Kischinau das Hotel verlassen hatte, musste er seinen Laptop bei Vlad lassen. Am nächsten Tag hatten sie sich in einem Stehcafé getroffen, und Vlad hatte ihm seinen Laptop zurückgegeben und außerdem dieses Thinkpad.

»Betrachte das als Honorar für die Hilfe im Hotelzimmer«, sagte Vlad zu ihm. »Stepan braucht den nicht mehr.«

Pavel wusste sofort, was diese Worte bedeuteten. Doch nun begann sich die Realität zurückzumelden. Pavel war Vlads Hacker. Das bedeutete, er würde Code für Trojaner und Rootkits für Vlads »Projekte« schreiben. Pavel war in den vergangenen Jahren sogar in ein paar Netzwerke eingebrochen. Der Trip nach Las Vegas zur DEFCON war teilweise die Bezahlung durch Vlad und teilweise ein neuer Auftrag. Pavel hatte für seinen Boss den Technikübersetzer gespielt. Vlad sprach zwar fehlerfrei Englisch, aber er kam kaum mehr als ein paar Minuten damit zurecht, wenn er mit einem echten Hacker »Tech-Sachen« besprechen sollte.

Jetzt arbeite ich also für einen höheren Einsatz, sagte er zu sich. Als ihm das durch den Kopf ging, stellte er sich gleich die nächste Frage. *Wie hoch ist der Einsatz, wenn Leute sterben?* Dieses war sein erster Job, von dem er wusste, dass es dabei Tote gab. Seit Vlad ihn angeheuert hatte, war Pavel klar, dass sein Arbeitgeber ein knallharter Typ war. Nun war ihm auch bewusst, dass Vlad jemanden töten würde. Pavel konnte sich nicht entscheiden, ob er die Regeln dieses Spiels aufregend oder beängstigend finden sollte – oder beides gleichzeitig.

Er blinzelte ein paar Mal und erkannte, dass er sich nicht bewegt hatte, während ihm die Gedanken durch den Kopf geschossen waren, und richtete seine Aufmerksamkeit wieder auf den Laptop. Er legte die Finger auf die Tastatur und merkte, wie sein Herz stärker zu klopfen begann. Allein schon die Vorstellung, in Vlads Auftrag herumzuspionieren, hatte ihn schon nervös gemacht. Dass er nun wirklich damit begann, hatte zu einer unfreiwilligen

Reaktion seines Herzschlags geführt. Er riss sich zusammen und angelte in seinem Rucksack nach der CD mit BackTrack 4. Während seiner Arbeit begannen seine Hände feucht zu werden. Nach ein paar Tastenanschlägen hielt er wieder inne.

Wenn ich was mitkriege und mir dann in einem Gespräch an einer falschen Stelle diese Info rausrutscht, bin ich erledigt, dachte er. *Für Vlad wäre ich dann ein Problem, das es zu lösen gilt.* Vlad hatte ihm in letzter Zeit immer mehr getraut. Die Tatsache, dass er hier in diesem Hotelzimmer saß, bewies Vlads gestiegenes Vertrauen. *Aber war es das Risiko wert?*

Pavel beschloss, vorsichtig vorzugehen. Er ließ die CD mit BackTrack 4 auswerfen und fuhr den Laptop herunter. Als er im Stuhl saß und mit leerem Blick auf die Wand schaute, spürte er, wie sein Herzschlag sich wieder verlangsamte und die nervöse Energie verschwand. »Zumindest sollte ich ein bisschen mehr über diese Umgebung hier wissen, bevor wir anfangen«, sagte er laut. Pavel steckte die CD wieder in den Rucksack und zog seinen eigenen Laptop heraus. Als er über das WLAN des Hotels online gegangen war, googelte er nach hiesigen Fernsehsendern und Zeitungen. Er verbrachte die nächste Stunde damit, sich auf Nachrichtenseiten, Blogs und Twitter-Einträgen über Houston zu informieren.

DIE AKQUISITION

Mittwoch, 12:05

Als Michael Resol seiner Abfahrt auf der Umgehungsstraße 610 näher kam, schaute er halbherzig über die Schulter und langte dann nach dem Blinker. Sein Blick kehrte wieder nach vorne zurück, und er war verwirrt, als die Scheibenwischer vor ihm ein lautes, trockenes Rubbelgeräusch machten. Er musste sich zwingen, von dem vor ihm fahrenden Wagen wegzuschauen, um die sich hin und her bewegenden Scheibenwischern vor seiner Nase zu realisieren, die er irrtümlicherweise eingeschaltet hatte. Da sah er auf einmal die Bremslichter und wie die Stoßstange des Fahrzeugs direkt vor ihm verdächtig groß wurde, als es plötzlich langsamer wurde. Michael trat voll auf die Bremse und steuerte weiter geradeaus, als sein ABS übernahm und das Auto verlangsamte. Das Geräusch quietschender Reifen hinter ihm sagte ihm, dass er gleich getroffen werden würde. Michael beobachtete in seinem Rückspiegel, wie der Kühler eines alten GMC Pickups hin und her schleuderte. Und dann … stoppten alle. Michael legte seinen Kopf auf das Lenkrad, während die Scheibenwischer mit ihrem lauten, trockenen Rubbeln weitermachten.

»Verdammt noch mal, Resol, reiß dich zusammen!«, rief Michael scharf. Er schaltete die Scheibenwischer aus und machte sich langsam daran, den Highway zu verlassen.

Michael traf zur verabredeten Zeit im Starbucks ein. Die Mühe, die sich eine ganze Armee von Inneneinrichtern damit gegeben hatte, ein gemütliches Café einzurichten, war an ihm völlig verschwendet. Nervös beobachtete er die Kunden, als er an den Warenauslagen vorbeiging und sich der Verkaufstheke näherte. Ihm fiel eine Gruppe von Jugendlichen auf, die sich an einem Ecktisch um einen Haufen iPods, Handys und einem Laptop versammelt hatten. In der Nähe nippten zwei Damen an ihren Getränken und sprachen vernehmlich über einen Film, den sie gerade gesehen hatten. In einer Ecke saß ein Mann alleine und las Zeitung. Auf dem Tisch vor ihm befanden sich eine Tasse Kaffee und ein Buch.

Ist das der Richtige? dachte er. Hinstarren konnte er nicht. Er würde das noch einmal überprüfen, sobald er …

»Was kann ich für Sie tun?«

»Was? Oh, äh … ich möchte einfach einen Kaffee.«

»Was für einer darf es denn sein?«

»Äh … einfach den Kaffee aus Ihrem Tagesangebot.«

»Welchen? Wir haben drei im Angebot.«

»Den stärksten, den Sie haben.«

»Welche Größe soll es sein?«

»Ach ja … groß, aber keinen Venti oder wie das heißt.«

»Platz für Milch lassen?«

»Nein, einfach vollmachen. Danke.« Michael versuchte, die Fassung zu bewahren, und schaffte es sogar, sich ein halbes Lächeln abzuringen, als er die komplizierte Transaktion mit der Zahlung von zwei Dollar beendete. Jetzt war er sogar schon zu nervös dafür, um einfach Kaffee zu bestellen. Er fummelte mit dem Münzgeld herum, als er bezahlte. Mit dem Becher in der Hand machte er sich daran, auf den Mann in der Ecke zuzugehen.

Da ist es – ›Takedown‹, bestätigte Michael sich selbst, als er näher kam und den Umschlag des Buches lesen konnte.

»Das sieht wie ein interessantes Buch aus.«

Vlad senkte die Zeitung und lächelte ein wenig. »Es ist tatsächlich ein sehr interessantes Buch. Kennen Sie es?«

»Nein«, gab Michael zu, als er einen Stuhl heranzog.

Vlad faltete die Zeitung ordentlich und legte sie auf den leeren Stuhl zu seiner Linken. Er schob das Buch ein wenig in Michaels Richtung. »Eine wahre Geschichte über einen Hacker, der erwischt wird. Ich persönlich finde, der

Autor schmückt zu viel aus. Aber es ist immer noch sehr aufschlussreich. Tatsächlich habe ich eine Idee für eine Variante des Hacks, der in dieser Geschichte vorkommt.«

»Was meinen Sie?«, entgegnete Michael und gab sich viel Mühe, als er den Kaffee auf den Tisch stellte, seine zitternden Hände zu kontrollieren.

»In diesem Buch findet der Hacker ein Programm, das auf einem Computer läuft. Er benutzt das Programm, um ins System einzudringen und es zu manipulieren. Tatsächlich gehörte der Computer, in den er eingebrochen war, genau dem Mann, der am Ende das Buch geschrieben hat. Ich möchte, dass Sie mir dabei helfen, so etwas in Ihrer Firma zu machen.«

»Das ist zu schwierig«, protestierte Michael. »Letztes Jahr haben wir einen Auftrag von der Regierung bekommen, und seitdem haben sie Firewalls installiert, scannen unsere E-Mails und überwachen, wo wir im Internet surfen. Ich hatte sogar mal Ärger, als ich in der Mittagszeit privat gesurft habe.«

»Das ist kein Problem. Wenn jemand starke Verteidigungsmaßnahmen aufbaut, ist die beste Angriffsmethode, sie einfach zu umgehen«, sagte Vlad selbstbewusst. Er tippte leicht auf das Buch. »Schauen Sie später mal ins Buch. Darin sind detaillierte Anweisungen, die Sie brauchen werden. Außerdem finden Sie den ersten Teil der vereinbarten Bezahlung. Ich möchte, dass Sie davon einen Wireless-Router kaufen. Den installieren Sie in Ihrem Firmengebäude auf der Hausseite, die dem Parkplatz am nächsten ist. Suchen Sie einfach einen Arbeitsplatz, der gerade frei ist, verbinden den Router mit dem Netzwerk und verstecken ihn unter dem Tisch. Machen Sie sich um Verschlüsselungseinstellungen keine Sorgen. Achten Sie darauf, dass die SID nicht auf Standard gestellt ist, und unterbinden Sie Broadcasts. Wie gesagt, lesen Sie sich einfach die Details durch, die ich hier für Sie vermerkt habe«, erklärte Vlad mit einer beiläufig wedelnden Handbewegung Richtung Buch.

»Außerdem brauchen Sie dies hier.« Vlad griff in seine Sakkotasche und zog einen Stift hervor.

»In diesem Stift ist ein USB-Stick. Ziehen Sie einfach die Kappe ab und stecken Sie ihn in den PC Ihres Chefs. Dann starten Sie das Programm ›svchost.exe‹.«

Michael verzog fast krampfartig das Gesicht, als er diesen Befehl hörte. »Es gibt überhaupt keine Möglichkeit, wie ich ein Programm auf dem Computer meines Chefs starten kann! Wie soll ich überhaupt daran kommen?«

»Das ist Ihr Problem. Machen Sie sich keine Sorgen über seine Antiviren-Software. Dies ist ein spezieller Trojaner, der für diesen Job programmiert wurde. Er ist noch nie in freier Wildbahn benutzt worden.«

Michael nahm Stift und Buch entgegen. Den Stift steckte er sich in die Brusttasche. Er schlug das Buch auf und fand darin einen Umschlag. Den schob er sich schnell in die Gesäßtasche seiner Jeans und starrte auf den Buchumschlag, um Mut für eine weitere Frage aufzubringen.

»Ich weiß wirklich nicht, wie ich das in den Computer meines Chefs kriegen soll. Was ist, wenn ich erwischt werde?«

»Wenn man Sie erwischt, ist das Ihr Problem. Sie kriegen Ihr Geld dafür, den Job zu erledigen«, antwortete Vlad.

Michael war nicht feinfühlig genug zu merken, dass er nicht so beharrlich bleiben sollte. »Aber das könnte man doch zu mir zurückverfolgen.« Dann legte er noch etwas nach. »Würde das nicht auch zu Ihnen führen?«

Vlads Gesicht war wie aus Stein. »Es wird zu niemandem führen.« Vlad starrte Michael unverwandt an. Dieser nahm die in dieser Antwort verborgene Gefahr nicht wahr. Doch Vlad beschloss, diesem Kerl etwas zu helfen, oder er könnte diesen Auftrag vergessen.

»Sie kennen doch die Gewohnheiten und das Temperament Ihres Chefs. Beobachten Sie ihn einfach, und dann ergibt sich schon eine Gelegenheit. Wo Sie aber auf jeden Fall vorsichtig sein sollten, ist beim Installieren des Access Points. Das sollten Sie nach Feierabend machen. Erzählen Sie mir, wie Sie ins Büro gelangen.«

»Äh ... ins Büro gelangen? Ach, wie ich reinkomme?«, Michael versuchte, sich zusammenzureißen. »Ich habe eine Kennkarte. Hier, ich zeige sie Ihnen.« Michael zog einen Ausweis in der Größe einer Kreditkarte aus der Tasche und reichte sie Vlad.

Vlad schaute sich Michaels Bild mit dem Namen darunter an. Über dem Foto stand »Network Support«. Er drehte die Karte um und gab sie Michael zurück.

»Sie haben also ein Zutrittskontrollsystem?«

»Genau. Ich halte die Karte einfach vor den Sensor an jeder Tür.«

»Gibt es Wachpersonal?«

»Nein, wir haben nur jemanden vorne am Empfang«, antwortete Michael.

»Werden die Logs aus diesem Kontrollsystem überprüft?«, fuhr Vlad fort.

»Ich würde sagen, von der Sicherheitsfirma, aber das habe ich nie überprüft.«

»Wer ist also für die Gebäudesicherheit verantwortlich?«

»Ich glaube, das outsourcen wir«, antwortete Michael.

»Ihre Firma ist ja kürzlich aufgekauft worden. Gibt es da jetzt neue Lieferanten?«

»Woher wissen Sie das mit dem Kauf ... ach, egal, vergessen Sie's. Ja, letztens wurden ein paar neue technische Mitarbeiter eingestellt. Wir haben einen Teil der Computer abgeschafft und installieren neue Systeme. Die Chefetage will, dass wir uns an den Standard der großen Firmen anpassen.«

»Können Sie die Kennkarte eines solchen Lieferanten besorgen?«, Vlad wurde es langsam leid, Michael alles vorzubeten.

Michael saß für einen Moment ganz stumm da und starrte vor sich hin. »Ich glaube ja. Wenn die lange arbeiten, geben sie ihre Karte an der Rezeption ab. Ich könnte eine besorgen, wenn der Mitarbeiter am Empfang Feierabend macht.«

»Nehmen Sie so einen Besucherausweis, wenn Sie reingehen, um den Access Point anzuschließen. Wenn jemand argwöhnisch wird, fällt der Verdacht auf den Subunternehmer.« (*Seite 276*)

»Okay, das werde ich mal probieren«, antwortete Michael ohne rechte Überzeugung in der Stimme.

»Nicht probieren, machen!«, korrigierte Vlad. »Wenn Sie fertig sind, treffen wir uns hier in einer Woche wieder, und Sie kriegen den Rest des Geldes.«

»Woher weiß ich, ob ich alles richtig gemacht habe?«, fragte Michael.

»Wenn ich nächste Woche zur gleichen Zeit hier bin, wissen Sie, dass alles korrekt gelaufen ist.«

»Und wenn Sie nicht hier sind, heißt das, etwas hat nicht geklappt, oder?«

»Wenn da was nicht geklappt hat, werde ich Sie finden. Aber das sollten Sie sich nicht wünschen.«

»Was ist, wenn ich Kontakt zu Ihnen aufnehmen muss?«, fragte Michael.

»In diesem Umschlag sind die Instruktionen dafür. Eine Telefonnummer und ein Satz, der gesagt werden muss. Dann rufe ich Sie zurück. Schreiben Sie Ihre Handynummer auf.« Mit diesen Worten schob Vlad ihm einen Zettel zu, auf den Michael schnell die Nummer kritzelte.

Vlad steckte sich den Zettel in seine Hemdtasche. »Noch was Interessantes über Ihr neues Buch, Michael: Der Hacker wird am Ende erwischt. Den Fehler sollten Sie nicht machen.«

Mit diesen Worten stand Vlad auf, nahm die Zeitung und schob den Stuhl ordentlich an seinen Platz am Tisch.

»Übrigens sollten Sie darauf achten, auf dem Access Point keine Fingerabdrücke zu hinterlassen. Das ist das Erste, wonach diese Leute suchen.«

Michael schaute auf den Boden und versuchte, schnell zu entscheiden, ob das Begleichen seiner Spielschulden es wert wäre, mit »diesen Leuten« zu tun zu bekommen – egal wer das vielleicht sein könnte. Als er hochschaute, sah er gerade noch, wie Vlad aus dem Café ging. Michael blieb sitzen und starrte in den Kaffee, den er gekauft, aber nicht angerührt hatte.

TWO

2

EIN GANZ NORMALER TAG

Freitag, 17:00

Nichteingeweihten erschien Bob Falkens Schlafzimmer teils wie ein Kontrollraum der NASA und teils wie ein Hightech-Schrottplatz. Bob diente es gleichzeitig als Labor und Heiligtum – es war der einzige Ort, wo er die Dinge in seiner Welt selbst bestimmen konnte. (*Seite 413*)

Die vereinten Kräfte der Lüftungsventilatoren aus beinahe einem Dutzend Computer ließen ein konstantes Summen ertönen. Überall lagen verschiedene Zubehörteile für Netzwerktechnik, Kabel, Computer und andere Tools herum und bedeckten gleichmäßig fast den gesamten verfügbaren Platz. Gab es doch einmal Platz, dienten schmutzige Klamotten und DVD-Hüllen als Lückenfüller.

In diesem Raum war es wärmer als im restlichen Haus und roch wie im Jungenschlafsaal eines Colleges. Für Bob war es der Himmel auf Erden. Hier konnte er zu allem werden, was er wollte. Er konnte die ganze Welt bereisen. Außerdem standen ihm noch die Tore in viele verschiedene virtuelle Welten offen.

Außerhalb dieses Zimmers ignorierte man ihn bestenfalls, meist wurde er jedoch eher schikaniert. Nur an diesem Ort hatte er die Macht, alles zu steuern und wieder Kraft zu tanken.

Wenigen Personen war es gestattet, diesen Teil von Bobs Welt zu betreten. Tatsächlich zählten nur sein Dad und Leon zu den regelmäßigen Besuchern. Bobs Vater George war früher Ingenieur und jetzt im Ruhestand. Er lebte mit seinem Sohn in einer Mittelschichtgegend in Houston, Texas. In dieser Nachbarschaft hatte sich seit den 1970ern nichts mehr geändert, als sie wegen George Falkens neuem Job dorthin gezogen waren. George hatte den Großteil seines Lebens an verschiedenen obskuren Projekten gearbeitet, die zum Raumfahrtprogramm gehörten. Manche seiner Designs hatten in Form von Türenkomponenten und Armaturenabdeckungen sogar den Erdball umkreist.

Nichts, was er gestaltet hatte, hatte jemals versagt. Könnte man das auch nur von seiner Familie sagen.

Er wusste nicht viel von den Aktivitäten seines Sohnes. Eigentlich war er sogar ziemlich sicher, dass er gar nicht alles wissen wollte, was in Bobs Zimmer geschah. Georges Frau war gestorben, als Bob erst zwölf war, und George hatte alles dafür getan, um die Interessen seines Sohnes zu fördern.

Bobs natürliche Affinität zu allen digitalen Dingen zog ihn immer weiter in eine ganz eigene Welt. Nur sein Freund Leon schaffte es, Bob auch mal in die »reale« Welt zu entführen, wie George es nannte. Aber für Bob war die ganze Zeit, die er außerhalb seines Zimmers verbrachte, nur eine Ablenkung von der von ihm bevorzugten Realität. Durch den Verlust seiner Mutter hatte Bob Narben davongetragen. Er und sein Dad hatten sich sehr einsam gefühlt, und sie wussten beide nicht, wie sie dem anderen über den Verlust hinweghelfen konnten. Weil sie das nicht schafften, verloren sie auch den Kontakt zueinander, als sich beide in ihre eigenen Welten zurückzogen. Die eine Welt war eine Karriere, für die George sich abrackerte, aber eigentlich war es mehr eine Selbstaufopferung für den Sohn. Die andere Welt bestand aus der Suche nach Anschluss und dem Gefühl der Vollständigkeit, das Bob schon in jungen Jahren verloren gegangen war.

Die Welt, in die Bob eintauchte, war voller Computer, Netzwerke, Hacker und von ihm geschaffene Gestalten. George Seele fand am ehesten Frieden, wenn Bob zu Hause war. Sein Sohn war in Sicherheit und wirkte zufrieden. *Wenigstens treibt er sich nicht mit gefährlichen Jugendlichen herum,* dachte er so manchen Abend, als er dem Summen der Computer und dem Tippen auf der Tastatur lauschte. George hatte im Laufe der Jahre eine ganze Menge für Bobs Computer ausgegeben. Doch die meisten seiner finanziellen Reserven der letzten anderthalb Jahre waren in die Rice University geflossen, die Bob bereits im zweiten Jahr besuchte. Er wusste, dass Bobs Zimmer technisch besser ausgestattet war als das, was er aus seinen Mitteln beigesteuert hatte. Sein Sohn verdiente sich irgendwo etwas dazu, und sicherlich war das kein regulärer Job.

Tropf … tropf … tropf …

Im Wohnzimmer war es still, nur der tropfende Wasserhahn war zu hören, den George schon längst hatte reparieren wollen. George saß in seinem Lieblingssessel. Den hatte ihm seine Frau vor Jahren als Geschenk zum Vatertag gekauft. Er war abgewetzt und schmutzig, aber George würde ihn niemals ausrangieren. Wenn er in diesem Sessel saß, dachte er sofort an die glücklicheren Tage, als seine Frau noch lebte und sein Sohn sein kleiner Liebling war.

George blätterte in der ein Jahr alten *Popular Mechanics*, die er sorgfältig las, und griff dann auf seinen Kopf, um seine quer über den Scheitel gekämmten Haare zu ordnen. Gerade wollte er den Mund öffnen, um herzhaft zu gähnen, als ... *Rumms!* George schrak bei dem Geräusch von Bobs zugeknallter Zimmertür hoch und riss dabei eine Seite aus dem Magazin.

»Muss los, Dad! Treff' mich gleich mit Leon und bin spät dran!«

Er nahm Bobs unscharfe Silhouette wahr, die durchs Haus raste und aus der Haustür verschwand. George blickte sich um und bekam gar nicht so recht den Anschluss an das Bild, das an ihm vorübergerauscht war, während sein Hirn noch versuchte, das Geräusch aus dem Flur zu verarbeiten. Er öffnete seinen Mund, um etwas väterlichen Rat zum Thema Aufpassen und Sicherheit abzusondern. Aber dann schloss er ihn wieder – es hatte keinen Zweck, zu einem leeren Raum zu sprechen. George hielt die abgerissene Seite seines Magazins hoch, um den Artikel zu Ende zu lesen, als er den Anlasser seines alten Wagens hörte.

Bob fuhr rückwärts mit dem 1986er Buick Electra Estate aus der Einfahrt und dann die Straße hinunter. Der weiße Lack des Kombis hatte schon seit Langem eine matte, kreidige Patina angenommen. Die Seiten aus imitiertem Holz blätterten ab, und wie ein Saum hatte sich Rost um alle Kanten des Wagens gelegt. Für Bob war dieses Tier von Maschine perfekt. Für seine Hamstergewohnheiten bot die Rostlaube massig Platz, und außerdem hatte er in den vergangenen Jahren auch alle möglichen mobilen Computerteile im Wagen verbaut. Beim Fahren schaute er kaum auf die Straße, während er seinen alten Laptop einschaltete. Der Toshiba Libretto war aufs Armaturenbrett geschraubt. Bob hatte sich angewöhnt, so oft wie möglich Wardriving zu machen. Er war ständig auf der Suche nach offenen WLANs, und dieser Tag war ideal dafür, die neue Antenne auszuprobieren, die er am Vorabend installiert hatte. (*Seite 243*) Bob fuhr auf den Kirby Drive und dann weiter zum nächsten Anime-Shop. Dort schaltete er den Laptop ab und achtete darauf, den Wagen abzuschließen.

Drinnen stieß er auf seinen besten Freund Leon. Seit der Highschool wussten sie, dass sie sich aufeinander verlassen konnten. Beide waren gleichermaßen helle Köpfchen und wetteiferten dauernd darin, was sie alles hacken konnten. Leon konnte besser mit Menschen umgehen, was Bob frustrierend fand, weil Leon darum auch bei den Social Hacks besser war. Bob hingegen war bei allem auf der Höhe, was eine Tastatur beinhaltete. Heute hatten sie sich am Anime-Shop verabredet. Bob war ein paranoider junger Mann. Durch seine Online-Zeiten hatte er gelernt, wie einfach es war, aufgespürt zu werden. Er mochte es weder in der digitalen noch der realen Welt, eine Spur zu hinterlassen.

»Hey, bist du im Zickzack hierher gefahren?« fragte Leon, als er merkte, dass Bob in den Laden kam.

»Du weißt, dass ich nicht zulasse, dass mir jemand folgt.«

»Dich wird schon keiner verfolgen, Alter, weil er dann die ganze Zeit deine potthässliche Karre vor Augen hat.«

»Hey, der Preis war okay! War 'n Geschenk von meinem Dad, und ich hab total viel Platz für meine Ausrüstung darin. Los jetzt! Ich hab gestern Abend die neue direktionale Antenne installiert. Ich will wissen, ob die besser funktioniert als die Pringles-Dose.« (*Seite 252*) Bob ging wieder zum Ladeneingang zurück. Leon folgte ihm. Bald schon krochen sie auf dem Weg zur Galleria durch den dichten Houstoner Verkehr.

»Hast du mittlerweile die Rätsel für *Capture the Flag* ausgearbeitet?« fragte Leon. »Mir sind schon ein paar eingefallen, aber ich brauche noch etwas Hilfe, um das fertigzumachen. Ich glaube, dass wir noch eine Zeitlang brauchen, bis wir zwanzig davon haben.«

»Nein, ich habe seit gestern nichts gemacht«, antwortete Bob, während er fuhr und den Bildschirm des Librettos beobachtete. »Wir überlegen uns den Rest, aber erst müssen wir noch acht weitere offene Access Points finden. Ich habe schon elf gute, die wir noch nicht benutzt haben.«

»Das sind doch bloß neunzehn Access Points. Du hast grad gesagt, es gibt zwanzig Aufgaben. Wir platzieren doch zwanzig Flags, oder?« fragte Leon.

»Wir platzieren zwanzig Flags. Und eine davon ist bei mir zu Hause.«

Leon sah ihn überrascht an. »Warum willst du alle Hacker vom 2600 Club auf dein Netzwerk loslassen? Stellst du einen Honeypot auf, um jemanden zu tracken?«

»Nein, das mach ich wegen der glaubhaften Abstreitbarkeit«, antwortete Bob. »Und wehe, du verrätst jemandem, dass ich das gesagt habe.« (*Seite 413*)

»Wofür brauchst du denn glaubhafte Abstreitbarkeit?«

»Ich will versuchen, Groom Lake zu hacken. Weißt du noch, als Gary McKinnon aufgeflogen ist, als er von London aus in die Rechner der US-Regierung einbrach? Ich glaube, dass er viel mehr Infos kriegen konnte, als später gesagt wurde. Ich glaube, dass er eine Verbindung zwischen den NASA-Computern, die er gehackt hat, und den Anlagen am Groom Lake gefunden hat. Ich will mir das Netzwerk von Groom Lake mal genauer ansehen, aber ich will nicht, dass man mich zurückverfolgen kann und dass Dad dann Ärger kriegt. Wenn ich an unserem Haus eine Flag aufstelle, habe ich ein Default-System, das von mindestens zwanzig Hackern aus der ganzen Stadt gehackt wurde. Jeder von ihnen könnte dann die Quelle sein!«

»Dein Plan hört sich viel zu clever an«, antwortete Leon. »Ich glaube, du wärst besser dran, wenn du dir einen dieser Country Clubs mit offenem Netzwerk vornimmst.«

»Das kann ich dann machen, wenn mein Wagen so aussieht, als gehöre er in so einen Club«, erwiderte Bob kurz angebunden.

Leon wandte sich schnell um und schaute zurück. »Hey, ich glaube, diesen PT Cruiser sehe ich schon zum zweiten Mal, seitdem wir aus dem Shop raus sind.« Leon war es egal, ob ihnen jemand folgte, aber er wusste, dass er seinen Freund damit aufziehen konnte, wenn er seine Paranoia kitzelte.

»Fang das nicht mit mir an. Wir sind an drei PT Cruisern vorbeigekommen, seit wir auf der Straße sind, und an keinem davon zweimal«, antwortete Bob. »Mach dich nicht lustig.« Bob deutete mit dem Finger auf seinen Freund. »Da draußen gibt es Leute, die nach solchen Typen wie uns suchen, die so Ahnung haben wie wir. Wenn du nicht aufpasst, landest du schnell in einem fensterlosen Raum, wo dich ein paar von diesen NSA-Typen für einen Job ›rekrutieren‹.«

»Bob, die Welt ist schon beängstigend genug ohne deine Paranoia.«

»Es ist keine Paranoia, wenn die wirklich hinter dir her sind.«

Leon wusste, dass es hoffnungslos war. Solche Gespräche hatten sie schon sehr oft geführt. Von diesem Augenblick an fuhren sie nahezu schweigend weiter. Bob steuerte sie durch den Verkehr und achtete mehr auf die Wagen hinter ihm als auf die vorne. Leon sah zu, wie sich auf Bobs Laptop die ungesicherten WLANs summierten.

Sie bogen ins Parkhaus der Galleria und fanden einen Parkplatz. Zu Leons wachsender Frustration musste er feststellen, dass sich dieser Platz in der vom Eingang zur Mall am weitesten entfernten Ecke befand. Er wusste, dass es zwecklos war, Bob zu bitten, einen Parkplatz näher dran zu finden. Bob wollte eine klare Sichtlinie zu seinem Wagen und genug Platz haben, um sich im Zickzack durchs Parkhaus zu bewegen und darauf zu achten, ob er von jemandem beobachtet und verfolgt würde. Bob war sein bester Freund. Mit dieser Paranoia umzugehen, war der Preis, den Leon für diese Freundschaft zahlen musste.

Bald waren sie drinnen und machten sich auf den Weg zur Gastromeile. Als sie sich *Ninfas Express* näherten, sahen sie, dass sich die übliche Truppe versammelt hatte, dieses Mal ergänzt durch ein paar weitere Leute. Dies war das monatliche Treffen des 2600 Clubs. Leon und Bob kamen regelmäßig. Heute leiteten sie die Vorbereitungen für den ersten *Capture the Flag*-Wardrive, der von der Regionalgruppe durchgeführt wurde. (*Seite 414*)

Leon setzte sich an einen leeren Tisch. Bob ging in die Mitte seiner Bekannten (in diesem Club gab es keine echten »Freunde«). Leon staunte jedes Mal wieder darüber, dass dies die einzige Umgebung war, in der Bob keine Schwierigkeiten hatte, mit anderen zu sprechen. Leon ließ seine Blicke über die bunte Truppe von etwa 30 Personen schweifen. Ein paar Goths waren gekommen, ein schnieker Preppy, ein paar nach Geek aussehende Teenager und sogar ein jugendlicher Redneck. Das war außergewöhnlich. Leon war der dünne Kerl mit dem Cowboyhut schon bei früheren Meetings aufgefallen. Leon stand auf, ging zu ihm hinüber und sah, wie er auf einem Mac Power-Book mit einem DEFCON-Sticker auf dem Deckel herumtippte.

»Wie läuft's denn so?« fragte Leon, als er sich auf den leeren Stuhl setzte.

»Prima. Ich heiß' Jeb«, sagte er und streckte die Hand aus. »Ich hab dich bei allen Sessions gesehen, wenn ich mal da war.«

»Klar, Bob und ich gehören zum harten Kern.« Leon deutete auf Bob, der in der Mitte der Gruppe an einem Tisch stand. »Was führt dich her?«

»Ich hacke schon Computer, seit mein Dad einen PC für die Buchführung unserer Farm in der Nähe von Conroe gekauft hat«, antwortete Jeb. »Ich habe keine Lust, den Laden zu übernehmen, also versuche ich, alles Mögliche zu lernen, damit ich 'nen technischen Job kriegen kann.«

»Wie bist du an den DEFCON-Sticker gekommen? Warst du dieses Jahr dort?«

»Nein, wäre ich aber liebend gerne gewesen. Ich hab ihn von einem Typ, den ich bei einem dieser Meetings getroffen habe.«

Leon wollte gerade einen Kommentar über den Mac loslassen, als er von Bob unterbrochen wurde, der aufgestanden war.

»Hey Leute!«, begann Bob. »Sieht so aus, als hätten wir eine tolle Truppe hier zusammen. Heute legen wir die Regeln für *Capture the Flag* fest«. Langsam erstarb das Gemurmel, und alle schauten von den vielen, mit Stickern beklebten Laptops hoch zu Bob. (*Seite 415*)

»Scheint, als wäre die Nachricht nach unserem letzten Meeting gut rumgegangen. Da sind eine ganze Menge Gesichter, die ich nicht kenne. Wenn jemandem hier ein Fed in der Gruppe auffällt, soll er sich melden.« (*Seite 412*)

Es gab einen Moment Stille, gefolgt von einigem Kichern, als man sich umsah und versuchte, die anderen abzuschätzen. Bob fielen ein paar Gesichter auf, die er nicht kannte. Einer von ihnen war Jeb. *Seit wann trägt ein Hacker einen Cowboyhut?* dachte er.

»Okay, in diesem Wettkampf wird es also zwanzig Flags geben. Das Flag ist eine CyberBob-Icondatei.«

»Was ist ein CyberBob?« fragte eine kleinlaute Stimme vom Rande der Versammlung. Noch mehr Kichern, als die meisten den »Newbie« in der Menge entdeckten.

Bob hatte schnell eine Antwort bereit: »Das gehört auch zu der Hollywood-Verschwörung gegen mich.« Bei einigen alten Hasen, die Bobs Ruf kannten, sorgte das für genervt verdrehte Augen.

»Ehrlich! Zuerst haben sie meinen Nachnamen für den Professor in *War Games* genommen. Dann klauen sie meinen Vornamen für dieses Chat-Icon in *The Net*. Und glaubt ja nicht, ich hätte die Botschaft nicht kapiert, denn sie töten ...« In diesem Moment stand Leon auf.

»Wie Bob schon gesagt hat, es geht um ein Icon aus dem Film *The Net*. Googelt mal danach, und macht euch keine Gedanken über irgendwelche Verschwörungen, die auf unseren Chef hier zielen. Ich passe schon auf ihn auf.«

Leon setzte sich hin und schüttelte lächelnd den Kopf. Bob merkte offenbar nicht, dass er wahrscheinlich verlegen sein sollte. Er machte einfach mit seinen Instruktionen weiter.

»Leon wird mir dabei helfen, den Wettbewerb auszurichten, und macht dann auch den Schiedsrichter.« Bob zeigte auf Leon, und alle Anwesenden schauten sich Leon noch einmal an.

Bob fuhr fort: »Ich erkläre jetzt mal die Regeln. Wenn ihr offene Systeme findet, dürfen die nicht beschädigt werden. Keine Trojaner ablegen oder Trojaner benutzen, die vielleicht schon installiert sind. Wir legen die Icon-Files nur in Systemordnern ab. Also braucht ihr auch nicht irgendwo herumzustöbern, wo ihr nichts zu suchen habt. Systeme werden nicht gehackt – wir packen die Files nur in Rechner, auf denen Netbios läuft. Wenn die nicht mal das gesperrt haben, verdienen sie es, ausgenutzt zu werden. Und als Letztes: Ihr nehmt die Icon-Dateien mit, die ihr findet. Lasst keine Kopie für jemanden zurück, der später kommt. Es werden nur zwanzig Files abgelegt, und derjenige gewinnt, der hier mit den meisten Files wieder eintrudelt. Ihr bekommt zwanzig Rätsel, die gelöst werden müssen. In jedem steckt ein Hinweis auf den Standort des ungesicherten Access Points. Alle Flags befinden sich innerhalb der Stadtgrenzen von Houston, um die Vororte braucht ihr euch also nicht zu kümmern. Ihr könnt selbst entscheiden, welche Ausrüstung ihr nehmt. Ich empfehle euch ein gutes GPS, eine gute externe Antenne und *NetStumbler*.« (*Seite 245*)

Leon stand wieder auf, um noch etwas zu ergänzen. »Versucht hier nicht, die Schlaumeier zu spielen und eine eigene Kopie der Icon-Files mitzubringen. Alle Files kriegen ihren eigenen MD5-Hash, damit ich weiß, ob ihr auch das echte File habt.«

»Absolutes *No-no* ist, wegen der MD5-Hash-Files den PC unseres Schiedsrichters zu hacken oder auf euren PS3 eine Collision auszuhecken«, fügte Bob hinzu. »Der Wettbewerb beginnt nächsten Freitag um 17 Uhr. Wir treffen uns dann am Tag danach, also Samstag um 12 Uhr, und bringt die gefundenen Files mit. Leon und ich müssen noch ein paar Flags klarmachen. Wir posten die Rätsel zum Startzeitpunkt auf der Website. Aber eins kriegt ihr jetzt schon von mir, damit ihr anfangen könnt.« (*Seite 415*)

Bob verteilte Zettel an die Anwesenden. Auf jedem war nur ein Satz gedruckt:

Sucht zwischen dem Sheriff und dem Führer der Merry Men nach der ersten Flag.

»Und probiert gar nicht erst, die Datei für diesen Hinweis jetzt schon zu suchen. Wir werden die Datei erst am Freitag am entsprechenden Standort ablegen«, fügte Bob noch hinzu, ehe er sich wieder hinsetzte.

Mit diesen Worten löste sich das Meeting in ein Dutzend kleinerer Gesprächsrunden auf. Einem Außenstehenden wäre es wie eine eigenartige Menschengruppe vorgekommen, die sich um verschiedene Tische versammelt hat. Doch tatsächlich organisierte diese Gruppe ihre Struktur selbst. Je mehr Sticker auf einem Laptop waren und je neuer das Gerät war, desto mehr Leute schienen davon angezogen zu werden. Bob und Leon verbrachten noch einige Zeit im Gespräch mit anderen und schauten sich die neuen Geräte und Bauteile an, die einige mitgebracht hatten. Bald ging es auf acht Uhr abends zu, und sie mussten noch ein paar Sachen erledigen. Sie machten sich auf den Weg zurück ins Parkhaus. Leon richtete sich nach Bob und ging mit ihm erst durch einen Flügel der Einkaufspassage hin und zurück, um sicher zu sein, dass ihnen niemand folgte.

»Kriegst du es heute Abend noch hin, ein bisschen Wardriving zu machen?« fragte Bob, als er den Wagen startete.

»Klar, ein paar Stunden habe ich noch Zeit.«

Am Ende des Abends hatten sie in ihrer Liste genug offene Access Points. Sie parkten vor dem Anime-Shop, wo sie gestartet waren, und arbeiteten eine Stunde an den Rätseln. Sie kamen nicht so schnell voran wie gehofft.

»Lass uns aufhören und einfach morgen weitermachen«, schlug Leon vor. »Ich will nach Hause und noch ein paar Runden Halo spielen. Soll ich morgen rüberkommen?«

»Mach mal. Wir können auch noch 'ne Zeit 'rumfahren, um zu sehen, ob's noch mehr offene Systeme gibt. Vielleicht finden wir dann noch welche, für die es leichter ist, passende Rätsel zu schreiben«, stimmte Bob zu.

DIE INSTALLATION

Samstag, 10:00

Michael Resol verließ mit seinem neuen WLAN Access Point den Wal-Mart. Er hatte die Anweisungen, die er von seinem Kontakt bekommen hatte, in den vergangenen beiden Tagen oft genug durchgelesen, um sie auswendig zu können. Den Großteil der 25.000 Dollar, die in Vlads Umschlag waren, hatte er bereits ausgegeben. Er wusste, er hätte mehr als nur die Hälfte nehmen sollen, um seine Spielschulden zu begleichen. *Ach, mit der nächsten Rate kümmere ich mich um die restlichen Schulden,* sagte er sich, als er den Access Point – plus den neuen 30-Zoll-HD-Flachbildschirm – in den Kofferraum packte.

Als Michael ins Büro fuhr, dachte er daran, was für ein Glück er gestern gehabt hatte. Den ganzen Nachmittag hatte er auf eine Chance gewartet. Um viertel vor vier erkannte er endlich seine Gelegenheit. Sein Chef bekam einen Anruf, wahrscheinlich von seiner Frau, dachte Michael. Er vernahm etwas über Lehrerkonferenzen der Schule und einen Schulverweis, und dann spürte er den Luftzug, als der Chef aus seinem Büro stürmte und das Gebäude verließ. Michael wartete etwa fünf Minuten und nahm dann einige Papiere, die er seinem Chef im Büro auf den Tisch legen wollte. Ah, sehr gut – er hatte seinen Rechner nicht gesperrt. Michael achtete darauf, dass keiner ihn sehen konnte, und setzte sich hinter den Schreibtisch. Er klickte mit rechts auf den Desktop und wählte »Eigenschaften«. Sein Chef hatte einen passwortgeschützten Bildschirmschoner, der sich nach zwanzig Minuten einschaltete – genau den Firmenrichtlinien entsprechend. Michael deaktivierte den Bildschirmschoner und schaltete den Monitor aus, dann verließ er schnell das Büro. (*Seite 325*) Er würde sich am Samstag um den Trojaner kümmern, wenn weniger Leute im Büro waren.

Michael bog in den Parkplatz ein und sah dort nur wenige Autos und ein paar Motorräder. Als er sich dem Haupteingang näherte, zog er die Kennkarte für Subunternehmer hervor, die er am Dienstagnachmittag gefunden hatte. Tatsächlich war Michael recht überrascht gewesen, wie leicht er daran gekommen war. Das war ihm vorher noch nie aufgefallen. Auf der Theke am Empfang stand ein Kasten mit Schlitz im Deckel. Für Besucher, die länger bleiben mussten als die Empfangsdame, war daneben ein Schild aufgestellt: »Kennkarten bitte hier zurückgeben.« Michael bemerkte schnell, dass der Kasten unverschlossen war. Er fand mehrere Besucherkarten und zwei für Subunternehmer.

Sein Puls schlug etwas stärker, als er die Kennkarte durchzog. Die Tür piepte, und das Licht wechselte auf Grün. Michael besorgte sich zunächst im Pausenraum eine Selters und ging dann zu seinem Tisch. Er versuchte, sich so normal wie möglich zu verhalten, als er in seinen Teil des Gebäudes ging.

Auf seinem Weg zählte er drei Angestellte, die alle mit gesenktem Kopf auf ihren Tastaturen tippten. Michael machte eine Weile das Gleiche.

Nachdem etwa eine halbe Stunde lang niemand in den Räumen umhergegangen war, stand er leise auf und ging ins Büro seines Chefs. Er glitt auf den Bürostuhl und schaltete den Monitor ein. Da war er – ein offener Desktop. Er zog den Stift aus seiner Hemdtasche und entfernte die Abdeckung. Der USB-Kontakt glitt reibungslos in die Vorderseite des PC. Bald poppte ein Fenster auf dem Monitor auf und zeigte den Inhalt des neuen Laufwerks.

Ein plötzliches Geräusch sorgte dafür, dass er sich verschreckt unter den Tisch duckte. Michael erstarrte und lauschte … da war nur jemand im Flur beim Kopierer. Er atmete tief durch, setzte sich langsam wieder auf den Stuhl und schaute im Arbeitsbereich herum. Nichts. »Wo ist Sydney Bristow, wenn man sie braucht?« murmelte er, als er wieder auf den Monitor schaute. (*Seite 416*)

Er klickte doppelt auf das Icon von »svchost.exe« und wartete. Nichts geschah. *Ich hoffe, dass auch genau das passieren soll,* dachte er. Als Nächstes musste Michael seine Änderung von gestern rückgängig machen. Er klickte wieder mit rechts auf den Desktop und wählte »Eigenschaften«. Er nahm den gleichen Bildschirmschoner wie sein Chef und setzte den passwortgeschützten Start wieder auf 20 Minuten. Er wollte schon gehen, als ihm die Papiere einfielen, die er gestern auf den Schreibtisch seines Chefs gelegt hatte, um seine Anwesenheit in diesem Büro zu kaschieren. Er sammelte die Papiere ein und spazierte aus dem Büro. *Wär' ja nicht so clever, hier Beweise zu vergessen, dass ich noch mal drin gewesen bin, als er schon weg war,* dachte er.

Michael ging an seinen Schreibtisch zurück und nahm seinen Rucksack hoch. Im Büro war alles immer noch schön ruhig. Er ging zu der Reihe leerer Cubicles in seinem eigenen Arbeitsbereich. Im dritten, das er überprüfte, fand er ein freies Kabel, das ohne PC daran in der Netzwerksteckdose steckte. Er stellte den Rucksack auf den Boden und zog Access Point, Klebeband, einen Lappen und seinen Laptop heraus. Er schaltete das Gerät ein und verband es über das Netzwerkkabel mit dem Access Point. Während er darauf wartete, dass sein Laptop gebootet hatte, steckte er das Stromkabel des Access Points in eine Steckdose im Cubicle. Als sein Laptop hochgefahren war, öffnete er seinen Browser und loggte sich mit dem Standardpasswort in den Access Point ein. Er zog den verknüllten Zettel mit den Anweisungen hervor, der sich in dem Umschlag befand, den er am Dienstag bekommen hatte.

Er befolgte die Instruktionen, deaktivierte den SID-Broadcast, setzte das Admin-Passwort auf »penguin« und änderte den Namen des SID auf »f0rb1dd3n«. Er achtete darauf, dass die Logging-Funktion des Access Points abgeschaltet war. Dann stöpselte er den Laptop aus und verband den Access Point über das Kabel mit der freien Netzwerkdose. Michael schaute sich um – nichts rührte sich, aber leise Musik war aus einem der Cubicle der Programmierer vernehmbar. Er kroch unter den Tisch und befestigte den Access Point mit dem Klebeband an der Unterseite der Schreibtischplatte. Dann wischte er das Gerät mit dem Lappen ab und ließ dabei auch das Netzwerkkabel nicht aus.

Michael ging an seinen Platz zurück und arbeitete noch eine Stunde weiter. Es fiel ihm schwer, wirklich etwas zu schaffen. Seine Hände zitterten leicht beim Tippen. Er war zu aufgeregt, während er darüber nachdachte, dass er gerade dabei war, seinen Chef in die Pfanne zu hauen und ganz leicht 50.000 Dollar zu verdienen.

THR33

3

IM LAND

Samstag, 22:45

Als er vor dem Hotel stand und auf Vlad wartete, schob Pavel unruhig das Gewicht seines Rucksacks hin und her. Er war erst fünf Minuten hier und schwitzte bereits. In Houston war die Nacht feucht, und die Temperatur betrug immer noch fast 30 Grad.

»Warum wollen Leute bloß an so einem Ort leben?«, murmelte Pavel und warf seine Kippe auf den Boden.

Ein blauer Transporter, neueres Modell ohne Seiten- oder Rückfenster, bog in den kreisförmigen Weg vor dem Hotel ein und hielt nicht weit von Pavel entfernt. Pavel ging gemächlich über die Straße und stieg durch die Seitentür ein, nachdem ein unsichtbarer Fahrgast ihm geöffnet hatte. Als Pavel sich hinsetzte, begutachtete er die anderen. Neben ihm saß Vlad. Pavel erkannte Andrei. Zu dem Fahrer hatte er noch nie einen Draht gehabt. Als Pavel sich zu dem Fahrgast vorne drehte, begann Vlad, die Personen vorzustellen.

»Andrei kennst du ja. Das hier ist Haki. Er lebt in den Staaten und hat gelegentlich für mich gearbeitet. Er war so freundlich, sich bei diesem Job um Transport und Ausrüstung zu kümmern.«

Haki drehte sich um und schaute Pavel an. Ihrer Augen begegneten sich, und beide grüßten einander mit Kopfnicken. Pavel ignorierte Andrei und sagte zu Vlad: »Warum hast du den Gorilla auf diese Reise mitgenommen?«

»Pass lieber auf. Er nimmt Sprachunterricht«, antwortete Vlad schmunzelnd. »Du weißt nicht, was er vielleicht schon versteht.«

Pavel schaute zu Andrei und sah keine Reaktion.

»Ich weiß, dass er mit Waffen umgehen kann, aber Sprachkenntnisse sehe ich für seine Zukunft nicht.«

Vlad ignorierte Pavel, wandte sich an Andrei und befahl auf Russisch: »**Wir legen jetzt los. Der Zeitplan muss eingehalten werden.**«

Andrei legte einen Gang ein und fuhr aus der Auffahrt, während Haki eine Adresse in einen GPS-Empfänger eintippte, den er in der Hand hielt.

Pavel schaute rückwärts in den Laderaum des Transporters. Hinter ihm befand sich zwischen den Seitenwänden eine kleine Arbeitsfläche. Ein leerer Eimer war umgedreht und wirkte, als ob er als Sitzgelegenheit dienen sollte.

»Ich dachte, für diesen Job hätten Sie einen größeren Etat«, kommentierte Pavel.

»Habe ich auch. Der Transporter erfüllt seinen Zweck, und mir ist wichtig, dass wir ihn unter Umständen einfach abstellen können und nichts von der Ausrüstung zurücklassen.«

Während der Fahrt schaute sich Pavel weiter im Transporter um und bemerkte, dass zu Vlads Füßen ein großer Seesack lag.

»Wie erledige ich das hier? Direkt vor Ort?«, fragte Pavel.

»Nein, du wirst deine Wireless-Ausrüstung brauchen. Hast du deine Antenne mit?« Vlads Frage klang mehr wie ein Befehl.

»Aber immer doch«, gab Pavel zurück.

»Ding ding … Biegen Sie – nach etwa 700 Metern – nach rechts – ab.«

»Wenn Sie schon so viele Einsätze im Außendienst hinter sich haben, wozu brauchen wir dann das Navi, mal abgesehen davon, dass es so ein schönes Spielzeug ist?«, fragte Pavel.

»Keiner von uns war vorher schon mal in Houston. Haki lebt jetzt in Dallas. Ein kleiner Sturm hat ihn aus New Orleans weggeweht.«

»Das war kein kleiner Sturm. So etwas hat's vorher …«, protestierte Haki, bevor Vlad sich ein leichtes Grinsen erlaubte und Pavel das Weitere erklärte.

»Wir wollen nicht unnötig in der Stadt umherfahren. Wenn ein Fahrzeug hier seine Kreise zieht, erregen wir Aufmerksamkeit, die wir nicht brauchen können.«

Pavel schien die Erklärung zu akzeptieren. Doch er wusste, dass Vlad diese Hightech-Spielzeuge zu sehr mochte und immer eine Begründung fand, damit er mit so etwas wie einem GPS arbeiten konnte. Sie fuhren ein paar Minuten schweigend weiter. Haki und Andrei sprachen kurz auf Russisch. Pavel hörte still zu, als Haki die Richtungsangaben für Andrei am Steuer übersetzte.

Nach etwa einer Viertelstunde Fahrzeit bogen sie auf den Parkplatz eines kleinen Bürokomplexes ein. Das Grundstück war von Bäumen umstanden und gärtnerisch schön gestaltet. Ein paar Autos standen in der Nähe der niedrigen, weißen Gebäude, ansonsten war der Parkplatz leer.

Andrei parkte den Transporter in der Ecke des Grundstücks am Rande des Bürokomplexes. Sie hatten direkten Sichtkontakt zu dem Büro, in dem

Michael gerade tags zuvor den Wireless-Router installiert hatte. An der Ecke des Gebäudes befand sich in der Nähe des Dachs ein schlichtes Schild mit den Buchstaben »3DNF, Inc.« darauf.

Vlad blaffte sein Befehle auf Russisch: »**Los jetzt. Andrei, Haki, ihr geht raus. Beobachtet die Umgebung, aber gefälligst unauffällig.**«

Vlad langte in seinen Seesack, zog kleine Funkgeräte hervor und gab je eines an Andrei und Haki.

»Kanal 7«, stellte Vlad fest, als er sein eigenes Gerät einstellte.

Andrei und Haki machten das Gleiche. Dann öffnete Haki das Handschuhfach und zog zwei Glock 19 hervor. Eine der Pistolen gab er Andrei. Beide prüften die Funktionen ihrer Waffen. Pavel bemerkte, dass Andrei flinker war und mit mehr Selbstvertrauen hantierte.

Nachdem beide verschwunden waren, zog Pavel sich seinen Rucksack auf den Schoß. Mehrere Schlüsselketten, eine kleine Taschenlampe und ein zerbrochener USB-Stick baumelten an Schlüsselbändern, die von der stark abgewetzten Tasche hingen. Pavel zog seinen Laptop heraus, aber dies war kein normales Gerät. Ein Manager, der durch einen Flughafen rennt, müsste in der Wartehalle schon auf halber Strecke pausieren und Luft holen, wenn er diesen Klotz tragen müsste. Pavel hatte sich vor zwei Jahren nach seinem ersten Job für Vlad diesen speziell für ihn angefertigten Rechner gekauft. Er hatte zwei Prozessoren, zwei optische Laufwerke (eins zum Brennen von CDs, während das andere DVDs abspielen konnte), mehr Speicher als die meisten Server und war mit einer eigenartigen Kombination von Stickern beklebt.

Pavel hangelte sich zu der schmalen Arbeitsfläche hinten im Transporter und setzte sich auf den umgedrehten Eimer. Während der Laptop hochfuhr, wühlte er in seiner Tasche nach einem Kabel. Er zog ein dünnes Kabel hervor, das an einem breiten, flachen Plastikstück etwa in der Größe eines Taschenmessers befestigt war. Dies steckte er in einen runden Anschluss auf einer Karte in einem der Erweiterungs-Slots des Computers.

»Hier – können Sie das mal dicht ans Fenster halten?«, bat Pavel, als er Vlad das andere Kabelende reichte.

»Dein Kabel reicht nicht bis zum Fenster«, antwortete Vlad, als er das Kabel entgegennahm. Er balancierte das Ende über die Lehne des Sitzes, auf dem Pavel vorher gesessen hatte, und richtete es nach vorne in Richtung des Bürogebäudes aus.

Pavel loggte sich in seinen Laptop ein und wandte sich an Vlad. »Sie haben meine Frage wegen unseres Gorillas nicht beantwortet. Aber zuerst würde ich gerne wissen, warum wir hier sind.«

»Du warst doch dabei, als wir uns in Kischinau das Zimmer von Stepan Senn vorgenommen haben. Die Infos, die wir von deinem neuen Reserve-

Laptop gezogen haben, plus die Anweisungen, die ich von Stepan bekam, waren eindeutig. Bei diesem Job muss man unbedingt direkt vor Ort sein, damit er auch klappt.«

»Aber ich dachte, wir würden bloß einen Trojaner in einen Computer bringen, damit wir remote darauf zugreifen können, um Daten zu stehlen. Das hab ich schon dreimal bei anderen Jobs für Sie gemacht, seitdem wir in Stepans Hotelzimmer waren. Warum mussten wir denn den ganzen Weg nach Houston kommen?«

Vlad holte tief Luft und schaute Pavel aufmerksam an. Er schätzte seinen jungen Handlanger ab. Vlad war noch nicht so weit, dass er ihm vertraute – zumindest nicht so weit, wie Vlad überhaupt in der Lage war, jemandem zu trauen.

»Stepan hat für seinen Arbeitgeber an einem Projekt gearbeitet, um Informationen über die Arbeit von 3DNF zu bekommen. 3DNF hat sich auf die Abfrage von großen Mengen unstrukturierter Daten spezialisiert.«

»Sie wurden gerade von Kimeron aufgekauft. Das ist eine große US-Rüstungsfirma. Kimeron will alles wissen, was 3DNF kürzlich angesammelt hat. Denk mal drüber nach: Die US-Regierung hat von all ihren Abhöraktivitäten die weltweit größte Menge an unstrukturierten Daten. Wir sind hier, weil 3DNF das Tor zu diesen Daten darstellt. Es ist zu riskant, in ein Netzwerk der US-Regierung einzubrechen. Aber 3DNF ist für den Waffenlieferanten eine neue Akquisition. Die Rüstungsfirma gehört zum vertrauenswürdigen Netzwerk – und so wird 3DNF zu dem Zugang, den wir nehmen.« Vlad hätte noch weitermachen können, aber Pavel unterbrach ihn.

»Das hört sich nicht so an, als wäre es einen Besuch wert«, merkte Pavel an.

Vlad reagierte scharf. »Natürlich ist es einen Besuch wert. Aber es ist nicht dein Job zu entscheiden, was wertvoll ist und was nicht. Dein Job ist, die technischen Hindernisse aus dem Weg zu räumen. Ich brauche einen verlässlichen Weg in dieses Netzwerk, wenn wir fertig sind. Dieser Zugang muss verborgen bleiben, und wir müssen darüber eine ganze Menge Daten abgreifen können.«

Vlad machte eine kurze Pause, um sicher zu sein, dass Pavel es kapiert hatte, und fuhr dann fort: »Unser Haupteingang ist ein WLAN-Router, der unter einen Tisch geklebt ist. Den nehmen wir, um von 3DNF zu Kimeron zu gehen. Wenn wir erstmal drin sind, installieren wir eine verlässliche Backdoor, die keinen Alarm auslöst.«

»Wenn wir fertig sind, wird es von Stepans Auftraggeber eine schöne Zahlung geben.«

Pavel wartete, um sicher zu sein, dass Vlad fertig war. Dann fragte er: »Gibt es noch etwas anderes, was ich vorher wissen muss?«

»Nein. Ich achte darauf, dass du alles erfährst, was du brauchst, während wir uns herantasten«, entgegnete Vlad.

»Was ist mit meiner Frage vom Anfang?« Pavel konnte es nicht lassen.

»Andrei? Ich hätte gedacht, dass die Antwort offensichtlich ist. Denk dran, wer das Ziel ist. Meine Unterstützung muss mehr können als nur mit einer Tastatur umzugehen. Haki ist gut, aber wir brauchen Andreis Talent ... und Temperament«, ergänzte Vlad mit einem leichten Lächeln.

Damit richtete Pavel seine Aufmerksamkeit wieder auf den Laptop. Er gab die WLAN-Einstellung ein, die Vlad ihm genannt hatte, und wartete darauf, eine IP-Adresse zugewiesen zu bekommen.

»Wie lange wollen Sie hier bleiben?«, fragte Pavel.

Vlad verstand Pavels Frage so, dass er wissen wollte, ob er einen aggressiven und schnellen oder einen heimlichen und langsamen Scan des Netzwerks machen sollte.

»Wir werden hier nicht lange sitzen müssen. Mach hier gar keinen Netzwerk-Scan«, erklärte Vlad, als er das bekannte Taschenmesser aus seinem Sakko zog. Pavel erkannte den USB-Stecker am einen Ende.

»Hier sind zwei Dateien drauf. Kopier sie beide auf deinen Rechner und starte dann diejenige namens ›Achilles‹.«

Pavel befolgte diese Anweisungen und wurde von einem Fenster begrüßt, in dem eine einfache leere Box zu sehen war und eine Schaltfläche, auf der »Connect« stand.

»Und jetzt?«, fragte Pavel und ließ die Finger über der Tastatur schweben.

Vlad warf einen kleinen, gefalteten Zettel auf Pavels Keyboard. »Gibt diese IP-Adresse ein«, befahl er.

Pavel entfaltete das Papier und lehnte es gegen den Bildschirm seines Laptops. Er tippte die Adresse ein.

10.24.53.192

Ein schwarzer Kasten füllte fast den gesamten Bildschirm, dann erschien ein Windows-Desktop. Pavel wandte sich an Vlad. »Ich bin ziemlich sicher, dass ich eine solche Frage nicht stellen sollte, aber wissen Sie, wo ich anfangen soll?«

»Stepan war nicht die einzige Ressource in diesem Projekt. Ich habe andere Kontakte, für deren Nutzung seine Firma mich bezahlt«, gab Vlad zurück.

Pavel sah Vlad einen Moment an und erkannte schnell, dass er damit die erlaubten Fragen über die Hintergründe aufgebracht hatte.

»Was soll ich jetzt machen?«, fragte Pavel und richtete seine Aufmerksamkeit wieder auf den Computer, den er fernsteuerte.

»Nutze den Remote-Computer, um die anderen Dateien von deinem System zu ziehen. Dann beginnst du damit, sorgfältig und vorsichtig das Netzwerk für mich zu checken«, antwortete Vlad.

Pavel war klar, dass er schlampig arbeitete, aber es achtete ja keiner darauf. Er aktivierte den Windows Server Service auf dem Remote-Computer, erstellte eine Freigabe des Root-Verzeichnisses und wechselte dann zum Desktop seines eigenen Laptops. Von da mappte er einfach ein Laufwerk auf den neuen, freigegebenen Ordner, der unter dem Namen des Zielcomputers erschienen war.

●●●●●●●●●●●●●●

Bob bog zügig nach rechts ab und fuhr vor ein kleines 24-Stunden-Geschäft.

»Ich brauch noch mehr Pepsi Light. Sieht auch so aus, als gäbe es da hinten Bürogebäude.« Bob deutete mit einer Hand hinüber, während er den Kombi auf einen Abstellplatz am Rande des Parkplatzes manövrierte. Der Wagen kam rutschend zum Stehen, und Bob widmete sich dem aufs Armaturenbrett geschraubten Libretto. Sie waren in der vergangenen Stunde weiter herumgefahren und hatten für ihre Schnitzeljagd am nächsten Wochenende nach weiteren WLANs gesucht. Sie fanden eine Menge Netzwerke, aber dieses Mal zickte Leon herum. Er fand, sie hätten nicht genug »interessante« Ziele, wie er jeden neuen Fund kommentierte.

Bob und Leon beobachteten, wie auf dem Bildschirm des Librettos ein WLAN nach dem anderen erschien.

»Funktioniert davon eins?« Bobs Tonfall klang fast nach Beschwerde, als er auf NetStumbler zeigte.

»Ich weiß es noch nicht. Lass mich mal mit Kismet schauen. Man sieht einfach nicht genug, wenn man bloß mit NetStumbler arbeitet«. (*Seite 245*)

»Sag mir nachher mal, was du gefunden hast. Ich hol mir erstmal was zu trinken.« Die Tür quietschte, als Bob ausstieg. Leon drückte den Einschaltknopf seines Laptops und wartete, bis die Ubuntu-Bootsequenz abgeschlossen war. Ein Klick aufs Kismet-Icon, und die Applikation startete. Er ließ seinen Blick vom Laptop über den Parkplatz schweifen. Nichts zu sehen, nur der für diese Zeit übliche Verkehr an einem Verbrauchermarkt. Drinnen erkannte er Bob, der nach hinten zu den Getränken ging.

Bob griff sich aus dem Kühlregal zwei Literflaschen seiner koffeinhaltigen Lieblingsmarke und ging hinüber zum Süßigkeitenstand. Mit einem schnellen Blick überflog er das Zuckerangebot und entschied sich für eine Packung Mints. Nach dem Bezahlen kehrte er zum Kombi zurück.

»Klasse, wir haben unser Ziel!«, rief Leon zu laut, als Bob in den Wagen kletterte. Bob hörte nur halb zu, als er eine weitere leere Diät-Pepsiflasche auf den Rücksitz warf und sie durch eine der gerade gekauften Flaschen ersetzte.

»Was hast du gefunden?«, fragte Bob, als er sich hinüberbeugte, um auf Leons Bildschirm sehen zu können. Sieben Netzwerke wurden angezeigt. Vier passten zu dem, was Bob mit seinem Computer entdeckt hatte. Bei dreien war der Broadcast abgestellt, darum hatte Bob sie nicht finden können. Von den neuen Netzwerken war eines nicht verschlüsselt und trug den Namen »F0RB1DD3N«.

»Dies hier wurde nicht angezeigt, weil wir den Scan nur mit der Windose gemacht haben. Kismet empfängt auch die, die nicht broadcasten«, merkte Leon an.

Bob senkte sein Kinn auf die Brust und schaute Leon fast durch seine Augenbrauen mit einem Blick, der ungefähr »Wem erzählst du das?« besagte. Doch anstatt auszusprechen, was er wirklich dachte, stellte er nur fest: »Das ist kein Firmennetzwerkname.«

»Hört sich nicht nach Firmenname an, stimmt, heißt aber nicht, dass es hier nicht hingehört«, gab Leon zurück. »Hier gibt's 'ne Menge kleiner Technofirmen. Da arbeiten bestimmt ganz viele Nerds, die so was einrichten könnten.«

»Sicher, aber warum ist es nicht verschlüsselt?«

»Das finden wir am besten mal raus«, antwortete Leon, als er seine Netzwerkeinstellungen so änderte, um vom »F0RB1DD3N«-Netzwerk eine IP-Adresse zu empfangen.

»Starte mal Wireshark. Ich will sehen, was sonst noch so auf diesem Netzwerk los ist«, schlug Bob vor und schnappte sich vom Rücksitz seinen Rucksack, in dem sein Haupt-Laptop steckte. Bob und Leon richteten sich schnell darauf ein, erst einmal zu tippen und zu lesen. Die einzigen Geräusche auf dem Parkplatz stammten von den Kunden, die in den Laden gingen und wieder herauskamen.

Leon machte zuerst mehr Fortschritte, weil er verglichen mit Bob einen Vorsprung hatte. Leon folgte Bobs Vorschlag und setzte Wireshark ein. Mit diesem Programm verschaffte er sich einen Überblick darüber, was auf dem WLAN los war, das er sich zusammen mit Bob vorgenommen hatte. Leon erkannte schnell, dass sie auf dem Netzwerk nicht alleine waren. Jemand übertrug eine große Binärdatei. Zuerst sagte er nichts, sondern änderte die Einstellungen für Wireshark, um ein Packet Capture zu machen, damit er eine Kopie davon bekam, was durchs Netzwerk rauschte. (*Seite 282*)

Bob gefiel die Stille nicht. Seine Finger begannen, über die Tastatur zu rasen. Das Geräusch seines Tippens war das Nerd-Äquivalent von MG-Feuer.

Im Land

»Was machst du da? So schnell kannst du gar nicht tippen!«, kreischte Leon.

»Sorry. In allen Hackerfilmen, die ich gesehen habe, trommelt der Haupt-Nerd irgendwann mal so aufs Keyboard. Ich will einfach nur meine Szene für den Film.«

»Als ob irgendwer Lust hätte, sich ein paar arbeitslose Nerds anzuschauen, wie sie irgendwo CyberBob-Icons ablegen«, brummelte Leon und beschäftigte sich wieder mit seinem Bildschirm.

Bob begann achselzuckend, durch die Liste seiner Utility-Programme zu scrollen. Er wollte gerade auf den Ordner »T00Lz« klicken, als Leon sich meldete.

»Hey, da ist grad ein Dateitransfer. Irgendwer legt da noch 'ne Spätschicht ein.«

»Kannst du was sehen?«, fragte Bob und beugte sich zu Leons Bildschirm.

»Da ist neben uns noch ein Computer im WLAN. Schau mal, er hat eine 192.168.1.2-Adresse. Ich bin 192.168.1.3. Er transferiert irgendeine binäre Datei auf einen Rechner unter 10.24.53.192. Das 10er-Netzwerk muss das Firmennetzwerk sein.«

»Machst du ein Packet Capture?«, fragte Bob. In Leons Gesicht stand ›Glaubst du, ich bin blöd?‹ geschrieben, als er antwortete: »Na klar.«

Bob kehrte zu seinem »T00Lz«-Ordner zurück und klickte auf das Super-Scan-Icon. (*Seite 256*) Wenn jemand eine Datei von diesem .2-Rechner auf diesen Netzwerkrechner transferiert, musste es noch andere interessante Sachen auf diesem Netzwerk geben. Diese Site wäre ein prima Bonus für das CyberBob-Icon. Nach dem Programmstart begann Bob mit dem Scan, um das 10.24.53.x-Netzwerk zu untersuchen und zu sehen, was er finden konnte. (*Seite 417*)

»Was machst du da, Mensch?!«, brüllte Leon.

»Was? Ich scanne bloß das Netzwerk«, erwiderte Bob scharf.

»Was murkst du da rum? Du Lusche scannst das Subnetz. Bloß weil die das Tor weit aufgelassen haben, heißt das doch nicht, dass du da wie mit 'nem Bulldozer reinbrettern musst.«

»Wenn die so blöde sind, einen offenen Access Point zu haben, werden sie auch den SuperScan nicht schnallen«, blaffte Bob zurück.

»Na klasse. Ich filtere deine IP raus, damit wir neben deinem Lärm überhaupt was sehen können.« Leon konzentrierte sich auf seinen Laptop. Für kurze Zeit war es in dem alten Buick ganz still, als sie jeweils auf den eigenen Bildschirm starrten.

Beim Schreiben wirkten Bobs Handgelenke, als wären sie vorne am Laptop festgeklebt. Weil er so viele Jahre drinnen verbracht hatte, war seine Haut so hell, dass sie im Lichte seines Bildschirms fast leuchtete. Seine Finger wirkten beim Tippen wie zwei Spinnen, die nach Beute griffen. Bob brauchte nur wenige Augenblicke, um eine Liste der Computer zusammenzustellen, die sich auf dem gescannten Netzwerk befanden. Er ließ den Scan weiterlaufen und öffnete ein neues Fenster aus der »Run«-Box am unteren Bildschirmrand. Dort tippte er den ersten Namen eines Computers ein, von dem er vermutete, dass es ein Server war, gefolgt vom Standard-Root-Pfad \\3D-FS1\C$. (*Seite 331*)

Schnell wurde er mit einer Liste von Dateien und Ordnern belohnt. Er verlor keine Zeit und zog eine Kopie des CyberBob-Icons von seinem Desktop auf dieses neue Fenster. (*Seite 417*) Dann kontrollierte er durch eine Aktualisierung der Ansicht, dass die Bonus-Flag für den bevorstehenden Wettkampf nun in der Dateiliste enthalten war. Bob beschloss, Leon jetzt noch nichts zu sagen. Er wollte sich noch ein wenig umschauen und holte das SuperScan-Fenster wieder in den Vordergrund, um sich die Resultate anzuschauen.

·····●●●●●●●●●·····

Andrei und Haki hatten sich in entgegengesetzter Richtung vom Transporter entfernt. Es dauerte nicht lange, bis sie feststellten, dass es in dem Bürokomplex weitgehend ruhig war. Die wenigen Menschen dort achteten nicht auf ihre Umgebung. Sie waren dabei, sich auf den Weg zu ihren Büros oder Autos zu machen oder konzentrierten sich auf ihre Arbeit.

Vlads Ganoven stießen bei ein paar Bäumen auf einer kleinen Verkehrsinsel am Rande des Parkplatzes wieder aufeinander.

»Glaubst du wirklich, dass Vlad für diesen Job Schutz braucht?«, fragte Haki auf Russisch.

»Ich hab' die Erfahrung gemacht, dass ich meist was zu tun kriege, wenn er mich zu einem Job mitnimmt«, antwortete Andrei.

»Pass mal ein bisschen auf. Ich hol was zum Rauchen.« Andrei deutete auf den kleinen Laden in der Nähe des Bürokomplexes und machte sich am Rand des Parkplatzes in der Dunkelheit auf den Weg. Haki blieb im Schatten der Bäume, wo er ihren Transporter sehen und den Großteil des Parkplatzes überblicken konnte.

Andrei ging in den kleinen Laden und steuerte gleich den Mann an der Kasse an.

»Marlboro«, sagte er mit starkem Akzent und hielt zwei Finger hoch. Das amerikanische Wort hatte er schon vor langer Zeit gelernt.

Der Mann drehte sich um und holte zwei Packungen der gewünschten Marke aus dem Regal.

»Dreizehn dreiundsiebzig.«

Andrei verstand den Mann nicht wirklich, aber er fischte einen 20-Dollar-Schein aus der Geldbörse, in der sein Anteil steckte, den Vlad ihm heute bereits gegeben hatte, und schob ihn über die Ladentheke. Der Kassierer schob ihm das Wechselgeld zu, und Andrei verließ den Laden. Draußen blieb er stehen und öffnete eine Packung. Er steckte sich eine Zigarette an, und während er den ersten Zug nahm, prüfte er seine Umgebung. Vor dem Laden standen zwei Autos und ein Truck. Im Truck schlief eine Frau auf dem Beifahrersitz, doch beide Wagen waren leer. Ihre Fahrer wanderten in dem Laden herum, den Andrei gerade verlassen hatte. In der Ecke des Parkplatzes stand ein alter, verbeulter Kombi mit zwei Jugendlichen, deren Gesichter merkwürdig blau beleuchtet waren. Andrei hatte das gleiche Leuchten bei Vlad oder Pavel gesehen, wenn sie im Dunkeln auf ihren Laptop starrten. Er zog Stift und Papier heraus und notierte sich das Kennzeichen. Dann ging er wieder am Rande des Parkplatzes entlang zu Haki zurück.

Mit seinen entschlossenen Schritten benötigte Andrei für die halbe Strecke kaum mehr als eine Minute. Ihm gefiel nicht, dass in der schwülen südlichen Nacht sogar diese kleine Anstrengung schon für ein paar Schweißtropfen auf der Stirn sorgte. Er zog erneut an der Zigarette und ließ einen kleinen, bernsteinfarbenen Punkt erscheinen. Haki bemerkte Andreis Rückkehr und beobachtete, wie er näherkam.

Wir müssen mit Vlad sprechen«, verkündete Andrei, als er bei ihm war.

»Wir sind gerade erst angekommen. Glaub' nicht, dass es schlau wäre, ihn zu stören.«

»Das Risiko gehe ich ein.«

Andrei wartete nicht auf Antwort. Er änderte seinen Weg zurück zum Transporter. Haki wartete einen Moment und beschloss, Andrei zu folgen. Als Andrei den Transporter erreichte, klopfte er leise an die Seite, öffnete die Fahrertür und zog nach dem Einsteigen die Tür hinter sich zu. Haki erschien ein paar Augenblicke später und setzte sich auf den Beifahrersitz. Andrei redete bereits.

Da steht ein alter Wagen auf dem Parkplatz, nördlich von uns an einem kleinen Laden«, begann Andrei und zeigte durch die Frontscheibe in die Richtung, wo sie gerade gewesen waren. »Da sitzen zwei Jugendliche drin, und beide haben einen Laptop an. Die sehen aus wie eine amerikanische Version von Ihrem Kleinen da«, sagte er mit einem Seitenblick auf Pavel.

Vlad wandte sich zu Pavel. Er brauchte nichts zu sagen. Pavel erwiderte Andreis Blick nur einen Moment, dann wandte er sich seinem Rechner zu. Ein paar Klicks, und er hatte im Menü Nmap gefunden und auf seinem Rechner gestartet. Er tippte das Wireless-Subnetz 192.168.1.x ein, über das er mit dem 3DNF-Netzwerk verbunden war, und begann seinen Scan.

Wenige Sekunden später erschienen auf der Liste zwei andere Computer, die dort nicht hätten sein sollen. (*Seite 257*)

»Digger, was machst du da, ey?!«, brüllte Bob.

»Was ist los?«, gab Leon zurück und schaute zu Bob.

»Guck mal hier!«, Bob zeigte auf den blinkenden Alarm auf seinem Computer. Seine Comodo-Firewall hatte ein Fenster geöffnet, das seinen SuperScan verdeckte.

»Da scannt mich gerade jemand!«, Bob nahm seine Hände schnell von der Tastatur, als stünde sie unter Strom. (*Seite 255*)

»Das war ich nicht. Ich habe mir gerade nur das 10.20.4-Firmennetzwerk angeguckt«, antwortete Leon.

»Wir sind nicht die einzigen im Netzwerk«, sagte Pavel und drehte den Rechner so, dass Vlad die Nmap-Ausgabe sehen konnte.

»Was können die sehen?«, fragte Vlad.

»Wenn die aufpassen ... wer weiß?«, antwortete Pavel.

»Ist der Dateitransfer fertig?«

»Da fehlen noch 25 %.«

»Brich das ab«, befahl Vlad.

Pavel beendete den Transfer und killte seinen Scan.

»Es hat aufgehört«, sagten Bob und Leon fast unisono. Bob hatte zuerst gesehen, wie der Netzwerk-Scan abbrach, und dann beobachtete Leon, dass der Bildschirm den Packet Capture nicht mehr herunterscrollte.

»Ich habe ziemlich viele Daten bekommen, aber ich glaube nicht, dass die fertig sind. Das ging alles an einen PC, der wohl 3M5763 hieß«, sagte Leon.

»Und jetzt?«, fragte Bob.

»Warten wir mal ab.«

Leon und Bob saßen still und schauten zwischen ihren Bildschirmen und der Umgebung hin und her. Zwei Minuten krochen vorbei, angefüllt nur mit ihren schnelleren Atemzügen.

»Guck mal!«, Bob kreischte beinahe, als die Standlichter eines Transporters eingeschaltet wurden, der keine zweihundert Meter entfernt stand. »Bestimmt kommt der Traffic von da!«

Leon und Bob beobachteten den Transporter, konnten aber keine anderen Aktivitäten erkennen.

»Entspann dich«, sagte Leon. »Da stehen noch ein paar andere Wagen rum. Das heißt nicht, dass die das waren.«

»Die Karre riecht doch förmlich nach FBI! Was ist, wenn die uns beobachten? Oder vielleicht tracken die auch irgendwas in einem der Büros?«

»Wir haben genug Access Points für das Spiel. Lass uns mal lieber abrauschen.« Bob ließ den alten Motor an und legte den Gang ein. Er schaltete seine Scheinwerfer nicht ein, sondern wendete den Wagen langsam auf dem Parkplatz. Als sie auf die Straße rollten, gingen plötzlich die Scheinwerfer des Transporters an.

»Ich hab' doch gesagt, dass die da uns beobachtet haben!«, beharrte Bob.

»Glaub' nicht, dass die uns folgen«, antwortete Leon. Er drehte sich um und sah, dass der Transporter auf die gleiche Straße fuhr und jetzt kaum Hundert Meter entfernt war. Seine Worte klangen nicht sehr überzeugt.

»Natürlich kommen die hinter uns her! Der Kram, den wir da gesehen haben, kam garantiert aus diesem Transporter!«

Sie fuhren auf der Kirby Avenue. Als sie an eine Ampel kamen, die für die Linksabbiegerspur Grün zeigte, schaltete Bob schließlich die Scheinwerfer ein. Doch anstatt durchzufahren, stoppte er.

»Was soll das denn?«, fragte Leon, als er zurückschaute. Drei Fahrzeuge trennten sie von dem Transporter. Alle befanden sich auf der gleichen Abbiegespur.

»Ich will rauskriegen, ob die hinter uns her sind.«

Die ersten begannen zu hupen, und Bob beobachtete, wie die Ampel auf Gelb sprang. Sobald sie auf Rot wechselte, bekamen die Autos auf der Querstraße Grün zum Linksabbiegen. Doch bevor der erste Wagen abbiegen konnte, trat Bob das Gaspedal durch. Der alte V-8-Motor heulte auf, und sie schlingerten auf die Kreuzung. Als Bob dem überraschten Fahrer den Weg abschnitt, begleitete lautes Hupen seine Fahrt über die Kreuzung und weiter auf dem Kirby Drive.

»Was machen die?«, fragte Bob.

Leon schaute sich um und versuchte dabei, die schnellen Bewegungsänderungen des Wagens auszugleichen.

»Ach du meine ... du hast recht!«, Leon beobachtete, wie der Transporter auf der Gegenfahrbahn wendete und sich seinen Weg über die Kreuzung erzwang. Wieder hupten Autos laut, als der Transporter zweien den Weg abschnitt, die versuchten, an der Kreuzung links abzubiegen.

»Jetzt werden wir hier mal gegensteuern!«, brüllte Bob, als er über die erlaubten 50 Meilen die Stunde beschleunigte.

»Das klappt doch nicht«, beschwerte sich Leon. Er hatte seinem Freund im letzten Jahr Kummer bereitet, als er ihn dabei beobachtete, wie er seinen alten Kombi mit immer mehr Schnickschnack gepimpt hatte. Gegensteuern? Das waren doch nur die neuesten Ergüsse eines paranoiden Geistes.

»Halt die Klappe und drück auf den roten Schalter, wenn ich es sage!«, lautete Bobs Antwort.

Leon öffnete das Handschuhfach und sah ein Stück Sperrholz. Darauf waren drei Schalter montiert und unordentlich mit Kabeln verbunden, die durch die Rückseite des Handschuhfachs im Armaturenbrett verschwanden. Zwei Schalter waren rot und einer grün.

»Welchen roten!?«

»Den linken! Aber warte, bis ich es sage! Und egal was du machst, pack bloß den grünen nicht an!« Sie rasten weiter die Straße hinunter, während der Transporter hinter ihnen schnell die Spuren wechselte, um sie einzuholen. Bob jagte bei Grün über die nächste Kreuzung – der Transporter schaffte es auch.

»Die kommen ran!«, kreischte Leon. Er war ganz in Bobs Welt gefangen.

»Ich hab dir doch gesagt, es ist keine Paranoia, wenn sie dich verfolgen!«

Vor ihnen sah Bob einen Lexus RX350 SUV, der ihnen entgegenkam und der nach rechts blinkte. Bob gab Gas und bog direkt vor dem Geländewagen quer zum Verkehr links ab in die kleine Seitenstraße, in der auf beiden Seiten Autos aufgereiht parkten.

»Jetzt!«

Leon schlug mit der Hand auf den roten Schalter. Er drehte sich um und sah, wie die Heckklappe des Kombis herunterklappte. Vier Dosen mit weißer Farbe, die so vertäut waren, dass sie aus dem Wagen kippten konnten, fielen auf die Straße. Wie geplant prallte jede einmal auf den Boden, sprang in einem Bogen wieder hoch und entleerte den Inhalt beim Flug durch die Luft auf die Straße.

Leon sah, wie die Frau hinter dem Steuer des Geländewagens das Handy fallen ließ und mit beiden Händen ihr Lenkrad packte. Sie riss das Steuer herum, und der Geländewagen schlidderte quer zur Straße, als sie in die Bremsen ging. Dann sah Leon, wie in ihrem Wagen Baseballtrikots umher flogen. Mit zunehmender Fahrt ließen sie das Chaos immer weiter hinter sich.

Der Geländewagen stand mit der Nase schräg zur Straße – und blockierte passend jeden Weg daran vorbei.

············•••••●●●•••••············

Andrei stand beinahe auf dem Pedal, als er den Transporter bremste. Das Geräusch quietschender Reifen und eine Flut erregter Worte in drei verschiedenen Sprachen füllte das Fahrzeug, als Andrei nur wenige Handbreit vor dem Heck des Geländewagens zum Stehen kam. Andrei rammte den Rückwärtsgang rein und drückte mit aller Kraft aufs Gas, um geschickt rückwärts zur Kreuzung zu fahren. Dort riss er das Lenkrad hart nach rechts und ließ den Transporter mit quietschenden Reifen in die Gegenrichtung schliddern. Pavel packte seinen Rucksack, um zu verhindern, dass der Inhalt durch den Transporter flog.

············•••••●●●•••••············

»Hast du das gesehen!?« Bob konnte kaum noch fahren, voller Adrenalin und mächtig unter Strom. Seine Hände begannen zu zittern, als er erkannte, dass die virtuelle Welt sich gerade eben mit seiner realen Welt gekreuzt hatte. »Ich hätte nicht gedacht, dass das wirklich funktioniert«, murmelte er.

Leon gings nicht viel besser. »Wir sind so was von am Arsch«, keuchte er.

············•••••●●●•••••············

»Einer von euch sollte sich mal darum kümmern, was wir hiermit machen können«, sagte Andrei. Er zog den Zettel aus der Hemdtasche und gab Vlad das Kennzeichen von Bobs Transporter.

»Was ist das?«, fragte Vlad, als er die Nummer sah.

»Ich habe die Nummer des Wagens aufgeschrieben, als er mir zuerst aufgefallen war. Ihr kleiner Freund könnte sich ja mal drum kümmern, wie man die mit dieser Nummer findet.«

Vlad war nicht zufrieden, aber diese Information nahm dem Fehlschlag ein wenig die Spitze. Bevor Vlad einen Befehl bellen konnte, hatte Pavel schon eine Datenkarte in den Laptop geschoben und auf das ›Connect‹-Icon geklickt, um eine mobile Internetverbindung aufzubauen.

»Gib mir ein paar Minuten«, erklärte Pavel, als seine Finger über die Tastatur tanzten.

FOUR

4

IN REAL LIFE

Samstag, 22:53

Bob parkte den Wagen in der Nähe eines Wal-Marts und schaltete den Motor aus. Er schaute Leon an, in beiden Gesichtern ein Ausdruck starren Unglaubens. Sie wussten, dass sie eine Grenze überschritten hatten, konnten es selbst aber gar nicht glauben. Sogar Bob, der sonst immer bereitwillig mit seiner Paranoia auftrumpfte, konnte die Realität einer Autojagd kaum richtig mit den fantasierten Bedrohungen abgleichen, die er stets hinter der nächsten Ecke wähnte. Trotzdem ergriff er zuerst das Wort.

»Ich will noch nicht nach Hause fahren. Wir brauchen mehr Infos.«

»Welche denn?«

»Wenn die uns gefolgt sind, dann haben sie bestimmt das Kennzeichen gesehen. Wenn das Bullen waren, dann wartet wahrscheinlich schon jemand vor meinem Haus! So ein Mist … Dad!« Bob dämmerte, welchen Schritt ihre Verfolger als Nächstes nehmen würden.

»Mein Dad ist zu Haus oder war es zumindest, als ich los bin!«

»Das ist erst ein paar Minuten her, ruf ihn doch einfach an.« Leon versuchte, seinen Freund zu beruhigen, und merkte gar nicht, in welcher Lautstärke er antwortete.

»Und was soll ich ihm sagen? ›Hey Dad, wie läuft's gerade? Ach, parkt da übrigens vielleicht schon ein Wagen mit Ganoven vorm Haus? Wenn ja, ich hab' keine Schuld. Oh, und egal was du machst, lass sie bitte nicht in mein Lab.«

»Uns bleibt noch Zeit«, sagte Leon. Er begann sich zu beruhigen, und sein Gehirn wurde langsam wieder klarer.

»Nehmen wir einfach das schlimmste Szenario: Das waren Bullen. Wir müssen davon ausgehen, dass sie über den Wagen herausfinden, wo du wohnst. Das bedeutet, wir …«

»Nein … !«

»Was ist jetzt?«

»Mein Lab! Das landet irgendwo, wo die ihre Beweise sammeln, und dann schnüffelt so ein Trupp bürokratischer Nerds in meinen Daten herum!«

»Also fahren wir jetzt zu dir und schauen, ob wir es eher schaffen?«

»Mensch, ein Funkgerät kannst du nicht überholen! Als ich das letzte Mal nachgeschaut habe, war die Lichtgeschwindigkeit schneller als ein Buick!«

Leon wurde immer frustrierter und Bob immer panischer.

»Okay, jetzt komm mal runter. Lass uns noch mal von vorn anfangen. Wir müssen einen Weg finden, um deinen Dad zu warnen. Wir können nicht all deine Daten retten – es gibt einfach keine Möglichkeit, sicher ins Haus zu kommen.«

Bob fiel ihm ins Wort. »Zuerst müssen wir diesen Wagen loswerden. Solange wir damit herumfahren, stellen wir ein Ziel dar.«

»Wie sollen wir den denn los- …«

»Rudy!«

»Was ist mit dem?«

»Ich wette, der leiht uns im Austausch bestimmt für eine Weile seinen Wagen. Wir müssen ihm ja nicht sagen warum, wir brauchen bloß was anderes zum Fahren. Wir geben den Wagen zurück, wenn bei dieser Geschichte der Dampf raus ist, und wenn er angehalten wird, dann kann er ja mit nichts in Verbindung gebracht werden, was vorhin passiert ist. Gib mir mal dein Handy!«

Leon fiel kein besserer Vorschlag ein, also wühlte er in seinen Taschen nach dem Telefon. Er gab es Bob, der gleich eine Nummer eintippte.

»Die hast du dir gemerkt?«, fragte Leon, während Bob nach vorne starrte.

»Ja, keine Ahnung warum. Blieb einfach in meinem Kopf hängen, als wir an der letzten LAN-Party gearbeitet haben … Rudy! Ich bin's, Bob … Ja, wir sind fast fertig mit der Vorbereitung von *Capture the Flag*. Das wird 'ne tolle Sache … Hör mal, Alter, ich wollte dich um was bitten. Wir wollen drüben in River Oaks ein bisschen Wardriving machen, und da fällt mein Kombi natürlich total auf. Bist du auf Arbeit? … Cool. Können wir grad vorbeikommen und für heute Abend Autos tauschen? … Ja, Leon ist bei mir … Okay, ich verspreche dir, er fährt … Menno, so schlecht bin ich doch gar nicht … Ich hab doch gesagt, ich verspreche, dass er fährt … in einer halben Stunde, okay. Danke.«

»Nicht schlecht … einen Hacker mit Social Engineering rumzukriegen«, gratulierte Leon.

Bob sagte nichts zu diesem Kompliment, aber ein selbstgefälliges Grinsen konnte er sich nicht verkneifen. Es breitete sich auf seinem Gesicht aus, als er den Wagen anließ und anfuhr.

»Was ist nun damit, deinen Dad zu warnen oder deine Daten zu retten?«, fragte Leon und musste sich festhalten, als Bob den alten Buick scharf um die Kurve fuhr.

»Alter, da ist nix bei mir zu Haus, okay?«, blaffte Bob.

Leon wusste auch keine Antwort. Schweigend fuhren sie den restlichen Weg zum House of Pies, einem 24-Stunden-Diner. Als Bob den Wagen im hinteren Bereich des Parkplatzes in der Nähe der Mülltonnen abstellte, war es ihnen mittlerweile gelungen, sich etwas abzuregen.

Drinnen hatten sie gerade ihre Getränke bekommen, als Rudy erschien.

»Hey, wie läuft's denn so?«, sagte Leon, als er in der Sitzecke beiseite rutschte, um Rudy Platz zu machen.

»Alles wie gehabt. Bin gerade mit dem neuen Boot-Screen für meine PSP fertig geworden. Sousanator hat eine neue PRX rausgebracht, mit der man sich einen eigenen Startup machen kann.«

»Cool. Bring das mal zum nächsten 2600-Treffen mit. Möchte ich mal sehen, wie du das machst«, antwortete Leon.

»Wie viele Flags müsst ihr denn noch setzen?«

»Wir haben bereits genug Flags, aber wir dachten, wir sollten wenigstens eine in einem Country Club absetzen. Die meisten Leute, die mitspielen, fahren solche Gurken wie ich, also macht's das ein bisschen interessanter.«

»Klar, verstehe. Und danke: Das bedeutet, ich kenne wenigstens eine Stelle, wo man eine Flag finden kann. Das mit eurem Merry-Men-Hinweis habe ich immer noch nicht rausgekriegt.«

»Bei dem Tipp ging es nicht um die Merry Men, sondern um deren Führer. Denk mal drüber nach, dann kapierst du das schon. Wir müssen jetzt mal los, wenn wir bald fertig werden wollen.«

»Danke noch mal, dass wir mit dem Mini fahren dürfen«, sagte Leon, als Rudy die Schlüssel auf den Tisch legte. »Ich lasse Bob nicht ans Steuer – versprochen!«

Bob lächelte gequält, als er Rudy seine Schlüssel für den Buick gab.

»Können wir uns morgen Nachmittag gegen fünf wieder treffen?«, fragte Rudy.

»Klar, dann kommen wir auch wieder her, ja?«, antwortete Leon.

»Und spiel nicht mit irgendwelchen Schaltern rum!«, warnte Bob, als Rudy sich zum Gehen erhob.

»Mach ich schon nicht. Ich mag mir gar nicht vorstellen, welche Mods du einem Wagen antust, wenn ich so sehe, was du so für'n Kram zu den Meetings mitbringst.«

Nachdem Rudy gegangen war, blieben Bob und Leon noch ein paar Minuten sitzen und starrten ziellos in der Gegend herum. Bob schaute meist nach draußen und verfolgte mit seinen Blicken die Autos, die auf den Parkplatz kamen und wegfuhren. Plötzlich sprang Bob auf, warf drei Dollar für die Getränke auf den Tisch und schnappte sich seinen Rucksack.

»Wir müssen los. Mir ist was eingefallen, wie wir checken können, wie es bei Dad ist. Da hätte ich auch eher dran denken können.«

»Um was geht's?«, fragte Leon, als er Bob durchs Restaurant folgte.

»Meine Webcam. Die auf meinem Hauptbildschirm sendet ihren Feed an eine passwortgeschützte Website. Wir brauchen nur ein Netzwerk, über das wir online gehen können. Dann kann ich sehen, was in meinem Lab abgeht.« (*Seite 218*)

Zehn Minuten später parkten Bob und Leon am Anfang einer Sackgasse, die zum River Oaks Country Club führte. Der kleine Mini Cooper fügte sich gut in die auf den Einfahrten und der Straße parkenden Wagen ein. Der Bereich wurde nur teilweise erleuchtet durch Lampen, die in die gemauerten Briefkästen auf beiden Seiten der Straße eingebaut waren.

Leon stellte den Wagen ab und beobachtete, wie Bob mit seinem Laptop über ein WLAN aus einem der Häuser der Umgebung online ging.

»Man sollte meinen, die Leute hätten mittlerweile rausbekommen, wie man diese alten Linksys-Netzwerke verschlüsselt, die alle immer noch verwenden«, kommentierte Leon, als Bob darauf wartete, dass sein Browser die Seite von einem seiner Webserver geladen hatte. (*Seite 420*)

»Irgendwas ist nicht in Ordnung!«, stieß Bob hervor, nachdem er ein paar Sekunden mit den Fingern gegen den Rand seines Laptops getrommelt hatte.

»Was denn?«

Bob überprüfte erneut einen langen URL, den er gerade in seinen Browser getippt hatte. »Mein Webserver ist down. Ich prüf mal meine Offsite-Box.«

»Welche Offsite-Box?«

»Äh, das ist ein Server, den ich mal gefunden habe. Auf den lade ich per FTP automatisch durch Bewegung ausgelöste Videoclips aus meinem Zimmer hoch«, antwortete Bob. »Und außerdem: Der Prof von der Uni in Australien, bei der die Site gehostet wird, lehrt englische Literatur des Mittelalters. Der hat immer noch nicht kapiert, dass ich mir ein Gig geborgt habe. Oder zwei.«

Leon sah Bob zweifelnd an.

»Okay, 30 Gig, aber der benutzt den Space sowieso nicht, den sie ihm gegeben haben.« Leon schüttelte seinen Kopf, und Bobs Finger führten wieder ihren Spinnentanz auf der Tastatur aus.

»Hier ist er«, sagte Bob, als er die Ordnerstruktur auf dem Remote-Server überflog. »Ich habe eine Datei, die vor zwanzig Minuten hochgeladen wurde. Das bedeutet, jemand war in meinem Zimmer.« Er klickte auf den Dateinamen, und sein Videoplayer wurde aufgerufen. Leon schaute über seine Schulter, während abgehackt das Video begann. Beide sahen sie, wie die Tür zu Bobs Labor geöffnet wurde. Zuerst kam Bobs Dad herein, dann folgten vier Männer.

»So ein Mist! FBI-Agenten! Ich hab dir doch gesagt, die finden unser Haus!«

Die Webcam hatte keinen Ton aufgenommen, aber sie konnten erkennen, was geschah: Bobs Dad wurde in das Zimmer geschubst und war offensichtlich verwirrt und ängstlich. Einer der drei, der am taffsten wirkte, bedrohte George Falken mit seiner Waffe. Ein gut gekleideter Mann, der die Operation offenbar leitete, stand neben der Tür, und der Jüngste schaute sich die Monitore an.

●●●●●●●●●●●●●

Zwanzig Minuten vorher ...

»Erzählen Sie uns, was Ihr Sohn heute Abend gemacht hat«, sagte Vlad zu George. Vlads Stimme war ruhig, aber nachdrücklich.

»Ich habe keine Ahnung. Er hat sich irgendwo mit seinem Freund getroffen.« George war wie sein Sohn der Annahme, er hätte es mit FBI-Agenten zu tun. Er wusste nicht, was geschah, war aber davon überzeugt, dass Bob nun schließlich irgendwo den Bogen überspannt hatte.

»Wir untersuchten einen Einbruch in ein Firmennetzwerk und fanden Ihren Sohn auf dem Parkplatz. Wir glauben, er hatte etwas damit zu tun.«

»Bob würde so etwas nie tun. Er ist ein guter Junge.« George konzentrierte sich so sehr auf die Fragen von Vlad, dass er nicht darauf achtete, wie Pavel im Zimmer umherging.

»Bitte lächeln, wir sind auf Sendung«, sagte Pavel, als er sich vorbeugte, um in der Mitte von Bobs Labor knapp über den 24-Zoll-LCD-Schirm zu schauen.

●●●●●●●●●●●●●

Bob und Leon sahen, wie Pavels Gesicht beinahe den ganzen Bildschirm füllte. Pavel verschwand aus dem Bild, und Vlad starrte direkt in die Kamera. Andrei wandte sich zur Kamera und zog mit einer raschen, ausladenden

Bewegung die Glock weg von Bobs Vater und zielte auf die Kamera. Bob und Leon fuhren zusammen, als das Monitorbild plötzlich verschwand.

»Dad!«, brüllte Bob.

»Sei ruhig! Willst du etwa, dass jemand wegen uns die Cops ruft?«, zischte Leon.

••••••●●●●••••

George war bis zu dem Moment, als Andrei auf die Kamera schoss, davon ausgegangen, seine »Besucher« wären FBI-Agenten. In diesem Augenblick wusste er aber, dass sein Sohn nicht bei der Regierung angeeckt war – egal was er auch angestellt haben mochte.

»**Pass auf ihn auf!**«, befahl Vlad und achtete darauf, dass er nicht einmal auf Russisch Andreis Namen nannte. Dann wandte er sich an Pavel. »Was kannst du hier über dieses Zimmer herausbekommen?«

Pavel hatte die Ausstattung schon von dem Moment an bewundert, als sie in Bobs Zimmer gekommen waren. Er saß an dem zentralen Tisch, von dem aus die sieben Monitore im Lab gesteuert wurden. »Stuhl« war nicht ganz das richtige Wort, um die Sitzgelegenheit zu beschreiben: ein großer aufblasbarer Ball aus dickem Gummi, der auf einer runden Basis mit Rädern ruhte. Die Rückenlehne war wie der Kopf von E.T. geformt. Diesen Schatz, der perfekt zu dem Eindruck eines Schlafsaals passte, in dem sich Computerfreaks im College heimisch fühlen würden, hatte Bob bei einem Garagenflohmarkt im letzten Jahr entdeckt. Der große Flachbildschirm war nicht beschädigt, doch die Überreste der sorgfältig obenauf montierten Kamera waren jetzt in kleinen Plastikteilchen über das Bücherregal hinter den Monitoren verstreut.

»Das wird dauern. Ich sehe drei verschiedene Betriebssysteme, eine Firewall-Konsole und eine IDS-Konsole, und ich glaube, das hier ist ein WLAN-Detektor«, sagte Pavel und deutete auf die verschiedenen Bildschirme.

Er wandte sich wieder zur Hauptkonsole. »Dies ist ein PGP-Passwort-Bildschirm. Wenn er irgendetwas Wertvolles hat, wird es auf diesem System sein, und da kommen wir nicht rein.« (*Seite 307*)

Vlad drehte sich zu George um, der still daneben gestanden hatte, Andreis Waffe auf seine Brust gerichtet. Er packte George an den Schultern und drückte ihn auf den einzigen anderen Stuhl im Raum.

»Fangen wir noch einmal an. Was hat Ihr Sohn heute Abend gemacht? Wir haben ihn da draußen mit einer anderen Person in der Nähe einer Firma namens 3DNF gesehen. Wir glauben, dass sie versucht haben, in deren Firmennetzwerk einzubrechen.«

Georges Hände zitterten. Er hatte schon genug Angst gehabt, als er noch dachte, er hätte es mit FBI-Agenten zu tun. Nun wusste er, dass er in dem gleichen Schlamassel wie Bob und Leon steckte.

»Ich habe keine Ahnung, mit wem Bob heute Abend ausgegangen ist. Mir hat er gesagt, er hätte ein Date.«

»Vielen Dank. Jetzt weiß ich, wie Sie aussehen, wenn Sie mich anlügen. Das hier ist nicht das Zimmer eines Jungen, der Dates hat und ausgeht«, entgegnete Vlad ruhig. Er drehte sich von George weg und begann, im Zimmer herumzugehen und das Chaos von Bobs Leben zu inspizieren. »Er hat mit einem anderen jungen Mann in Ihrem Wagen gesessen. Wir wissen, dass beide ihre Laptops dabei hatten und dass sie mit dem Firmennetzwerk verbunden waren. Diese Firma führt spezielle Forschungsaufgaben für die Regierung durch. Wir gehen davon aus, dass die beiden Informationen stehlen wollten, die sehr wertvoll sein können.«

George lehnte sich an den Tisch und stützte den Kopf in die Hände. Pavel war dabei, einen USB-Stick in Bobs Hauptcomputer neben ihm zu stecken. Dann sah George es. In dem Durcheinander auf Bobs Tisch befand sich zwischen SF-Actionfiguren und Computerersatzteilen ein großer roter Schalter von Office Depot, darauf in großen Buchstaben das Wort »Easy«. Er erinnerte sich daran, dass Bob ihn mal gebeten hatte, ihm dabei zu helfen, dieses Marketing-Gimmick in einen echten elektrischen Schalter umzubauen. Bob wollte seinem Dad nicht verraten, was er damit vorhatte. Bob hatte nur gemeint, wenn der erst mal eingeschaltet sei, dann dürfe George ihn auf keinen Fall drücken, wenn er jemals ins Lab käme.

»Ich sagte doch schon, Bob ist ein guter Junge. Er würde auf keinen Fall irgendetwas Illegales machen.« Während er sprach, verlagerte Georg langsam sein Gewicht und schob sich näher an den Schalter.

»Sie erwarten doch wohl nicht, dass ich Ihnen glaube. Ich bin sicher, mein Assistent findet hier eine Menge Beweise für illegale Aktivitäten. Diese ganze Ausrüstung hier gehört auf keinen Fall zu einem Teenager mit unschuldigen Hobbys.«

George ahnte, dass seine Aktion für ihn schmerzvoll sein würde, doch er wusste sich keinen anderen Ausweg, um seinen Sohn zu schützen. Blitzschnell ließ er die Hand, auf die er seine Stirn gestützt hatte, auf den Schalter knallen. Pavel bemerkte die schnelle Bewegung und erkannte zu spät, dass George einen Plan hatte.

Eine weibliche Stimme aus Bobs Hauptcomputer erfüllte den Raum.

»Sequenz eingeleitet.«

Ein Summen ertönte, das immer lauter wurde.

Vlad packte George und stieß ihn auf die andere Seite des Zimmers.

»**Ich hab dir doch gesagt, du sollst auf ihn aufpassen!**«, fauchte er Andrei an.

Pavel zog seinen USB-Stick aus dem Computer. Er drückte den »Easy«-Schalter, aber nichts geschah. Das Summen wurde immer stärker. Drei der sieben Bildschirme flackerten und sprangen dann auf »Kein Signal«.

Die weibliche Stimme fuhr fort: »Sequenz vollendet. Die Primärlaufwerke wurden magnetisch gelöscht. Sorry, Bob.« Aus dem größten Tower-Computer schoss unter dem Tisch ein blauweißer Blitz hervor. Der Geruch nach verbranntem Plastik erfüllte den Raum.

Vlad nahm George am Arm und befahl Andrei: »**Mach hier mal ein bisschen Chaos. Dann gehst du ums Haus und zerbrichst eine Fensterscheibe, damit es nach Einbruch aussieht.**«

Vlad zwang George, aus dem Zimmer zu gehen, das Haus zu verlassen und in den Transporter zu steigen. Pavel folgte ihnen und sah sich um, ob jemand sie beobachtet hatte.

»Binde ihn fest!« Vlad stieß George zu Haki auf den Rücksitz des Transporters. Während Vlad und Pavel in den Wagen stiegen, fesselte Haki schnell den Gefangenen. Andrei erschien gleich danach.

»**Erledigt.**« Mehr wagte Andrei nicht auf Russisch zu Vlad zu sagen.

George fiel der Wechsel in der Sprache auf. In was war sein Sohn da hineingeraten? Haki setzte sich hinters Steuer und startete den Wagen.

»Fahr los! Bring uns endlich von hier weg! Haki, weißt du was, wo wir unseren Gast ungestört unterbringen können?«, fragte Vlad.

»Ja, weiß ich.«

Als sie durch die Wohngegend fuhren, saß George still auf dem Rücksitz und versuchte, die Schmerzen in den Handgelenken zu lindern. Haki hatte ihn an die Seitenwand des Wagens gebunden. George versuchte, Pavels Augen zu erkennen. Einen Moment lang glaubte er, darin etwas wie Reue oder Zweifel zu entdecken, oder vielleicht war es einfach nur Angst. Doch George war viel zu sehr mit seiner eigenen Angst beschäftigt, die sein Denken ausfüllte und ihn daran hinderte, das Geschehen zu verarbeiten.

Vlad beobachtete Pavel. »Wir müssen unserem Gast etwas Zeit zum Nachdenken geben, damit er uns hilft, seinen Sohn und seinen Begleiter zu finden. Es besteht die geringe Chance, dass sie gesehen haben, was die Kamera aufgenommen hat. Dann sind sie jetzt noch schwerer zu finden.«

Leon fuhr eigentlich nur, um in Bewegung zu bleiben. Sie wussten nicht, wohin sie jetzt fahren sollten. Bob hatte noch nichts gesagt. Er versuchte immer noch zu verdauen, was er gerade über die Webcam mit ansehen musste. Leon störte die Stille nicht. Sein Körper hatte in den vergangenen Stunden bereits mehr Adrenalin produziert als im gesamten letzten Jahr. Es erforderte schon alle seine Konzentration, den Wagen innerhalb des Tempolimits zu halten. Kreuzungen schienen bereits zu viel Informationen zu beinhalten, das konnte sein Geist nicht mehr aufnehmen.

Bob brach das Schweigen: »Wir brauchen Geld.«

»Was ist?«

»Wir brauchen Bargeld. Wir können nicht mehr nach Hause, und wir müssen Rudy bald seinen Wagen zurückbringen. Wir müssen uns irgendwie mehr Zeit erkaufen.«

»Hast du welches?«

»Machst du Witze? Mein ganzes Geld stecke ich in mein Lab«, antwortete Bob.

»Hat dein Dad Geld?«

»Nein.«

»Woher kriegst du dann die Kohle fürs Lab?«, fragte Leon.

»Wenn ich Schwachstellen finde, verkaufe ich sie an iDefense.«

»Machst du echt? Ich verkaufe meine an die ZDI von TippingPoint!«

Bob schüttelte den Kopf. »Digger, du solltest dich an iDefense halten. Bei DEFCON schmeißen sie die besseren Partys.« (*Seite 316*)

Das schiefe Grinsen, das Leon sich auf den Kommentar seines Freundes abringen konnte, verschwand schnell wieder. Sie fuhren schweigend weiter und wollten nur noch in Bewegung bleiben. Sie starrten mit leerem Blick auf die Straße vor ihnen und nahmen kaum den Verkehr war, während sie versuchten, mit ihrer Situation fertig zu werden.

Plötzlich blickte Bob auf und rief: »Los, dreh um! Wir müssen zurück!«

»Hast du was gesehen!?«, fragte Leon und schaute zum rückwärtigen Verkehr.

»Nein, mir ist bloß eingefallen, woher wir Geld kriegen können. Das wird dir nicht gefallen, aber ich glaube, wir haben keine andere Wahl.«

»Was hast du für eine Idee?«

»Es geht eher darum, *wo* meine Idee ist«, antwortete Bob. »Ich werde deinen Laptop nehmen und ihn an meine Wi-Fi-Antenne hängen. Wir können unsere *Capture the Flag*-Kenntnisse einsetzen.«

Zehn Minuten später rollten Bob und Leon langsam wieder durch River Oaks. Hier konnte man den Preis der Häuser an der Anzahl unnötiger Kamine ablesen, die sich in die feuchtwarme Houstoner Luft reckten.

»Wir können hier noch mal ein Netzwerk kapern und darin nach Trojanern scannen. Hier muss es doch jemanden geben, der mehr Geld als Verstand hat«, erklärte Bob.

»Du hast recht, mir gefällt das nicht«, antwortete Leon. »Aber ich glaube, momentan haben wir gar keine andere Möglichkeit. Wenn wir was nehmen, dann geben wir das später zurück, einverstanden?«

»Sicher … falls wir lange genug leben.«

Bob startete Kismet und beobachtete den Bildschirm, während Leon den Mini durch die Gegend fuhr und dabei sehr darauf achtete, den Bereich zu meiden, den sie zuerst besucht hatten. Lange brauchten sie nicht zu fahren.

»Ich habe eines«, sagte Bob. »Ich glaube, da vorne müsste es sein.«

Leon fuhr an zwei weiteren Häusern vorbei und schaltete die Scheinwerfer aus, nachdem er den Wagen geparkt hatte. In den großen Häuser im Tudorstil brannte nirgends Licht. Ein paar Gartenlaternen schimmerten, aber keine Anzeichen von Aktivität.

»Okay, ich brauche nur eine Minute«, sagte Bob, als er die Verbindung mit dem WLAN herstellte.

»Hier habe ich eine IP: 192.168.1.103. Ich liebe es, wenn sie alles standardmäßig lassen. Das ist so ein 12-Uhr-Typ.«

»Was meinst du damit?«, fragte Leon.

»Na, 12 Uhr eben. Du weißt schon, jemand, dessen Videorekorder immer auf 12 Uhr steht und blinkt, weil er keine Ahnung hat, wie man die Uhrzeit einstellt.«

Leon rang sich ein Grinsen ab, während er Bob bei der Arbeit zusah.

Leon öffnete Bobs Laptop, startete SuperScan und scannte schnell das Subnetz.

»Na toll. Erst bist du sauer auf mich, weil ich das benutze, und dann daddelst du selbst damit rum«, monierte Bob, noch bevor Leon angefangen hatte.

»Ich brauche bloß einen Moment. Ich würde mir Sorgen machen, ob mich ein Sensor trackt, wenn das dein Haus wäre, aber hier nicht.« Schnell gelang Leon ein Treffer bei 192.168.1.102.

»Hier ist es. Das ist ein Windows-Rechner, auf dem sogar der SubSeven-Trojaner läuft. (*Seite 287*) Ich wette, da drinnen sitzt ein Teenie, der über Papas Rechner Musik saugt.«

Leon öffnete die Client-Applikation und stellte die Verbindung mit der IP-Adresse her.

»Wow, diese Version ist so alt, dass sie noch das ›ach so geheime‹ Master-Passwort hat«, sagte Leon. (*Seite 287*)

»Ist mir klar«, war Bobs schlichte Reaktion, als er unterbrach, was er gerade an Leons Computer gemacht hatte, und Leon bei der Arbeit zusah.

Leon öffnete ein Fenster auf Bobs Computer, auf dem der Desktop des Zielcomputers dargestellt war. Er ging verschiedene Verzeichnisse durch und fand schnell die gecachete Kopie eines Passworts für ein Online-Konto. Schnell überprüfte er, ob das Passwort funktionierte, und bemerkte gleich, dass für ihre Zwecke genug Geld auf dem Konto war. (*Seite 293*)

Als Nächstes öffnete Leon eine IRC-Session und loggte sich schnell auf eine Carder-Site ein.

```
Brauch schnell Bargeld. $10K garantiert. 30/70 Teilung. Keine Rip-
per. Keine Nigerianer.
```
(*Seite 334*)

»Das dauert nicht lang«, sagte Leon, während er mit den Fingern gegen die Seite des Laptops trommelte. Sie beobachteten gemeinsam, wie in den nächsten beiden Minuten mehrere Posts erschienen. Bob beugte sich herüber, um die Posts lesen zu können.

»Ich werde die erstmal checken, bevor ich antworte«, sagte Leon beim Tippen.

»Woher kennst du diesen Channel?«, fragte Bob, als Leon fortfuhr.

»Ich bin über Chatter darauf gestoßen, als ich mich nach ein paar Ideen über Schwachstellen umgeschaut habe, die von Cardern genutzt werden, um an ihre Produkte zu kommen. Den hier können wir gebrauchen.«

»Was ist mit dem?«, fragte Bob.

»Von den drei Antworten ist dies der einzige, der tatsächlich seine IP-Adresse maskiert hat. Ich wette, das ist der professionellste. Ich sende ihm mal eine PM«, sagte Leon.

Leon öffnete im IRC eine Private-Message-Session und begann, das Arrangement zu regeln.

```
Kannst du n Transfer per Western Union nach Houston TX machen?
Gebongt. Hier das Konto.
```

Leon wechselte zum Browser-Fenster, in dem noch das Online-Konto geöffnet war. Er ordnete einen Transfer auf das Konto an, wie es sein neuer Geschäftspartner verlangt hatte.

```
Erledigt. Kannst du das Geld bis morgen anweisen lassen?
Wenn das Konto gedeckt ist, kannst du deine $7K morgen abholen.
```

»Das war fast zu einfach«, kommentierte Bob.

In Real Life

»Gleich wird's schwerer«, gab Leon grimmig zurück.

Leon wechselte wieder zum Online-Konto zurück und änderte das Passwort. Dann rief er den Desktop des kompromittierten Computers auf. Er öffnete das Textverarbeitungsprogramm und schrieb eine Nachricht.

```
Es tut mir leid, aber ich musste 10.000 $ von Ihrem Online-Konto
ausleihen. Sobald ich kann, kümmere ich mich um die Rückzahlung. Ich
habe Ihr Passwort für das Konto auf 's3cur1t33' geändert. Ich rate
Ihnen, das so bald wie möglich zu ändern. Sobald Sie diese Zeilen zu
Ende gelesen haben, trennen Sie die Internetverbindung und bringen
Ihren Rechner in einen Computerladen. Da sollen die den Rechner neu
aufsetzen. Wenn Sie schon mal dort sind, lassen Sie sich gleich noch
erklären, wie Sie Ihr WLAN absichern können.
```

Leon unterbrach die Verbindung zu dem kompromittierten Computer, auf dem er die Botschaft für dessen Besitzer sichtbar hinterlassen hatte. Dann erstellte er eine Textdatei auf Bobs Desktop mit Namen und Adresse seines »Opfers«.

»Nach diesem Schrecken wird er hoffentlich ein wenig besser aufpassen«, bemerkte Bob trocken, als Leon einzupacken begann.

F1V3

5

STATUSCHECK

Sonntag, 09:32

Der texanische Regen fiel schwer auf das altmodische Haus aus den 1970ern. Das kleine Bauwerk sah nach über dreißig Jahren tropischer Stürme, Sonne, Feuchtigkeit und allgemeiner Vernachlässigung nicht besser aus als seine Nachbarschaft. Es stach einzig dadurch heraus, dass im Vorgarten die weggeworfenen Sachen fehlten, die bei den anderen das heruntergekommene Ensemble komplettierten. Tatsächlich war der blaue Transporter, den Andrei am Vorabend geschickt durch Houston gesteuert hatte, vor dem Haus das einzige weitere Objekt.

In dem fast leeren Haus saßen Vlad und Pavel in der Küche an einem kleinen Tisch. Im Vorderraum waren Andrei und Haki, und in einem der beiden Schlafzimmer befand sich George auf einem kleinen Holzstuhl, die Hände mit Handschellen fest hinter dem Rücken gefesselt. Eine stabile Kette war durch die Handschellen geführt und an einem Ring befestigt, der fest in den Boden geschraubt war.

George hatte die Nacht auf dem Stuhl verbracht, sein Körper schmerzte. Er war nicht besonders misshandelt worden, aber allein schon die Angst der vergangenen zwölf Stunden hatte gereicht, ihn fast völlig verzweifeln zu lassen. Er hatte lange damit zugebracht, sich innerlich auf Kampf oder Flucht einzustellen, aber keine Chance gehabt, eines davon umzusetzen. Als er nicht mehr döste und merkte, wie Hunger und Durst zunahmen, begann er, auch ein wenig klarer zu denken. Bob befand sich in Schwierigkeiten, aber nicht mit der Polizei. Bob musste etwas gehackt haben, wovon er besser die Finger gelassen hätte.

»Ich dachte, er wäre ein guter Junge«, brummelte George leise. Er starrte auf die leere Wand, und die Entschlossenheit eines Vaters begann sich in ihm zu regen.

»Er ist ein guter Junge«, sagte er etwas deutlicher.

•••••••●●●●●●•••••

»Was haben wir nun also letzte Nacht bei unserem Ziel erreicht?«, fragte Vlad und nahm einen Schluck Kaffee.

»Bisher noch nichts. Ihr Kontakt hatte gute Informationen. Ich bin durch den Tunnel des ersten PCs und konnte dann den Traffic des Regierungsnetzwerks sehen.«

»Ich will heute wieder dorthin zurück«, sagte Vlad ruhig.

»Ich glaube nicht, dass das eine gute Idee wäre«, antwortete Pavel vorsichtig. Es überraschte ihn selbst, dass er es auf eine Meinungsverschiedenheit mit Vlad anlegte. »Wir sind in ein anderes Netzwerk gewechselt. Wir müssen prüfen, ob das einen Alarm ausgelöst hat. Außerdem wissen wir nicht, was die beiden anderen da im Netzwerk gemacht haben. Vielleicht haben die uns nur beobachtet oder sie haben möglicherweise selbst einen Alarm ausgelöst.«

»Tja … dann ist Michael wohl doch nicht so verzichtbar, wie ich es geplant hatte. Zumindest jetzt noch nicht.« Pavel sah, wie Vlad sich das erste Lächeln gestattete, seit sie nach Houston gekommen waren. Doch es war ein Lächeln, das Pavel nicht beruhigte. »Wir können einfach den heutigen Tag hierbleiben und dem Vater die Chance geben, uns dabei zu helfen, diese Kids zu finden.«

»Was ist, wenn die zur Polizei laufen?«, fragte Pavel.

»Nachdem ich gesehen habe, wie die gestern Abend reagiert haben, werden die sicher nicht zur Polizei gehen.« Vlad starrte Pavel an, während er gedanklich die nächsten Schritte durchspielte. Pavel rutschte unter diesem Blick nervös hin und her.

»Ich werde mit dem Vater sprechen«, kündigte Vlad an. Er ergriff die Kaffeetasse und trank den letzten Schluck beim Aufstehen leer. Dann setzte er die Tasse mit Nachdruck auf den Tisch.

Pavel entfuhr ein kaum hörbarer Laut. Er wollte etwas sagen, überlegte es sich aber anders.

»Was ist?« Vlad wandte sich um und bannte Pavels Blick erneut.

»Müssen wir ihm wehtun?«

Vlad lächelte dieses Mal ganz breit. »Schmerz funktioniert normalerweise nicht so gut, vor allem nicht, wenn es um Angehörige geht. Es reicht, wenn er nur glaubt, dass ihm Schmerzen zugefügt werden könnten. Mal abgesehen davon ist es das Letzte, was wir hier brauchen, wenn in so einem kleinen Haus einer schreit.«

Pavel wirkte erleichtert, sagte aber nichts, während er Vlad beobachtete.

»Du hättest eh keine Lust, hinterher aufzuwischen«, sagte Vlad beiläufig, als er aus dem Zimmer ging.

Pavel wurde ein wenig blass um die Nase, während er in seine Tasse sah.

»**Andrei! Her zu mir!**«, bellte Vlad auf Russisch.

»Vierhundert … fünfhundert … sechshundert … siebenhundert … achthundert … neunhundert … siebentausend«, schloss der Schalterbeamte. »Kann ich noch etwas für Sie tun?«

»Nein, vielen Dank«, antwortete Leon, als er den Stapel Geldscheine einsammelte und sie schnell in der Hosentasche verstaute. Er verließ das Büro von Western Union und stieg in den Mini Cooper, in dem Bob wartete.

»Wie kann das so einfach sein, kriminell zu sein?«, fragte Leon, als er den Wagen startete. »Mit einem normalen Job bekäme ich niemals so eine Menge Kohle.«

»Du wechselst doch nicht etwa die Seiten, oder?«, fragte Bob und beäugte ihn argwöhnisch.

»Nein, mir ist nur einfach klar, was alles geregelt werden muss, und darum ist es nicht so einfach, böse zu sein. Wir brauchen eine Bleibe. Ich schlafe nicht im Mini, und mir reicht es auch ehrlich gesagt, immer nach offenen WLANs zu suchen.«

Bob ignorierte die Bemerkung übers Schlafen; er hielt viel länger als Leon ohne Schlaf durch. »Ich habe mir mal den Code von den Sachen angeschaut, die wir gestern Abend abgegriffen haben. Dieser Kram ist absolut nicht meine Liga. Wir müssen mit Max St341 reden.«

»Den Namen kenne ich nicht«, antwortete Leon. Bei seinem ziellosen Herumfahren achtete er nur darauf, alle Geschwindigkeitsbegrenzungen einzuhalten, um keine Aufmerksamkeit zu erregen.

»Als ich letztes Jahr an einem Exploit gearbeitet habe, habe ich ihn für den Code eingesetzt«, antwortete Bob.

Leon fuhr einen Straßenblock weiter, ohne etwas zu sagen. »Diese Typen wirkten absolut nicht wie FBI-Agenten auf mich. Sollten wir nicht zur Polizei gehen oder so?«

»Das Risiko gehe ich nicht ein! Ich weiß bloß, dass mein Dad jetzt wohl gerade in einer Art Guantánamo ist. Man weiß einfach nicht mehr, wie ein FBI-Agent aussieht. Die sind in der realen Welt vielleicht schwerer zu erkennen als in Las Vegas.«

Wieder hing lastend die Stille über ihnen, als beide grübelten, was als Nächstes zu tun wäre. Bob ergriff zuerst das Wort.

»Lass uns in ein Hotel mit WLAN gehen. Da kannst du eine Runde pennen, und ich nehme mit Max Kontakt auf.«

•••••••••••••

Das Cubicle bei 3DNF war leer. Es war noch zu früh für jene Angestellten, die zu normalen Bürozeiten kamen, und zu spät für die Programmierer. Vier Computer liefen summend, und sechs Monitore leuchteten unbeachtet in der Dunkelheit. Der Tisch war unordentlich, neben Papieren mit hingekritzelten IP-Adressen und abgehakten TOP-Listen für Meetings lag eine leere Flasche Red Bull.

Der mittlere und größte Bildschirm war nicht gesperrt. Darauf erschienen die gesammelten Daten der wenigen *Intrusion Detection*-Netzwerksensoren, die im Firmennetzwerk eingesetzt wurden. Am oberen Bildschirmrand standen die ältesten ungelesenen Einträge. Ständig erschienen neue Einträge am Anfang der Liste. In der Mitte rutschte eine Gruppe von Einträgen in Rot gerade ein wenig nach unten. Es blieb dem Schicksal überlassen, wie weit die Liste hinunterwanderte, oder ob sie überhaupt noch auf dem Bildschirm sichtbar wäre, wenn am Montag der Analyst zur Arbeit erschien (*Seite 225*)

•••••••••••••

»Wie finden wir Ihren Sohn?«

Nichts in Georges bisherigem Leben hatte ihn auf so etwas vorbereitet. Das Gesicht, das ihn anstarrte, war kraftvoll und eindringlich. George war nicht misshandelt worden, mal abgesehen davon, dass man ihn aus seinem Haus geschleppt, in einen Transporter geworfen und in einem kleinen, dunklen Raum an den Boden gekettet hatte. Während der einsamen Stunden, in denen die Handschellen in seine Handgelenke schnitten, hatte George sich innerlich darauf vorbereitet, Widerstand zu leisten. Doch in dem Augenblick, als er dem Fragesteller in die Augen sah, entschied er sich anders. Er wusste, dass er das nicht lange durchhalten würde. Die einzige Hoffnung für seinen Sohn bestand nicht darin, wie lange er es aushalten würde, geschlagen zu werden. Bob war clever, und darauf musste George vertrauen.

»Er hat kein Handy bei sich.«

»Was ist mit seinen Freunden?«, wollte Vlad in ruhigem Ton wissen, der George verriet, dass er sich richtig entschieden hatte.

»Nein, von denen hat er mir auch keine Nummern gesagt. Sie müssen darauf warten, dass er mich anruft.«

»Und woher soll er wissen, dass er Sie anrufen soll?«, fragte Vlad.

»Ich wette, er weiß, dass seine Computer zerstört worden sind. Er wird wissen wollen, was zu Hause passiert ist.«

»Aber wie nimmt er dann zu Ihnen Kontakt auf?«, fragte Vlad, ungeduldiger jetzt, und rückte näher an Georges Gesicht heran.

»Er … er hat kein Handy bei sich. Aber bei uns zu Hause liegt ein Handy von Bob in einer Schublade. Der Akku ist nicht drin. Wenn Bob mit seinen Freunden lange wegbleibt, stecke ich den Akku ins Handy und schalte es ein. Dann ruft Bob immer an und sagt Bescheid, dass alles okay ist.«

»Wir haben festgestellt, dass Ihr Sohn unerlaubt in ein Funknetzwerk eingedrungen ist. Was hat er da gemacht?«

»Bob erzählt mir normalerweise nicht, was er vorhat.«

»Ich habe nicht gefragt, was er normalerweise macht. Was hat er hier gemacht?«

»Ich habe keine Ahnung. Ich … vielleicht ging es ja um *Capture the Flag.*«

»Was?« Vlad wurde immer ungeduldiger, und seine Körpersprache änderte sich: vorher souverän und kontrolliert, jetzt direkter und bedrohlicher.

»*C-capture the* … ich glaube, das ist ein Spiel … zumindest habe ich ihn letzte Woche darüber sprechen hören.«

»Reden Sie weiter«, sagte Vlad, als George versuchte, auf dem Stuhl die Haltung zu ändern, und rückte noch näher heran.

George richtete den Blick schnell wieder auf seinen Inquisitor. Er hatte sich gestattet, kurz zu dem ruhigen Mann zu sehen, der an der Tür Wache hielt und noch bedrohlicher wirkte. »Sie legen in Netzwerken eine Icon-Datei ab und geben ihren Freunden dann Tipps, wie sie die finden können.«

Statuscheck

»Was für eine Icon-Datei?«

»Die habe ich nie gesehen. Aber ich habe mal mitbekommen, dass er bei einem Videochat mit einem Freund von etwas namens ›Cyber Bob‹ gesprochen hat.«

»Noch was: Wo ist das Handy?«

»In der Küche. Da ist eine Schublade in der Nähe von …«

George brachte den Satz nicht zu Ende, denn Vlad machte sofort kehrt und stürmte aus dem Zimmer. Kurz darauf hörte er durch die Wand die Stimme seines Befragers in einer anderen Sprache.

Ist das Russisch? Klingt nicht besonders zufrieden, dachte George.

George erlaubte sich bei diesem Gedanken ein leichtes Schmunzeln. Bob hatte immer schon die Gabe gehabt, andere schnell reizen zu können, aber dieses Mal hatte er sich selbst übertroffen. Doch dann wurde er wieder still, als ihm die Konsequenzen daraus gewahr wurden.

»**Andrei!**«, fauchte Vlad, sobald er die Tür zu dem kleinen Schlafzimmer geschlossen hatte, in dem George angekettet war.

»Geh zurück zu dem Haus. Sei vorsichtig. Ich will nicht, dass du der Polizei in die Arme läufst. In der Küche liegt ein Handy in einer Schublade. Das bringst du her. Und pass auf, ob der Akku dabei liegt, der wird in der gleichen Schublade sein. Und mach das absolut unauffällig. Der Transporter ist für uns bereits ein Risiko, so wie du gestern Abend gefahren bist.«

Andreis einzige Reaktion war, sich umzudrehen und zur Tür zu gehen. Er wusste, es war besser als Fragen zu stellen, wenn Vlad seine Befehle so schnell hervorstieß, wie sie ihm einfielen.

»Steck den Akku auf keinen Fall ins Handy – bring beides einfach sofort her!«, rief Vlad, als Andrei die Tür hinter sich zuziehen wollte. Andrei hielt inne und schaute noch einmal ins Zimmer. Bevor er ganz verschwand, nickte er noch einmal bestätigend.

••••••••●●●●•••••••

Leon versuchte, ein wenig zu dösen, aber es wollte sich kein Schlaf einstellen. Das lag teilweise am Stress, teilweise aber auch an Bobs Geräuschen, die ihn vom Schlafen abhielten. Bob saß an dem kleinen Tisch in dem Hotelzimmer, beleuchtet vom Glimmen des Monitors. Er arbeitete mit dem »Biest« – so nannte er seinen übergroßen Laptop voller Sticker. Er war gerade mit dem Einrichten fertig geworden und stellte nun die Verbindung mit dem Internetdienst des Hotels her. Leon stand vom Bett auf und ging zu Bob hinüber. Er schaute über seine Schulter und beobachtete, wie Bob *World of Warcraft* startete. Bald schon lief seine Spielfigur inmitten eines dunklen Waldes eine gepflasterte Straße entlang. Niemand war in der Nähe, aber links und rechts von der Straße waren gelegentliche Bewegungen zu erkennen. Bob ignorierte die Bewegungen und lief weiter, als sei er mit einem Auftrag unterwegs.

»Ich dachte, wir wären hierher gekommen, um von Max Hilfe zu holen«, sagte Leon und zog einen Stuhl heran.

»Genau das mache ich gerade, Alter.«

»Sieht für mich eher danach aus, als würdest du hier eine Runde zocken. Müsstest du nicht Max anrufen?«

Bob nahm seine Augen nicht vom Laptop. »Ich kann ihn überhaupt nicht anrufen. Das muss über einen separaten Kanal laufen.« (*Seite 302*)

Bob drückte eine Funktionstaste und durchsuchte seine Freundesliste. »Schau mal, er ist online«, sagte er und zeigte auf den vierten Namen der Liste. »Ich muss ihn eben mal anwhispern.«

Ich muss dich mal du weißt schon wo treffen. Wir müssen reden. **Code Alpha 9!**
Du schon wieder mit deinen Codes! Ist Alpha 9 ein Notfall oder hast du endlich eine Freundin gefunden?

»Der Typ gefällt mir schon jetzt!«, stellte Leon fest. »Er kennt dich auch recht gut.« Bob ignorierte Leon und tippte einfach weiter.

```
Lass uns uns einfach treffen!

Okay, ich verlasse jetzt wegen dir meinen Raid, das sollte sich also
auf jeden Fall lohnen. OMW.
```

Bob rannte nicht mehr. Ein grünes Leuchten umgab seine Hände, als sie sich zu bewegen begannen. Plötzlich stand er in einer Gastwirtschaft in der Stadt Sturmwind.

»Wenn du das die ganze Zeit schon hättest machen können, warum bist du dann gerannt?«, fragte Leon.

»Ich wollte weg aus der Gegend, wo ich das letzte Mal Schluss gemacht habe, um ganz sicher zu sein, dass ich alleine bin«, antwortete Bob.

Er rannte durch die Straßen und ignorierte Wachen und andere Spieler. Dann lief er über eine Brücke und an einem Kanal entlang. Nach einigen Schlenkern kreuzte er wieder eine Brücke und folgte dann weiter dem Gewässer.

»Sag mal, Alter, läufst du hier im Kreis?«, fragte Leon.

»Einen Moment noch … hier verirre ich mich immer.« Bob tippte auf eine Taste, und auf dem Bildschirm erschien eine Landkarte. Er beugte sich zum Monitor vor und murmelte etwas.

»Da ist es«, sagte Bob laut und lehnte sich auf dem Stuhl zurück. Er wechselte die Darstellung wieder auf die Stadt Sturmwind. Bob überquerte den Kanal noch einmal und lief nun etwas gezielter. »Das hier ist der Handelsdistrikt …« Bob rannte weiter, ignorierte die weniger machtvollen Charaktere um ihn herum. »Jetzt das Magierviertel …« Bob wandte sich hinter einer weiteren Brücke nach rechts. »Endlich, der Versammlungsstein.« Der Bereich wurde dunkler, als er in einen Raum ging. »Und hier ist das Verlies.« Bob hastete nach unten und kam zu einer Öffnung, die von einem wirbelnden blauen Licht umgeben war. Er trat durch das Portal, und ein Lade-Bildschirm erschien.

»Jetzt sind wir in unserer eigenen Instanz«, erklärte Bob.

»Unserer eigenen was?«, fragte Leon.

»Instanz. Wir haben gerade einen Bereich betreten, in dem wir mit Max über einen Instanzserver chatten können«, sagte Bob und drückte einige Tasten. »Ich werde eine Schattenverschmelzung machen.«

»Wofür hast du das denn noch gemacht, wenn das hier privat ist?«, fragte Leon.

»Vertrauen ist immer noch ein Problem für mich«, entgegnete Bob mit einem Lächeln.

Sie brauchten nur wenige Sekunden auf den Bildschirm starren, bis eine weitere Person durch das Portal kam. »Das ist Max«, bemerkte Bob und tippte noch einen Befehl ein.

```
Schattenverschmelzung? Echt jetzt. Angeber :-P.
```

Bob bewegte seine Spielfigur, und sie wurde manifest. Er drehte sich um und sah Max an.

```
Besser?
```

```
Mir ist das egal, ich konnte dich trotzdem sehen.
Ja, klar, aber ich finde es cool – so wie Ninjas.
Warum willst du dich immer hier treffen?
Privater geht's nicht, nur mit Vent-Server. Warum gehst du nicht
einfach auf den Vent-Server?
```

»Was ist ein Vent-Server?«, fragte Leon.

»Mann, du musst echt mal mehr spielen«, seufzte Bob. »Das ist wie ein IP-Telefon. Du kannst per Lautsprecher und Mikro an deinem Computer mit den anderen Spielern über einen Extrakanal sprechen. Damit kannst du viel schneller kommunizieren als durch Tippen. Keine Ahnung warum, aber Max will nie auf einen gehen.«

```
Was brauchst du?
Ich brauche Hilfe bei ganz speziellem Code. Zu heiß fürs Netz. Müssen
uns persönlich treffen.
Hab ich dir doch schon gesagt. Ich weiß, dass wir in der gleichen
Stadt leben, aber ich treffe keinen IRL.
```

»Was ist IRL?«, fragte Leon.

Bob schaute ihn an, als wäre er ein Idiot. »Das steht für *In Real Life*. Du solltest wirklich mal mehr gamen. Dir entgeht sonst ein wesentlicher Bestandteil unserer Kultur.«

»Hackerslang ist einfacher als euer WoW-Slang«, entgegnete Leon.

```
Du kriegst 500 $ bar und brauchst dir den Code bloß anschauen.
Was ist denn so Besonderes an diesem Code?
Den habe ich beim Sniffen im WLAN abgegriffen. Keine Ahnung, was das
ist, aber es wurde ins Netzwerk rein transferiert und nicht raus.
```

Eine Pause entstand. Max ließ sich Angebot und Herausforderung durch den Kopf gehen.

```
Wo sollen wir uns treffen?
Vor Brother's Pizza in der Greenspoint Mall. Woran erkenne ich dich?
Ich trag ein iDefense-Shirt. Ich rubbel jetzt mal wieder in die
Scherbenwelt. Wann morgen?
Um 12.
```

Die Hände von Max' Spielfigur begannen, grün zu leuchten. Ein weißer Blitz, und Bobs Spielfigur war wieder alleine. Leon ging hinüber zum Bett und setzte sich darauf.

»Jetzt erzähl mir mal, was daran denn nun ›separat‹ war. Von diesem Gespräch war ja überhaupt nichts verschlüsselt!«, stellte Leon fest.

»Manchmal reicht als Sicherheit auch Geheimhaltung. Erzähl mir mal, welcher FBI-Agent seinen Chef davon überzeugen kann, dass er während der Arbeitszeit *World of Warcraft* spielen darf, bis er sich als Player so gut in dieser Welt auskennt. Mal abgesehen davon würden Terroristen das für westliche Verdorbenheit halten. Sie würden damit nicht arbeiten, also bedeutet das, die FBI-Agenten kümmern sich nicht darum.«

Die Logik von Bobs Begründung konnte Leon akzeptieren. Neben seiner ganzen Paranoia hatte er eine clevere und unkonventionelle Denkweise.

»Ich werde jetzt mal eine Runde schlafen«, sagte Leon und ließ sich aufs Bett fallen.

»Mach ich auch gleich. Ich schau mich noch mal ein bisschen in Sturmwind um, damit wir ganz sicher sein können, dass wir wirklich alleine waren.« Mit diesen Worten wandte Bob sich wieder seinem Laptop zu. Leon seufzte.

»Wie kannst du wissen, ob dich jemand beobachtet hat? Kann der sich nicht auch einfach so wegbeamen, wie du das gemacht hast?«

Leon beobachtete, wie Bobs Spielfigur die Treppe hochstieg und zurück zum Kanal ging. Bob ignorierte Leons Kommentar.

LOG REVIEW

Montag, 09:37

Jonathan Tao stellte die Dose Red Bull auf seine Arbeitsfläche und ließ sich schwer auf den Stuhl plumpsen. Montage hasste er wie die Pest. Ein Montagmorgen brachte nie gute Neuigkeiten. Diese Einstellung wurzelte zum Großteil in selbstverschuldetem Schlafmangel, gemischt mit einer Überdosis Koffein. Er öffnete den Rucksack mit dem Laptop und zog seinen Hauptarbeitscomputer heraus. Dann entsperrte er die Monitore auf seinem Schreibtisch und schloss Kabel an seinen Laptop an. Es war ein kurioses, fast tänzerisches Ritual, bei dem er Kaffee in sich hineinschüttete, Passwörter eingab, Logs las und sich die müden Augen rieb. Schließlich wandte sich Jonathan dem großen Display in der Mitte seiner Monitorbatterie zu. Diesen Bildschirm hielt er stets eingeschaltet und eingeloggt. Er wurde vor allem dafür eingesetzt, die Logs von der Firewall und den wenigen Netzwerksensoren auszugeben, die kürzlich bei 3DNF installiert worden waren.

Jonathan nahm noch ein paar Schluck seines kohlensäurehaltigen Frühstücks und überflog dabei die Einträge der Snort-Console. Selten war er bei diesem wöchentlichen Ritual völlig wach, befolgte es aber stets treu und regelmäßig. Sollte er mal etwas Interessantes finden, sprang meist nur ein Anruf beim Supportteam fürs Netzwerk heraus, weil ein Server down war. Jonathan blinzelte, als er die Einträge von Freitagabend bis zum Samstag überflog. Sein Ausdruck änderte sich nur dann, wenn er mal pausieren musste, um den nächsten Schluck seiner Koffeinzufuhr zum Frühstück zu nehmen. Plötzlich sah er am Samstag um 23:06 eine Reihe von Alerts. Jemand hatte innerhalb der Firma einen Netzwerkscan gestartet. Er verfehlte beinahe den Tisch, als er sich abrupt aufrecht hinsetzte und sein Getränk geräuschvoll auf den Tisch knallte. (*Seite 225*)

»Was zum Henker ist das denn?«, sagte er laut. Die bereits konsumierte Koffeinmenge konnte kaum jene Alarmstufe bei ihm hervorrufen wie diese wenigen Zeilen Log-Einträge. Er verfolgte die Textzeilen bis zur Uhrzeit 23:09, wo die Einträge stoppten. Jonathan stand auf und machte sich auf den Weg zur Empfangsdame.

»Hey Susan, wer kann die Logs von unseren Kennkarten checken?«

»Darum kümmert sich die Firma für unsere Gebäudeverwaltung. Ich kann da anrufen und für dich nachfragen. Was willst du wissen?«, erwiderte sie ohne Umschweife.

»Ich muss wissen, wer alles am Samstag im Gebäude war.« Jonathan pochte mit den Fingern einen ungeduldigen Rhythmus auf die Theke zwischen ihnen.

»Ich kann sie an dich schicken lassen«, schlug Susan bereitwillig vor.

Jonathan reagierte schnell: »Ach, ich warte einfach drauf.«

Susan drehte sich um und wirkte etwas verstimmt. Sie suchte in ihrem Computer die Telefonliste und wählte dann eine Nummer.

»Haaallo, hier ist Susan von 3DNF ... Hi Alice, ja, das Wochenende war schön, und wie war's bei dir?«

Jonathans Klopfen auf der Theke wechselte zu einem Schlagzeugtrommeln, während er zusah, wie Susan der Antwort von Alice lauschte.

»Äh, Alice ... sorry, dass ich mal unterbreche, aber ich brauche ganz schnell eine Kopie der Logs für das Betreten des Gebäudes am Samstag. Geht das? Du kannst sie mir einfach mailen, wenn du sie hast ... okay, danke für die Hilfe. Ach, und sag' doch deiner Schwester, dass ich den Katalog bekommen habe, den sie mir geschickt hat ...« klopf Klopf KLOPF. »Okay, wir reden nachher noch mal. Danke.«

»Susan, ich bin dir sehr dankbar!« Jonathan wartete die Antwort gar nicht erst ab und machte sich auf den Rückweg. »Leite einfach die E-Mail weiter, die du von Alice bekommst, aber so schnell wie möglich! Es ist total wichtig«, sagte er noch, bevor er durch die Tür aus der Lobby verschwand.

»Hey Jonathan, warum so eilig?«, fragte Michael, als Jonathan an seinem Arbeitsbereich vorüberhastete, um ins Büro des Geschäftsführers zu eilen. Doch Michael bekam keine Antwort. Er blieb sitzen und versuchte, nicht hinterher zu starren, aber er fragte sich, was los war. Es gab bei 3DNF nur wenige Büros. Weil es bei ihrem Produkt um Software ging, waren vor allem Cubicles für die Programmierer eingerichtet. Es gab ein paar Besprechungszimmer und einige wenige Büros. Alle hatten zumindest eine Glaswand, die sich zum allgemeinen Bereich hin öffnete. Das Unternehmen hatte sich seinen Ruf aus der kreativen Power einiger sehr cleverer Leute aufgebaut. Geschlossene Büros passten nicht zur Firmenkultur. Das konnte man auch von der geschlossenen Bürotür von Alex Henderson sagen. Hinter der Glaswand war Jonathan zu sehen, wie er mit Alex sprach. Michael konnte sehen, wie sich der Gesichtsausdruck seines Chefs veränderte. Seine Sitzhaltung wechselte von einem entspannten Herumhängen zu einem steifen Aufrechtsitzen, dann kam er ins Stehen. Michael schaute auf den Boden, als sich die Tür öffnete.

»Michael, kommen Sie doch mal her«, befahl Alex.

»Klar«, antwortete Michael, sperrte seine Workstation und ging ins Büro seines Chefs. Er war auf einmal wieder 13 Jahre alt und auf dem Weg in das Büro des Rektors, nachdem er bei einem Streich erwischt worden war. Michael setzte sich vorsichtig neben Jonathan auf den Stuhl, und Alex schloss die Tür.

»Jonathan, wiederholen Sie doch bitte noch einmal für Michael, was Sie mir gerade erzählt haben.«

Michael hörte zu und versuchte, einen angemessen überraschten Gesichtsausdruck hinzukriegen, während Jonathan die gerade geprüften Log-Einträge erklärte. In seinem Hirn sprudelten die Gedanken nur so, zu schnell, um auch eine Antwort zu finden. *Bin ich jetzt aufgeflogen? Kam das von meiner Aktion? Ich dachte, die wollten nicht erwischt werden? Soll ich dazu was sagen?* Michael erkannte plötzlich, dass Alex und Jonathan auf eine Antwort warteten.

»Woher weißt du, dass es von innerhalb des Netzwerks kam?«, begann Michael.

»Die IP-Adresse war intern, und die Firewall zeigte keine außergewöhnliche Aktivität«, erklärte Jonathan.

»War das vielleicht ein Programmierer, der ein Experiment durchgeführt hat?«, schlug Michael vor.

»Das wirkte auf mich nicht wie ein Experiment. Das war ein auffälliger Scan«, antwortete Jonathan.

»Kann das mit der Übernahme unserer Firma zu tun haben?«, fragte Alex mit Blick auf Michael.

»Wie meinen Sie das?«, antwortete er.

»Wir haben den Deal beinahe in trockenen Tüchern, und ich weiß, dass ein paar recht nervös sind. Mir ist immer gesagt worden, dass wir alle unsere Jobs behalten und wahrscheinlich ziemlichen Erfolg haben werden. Aber vielleicht bezweifelt jemand das und sucht nach Möglichkeiten, wie er Kimeron zum Rückzug bringen kann. Leute, macht hier bitte eure Hausaufgaben! Ich will wissen, was los ist, aber ich will keinen Verdacht erwecken. Wenn das jemand aus dem Haus war, müssen wir das still und leise abwickeln. Wir wollen nicht die Schuld haben, wenn dieser Deal vor die Wand fährt. Morgen früh will ich einen Bericht, was Sie herausbekommen haben.«

Michael und Jonathan schauten einander kurz an, bevor sie aufstanden. Sie wussten, dass sie fürs Erste entlassen waren. Alex beschäftigte sich mit den Papieren auf seinem Tisch. Die beiden verschwanden schnell.

Jonathan begann zu sprechen, sobald sie außer Hörweite waren. »Ich werde mir ein paar Logs anschauen. Ich komme später rüber, dann können wir das durchsprechen.«

Michael war für diese Antwort dankbar. Er ging direkt an seinen Platz zurück und gab sich alle Mühe, den *Unsichtbaren Mann* zu geben.

Jonathan brütete schon bald über all den Logs, die er hatte.

»Ich wusste, dass wir schon längst mehr Geld in die Sensoren hätten stecken sollten«, nörgelte er beim Lesen. Er wechselte von einem Bildschirm zum nächsten. Ein Beobachter hätte hier kein Muster erkennen können. Jonathan überprüfte jeden Sensor und Kontrollpunkt, bis er eine klare Vorstellung davon hatte, was er wusste und wo Lücken waren. Er kramte in seiner Schreibtischschublade und zog eine Visitenkarte heraus. »Damals hat er gesagt, er wolle Beziehungen mit der Community aufbauen«, murmelte Jonathan, als er den Hörer abnahm und die Nummer auf der Karte wählte.

»FBI Houston, was kann ich für Sie tun?«

»Ja, hallo, ich hätte gerne Agent Mark Jackson gesprochen.«

Keine Bestätigung, die Leitung wurde für einen Moment still.

»Mark Jackson am Apparat.«

»Hey, äh, hallo. Hier spricht Jonathan Tao von 3DNF. Wir haben uns vor ein paar Wochen beim InfraGard-Treffen kennengelernt.« (*Seite 420*)

»Ja, ich erinnere mich.«

»Sie haben bei Ihrer Präsentation gesagt, dass das FBI nach Wegen sucht, um Kontakte und Beziehungen zu Infrastrukturfirmen aufzubauen und zu pflegen«, versuchte Jonathan einen Einstieg zu finden.

»Richtig.«

»Ich weiß, dass wir bloß eine Softwarefirma sind, aber ich habe hier im Büro ein Problem, an dem Sie vielleicht interessiert sind.«

»Schießen Sie los.«

Meine Güte, wie wortkarg. Kann dieser Typ noch mehr einen auf Agenten machen? dachte Jonathan.

»Ich habe einen auffälligen Netzwerkscan festgestellt, der am Wochenende aus unserem Netzwerk heraus erfolgte. Wir sind gerade dabei, von Kimeron aufgekauft zu werden.«

»Die Rüstungsfirma?« Mark wurde hellhörig.

Okay, jetzt hat er angebissen, dachte Jonathan.

»Genau. Mein Chef hat den Verdacht, dass einer der Angestellten vielleicht versucht, den Kauf zu torpedieren. Er hat mich gebeten, das näher zu untersuchen. Ich habe mich hier durch unsere Logs gegraben, aber ich kriege kein klares Bild, was da vorgefallen ist. Haben Sie jemanden, der mir helfen und mal mit draufschauen könnte?«

»Kleinen Moment bitte, ich schau mal in meinen Kalender.«

Die Leitung war kaum eine halbe Minute still.

Mark kam wieder an den Apparat. »Kann ich heute Nachmittag mal vorbeikommen?«

»Das wäre große Klasse«, antwortete Jonathan. *Ich hoffe, ich mache hier das Richtige,* dachte er.

Mit einem Pokerface schaute Chris Battle von ihren Papieren auf, als Agent Jackson den Hörer auflegte.

»Chris, ich habe ein Projekt für uns.«

»Worum geht's?«

»Einer meiner Kontakte, die ich beim letzten InfraGard-Meeting bekommen habe, hat verdächtige Aktivitäten in seinem Netzwerk festgestellt und bittet um unsere Hilfe«, erklärte Mark.

»Was ist InfraGard?«

»Ein Programm, das das FBI vor einigen Jahren eingerichtet hat. Damit sollen Kontakte zu Organisationen aufgebaut werden, die die nationale Infrastruktur kontrollieren. An diesem Programm nehmen Banken, Energieversorgungsunternehmen, örtliche Behördendienststellen und sogar Lebensmittelhersteller teil. Einmal monatlich trifft man sich, zeigt Präsentationen und lernt sich besser kennen. Wenn dann wirklich was Schlimmes passiert, ist es besser, dass die Leute nicht noch ihre Zeit damit verschwenden, Visitenkarten auszutauschen.«

»Dieser Kontakt also, hat der von einem Verlust berichtet?«, fragte Chris.

»Hat noch nichts gefunden. Er arbeitet für eine Softwarefirma, die von einem amerikanischen Rüstungshersteller aufgekauft worden ist. Das qualifiziert sie auf jeden Fall als ›Infrastruktur‹«, antwortete Mark.

»Ich dachte, da müssten mindestens erst einmal 30.000 Dollar Schaden sein, bevor wir uns in wirtschaftliche Interessen einmischen«, setzte Chris ihre Befragung fort.

»Ist es auch. Aber so werden Kontakte hergestellt. Du weißt nie, mit wem du es in dieser Branche zu tun hast. So baue ich unser Netzwerk auf. Wir sorgen wahrscheinlich bloß dafür, dass der Admin von dieser Softwarefirma sich wieder abregen kann. Und ein Typ in der Ecke sieht, wie das FBI hereinspaziert. Der merkt dann plötzlich, dass er besser nicht im Netzwerk herumstöbern sollte. Und wir kommen zumindest ein paar Stunden aus dem Büro raus.«

»Hört sich an wie reine Zeitverschwendung, aber du bist ja für meine Einarbeitung verantwortlich. Wann genau?«

»13 Uhr. Unterwegs holen wir noch was zu essen«, antwortete Mark, während er die letzten Papier abheftete, die auf seinem Schreibtisch ausgebreitet waren, und dann aufstand.

····•••••••••••····

»Hey Michael, ich habe uns Hilfe organisiert.« Jonathan hatte ihn aufgeschreckt. Michael versuchte, so auszusehen, als arbeitete er. Michael holte tief Luft, drehte sich zu Jonathan um und lehnte sich auf dem Stuhl leicht zurück.

»Was meinst du?«

»Weißt du noch, dass ich dir davon erzählt habe, wie ich letzten Monat zum InfraGard-Meeting gegangen bin?«, fragte Jonathan, als er die mittlerweile zimmerwarme Red-Bull-Dose auf Michaels Tisch stellte.

»So ungefähr … ging's dabei nicht irgendwie um Grippe und Pandemie?«

»Genau, das war die Hauptpräsentation. Aber jeden Monat gibt's noch andere Themen von öffentlichen und privaten Organisationen«, erklärte Jonathan.

»Ist das alles? Ich hätte gedacht, das FBI hätte noch eine andere Motivation«, sagte Michael.

»Da bin ich ziemlich sicher. Ich wette, die können besser Fragen stellen als erzählen, was sie wissen. Jedenfalls habe ich gerade eben mit einem ihrer Agenten telefoniert.«

Michael war ziemlich sicher, dass sein Herz gerade einen Schlag ausgesetzt hatte. »Was hat er gesagt?«

»Er kommt heute Nachmittag vorbei und geht mit uns die Logs durch. Wenn wir Alex schon morgen eine Antwort geben sollen, kann er uns vielleicht ein paar Tipps geben, wie wir das herauskriegen können«, antwortete Jonathan.

»Sag Alex besser nichts davon«, schlug Michael vor. Er war nahe daran, die Kontrolle über die Situation zu verlieren.

»Okay, aber warum?«, fragte Jonathan.

»Du hast gehört, was er gesagt hat. Wir sollten besser nicht diejenigen sein, die diese Fusion verhunzen! Darum ist er wegen dieses Netzwerkscans doch so nervös. Alles, was diesen Deal vermasselt, wirft ein schlechtes Licht auf ihn und kostet ihn einen Haufen Geld.« Michael kratzte diese Begründungen so schnell zusammen, wie er konnte.

»Leuchtet ein«, stimmte Jonathan zu. »Wir müssen ihm aber trotzdem morgen einen Bericht geben, und bis dahin verhilft uns das FBI vielleicht zu ein paar neuen Ideen.«

»Cool. Äh, ich glaube, ich installiere eben mal den neuen Dev-Server zu Ende, damit ich Zeit habe mitzuhelfen.« Michael hoffte, dass dieser Vorwand ihm etwas Zeit erkaufen konnte, um in Ruhe zu telefonieren.

»Klar. Ich hole dich ab, wenn er da ist.« Im Weggehen schnappte sich Jonathan seine Red-Bull-Dose.

Michael gelang es einigermaßen, seine Bewegungen auf normale Geschwindigkeit zu bremsen, als er eine Schublade aufzog und den mittlerweile zerknitterten Umschlag herauszog. Er schaute noch einmal auf Anweisungen und wählte dann eine Nummer.

»Pizza Hut, was kann ich für Sie tun?«

»Sorry, verwählt«, antwortete Michael und legte schnell auf.

»Das wächst mir alles absolut über den Kopf! Obwohl … das Geld ist super und ich habe sowieso keine anderen Optionen.«

Michael ließ beim Sitzen den Kopf tief hängen und holte ein paar Mal tief Luft. Er fuhr zusammen, als sein Handy plötzlich zu klingeln begann. Heftig drückte er die Taste zur Rufannahme und presste das Handy ans Ohr.

»Was brauchen Sie?«, begann Vlad abrupt. Michael fasste, so ruhig er konnte, die Geschehnisse des Morgens zusammen. Einen Moment war es still, während Vlad diese Informationen verdaute.

»Das wird schon in Ordnung gehen«, antwortete Vlad. Michael konnte sich keine Variante vorstellen, wie das zu seinen Gunsten ausgehen konnte.

Vlad fuhr fort: »Ich habe Ihren Lee Harvey Oswald.«

»Hä?« Michael sah keine Verbindung zwischen einem Attentäter und seinen Hacker-Problemen.

Am anderen Ende der Leitung lächelte Vlad und begann zu erklären.

SIX
6

DAS MEETING

Montag, 11:47

Leon und Bob gingen in die Greenspoint Mall. Sie hatten die Ladenpassage gerade erst betreten, als Bob nach rechts in die Spielhalle abbog und Leon mit sich zog.

»Ich dachte, wir gehen zur Pizzeria?«, protestierte Leon, als Bob auf die Wechselgeldmaschine zusteuerte.

»Machen wir auch. Aber ich will mich vorher noch mal umschauen.« Bob zog ein paar zerknüllte Scheine aus seiner Jeans und wechselte das Geld am Automaten in Spielmarken, während Leon sich vorne weiter herumdrückte und kläglich versuchte, unverdächtig zu wirken. Bob kehrte schnell zurück und gab Leon eine Handvoll Marken.

»Du spielst hier am Eingang mal eine Runde. Ich will sehen, ob uns jemand beschattet.«

Leon hatte aufgehört, über die Paranoia seines Freundes zu witzeln. Jetzt war er dankbar dafür. Pflichtschuldig warf er einen Token in eines der Spielgeräte und daddelte, während Bob sich neben den Apparat stellte und die Umgebung beobachtete. Als er den Eingang zur Arkade und die Hauptpassage der Mall prüfte, sah er niemanden, der sich für sie zu interessieren schien. Nach einigen Minuten war er zufrieden.

»Wir kommen zu spät. Lass uns mal gehen«, sagte Bob und machte sich auf den Weg. Leon ließ das Spiel weiterlaufen und folgte ihm. Als sie durch den Bereich mit den Essensangeboten gingen, hielt Bob sich rechts, um den offenen Bereich überschauen zu können.

»Ich sehe das T-Shirt nirgends«, bemerkte Leon.

»Halt die Augen auf«, antwortete Bob und sah sich um.

Leon sah sie zuerst. »Dein Freund Max ist ja eine Lusche. Der schickt seine Schwester als Köder vor.«

»Was meinst du? Wo?«, fragte Bob. Er folgte Leons Kopfnicken in Richtung eines Tisches auf der entgegengesetzten Seite des Gaststättenbereichs. Ein zierliches Mädchen mit brünetten Haaren im College-Alter saß mit den Rücken zu ihnen. Er konnte ihr Gesicht nicht sehen, aber sie wirkte von hinten so gar nicht wie Bobs Nerd-Bekanntschaften.

»Woher weißt du, dass sie seine Schwester ist?«, fragte Bob.

»Die ist doch total heiß. Kein Nerd hätte eine Freundin, die so aussieht«, bemerkte Leon.

»Gut beobachtet.«

»Akzeptieren wir den Köder?«, fragte Leon.

»Haben wir eine Wahl? Pass aber auf Pfefferspray auf. Du gehst links, ich komme von rechts.« Bob ging los, und Leon machte sich in entgegengesetzter Richtung auf den Weg um die kleinen Läden mit Speiseangeboten herum. Beide erreichten den runden Tisch gleichzeitig und setzten sich praktisch synchron hin. Das Mädchen erschrak nicht im Geringsten.

Bob begann. »Dein Bruder hätte dir sagen können, dass du nicht mit dem Rücken zu den Leuten sitzen solltest.«

»Wie hättet ihr denn dann das T-Shirt von iDefense sehen können?«, antwortete sie. Diese Logik überrumpelte Bob, doch Leon lächelte die neue Bekanntschaft gleich an.

»Mal abgesehen davon«, Bob erholte sich wieder, »wo ist dein Bruder?«

Das Mädchen strich sich die Haare aus dem Gesicht, was aber nur auf einer Seite gelang, und enthüllte ein bestechend braunes Auge, das stark mit dem Schopf leuchtend blau gefärbten Haares kontrastierte, das das andere Auge bedeckte. Ihre attraktiven, entfernt asiatisch wirkenden Gesichtszüge reichten, dass Leon innehielt und Bob weiter um seine Fassung ringen musste.

»Warum fragst du mich nach einem Bruder? Ich hab keinen. Du wolltest mich treffen.«

Bob war noch nicht überzeugt. »Klar doch. Wo ist Max? Müssen wir irgendwo hingehen, um ihn zu treffen? Wir haben nicht viel Zeit.«

»Ich bin Max.«

»Okay, wir brauchen echt ganz schnell Hilfe. Wo finden wir Max?«, fuhr Bob fort. Leon saß mit einem schiefen Grinsen dabei und beobachtete diesen Schlagabtausch.

»Er sitzt vor deiner Nase. Was willst du?«

»Na gut. Woher soll ich wissen, dass du Max bist?«, hakte Bob nach.

»In WOW hast du als Haustier einen Skorpion namens Snookums.«

Leon kicherte, als Bob verärgert antwortete: »Das ist ziemlich gut, aber jeder, der WOW spielt, könnte das wissen.«

»Dann was anderes: Ich war diejenige, die dir gezeigt hat, wie du den Sled für den Buffer poppen kannst, als du vor etwa einem Monat an diesem Browser-Bug gearbeitet hast. Weil ich damals im Shoutout dafür nicht erwähnt wurde, weiß ich, dass du keinem verraten hast, wie ich dir geholfen habe«, antwortete Max.

Leon musste lachen und sagte zu Bob: »Alter, du bist echt eine Pfeife. Mir hast du gesagt, dass du diesen Bug ganz alleine entdeckt hast!«

Bobs Mund stand für einen Moment sperrangelweit offen, bevor er sich zusammenriss. »Darum geht es doch hier überhaupt nicht!«, protestierte er in Max' Richtung. »Alter, du bist überhaupt kein Kerl!«

Max reagierte schnell: »Komm drüber weg. So läuft's halt im Netz! Kerle sind Kerle, Mädels sind Kerle. Und die Vierzehnjährigen sind FBI-Agenten! Was hattest du denn gedacht?«

Leon sah Bob direkt an. »Mir gefällt sie langsam«, gab er zu und wandte sich an Max. »Okay, wir brauchen Hilfe. Lass uns diese miese Vorstellungsrunde mal vergessen. Mit Bob kommt man im RL ein bisschen schwerer zurecht.«

»Du bezahlst ja, was ist also der Job?«, fragte Max.

Bob gelangte schließlich wieder auf Spur. »Du musst mit uns in unser Hotel kommen.«

»Sag mal, was glaubst du eigentlich, wer ich bin?«, protestierte Max.

»Ich dachte, ein Typ, der helle genug ist, um uns zu helfen! Hier, ich zeig dir mal was.« Bob beugte sich hinunter und öffnete seinen allgegenwärtigen Rucksack. Er holte den älteren Rechner heraus und bootete ihn. Während er hochfuhr, zog Leon einen USB-Stick aus der Tasche und steckte ihn in den Computer. Bob tippte einen Moment und drehte den Laptop dann so, dass Max den Bildschirm sah.

»Hier ist ein Wireshark-Capture, das wir aufgenommen haben, als wir Icons für ein *Capture the Flag* WLAN-Spiel verteilt haben. Wir haben diesen Code gesehen und glauben, dass das was mit dem FBI zu tun hat. Was kannst du sehen?«

Max brauchte keine Minute, um sich das anzuschauen. »Das ist ernst. Egal wer das gemacht hat, das war gut überlegt. Euer Capture zeigt keinen Scan vom Ursprung des Codes. Die kannten ihr Ziel.«

Bob schaute Leon an. »Warum hast du das nicht gesehen?«

Max blickte zu Bob. »Ich schau mir noch den Rest an, was ihr so habt, aber ich hab auch Pfefferspray dabei.«

Leon grinste nur, während Bob den Laptop nahm und Leon den USB-Stick zurückgab. Die drei standen auf, und Bob führte sie bis zur Arkade zurück. Max nahm an, dass sie in Richtung Ausgang gingen, aber Bob bog auf einmal rechts ab und öffnete eine Tür ohne Aufschrift, kein Laden dahinter. Max sah Leon fragend an, aber der folgte Bob ohne Zögern. Max tat das Gleiche. Sie gingen einen Wartungsflur hinter den Restaurants des Gaststättenbereiches entlang. Dann kamen sie zu einer Abzweigung, die zu einer Tür mit der Aufschrift »Exit« führte, aber Bob marschierte geradeaus.

»Bist du hier schon mal gewesen?«, fragte Max, während sie weitergingen.

»Wenn ich noch nicht hier gewesen wäre, hätte ich doch auch kein Treffen hier vorgeschlagen«, antwortete Bob. Er leitete sie zu einer weiteren Tür und öffnete sie. Nun standen sie wieder in einem anderen großen Flügel der Mall. Hier waren weniger, aber genug Menschen unterwegs, um sich schnell unter die Leute mischen zu können. Bob ging über den Korridor an einer Sears-Filiale vorbei und öffnete auf der anderen Seite wieder eine nicht gekennzeichnete Tür. Leon und Max hielten einfach Schritt, als sie mit ihm an unverputzten Wänden vorbei durch einen Gang liefen. Sie kamen zu einer weiteren Abzweigung, und dieses Mal scherte Bob nach links. Er drückte die Tür auf, und sie standen im Sonnenlicht auf einem Parkplatz.

Als sie auf den Mini zugingen, zog Leon die Schlüssel heraus. Max schaute auf den Wagen und sagte schnell mit fester Stimme: »Ich setze mich nicht mit euch beiden in einen geklauten Wagen.«

Bob sah sie an. »Warum glaubst du, dass der geklaut ist?«

»Ich war mir nicht ganz sicher, aber jetzt wo du so antwortest …«, gab Max zurück. »Ihr beiden seht mir nicht so aus, als könntet ihr euch einen echten Wagen leisten.«

Leon übernahm: »Der ist nicht geklaut, den hat uns ein Freund geliehen.«

»Leihen klingt auch nicht sonderlich legal«, konterte Max und schaute auf die Reihe der Polizeiwagen, die in der Nähe vor dem Revier der Houstoner Polizei parkten. »Wenn zwei Typen, die soviel Schiss vor Cops haben, mit einem Wagen zweifelhafter Herkunft unterwegs sind, dann frage ich mich doch, warum ihr so dicht bei so vielen Cops parkt.«

»Je näher wir der Gefahr sind, desto weniger kann uns passieren«, antwortete Leon selbstgefällig.

»Ah, ein Tolkien-Fan«, stellte Max fest. »Ich sitze vorne!«

Leon lächelte, als er sah, wie Bob sich fügte und sich auf den Rücksitz klemmte. Als Leon den Schlüssel in der Zündung umdrehte, drehte sich Max zu Bob um.

»Eine Sache noch: Im RL heiße ich Hannah.«

Bob blieb die Antwort schuldig und seufzte nur. Leon beobachtete sein Gesicht im Rückspiegel und wandte sich dann an seine Beifahrerin. »Nett, dich kennenzulernen, Hannah. Danke, dass du uns hilfst.« Leon rollte langsam los und machte sich auf den Weg vom Parkplatz weg. Bob schwieg. Offenbar hatte er noch daran zu knappsen, die wahre Identität seiner Online-Bekanntschaft zu verarbeiten.

ERSTE SPUREN

Montag, 13:01

»Guten Tag. Was kann ich für Sie tun?«, fragte Susan das Paar, das durch den Eingang von 3DNF kam.

»Ich bin Agent Jackson, und dies ist Agent Battle. Wir sind mit Jonathan Tao verabredet«, antwortete Mark trocken. Beide zeigten ihren Ausweis.

Ihre Identifizierung hätte auch aus einer Cornflakes-Schachtel kommen können. Susan kam so aus der Fassung, als sie die Buchstaben »FBI« las, dass sie nichts anderes mehr sah. Sie verstummte, ergriff rasch das Telefon und wählte Jonathans Nummer.

»Hier ist Jonathan.«

»Sie haben Besuch vom FBI«, berichtete sie mit stockender Stimme, den Blick auf das vor ihr stehende Paar.

»Prima. Ich bin gleich da.« Susan hörte das Klicken und legte den Hörer weg. »Er kommt gleich«, stellte sie fest und starrte die beiden weiter an. Sie hatte noch nie FBI-Agenten im Büro gesehen. Die meisten ihrer Besucher waren komisch gekleidete Programmierer, einige zerknitterte Akademiker oder auch Lieferanten. In letzter Zeit hatte sich im Zuge der Fusion auch eine Menge Rechtsanwälte daruntergemischt. *Die sehen eher wie Anwälte als wie Agenten aus,* dachte sie, während der Schock langsam nachließ. Die beiden drehten sich um und beobachteten den Eingang hinter ihnen.

Kurz danach öffnete sich die Bürotür, und Jonathan erschien. »Ah, ausgezeichnet. Agent Jackson, ich bin Jonathan Tao«, sagte er und streckte seine Hand aus.

»Nennen Sie mich Mark. Dies ist meine Partnerin Chris«, antwortete Mark und schüttelte Jonathans Hand.

Agent Battle wirkte nicht sonderlich erfreut über ihren Partner, als sie ebenfalls Jonathans Hand schüttelte.

»Gehen wir gleich an meinen Platz«, sagte Jonathan und führte sie durch die Tür und an den Reihen chaotischer Schreibtische und großer Monitore vorbei.

»Dieser Ort müsste dir doch schwer gefallen«, kommentierte Chris, während sie neben Mark ging. Sie murmelte: »Seit dieses Büro eröffnet wurde, waren Frauen wohl noch nie ein Thema.«

Mark blieb ein paar Schritte zurück, damit zwischen ihm und Jonathan etwas Abstand entstand, ehe er konterte: »Bei uns leuchtet es halt nicht nur in der Birne.«

»Na toll! Das ist jetzt mal eine denkwürdige Vorstellung, die ich kaum vergessen werde«, gab Chris im Gehen zurück.

Jonathan zog ein paar Stühle in seinen Arbeitsbereich und warf eine leere Red-Bull-Dose in den Müll. Chris schaute sich kurz um, bevor sie sich hinsetzte. Sie bemerkte ein Augenpaar, das auf ihre Bewegung reagierte. Michael lehnte sich schnell aus ihrem Sichtfeld heraus nach vorn. Jonathan sprach bereits, und Mark hörte intensiv zu, als Chris ihre Aufmerksamkeit den Monitoren im Arbeitsbereich zuwandte.

»Was ich hier also nicht kapiere, warum die das Netzwerk so offensichtlich scannen«, stellte Jonathan fest. »Ich habe mir unsere Haupt-Server angesehen und nichts Außergewöhnliches festgestellt. Aber dann habe ich das hier gesehen.« Jonathan klickte schnell mit der rechten Hand, während auf dem Hauptbildschirm verschiedene Fenster erschienen. Er zeigte auf einen Server namens 3D-FS1 und klickte doppelt. Weiteres hektisches Klicken, dann erschien ein Fenster mit einer Auflistung der Verzeichnisinhalte.

»Hier im Root von einem unserer Fileserver ist eine Icon-Datei namens ›CyberBob‹. Die ist mit keiner ausführbaren Datei verknüpft. Der Zeitstempel zeigt, dass diese Datei gerade dann hier platziert wurde, als der Traffic mit dem Scan begann, der das alles ausgelöst hat.«

Mark lehnte sich nach vorne und starrte einen Moment lang unverwandt auf den Schirm. »Kann ich von diesem Listing einen Ausdruck bekommen?«, bat er.

»Sicher.« Jonathan klickte erneut. »Der wird auf dem Hauptdrucker ausgegeben.« Er wollte gerade aufstehen, als Mark ihn unterbrach.

»Haben Sie ein WLAN hier?«

»Nein. Wir haben als Subunternehmer für eine Rüstungsfirma gearbeitet, und weil wir nun fusionieren, wollen die kein Funknetz. Ich muss das zur Sicherheit alle paar Wochen checken.«

»Wie machen Sie das?«, fragte Mark.

»Ich zeige Ihnen das mal.« Jonathan öffnete das Fenster für die Drahtlosnetzwerke auf seinem Windows XP-System und klickte auf »Verfügbare Drahtlosnetzwerke anzeigen«. Die drei beobachteten, bis ein leeres Fenster ausgegeben wurde. »Rein gar nichts. Ich bin ein wenig überrascht, weil ich in letzter Zeit auch gar nichts von irgendwelchen anderen Büros aus der Nachbarschaft empfangen habe.« (*Seite 244*) Jonathan stand auf. »Ich hole gerade mal den Ausdruck für Sie.« Er ließ Mark und Chris im Cubicle zurück.

»Was denkst du?«, fragte Chris.

»Bisher noch nichts«, antwortete Mark und drehte sich um, als Jonathan mit einem Blatt Papier in der Hand wieder auftauchte.

»Jonathan, hat es bei Ihnen kürzlich Personalwechsel gegeben? Sie erwähnten eine Fusion«, meinte Mark.

»Nein, gab es nicht. Wenn der Deal abgeschlossen ist, glaube ich, dass die meisten von uns einen ziemlich guten Schnitt machen. Sie kaufen die Firma sowieso wegen der Brainpower.«

»Hatten Sie Honorarkräfte oder Zeitarbeiter hier? Als wir reinkamen, sind mir ein paar neue Computer aufgefallen, die da gestapelt waren«, fuhr Mark fort.

»Ja, ein paar Jugendliche. Wir bekommen hier eine neue Ausstattung. Mein Chef Alex sagt, dass bei uns alles zu den Standards der neuen Firma passen soll. Er hat veranlasst, dass Michael dafür ein paar Helfer bekommt.«

»Wer ist Michael?«

»Oh … Michael Resol. Er kümmert sich um unsere Infrastruktur. Er musste sich Hilfe holen, um die Arbeiten zur Einrichtung der IT-Ausstattung auszuführen«, erklärte Jonathan.

»Kamen die Helfer von einer Agentur?«

»Nein, ich glaube, das waren Freunde oder Verwandte von einem unserer Programmierer.«

»Haben Sie deren Hintergrund gecheckt?«, fuhr Mark fort.

»Keine Ahnung. Hey, Michael!«, rief Jonathan den Flur entlang. Michael wirkte wie ein Präriehund, der aus seinem Loch hervorspringt, als er ein wenig zu schnell erschien, weil sein Namen gerufen wurde.

»Ja?«, kam die Antwort mit einer Stimme, die bei dieser einen Silbe kippte.

»Weißt du noch die Namen der Jungs, mit denen du diese PC-Installierungen gemacht hast?«

Michael ging zu der kleinen Gruppe. »Äh, da war ein John Aggarwal und Robert Sowieso. Ich glaube, es war Focker. Nein, Falken.«

Michaels Augen trafen die von Agent Battle, und sofort wich er aus. Mark fasste gleich nach. »Haben Sie über diese Personen irgendwelche Unterlagen?«

»Nein. Ich weiß, dass ich die haben sollte, aber es waren einfach Freunde von Freunden. Bloß ein paar Kids, die ein paar Stunden hier waren. Ich habe sie mit alten Computerteilen bezahlt, die wir sowieso loswerden wollten.«

Mark machte sich ein paar Notizen. »Haben Sie eine Möglichkeit, sie irgendwie zu erreichen?«

»Glauben Sie, dass der Scan von ihnen kam?«, fragte Michael.

Mark sah Jonathan erwartungsvoll an. »Das ist okay. Michael und ich sind diejenigen, die sich hier um die Aufklärung kümmern sollen«, erklärte Jonathan.

Mark sah wieder zu Michael. »Ich habe keine Theorie. Ich will nur sicher sein, dass ich alle Fakten bekomme.«

»In Ordnung. Über John habe ich nichts, aber dieser Robert Sowieso gab mir seine Adresse und Telefonnummer. Moment mal.« Michael ging wieder zurück zu seinem Schreibtisch und zog einen Klebezettel vom Block. Darauf hatte er an diesem Morgen Vlads Info geschrieben.

»Hier, bitte.« Michael gab Mark die Notiz. Chris fiel ein leichtes Zittern in Michaels Hand auf, als er den Zettel weiterreichte.

»Einmal, als sie hier zum Arbeiten kamen, trug Robert irgend so ein Hacker- oder Computerfreak-T-Shirt«, fügte Michael hinzu.

»Interessant. Danke für die Hilfe.« Mark erhob sich und Chris folgte ihm. »Wir müssen ein paar Dinge überprüfen. Kann ich Sie morgen telefonisch erreichen?«, fragte Mark Jonathan.

»Sicher. Sagen Sie Bescheid, wenn Ihnen etwas einfällt. Wir sollten unserem Boss morgen Nachmittag Bericht erstatten«, antwortete Jonathan.

»Kein Problem.« Mark wandte sich in Richtung Ausgang.

»Müssen Sie sich nicht noch die Server-Logs oder etwas anderes anschauen?«, fragte Jonathan.

»Fürs Erste habe ich alles, was ich brauche«, antwortete Mark. »Vielleicht tauchen dann noch Fragen auf, aber zuerst will ich ein paar Ideen checken und melde mich dann.«

»Diesem Michael traue ich nicht über den Weg«, bemerkte Chris, sobald die Türen des Wagens geschlossen waren.

»Der hat Schiss. Könnte aber auch einfach an uns liegen«, wandte Mark ein.

»Was hast du für eine Theorie? Da war doch was mit diesem Icon-Dings, mit dem du was anfangen konntest, nicht wahr?«, fragte Chris.

»Ich glaube, deren Netzwerksicherheit ist ziemlich luschig, und man hat sie für ein Hacker-Spiel ausgenutzt.«

»Ein Spiel? Da werden die von einer großen Rüstungsfirma gekauft und irgend so ein komischer Netzwerkscan passiert, und deine Theorie ist, es sei ein Spiel?«

»Genau. Für einen Durchsuchungsbefehl reicht es noch nicht, aber es würde sich lohnen, mal eine kleine Tour zu machen.«

»Eine Tour? Wohin?«

»Ich glaube, ich kenne diesen Robert. Wenn ich richtig liege, kann ich diese Verbindung mit dem Rüstungslieferanten als Grund nehmen, mir ein Netzwerk anzuschauen, auf das ich schon seit Monaten scharf bin.«

»Wie jetzt – was für ein Netzwerk?« Chris kam nicht mehr hinterher.

»Hier gibt es eine Hacker-Gruppe, mit der ich schon länger versuche, Kontakt aufzubauen. Einer der hellsten Köpfe von denen heißt Bob, und diese Geschichte wirkt, als stecke er dahinter. Ich glaube nicht, dass er böswillig etwas gemacht hat, aber vielleicht hat er mir nun einen Grund geliefert, dass ich mir mal sein Heimnetzwerk anschauen kann. Ich wette, wir finden ein paar Spuren zu anderen interessanten Dingen«, erklärte Mark.

»Heimnetzwerk?«, fragte Chris.

»Sicher. Solche Typen haben ganz beeindruckende Netzwerke, mit denen sie ihre Recherchen durchziehen.«

»Und du? Hast du auch eins?«, fragte Chris.

»Aber klar. Nicht sonderlich groß, bloß ein paar Server, zwei Laptops, mein Haupt-PC und natürlich der Spiele-PC. Du solltest mal vorbeikommen und …«

»Du lädst mich nicht einfach bloß so ein.«

Mark schaute Chris verwirrt an. »Wie?«

»Du lädst mich nicht einfach bloß so zu dir nach Hause ein«, klärte Chris ihren Partner mit der langen Leitung auf.

Mark schaute kopfschüttelnd wieder auf die Straße.

»Nein, ich habe dich eingeladen, damit du dir mein Lab anschaust«, erwiderte Mark knapp, eindeutig recht entnervt. »Es ist einfach … ach, das wäre bei dir vergebliche Liebesmüh.«

DIE ENTDECKUNG

Montag, 17:32

»Was denkst du, was wir ohne Durchsuchungsbefehl machen können? Wirst du ihn einfach fragen, ob er dir mal sein Netzwerk zeigt?«, fragte Chris, als sie durch die trostlose Gegend zum Haus der Falkens fuhren.

»Weiß ich noch nicht«, antwortete Mark nach dem Abbiegen und begann, nach Hausnummern Ausschau zu halten. Dann nahm er Tempo weg und ließ den Wagen an die Bordsteinkante rollen. »Jetzt will ich einfach bloß mit ihm reden und hören, was er mir erzählen kann. Vielleicht führt uns das zu …« Er brach ab, als er den Wagen auf »Parken« stellte.

Er deutete auf die linke Hausseite. »Das Tor zum Hinterhof ist sperrangelweit auf. Gehen wir zusammen rein«, sagte Mark und sah schnell die Straße auf und ab, während er den Revolver zog. Chris hatte schon ihre Türe geöffnet und war Mark einen Schritt voraus. Mark wollte die Führung übernehmen, aber Chris lief bereits vorne um den Wagen und war auf dem Weg die Einfahrt hoch, bevor Mark sich sortiert hatte.

»Haustür wirkt normal«, bemerkte Chris, als sie um die linke Ecke der ans Haus gebauten Garage ging, und setzte zum Weg durchs Tor an. Mark ging am Haus entlang und beobachtete die Straße, bevor er ihr in den Hinterhof folgte. Niemand bemerkte die Besucher.

An der Hausseite waren keine Fenster, als sie die hintere Hausecke erreichten. Chris hielt kurz inne, damit Mark aufholen konnte. Schnell überblickte sie das kleine Rechteck des Hinterhofs mit überwuchertem Bermudagras und einem einsamen, spindeldürren Bäumchen. Das erste Fenster war knapp in Augenhöhe. Chris schaute um die Ecke. Sie sagte nichts, aber Mark bemerkte, dass sie sich schnell duckte und den Griff ihrer Waffe fester packte. Ein paar Schritte, und sie blieb an der Verandatür stehen. Das Glas war aufgebrochen, der Griff verbogen. Der Türrahmen mit dem Schloss war zerbrochen. Mark fiel ein Brecheisen auf, das auf der Veranda lag. Dann traf sein Blick den von Chris, und sie machten sich fertig zum Reingehen.

»Hallo? FBI! Jemand zu Hause?«, rief Mark. Chris schwenkte von rechts nach links durch den Raum und sah keine Bewegung. Sie bewegte sich durch das unordentliche Wohnzimmer nach links in einen Flur, als Mark von hinten hereinkam und sich in der Küche rechts umsah. Dort war offensichtlich einiges durchsucht und auf den Boden geworfen worden. Das war Chris wohl schon durchs Fenster aufgefallen. Mark hielt sich links und sah, wie Chris im Flur auf ihn wartete. Mit drei schnellen Schritten war er bei ihr. Chris drehte sich dann in den Flur und hielt die Waffe ausgestreckt vor sich.

»Gesichert!«

Mark bewegte sich hinter Chris und überprüfte einen kleinen Eingangsbereich und ein Wohnzimmer. Dort war niemand, alles ordentlich.

»Gesichert!«, antwortete Mark. Im Umdrehen sah er, wie Chris sich weiter den Flur entlang bewegte. Mark folgte ihr mit gesenkter Waffe. Chris überprüfte das Bad rechts, während Mark in einen kleinen, ordentlichen Raum links schaute. Der Raum war verglichen mit dem, was sie vom Haus bisher gesehen hatten, zu gepflegt. Mark erkannte eine Nähmaschine, einen Zuschneidetisch, perfekte Vorhänge am Fenster und …

»Irgendwas hat hier gebrannt!«, bemerkte Chris, als sie sich neben eine geschlossene Tür am Ende des Flures stellte. Anstatt hineinzugehen, blickte sie zu ihrer Rechten durch die offene Tür von Georges Schlafzimmer. Mark nahm den Platz von Chris im Flur ein, als sie sich in den Raum hineinbewegte, und kontrollierte schnell das Schlafzimmer und das kleine Bad. Chris kam zurück, als Mark die Tür zu Bobs Schlafzimmer/Lab öffnete. Es war schwer zu erkennen, ob hier etwas nicht am Platz war oder ob das Chaos als

Normalzustand gelten musste. Mark bemerkte den beißenden Geruch verschmorter Elektronik, als er die Waffe ins Halfter steckte und den Raum mit Blicken prüfte.

»Ist das eure Art, wie ihr so lebt …?«, fragte Chris. »Ich werde mal nachsehen, warum in der Küche so ein Chaos herrscht.« Chris hatte erst einen Schritt in den Flur gemacht, als sie von Mark gebremst wurde.

»Das könnte dazu gehören.« Chris drehte sich um und sah, wie Mark ein Stück einer zerstörten Webcam hochhielt und dann auf den größten der vielen Bildschirme zeigte, die auf dem provisorischen Schreibtisch aufgereiht waren. Chris folgte Marks Blicken und sah dann das Loch in der Wand.

»Warum ist jemand in das Haus dieses Geeks eingebrochen, hat eine Kamera zerschossen und in der Küche so ein Chaos angestellt?«, fragte Chris. »Das verstehe ich nicht. Und was stinkt hier so?«

»Jemand hat die Elektronik gegrillt«, sagte Mark und tippte mit einem Stift aus seiner Tasche an ein paar Tastaturen. »Hier funktioniert nichts mehr. Ich wette, der Bengel hat alles gelöscht.

»Dein Bengel war gar nicht hier, als das passierte«, antwortete Chris.

»Woher weißt du das?«

»In dieser Küche ist alles durcheinander geworfen, als hätte jemand was gesucht«, erklärte Chris, als sie durch das Zimmer ging. »Ich weiß nicht, warum man die Kamera zerschossen hat, aber wer auch immer hier hereingekommen ist, hat nicht geglaubt, dass jemand zu Hause ist. Mit dem Brecheisen die Terrassentür öffnen, das macht viel zu viel Lärm.«

»Ich weiß nicht«, sagte Mark zweifelnd und ging hinüber, um die beiden kleinen Fenster von Bobs Zimmer zu überprüfen. »Beide verschlossen. Da ist er nicht rausgegangen.«

»Schauen wir, was wir in der Küche finden«, sagte Chris und ging durch den Flur.

»Warum könnte die Küche so interessant gewesen sein?«, fragte Chris, als sie das Durcheinander begutachteten. Die meisten Schranktüren waren noch geschlossen, aber jede Schublade auf der rechten Seite des Raumes war aufgezogen und auf den Boden geworfen worden, die Inhalte gleichmäßig verteilt. Etwa nach einem Drittel des Raumes hörte das Chaos auf. »Wer immer das auch gewesen sein mag, er hat das Gesuchte hier in dieser Schublade gefunden«, stellte Chris fest, als sie sich über die letzte hingeworfene Schublade beugte.

Mark untersuchte die auf den Boden gekippten Sachen. Das Meiste sah aus wie typische Küchenutensilien wie Besteck, Messbecher und anderer Kram. Doch der Stapel Kleinkram in der Mitte der letzten offenen Schublade war anders. Dort waren ungewöhnlich viele Batterien, kleine Nägel, Wechselgeld, Zettel, Coupons, Stifte und sogar ein verstreutes Kartenspiel.

»Das, wonach er gesucht hat, befand sich in der Kramschublade der Küche«, beobachtete Mark.

»Ich habe noch nie ein Haus ohne so eine gesehen«, bemerkte Chris. »Das bedeutet einfach nur, dass wir so nicht herauskriegen können, wonach gesucht wurde. Das könnte alles Mögliche gewesen sein.«

Mark zog sein Handy und drückte auf die Kurzwahltaste fürs Büro. Er musste seufzen, als er an die Zeit dachte, die er damit zubringen würde, Bobs gegrillten Festplatten vielleicht ein paar Daten zu entlocken.

Eine Stunde später gingen Mark und Chris zu ihrem Wagen zurück.

»Darf ich morgen also den ganzen Tag im Büro zusehen, wie du dich als Computerfreak mit all den Computern austobst, die die Kollegen da hinten etikettieren?«, fragte Chris.

»Wahrscheinlich nicht. Solche Arbeiten mache ich alleine, und ich wette, dass dabei nicht viel herauskommt. Bob ist ein ziemlich cleverer Typ, und wenn er will, dass Informationen gelöscht werden, dann sind die auch gelöscht.«

Mark fuhr den Wagen aus diesem Wohnbereich und steuerte den Highway an.

»Wohin fährst du? Ich dachte, das Büro ist nördlich von hier«, fragte Chris, als Mark in den Zubringer einbog.

»Ich bin hier noch nicht fertig. Da gibt es noch drei Kumpel von Bob bei den 2600-Meetings. Ich weiß, wo zwei von denen arbeiten, also werde ich denen mal ein paar Fragen stellen.«

Zwanzig Minuten später parkte Mark den Wagen vor einem Striplokal an der Bellaire Avenue neben einem Laden namens LightSpeedSystems.

»Lass mich reden«, warnte Mark, als sie aus dem Wagen stiegen.

»Natürlich … als ob ich der Sprache überhaupt mächtig wäre«, antwortete Chris und hielt Mark die Tür auf.

Chris kam gerade hinter Mark durch die Tür, als ein großer, ungepflegter Kerl mit dunklen Augen und unordentlichen roten Haar rief:

»Hey, Jeb, wenn das dein echter Name ist, warum bringst du hier einen FBI-Agenten mit rein?«

»Sorry, mein Name ist Mark Jackson, und das hier ist …«

»Ich kenne dich. Du bist der Redneck, der sich bei den 2600-Meetings ›Jeb‹ nennt. Du machst dich ja schick zurecht. Sie ist 'n Fed, dann bist du bestimmt auch einer.«

Mark gab auf. »Chris, das ist Dobbs. Er ist ein Freund von Bob von den 2600 Meetings.«

»Ich wusste es!«, rief Dobbs. »Ihr mit eurem Patriot Act seid die Typen, die uns alle überwachen!«

Marks Ausdruck ließ eine Mischung aus Verzweiflung und Ärger erkennen, als er beide Hände hob und leicht in Dobbs' Richtung bewegte. »Ich bin bloß ein Techie, der gelernt hat, dass man am besten nicht gleich allen erzählt, wo man arbeitet.«

»Was für ein Mist! Ich wette, du gehörst zu einem ganzen Programm, das nur dazu da ist, Leute wie uns zu beobachten. Du willst nur all den ganzen Daten, die du mit Echelon zusammengekratzt hast, ein paar Gesichter geben!« (*Seite 421*)

»Ich will dich nicht überzeugen. Ich brauche nur ein paar Antworten«, sagte Mark fast flehend.

Chris musste ein Lachen unterdrücken, als sie den Laden begutachtete und zusah, wie Mark selbst die eigene Tarnung auffliegen ließ.

»Als ob ich solchen Typen wie euch Antworten geben würde. Ihr braucht doch sowieso keine Antworten. Ich wette, ihr zapft hier alle möglichen ...«

»Dobbs, jetzt mach' mal halblang. Ich will doch bloß wissen, ob du mir helfen kannst, Bob zu finden«, unterbrach Mark und verlor die Geduld, hier den »guten Cop« zu spielen.

Dobbs hörte auf zu reden und schaute einen Moment auf seine kleineren Besucher herab. »Okay, ich gestehe«, seufzte Dobbs, »Bob und ich haben an einem kleinen Nukleargerät gearbeitet. Wir mussten von ungefähr 1700 Zifferblättern, die wir auf Flohmärkten gesammelt haben, dieses Leuchtzeug abkratzen, um genug spaltbares Material zu kriegen.«

Mark stützte sich mit beiden Händen auf die Theke und senkte seinen Kopf ein wenig. »Dobbs, begreif doch endlich, dass Bob wahrscheinlich in ziemlichen Schwierigkeiten steckt und ich ihm helfen will.«

Mark hielt Dobbs' Blick drei Sekunden, und dann sah Dobbs weg.

»Ich habe seit dem Meeting nicht mehr mit ihm gesprochen. Ich weiß auch nicht mehr als du. Er hatte noch weiter daran gearbeitet, das *Capture the Flag* vorzubereiten.«

»Kannst du ihn irgendwie erreichen?«, fragte Mark.

»Er ist der einzige Mensch, den ich kenne, der noch vorsichtiger ist als ich«, gab Dobbs zögernd zu. »Ich habe noch nicht einmal eine E-Mail-Adresse.«

Mark langte in seine Tasche und zog eine Visitenkarte heraus. Dobbs zuckte vor dieser Bewegung zurück, bevor er das weiße Papier sah.

»Hier ist meine Karte. Wenn du von ihm hörst, ruf mich an.«

Dobbs sah die Karte an und las »Federal Bureau of Investigation«. »Warum sollte ich dich denn anrufen? Wenn ich was von Bob höre, dann habt ihr das doch alles schon längst aufgezeichnet ...«

»Dobbs, deine Leitungen anzuzapfen, ist das Letzte, womit wir uns herumschlagen wollen,«, unterbrach Mark ihn, als er sich zum Gehen wandte. »Dafür haben wir im Übrigen auch keine Zeit«.

»Warum nicht? Ich brauche bloß noch einen Zünder, und meine Uhrenbombe würde den halben Golf auslöschen!«

Mark hielt an der Tür inne. »Und was würdest du dann hacken?« Mark ließ ein Grinsen erkennen, und bevor es eine Antwort gab, war er draußen. Normalerweise hatte niemand bei den 2600-Meetings nach Dobbs das letzte Wort.

»Also dafür hängen wir uns so sehr rein, um es vor Terroristen zu schützen?«, fragte Chris angeekelt, als sie wieder im Auto saßen. »So muss das sein, wenn Dan Haggerty einen auf Geek macht.«

»Dobbs ist bei den 2600-Meetings einer von den ganz Cleveren. Ich schwöre dir, wenn man an einem '57 Chevy eine Tastatur einbaut, könnte er ein Perl-Skript schreiben, um den Benzinverbrauch zu verbessern.«

»Was ist ein Perlen-Skript?«, fragte Chris. (*Seite 421*).

Mark seufzte einfach nur und ließ den Wagen an. »Wir müssen noch jemandem einen Besuch abstatten.«

»House of Pies?«, fragte Chris, als sie auf den Parkplatz fuhren. »Wenn die Jungs so clever sind, warum haben die dann keinen besseren Job?«

»Viele von ihnen arbeiten nur, um Geld für ihre Computersachen zu verdienen«, erwiderte Mark. Sie gingen hinein und blieben am Schild stehen, auf dem »Wir bringen Sie an Ihren Platz« stand. Ein junger Afroamerikaner trat ihnen mit zwei Menüs entgegen. Er trug die gleichen Polyesterhosen und Polohemden wie das restliche Team, aber Chris sah, wie eine Tag Heuer-Uhr an seinem Handgelenk funkelte. Ihr fiel auch die schwarze randlose Brille von D&G auf, die ihm sehr gut stand.

»Wollen die Herrschaften Agenten lieber einen Tisch oder eine Sitzecke?«, fragte der junge Mann.

Chris warf Mark einen genervten Blick zu.

»Was meinst du?«, fragte Mark.

»Wenn du mit einem Hacker sprichst, sprichst du mit allen. Informationen fließen frei. Und ihr beide seht genauso aus, wie Dobbs es beschrieben hat.« Mark bemerkte das iPhone am Gürtel des Kellners.

»Ich wollte nur fragen, ob du weißt, wo Bob ist.«

»Ich habe weder ihn noch Leon gesehen, nachdem sie das 2600-Meeting verlassen haben, um beim Wardriving weiterzumachen. Ich dachte, wenn du schon dauernd bei unseren Meetings herumspionierst, dann müsstest du ihn doch finden können, wenn du es willst.« Rudy setzte seinen bösesten Blick auf, war aber nicht so überzeugend wie Dobbs.

»Also war er nicht allein.« Mark erkannte seine Chance. Er legte seine Linke auf Rudys Schulter und steuerte ihn behutsam zur nächsten Sitzecke. Rudy setzte sich, Mark daneben, und Chris nahm gegenüber Platz.

»Hör mal, wenn du bloß ein wenig bei all den Meetings aufgepasst hättest, dann wüsstest du, dass ich ebenso ein Technikfreak bin wie ihr beide. Bob hat nie wie einer gewirkt, der kriminell werden würde. Ich weiß einfach, dass er in Schwierigkeiten steckt und Hilfe braucht. Bitte, sag mir, was du weißt«, erklärte Mark aufrichtig.

Chris hätte es nicht zugeben mögen, aber sie war beeindruckt. Mark hatte die richtige Technik im richtigen Moment ausgewählt. Sie sah, wie sich Rudys Ausdruck gerade genug entspannte, als er einen tiefen Atemzug nahm.

»Bob war gestern Abend mit Leon hier«, begann Rudy.

Mark schickte Chris einen kurzen, wissenden Blick und kehrte dann zu Rudy zurück. »Was haben sie gesagt?«

»Nicht viel.« Rudy sah Mark an, dann hinüber zu Chris. Er traute ihr nicht, also wandte er sich wieder an Mark.

»Alles, was du sagen kannst, hilft uns«, ermutigte Mark ihn. Mark und Chris warteten darauf, dass Rudy mit dem Reden fortfuhr.

»Sie brauchten einen Wagen.«

»Ich dachte, Bob hätte ein Auto.«

»Darum geht es nicht. Sie brauchten den Wagen fürs Wardriving. Sie wollten ein paar Plätze in einem Country Club checken. Bob sagte, er wollte einen Ort finden, wo ein normaler Hacker nicht reinpasst«, erklärte Rudy.

Chris erlaubte sich, bei dieser Logik zustimmend zu nicken.

»Was fahren die beiden jetzt also für einen Wagen?«, fragte Mark.

»Sie haben meinen genommen. Bobs Kombi habe ich hinten geparkt. Er und Leon, sie haben meinen Mini Cooper.«

»Das ist ja eine ziemlich tolle Karre für einen Kellner«, bemerkte Chris. »Diese Uhr hier sieht auch nicht gerade aus, als gehöre sie hierher«, sagte sie neugierig.

Rudy und Mark schauten beide Chris überrascht an.

»Mein Dad bezahlt mein College und meinen Wagen, solange ich stundenweise arbeite. Er meinte, jeder sollte es respektieren, wenn einer hart arbeitet«, antwortete Rudy in einem irgendwie hochmütigen Ton, und schaute dann zu Mark, der leicht hilflos mit den Achseln zuckte.

»Kannst du mir das Kennzeichen geben?«, fragte Mark und reichte Rudy Zettel und Stift. Rudy nickte und begann zu schreiben.

»Ich hoffe, du hast nicht Bob ans Steuer gelassen«, fügte Mark hinzu, als er von Rudy Stift und Papier zurückbekam, um die Stimmung zu heben.

Rudy schien von dem Kommentar erheitert. »Auf gar keinen Fall. Ich habe mir von Leon versprechen lassen, dass er fährt.«

»Gut gemacht, Rudy. Auch wir wollen Bob helfen«, sagte Mark, als sie von der Sitzbank aufstanden. Mark schaute nach vorne ins Restaurant und dann zu Rudy. »Du hast Kundschaft. Wir hören voneinander.« Er gab ihm die Hand und seine Visitenkarte in der Hoffnung, von Rudy in Zukunft möglicherweise weitere Informationen zu bekommen.

Erst als Mark den Schlüssel in die Zündung steckte, sprach Chris wieder:

»Das hast du gut gemacht.«

Mark hielt inne und schaute Chris an. »Das klingt überrascht.«

»Bin ich auch.«

»Die besten Hacks sind menschlich, nicht technisch. Rudy musste das jemandem erzählen. Ich habe ihm nur den richtigen ›Jemand‹ gegeben, damit er seinem Freund helfen kann.«

»Hast du noch mehr Spuren oder können wir jetzt Feierabend machen?«

»Du kannst in der Zentrale Bescheid sagen, dass nach dem Mini gefahndet werden soll.« Mark reichte Chris das Stück Papier. »Morgen nehme ich mir die Geräte aus Bobs Haus vor und schaue nach, ob da noch was zu retten ist. Momentan sehe ich keinen anderen Weg.«

S3V3N

7

CODE-REVIEW

Dienstag, 03:19

Leon wollte wach bleiben. Es hatte ihm gefallen, Hannah bei der Arbeit zu beobachten, als sie den von 3DNF abgegriffenen Code analysierte. Er saß auf einem unbequemen Stuhl des Hotels zwischen Bob und Hannah, während die beiden arbeiteten. Hannahs Finger bewegten sich wie die eines Klavierspielers über die Tastatur. Nach jedem Befehl gab es eine ganz bestimmte virtuose Qualität in der Art, wie sie die Eingabe durch Drücken der »Enter«-Taste abschloss. Während Leon seine beiden Mitstreiter beobachtete, brauchte jeder Lidschlag immer länger, bis die Augen wieder offen waren. Seine Atmung verlangsamte sich, und sein Körper entspannte sich ein wenig. Ein tiefer Atemzug und …

»Was ist?« Bob hatte Leon auf die Schulter geschlagen.

»Ich hab' dir doch gesagt, das waren FBI-Leute!«

»Hä?« Leons Wortschatz war immer noch nicht aktiviert.

»Ich hab' dir doch gesagt, das waren welche vom FBI!«, versuchte Bob es erneut.

»Das wissen wir doch nicht«, antwortete Leon und gähnte. »Genau das hat Dobbs aber gerade getwittert. Hast du was im Code gefunden?« (*Seite 198*)

Hannah klinkte sich ins Gespräch ein: »Was immer ihr da angeschleppt habt, das waren keine Amateure. Ich habe Verweise auf IPs gefunden, die nach Deutschland, Russland, der Schweiz und China reichen. Man kann absolut nicht herausfinden, von wo das hier alles gesteuert wird. Ich habe versucht, mir diese IPs anzuschauen, aber alles wie schwarze Löcher. Entweder existieren die nicht oder sie haben gutes Source Filtering.« (*Seite 339*)

»Was macht der Code überhaupt?«, fragte Leon.

»Schwer zu sagen. Aber man kann mehr darüber sagen, wo der Code hinging, als ihr diese Kopie abgefangen habt. Ihr wart mit dem Packet Capture einfach zu schnell. Hier«, Hannah deutete auf ihren Laptop, »die Datei ging zu 10.24.53.192.«

»Ja, das wussten wir«, sagte Leon. Er wandte sich um und sagte zu dem auf seinem Stuhl brütenden Bob: »Seit wann bist du so schweigsam?«

»Aber hast du das hier gesehen?«, fuhr Hannah fort und scrollte mehrere Bildschirmseiten abgefangener Daten hinunter, bis sie erneut auf das Display zeigte. »Wer auch immer da mit euch im WLAN war, hatte auch eine Verbindung zu 10.43.84.143.«

»Okay, dann sind die eben auf ein anderes privates Netzwerk gewechselt«, warf Bob ein. Leon bemerkte Bobs leicht genervten Tonfall.

»Was haben die gemacht?« Leon wandte sich wieder an Hannah.

»Tja, das ist ein anderes Subnetz. Also würde ich wirklich gerne wissen, ob die da bloß durch einen Switch gegangen sind, oder ob sie durch einen Router in ein internes Segment, eine DMZ oder raus in ein anderes Extranetz gegangen sind. Wir können einfach nicht sagen, ob es im gleichen allgemeinen Netzwerk ist oder nicht. Weil die Person, die ihr belauscht habt, direkt zu der ersten IP gegangen ist, wusste sie, was sie wollte.« Hannah sagte zu Bob: »Du hast keinen Scan gesehen, bevor du diesen Capture gestartet hast, oder?«

»Nein, das ist der einzige interessante Teil des Traffics, den wir gesehen haben«, antwortete Bob.

Hannah fuhr fort: »Ich wette, egal ob das gute oder böse Leute waren, sie haben irgendeine Steuerungsmöglichkeit mindestens auf einen Rechner übertragen, vielleicht auch zwei.«

»FBI!«, verkündete Bob laut.

»Das wissen wir nicht«, stellte Leon fest in einem Versuch, Bob von seiner Angst abzulenken.

»Sie haben meinen Dad!«, antwortete Bob mit beinahe brechender Stimme.

»Was!?« Hannah sagte zu Leon: »Das ist aber mehr als der Code-Review, für den ihr mich angeheuert habt.«

Leon wollte die neue Hilfe nicht schon wieder verlieren. »Hör mal, wir glauben, dass diese Leute auf dem Netzwerk FBI-Agenten waren, aber wissen es nicht genau.«

»Natürlich waren die das! Ihr habt doch Dobbs' DM gelesen, nachdem sie bei ihm im Laden waren.« Bob gewann seine Stimme zurück. Er wandte sich an Hannah: »Max, ich hatte eine Kamera in meinem Lab. Sie war mit einem Bewegungsmelder verbunden und hat eine Videodatei an einen meiner Remote-Server geschickt. Wir haben die Datei runtergezogen und gesehen, wie drei Leute mit meinem Dad im Lab waren. Sie bedrohten ihn mit einer

Waffe, und einer von ihnen hat meine Kamera kaputt geschossen. Von meinen Sachen ist nichts mehr live im Netz.«

»Hört sich nicht nach FBI an«, stellte Hannah fest.

Bob wirkte von ihrer Antwort getroffen, ließ aber nicht locker. »Dobbs. Er gehört zum 2600, er ... hey, warte mal: Du hast doch letzten Monat auch beim Treffen herumgelungert, oder?!«

»Ich habe nur zugeschaut«, gab Hannah trotzig zu.

»Wo?«, klinkte Leon sich ein.

»Ich stand dicht genug dabei, um zu hören, was los war. Ich wusste, wenn ich mich dazusetze und zu reden anfange, dann werde ich wahrscheinlich mit hineingezogen, und dann muss ich mir irgendeine komplizierte RL-Story ausdenken.«

Bob schüttelte den Kopf, ein wenig wütend auf sich selbst, dass er diesen Zusammenhang nicht schon vorher erkannt hatte. »Jedenfalls kamen gestern zwei FBI-Agenten in den Laden von Dobbs und fragten nach mir!«

Hannah wollte etwas einwerfen, aber Bob schnitt ihr das Wort ab.

»Und stell dir das mal vor: Einer von den Agenten ist beim 2600er gewesen!«

»Welcher?«, fragte Hannah.

»Jeb, der Redneck. Er kam im Anzug zu Dobbs in den Laden. Die haben uns schon die ganze Zeit beobachtet!«

»Hör mal, wenn die vom FBI sind, können sie dir nicht mehr anhängen, als dass du dich in ein ungesichertes WLAN gehängt hast. Ich habe mir die Logs angesehen, und bei dir gibt es nur einen Radio-Broadcast, bei dem jemand zu blöde war, den korrekt zu verschlüsseln. Aber wenn diese Typen kriminell sind, weißt du nicht, wie weit die gehen werden. Wenn sie deinen Dad haben, sage ich, geh' jetzt zur Polizei und lass' es drauf ankommen.«

Bob hatte schon ablehnend den Kopf geschüttelt, bevor Hannah fertig war. Leon war etwas langsamer zu einem Entschluss gekommen. Alle hatten sie ihre Argumente losgelassen und ihr Pulver verschossen. Schweigend saßen sie beieinander und musterten jeder einen anderen, zufälligen Gegenstand im Zimmer. Nach einigem Seufzen und Herumrutschen auf seinem Stuhl brach Leon zögernd das Schweigen.

»Ich glaube, Hannah hat recht. Wir brauchen jemanden, der auf unserer Seite ist, und ich finde, es ist das Risiko wert.« Leon hielt inne, weil er erwartete, dass Bob gegenhalten würde, aber von ihm kam nichts. Stattdessen schaute er Leon nur erwartungsvoll an, um zu sehen, ob er noch nachlegte. Leon führte seinen Gedankengang weiter.

»Wenn Jeb oder wie der heißt uns beobachtet hat, dann weiß er zumindest, dass wir keine bösen Absichten haben. Wenn er bei den 2600-Meetings aufgepasst hat, weiß er, dass wir den Leuten nicht beibringen, schlimme Sachen zu machen.« Leon holte tief Luft, und Bob ließ ihn weiterreden.

»Lasst uns doch ein Treffen an einem neutralen Ort vereinbaren. Vielleicht hilft das.«

Bob ließ die Idee auf sich wirken. Er wusste, dass seine Freunde recht hatten, aber er musste nur seinen eigenen Impuls in den Griff bekommen, niemandem in der Position einer Autorität zu trauen.

»Okay, schicken wir Jeb eine SMS. Von Dobbs habe ich seine Handynummer.«

»Nimm nicht dein Handy«, warf Hannah ein.

Bob warf ihr einen ungläubigen Blick zu. »Ganz sicher nicht! Ich habe kein Handy bei mir, und ich werde auch nicht Leons nehmen und ihnen damit eine Möglichkeit geben, uns zu tracen. Ich werde mit einer VMware-Browser-Applikation über Tor zu einer Website gehen, die SMS verschickt.« (*Seite 341*) Bob drehte sich um und nahm seinen Laptop, stellte ihn sich auf die Knie und begann zu tippen.

Hannah wirkte etwas verlegen über diese Antwort und lehnte sich auf ihrem Stuhl zurück, während Bob arbeitete. Leon schaute Bob über die Schulter und las das Getippte.

```
Ich höre, Sie fragen nach uns. Treffen heute 17:30 im Galleria-Park-
haus, wo wir nach den 2600-Meetings rausgehen. Keine Schläger mit-
bringen. Bob.
```

»Ich glaube, mit den ›Schlägern‹ machst du dir keine Freunde«, gab Leon zu bedenken.

»Friss oder stirb. Ich will keine Extras«, antwortete Bob, immer noch erregt, weil er kein greifbares Ziel hatte, mit dem er sich anlegen konnte. Dann klickte er auf »Senden«. »Jetzt brauchen wir einen anderen Wagen. Mit dem Mini geht Wardriving gut, aber jetzt brauchen wir was Unauffälliges. Max, hast du ein Auto?«

»Äh, ja … Aber ich will nicht, dass alle möglichen Cops auf der Straße danach suchen«, sagte Max, verblüfft von der abrupten Überleitung.

»Was denn für eines?«, fragte Bob, Hannahs Bedenken ignorierend.

»Einen Ford Taurus. Den hab ich von meinem Dad, nachdem er damit jahrelang zur Arbeit gefahren ist.«

»Perfekt. Damit kannst du zum Meeting fahren und bist unsere Rückzugschance. Wir werden den Mini stehenlassen müssen. Wenn die vom FBI mit

Rudy gesprochen haben, wissen die wahrscheinlich, dass wir seinen Wagen haben«, folgerte Bob.

»Wäre ich nicht so sicher. Ich glaube nicht, dass Rudy denen das erzählt«, warf Leon ein.

»Das Risiko gehen wir nicht ein. Rudy hat weniger zu verlieren als wir. Wir müssen davon ausgehen, dass wir im Mini nicht mehr sicher sind. Mal abgesehen davon haben wir den Kombi auf dem Parkplatz gelassen, falls du dich erinnerst.«

Leon nickte zustimmend, aber Hannah gab sich mit ihrem Part noch nicht zufrieden.

»Ich habe gerade gesagt, dass ich nicht will, dass die Cops ...«

»Max, wir haben keine Wahl. Wir müssen hier weg, und du bist unsere einzige Chance«, antwortete Bob. »Mal abgesehen davon werden wir nicht verfolgt. Die sehen nicht, dass wir in deinen Wagen steigen. Darum haben wir genau diese Location gewählt.«

Hannah war noch nicht überzeugt. Sie schaute Bob an und wollte sprechen, doch schon als sie Luft holte, wurde sie von Leon unterbrochen.

»Hannah, bitte«, sagte er ganz ruhig. Sie schaute Leon an, und ihr Ausdruck wurde ein wenig sanfter.

»Wir kommen zu verschiedenen Zeiten an, und ich parke weit weg von euch.«

»Gebongt.« Mehr kam nicht von Bob.

Leon lächelte Hannah ein wenig an und nickte. »Okay, jetzt sind wir ein Team.« Er sagte zu Bob: »Was brauchen wir nun für das Treffen?«

»Warte mal ...« Bob lehnte sich zurück, verschränkte die Finger hinter dem Kopf und starrte zur Decke. »Wir brauchen meinen iPaq, um nach FBI-Leuten suchen zu können, meinen Laptop mit dem Code ... und das wär's dann wohl auch schon. Ich will nicht riskieren, mehr mitzunehmen und dann was zu verlieren.«

Zwei Stunden später rollten Leon und Bob langsam ins Parkhaus der Galleria. Leon fuhr die Rampe hoch und suchte die Umgebung nach Gefahren ab. Bob ließ auf seinem iPaq WiFiFoFum laufen. Mit dieser Software konnte er sich wie auf einem Radar die Wireless Access Points in diesem Bereich anzeigen lassen. (*Seite 246*)

»Bisher alles okay hier ... keine Cops in diesem Bereich des Parkhauses.« Bob beugte sich zu Leon, um ihm das Display zu zeigen. Ein einzelner Punkt erschien am Rande des Bildschirms.

Leon verstand. Auf dem Display wurden die Signalquellen von Funknetzwerken dargestellt und deren Abstand berechnet. Die Houstoner Polizei benutzte wie auch andere im Land Funksignale zwischen ihren Streifenwagen und den auf Ampeln montierten Repeater-Stationen. Über das resultierende Netzwerk bekamen sie einen Datenlink mit dem Hauptquartier in Hochgeschwindigkeit. Damit konnten sie Kfz-Kennzeichen nachschlagen oder auf Videos von bestimmten öffentlichen Überwachungskameras zugreifen. Problematisch an diesem System war, dass nicht berücksichtigt wurde, wie leicht das Funksignal zu erkennen war. Trotz der Verschlüsselung verriet es doch die Gegenwart der Polizei. Auch wenn sie sozusagen wie U-Boote auf »Schleichfahrt« waren, sandten sie ein Wi-Fi-Netzwerksignal aus. (*Seite 248*)

Leon schaute über die Schulter und beobachtete, wie die Autos langsam vorüber und auf die Rampe fuhren. Gerade als sie am Treppenhauseingang auf der ersten Ebene vorbeifuhren, trat ein Mann aus der Tür, den sie aber nicht sahen. Während Leon und Bob weiter die Rampe hinauf fuhren, ging Andrei entspannt über die Auffahrt zu einer Limousine älteren Modells. Er brauchte etwas ohne Alarmanlage. Die gut einstudierte Bewegung hätte nur jemand erkennen können, der direkt neben Andrei gestanden hätte. Er ließ das Werkzeug zwischen Fenster und Türgummidichtung gleiten, und mit einer geschickten Bewegung erwischte er das Schloss und zog. Die Tür war offen, und Andrei machte sich dran, die Zündung kurzzuschließen.

Mark und Chris standen bereits neben ihrem Wagen auf der zweiten Ebene. Sie standen wie in der SMS angegeben am Rand der Ebene, der der Treppe gegenüber lag. Keiner sprach, während sie das volle Parkhaus beobachteten. Der Strom der Fußgänger ebbte ab, aber von den anderen Stockwerken konnten sie Geräusche von Autos und Menschen hören. Chris fiel die Bewegung zuerst auf. Sie berührte Mark am Arm und drehte sich um.

Leon fuhr den Mini Cooper die Rampe hoch und fuhr weiter bis zur dritten Ebene. Chris folgte der Bewegung des Wagens, während Mark beobachtete, woher er kam.

»Ist das unser Kontakt?«, fragte Chris mit Blick auf den fahrenden Wagen.

»Genau. Achte darauf, wo sie reinkommen. Sie kommen entweder von hinter uns oder von diesem Treppenhaus.« Mark gestikulierte durchs Parkhaus in Richtung der fensterlosen Metalltür. Einige weitere ruhige Minuten überwachten sie ihren Bereich, als sich die Tür zum Treppenhaus langsam öffnete. Zwei Jugendliche traten heraus. Der Kleinere lehnte sich leicht nach vorne, um das Gewicht seines Rucksacks auszugleichen.

»Bei denen brauchen wir uns keine Sorgen zu machen, dass die wegrennen«, bemerkte Chris.

Leon stutzte einen Moment, aber Bob unterbrach seine Schritte nicht. Beide sicherten sich ab, bevor sie den Bereich betraten. Bob ging direkt zu dem Raum zwischen einem geparkten Wagen hinter ihm und einem Geländewagen vor ihm. Leon folgte auf dem Fuße. Von dieser Position aus konnten sie die Tür zum Treppenhaus überschauen, waren nur wenige Schritte von der Rampe hoch zur nächsten Ebene entfernt und hatten eine unversperrte Sichtlinie zu den beiden »Feds«, die ihr heutiges Ziel waren. Die Haube des Geländewagens gab mehr Schutz vor ihrer größten Bedrohung.

»Dobbs hatte recht: Das ist Jeb von den 2600-Meetings«, beobachtete Bob. Er konnte die beiden Hände von Mark sehen, aber die Frau daneben stand seitlich zu ihnen. Ihre Linke war zu erkennen, wie sie auf der Motorhaube eines Wagens ruhte, aber der rechte Arm dicht an der Seite verbarg ihre Hand. »Ich glaube, sie hat eine Waffe«, bemerkte Bob, während er gleichzeitig versuchte, diese Realität zu leugnen. Leon nickte halb zustimmend, sagte aber nichts.

»Bob! Was habt ihr beiden Samstagnacht bei 3DNF gemacht?«, begann Mark das Gespräch.

Bob ließ Leon keine Chance zur Antwort. »Das wüsste ich gerne von euch, was ihr da zu suchen hattet!«

»Bob, wir waren nicht dort. Wir bekamen einen Anruf von 3DNF, dass man ein CyberBob-Iconfile auf einem ihrer Server gefunden hätte. Das klingt, als hättest du da Sachen für *Capture the Flag* platziert.«

»Du warst da!«, erwiderte Bob scharf, ohne Marks Frage zu beantworten, und wurde immer lauter. »Wir waren in einem kleinen Shop, haben uns um unseren Kram gekümmert und entdeckt, dass ihr einen Trojaner in ihr Netzwerk gepflanzt habt!«, brüllte Bob vorwurfsvoll.

Leon zuckte zusammen und sah Bob warnend an, weil er gerade einem Bundesagenten gegenüber zugegeben hatte, ein Netzwerk belauscht zu haben. Doch es kam bloß ein gezischtes »Alter, halt die Klappe!« heraus.

»Bob, ich habe keine Ahnung, wovon du da sprichst. Wir sind nicht dagewesen.«

»Wir haben Beweise, dass ihr Dateien im Netzwerk einer privaten Firma abgelegt habt!« Bob holte tief Luft und beschloss, seinen einzigen Trumpf auszuspielen. »Ich gebe das alles auf, wenn ihr bloß meinen Dad wieder laufen lasst! Er hatte nichts damit zu tun und wusste gar nicht, wo ich war!«

Es gab eine Pause. Mark und Chris tauschten verwirrte Blicke aus.

»Bob, lass uns irgendwo hingehen und dieses Gespräch in Ruhe fortsetzen. Ich glaube, du verstehst gar nicht …«

Mark brach ab, als ein Wagen hinter Bob und Leon heranrollte. Er kam von der unteren Ebene und fuhr vor dem Eingang zum Treppenhaus entlang. Leon bemerkte die Bewegung und drehte sich um. Chris sah den Wagen und dann, wie der größere der beiden Jugendlichen sich rasch bewegte.

Im selben Moment fuhr Andrei hinter Bob und Leon. Mit fließender Geste hob er sein Gewehr vom Beifahrersitz.

Leon fühlte den ersten Schuss mehr, als er ihn hörte. Der Knall eines Gewehrschusses hallte im Parkhaus nach, dann klingelten seine Ohren immer lauter. Bevor ihm klar wurde, ob er getroffen war, sah er, wie Bob zu Boden stürzte. Die Kugel traf Bob von hinten mitten durch seinen Rucksack. Die Wucht des Aufpralls schleuderte ihn nach vorne, und er prallte im Fallen mit dem Gesicht auf den Spiegel an der Beifahrerseite eines Chevy Tahoe. Eine halbe Sekunde lang sah Leon, wie Bob zu Boden fiel, die Rückseite seines Rucksacks fleckig wie von dunkler Farbe, als wäre sie nass. Leon schrie nach seinem Freund, duckte sich tief neben den Geländewagen und versuchte, zu Bob zu gelangen.

Von diesem Moment an scherten die Erfahrungen der beiden Freunde auseinander. Leon war plötzlich völlig überrascht, als er sah, wie Bob mit Mühe wieder aufstand und Befehle zu ihm bellte. Für Bob verschmolzen der Aufprall der Gewehrkugel, dass er voll mit dem Gesicht gegen den Geländewagen geprallt war und Leons Schreie zu einer surrealen Welt voller Soldaten und Gewehrfeuer.

»Was glotzt du da, Kerl?!«, bellte Bob mit autoritärer Stimme. Bevor Leon die Tatsache verarbeitet hatte, dass sein Freund schon wieder stand, schoss dieser weitere Befehle nach.

»Sichere meine linke Seite. Ich will herausfinden, woher die kommen!« Bob hockte sich hin, öffnete den Klettverschluss seiner Gürteltasche und zog seinen PDA hervor. Leon sah Bobs Wireless-Scanner WiFiFoFum. Aber es war klar, dass Bob etwas anderes sah.

Mittlerweile war Andrei mit dem Wagen hoch in die nächste Ebene gefahren. Nachdem sein erster Schuss getroffen hatte, probierte er zwei weitere, die Leon nicht wahrnahm. Beide trafen nicht, sondern jagten an Bob und Leon vorbei in Richtung Mark und Chris. Aus Chris' Position wirkte es, als kämen die Kugeln von den Jugendlichen. Mark duckte sich hinter die Motorhaube ihres Wagens, während Chris gerade hoch genug blieb, um zurückzufeuern. Doch mehr erreichte sie nicht, als nur den Tahoe, der Bob und Leon schützte, noch weiter zu beschädigen.

»Was machst du da?«, brüllte Mark zu Chris.

»Einer deiner Geeks schießt auf uns!«

»Das sind nicht die … glaubst du, die könnten überhaupt mit einer Waffe …« Mark unterbrach, als er der Bewegung von Andreis Wagen um die Kurve herum in die nächste Ebene folgte. Andrei zielte mit seinem Gewehr aus dem Autofenster, während er von Bob und Leon wegfuhr. Als er sah, dass Chris sich duckte, begann er, erneut zu feuern. Andrei wollte dafür sorgen, dass sie

SEVEN

unten bleiben, damit er vorbeifahren konnte. Mark blieb mit seiner Reaktion zurück. Mittlerweile hatte er zwar die Waffe gezogen, aber noch nicht gefeuert. Der Moment der Entscheidung war bereits vorbei, und er hatte noch nicht reagiert. Chris war bereits auf dem Weg. Als sie hinter dem Wagen in Deckung ging, riss sie Mark mit ihrer linken Hand an seiner Jacke herunter. Dieser Schwung zog Mark im genau richtigen Moment aus der Schussbahn, sodass Andreis Schüsse neben ihm aufschlugen.

»Ich bin nicht mal eine Woche hier, und du bist mir schon was schuldig!«, brüllte Chris und kehrte um, damit sie sah, wie Andreis Wagen weiter die Auffahrt hinauf fuhr. Keine geeignete Position für einen Schuss.

»In unserem Bereich sind zwei, aber wir sollten es zum Treffpunkt schaffen. Pass auf links auf und bleib unten!« Bob wollte gerade aufstehen, als Leon ihn am Rucksack packte. Bob fiel durch die plötzliche Behinderung nach hinten und fuhr zu Leon herum.

»Alter, du hast deine Befehle zu befolgen, wenn …« Leon versetzte Bob eine Ohrfeige auf die linke Wange.

»Bob! Halt die Klappe!«

Bobs Augen wurden für einen Moment glasig, als würde sich die Landschaft um ihn herum verändern.

»Das ist kein Spiel! Wir sind hier in 'nem Parkhaus, und du wurdest gerade angeschossen!«

Bobs Stimme zitterte dieses Mal. »Ich … ich bin okay …«

»Wir müssen zum Wagen zurück und die Blutung stoppen!«, bellte Leon.

»Was stoppen?«

»Bleib einfach unten!« Leon packte Bob und zerrte ihn zum Treppenhaus.

Mark richtete sich auf und schaute die Auffahrt in der Richtung entlang, in der Andrei verschwunden war. Chris senkte ihre Waffe und drehte sich zu Bob und Leon. Sie sah gerade noch rechtzeitig, wie Leon Bob durch die offene Tür fast ins Treppenhaus stieß und ihm folgte. Sie rannten zwei Ebenen tiefer und kamen im Erdgeschoss wieder heraus. Bob stolperte mehr, als dass er lief. Der Adrenalinpegel nahm langsam ab, und er merkte, dass er Arme und Beine nicht mehr gut kontrollieren konnte. Sie gelangten um die Ecke des Parkhauses und über einen Fußweg. Dort liefen sie ins Treppenhaus des gegenüberliegenden Parkhauses. Bob war überzeugt, dass die Stufen hier steiler waren. Seine Kraft ließ nach, und er mühte sich unter Leons Führung bis hoch zur zweiten Ebene. Als sie den Wagen erreichten, war in Bobs Gesicht der Umriss vom Spiegel des Chevy Tahoe deutlich erkennbar.

Zur gleichen Zeit schlenderte Andrei durch die Mall. Er war im Fahren aus dem Wagen gesprungen. Der Wagen hatte einen grauen Mazda Miata gerammt, jetzt nur noch ein verbeulter Metallhaufen mit heulender Autoalarmanlage. Andrei ließ das Chaos hinter sich und spazierte langsam durch die Tür ins Treppenhaus. Als er Schritte hörte, hielt er inne. Ihm war nicht klar gewesen, wie nahe er Bob und Leon für einen weiteren Schuss gewesen war, als die beiden in Schussweite hinunter ins Erdgeschoss rannten. Als das Geräusch nachließ, war Andrei weiter ruhig weiter nach unten gegangen, aber auf dem zweiten Treppenabsatz bog er in den Mall-Eingang. Er befand sich in sicherem Abstand, bevor Bob, Leon, Mark oder Chris feststellen konnten, wer für die Schüsse verantwortlich war. Soweit Andrei wusste, hatte er eines seiner beiden Ziele erledigt. Fürs Erste sollte das reichen. Es war nicht das Risiko wert, weiter in der Nähe zu bleiben, um den Job abzuschließen. Es würde noch weitere Chancen geben.

»Was war los?«, fragte Hannah, als die Türen des alten Ford Taurus aufgerissen wurden. Hannah verstand ihre Antwort nicht, weil Bob und Leon so herumschrien. Der Flut der Worte entnahm sie ein »Fahr los!« und trat das Gas durch, während die beiden die Türen zuzogen.

»Nein! Nicht den! Nimm den anderen Ausgang!«, brüllte Bob, und Hannah riss das Lenkrad nach rechts. Durch das scharfe Wendemanöver flogen alle nach links. Hannah stand schon wieder auf dem Gaspedal, und der Motor reagierte, so gut er konnte. Das Wenden gab gerade genug Schwung, dass sich die Reifen vom Betonboden des Parkhauses lupften. Sie quietschten, der Wagen schlingerte, bevor Hannah zur nächsten Wendung nach rechts wieder voll in die Eisen ging. Bob wurde nach vorne gegen die Sitzlehne geworfen und stöhnte vor Schmerz, während Leon auf das Armaturenbrett traf – beide hatten keine Zeit gehabt, den Gurt anzulegen. Ein weiterer Satz nach links, als der Wagen mit kreischenden Reifen nach rechts fuhr, dann Tageslicht.

»Fahr langsamer!«, befahl Bob und zog sich in eine aufrechte Haltung. Er versuchte immer noch zu verarbeiten, was mit ihm geschah. »Wir müssen uns unter die Leute mischen. Fahr einfach auf den Highway!«

Leon drehte sich um und schaute Bob an. »Warum lebst du noch? Ich hab' gesehen, wie du getroffen wurdest!«

Leon hing halb über dem Sitz und langte nach Bobs Rucksack. »Leg dich einfach hin, und ich schau mir die Bescherung an.«

Bob fügte sich, so gut er konnte, während Hannah langsamer fuhr und sich unter den Houstoner Verkehr mischte. Leon gelang es, Bob den Rucksack abzunehmen, und zog dessen Hemd hoch. Dort entdeckte er, wie sich ein mächtiger Bluterguss auszubreiten begann ... aber mehr war nicht.

Leon bekam einen Lachanfall. Mit einer Mischung aus Schock und Erleichterung rief er: »Digger, du kriegst da grad den größten blauen Fleck, den ich je gesehen habe!«

»Was?«, brachte Bob heraus und versuchte, sich aufzusetzen. Er ergriff seinen Rucksack, wühlte darin und heulte auf: »Verdammt! Die haben das ›Biest‹ gekillt!« Bob wollte sein Toughbook aus dem Rucksack ziehen, bekam es aber nur teilweise heraus, bevor er aufschrie: »Aua!«

»Was ist?« Leon sah, wie das Toughbook neben Bob auf dem Sitz landete.

Beide sahen, wie der Laptop zischte und rauchte. Bob wischte sich die Hand, die feucht war und wie Feuer brannte, an der Hose ab.

»Ich glaube, die Batterie wurde getroffen. Das war ganz schön heiß gerade.« Er verdrehte den Arm und fühlte mit der Hand auf seinem Rücken. »Und meine Pepsiflasche hat er auch getroffen, glaube ich.« Bob sah in den Rucksack. »Ja, der ganze Kram in der Tasche hat die Kugel wohl so verlangsamt, dass sie nicht durchgeschlagen ist. Bin ich froh, dass meine Schöne hier ihre eigene Tasche hat.«

Georg wurde nach den vielen Stunden, die er in der gleichen Haltung gefesselt war, immer steifer, sein Körper schmerzte. Er rutschte herum, so gut es ging, um den Druck der ungepolsterten Lehne gegen seinen Rücken zu verändern. Es war schon länger her, dass er im Haus Stimmen gehört hatte. Er war nicht mehr sicher, wer überhaupt noch zu seiner Bewachung da war. Dann traf ihn die Erkenntnis … vielleicht war es auch *zu* leise. War überhaupt noch jemand da? Er musste das erst prüfen, bevor er sich richtig laut bemerkbar machte, um Hilfe herbeizuholen.

»Hallo, kann ich mal was zu trinken bekommen?« … Nichts.

»Bitte! Ich hab schon stundenlang nichts getrunken. Nur etwas Wasser!«, rief er lauter und herausfordernder.

Die Pause war lang genug, dass George hoffen durfte, es sei niemand mehr da. Er holte tief Luft und hoppelte mit dem Stuhl soweit in Richtung Fenster, wie die Kette es erlaubte. Bei seinem zweiten Versuch, noch etwas weiter zu kommen, nahm er das Scharren eines Stuhls im anderen Zimmer wahr. Schritte folgten, dann das Geräusch von fließendem Wasser aus einem Wasserhahn. Georg erstarrte und hielt die Luft an. Er hatte immer noch Gesellschaft. Gleich würde er sehen, wer das war.

Pavel öffnete die Tür und brachte einen Plastikbecher mit Wasser herein.

»Ich schlage vor, wenn der Boss wieder da ist, dann fragen Sie ihn nicht nach irgendwas«, sagte Pavel und hob George den Becher an den Mund. Dieser nahm einen tiefen Schluck, fast die Hälfte des Wassers rann auf sein Hemd.

»Danke fürs Trinken … ja, und für den Ratschlag. Er wirkt nicht wie ein besonders hilfsbereiter Typ.«

Pavel feixte, als er sich umdrehte und das Zimmer verlassen wollte.

»Sie hingegen scheinen ein cleverer, junger Mann zu sein.« *Wird er mit mir reden?* fragte sich George.

Pavel hielt inne und wandte sich um, sagte aber nichts, sondern sah George nur an.

»Warum erzählen Sie mir nicht ein wenig über Ihre Pläne für den Ruhestand?« George war bereits klar, dass Pavel das ideale Ziel dieser Gruppe war, um eine persönliche Verbindung herzustellen. Wenn er es schaffen könnte, dass der junge Mann irgendwie mit ihm in Beziehung träte, hätte George eine bessere Chance, diese Tortur zu überleben.

»Meine Fähigkeiten sind meine Altersversorgung«, gab Pavel betont zurück und zeigte mit gespielter Angeberei auf seinen Laptop, der durch die offene Tür auf dem Tisch zu erkennen war.

»Diese Fähigkeiten können Sie lange nutzen, wenn Sie die Chance haben, auch lange genug zu leben«, konterte George.

»Kein Grund, vom Gegenteil auszugehen«, antwortete Pavel, er schien nicht so selbstsicher zu sein, wie er seine Antwort klingen ließ.

»Sie setzen eine Menge Vertrauen in den guten Willen Ihres Partners.«

»Er ist nicht mein Partner, ich arbeite bloß für ihn.«

»Wie lange glauben Sie denn, dass Sie für ihn arbeiten werden?« *Die Angel auswerfen.*

»Darüber habe ich noch nicht viel nachgedacht«, antwortete Pavel und rutschte auf dem Stuhl hin und her, er schaute George zum ersten Mal während dieses Gesprächs direkt an.

»Ich habe mir auch nie viel Gedanken über meine Altersversorgung gemacht.« George lehnte sich beim Sprechen leicht nach vorne. »Das Problem ist, dass das Leben immer schneller läuft, je älter man wird. Man ist total überrascht, wie es sich an einen heranschleicht. Dann schaust du dich um und erkennst, wie viele kleine Entscheidungen du getroffen hast, ohne groß nachzudenken. Die ergeben dann einen Strick, den du nicht durchtrennen kannst.«

»Was meinen Sie damit?«, fragte Pavel.

Nicht zu sehr an der Leine zerren ... »Jetzt ist es wohl sinnvoll, für jemanden wie Ihren Boss zu arbeiten. Sie sind clever, ich gehe davon aus, dass Sie gut bezahlt werden, und ich wette, dass Sie viel Freizeit haben.«

»Bisher war es die Sache wert«, bekannte Pavel.

»Aber ich glaube mal, dass es ihm nicht gefällt, wenn er seine Geheimnisse nicht kontrollieren kann«, gab George zurück.

»Ich habe ihm bewiesen, dass er sich auf mich verlassen kann«, hielt Pavel deutlich weniger selbstbewusst dagegen.

Beinahe angebissen ... »Also wissen Sie Dinge, von denen er wahrscheinlich nicht will, dass die irgendwie weitergegeben werden?«, fragte George.

»Ich glaube schon, ja«, antwortete Pavel langsam, als ihm klar wurde, welche Richtung dieses Gespräch zu nehmen drohte.

»Was wird denn passieren, wenn Sie beschließen, weniger riskant leben zu wollen?«

Pavel hielt inne und holte Luft, um zu antworten, doch das Geräusch einer Autotür draußen beendete diesen Moment. Er sagte kein weiteres Wort, drehte sich nur schnell um. Bei Hinausgehen schloss er leise die Tür.

Verdammt. Noch ein paar Minuten, und ich hätte meine Chance gehabt, dachte George.

Pavel kehrte zu seinem Stuhl vor dem Laptop in der Küche zurück. Er fläzte sich an den Tisch, stützte das Kinn in die Hand und begann, ziellos auf ein paar Hackerseiten zu surfen. Er wollte nicht, dass Vlad ins Haus kam und ihn dabei ertappte, wie er mit ihrem »Gast« sprach. Pavel versuchte, entspannt zu wirken. Nach nur wenigen Minuten, in denen er Interesse am Surfen heuchelte, erkannte er, dass die Wagentür nicht zu Vlad gehörte.

Das war wohl jemand von nebenan, dachte er und entspannte sich langsam wieder. Pavel stierte leer auf die Wand. Er verdaute das Gespräch gerade mit George. Er dachte daran, was er bei 3DNF getan hatte, an Stepans Laptop, den Vlad ihm gegeben hatte ... »Der Laptop«, entfuhr es ihm, er sprang fast vom Stuhl. Pavel lief ins vordere Zimmer zu seinem Rucksack. Er wühlte in der großen Tasche herum und zog das Lenovo ThinkPad hervor. Seit Vlad ihm den Laptop gegeben hatte, hatte er ihn kaum angerührt. Das eine Mal im Hotel hatte er die Festplatte nach anderen Informationen über seinen aktuellen Job durchsucht. Dieses Mal würde er forensische Tools einsetzen. Er wollte unbedingt wissen, was Vlad ihm über ihre Arbeit vorenthalten wollte.

Pavel wühlte in einigen Taschen seines Rucksacks und packte eine Handvoll CD-Hüllen aus. Er durchsuchte den Stapel und entschied sich für die CD mit der handschriftlichen Bezeichnung »BackTrack 4«.

»Schauen wir mal, was Vlad auf diesem Laptop zurückgelassen hat«, murmelte Pavel und wartete darauf, dass der Rechner zu Ende bootete. Bald sah er den Begrüßungsbildschirm von Windows. Im Login drückte er einfach die »Enter«-Taste, weil er das letzte Mal, als er an dem Laptop gearbeitet hatte, das Administratorkonto so eingestellt hatte, dass kein Passwort erforderlich war. Er war eingeloggt.

»Warte mal, das ist irgendwie anders«, bemerkte er. Vlad hatte offensichtlich Windows über das von Stepan benutzte Image neu installiert. Pavel sah, dass der von Stepan eingestellte Desktop-Hintergrund fehlte und durch den Standardhintergrund »Grüne Idylle« von Windows ersetzt worden war. Er ging durch das Programmmenü und stellte fest, dass alles standardmäßig war.

»Okay, also muss ich was dafür tun«, bemerkte er, steckte die CD mit BT4 ins CD-Laufwerk und drückte auf den Einschaltknopf. Bald wühlte sich Pavel durch Dateifragmente und Überreste von E-Mails. Sein Hirn war dabei, die globale Bedeutung dessen zu verarbeiten, woran er gerade arbeitete. Das war ein paar Nummern größer als alles, was er bisher von Vlad bekommen hatte. Diese Informationen hatten Stepan das Leben gekostet. Würde Pavel auch einen Preis bezahlen müssen? Welcher wäre das für ihn?

Nach einer Stunde hörte er erneut eine Autotür, aber es dauerte ein paar Herzschläge, bis er dieses Geräusch mit Vlad in Verbindung brachte. Er hatte nicht die Zeit, alles korrekt herunterzufahren. Er drückte einfach den Einschaltknopf des ThinkPad und schob ihn neben dem Stapel CDs und einem tragbaren USB-Laufwerk, das er für Datei-Images nutzte, in seinen Rucksack. Er schaffte es gerade noch, auf seinem anderen Laptop die Seite des SANS Internet Storm Center aufzurufen, als er hörte, wie die Haustür geöffnet wurde. (*Seite 315*)

»War's ruhig hier?«, fragte Vlad.

»Ja, ich bin bloß ein bisschen rumgesurft«, sagte Pavel aufgeräumt, als er sich gerade hinsetzte und reckte.

»Gut. Andrei und Haki werden gleich wieder hier sein. Andrei bewältigt alle möglichen Situationen, aber für den Verkehr in Houston braucht er Haki, damit er uns keinen Zwischenfall einbrockt.«

Vlad goss sich einen Kaffee ein und setzte sich Pavel gegenüber.

»Da wir jetzt ein bisschen Ruhe haben, sollten wir darüber reden, was du bei unserem nächsten Besuch bei 3DNF machen wirst.«

E1GHT

8

SCHLACHTPLÄNE

Mittwoch, 11:37

Bob, Leon und Hannah gingen in den Buchladen. Leon wollte abbiegen, um in den Cafébereich zu gehen, aber Bob schnappte ihn am Ärmel.

Er sagte nur »Checken« und wandte sich nach links. Leon verstand und seinen Weg änderte pflichtschuldig, ohne die Augen zu verdrehen, um am Café vorbei in den hinteren Ladenbereich zu gehen. Hannah hielt sich am Tisch mit den Neuerscheinungen auf und beobachtete den Eingang, bis Bob und Leon ihren Rundgang beendet hatten. Auf ihrem Rückweg machte Hannah beim Barista Station und bestellte einen Espresso.

»Das wären dann 2,76 Dollar.«

»Danke«, sagte Hannah und nahm die Tasse in Empfang. »Er bezahlt«, ergänzte sie, in Richtung Leon nickend und zwinkernd. Hannah setzte sich am Tisch auf einen Stuhl mit dem Rücken zur Wand.

»Was bekommen Sie?«, wandte sich der Barista an Bob. Bob war wieder nicht auf der Höhe, als er beobachtete, wie Hannah auf »seinem« Stuhl Platz nahm.

»Äh … nur eine Flasche Wasser«, murmelte Bob, ging weiter und vergaß das Wasser.

»Kaffee, bitte.« Leon lächelte immer noch wegen des Zwinkerns, das er gerade empfangen hatte, und zog zum Bezahlen das Geld hervor. Auf dem Weg zum Tisch nahm er seine Tasse und Bobs Flasche mit. Am Tisch angekommen sah er, wie Bob seinen Stuhl ebenfalls an die Wand schob. Ihm blieb nur noch, ganz auf seine Freunde zu vertrauen.

»Ihr wisst, wenn das FBI wirklich hinter euch her ist, dann solltet ihr da nicht mit dem Gesicht zur Kamera sitzen.« Hannah nickte in Richtung der Halbkugel an der Decke mit der Überwachungskamera. Bob wollte gerade ihrem Blick folgen, überlegte es sich aber anders und drehte seinen Stuhl so, dass er Hannah ansah.

»Wem trauen wir also jetzt?«, fragte Hannah. Ihre Stimme war jetzt weniger selbstbewusst.

»Niemandem«, antwortete Bob mit einer abwertenden Handbewegung. Er lehnte sich zurück und hielt die Hände an den Kopf. Er wirkte, als wolle er verhindern, dass ihm etwas aus den Ohren tropft.

»Das können wir alleine nicht regeln«, stellt Leon fest. »Wir konnten das Gespräch mit dem FB ... äh, Jeb gar nicht beenden«, korrigierte sich Leon mit gesenkter Stimme.

»Natürlich nicht ... auf uns wurde *geschossen*«, zischte Bob mit dem lautesten Flüstern, das er wagte.

»Wir wissen nicht, wer geschossen hat«, konterte Leon. »Wenn wir jemandem trauen müssen, bin ich der Meinung, wir sollten uns für einen entscheiden, der die Regeln befolgen muss.«

»Regeln«, höhnte Bob. »Seit wann richtet sich die Regierung nach Regeln?«

Leon sah Bob direkt an. »Ich behaupte ja nicht, Jeb sei ein Senator. Er ist FBI-Agent. Ich würde eher einem Agenten trauen als solchen Leuten, wie sie Samstag da im Transporter gewesen sind ... oder dem Schützen von heute!«

Bob wandte sich auf der Suche nach Verbündeten an Hannah. »Max, du musst doch auch sehen, dass wir hier auf uns allein gestellt sind.«

»Ich bin nicht sicher, ob ich da so zu eurem ›wir‹ gehöre, wie du das sagst. Ich finde, Leon hat recht.«

Bob war getroffen. Er lehnte sich vor und achtete noch mehr darauf, mit gedämpfter Stimme zu sprechen. »Hört mal, gehen wir einfach mal davon aus, dass wir dem FBI trauen müssen. Auch wenn wir jetzt zu ihnen gehen, können wir nicht genug anbieten, um unsere Freiheit zu erkaufen. Wir haben nur diesen unvollständigen Code, den wir abgefangen haben, eine wilde Geschichte über eine Verfolgungsjagd und meinen verschwundenen Dad.« Er wartete ab, aber von seinen Begleitern gab es keine Proteste, als sie diese Feststellungen verarbeiteten. »Wir brauchen den Rest des Codes, den diese Typen aus dem Transporter bei 3DNF pflanzen wollten. Und wir haben nicht viel Zeit. Die könnten sogar schon längst wieder da aufgetaucht sein und den Job beendet haben!«

Leons Haltung begann zu kippen, aber er war noch nicht bereit nachzugeben. »Also was jetzt – sollen wir vor 3DNF ein Lager aufschlagen?«

»Ja! Aber wir brauchen Hilfe«, antwortete Bob.

»Jetzt willst du also doch jemanden einweihen? Das ergibt doch keinen Sinn«, stellte Hannah fest.

Bob sah Leon an, beantwortete aber Hannahs Frage. »Die Truppe vom 2600er von den LAN-Partys. Wenn ich denen soweit vertraue, dass ich sie zu

Hause in mein Netzwerk lasse, dann traue ich ihnen auch, dass sie uns helfen. Und mal abgesehen davon müssen sie gar nicht wissen, wobei sie uns helfen. Wir brauchen nur ihre Arbeit und einen Teil ihrer Ausrüstung.«

Hannah schaute auf ihre Uhr und wechselte dann das Thema. »Ich war schon zu lange von der Bildfläche verschwunden. Ich muss jetzt mal ein paar Anrufe machen, bevor die Leute anfangen, nach mir zu suchen.« Sie schaute Bob an. »Keine Sorge, ich werde keinem erzählen, was ich wirklich mache.« Sie erhob sich vom Tisch, stellte ihren Espresso auf den Nebentisch und holte ihr Handy heraus.

Leon schaute zu, wie Bob in seine kleine, grüne ShmooCon-Tasche griff und seine »Schöne« – seinen kleinen EeePC – und ein Stromkabel hervorzog. »Woher kriegen wir also jetzt Hilfe?«

»Darum kümmere ich mich jetzt. Ich muss noch ein paar Sachen checken, und dann sende ich ein paar DMs auf Twitter. Ich will nicht twittern, falls das FBI oder wer uns da verfolgt zuhört.« (*Seite 198*)

Leon saß ein paar Minuten relativ friedlich da. Gelegentlich schaute er aufmerksam durch den Buchladen und versuchte auch mal, Hannahs leise Telefongespräche zu belauschen, doch vergeblich. *Mit wem redet die bloß?* dachte er. Er wandte sich schließlich an Bob. »Wer würde uns deiner Meinung nach helfen?«

»Ich habe gedacht, ich fange mal bei 0hm und M00d1mus an. Sie haben an einem Yagi-Gewehr gearbeitet, mit dem wir ein Langstrecken-Hookup für ein WLAN machen können.« (*Seite 253*)

»Haben sie das endlich ans Laufen gekriegt? Als ich das letzte Mal davon hörte, hatten sie noch Probleme damit.«

Bob sah nicht von der Tastatur auf. »Ja, es funktioniert. Zumindest hat 0hm letzte Woche mächtig damit angegeben.«

»Noch wer?«, fragte Leon.

»Ja, R10t und Rudy haben ein paar coole Sachen mit Bluetooth gemacht, die wir vielleicht auch nutzen können. Ich glaube, wir können uns bei Dobbs treffen.«

»Aber das FBI kennt Rudy und Dobbs. Die waren sogar schon bei Dobbs im Laden.« Dieses Mal hielt Leon sich für die Vorsicht in Person.

»Genau darum. Die waren schon da. Wir werden nur wenige Stunden da sein, und das FBI wird danach suchen, welche Orte sie noch überprüfen können, nicht, wo sie bereits waren.« Bob lehnte sich ein wenig zu Leon hinüber. Mit einem Nicken in Hannahs Richtung sagte er, teils befehlend, teils bittend: »Pass auf, dass sie Rudy nichts über seinen Wagen erzählt.«

Vlad und Pavel saßen wieder an dem kleinen Küchentisch. Er nahm noch einen Schluck Kaffee, während Pavel weiter ziellos herumsurfte. Dann beschloss Pavel, den Moment dafür zu nutzen, ein paar Infos zu bekommen.

»Wo sind die anderen beiden?«, fragte Pavel.

»Aufträge.« Mehr wollte Vlad, die Stimme leiser als gewöhnlich, dazu nicht sagen.

Pavels Gesicht verzog sich leicht. »Gehen wir also heute Nacht zu dieser Firma zurück?«

»Ja, wir müssen das jetzt abschließen. Du musst dir klar darüber sein, wie du vorgehen willst, sobald wir da sind. Wir müssen schnell und effektiv arbeiten. Am Zielort keine Zeitverschwendung.«

»Geht klar. Ist da noch was anderes, abgesehen von der Datei, die ich letztes Mal abgelegt habe?«, fragte Pavel.

»Ja, 3DNF ist nur der Eingang. Wir schaffen einen Weg, der weiter hineinführt. Du sollst die Datei auf einem Ziel ablegen, das noch einen weiteren Hop in ein System der Regierung hinein liegt.«

»Was soll ich also machen?«, fragte Pavel.

»Hast du die Ziel-IP noch, die ich dir gegeben habe?«

»Ja.«

»Gut. Genau die wird dein Ziel sein, sobald wir eintreffen. Als Nächstes brauchen wir mehr Standard-Malware, die wir auf ein paar Systemen innerhalb von 3DNF ablegen können.«

»Das löst doch bloß Alarm aus«, gab Pavel zu bedenken

»Ich will nur ein paar, und das wird reichen, damit es wirkt, als wären die mit ihren Surfgewohnheiten ziemlich schludrig ... und dessen bin ich mir ziemlich sicher. So werden sie nicht nach externen Aktivitäten suchen.«

»Geht klar. Ich habe eine Kopie von gh0stRAT«, bot Pavel an.

»Sehr gut ... den Chinesen schieben alle liebend gerne was in die Schuhe. Die Amerikaner werden ihre Zeit damit verplempern, am falschen Ort zu suchen«, stimmte Vlad zu. »Meist ist das ganz einfach, sie dazu zu bringen, nach dem falschen Feind zu suchen.« (*Seite 422*)

Das Hinterzimmer von Dobbs' Computerladen wirkte, als hätte es hier früher irgendeine Ordnung gegeben. Der Raum war fensterlos. Eine Tür zum Laden, eine andere in ein kleines Badezimmer und eine weitere zur Gasse hinter dem Gebäude. An den Wänden waren Regale angebracht, vollgestopft mit Computern und anderem Zubehör, alles in unterschiedlichen Phasen der Reparatur. An ein paar Stecktafeln waren so viele verschiedene Kabel und

Ersatzteile angebracht, dass nur Dobbs sich in diesem Durcheinander zurechtfinden konnte. In der Mitte des Raumes stand ein großer Tisch. Packungen vom gestrigen und heutigen Mittagessen waren beiseite geschoben worden, ersetzt durch einen Haufen Zubehörteile. Die Besitzer dieses Haufens schauten stolz auf ihre Arbeit – was nur für sie nachvollziehbar war, denn das Ganze sah aus wie ein Kramhaufen vom Flohmarkt.

Dobbs, R10t, 0hm und M00d1mus hatten gerade mit der Bestandsaufnahme angefangen, als die Ladentür schellte. Dobbs schaute nach vorne und sah, wie Leon und Hannah zur Tür hereinkamen. Bob blieb draußen noch einen Moment stehen und kam dann ebenfalls herein. Als Bob in den Laden kam, konnte Dobbs sein Gesicht gut erkennen, und ging sofort zu ihm.

»Alter, hast du das Kennzeichen von dem Wagen, der dich geknutscht hat?«, flachste Dobbs.

Bob sagte kein Wort. Leon grinste und meinte: »Das war ein Geländewagen.«

Dobbs sah Bob an in Erwartung einer längeren Geschichte, aber Bob ignorierte ihn und prüfte erst den Laden, bis er sich auf den Weg nach hinten machte.

»Wo ist Rudy?«, fragte Bob schließlich, als er in den Arbeitsbereich kam und den Rest der Truppe sah.

»Keine Ahnung. Er rief an und sagte, er hätte Probleme mit dem Wagen und würde es nicht schaffen«, antwortete M00d1mus.

Bob und Leon schauten einander kurz an, sagten aber nichts.

»Was habt ihr denn nun eigentlich vor?«, fragte Dobbs ungefähr in Leons Richtung, während er die Augen nicht von Hannah ließ. Bob ließ seinen Rucksack auf den Tisch plumpsen und zog Computerteile heraus, die er zu dem Haufen legte.

»Wir haben ein Projekt, für das wir euer Können brauchen«, unterbrach Bob.

»Hi, ich bin Dobbs.« Dobbs streckte seine Hand betont aufmerksam zu Hannah.

»Hi, ich bin Max«, antwortete sie.

»Du bist ganz schön süß für einen Max.«

»Vorsichtig ... sie könnte dich siebenmal ownen, bevor du eine Chance zum Patchen hättest«, sagte Leon ein wenig zu zurückhaltend.

»Warte mal, bist du Max St341?«, fragte R10t.

»Ja, stimmt genau.«

»Krass!«, war alles, was 0hm herausbrachte, bevor Bob ihn unterbrach.

»Wir brauchen Unterstützung bei einer Überwachung. Funktioniert dieses Yagi-Gewehr?«, fragte Bob und hob etwas auf, das wie eine Kreuzung aus Wildwest und Buck Rogers aussah. Das Gerät bestand aus dem Schaft eines alten Gewehrs. Der Lauf war durch den Griff eines alten Besens ersetzt worden. An dieser Vorrichtung hingen wirre Kabel, und ans Ende des »Laufs« war etwas montiert, das wie eine kleine Antenne aussah.

»Yup, damit haben wir schon die ganze Woche herumgespielt. Wir können Verbindung mit einem WLAN in etwa 400 Meter aufnehmen, als stünden wir direkt daneben«, antwortete 0hm. »Wofür braucht ihr das?«

»Wir müssen die Verbindung zu einem Netzwerk herstellen, das 400 Meter entfernt ist«, antwortete Bob und grinste hintersinnig.

»Was für ein Netzwerk?«, fragte M00d1mus.

»Das willst du gar nicht wissen«, sprang Leon ein. »Wir brauchen nur etwas Hilfe, um fertig zu werden, und bringen die Sachen morgen zurück, wenn alles erledigt ist.«

»Das Teil ist ziemlich zickig. Ich glaube, du wirst Hilfe dabei brauchen.«

»Ihr solltet da nicht mitkommen«, meldete sich Hannah zu Wort. Sie wollte noch mehr sagen, aber Bob schnitt ihr das Wort ab.

»R10t, hast du die Bluetooth-Teile mit?«

»Klar, funktioniert prima«, antwortete R10t und drehte den kleinen EeePC zu Bob. R10t nahm einen kleinen Dongle hoch, der mit dem Laptop verbunden war. »Hiermit und der Bluesnarf-Software, die wir konfiguriert haben, kannst du entweder ein Bluetooth-Gerät im Zielbereich erkennen oder bei einigen der älteren Modelle sogar eine Verbindung aufbauen.« (*Seite 260*)

»Sehr schön«, antwortete Bob fasziniert, als er sich das Display ansah. »Zeig mir, wie das funktioniert.«

Bob und R10t vertieften sich in ein Gespräch über den Laptop. Hannah begann, im Zimmer umherzugehen, schaute sich die Geräte an und fuhr insgeheim damit fort, die Talente derjenigen am Tisch einzuschätzen. Leon nahm das Yagi-Gewehr hoch.

»Dann zeig mir mal, wie das funktioniert«, sagte Leon zu M00d1mus.

Bald war der Raum gefüllt mit einem gleichmäßigen Murmeln über Tech-Slang und dem Geräusch von klappernden Tastaturen. Nach einer halben Stunde waren die beiden Gruppen fertig. Bob hatte sich die Funktionsweise des Yagi-Gewehrs angeeignet, und Leon war es sogar gelungen, das Telefonat eines arglosen Passanten außerhalb des Ladens mitzuhören.

Hannah nutzte die Flaute in den Diskussionen, um auf einen Monitor zu zeigen, auf dem vier SW-Videofeeds des Ladens gezeigt wurden.

»Dobbs, welche Kameras nimmst du hierfür?«, fragte sie.

Als Reaktion auf diese Frage und die Aufmerksamkeit von »Max« sprang Dobbs beinahe an die Decke.

»Das ist bloß billiger Kram«, sagte er und deutete auf die Kamera, die dicht unter der Decke montiert war und auf die Hintertür zeigte. »Allerdings habe ich auch einen coolen Satz WLAN-Kameras, die echt mit 9 Volt laufen«, berichtete er freimütig und begann, in einem der Regale zu wühlen.

Bob legte das Yagi-Gewehr aus der Hand und drehte sich um. »Mann, genau so ein Teil brauchen wir! Das ist perfekt!« Bob schaute Leon an. Hannah schüttelte mit dem Kopf, als sie Leons Blick sah. Bob machte einfach weiter und griff Hannahs Idee auf. »Die können wir nehmen, um einen Überwachungsbereich zu etablieren! Was für eine Reichweite haben diese Dinger?«

»Bis zu ungefähr 150 Meter«, sagte Dobbs. »Wofür brauchst du einen Überwachungsbereich?«

»Noch mal: keine Fragen«, antwortete Leon, langsam der Fragen müde, die er nicht beantworten konnte.

Bald war Bob mit dem Einpacken der Zusatzausrüstung fertig und schloss den Rucksack. Leon nahm das Yagi-Gewehr an sich.

»Dobbs, vielen Dank noch mal für die Hilfe«, sagte Leon, als das Trio sich zum Aufbruch fertigmachte.

»Kein Problem. Heißt das, wir kriegen bei *Capture the Flag* einen Vorsprung?«

Bob ließ ein schwaches Lachen hören. »Das heißt: Falls ihr bis morgen von uns nichts hört, dürft ihr *Capture the Flag* leiten!«

Dobbs lachte, brach aber ab, als er erkannte, dass Leon und Max den Witz darin nicht erkennen konnten. »Seid vorsichtig«, meinte Dobbs nur.

»Wenn ihr bei diesen Teilen eure Hacks korrekt gemacht habt, kommen wir schon klar«, antwortete Bob und wandte sich zur Tür. Bob ging voran, um auf Gesichter oder Autos zu achten, denen man aus dem Weg gehen sollte, und die drei verließen den Laden. Der Rest der Crew ging wieder nach vorne in den Laden und baute sich an der Ladentheke auf.

»Max war echt süß, aber sie hat kaum was gesagt. Warum glaubst du, zieht sie mit denen los?«, fragte Dobbs.

»Ich habe was von Max … äh, von ihrer Arbeit auf Milw0rm.com gesehen«, meinte R10t. »Wenn das die Gleiche ist, dann verstehe ich, warum Bob sich mit ihr beschäftigt: Sie hat's echt drauf.«

»Klar, aber sie sieht einfach zu gut aus, um mit einem von denen auszugehen …«, bemerkte 0hm.

DATENSAMMLUNG

Mittwoch, 23:46

»Fahr nicht direkt zum Parkplatz von 3DNF.« Bob gab vom Rücksitz in Hannahs Wagen seine Richtungsanweisungen. Er hatte nicht einmal den Kopf gehoben, weil er die ganze Ausrüstung durchging, die sie vor wenigen Stunden in Dobbs' Laden in große Taschen gepackt hatten.

»Warum nicht?«, fragte Hannah. »Ich dachte, wir können weit genug weg sein mit dem ...«

Bob unterbrach sie: »Ich habe eine andere Idee. Biege einfach vor dem kleinen Laden ab. Auf dieser Seite des Parkplatzes gibt es noch ein Bürogebäude, das meines Wissens leer ist. Ich wette, wir können da rein und es als Schutz nehmen.«

Hannah gehorchte und bog direkt vor dem kleinen Shop, wo Bob und Leon vor nur wenigen Tagen gesessen hatten, bevor sie für ein Spiel ein CyberBob-Icon versteckt hatten, von der Zufahrtsstraße ab. Sie fuhr die Straße hinunter und hielt vor einem leeren, dreigeschossigen Bürogebäude. Draußen war es dunkel, und nachdem sie die Scheinwerfer abgeschaltet hatte, tauchten sie in den Schatten unter. (*Seite 417*)

»Zumindest bezahlt der, dem dieses Gebäude gehört, seine Stromrechnung nicht«, bemerkte Leon. Er zeigte auf die Straßenlampen für diesen Bereich des Parkplatzes: alle abgeschaltet. Leon schaute zu Bob auf dem Rücksitz. »Gib mir mal eine von den Taschen.«

»Jetzt noch nicht«, antwortete Bob und prüfte die Umgebung. »Wir müssen noch ein paar Minuten abwarten, um sicher zu sein, dass es hier keine Bewegungen gibt.« Bob zog seinen Wireless-Scanner hervor und schaute auf den Monitor, während Leon und Hannah sich umsahen, ob irgendwo um sie herum oder im Gebäude verdächtige Aktivitäten festzustellen waren.

»Okay«, sagte Bob und steckte den PDA wieder ins Gürtelhalfter. »Keine Cops hier und offenbar auch keine anderen WLAN-Aktivitäten. Ich bin der Meinung, wir klappern jetzt mal den Umkreis ab und schauen, ob wir eine offene Tür finden oder vielleicht einen Platz in der Gegend, wo wir getarnt sind und freie Sicht auf 3DNF auf der anderen Seite haben.«

Die drei sammelten ihre Ausrüstung zusammen und stiegen schnell aus dem Wagen. Hätte jemand aufgepasst, hätte er gesehen, wie das matte Licht der kleinen Innenleuchte anging, als alle nach draußen drängten, und anschließend gehört, wie drei Türen leise geschlossen wurden, weil alle versuchten, so unauffällig wie möglich zu sein. Bob führte sie zur Ecke des Gebäudes.

»Willst du nicht wenigstens die Eingangstür probieren?«, fragte Hannah, während sie weitergingen.

»Nein, die ist die einzige, die verschlossen sein wird«, antwortete Bob, als sie sich der Hausseite näherten. »Mal abgesehen davon ist es schwerer, das Schloss bei einer Glastür zu knacken. Die sind von innen gesichert.«

Die Hauswand war grau verputzt und leuchtete im dämmrigen Streulicht ein wenig. Etwa in der Mitte der Wand befand sich eine Metalltür. Bob rüttelte an der Tür, aber die Tür war mit einem Türriegel versperrt. »Okay, das kriege ich hin. Haltet mal kurz Wache.«

Bob kniete sich hin und begann, in seinem Rucksack zu suchen. »Ich habe mich eine Zeitlang mit Schlagschlüsseln beschäftigt und bin mittlerweile ziemlich gut damit.« (*Seite 423*)

»Ich hoffe, ›ziemlich gut‹ heißt, dass wir reinkommen, bevor wir entdeckt werden«, antwortete Hannah. Bob ignorierte den Kommentar und machte sich an die Arbeit. »Leon, halt mal den Türknauf fest, wenn ich hier zugange bin.« Leon hielt den Knauf gedreht und aufgezogen, während Bob sich neben ihn drückte, um das Einsteckschloss aufzubekommen. Es war ein wenig umständlich, weil Bob mit beiden Händen am Schloss zu arbeiten hatte, während Leon gleichzeitig den Türknauf gedreht halten musste.

Hannah stand daneben und sah zu. Nach kaum einer Minute vergeblicher Versuche und Herumgeschnaufe fragte sie: »Glaubt ihr, diese Kriminellen, oder was immer die auch sind, würden auch daran denken, in dieses Gebäude zu kommen?«

Leon holte tief Luft und wandte sich zu Hannah. Bob drückte und schlug noch einmal auf den Schlagschlüssel, und das Schloss gab schließlich nach. »Ja, vielleicht. Darum beeilen wir uns besser mal«, sagte Bob und schlüpfte in den dunklen Flur. Leon holte den Seesack, während Hannah Bob hinein folgte. Leon ließ seine Blicke noch einmal über den Bereich gleiten und begann, die Tür zu schließen. Gerade in diesem Augenblick kam Bob aus dem Flur zurück und drückte sich an Leon vorbei.

»Was ist los?« war alles, was Leon herausbrachte, bevor Bob ihn unterbrach.

»Halt einfach die Tür auf. Wenn wir reingehen, müssen wir den Bereich überwachen können.« Bob kniete sich hin und suchte in seinem Rucksack. Er zog eine der Funkkameras aus Dobbs' Laden und schaltete sie ein.

»Pass hier schön für mich auf«, flüsterte Bob und lief geduckt nach draußen. An ein paar Sträuchern suchte er einen kräftigen Zweig, an dem er die Kamera anbringen konnte. Dann prüfte er, ob sie ungehindert die Tür aufnehmen konnte, und ging wieder hinein. Leon zog die Tür zu, und sie machten sich zu dritt auf den Weg durch den Flur.

In der Mitte des Gebäudes erreichten sie einen offenen Innenhof mit einer großen Treppe, verkleidet mit Glas und Chrom, die um den Innenhof und dann in den ersten und zweiten Stock führte. Sie gingen schnell und leise ins zweite Stockwerk. Dort wählten sie ein Büro auf der Rückseite des Gebäudes mit freier Sicht zu der Ecke von 3DNF, die sie aufs Korn nehmen wollten.

»Gib mir mal die andere Kamera«, sagte Leon zu Bob. »Ich stelle sie so auf, dass sie aus dem ersten Stock die Treppe hinunter aufnimmt. So werden wir gewarnt, wenn jemand diesen Weg nimmt.«

Bob gab Leon die andere Kamera. Leon schaltete beim Verlassen des Büros die Kamera ein, aber nichts geschah. Leon stoppte im Flur und fummelte am Schalter herum. Nichts. Er zog hinten den Deckel ab und stellte fest, dass die Batterien korrodiert waren. »Die ist hin«, sagte er zu Bob und Hannah.

»Ich habe noch was anderes in petto«, sagte Bob. »Darum habe ich auch den Laptop von R10t mitgebracht.« Er setzte den Laptop auf eine Anrichte in Fensternähe. »Erinnert euch, er hatte Bluesnarf hier drauf. Wenn jemand mit einem Bluetooth-Headset vorbeikommt, gibt's hier Meldung.«

»Ja, aber woher wissen wir, ob sie einen Bluetooth-Headset mithaben?«, fragte Hannah mit zweifelndem Klang in der Stimme.

Bob sah nicht vom Laptop hoch. Er antwortete bloß: »Weil ich im Video von meiner Webcam bei mindestens zwei von diesen Typen gesehen habe, dass die so was trugen, als sie in meinem Zimmer waren.«

Hannah nahm Augenkontakt mit Leon auf. Doch Leon schüttelte mit einem Ausdruck der Anerkennung für seinen Freund nur ein wenig den Kopf. »Bist du sicher, dass du nicht irgendwie mit Arthur Conan Doyle verwandt bist? Dir fallen viel zu viele Details auf.«

Bob schaute immer noch nicht weg von seinem Laptop-Bildschirm. Er murmelte nur: »Elementar, mein lieber Watson.«

●●●●●●●●●●

»Verschwende keine Zeit!« Vlad richtete seinen Befehl direkt an Pavel. »Du weißt Bescheid, was du wie machen sollst. Erledige das jetzt schnell.«

Pavel protestierte nicht, das Offensichtliche zu hören. Vlad gab jetzt den Befehlshaber und hatte fast die ganze Zeit der Fahrt vom Unterschlupf zurück zu 3DNF seine Kommandos geblafft.

»Andrei – du bleibst in Kontakt mit Haki. Ich brauche eine gute Überwachung und Kontrolle von allem, was drinnen passiert, fuhr Vlad fort.

Haki nickte und wandte sich an Andrei. Die vier saßen gemeinsam in ihrem Transporter und parkten fast an der gleichen Stelle wie bei ihrem letzten »Besuch«. Hakis einziger Kommentar an Andrei lautete auf Russisch **»Los jetzt«,** bevor er die Fahrertür öffnete und sich wieder auf den Weg in Richtung der Bäume am Rande des Parkplatzes machte. Andrei folgte. Als sie ihre Deckung erreicht hatten, sprach Haki schließlich.

»Da drin ist es erst sicher, wenn der Junge seine Arbeit am Computer fertig hat. Bis dahin ist der sicherste Platz für uns hier draußen. Du nimmst diese Seite des Parkplatzes und passt auf die Zufahrtstraße auf. Ich gehe nach hinten auf die andere Seite und achte darauf, dass alles gesichert ist, was in direkter Sichtlinie zu ihrer Position ist. Nimm nicht das Funkgerät. Wenn du mit mir sprechen musst, ruf übers Handy an. Wir wollen Vlad nur stören, wenn unbedingt nötig.« Andrei nickte und kehrte wortlos um. Dann ging er wieder in Richtung des kleinen Ladens, um sicher zu sein, dass der Bereich ohne Bedrohung war. Haki blieb einen Moment stehen und beobachtete, ob sich in dem Areal etwas rührte. Er sah keine Bewegungen. Im 3DNF-Gebäude waren einige Lichter eingeschaltet. Die gleiche merkwürdige Ansammlung von Fahrzeugen wie letztens stand auf dem Parkplatz. Haki zog eine Zigarette heraus und steckte sie an. Er zog daran und schuf so ein momentanes rotes Glimmen. Dann beschloss er, langsam in Richtung des Gebäudes zu gehen, das einzig von Bob, Leon und Hannah besetzt war.

Pavel saß bald wieder im hinteren Bereich des Transporters. Sein Laptop stand auf dem Behelfstisch, und er hockte auf dem umgedrehten Eimer davor. Vlad hatte das Kabel für die externe Wi-Fi-Antenne herausgezogen, sodass das Ende vor Pavel über den Sitz hing.

Als Pavel sich daran machte, die Verbindung zum 3DNF-Netzwerk aufzubauen, zog Vlad seinen Laptop aus einer Tasche heraus. Pavel hielt inne und beobachtete Vlad dabei, wie er den Rechner aus dem »Sleep«-Modus aufweckte und die Drahtloseinstellungen anpasste. Vlad bemerkte, dass Pavel ihn beobachtete, und drehte sich um.

»Du bist nicht der einzige, der in dieser Phase des Projekts eine technische Aufgabe ausführt«, bemerkte Vlad trocken.

»Gibt es etwas, wobei ich helfen kann?«, bot Pavel an.

»Nein, ich will, dass du weitermachst«, antwortete Vlad. »Sobald du fertig bist, muss ich überprüfen, ob ich selbst mit dem Netzwerk eine Verbindung aufbauen kann. Wir müssen den Käufern eine Bestätigung liefern können, dass diese Verbindung funktioniert. Es ist sinnlos, wenn du der einzige bist, der in der Lage ist, über diese Verbindung von außen reinzukommen.« Vlad wandte sich hochkonzentriert wieder dem Laptop-Display zu.

Pavel saß einen Moment still, während es in seinem Kopf arbeitete. *Wenn Vlad selbst ins Netzwerk kann, wofür braucht er mich dann? Stepan hatte seine Funktion verloren, und wie ist er geendet?* Pavel schaute in seinen offenen Rucksack und bemerkte die schwarzen Umrisse von Stepans Thinkpad. Schnell kombinierte er alles: das Gespräch mit George, die Informationen von Stepans Laptop und Vlads Kommentar. Pavel erkannte, dass es für ihn Zeit wurde, auf sich aufzupassen.

Pavel stellte die Verbindung ins 3DNF-Netzwerk her. Dieses Mal war er vorsichtiger. Er begann, indem er Wireshark startete, um den gesamten Traffic im gleichen Netzwerksegment wie seine Verbindung zu sehen, einschließlich dem von Vlad. Er beobachtete den Bildschirm und sah nichts.

»Ich weiß, Sie haben mir gesagt, ich solle mich beeilen, aber ich würde das Netzwerk gerne ein paar Minuten beobachten, um sicher zu sein, dass wir allein sind«, schlug Pavel vor.

Vlad seufzte und wandte sich wieder zu Pavel. Er sah ihm einen Moment in die Augen und beschloss dann, dass er recht hatte. »In Ordnung, fünf Minuten.« Vlad setzte seinen Laptop auf den Boden des Transporters und lehnte sich zurück, nachdem er auf der Uhr nach der Zeit gesehen hatte.

Pavel wandte sich wieder seinem Laptop und dem gestarteten Wireshark zu. Sofort sah er Traffic auf dem Netzwerk, der zu einer IP-Adresse verlief, die auf dem Subnetz nach seiner kam. Er schwieg und schaute nur zu.

»Sag Bescheid, wenn du was merkst«, sagte Vlad, immer noch mit dem Rücken zu ihm.

»Mache ich. Ist aber alles ruhig«, antwortete Pavel lässig und starrte auf den Bildschirm.

••••••●●●●●•••••

Das Büro war dunkel, nur die beiden Laptops von Bob und Leon warfen ihr mattes Licht. Leon saß vor seinem Gerät, während Bob und Hannah ihm bei der Arbeit über die Schulter sahen. Bob hatte das Antennenkabel vom Laptop zum Yagi-Gewehr gezogen, das nun neben seinem eigenen Laptop auf einer leeren Anrichte neben dem Fenster stand. Das Ende des Yagi-Gewehrs war auf ein paar vergessenen Telefonbüchern ausbalanciert, die Bob vor dem Büro auf dem Fußboden gefunden hatte. Gelegentlich schauten Bob und Hannah auf das einzelne Bild auf Bobs Laptop, das grobkörnig die Seitentür zeigte. Auf dem Monitor des Laptops war auch ein Fenster zu sehen, das Bluetooth-Aktivitäten im Areal darstellte. Beide zeigten, dass sie alleine waren.

»Wessen Rechner ist das hier?«, fragte Leon, als die drei dorthin auf den Bildschirm starrten, wohin er gerade gezeigt hatte.

»Ist das Risiko wert, es nachzuprüfen, finde ich«, gab Hannah zögernd zurück.

»Sei vorsichtig«, meinte Bob nur.

Leon lud nmap und startete einen Profilscan dieser IP-Adresse. Nach kurzer Zeit identifizierte die Applikation den Ziel-Host als ungepatchte Installation von Fedora Core.

»Schau mal, auf dem Kasten läuft SNMP!« Leon deutete wieder triumphierend auf den Schirm. Bevor Leon mit der Maus über den Ordner fahren konnte, um sein nächstes Tool zu holen, verkündete Bob: »Nimm Metasploit.«

»Ja doch ...« Leon klang leicht verstimmt, als er die Applikation aufrief und einen Exploit auf das Ziel richtete. Nur wenige Sekunden brauchte die Remote-Shell zum Start, und sogleich tippte Leon fleißig vor sich hin, um die Verzeichnisstruktur des Systems zu untersuchen. (*Seite 345*)

»Schaut euch das an!«, sagte Leon laut genug, dass Hannah »Pss!« machte. Leon redete allerdings einfach weiter: »Genauso klasse wie der Netzwerkname ›F0RB1DD3N‹.«

»Was denn?«, fragte Bob, als er näher rückte, um das Fenster zu sehen, auf das Leon zeigte.

»Dieser Ordner im Home Directory ... er heißt ›Odysseus‹. Da werden interessante Sachen drin zu lesen sein.« Leon zeigt mit dem Cursor bereits auf den Ordner, aber Bob stoppte ihn.

»Alter, zieh einfach das ganze Home Directory runter. Lesen kannst du das später.«

»Hast recht«, stimmte Leon zu. Nach ein paar Minuten war das Home Directory vom Fedora-Rechner kopiert, ein interessanter Ordner voller Open-Office-Dokumente und einer Datei mit Kontakten.

··•••●●●●●•••··

»Hast du schon was gesehen?«, fragte Vlad.

»Nein, ich glaube, wir sind alleine«, log Pavel und minimierte sein Wireshark-Fenster, sodass Vlad den Log des Traffics nicht sehen konnte, den er gerade abgefangen hatte, wozu auch jemand gehörte, der Daten von Vlads Laptop zog.

»Dann wird es jetzt Zeit, dass wir anfangen«, antwortete Vlad und hob seinen Laptop vom Boden. Pavel begriff, dass er nicht weiter trödeln konnte, und begann mit seiner Arbeit am Ziel-Host.

··•••●●●●●•••··

»Ich glaube, das ist einer vom FBI!«, sagte Bob, etwas zu laut für Hannahs Geschmack, was sie sofort mit einem »Pssssst!« kommentierte.

»Was denn? Ist doch keiner hier«, meinte Bob und zeigte auf seinen Laptop.

»Fühlt sich bloß einfach nicht ganz koscher an«, sagte Hannah.

»Ich glaube nicht, dass wir schon sagen können, wer es ist«, gab Leon zu bedenken, als er damit begann, die eben kopierten Dateien zu durchsuchen.

»Außerdem bin ich nicht der Ansicht, dass eine neue Installation von Fedora Core oder OpenOffice standardmäßig für eine Agentur mit drei Buchstaben von Interesse ist.«

·····••••●•••·····

Haki und Andrei hatte weiter auf ihrem jeweiligen Areal des Geländes Wache geschoben. Es war insgesamt relativ ruhig. Auf dem Parkplatz des Ladens war wenig Verkehr. Haki ging am Laden entlang und dann zum Rand des Büroparkplatzes. In diesem Bereich gab es keine Wagen. Gelegentlich gab es Bäume am Grundstücksrand, die ausreichend Schatten boten, um seine Anwesenheit auch vor den schärfsten Blicken zu verbergen. Haki war nicht sonderlich vorsichtig. Dann und wann zog er an seiner Zigarette, was ein rotes Glimmen entstehen ließ, das mit dem manchmal sichtbaren blauen Licht seines Headsets kontrastierte.

Als er am Rande des verlassenen Bürogebäudes vorbeiging, in dem Bob, Leon und Hannah sich aufhielten, fiel ihm ein mattes Schimmern in einem der Bürofenster auf und bisweilen ein sich bewegender Schatten. *Das ist nicht in Ordnung,* dachte er. Er schaute zum Transporter mit Vlad und Pavel zurück. Vom Fenster oben konnte man ihre Position perfekt sehen. Er ging weiter an der Rückseite des Gebäudes entlang und hielt an der Ecke inne. Er kontrollierte den Bereich hinter sich und schaute dann um die Ecke des Gebäudes. Alles frei. Er konnte die gleiche Tür sehen, durch die vor kurzem die Jugendlichen gegangen waren. Nach wenigen Schritten stand er vor der Tür. Er probierte, den Knauf zu drehen – nicht verriegelt ...

·····••••●•••·····

Bob und Hannah schauten immer noch über Leons Schulter, während er weiter in den von Vlads Laptop kopierten Dateien suchte. Auf Bobs Laptop war eindeutig zu erkennen, dass ein Bluetooth-Gerät im Empfangsbereich war und sich eine Gestalt an der Seitentür befand. Hannah schaute gerade in dem Moment hin, als die Tür geschlossen wurde.

»Was war das?!«, kreischte sie beinahe.

»Was?« – »Still!« Bob und Leon fielen einander ins Wort.

»Da ist gerade einer durch die Hintertür reingekommen!« Hannah wies auf Bobs Laptop, während Bob mit einem großen Satz zum Laptop sprang. Bob zeigte auf dem Display dorthin, wo das Bluetooth-Signal des Headsets eindeutig sichtbar war.

»Wir sind nicht allein!«

Leon reagierte zuerst. Er schnappte sich das Yagi-Gewehr und riss das Antennenkabel heraus. Bob und Hannah durchsuchten mit schnellen Blicken den Raum, um zu entscheiden, wohin sie nun gehen sollten.

EIGHT

»Auf den Boden! Hinter den Tisch!«, befahl Leon. Er stellte sich direkt hinter die leicht angelehnte Tür. »Und klappt die Laptops zu – hier darf kein Licht mehr sein.«

Bob befolgte die Anweisung, schloss beide Deckel und trug die Laptops zur gegenüberliegenden Seite, wo Hannah bereits hockte. Sie hatten nicht viel Platz, machten aber das Beste daraus.

Alles war plötzlich ganz still. Jeder konnte kaum mehr hören als den eigenen Herzschlag, dessen schnelles Pochen ihre Ohren füllte. Leon dachte, er hätte etwas gehört, und bedeutete den beiden gestikulierend, sich noch weiter zu ducken. In den Schatten war Bewegung zu erkennen, aber es gelang ihnen nicht, noch tiefer zu gehen. Leon hielt den Finger an die Lippen, und alle versuchten, den Atem anzuhalten.

Da war es wieder! Schritte auf dem harten Boden neben der Treppe. Ganz gewiss näherte sich jemand. Leon packte den Stock des Yagi-Gewehrs fester. Jetzt wünschte er, es wäre wieder im Urzustand und nicht der technische Schnickschnack, den sie benutzt hatten.

Haki ging langsam an der Tür vorbei. Er versuchte herauszufinden, welches Büro es gewesen sein mochte, in dem er von draußen das Schimmern gesehen hatte. *Was war das?* dachte er. *Hat sich was bewegt?* Haki hielt die Pistole hoch, als er das Büro betrat. Andrei hätte davon abgeraten. Haki war mit ausgestreckter Waffe in den Raum gekommen. Leon sah die Gestalt und bereite sich vor. Haki achtete mehr auf den Tisch und ging direkt dorthin, bevor er erkannte, dass sich eine Gestalt seitlich hinter ihm befand. Leon stieß das Yagi-Gewehr vor und die Spitze in Hakis Rücken.

»Fallenlassen!«, rief Leon und drückte das Ende des Yagi-Gewehrs hart in Hakis Rückseite. Der plötzliche Schmerz, der Ruf und der Schreck reichten nicht aus, Haki aus der Fassung zu bringen. Haki holte Luft und versuchte, sich über seine nächste Aktion klar zu werden. Weil es draußen dunkel war, reflektierte das Bürofenster das wenige Licht im Raum. Er konnte ungefähr Leons Gestalt sehen und etwas, was wie ein auf ihn gerichtetes Gewehr aussah. Er konnte sich nicht schnell genug bewegen, also gab er auf und ließ die Pistole fallen.

Bob sah seine Chance und kam hinter dem Tisch hervor. Er hatte die Überreste seines Lieblings-Laptops, des »Biests«, in der Hand und traf Haki mit dem Toughbook vor die Stirn. Haki ging zu Boden. Hannah kam hinter dem Tisch hervor.

»Was habt ihr mit meinem Dad gemacht!? Wo ist er? Was wollt ihr von uns!? Das ist dafür, dass ihr meinen besten Laptop kaputt geschossen habt!« Mit dem letzten Satz schwang Bob sein Toughbook ein weiteres Mal durch die Luft und ließ es dann auf der Stirn des bewusstlosen Haki landen.

Bob fuhr mit seinem Wortschwall fort, aber Leon ignorierte ihn. Er bückte sich und zog Haki die Geldbörse aus der Tasche. Als er darin suchte, fand er einen ganz normalen, in Texas ausgestellten Führerschein, ein paar Kreditkarten und etwas Bargeld. Leon war beim Betrachten der Dokumente so konzentriert, dass es ihm nicht auffiel, wie Bob zu reden aufhörte und sich bückte. Er hob Hakis Waffe hoch. Er schaffte es nur fast wieder in die Aufrechte, bevor er versehentlich die Waffe abfeuerte. Die Kugel durchschlug seitlich Hakis linkes Bein. Haki stöhnte vor Schmerzen und zuckte, kam aber nicht zu Bewusstsein.

»Hey, was machst du da!?« Leon fuhr hoch und prüfte, ob er getroffen war. Bob ließ die Waffe fallen. Bevor sie auf den Boden traf, sprang Hannah hinter den Tisch, aber dieses Mal klapperte sie nur metallisch.

Leon sah die Waffe an, wollte sie aber nicht berühren. »Packt alles zusammen – sofort! Wir können nicht hierbleiben – wahrscheinlich hat jemand gemerkt, dass wir gerade jemanden angeschossen haben!« Leon richtete die beiden letzten Worte an Bob, der sich umgedreht hatte und die Laptops in seinen Rucksack stopfte. Er sammelte sogar die Überreste seines geliebten »Biests« ein, das neben Hakis Kopf lag.

Leon sah wieder auf die Waffe, stellte seinen Fuß darauf und gab ihr einen gut gezielten Kick, sodass sie durch den Flur rutschte. Er wurde durch das Klappern der Waffe belohnt, die über die Treppenstufen in den Innenhof polterte.

»Los jetzt!«, sagte Leon und sah sich um, ob Bob und Hannah bereits fertig gepackt hatten. Beide kamen ihm entgegen. So schnell sie konnten, rannten sie aus dem Büro, nahmen die Treppe und eilten durch den Flur zur Seitentür. Sie liefen zu Hannahs Auto, ließen sich auf die Sitze fallen und fuhren weg.

•••••••●●●•••••••

Das Geräusch war gedämpft gewesen, aber Andrei erkannte es. Seine Blicke überflogen den Parkplatz, aber er konnte keine Störung wahrnehmen. Er wollte noch nicht das Funkgerät nehmen. Er nahm sein Handy heraus und wählte Hakis Nummer. Nichts. Jetzt musste er Vlad berichten. Er zog das Funkgerät heraus. **»Ich komme in Ihre Richtung. Ich glaube, ich habe was gehört, und jetzt antwortet Haki nicht.«**

Vlad antwortete auf Andreis Nachricht nicht. Stattdessen schloss er sofort den Deckel seines Laptops und wandte sich an Pavel.

»Du arbeitest weiter. Ich werde nachsehen, was los ist. Bleib hier, bis du fertig bist. Wenn ich nicht zurückkomme, nimmst du das GPS, um zum Haus zurückzukommen. Du musst hier alles beenden. Dieser Pfad in 3DNF und die Ziel-IP, die ich dir gegeben habe, müssen funktionieren.«

»Wie kommen Sie zurück?«, fragte Pavel.

»Ich kann für mich selbst sorgen«, antwortete Vlad, schob seinen Laptop in die Tasche und hängte sich das Funkgerät an den Gürtel. »Die Frage ist, ob auch du das kannst«, sagte Vlad herausfordernd. »Schick mir eine Mail, bevor du gehst, dass du fertig bist. Ich muss wissen, wann die Arbeiten abgeschlossen sind. Wenn du nichts von mir hörst, bleibst du nicht länger als einen Tag im Haus. Danach musst du alleine klarkommen.« Mit diesen Worten stieg Vlad aus dem Transporter. Er sah sich um und erkannte Andrei, der schnell auf ihn zukam.

Pavel kletterte auf den Beifahrersitz und sah aufmerksam aus dem Fenster. Er konnte sehen, wie Vlad und Andrei langsam vom Transporter weg und zu dem kleinen Laden hin gingen.

»Wie viel bin ich für ihn wert, nachdem er diese Mail von mir bekommen hat?«, fragte Pavel laut. Er nahm seinen Laptop und speicherte als Erstes die Daten aus dem Traffic-Capture von Wireshark davon, dass jemand Vlads Laptop gehackt hatte. »Ich habe eine Vermutung, wer das gewesen ist, aber ich brauche vielleicht auch eine Kopie.« Pavel öffnete dann remote eine Shell-Session auf einer Box, die er bei einer Houstoner Universität auf einem Server kontrollierte. Er hatte mit Vlad beschlossen, dass alle lokalen Befehls- und Kontrolltests auch lokalen Ursprung haben sollten, damit die wahre Quelle der Aktivität verborgen blieb, während sie im Land waren. Nach einigem Tippen wurde Pavel mit einer weiteren Shell belohnt, dieses Mal über eine SSL-Session. Er tippte nur ein einziges Wort ein.

```
patefacio
```

Bald wurde er mit Daten belohnt, die über seinen Bildschirm strömten. Der Datenfluss war so schnell, dass er die Eigenschaften seiner Netzwerkverbindung prüfte und erkannte, dass seine Verbindung am Anschlag war. »Verdammt«, fluchte er. Gelegentlich pausierte er die Ausgabe und fuhr beim Lesen mit dem Finger den Bildschirm hinunter. Er fand Dokumente, Tabellen, Audiodateien, Videoclips, Abfrage-Strings. Das ging immer weiter und weiter, während er alles überflog, dass er ganz versunken den Kontakt zu seiner Umgebung verlor. »Es funktioniert, aber das braucht Vlad ja noch nicht zu wissen«, beschloss Pavel.

»Ich frage mich, ob dies ein Konzentrator für die Daten von US-Behörden ist. Bestimmt will Vlad dazu den Zugang verkaufen. Kein Wunder, dass er sicher sein will, dass er auch alleine reinkommt.«

Pavel erkannte, dass er ganz die Zeit vergessen hatte. Er schaute sich um und checkte, ob er noch alleine war. Ein Blick aus den Fenstern beruhigte ihn, dass keine Aktivitäten um ihn herum festzustellen waren. Er wandte sich wieder dem Laptop zu und unterbrach alle Verbindungen. Wenn Vlad jetzt noch nicht wieder da war, war es sicher besser, wie befohlen zum Unterschlupf zurückzukehren. Vlad und Andrei konnten für sich selbst sorgen. Pavel setzte sich hinters Steuer und suchte im Navi. Die Koordinaten des Unterschlupfs waren darin gespeichert. Er würde sich Zeit lassen, um garantiert keine Aufmerksamkeit zu erregen.

EIGHT

DATENANALYSE

Dienstag, 01:45

Bob, Leon und Hannah hatten sich im Hotelzimmer um den kleinen Tisch versammelt. Leon saß vor seinem Laptop und ging die Dateien durch, die sie vom Fedora Core-Computer gezogen hatten. Meist war es still im Raum ... doch als sie schließlich zu dem Dokument kamen, in dem Vlads Instruktionen standen, ertönten ungläubige Rufe. Die Datei war durch drei Länder und vier Computer gereist. Anfangs war sie eine Chance für Stepan, die Position in seiner Firma zu verbessern. Dann wurde daraus eine Gelegenheit für seinen Arbeitgeber, mehr Profite einzufahren. Schließlich war es für Vlad ein weiterer Job. Nun hatten Bob, Leon und Hannah endlich etwas an der Hand, um die Guten von den Bösen unterscheiden zu können. Sie hatten etwas, um mit dem Weglaufen aufhören zu können, und konnten aktiv werden.

»Das ist total furchtbar«, rief Hannah, als sie sich das Gelesene durch den Kopf gehen ließen. »Das bedeutet, dass diese ›Bösen‹, wer immer das auch sein mag, eine Möglichkeit haben, uns auszuspionieren, ohne dass irgendwer es mitkriegt. Sie brauchen sich nur hinzusetzen und zu warten. Die Daten strömen dann einfach in ihren Kollektor.«

»Und was machen die nun mit diesen Infos?«, fragte Leon.

»Verdammt noch mal! Alles, was sie wollen!«, antwortete Bob und erhob sich. »Es ist schon schlimm genug, dass unsere Regierung all diese Daten aufsaugt und verwertet. Soweit wir wissen, befinden sich in diesem Konzentrator-Dings auch Daten über uns. Aber mir ist es lieber, dass die ›Bösen‹ welche aus unserem Land sind, die wir kennen, als solche aus einem anderen, das wir nicht kennen.« Bob lief jetzt unruhig im Zimmer auf und ab. »Wenn eine solche Art von Daten das Ziel ist, dann gelten völlig andere Regeln. Das würde heißen ... *Dad*!«

Leon und Hannah sagten nichts. Leon hatte bereits den Schluss gezogen, auf den Bob nun gestoßen war. »Uns wird schon irgendwas einfallen«, warf Leon ein.

»Wenn so was auf dem Spiel steht, dann ist mein Dad *tot*!« Die Adern an Bobs Schläfen traten hervor.

»Für den Moment wird er okay sein«, antwortete Leon und stand auf, um beide Hände tröstend und beruhigend auf Bobs Schultern zu legen. »Die müssen deinen Dad verschleppt haben, um uns zu finden. Das bedeutet, solange wir noch auf der Flucht sind, brauchen sie ihn noch. Sie glauben, dass dein Dad weiß, wie man uns finden kann. Als dieser Transporter uns verfolgt hat, hatten die keine Ahnung, was wir wussten – oder zumindest damals noch nicht. Wir müssen herausfinden, was wir machen sollen, bevor die feststellen, dass er ihnen nicht helfen kann.«

Bob ließ sich auf den Stuhl fallen und legte das Gesicht in die Hände. Er rang nach Atem.

»Bob, das können wir hacken«, schlug Hannah vor. Bob und Leon schauten Hannah ungläubig an. »Na los, kommt schon. Ihr kriegt Leute mit Social Engineering rum, ihr könnt in Systeme einbrechen. Hier geht's nur um ein System und um Leute. Bob, denk dran, Max steht dir bei, okay?«, Bob gelang ein schwaches Grinsen. Es reichte, um ihn wieder für das Rätsel zu motivieren, das sie hier lösen mussten.

SCHRUMPFENDES TEAM

Donnerstag, 08:03

Georges Körper war steif, alles tat ihm weh. Ihm blieb gerade genug Kette, die durch die Handschellen geführt und auf dem Boden befestigt war, um beinahe stehen zu können. Er konnte aufstehen und sich auf den Boden legen, nur um den Körper auch mal in eine andere Position zu bringen. Aber seine Hände waren immer noch auf dem Rücken gefesselt. Also war es egal, wie er sich drehte und wendete, irgendwann war der Blutstrom entweder zu dem einen oder zum anderen Arm abgeschnürt, und er wachte mit kribbelnder Taubheit in den Gliedmaßen auf.

Irgendetwas passierte schon wieder. Er hatte gehört, wie gestern Abend Personen wiedergekommen waren. Er konnte nicht sagen, wie viele sich dieses Mal im Haus befanden. Beim Tageslicht sah er nur den jungen Mann, mit dem er schon gesprochen hatte. Pavel hatte George lange genug von seinen Fesseln befreit, damit er auf Toilette gehen und ein Sandwich essen konnte. Dann kettete er ihn wieder an den Stuhl. Dieses Mal sagte Pavel nichts. George folgerte, dass es nicht sicher war, ein Gespräch zu probieren, weil sie nicht alleine im Haus waren. George hatte versucht, sich umzusehen, aber er nahm Stimmen wahr, die aus einem Raum kamen, den er nicht sehen konnte.

Nun war George wieder alleine. Er versuchte so gut es ging, im Sitzen Arme und Beine zu bewegen, um die Schmerzen zu lindern. *Wie lange würde das hier noch dauern? Ging es Bob gut? In was war er da hineingeraten?* Die gleichen Fragen hatten ihn in den dunklen Stunden gequält, in denen er nicht schlafen konnte. Immer noch gab es darauf keine Antwort.

Pavel saß wieder am Küchentisch, als Vlad und Andrei hereinkamen. Pavel schaute auf und sah zu, wie beide Platz nahmen. Er hatte nicht gehört, worüber sie diskutierten, während er sich um ihren »Gast« gekümmert hatte.

»Wir müssen davon ausgehen, dass dieser Ort kompromittiert ist«, verkündete Vlad.

»Wo ist denn Haki?«, fragte Pavel. Ihre lokale Kontaktperson war von dem Trip zu 3DNF nicht zurückgekehrt. Pavel war im Transporter allein zurückgekommen.

»Keine Ahnung«, meinte Vlad kurz angebunden. »Wenn er beschlossen hat, sich um seine Sachen zu kümmern, dann können wir den Vorkehrungen nicht mehr länger trauen, die er für uns gemacht hat.«

»**Warum hast du ihn gehen lassen?**«, stellte Pavel auf Russisch Andrei zur Rede. Es war das erste Mal auf dieser Reise überhaupt, dass Pavel direkt Andrei ansprach.

Andreis Antwort bestand nicht aus Worten. Stattdessen sprang er so schnell vom Sitz hoch, dass der Stuhl von seinem Platz flog. Andrei langte quer über den Tisch zu Pavel, aber Vlad fing seine Hand ab.

»Nicht jetzt. Mal abgesehen davon hat er recht.« Vlad fing Andreis Blick und nagelte ihn für einen Moment fest. Andrei überlegte es sich anders: War sicher ratsam, keine Aktion mehr zu machen, wenn sein Boss einschritt. Aber er konnte dem Kleinen seine Respektlosigkeit nicht durchgehen lassen.

»**Ich hab' dir doch schon gesagt, wir haben uns getrennt, um den ganzen Bereich überwachen zu können. Er verschwand, und ich habe nur einen Schuss gehört**«, protestierte Andrei.

Du glaubst, dass du was gehört hast, antwortete Pavel schnaubend. Er keilte zurück, obwohl er wusste, dass er tot wäre, wenn Vlad nicht hier wäre.

»Genug!« Vlad beendete diesen Schlagabtausch. »Pavel, gestern Abend habe ich von dir keine Mail mehr bekommen. Weil du jetzt ja hier sitzt, gehe ich davon aus, dass du mit deinem Auftrag erfolgreich warst, oder?«

»Ja, natürlich.« Pavels Stimme hatte nur einen dezent trotzigen Beiklang. Vlad nahm an, dass dieser Trotz noch ein emotionaler Überrest nach Pavels Ausbruch gegen Andrei war. Weil das Gespräch nicht mehr in seiner Muttersprache verlief, begriff Andrei, dass seine Anwesenheit nicht länger erforderlich war. Er ging an die Arbeitsfläche und schenkte sich Kaffee ein. Dann lehnte er sich gegen den Schrank und prüfte, wie viel von dem Gespräch er verstehen konnte.

»Warum hast du mich nicht informiert, als du wusstest, dass es funktioniert?«, fragte Vlad in einem entspannten Tonfall, der Pavel sofort alarmierte.

»Ich habe mir Sorgen darüber gemacht, welche Aufmerksamkeit wir auf uns gezogen hatten, und wollte so schnell wie möglich von dort weg«, flunkerte er.

Vlad schien die Erklärung zu akzeptieren. Er lehnte sich zurück: »Du musst deine Sachen packen«, befahl er Pavel. »Ich weiß noch nicht, wohin wir gehen, aber lange bleiben wir nicht mehr.«

»Woher kommen denn die anderen Autos?«, fragte Pavel und nickte in Richtung Straße.

Vlad wandte sich um und schaute Andrei an, als er antwortete. »**Andrei musste eines stehlen, um wieder herkommen zu können. Den beseitigst du möglichst bald.**« Andrei nickte bestätigend.

»Der andere ist legal. Ich habe mir von meinem Geld eines als Reserve gekauft, falls meine Reisevorkehrungen Änderungen benötigen.«

Pavel schaute zu Vlad und fragte sich, ob er an diesen Reisevorkehrungen wohl beteiligt werden würde oder nicht.

GEFÄHRLICHE VERBINDUNGEN

Donnerstag, 08:20

Bobs Augen waren geöffnet, aber es dauerte eine Weile, bis er die große, dunkle Gestalt vor sich verarbeitet hatte. *Wo bin ich? Welcher Tag ist heute? Was ist ...* Bob erinnerte sich, dass er irgendwann in den frühen Morgenstunden ins Bett gefallen war. Hannah hatte das andere Bett im Hotelzimmer genommen. Darum hatte Bob beschlossen, sich besser in dem Bett an den Rand zu legen, in dem Leon bereits fröhlich schnarchte. Aber jetzt war er aufgewacht und merkte, dass er sich umgedreht hatte und seine Nase in Leons Rücken gesteckt hatte. Bobs Hirn klinkte ein: Sofort sprang er aus dem Bett und lief zu seinem Laptop, der auf dem Tisch stand.

Durch die plötzliche Bewegung wachte Leon auf. Er rollte herum und versuchte mühsam, sich aufzusetzen. Im Bad lief Wasser – Hannah war bereits aufgestanden. Leon schaute auf die Uhr und zog sich zum Bettrand. Nachdem er sich gereckt und gestreckt hatte, konnte der Tag beginnen ... wenn erst einmal das Bad frei war.

»Könnte 'n bisschen dauern«, nuschelte Leon und zeigte zum Badezimmer. »Müssen wir uns beeilen?«, fragte er.

Bob sah nicht einmal vom Laptop hoch. »Nein, wir haben noch Zeit. Ich glaube, Max hat mich geweckt, als sie aufstand.«

Leon starrte einen Augenblick auf Bobs Stuhl, bevor er merkte, dass er nichts zu sagen hatte. Er schaffte es bis zum Bad, stutzte und hob dann die Hand, um an die Tür zu klopfen. Doch anstatt auf Holz traf Leon nur Luft, weil Hannah gerade in dem Moment die Tür öffnete und ihm eine kleine Wolke Dampf entgegenwabern ließ. Sie war offensichtlich hellwach und bereit für den Tag. Durch ihre leuchtenden Augen, das schelmische Lächeln und die noch feuchten Haare wirkte sie, als hätte sie deutlich länger geschlafen als in Wirklichkeit.

»Guten Morgen«, säuselte Hannah und schlüpfte an Leon vorbei.

Leon brachte kaum mehr als einen dumpfen Laut hervor, der wie »eh öh höh« klang. Er begann zu verarbeiten, wie dynamisch sie aussah und wie schlampig er jetzt gerade wirken musste.

»Du siehst schrecklich aus«, grinste Hannah und spielte auf Leons benebelten Gesichtsausdruck an. »Vielleicht musst du mal besser aufpassen, mit wem du deine Nächte verbringst.«

Leons Kinnlade klappte leicht herunter, und seine Augen wurden ein wenig größer. »Äh, ja …«

»Da könnte man ja eifersüchtig auf euch zwei beiden werden, wie ihr da letzte Nacht gekuschelt habt.«

Bei diesen Worten ergriff Leon die Flucht ins Bad und schloss die Tür, bevor er Hannah noch länger anschauen musste … oder sie ihn. »Idiot!«, murmelte Leon.

»Wie war das?«, fragte Hannah durch die Tür.

Leon fuhr herum zu der nun geschlossenen Tür. »Öh, nichts!« Leon schaute in den Spiegel. »Wann ist sie bloß so eine scharfe Braut geworden?«, flüsterte er seinem Spiegelbild zu. Er schaute zur Tür, aber dieses Mal meldete sich von der anderen Seite keine Stimme.

Hannah ging zu ihrer Tasche und zog den Laptop heraus. Sie setzte sich still aufs Bett und begann, zu surfen und E-Mails zu lesen. Sie und Bob beschäftigten sich jeder für sich mit den eigenen digitalen Angelegenheiten. Das Hotelzimmer war relativ still, nur gelegentliches Klicken und Tippen war zu hören und Geräusche von Leon, als er sich im Bad frisch zu machen versuchte. Nach etwa zehn Minuten peinlichen Schweigens waren Bob und Hannah erleichtert, als Leon wieder erschien und marginal wacher wirkte.

Als Agent Jackson zur Arbeit erschien, war seine Partnerin bereits anwesend. »Sorry, dass ich heute morgen etwas verspätet bin. Können wir los?«

»Natürlich«, antwortete Agent Battle. Sie öffnete ihre Schublade und zog ihre Waffe heraus. »Wie ziehen wir das durch?«

»Ich glaube, es ist besser, wenn sie nicht wissen, dass wir kommen.« Mark nahm ein kleines Notizbuch von seinem Tisch und sah nach, ob er auch einen Stift dabei hatte. »Okay, gehen wir.«

Jonathan nahm beim zweiten Klingeln ab, was ihm etwas Zeit gab, die halbleere Dose Red Bull abzusetzen.

Er brachte ein »Hallo?« heraus, nachdem er den letzten Schluck seines Frühstücks in die richtige Röhre bugsiert hatte.

»Hi Jonathan, Susan ist hier. Weißt du, wo Michael ist?«

»Der ist hier irgendwo. Holt sich wohl gerade Kaffee. Was liegt an?«

»Hier sind Besucher für ihn ... die beiden Agenten, die auch am Montag hier waren.« Susan dämpfte beim zweiten Teil ihrer Feststellung die Stimme und drehte sich von Mark und Chris weg, die dicht bei ihr am Tisch standen.

»Wirklich? Okay, ich suche ihn mal eben und komme dann nach vorne. Danke.« Jonathan stand auf und war schon zwei Schritte gegangen, bevor er sich umdrehte und zu seinem Schreibtisch zurückging, um die Dose abzustellen. Seine erste Station war der Pausenraum. Volltreffer!

»Hey Michael! Wir haben schon wieder Besuch.«

»Wer denn?«, fragte Michael und wandte sich von der Kaffeemaschine ab.

»Die beiden FBI-Agenten, die Montag schon da waren. Susan hat gerade angerufen und gesagt, die beiden sind vorne bei ihr.«

»Hast du die angerufen?«, fragte Michael.

»Nein, ich wollte dich schon fragen, ob du das warst. Ich habe nichts mehr von ihnen gehört, seitdem sie Mittwoch anriefen und noch weitere Fragen hatten. Du hast ihnen doch alles gesagt, was sie wissen wollten, oder?«

»Natürlich«, entgegnete Michael fast beleidigt. Er wollte das mit einer Geste unterstreichen, verschüttete aber etwas Kaffee, als er die Bewegung mit der gleichen Hand machte, in der er die Tasse hielt.

»Wie wär's, wenn du das eben sauber machst, und ich hole sie von vorne ab?«, bot Jonathan an und sah missbilligend auf die Bescherung. »Ich bringe sie einfach mit zu unserem Arbeitsbereich.«

Michael goss den Kaffee in der Spüle aus und machte einen lahmen Versuch, den verschütteten Kaffee auf dem Boden aufzuwischen. Jonathan verschwand den Flur entlang in Richtung Eingangstür.

»Guten Morgen! Was kann ich heute für Sie tun?«, fragte Jonathan, als er auf Mark und Chris traf. »Haben Sie aus den Logs, die wir Ihnen gegeben haben, etwas herausgefunden?«

»Bisher noch nicht«, antwortete Mark. »Aber wir haben noch ein paar mehr Fragen. Ist Michael heute auch hier?«

»Sicher. Ist er in Schwierigkeiten?«, fragte Jonathan und wunderte sich, dass der fürs Netzwerk verantwortliche Typ so viel Aufmerksamkeit bekam und nicht er selbst.

»Nein, das nicht«, versicherte Mark. »Wir wollen einfach sicher sein, dass alle hier auf dem Laufenden bleiben.«

»Kein Problem. Er ist wahrscheinlich schon auf dem Weg zurück an seinen Platz. Ich habe ihn gerade im Pausenraum gesehen. Kommen Sie einfach mit mir.«

Michael saß bereits an seinem Tisch, als Jonathan mit den Besuchern eintraf. Michael war es gerade gelungen, ganz kontrolliert zu atmen, um sich zu beruhigen.

»Hi Michael, wie geht es Ihnen?«, sagte Mark und reichte ihm die Hand. Michael stand rasch auf.

»Ausgezeichnet. Was können wir für Sie tun?«

»Wir wollten den Wireless Sweep checken, den Sie gestern machen wollten. Sind Sie da auf etwas gestoßen?«

»Ach ja, richtig. Äh, nein, wir haben nichts gefunden. Wir sind das ganze Gebäude durchgegangen und auch außen, wie Sie uns das geraten haben, aber nichts Neues gefunden. Von der Firma nebenan gibt es ein WLAN-Signal, aber dort hat man die Verbindung gesichert. Ich konnte das kleine Schloss auf meinem Laptop sehen.«

»Interessant«, meinte Mark und klang beinahe desinteressiert. »Basierend auf der Info über die IP-Adresse, die Sie uns gegeben haben, wäre das eine logische Quelle gewesen. Wir könnten versuchen …« Biep Biep »… oh Moment, entschuldigen Sie mich gerade mal.« Mark nahm sein Handy vom Gürtel und wandte sich von den dreien ab, um den Anruf entgegenzunehmen.

»Mark hier … Ja, sind wir … Okay, eine Sekunde.« Mark klemmte sein Handy zwischen Kinn und Schulter, um Notizbuch und Stift aus seiner Jackentasche zu nehmen. »Welche Art Beweis? … Ach, wirklich? Das musst du beweisen können, dass … okay, ich glaube dir. Wie war noch mal der Name, den du da sehen konntest? ... Brad? ... Oh, sorry, Vlad. V-L-A-D, richtig? ... Hör mal, das ist eine gute Info, aber ich muss den Beweis sehen ... Wir müssen uns treffen ... Ja, ja, wir helfen dir, deinen Dad zu finden. Warte, ich habe eine Idee. Treffen wir uns doch im Arboretum um …« Mark sah auf die Uhr. » …17 Uhr … Ja, ich kenne den Verkehr, deswegen ja. Das wird für dich sicherer sein.« Mark warf Chris einen fragenden Blick zu, und sie nickte. Jonathan und Michael beobachteten das Geschehen bloß und versuchten, sich einen Reim auf das Gespräch zu machen. »Okay, gut … Der offene Bereich etwa in der Mitte … Ja, ist schon länger her, aber ich weiß, wo das ist … sicher. Nein, ich komme nur mit Agent Battle. Ich verspreche, dass wir nach dem letzten Mal darauf achten, dass wir alleine sind.« Mark schmunzelte und schaute zu Chris. »Ja, genau die. Bis dahin also.«

»Wer war das?«, fragte Michael, als Mark sein Notizbuch wegsteckte und das Handy an den Gürtel hängte.

»Nur jemand, mit dem wir reden mussten.« Mark wusste, dass das nicht reichte, um Michael zufriedenzustellen.

»Ging es dabei um unseren Fall?«, versuchte Michael es noch einmal.

»3DNF ist zu diesem Zeitpunkt nicht wirklich ein Fall«, warf Chris eine nichtssagende Antwort ein. Sie beobachtete Michael: Ihm gefiel die Antwort nicht, aber er hatte nicht die Nerven, da nachzuhaken.

»Tja, hier sind wir nun fertig«, bemerkte Mark leutselig. »Wir wollten nur wissen, ob sich aus der Geschichte mit dem Funknetz noch was ergeben hatte.« Er trat von Michaels Arbeitsplatz etwas beiseite. »Wir wollen nicht unnötig stören. Sie wissen ja beide, wie Sie mich oder Agent Battle erreichen können, falls es noch mehr eigenartigen Traffic gibt, nicht wahr?«

»Gewiss«, gab Jonathan zurück. »Sind Sie sicher, dass Sie nicht noch etwas anderes wollen?«

Chris bemerkte den kurzen Seitenblick, den Michael Jonathan bei dieser Frage zuwarf.

»Nein, ich glaube, momentan war's das. Ihre Absicherungen sehen gut aus. Sie haben etwas Probleme mit Honorarkräften. Ich glaube, da hat jemand herumgeschnüffelt, der das nicht durfte. Wahrscheinlich hören die auf, sobald herauskommt, dass wir hier waren. Noch etwas, Chris?«

»Nein, alles klar«, bemerkte Chris abschätzig und begann, sich auf den Weg zu machen.

»So, ich bringe Sie eben noch zur Tür«, bot Jonathan an.

Sobald Jonathan mit den Agenten im Flur verschwunden war, hechtete Michael beinahe an sein Telefon. Er schnappte sich den Hörer und hatte ihn schon am Ohr, bevor ihm klar wurde, dass er die Nummer nicht wusste. Den Hörer zwischen Ohr und Schulter geklemmt begann er, seine Taschen zu durchsuchen. Er warf einfach alles auf den Tisch, Schlüssel, Münzen, leeres Bonbonpapier und eine Geldautomatenquittung, bevor er fündig wurde. Er wählte die Nummer und wartete auf Antwort.

»Pizza Hut, was kann ich für Sie tun?«

»Sorry, falsche Nummer«, antwortete Michael und warf fast den Hörer auf den Tisch. Er verfehlte beinahe den Telefonapparat, als er einzuhängen versuchte. Er legte den Hörer richtig auf und legte seinen Kopf auf den Tisch.

»Alles in Ordnung bei dir?«, fragte Jonathan, als er zurückkam. Michael fuhr abrupt hoch.

»Ja, ich glaub' schon. Ich werde …« Michaels Handy klingelte. Michael stand schnell auf, schob die auf dem Tisch verteilten Inhalte in die Handfläche und stopfte alles zurück in seine Tasche. Er hob eine Hand und winkte Jonathan zu, während er wegging und das Gespräch annahm.

»Hallo?«

»Warum haben Sie angerufen?«, fragte Vlad.

»Wir müssen reden. Ich kann … nein, jetzt geht's grad nicht. Können Sie mich gleich noch mal anrufen?«

»Nein. Gehen Sie einfach raus, ich bleibe dran.«

»Okay«, antwortete Michael und machte sich an Susan vorbei auf den Weg nach draußen. »Okay, das FBI war gerade hier.«

»Was wollten die?«

»Sie sagten, dass sie wissen wollen, ob die Überprüfung des Funknetzwerks etwas ergeben habe.«

»Was haben Sie denen gesagt?«, fragte Vlad.

»Genau das, was Sie mir gesagt haben. Aber darum geht es nicht. Als sie hier waren, bekam einer einen Anruf. Ich verstand nur die Hälfte des Gesprächs, aber er sagte etwas über eine Person namens Vlad und ein Treffen heute.«

»Haben sie erklärt, wer Vlad ist?«, fragte Vlad und versuchte, sich zu erinnern, ob er Michael jemals seinen richtigen Namen verraten hatte.

»Haben sie nicht gesagt. Aber es ging irgendwie um ein Treffen heute um 17 Uhr im Arboretum.«

»Und warum glauben Sie, dass Sie mir das alles erzählen müssen?«, fragte Vlad in einem Versuch herauszufinden, was Michael alles wusste.

»Ich glaube einfach, dass die was im Schilde führen. Ich habe gefragt, ob es bei dem Anruf um 3DNF ging, aber das wollten sie nicht sagen. Ich glaube, die wissen irgendwas darüber, was läuft.« Michael spuckte seine Wörter so schnell aus, dass er sein Handy regelrecht besprühte.

»Ganz ruhig bleiben«, wies Vlad ihn an. »Sie haben besser gearbeitet, als Ihnen klar ist. Der Access Point war erfolgreich. Ich finde, wir sollten uns treffen, damit Sie das restliche Geld bekommen. Und außerdem springt auch noch ein Bonus für Sie raus. Wenn Sie wollen, kann ich den Kontakt zu jemandem herstellen, der Ihnen bei Reisedokumenten helfen kann, falls Sie mal Lust haben, einen Abstecher zu unternehmen, bis Gras über die Sache gewachsen ist.« Vlad beendete diese Worte in einem entspannten Tonfall.

»Mensch, das wäre toll«, antwortete Michael. Durch diese Zusicherungen von Vlad bekam er schließlich seine Atmung wieder unter Kontrolle. »Wo treffen wir uns?«

»Kennen Sie die Sharpstown Mall?«, fragte Vlad.

»Äh, ja … Wollen wir uns wirklich da treffen? Die Gegend ist nicht so ganz sicher.«

»Da ist viel los. Wir brauchen Menschen, unter die wir uns mischen können. Dann können wir in Ruhe reden«, antwortete Vlad. »Können Sie in einer halben Stunde dort sein?«

»Tja, auf der Arbeit hier wird man merken, dass ich weg bin«, lautete die nervöse Antwort.

»Ich glaube nicht, dass Sie sich noch Sorgen um diesen Job machen müssen. Mit dem Bonus bekommen Sie Zeit, sich etwas Besseres zu suchen.«

»Da haben Sie recht. Okay, ich bin gleich da. Wo treffen wir uns?«, fragte Michael.

»Es gibt in der südöstlichen Ecke des Geländes ein großes Einfahrtsschild, da in der Nähe ist auf dem Parkplatz auch eine Kirmes aufgebaut. Dort warte ich auf Sie.«

»Okay, ich …« Klick. Vlad legte auf, und Michael sprach mit der Luft. Michael schaute sich um und erkannte, dass er mitten in einem leeren Bereich des Parkplatzes stand … und weit von seinem Auto entfernt war. Er schaute sich um und sah niemand anderen. Er machte sich schnell auf den Weg zu seinem Wagen und fuhr fort.

Biep … Biep … »Hallo?«, antwortete Michael, als er auf den Highway fuhr.

»Hey, Jonathan ist hier. Alles in Ordnung bei dir?«

»Ja, alles prima, danke. Ich wollte eigentlich was trinken, aber ich fühle mich nicht besonders. Ich werde mal nach Hause fahren und mich eine Weile hinlegen«, log Michael.

»Geht klar. Der Chef wollte wissen, wie es mit unseren Besuchern gelaufen ist. Ich werde ihn informieren, wie es war. Willst du, dass ich dir den Rücken freihalte?«

»Das wäre klasse, danke für die Hilfe. Wir sehen uns.« Michael legte schnell auf, bevor seine Nerven ganz versagten, und fuhr in Richtung Sharpstown Mall.

LOSE ENDEN

Donnerstag, 12:11

Michael machte sich auf den Weg den Bellaire Boulevard hinunter und fuhr an dem großen Südeingang ins Parkhaus der Mall vorbei. Er rollte beim Taco Cabana auf den Parkplatz und ging zur Kreuzung, um über die Straße zu überqueren. Diese Kreuzung stellte sich als der gefährlichste Teil seiner Fahrt vom 3DNF heraus. Ein kurzer Sprint, begleitet von hupenden Autos, und Michael stand vor dem großen, gelben, bogenförmigen Zeichen der Mall. Wie versprochen stand dort auch seine Kontaktperson aus dem Starbucks.

Michael ging auf Vlad zu. Vlad passte sich Michaels Schritten an und sagte: »Gehen wir einfach am Rande des Kirmes hier entlang. Dann können wir beide sehen, was um uns herum geschieht.« Michael antwortete nicht, befolgte aber die Anweisung.

Nach einigen Schritten begann Vlad: »Wie ich bereits gesagt habe, haben Sie bessere Arbeit geleistet, als Ihnen klar ist. Wenn die den Access Point finden, kann es Ihnen egal sein. Und Ihr Chef wird einiges damit zu tun haben zu erklären, was sich da auf seinem Rechner befindet.«

»Cool. Äh, dann ist ja alles gelaufen, und ich bekomme jetzt das Geld?«, fragte Michael, während er neben Vlad ging. Er achtete nur darauf, wohin er die Füße setzte, aber nicht auf die Menge um ihn herum.

»Ja, sicher. Doch ein paar Fragen muss ich Ihnen vorher noch stellen.« Vlad blieb stehen und schaute Michael an. »Zuerst einmal, gibt es etwas über den Telefonanruf, was Sie mir noch nicht gesagt haben?«

Michael schaute einen Moment beiseite und ging in Gedanken durch, was er gehört hatte. »Der Agent sagte etwas darüber, einen Dad zu finden. Das hatte für mich keinen Sinn ergeben.«

Vlad musste sich sehr konzentrieren, dass sein Gesichtsausdruck neutral blieb. *Damit wäre das bestätigt,* dachte er. »Noch etwas mit dem Anruf?«

Dieses Mal antwortete Michael schneller. »Nein, das war alles.«

»In Ordnung. Nächste Frage: Was ist mit dem Wireless-Scan, den Sie für das FBI machen sollten?«

»Das hat genauso funktioniert, wie Sie es gesagt haben. Wir haben den Scan nur mit einem Windows-Laptop laufen lassen, und der hat nichts ergeben«, berichtete Michael.

»Gut. Wollten die noch mehr über den Namen wissen, den ich Ihnen gegeben habe?«, fuhr Vlad fort. Er setzte sich auch wieder in Bewegung, dieses Mal zurück in Richtung des Eingangszeichens. Sie mussten sich einen Moment voneinander trennen, weil so viele Menschen über den Fußweg in Richtung Kirmesbuden gingen.

»Darüber wurde heute nichts gesagt. Sie meinten nur, dass es so aussah, als hätten wir ein paar Probleme mit unseren Aushilfskräften. Ich weiß nicht, ob sie da noch mehr überprüft haben.«

Vlad hielt wieder inne und schaute Michael an, als wolle er prüfen, ob Michael auch bestimmt alles erzählte, was er wusste. »Haben sie noch mehr über ihre Ermittlungen gesagt?«, fragte Vlad etwas strenger.

»Nun, als er mit dem Telefonat fertig war, habe ich ihn gefragt, ob es um den 3DNF-Fall ging. Die Frau sagte, dass 3DNF nicht wirklich ein ›Fall‹ sei. Das könnte heißen, dass sie nicht davon ausgehen, etwas sei passiert.«

Vlad dachte einen Moment nach, wie er weiter vorgehen sollte. Der besonders lange Blick von Vlad bewirkte, dass Michael auf die Menschen in der Nähe schaute. »Nun, dann sollten wir jetzt zu dem Teil kommen, der Ihnen wichtig ist. Ich wollte für die Ihnen zustehende Zahlung kein Bargeld mitbringen«, sagte Vlad in eher beiläufigem und entspanntem Tonfall. Er trat einen Schritt näher und legte Michael die Hand auf die Schulter. So steuerte er ihn zu einem Baum in der Nähe des Parkplatzes neben der Kirmes. »Ich werde offshore für Sie ein Konto einrichten. Sie bekommen eine Mail, in der alle Infos stehen, wie man auf das Konto zugreift. Das können Sie auch von hier machen, aber ich würde vorschlagen, dass Sie persönlich einen Besuch abstatten. Es ist viel einfacher, wenn Sie von Ihrem Profit nichts in die USA zurückbringen.«

In Michaels Kopf drehte sich alles. Er konnte nicht glauben, dass alles so gut lief. Er wäre seine Schulden los, könnte ein wenig reisen, und sein ehemaliger Chef müsste sich mit dem Ärger herumschlagen.

»Hat denn dieser Name Vlad, den die beiden erwähnten, irgendwas zu bedeuten? Gibt es eine Spur, die zu uns führt?«, fragte Michael.

»Ich kenne niemanden namens Vlad. Ich glaube, das hat in keinster Weise etwas mit Ihrer Mitarbeit zu tun. Das muss entweder ein anderer Fall gewesen sein oder ist eine Sackgasse.« Michael reichte es, dass Vlad ihm das versicherte. Vlad schaute über den Rand des Jahrmarkts auf den Parkplatz vor ihnen. Überall liefen Menschen kreuz und quer herum. »Dies ist ein guter Ort, damit wir unser Geschäft abschließen können.« Vlad wies zu dem Haupteingang, an dem sie sich getroffen hatten. Er machte sich in diese Richtung auf den Weg, und Michael folgte ihm.

Nach wenigen Schritten begann Vlad wieder: »Ich muss weg, und es ist am besten, wenn wir nicht den gleichen Weg nehmen. Ich glaube, Sie haben auf der anderen Straßenseite geparkt, oder?«

»Ja, richtig«, bestätigte Michael.

»Dann sollten Sie jetzt wieder dorthin gehen, aber anstatt zum Auto gehen Sie bitte zu dieser Bushaltestelle da.« Vlad zeigte die Richtung mit einem Kopfnicken an.

»Wieso denn?« Sobald die Worte heraus waren, erkannte er, dass er wahrscheinlich einfach die Klappe halten und gehorchen sollte.

»Setzen Sie sich einfach mindestens fünf Minuten an diese Bushaltestelle. Wir müssen getrennt wegfahren, und Sie müssen genau aufpassen und checken, ob Sie jemanden sehen, der Ihnen vielleicht zu folgen versucht. Auf diese Weise können Sie die Leute hier beobachten und sind sicher, dass niemand unser Treffen beobachtet hat«, stellte Vlad fest. Er wirkte, als würde er ein Kind darin unterweisen, wofür Tischsitten gut sind.

Nach Vlads knappen Anweisungen war Michael sogar noch folgsamer. »Klar, äh … danke noch mal für diesen Job. Melden Sie sich doch, wenn Sie zukünftig noch weitere Möglichkeiten haben.«

»Ich weiß, wie ich Sie finden kann«, versicherte Vlad mit dem Anflug eines Lächelns und verschwand.

Michael schaute auf der Straße hin und her und sah niemandem, der Blickkontakt mit ihm aufnahm. Er konnte seinen Wagen sehen, der auf der anderen Straßenseite geparkt war. Er befolgte die Instruktionen, ging quer über die Bellaire und wandte sich nach rechts. Er ging zur Bank an der Bushaltestelle und begann, die Menschen zu beobachten, die auf dem Fußweg hin und her gingen.

Vlad wandte sich nach Norden und ging über den Parkplatz geradewegs zum Eingang der Mall. Weil sein Bluetooth-Headset aktiv war, leuchte es bläulich. Er hatte die ganze Zeit einen Anruf mitlaufen lassen, während er mit Michael gesprochen hatte. Ein Wort reichte, um die nächste Phase auszulösen. »Ja.«

Andrei befand sich auf der ersten Ebene des Parkhauses nordöstlich von der Bushaltestelle, an der Michael saß. Alleine stand er vor dem Wagen, den er gestern Abend gestohlen hatte. Durch das Zielfernrohr seines Gewehrs sah er Michael auf der Bank, wie er die Straße beobachtete. Andrei wartete auf eine sichere Schussgelegenheit. **Einatmen, ausatmen, halten, abdrücken.** Aus dem Lauf kam ein kleiner Blitz, aber der Schalldämpfer fing den meisten Lärm ab.

Ein Mann, der neben Michael saß, sah aus dem Augenwinkel die unnatürliche Bewegung und drehte sich um. Michael gab ein raues Krächzen von sich und sackte nach hinten zusammen. Das kleine Loch in seiner Brust war viel sauberer als die Austrittsöffnung in seinem Rücken, wo die Kugel sich gedreht hatte, als sie seinen Körper verließ. Sie hatte die Bank durchschlagen, auf der

Michael saß, und war in Richtung des verlassenen *Circuit City*-Ladens hinter ihnen weitergeflogen.

Der Mann sprang auf und sah sich um. Nichts wirkte ungewöhnlich. Niemand rannte weg, keiner stoppte, um zu schauen, Reifen quietschten auch keine. Er schaute nach unten und sah, dass Blut über sein Hemd gespritzt war. »Hilfe! Hallo! HILFE!« Einige blieben stehen, und dann begannen ein paar zu schreien. Manche rannten weg, andere hielten sich die Hand vors Gesicht und gingen einfach schnell vorüber. Niemand rannte zu Michael. Die seltsame Haltung seines leblosen Körpers sagte alles.

·····•••••••••·····

»Bist du fertig?« Vlad schlenderte durch die Mall.

»Ja.«

»Alles in Ordnung bei dir?«

»Noch nicht ganz.« Andrei bereits sein Gewehr auseinandergenommen und in den Koffer gesteckt, als Vlad sich nach dem aktuellen Stand erkundigt hatte. Der Koffer war gepolstert und wirkte eher wie eine große Sporttasche. Andrei zog einen Lappen heraus und rieb die Außenseite des Kofferraums ab, dann ging er zur Fahrertür. Hinter dem Steuer sitzend wischte er alle Oberflächen ab, die er berührt hatte. Er drehte das Fenster herunter, wobei er den Griff mit dem Lappen anfasste, und stieg aus. Dann fischte er ein paar 50-Dollar-Scheine aus seiner Tasche, warf sie auf den Sitz und ging weg.

»Bin auf dem Weg«, sagte Andrei ins Headset.

»Hast du den Köder ausgelegt?«, fragte Vlad, als er nördlich aus der Mall herauskam und zu seinem Wagen ging.

»Ja. Wer sich das Geld schnappt, hinterlässt gleich seine Fingerabdrücke.«

»Such dir einen anderen Transporter. Wir treffen uns dann wieder am Haus.« Vlad unterbrach die Verbindung.

Andrei ging weiter, kopfschüttelnd und seufzend. Er überflog das Areal mit Blicken und suchte nach einem Fahrzeug älteren Modells, das den Anforderungen seines Chefs genügte.

VERZICHTBARES KAPITAL

14:11

Pavel saß im vorderen Zimmer auf der Couch. Auf den gestreckten Beinen balancierte er seinen Laptop. Er suchte nach internationalen Flügen und versuchte, sich zu entscheiden, ob er ab Houston fliegen oder sich lieber einen Wagen mieten und nach New Orleans oder Dallas fahren sollte. Er hatte beschlossen, dass es an der Zeit war, sich einen eigenen Notfallplan zuzulegen.

Das Geräusch einer Wagentür vor dem Haus kündigte Vlads Rückkehr an. Pavel surfte zur Site der Black Hat-Konferenz und leerte dann seinen Browser-Cache, bevor Vlad hereinkam. (*Seite 363*)

»War es ruhig hier?«, fragte Vlad.

»Ja. Wie ist es gelaufen?«

»Gut. Ein Problem gelöst, aber fertig sind wir noch nicht.«

»Ich dachte, wir könnten nun los, weil der Datentransfer doch funktioniert.« Pavel setzte seinen Laptop ab und bemerkte, dass Vlad prüfend auf den Bildschirm sah, um zu erkennen, was dort aufgerufen war.

»**Wir müssen immer noch diese jungen Leute finden, die bei 3DNF waren. Wir müssen sicher sein, dass sie den Behörden nichts verraten. Und wir müssen uns um unseren Gast kümmern**«, antwortete Vlad mit einem Nicken in Richtung des Zimmers, in dem George immer noch alleine saß.

»Wir wissen nicht, ob die irgendwas haben, und die Verbindung, die wir eingerichtet haben, wird so lange ruhig bleiben, wie wir wollen. Auch wenn die ihren Netzwerk-Traffic scannen, wird sie nicht erscheinen. Es wird einfach wie normaler Web-Traffic nach draußen aussehen.«

Vlads Stimme wurde lauter, als Pavel erwartet hatte. »**Wir dürfen nichts zurücklassen!**«

»Ich verstehe, aber zurückgelassen haben wir auch nichts …«

»Du begreifst *gar nichts*!« Vlad stach mit dem Finger in Pavels Richtung. Pavel prallte bei dieser Geste auf dem Stuhl zurück. »Wir arbeiten nicht nur für Stepans Auftraggeber«, stellt Vlad ungeduldig fest.

Pavel blickte Vlad verwirrt an und setzte sich aufrecht auf der Couch hin. »Ich begreife nicht …«

»Diese Daten … dieser Zugang ist viel zu wertvoll, als dass man ihn nur einmal verkauft. Die Datei, die ich dir zum Installieren gegeben habe, kam nicht von Stepan. Ich habe sie überarbeiten lassen«, begann Vlad.

»Warum haben Sie mich nicht …«

Vlad gebot Pavel mit erhobener Hand Einhalt.

»Das war eine Auftragsarbeit, wie du sie noch nie gesehen hast«, begann Vlad. Er setzte sich neben die Couch auf einen Stuhl. »Die Informationsmenge, die über diesen Feed verarbeitet wird, ist immens. Stepans Auftraggeber ist nicht der einzige, der daran interessiert ist. Ich habe noch andere, für die ich den Job mache.«

Pavel kam nicht mehr mit. »Wer ist denn nun hier für alles verantwortlich? Ich dachte, Sie arbeiten als Subunternehmer für Stepans Arbeitgeber.«

»Das mache ich auch. Aber das hat mich nur zu diesem Job geführt. Sie sind Kunden, aber ich habe jemanden, der mich beschäftigt. Einen … ich möchte mal sagen, anspruchvollen Auftraggeber, der ebenfalls interessiert ist. Der toleriert ein Versagen nicht sonderlich, und ist sehr ... nun, ich glaube, das solltest du lieber selbst herausfinden. Momentan musst du nur kapieren, dass ich einen sauberen Schnitt machen muss, bevor ich außer Landes gehen kann, oder ich – wir alle – werden versagen.«

Pavel wollte noch eine weitere Frage formulieren, aber die Tür öffnete sich. Es war Andrei. Vlad wandte sich an ihn, als er mit seiner Tasche zur Tür hereinkam.

»Alles klar?«

»Ja.«

»Gut. Pack deine Ausrüstung ein.« Dann sagte Vlad zu Pavel: »Du auch. Wir müssen bereit sein abzureisen, und zwar innerhalb der nächsten Stunde.«

••••••●●●●●●●•••••

Hannah parkte den Wagen vor dem IHOP und stellte den Motor aus. »Ist es schon soweit?«, fragte sie.

Leon sah auf die Uhr. »Ja, ich glaube, wir sollten es jetzt durchziehen.« Er schaute zu Bob, der hinten saß. »Ist das für dich in Ordnung, wenn ich das jetzt mache?«

»Ja, egal. Du kannst soziale Angriffe sowieso besser, wenn es nicht um geekmäßige Sachen geht«, gab Bob zurück. Er fläzte sich auf dem Rücksitz und lehnte sich an den Stapel der Rucksäcke. Leon, Hannah und Bob hatten ihre Taschen auf den Rücksitz geworfen, nachdem sie vor einigen Stunden aus dem Hotel ausgecheckt hatten.

»In Ordnung. Seid einfach leise, damit ich mich konzentrieren kann.« Leon nahm sein Handy und scrollte bis zu der Nummer hinunter, die er heute früh in seiner Kontaktliste gespeichert hatte, und drückte auf »Wählen«.

Andrei packte gerade wie befohlen hinten im Haus seine Sachen, als sein Handy klingelte.

»Da? Haki?« Andrei hatte gesehen, dass es eine hiesige Nummer war, und nahm an, dass sich Haki endlich meldete.

»Hallo?« Leon war nicht sicher, ob er richtig verstanden hatte, was die Stimme am anderen Ende der Leitung gesagt hatte.

»Da?«

»Hey Andrei. Hör mal, ich muss mal eben mit Vlad sprechen.«

Andreis Gesicht verriet aufrichtige Überraschung, als er das Handy vom Ohr nahm und noch einmal auf die Anruferkennung schaute. Er ging in die Küche, wo Vlad sich mit Pavel über dessen Laptop beugte.

»Ich weiß nicht, wer das ist, aber die kennen meinen Namen und Ihren, und sie sprechen kein Russisch.« Andrei gab Vlad das Handy.

Vlad schob den Stuhl vom Tisch, nahm das Handy und ging ins vordere Zimmer. »Ja?«

»Hallo? Vlad?«, fragte Leon.

»Wer ist da?«

»Ich bin einer von denen, die du Samstagnacht verfolgt hast.«

»Wie hast du diese Nummer bekommen?« Vlad war von dieser Entwicklung aufrichtig überrascht.

»Die habe ich, weil du so schlampig bist. Als du wieder im F0RB1DD3N-Netzwerk warst, wurde dein System geowned. Mal ein guter Tipp: Wenn du in ein feindliches Netzwerk gehst, dann nimm keinen Linux-Rechner, der nicht hundertpro gepatcht ist. Ich habe eine Kopie von allen möglichen interessanten Sachen von deinem Laptop, dazu auch deine Kontaktliste.«

»Du hast mich angerufen. Was willst du also?«, fragte Vlad mit gepresst klingender Stimme, während er versuchte, die Kontrolle über das Gespräch zu bekommen.

»Ich will, dass du George freilässt.«

»Ich weiß nicht, von wem oder worüber du da redest«, antwortete Vlad kühl. Er musste herausbekommen, was dieser Anrufer sonst noch wusste.

»Ich weiß, dass du George aus seinem Haus entführt hast. Ich weiß, dass du dabei das Haus demoliert hast. Und ich habe ein Video von dir und deinen Schlägern ...«

Bob kam vom Rücksitz hoch: »Lass endlich meinen Dad frei! Du lässt ihn JETZT frei oder wir ...«

Leon nahm das Handy vom Ohr und sagte nachdrücklich zu Bob: »Sei still!«

»Klingt, als sei dein Kompagnon ziemlich emotional«, kommentierte Vlad trocken.

»Richtig, aber er kann Sachen, die du lieber nicht abkriegen willst. Jetzt lass George ans Telefon, damit ich weiß, dass er lebt!«, sagte Leon und ließ seine Stimme schärfer klingen.

»Und warum sollte ich das machen?«, fragte Vlad, ungerührt vom Gefühlszustand des Jungen.

»Wenn du das nicht machst, habe ich nämlich keinen Grund, mit dir einen Deal zu machen, und mein nächster Anruf geht ans FBI«, antwortete Leon einfach.

»In Ordnung, einen Moment.« Vlad ging an Pavel und Andrei vorbei durch die Küche und den Flur entlang zu dem Zimmer, in dem George saß. Als er die Tür aufstieß, fuhr George erschreckt hoch. Vlad bedeckte mit der freien Hand den Hörer und näherte sich George mit dem Gesicht fast auf Tuchfühlung: »Sie werden Ihrem Sohn sagen, dass Sie leben, und mehr nicht. Ein weiteres Wort, und ich habe keinen Grund mehr, mich mit Ihnen herumzuschlagen.« Vlad hielt den Hörer neben Georges Gesicht. »Reden Sie!«

»B-Bob, bist du das? Ich bin okay. Was ha- …«

Vlad riss das Handy wieder weg. Er konnte hören, wie die Stimme am anderen Ende der Leitung jemandem sagte: »Er lebt.«

»Wenn ich jetzt George freilasse, woher soll ich wissen, dass ich dir soweit vertrauen kann, dass du nichts alles an die Regierung weitergibst?«, fragte Vlad.

»Du hast mein Wort darauf.«

»Ich habe keine Ahnung, was dein Wort wert ist«, konterte Vlad mit leicht grollender Stimme.

»Dann gebe ich dir mein Wort, dass ein ganzer Haufen FBI-Agenten über dich herfällt, bevor dieser Tag zu Ende ist. Du hast keine Wahl, außer mir zu trauen und George freizulassen«, stellte Leon fest.

Vlad konnte keine Alternative erkennen. »Wo treffen wir uns also?«

»Heute um 18 Uhr im Arboretum am Anfang des inneren Rundwegs.«

Ein Grinsen kroch über Vlads Gesicht, und er musste ein Kichern unterdrücken. *Also so wollen die mich auffliegen lassen,* dachte er und war erstaunt über sein Glück.

»Und wenn ich George dabeihabe, was bringst du mit?«, fragte Vlad.

»Wir bringen die letzte Kopie aller Daten, die wir gesammelt haben, auf einem USB-Stick mit«, antwortete Leon.

»Das reicht noch nicht. Ihr bringt eure Laptops mit. Wenn ihr so schlau seid, wie du sagst, habt ihr vielleicht Kopien der Daten gezogen.«

Leon schaute Bob auf dem Rücksitz eine Sekunde an. »Einverstanden.« Die Verbindung brach ab, als Vlad auflegte.

Bob schaute das Paar auf den Vordersitzen an. »Und? Fandet ihr, ich habe es ein wenig übertrieben?«, sagte er und war gespannt auf seine Kritiker.

••••••●●●●●●•••••

Vlad ging zurück in die Küche, wo Pavel und Andrei saßen.

»Seid ihr fertig mit Packen?«

Beide nickten.

»Gut. Die Dinge entwickeln sich gerade so, dass unser Ausstieg vereinfacht wird. Die Kids vom Parkplatz haben ihre Karten überreizt, und sie wollen ein Treffen«, begann Vlad zu erklären.

»Woher haben die Andreis Nummer?«, fragte Pavel und versuchte, verwirrt zu wirken.

Vlads Gesicht wurde etwas härter, als er sich an Pavel wandte. »Offenbar sind deine Ratschläge nicht gut genug, was die Sicherung meines Laptops angeht.«

»Was meinen Sie damit?«, fragte Pavel, Überraschung heuchelnd.

»Die sind in mein System eingedrungen und haben sich eine Kopie der Anweisungen für diesen Job gezogen und auch meine Kontaktedatei«, antwortete Vlad. »Sie behaupten, wenn wir unseren Gast mitbringen, dann löschen sie alles.«

»Dem haben Sie doch wohl nicht zugestimmt, oder?«, fragte Pavel.

Natürlich habe ich das, antwortete Vlad. »Ich hätte allem zugestimmt, damit die bloß auf jeden Fall auftauchen. Denn die wollen sich um 18 Uhr bei so einem Arboretum treffen, doch Michael hat mir gesagt, dass er gehört habe, wie die FBI-Agenten bereits um 17 Uhr ein Treffen mit jemandem im Arboretum arrangiert haben. Diese Ami-Bälger glauben, die können uns reinlegen.« Den letzten Satz stieß er voller Verachtung hervor.

Pavel lehnte sich zurück, die Hände auf dem Gesicht, und versuchte herauszufinden, wie er jemals wieder lebendig nach Hause kommen würde. Dann nahm er die Hände wieder herunter und schaute Vlad an. »Wie werden wir mit dem FBI fertig und …«

»Entspann dich. Wir haben den Vorteil, dass wir wissen, wo und wann sich alle treffen. Alle, die für uns eine Bedrohung darstellen, werden praktischerweise am gleichen Ort sein, und zwar eine Stunde vor unserem Treffen. Wir müssen für dieses Treffen nur rechtzeitig da sein und können alle Bedrohungen ausschalten.« Vlad sah Andrei mit einem zufriedenen Lächeln an. »Ich brauche deine Dienste noch ein weiteres Mal, bevor wir nach Hause gehen können.«

»Verstanden.«

T3N

10

PARTEI ERGREIFEN

Donnerstag, 16:05

Vlad kontrollierte die Straße mit Blicken, als er die letzten ihrer Taschen in den Kofferraum warf und die Klappe schloss. Niemand sah zu oder beachtete sie. Er wandte sich an Andrei: »**Hol unseren Gast und bring ihn in den Transporter.**« Andrei war schon ein paar Schritte weiter, als Vlad ihn noch einmal rief. »**Und nimm ihm die Handschellen ab. Wir wollen nicht, dass irgendein besorgter Nachbar die Polizei ruft, weil sie ihn gefesselt sehen.**« Andrei nickte und kehrte ins Haus zurück.

Pavel saß bereits auf dem Beifahrersitz des Transporters. Vlad setzte sich in seinen Wagen und wartete. Bald kam Andrei heraus und hielt George Falken fest am Arm gepackt. George war zu erschöpft, als dass noch irgendein Kampfeswille in ihm steckte. Die Entbehrungen und Ängste der vergangenen Tage hatten ihn gefügig gemacht. Er gab sein Bestes und hinkte Andrei stolpernd hinterher. Dann fiel er in den Transporter, nachdem Andrei ihm einen kleinen Schubs gegeben hatte. Andrei folgte ihm und befestigte den Sicherheitsgurt über George.

Pavel sah zu George. Er hielt seinen Blick einen Augenblick, und kurz bevor die Fahrertür geöffnet wurde, sah George ein Zwinkern und die Andeutung eines Lächelns, dann drehte Pavel sich wieder um.

Andrei setzte sich hinters Steuer und tippte auf das Bluetooth-Headset, um Vlads Anruf zu beantworten. »**Fahr einfach hinter mir her und lass dir Zeit**«, befahl Vlad. Es dauerte knapp 40 Minuten, bis sie an die Abzweigung kamen, wo der Memorial Drive unter einer Eisenbahnbrücke entlang führte. An diesem Punkt rief Vlad Andrei erneut an. »**Fahr vor den Gleisen einfach rechts ran und lass Pavel den Rest des Weges fahren.**«

»**Verstanden**«, antwortete Andrei. Er verlangsamte das Tempo und fuhr von der Straße ab. Dann stellte er den Transporter auf »Parken« und wandte sich an Pavel. »**Gib mir diese Tasche**«, grummelte Andrei und zeigte auf seine

Tasche, die zu Georges Füßen stand. Pavel mühte sich ab, sie hochzuheben, und gab sie Andrei. »**Pass auf unseren ›Gast‹ auf**«, ordnete Andrei mit bedrohlichem Unterton an, als er aus dem Transporter stieg.

Pavel reagierte nicht. Stattdessen rutschte er hinters Steuer. Nach ein paar Versuchen gelang es ihm, in den dichten und stockenden Verkehr wieder einzutauchen. Er fuhr die weite Kurve des Memorial Drive weiter bis zum Eingang des Arboretums.

Andrei kletterte die sanft ansteigende Böschung des Bahndamms hoch bis zu den Gleisen und folgte ihnen auf geradem Weg nach Süden am östlichen Rand des Arboretums entlang. So wie geplant, als sie am frühen Nachmittag die Karte auf Pavels Laptop studiert hatten, kam nun eine Stelle, wo die Bäume des Parks weniger dicht standen. Dort war eine Lichtung zu sehen, die einen kleinen Teich mit einer kleinen baumbestandenen Insel darin umgab. Andrei fand am Rande des Arboretum-Geländes eine Stelle unter einem Baum mit niedrigem Unterholz, von dem aus er freie Sicht auf den inneren Rundweg hatte. Er kniete sich hin und zog die Teile seines Gewehrs aus der Tasche.

Er hielt einen Moment inne, als er den Schaft hochhob. *Das war das Einzige, was Haki richtig hingekriegt hat: Er hat diese Blaser R93 organisiert*, dachte er. Er montierte geschickt die Waffe und schraubte den Schalldämpfer auf das Ende des Laufs. *Heute Nachmittag lief es bei dem anderen Amerikaner deutlich glatter, als wenn ich mit meiner alten Dragunow SVD gearbeitet hätte.*

Vlad war auf der kurvenreichen Straße vor Pavel vorweg bis zum Haupteingang gefahren. Als Pavel eintraf, sah er Vlads leeren Wagen. Er parkte den Transporter und verhielt sich ruhig. Er starrte nur auf das Hauptgebäude, in dem Vlad vor wenigen Minuten verschwunden sein musste.

George beschloss, noch eine weitere Chance zu riskieren. »Wissen Sie«, seine Stimme war rau vom Schlafmangel und dem fehlenden Essen, »ich glaube, Sie könnten jetzt von hier aus abhauen.«

Pavel drehte sich um und schaute George intensiv an. »Ja, ich glaube, da haben Sie fast recht«, stimmte Pavel auf beruhigende Weise zu. Pavel hatte seit dem ersten Gespräch mit George darüber nachgedacht. Ihm gefielen seine Chancen nicht, außer Landes zu kommen, wenn er sich an Vlads Plan hielt. Vlad konnte für sich selbst sorgen, und das galt auch für Andrei. Pavel musste das Gleiche tun. »Ich will mir zuerst mal diese Gegend eine Weile anschauen. Wir haben noch ein paar Minuten.«

Pavel drehte sich wieder zu George um. Mit aufrichtig besorgter Stimme fragte er: »Falls wir aussteigen und weglaufen müssen, glauben Sie, dass Sie es schaffen?«

»Ich … ich weiß nicht.« George musste sich immer noch mit den Händen festhalten. »Es tut mir leid, aber ich glaube, ich würde Sie aufhalten.«

»Meiner Meinung nach können wir im Transporter bleiben. Ich wollte nur sichergehen«, antwortete Pavel und machte sich wieder daran, die Situation um sie herum im Auge zu behalten. Da bald Feierabend war, war der Parkplatz nicht gefüllt. Dort standen ein paar Wagen, das übliche Sammelsurium aus Geländewagen, Limousinen plus ein schöner Sportwagen. Eine Mutter ging mit einigen Kindern im Schlepptau zum Hauptgebäude. Eine Limousine fiel ihm auf, in der welche saßen und sich unterhielten. »Es wird Zeit, hier auszusteigen und Hilfe zu holen«, verkündete Pavel.

»Was ist mit meinem Sohn? Sind wir nicht hier, um ihn zu treffen?« George kam zu neuen Kräften, als sein Instinkt als Vater den Selbsterhaltungstrieb außer Kraft setzte.

»Der beste Weg, Ihrem Sohn zu helfen, besteht darin, von hier wegzukommen und Kontakt mit der Polizei aufzunehmen«, antwortete Pavel. Dann ließ er den Transporter an und fuhr vom Parkplatz herunter. Er drückte ein wenig zu stark aufs Gas, und das Fahrzeug schlingerte, als er das Lenkrad scharf drehte, um den Transporter wieder in Richtung Eingang zu steuern. George tat sein Bestes, nicht umzufallen, als der Van sich in jede Kurve legte.

• • ● ● ● ● ● ● ● • • •

»Ich kann sie sehen«, flüsterte Andrei über die offene Verbindung zu Vlad.

»Wo?«, fragte Vlad scharf, während er weiter auf dem bewaldeten Pfad lief. Der Bereich war ruhig, und er nahm den Weg durch die Bäume.

»Sie sind auf der Nordseite des Teichs und schauen von meiner Position weg. Wenn Sie vom westlichen Pfad her kommen, dann werden sich die Leute in meine Richtung drehen.«

»Wie viele?«, fragte Vlad.

»Da sind fünf. Vier davon habe ich schon gesehen, aber die Neue ist bloß ein Mädchen. Sie sieht wie eine Zivilistin aus, die beiden Erwachsenen aber nicht.«

»Noch wer irgendwo?«, wollte Vlad wissen, um ganz sicher zu gehen.

»Nein, alles ruhig.« Andrei drehte sich um, damit er auch die Gegenrichtung seiner Position überprüfen konnte. Soweit er es überblicken konnte, war er allein.

»Gut. Behalte die Agenten weiterhin im Zielfernrohr. Die halben Portionen gehören mir. Mach erst dann etwas, wenn ich es dir sage.«

»Verstanden.«

Vlad erreichte das Ende des Pfades, hier hörten die Bäume auf. Er konnte die Personen direkt vor ihm sehen, die Andrei beschrieben hatte. Er hielt inne, um die Umgebung zu checken. »Halte dich auf mein Wort bereit«, flüsterte er zu Andrei über das Headset. »Ich muss zuerst wissen, was sie wissen.«

Andrei bewegte sich auf seiner Position und näherte sich vorsichtig dem Zielfernrohr auf dem Gewehr. Er begann, über den Teich zu schwenken, um sein Hauptziel ins Auge zu nehmen: Das Fadenkreuz ruhte genau auf Agent Battle.

Vlad trat jetzt aus dem Schutz der Bäume und näherte sich der Gruppe. Er achtete taktisch darauf, Abstand zu halten und nicht etwa Andrei im Wege zu stehen. Sobald er auf dem Pfad sichtbar wurde, tippte die Agentin dem anderen auf die Schulter. Er hatte auf den einzigen anderen Pfad in die Lichtung hinein geachtet. Diese Bewegung sorgte dafür, dass die drei Jugendlichen sich umschauten, als er näher kam.

»Ich sehe, dass ich mich mehr um Sie kümmern muss als um diese Kinder«, begann Vlad. Er war sicher, bei beiden Agenten unter den Jacken Waffen zu erkennen. Die Jugendlichen ließen keine Anzeichen einer Bedrohung erkennen.

Knack. Eine Gestalt im Tarnanzug, versteckt in den Schatten einiger nahegelegener Bäume, verschob leicht ihr Gewicht, um zu sehen, wie Vlad auf der Lichtung erschien. Das Geräusch war nicht laut, aber laut genug: Andrei sah wieder argwöhnisch hinter seine Stellung, und dieses Mal erfasste er die Bewegung zumindest einer Gestalt. Das Gewehr war zu langsam. Mit fließender Bewegung ließ Andrei das Gewehr fallen, erhob sich aus seiner knienden Position und zog seine Pistole hervor. Als er gerade den Hahn der Glock spannte, hörte er jemanden hinter ihm »Waffe!« brüllen.

Sieben Kugeln unsichtbarer Gegner trafen Andrei, bevor er auch nur die Chance hatte zu reagieren. Andrei stürzte leblos zu Boden. Ein Mann in Tarnanzug rannte zu dem Körper, um ihn zu sichern, zwei weitere kamen aus der Deckung und bewegten sich auf die Lichtung zu.

Die Geräusche der Schießerei überraschten Vlad am meisten von allen. Er erwartete, dass er nichts von Andreis gedämpftem Gewehr hören würde, wenn er den Befehl zum Schießen geben würde. Stattdessen schwenkte er zu der neuen Bedrohung herum und zog im Drehen seine eigene Waffe hervor. Vlad feuerte zweimal auf die beiden Agenten, die sich auf die Lichtung bewegten. Beide Kugeln verfehlten ihr Ziel, sorgten aber dafür, dass die Agenten sich in Deckung warfen. Ihre Schüsse auf Vlad waren ebenso effektiv. Er hatte bereits begonnen, sich zu drehen, sodass er im Profil seinen Gegnern so wenig Fläche wie möglich bot.

Mark und Chris hatten beide ihre Waffen gezogen. Mark sah an Vlad vorüber und erkannte, dass der Agent, der Andreis Position checkte, in seiner Schusslinie stand. Chris sah nur Vlad. Ihr Schuss traf seinen linken Arm. Der brennende Schmerz und die Wucht erschreckten Vlad und ließen ihn taumelnd aus dem Gleichgewicht kommen.

Vlad war getroffen. Mindestens vier Waffen hatte er gezählt, und er befand sich in ihrer Mitte. Er hatte die Situation nicht mehr unter Kontrolle. Nun ging es bloß noch um Rache. Er wandte sich wieder diesen halben Portionen zu, die sich ständig eingemischt und seine sorgfältige Planung über den Haufen geworfen hatten.

Bei den ersten Schüssen war Hannah auf die Knie gefallen. Leon schaffte zwei Schritte in Hannahs Richtung zwischen sie und Vlad. In der Eile sah er nicht, wie sie sich duckte. Als er den Fuß für den nächsten Schritt aufsetzte, wurde Leon von einem von Vlads nächsten Schüssen in die Brust getroffen. Die Wucht des Aufpralls wirkte, als hätte ihn jemand mit vollem Schwung mit einem Hammer getroffen. Leon konnte seine Beine nicht mehr kontrollieren. Er fiel hart und traf auf dem Weg nach unten mit seinem Rücken auf Hannahs Schulter. Sein Kopf wurde zurückgeworfen und landete auf dem festgestampften Schotter des Weges, der Mund füllte sich mit Blut. Er versuchte zu atmen, aber seine Lungen wollten nicht gehorchen. Alles wurde dunkel.

»LEON!«, schrie Hannah.

Vlad war zufrieden, soeben zwei seiner Ziele erledigt zu haben, und wandte sich seinem nächsten zu: Chris. Sein linker Arm hing schlaff an seiner Seite, aber die Waffe in seiner rechten Hand führte er immer noch mit geschmeidigen Bewegungen. Chris' erster Schuss jagte direkt rechts neben Vlad vorbei.

Durch seine Bewegungen bot er Chris nur eine kleine Angriffsfläche, aber seine Brust blieb für Mark ungeschützt, der ein paar Meter rechts von Chris stand. Marks Schuss traf den Schwerpunkt. Durch die Wucht wurden Vlads Arme zur Seite geschleudert, und sein letzter Schuss ging wild und hoch. Der nächste Schuss von Chris traf Vlad unter den gerade erhobenen Arm in die Brust.

Vlad fiel auf den Rücken und verschwand im hohen Gras direkt neben dem Pfad. Bei jedem Versuch zu atmen konnte er ein gurgelndes Geräusch hören, als Luft aus seinen Lungen durch die Wunden in seinem Brustkorb austrat.

Vlad schaute hoch und erkannte durch die Bäume den tiefblauen Himmel über Houston. Als er seinen Kopf drehte, konnte er das Rascheln trockenen Grases unter sich hören. Die heiße, feuchte Luft und das klebrige Blut, das seinen Mund füllte, verschmolzen zu einem Gefühl des Ertrinkens. Er versuchte, sich aufzusetzen, aber sein Körper wollte ihm nicht gehorchen. Ein schneidender Klang … Metall auf Metall. Das Geräusch kam ihm bekannt vor, aber sein Verstand arbeitete nicht schnell genug, um seine Situation zu erkennen. Er verdrehte seinen Hals bei dem mühsamen Versuch, nach oben zu schauen. Er konnte Beine erkennen, ein grimmiges Gesicht, das auf ihn herabsah, und eine … Waffe? Die Form der Waffe schien sein ganzes

Gesichtsfeld auszufüllen, sodass er nichts anderes mehr wahrnehmen konnte … und dann … nichts mehr.

Chris kniete sich hin und prüfte den Puls. »Er ist tot! Was ist mit den Kids?!«, rief sie zu Mark.

Hannah schüttelte Leon. »LEON!« Sie riss sein Hemd auf, der Blick tränenverschleiert, als sie mit den Laschen der kugelsicheren Weste herumfummelte. Voller Angst, was sie finden könnte.

Leon holte keuchend ein paar Mal tief Luft. »Boah … Das tat WEH! Und ich hab' mir auf die Lippe gebissen!«

»Tja, was springst du auch vor mich und in die Schusslinie?«, antwortete Hannah, und in ihr verschmolzen Angst mit Freude und Erleichterung.

Hannah begann, ihr eigenes Shirt hochzuziehen, eine kugelsichere Weste wurde sichtbar.

»Ich dachte, das sollte ich machen!«, antwortete Leon und bemerkte Hannahs feuchte Augen nicht. Ihm gelang es, aus der Weste zu kommen, und wischte sich die blutige Lippe mit der Handrückseite ab.

»DAD!«, brüllte Bob. Irgendwie war er der Einzige der fünf, der es bei diesem Schusswechsel geschafft hatte stehenzubleiben. Auch wenn an ihm die meisten Kugeln vorbeigeflogen waren, blieb er unversehrt. Als er erst einmal realisiert hatte, dass alles sicher war, machte er kehrt und rannte den Pfad hinunter zum Hauptgebäude.

»Bob! Warte!« Mark gab sich alle Mühe mitzuhalten, aber Bob war motivierter und lief weiter voran.

Bob sauste durch das Gebäude und zum Parkplatz. Dort waren Streifenwagen, ein Rettungswagen, ein paar Transporter ohne Aufschrift und viele Menschen versammelt, die in schwarzen Jacken mit der Aufschrift »FBI« auf dem Rücken umherliefen.

»DAD!«, brüllte Bob.

»Junge, komm hier rüber.« Special Agent Thompson ging zu Bob. »Ich habe hier jemanden, der mit dir sprechen will.«

Bob hielt inne und ging dann zu dem großen Mann. Er hatte seine graumelierten Haare glatt nach hinten gekämmt und trug eine schwarze Sonnenbrille.

»Bob, alles okay«, keuchte Mark zwischen tiefen Luftzügen, als er Bob endlich erreicht hatte.

»Wo ist mein Dad?!«

»Gleich hier, Junge.« Special Agent Thompson legte Bob die Hand auf die Schulter und wollte ihn zum Rettungswagen geleiten. Als Bob das Ziel erkannt, rannte er wieder vorneweg.

»Dad ... bist du okay ...?«

George saß hinten auf dem Einstieg des Rettungswagens, während ein Sanitäter seinen Blutdruck prüfte. Als George seinen Sohn sah, fand er doch noch Kraft, die er gar nicht mehr zu haben glaubte, und sprang hoch, um seinen Sohn fest zu umarmen. Doch gleich darauf begannen seine Beine nachzugeben. Bob und der Sanitäter ließen ihn vorsichtig wieder auf die Stoßstange zurück gleiten.

»Bob, du bist okay. Du bist okay. Ich hatte so ...« Er konnte die Tränen nicht zurückhalten, die ihm aus den Augen schossen. Bob wollte seinen Vater beruhigen, bekam aber keinen Ton heraus. Er hielt seinen Dad einfach nur fest. Zum ersten Mal seit viel zu vielen Jahren hielten sie einander im Arm. Keiner von beiden war mehr allein.

Mark fand einen Sanitäter ohne Patienten. »Wir haben da drüben noch jemanden, nach dem Sie mal sehen müssten. Ihn hat eine Kugel in die Weste getroffen.«

»Wer wurde getroffen?«, fragte Bob, begann sich wieder aufzurichten und ließ seinem Dad wieder Luft.

»Leon, aber er wird ...«

»Was? Wieso sagt mir keiner was? Dad, bin gleich zurück.« Und Bob wollte wieder dorthin eilen, von wo er gerade eben gekommen war. Der Sanitäter ergriff seine Tasche und ließ sich von Bob leiten. Sie brauchten nur bis zum Geschenkladen im Hauptgebäude laufen, wo sie auf Leon trafen, der sich an Hannahs Schulter lehnte.

»Alles in Ordnung bei dir?«, fragte Bob, mit den Tränen ringend.

»Klar, Wie geht's deinem Dad? Ist er ...«

»Ihm geht's prima! Was ist passiert?«, sagte Bob in einem Atemzug.

»Keine Ahnung. Ich hörte, wie hinter uns geschossen wurde, dann vor uns, und das Nächste, was ich weiß, ist, dass ich auf dem Boden lag und ... verdammt, tut das WEH!«, schrie Leon auf.

»Oh, Mann, reiß dich doch zusammen«, sagte Hannah und half Leon weiter beim Gehen. Doch ihr besorgter Blick passte nicht zu ihren Worten.

»Ich dachte, das hätte ich schon gemacht, als ich mich vor deine Kugel geworfen habe«, sagte Leon mit einer effektvoll extra schmerzverzerrten Grimasse.

»Ich habe nicht gesagt, dass ich diese Geste nicht würdigen würde«, meinte sie und erlaubte sich ein leichtes Grinsen, dann drückte sie ihn ein wenig fester.

Leon keuchte leicht ... unsicher, ob vor Freude oder vor Schmerz.

»Kommen Sie, wir bringen Sie zurück zum Rettungswagen. Ich will Sie untersuchen lassen«, ordnete der Sanitäter an. Bob und Hannah halfen Leon, dass er den restlichen Weg schaffte.

Bald schon saß Leon hinten im Rettungswagen. George hatte Kraft zum Stehen gefunden, wobei ihm ein Schokoriegel und ein Sportgetränk halfen, die einer der Agenten aus dem Geschenkladen geholt hatte.

»Wo ist nun der junge Mann, der mir geholfen hat?«, fragte George Special Agent Thompson.

»Wir haben ihn dort festgenommen, wo wir Sie beide am Eingang aufgegriffen haben. Er wird zuerst zur Befragung in unser Büro gebracht.«

»Wenn Sie mich fragen, ich halte ihn für einen guten Jungen, dem das Ganze über den Kopf gewachsen ist. Er wollte mir gerade entkommen helfen, als Sie uns gestoppt haben. Er gehört nicht zu den anderen.«

»Sir, wir werden Ihre Aussage aufnehmen, wenn Sie hier mit der medizinischen Untersuchung fertig sind, und wir werden das berücksichtigen«, versicherte Agent Thompson.

Mark bot George seine Hand. »Mr. Falken«, sagte er, als sie einander die Hände schüttelten, »Sie haben da einen genialen Sohn. Und er hat ein paar sehr clevere Freunde.« Die drei Angesprochenen lächelten einander an.

George begann, sich bereits ein wenig kräftiger zu fühlen, als der Zucker des Schokoriegels seine Wirkung tat und ihm langsam das Gefühl bewusst wurde, endlich in Sicherheit zu sein. »Ich begreife immer noch nicht, wie alle hier überhaupt gelandet sind.«

Leon und Bob begannen, gleichzeitig zu reden, und hielten dann inne. »Schieß' los «, bot Leon an.

Bob holte tief Luft. »Leon hat es geschafft, Vlads Laptop zu hacken. Vlad war die Hauptperson von deinen Kidnappern.«

»Wo ist er?«, fragte George.

»Sir, der wird nie wieder für irgendwen zum Problem«, sagte Mark überzeugt.

Bob fuhr fort: »Also, wir waren jedenfalls Mittwochnacht bei 3DNF, und da hat Leon Vlads Laptop gehackt und eine Kopie von allen seinen Kontaktinformationen bekommen. Wir mussten mehr darüber herausfinden, wer dich gekidnappt hatte. Wir haben 3DNF von gegenüber überwacht, und als die Verbrecher zurückkamen, haben wir sie verfolgt. Es wurde ein wenig gruselig, als ich einen von ihnen angeschossen habe.«

»Was!?«, riefen George und Mark unisono.

»Davon hast du mir nichts gesagt«, sagte Mark.

Bob hob die Hände. »Dazu komme ich gleich. Wir haben aus den Daten von Vlads Laptop erfahren, dass er versuchte, über seine Verbindung mit 3DNF in Computern der US-Regierung eine Backdoor zu installieren.«

»Junge, überspring doch bitte diesen Teil«, riet Special Agent Thompson. »Darüber können wir uns in Ruhe unter vier Augen im Büro unterhalten.«

Noch vor einer Woche hätte Bob bei diesem Vorschlag mit der gleichen Vehemenz geantwortet wie Dobbs, als Mark und Chris ihn besuchten. Stattdessen hatte Bob mittlerweile begriffen, dass manche Dinge nicht öffentlich enthüllt werden sollten.

»Auf Vlads Laptop fanden wir eine Reihe von Instruktionen, eine Kontaktedatei und …« mit Blick auf Thompson ergänzte Bob: »… ein paar Sachen, die ein bestimmtes, ungenannt bleibendes Land bedrohen könnten. Wir haben die Telefonnummern von Personen bekommen, mit denen er gearbeitet hat, und ihm damit eine Falle gestellt.«

Mark fiel ein: »Darum hast du mich also heute früh angerufen, um diesen Anruf einzustielen, als Chris und ich bei 3DNF waren.«

»Ganz genau. Mark und ich hatten ein Telefonat verabredet, damit Michael, der als Angestellter von 3DNF auch in der Kontaktliste stand, ein Gespräch über ein Treffen heute um 17 Uhr mithören konnte.«

»Wer ist Michael?«, fragte George.

»Michael war ein Angestellter, der Vlad geholfen hat«, antwortete Mark schnell.

»Was meinen Sie damit: Er *war*?«, fragte Leon, aber fürchtete bereits die Antwort.

»Michael hat Vlad angerufen – wie von uns erhofft. Sie haben sich heute kurz nach Mittag getroffen, als wir gerade 3DNF verlassen hatten. Wir haben nach ihm fahnden lassen, aber hatten keine Zeit mehr, ihn beschatten zu lassen. Dann bekamen wir einen Anruf von der Houstoner Polizei, dass er mit einem Gewehr erschossen wurde.«

»Ein Gewehr?!«, rief Leon aus. »Diese kugelsicheren Westen, die Sie uns gegeben haben, hätten uns vor einem Gewehr nicht geschützt!«

Mark fuhr fort: »Wir haben es nicht darauf angelegt, dass ihr mit den Westen vor diesem Schützen geschützt werdet. Wir wussten von unserem letzten Treffen in der Galleria, dass noch jemand anderes dazu gehörte. Wir ließen dessen Position überwachen. Denk daran, dass ich den Treffpunkt ausgewählt habe. Ich wusste, dass in diesem Bereich nur eine klare Schusslinie vorhanden war. An den Bahngleisen sicherte einer unserer Aufklärer den Bereich ab, und drei weitere Agenten haben ihn im Areal des Arboretums umzingelt. Die Westen sollten euch vor Vlad schützen.«

»Aber wie haben Sie Vlad dazu gebracht, mich hierher zu bringen?«, fragte George. Das Ganze ergab immer noch keinen Sinn.

»Ich bin noch nicht fertig, Dad«, fuhr Bob fort, immer noch euphorisch, den Schusswechsel überlebt zu haben. »Es geht noch weiter. Leon hat Vlad angerufen. Also, er hat den Schützen angerufen, diesen Andrei. Wir hatten seine Nummer aus Vlads Kontaktliste. Leon hat ihm gesagt, wir würden uns um 18 Uhr an genau dem Ort treffen, von dem Michael dachte, dass wir uns da um 17 Uhr mit dem FBI treffen würden. Weil Vlad und Michael ja miteinander reden würden, wussten wir, dass Vlad davon ausgeht, es handele sich um eine Falle, und wenn er schon um fünf da ist, dann könne er uns selber reinlegen. Er hatte keine Ahnung, dass wir ihm in seiner Falle selbst eine Falle gestellt haben!«

George betrachtete die sehr selbstzufriedenen Gesichter der Umstehenden. »Ich glaube, ich habe es kapiert. Bob, du musst mir das wahrscheinlich noch einmal erklären, wenn ich erstmal einen Tag durchgeschlafen habe. Und wahrscheinlich auch eine Zeichnung machen …«

Bob wandte sich an Leon. Als die Ausmaße dieser ungeheuerlichen Geschichte langsam auf ihn zu wirken begannen, breitete sich ein Grinsen über sein Gesicht aus. »Wir haben gerade die USA gerettet! Das ist riesig … noch größer als das Internet zu retten! Das bedeutet, wir sind größer als Dan Kaminsky! Oder Tony Watson!«

Leon sah verärgert aus. »Bob, wir stehen nicht mal auf einer Stufe mit Gobbles … oder jedenfalls diesem n3td3v.«

Bob ließ die Achseln ein wenig sinken und fragte fast ein wenig traurig: »Tja, bekommen wir denn wenigstens ein Interview mit Stephen Colbert?«

»Sorry, Alter, ich würde da nicht mal einen Anruf von Letterman erwarten«, antwortete Leon mit zufriedenem Lächeln, als die Dinge sich wieder normalisierten. (*Seite 369*)

Der Rettungssanitäter erschien und unterbrach das Gespräch. »Mr. Falken und Sie«, er zeigte auf Leon, »Sie beide müssten dann mal mit mir kommen. Sie müssen sich im Krankenhaus durchchecken lassen.«

»Ich fahre mit ihm«, warf Hannah ein. Sie hatte Leon nicht losgelassen, seit sie ihm aus der Weste geholfen und ihn nach dem Schusswechsel gestützt hatte.

»In Ordnung, aber sonst kommt keiner mit an Bord«, antwortete der Sanitäter.

»Ich bringe Bob mit, und wir treffen uns dann im Krankenhaus«, bot Mark an. »Bob, auf ein Wort!« Mark führte Bob einige Schritte vom Rettungswagen weg, während der Sanitäter die Türen schloss. »Ihr habt hier eine echt clevere

Arbeit abgeliefert. Du hast keine Ahnung … ach was, *ich* habe keine Ahnung, wie viele Leben du heute gerettet hast. Ich will das hier mal klarstellen: Ich halte dich und Leon für sehr geeignet, bei unserer Einheit mitzuarbeiten.«

»Nein, auf keinen Fall.« Bob schüttelte schon den Kopf, bevor Mark überhaupt fertig war. »Ich kann auf gar keinen Fall mit euch arbeiten.« Er begann, an seinen Fingern abzuzählen: »Eine Überprüfung meines Hintergrunds würde ich nie im Leben bestehen. Ich sehe überhaupt nicht aus wie ein FBI-Agent. Ich würde *niemals* einen Anzug tragen. Ich stecke ja nicht mal mein Hemd in die Hose. Und ich arbeite nie im Leben mit einem Computer, auf dem der einzige Sticker ein Aufkleber für die Inventarliste von so 'nem Erbsenzähler ist.«

Mark stoppte ihn, bevor Bob mit der anderen Hand anfangen konnte. »So schlimm ist das alles gar nicht«, versicherte Mark lachend. »Denk einfach mal ein bisschen drüber nach. Wenn die Wogen sich geglättet haben, könntest du es dir mal durch den Kopf gehen lassen. Mal abgesehen davon wärest du kein Agent. Wir haben Berater und andere ›Auftragnehmer‹, die an deinen Talenten interessiert wären. Und erzähl mir doch nichts: Du würdest doch sicher lieber durch die Vordertür reingehen, als eines Tages mit irgendeinem anonymen Transporter einfach von der Straße weggeschnappt zu werden, um ›rekrutiert‹ zu werden.«

»Würdet ihr nicht machen«, gab Bob zurück … teils Feststellung, teils Frage.

Mark lachte erneut. »Das FBI verschleppt keine Bürger von der Straße.« Dann fügte er mit einem durchtriebenen Grinsen hinzu: »Aber ich könnte jemanden kennen, der das macht.«

3P1L0G

PROZESSENDE

Freitag, 14:00, St. Petersburg

Klingeling … Klingeling …

Eine Frau streckte ihre Hand aus, um den Hörer abzunehmen. Über dem Telefonhörer blieb ihre Hand schweben. Sie wusste, dass auf dieser Leitung nie angerufen werden sollte. »Das wird nicht gut enden«, sagte sie laut, bevor sie den Hörer abnahm.

187

Teil 2

Security Threats Are Real (STAR) 2.0

Kapitel

1

Erkundung

Kurz und knapp auf den Punkt gebracht bezeichnet man als *Erkundung* (engl. *recon* für *reconnaissance*, also die militärische Aufklärung eines Zielobjekts) die Fähigkeit, still und heimlich ein Ziel zu lokalisieren, das einen Angriff lohnt. In der physischen Welt gibt es diesen Prozess schon seit Jahrhunderten. Im Laufe der Zeit wurde er sowohl von Angreifern[a] als auch Verteidigern immer weiter perfektioniert.

Kriminelle haben viele Ziele, die sie irgendwann ausbeuten können. Der englische Fachausdruck dafür lautet *Exploit*. Zwar führen viele Exploits oft nur zu wenigen Schätzen, aber durch einen glücklichen Treffer lohnt sich der ganze Angriffsprozess. In der physischen Welt würde zu einer solchen Erkundung gehören, ein potenzielles Ziel sorgfältig zu beobachten und dabei den Aufwand auf ein Ziel fokussieren, das geringes Risiko, aber hohen Erfolg verspricht. Das begann mit den Räubern, die sich in den Bäumen über Handelsstraßen versteckten, und führt heutzutage zum Einsatz technologischer Errungenschaften wie Teleskope und Ferngläser, um aus der Distanz etwas auszukundschaften. Außerdem erlauben die technischen Fortschritte ferngesteuerte Überwachungskameras, Geräte zum Entdecken von Funknetzen und Infrarot-Wärmescanner. Das Aufkommen des sozialen Zeitalters hat dies noch weiter vereinfacht. Jetzt kann man verfolgen, wie die überwachten Zielpersonen auf Twitter und Facebook ihre Urlaubspläne beschreiben, und man kontrolliert FourSquare-Konten auf sekundenschnelle, automatische Standor-

---

a. Die in diesem Buch beschriebenen Vorgänge lassen sich im Prinzip auf deutsche Verhältnisse übertragen, doch viele Details funktionieren nur im amerikanischen Kontext. In diesem Fall dient die Darstellung amerikanischer Hintergründe den interessierten deutschen Lesern, die sich an eigene Recherchearbeiten machen wollen. Darum wurde darauf verzichtet, für die Quellen aus dem englischen Sprachraum deutsche Entsprechungen zu finden, und nur gelegentlich ein Hinweis auf deutsche Gegebenheiten integriert. (A.d.Ü.)

taktualisierungen. Letzteres Beispiel wurde kürzlich auf der Site *www.PleaseRobMe.com* vorgeführt. Hier wurden automatisch Benutzerkonten aufgelistet, die über Twitter oder FourSquare zeigen, wer gerade von zu Hause abwesend ist.

In der digitalen Welt sind viele dieser Erkundungsaktionen tatsächlich sehr ähnlich. Ein Angreifer sucht sich Ziele, die unter leicht ausbeutbaren Schwachstellen leiden und viele wertvolle Informationen enthalten könnten. Das können Kreditkarten, Passwörter oder auch Schaltpläne für einen Helikopter sein, auf die ein Angreifer abzielt, und er ist ständig auf der Pirsch nach Zielen, die er überfallen kann. Egal was Ihre Firma herstellt oder in welcher Branche sie tätig ist, irgendwo auf der Welt wird es mindestens eine Person geben, die liebend gerne Ihre internen Daten hätte.

In diesem Kapitel werden alle Aspekte der Erkundung erläutert, die in der Geschichte vorgestellt wurden. Wir untersuchen, wie Sie, Ihre Firma oder Ihre Organisation sich gegen Angreifer schützen können, die es auf Ihre Daten abgesehen haben.

Anmerkung

Wir haben für den Teil von STAR (Security Threats Are Real) als Begleitung eine alternative Realität ins Internet gestellt. Sie können nachverfolgen, wie die Erkundung von 3DNF erfolgt. Viele der im Buch vorkommenden Personen verfügen auch im Internet über Präsenzen. Sie werden viele Hintergrundinformationen über das Unternehmen 3DNF und die Charaktere des Buches finden. Vergessen Sie nicht, den Namen Ihrer Firma, Ihren eigenen Namen oder von anderen, die Ihnen nahestehen, einzusetzen. Blättern Sie zum Ende dieses Kapitels: Dort erfahren Sie, wie Sie 3DNF selbst hacken können!

Die Firmenpräsenz von 3DNF:

- http://www.3dnf.net
- http://blog.3dnf.net
- http://twitter.com/3dnf

Personen aus *F0rdb1dd3n Network – Anatomie eines Hacks* auf Twitter:

- http://twitter.com/Underground_Bob
- http://twitter.com/I_30N
- http://twitter.com/M4x_St34L
- http://twitter.com/Rudy_HTown
- http://twitter.com/Da_Dobbs
- http://twitter.com/P4v3l
- http://twitter.com/MResol

SOCIAL NETWORKING

Anatomie eines Hacks

Einer der Namen war nicht wie die anderen in schwarzer, sondern in roter Schrift. Michael Resol war für Stepan wohl irgendwie interessant. Dann folgten Links, die offenbar zu einem von Michael geschriebenen Blog führten. Es gab sogar Links auf Zocker-Seiten. Stepan hatte ein paar Dinge angemerkt:

> Michael Resol ist das beste Ziel. Er ist seit fünf Jahren Netzwerkadministrator für 3DNF. Er wurde bei Beförderungen übergangen und redet in seinem Blog zuviel über seinen Arbeitgeber. Sowohl im Blog und auch auf seinen Facebook-Seiten verweist er auf seine bevorzugten Zocker-Seiten. Ich glaube, er steckt finanziell in der Klemme – siehe Link weiter unten.

Michaels technische Position, seine lange Beschäftigung bei 3DNF und Geldsorgen machen ihn zu einem guten Kandidaten für die Umsetzung unserer Zwecke. (*Seite 35*).

Wenn man ein Unternehmen angreift, egal ob real oder übers Internet, ist das ein sehr riskanter Prozess. Angreifer können in vielerlei Hinsicht abgewehrt werden, außer sie haben einen vollkommen kugelsicheren Plan. Allerdings gibt es eine Trumpfkarte, die viele Angreifer gut zu nutzen gelernt haben: den Insider. In vielen Fällen liefert ein Insider in der Zielfirma zahlreiche Informationen, die beim Angriff helfen können, und sei es unwissentlich.

In unserer Geschichte konnten Vlad und seine Kumpane für ihre Zwecke bei 3DNF einen Insider nutzen, um den Angriff vorzubereiten, und zwar Michael Resol. Michael hat ein paar kritische Sicherheitsfehler begangen, die ihn für Überredung oder gar Erpressung anfällig machten: Er ist ein zwanghafter Spieler, äußert sich detailliert in einer Internetpräsenz über seine Arbeit und kommentiert darin öffentlich seinen Unmut über seinen Arbeitgeber. Das prädestiniert ihn für Vlad als Ziel und löst viele der Geschehnisse im Buch aus.

Damit liegt ein stetig wachsendes Problem unserer modernen Zeit auf der Hand. Nicht nur arbeiten immer mehr Menschen täglich mit dem Internet, sondern sie nutzen es auch, um mit anderen Gemeinschaften, sogenannte Communitys zu bilden. Diese Bewegung wird durch die Akzeptanz von Facebook und Twitter noch weiter beschleunigt. Darin können Nutzer ihre Gedanken und Ideen veröffentlichen, ohne Erfahrungen mit Publikationen im Web zu haben oder es vorab zu erlernen. In den frühen Tagen des Internet brauchte man wirkliches Wissen und Übung, um eine Online-Präsenz zu führen. Man musste sich einen Server suchen, auf dem die eigenen Webseiten gehostet wurden. Man musste lernen, wie man in HTML (Hypertext Markup Langugage) Inhalte erstellt und wie man diese dann mittels komplexer Tools und Utilities ins Internet hochlädt. Durch Schaffung solcher Hosts wie Geo-Cities wurde dieser Vorgang erleichtert, aber erst durch das Aufkommen von Sites wie MySpace und Blogger sank die Wissensschwelle tief genug, damit Webpublishing allen Nutzern zur Verfügung steht.

Durch Webpublishing konnten die User ihrer Umwelt immer die neuesten Updates über ihr persönliches Leben und ihre Erfahrungen kundtun – ein Absatz zurzeit. Viele Online-Karrieren wurden dadurch erfolgreich gestartet. Doch für manche Nutzer war es sogar eine zu hohe Hürde, einen oder gar zwei Absätze auf einmal zu schreiben. Ihre Gebete wurden erhört, als der Micro-blogging-Dienst (Twitter) erschien. Nun können sie in kurzen Botschaften mit 140 Zeichen flotte Meldungen aus ihrem Leben in die Welt senden.

Exploit-Techniken

Wenn wir darüber sprechen, wie dieses Material auszubeuten ist, meinen wir das in dem Kontext, schnell die öffentliche Repräsentation eines Ange-stellten finden und betrachten zu können, um für einen Angriff verwertbare Informationen zu finden. Das so erkundete Material kann direkt für einen Angriff benutzt werden, z.B. Informationen über Bauvorhaben, neue physi-sche Sicherheitshardware oder neu umgesetzte Richtlinien. Mit solchen Infor-mationen kann man auch Angestellte der Firma erschließen, die »umgedreht« werden können.

Angestellte ausbeuten

In unserer Geschichte fand Vlad mit öffentlich verfügbaren Informationen über die Firma einen der Netzwerkadministratoren von 3DNF und nutzte ihn aus, und zwar Michael Resol. Michael ist keinesfalls eine Ausnahme: Er sieht sich Versuchungen ausgesetzt, mit denen auch viele andere in der Welt fertig werden müssen. Er ist einer Online-Spielleidenschaft verfallen und unzufrie-den mit seinem Job. Wir sind immer wieder mal mit unseren Jobs unzufrie-den, das geht normalerweise vorüber oder bessert sich. Michaels Verhängnis war nicht nur, dass er Material online gepostet hat, sondern dass er selbst auch dafür gesorgt hat, für eine solche Ausnutzung anfällig zu sein. Außerdem fehlte die persönliche Charakterstärke, der Versuchung zu widerstehen. Er brauchte Geld, um seine Spielschulden zu bezahlen. Als er dann die Chance geboten bekam, auf einen Schlag seine Schulden loszuwerden, indem er ein-fach seinen ihm sowieso unsympathischen Arbeitgeber reinlegen konnte, griff er sogleich zu.

Angreifer suchen üblicherweise bei Firmenmitarbeitern nach solchen, deren Rüstung einen deutlichen Riss aufweist. Ein guter Bürger, dessen Vergangenheit mit etwas besonders Peinlichem belastet ist, kann erpresst werden, beispielsweise ein Pastor mit einer Leidenschaft für Online-Pornografie oder ein Manager der Leitungsebene mit einer früheren Drogenleidenschaft oder eben der unglückliche Netzwerktechniker, der süchtig nach Online-Zockereien ist.

Michaels Situation ist ein wenig überschaubarer als bei den anderen, denn er könnte durch eine schlichte Zahlung seine aktuellen Schulden loswerden, aber Vlad hätte ihn auch einfach damit unter Druck setzen können, den Arbeitgeber darüber zu informieren. Viele Arbeitgeber zögern, Personen mit außergewöhnlichen Schulden einzustellen. Tatsächlich ist das einer der zentralen Faktoren, die geklärt werden, wenn jemand eine Sicherheitsfreigabe für die Regierung bekommen will. Personen mit großen Schulden stehen möglicherweise vor der Entscheidung, ihren Patriotismus gegen die überwältigenden Schulden abwägen zu müssen, und einen solchen Kampf gewinnen meist die Schulden.

Hat ein Angreifer einen Mitarbeiter erst einmal am Haken, kann er ihn auch zu weiteren Informationen und Handlungen nötigen. Viele erpresste Angestellte sind sich nicht darüber im Klaren, dass ein solcher Deal in eine Einbahnstraße mündet. Auch wenn sie sich so wie Michael nur aus Finanzgründen auf eine Übereinkunft einlassen, gibt es keinen Ausweg. Wenn sie kalte Füße bekommen und die Abmachung neu verhandeln wollen, wird der Geldhahn zugedreht. Vlad hätte Michael dann gleich weiter erpressen können, dass er dem Arbeitgeber Details über die Firmenspionage mitteilt. In praktischer Hinsicht wäre, das für Vlad nicht von Vorteil, ist aber als Einschüchterungstaktik sehr effektiv, weil das Opfer in eine Position kommt, wo es sich zwischen seiner persönlichen Sicherheit und seiner Firma entscheiden muss.

Das Unternehmen ausbeuten

Für Angreifer ist es sogar noch einfacher, bloß darauf zu warten, dass der Angestellte Informationen im Internet verbreitet, als sich die Mühe zu machen, diesen Mitarbeiter aktiv auszubeuten. Das geschieht sehr häufig, indem Mitarbeiter sich im Internet über ihre Arbeitgeber oder Geschäftspartner beklagen. Schwer durchschaubare Kontrollen der Privatsphäre bei Social-Networking-Sites wie Facebook verkomplizieren das Problem, weil viele Nutzer sich nicht darüber im Klaren sind, dass ihre Privatbotschaften tatsächlich öffentlich in die ganze Welt gesendet werden. Obwohl viele dieser Botschaften dem Verfasser unschuldig und nichtig vorkommen mögen, kann ein Angreifer, der das Unternehmen ins Visier genommen hat, sich anhand dieser Informationen eine Vorstellung über interne Geschäftsangelegenheiten formen. Nehmen wir die folgenden Botschaften:

Mitarbeiter 1: »Neuer Exploit für Windows Server erschienen ... boah, ist das nervig«

Pressemitteilung des Unternehmens: »Wir werden an diesem Wochenende eine planmäßige Downtime vornehmen, um Wartungsarbeiten an unseren Servern durchzuführen.«

Mitarbeiter 2: »Hab grad ne Mail gekriegt, dass ich das Wochenende durcharbeiten darf. Adieu, schöne Angeltour!«

Jede dieser Nachrichten ist für sich genommen nur ein unschuldiges Posting im Internet. Dauernd nehmen Firmen zur regelmäßigen Wartung ihre Server vom Netz. Allerdings fügt ein Angreifer, der Mitarbeitern dieser Firma per Cyber-Stalking nachstellt, diese Teile zusammen und erkennt, dass die Server dieser Firma für einen gerade erschienenen Exploit anfällig sind und dass bis zum Wochenende gewartet werden soll, um die Patches zu installieren. Dieser Prozess wird *Inferenz* genannt und ist in der Informationssicherheitsbranche ein bekannter Angriffsvektor, einfach aufgrund der ungeheuren Mengen an Daten, die regelmäßig veröffentlicht werden.

Online erschienene Posts können einen Mitarbeiter sogar noch heimsuchen, lange nachdem der Sicherheitsvorfall passiert ist. Anfang 2010 wurde ein Zivilprozessverfahren gegen einen Schulbezirk in Pennsylvania wegen der nicht bestimmungsgemäßen Nutzung von Laptops angestrengt, die den Schülern ausgehändigt wurden[1]. Die Laptops enthielten eine Überwachungssoftware, mit dem das Schulsystem jederzeit jede Webcam einschalten und Bilder des vor dem Laptop sitzenden Nutzers machen konnte. Das führte zu einem Vorfall, bei dem ein Schüler unter dem Vorwurf illegalen Drogenkonsums gemaßregelt wurde. Später stellte sich heraus, dass es ein Schokoriegel gewesen war. Obwohl an sich schon interessant, ist dieser Fall außerdem deswegen besonders bemerkenswert, weil die Online-Präsenz des Netzwerktechnikers der Schule und seine Rolle in dieser Situation mit hineinspielen. Einem unabhängigen Forscher zufolge betreibt dieser Netzwerktechniker ein eigenes Blog und verfügt »online über einen großen Webforum-Footprint«[2], was bedeutet, dass man ihn in vielen Online-Diskussionsforen finden kann. Der Techniker hatte viele öffentliche Postings und Interviews über seine Beteiligung bei den Laptop-Webcams vorgenommen. Allermindestens wird durch diese Online-Information seine Faszination und Leidenschaft für die Nutzung der Technologie deutlich, mit denen er Schülern hinterherspioniert und jene fangen will, die illegale Handlungen ausführen. Wer in diesem Fall recht und wer unrecht hat, konnte zur Drucklegung dieses Buches noch nicht geklärt werden. Doch die Menge des Materials, das öffentlich von einem in den Fall verwickelten Techniker gepostet wurde, hat die Arbeit der juristischen Verteidigung der Schule deutlich erschwert.

Kapitel 1

Facebook

Anatomie eines Hacks

> Michael Resol ist das beste Ziel. Er ist seit fünf Jahren Netzwerk-
> administrator für 3DNF. Er wurde bei Beförderungen übergangen und
> redet in seinem Blog zuviel über seinen Arbeitgeber. Sowohl im Blog
> und auch auf seinen Facebook-Seiten verweist er auf seine bevorzug-
> ten Zocker-Seiten. (*Seite 35*)

Facebook ist zwar eigentlich nicht zu übersehen, wird aber von vielen Organisationen gerne komplett ignoriert. Anfänglich wurde es einfach als eine weitere Blogging-Site betrachtet, etwa auf gleicher Ebene wie MySpace, aber Facebook ist mittlerweile zu einer der gewaltigsten und mächtigsten Sites der Welt geworden. Man kann sich nur schwerlich die wahre Größe und den Umfang der Tätigkeiten von Facebook vorstellen. Auf seiner eigenen Statistikseite veröffentlicht Facebook die folgenden Zahlen (Stand März 2010)[3]:

Anmerkung

- Über 400 Millionen aktive Nutzer
- 50 % unserer aktiven Nutzer loggen sich täglich bei Facebook ein.
- Über 35 Millionen Nutzer aktualisieren ihren Status täglich.
- Über 60 Millionen Status-Updates werden jeden Tag gepostet.
- Mehr als 3 Milliarden Fotos werden monatlich auf die Site hochgeladen.
- Über 5 Milliarden Inhalte (z.B. Weblinks, Nachrichten, Blog-Posts, Notizen, Fotoalben etc.) werden jede Woche weitergegeben.
- Jeder Nutzer hat durchschnittlich 130 Freunde auf der Site.
- Jeder Nutzer verbringt im Mittel täglich 55 Minuten auf Facebook.
- Jeder Nutzer schreibt durchschnittlich monatlich 25 Kommentare über Facebook-Inhalte.
- Jeder Nutzer ist durchschnittlich Mitglied von 13 Gruppen.

Liest man diese Informationen, stellt sich ein klares Bild der Nutzeraktivitäten auf einer solchen Site dar. Der durchschnittliche Nutzer verbringt täglich fast eine Stunde auf Facebook, und viele loggen sich während der Arbeit ein. Der durchschnittliche Nutzer schreibt an seine Kontakte auch jeden Monat etwa 25 Kommentare über seinen Alltag.

Die Gefahr bei Facebook besteht nicht nur in den geposteten Inhalten selbst, sondern auch, wer diese Postings lesen kann. Die meisten Nutzer verstehen die Sicherheitseinstellungen von Facebook nicht oder wie man Inhalte nur für enge Freunde freigibt. Überdies hat Facebook sich große Mühe gegeben, dass die Nutzer nicht klar durchblicken und ihre Konten so eingestellt lassen, dass Inhalte für »Alle« veröffentlicht werden. Eine kürzlich erfolgte Modifikation der Einstellungen für die Privatsphäre auf Facebook vom Dezember 2009 war so schwer verständlich, dass viele Nutzer die Settings für Online-Inhalte auf »für alle sichtbar und lesbar« eingestellt haben.

Die Gefahren solcher Änderungen verdeutlicht beispielhaft die Suspendierung einer College-Professorin in Pennsylvania Anfang 2010, weil sie angeblich Bedrohungen gegenüber ihren Studierenden gepostet haben soll.[4] Die Professorin führte ein sehr privates Facebook-Profil und hat ihre Einträge nur auf ihre Freunde beschränkt. Sie lehnte gewohnheitsmäßig außerdem freundschaftliche Beziehungen zu ihren Studierenden ab und hielt ihr berufliches Leben getrennt von ihrem Privatleben. Änderungen an den Privatsphäreneinstellungen, die sie ohne rechtes Verständnis vorgenommen hatte, führten dazu, dass ihre Studierenden in ihr privates Profil schauen konnten und dort abfällige Bemerkungen über sich fanden.

Twitter

Anatomie eines Hacks

»Ich hab' dir doch gesagt, das waren FBI-Leute!« versuchte Bob es erneut.

»Das wissen wir doch nicht«, antwortete Leon und gähnte. »Genau das hat Dobbs aber gerade getwittert. Hast du was im Code gefunden?« (*Seite 123*)

»Darum kümmere ich mich jetzt. Ich muss noch ein paar Sachen checken, und dann sende ich ein paar DMs auf Twitter. Ich will nicht twittern, falls das FBI oder wer uns da verfolgt zuhört.« (*Seite 139*)

Obwohl Twitter auf keinen Fall an die immense Größe von Facebook heranreicht, wurde es zu einer Microblogging-Site, die viele Internet-Analytiker überrascht hat. Von vielen belächelt, ist Twitter schnell zu einer der beliebtesten Sites mit immer größerer Community gewachsen.

Bei Twitter kann man in kurzen Status-Updates in 140 Zeichen wie mit einer SMS öffentliche Botschaften an die ganze Welt senden. Die User können auch anderen folgen, die sie interessieren, und schaffen damit eine Welt kurzsichtiger Berühmtheit, in der viele Nutzer daran gemessen werden, wie viele »Follower« sie haben. Alle von Nutzern eingestellten Status-Updates, die sogenannten »Tweets«, sind frei und offen zugänglich und können von jedem gelesen oder gesucht werden. Ausgenommen sind Nutzer, die ihr Profil auf »Geschützt« gesetzt haben. Da können weiter alle die Basisinfos über das Profil sehen, auch die Freunde des Nutzers, aber nicht die eigentlichen Tweets.

Twitter wurde zu einer neuen Form des Instant Messagings (IM) unter Freunden und Kollegen. Anders als Standard-IM-Clients wie Microsoft Messenger oder AOL Instant Messenger gibt es keine zustandsbezogene (*stateful*) Verbindung zu Twitter. Der Empfänger einer Nachricht muss nicht online sein, um die Nachricht zu erhalten. Empfänger lesen sie einfach dann, wenn sie beschließen, ihre Nachrichten anzuschauen. Man kann nicht genau bestimmen, wann jemand bei Twitter angemeldet ist und wann nicht, außer mit Blick auf die Zeiten der Tweets. Twitter wurde oft als weltgrößter Chatraum bezeichnet, in dem alle an ihrer Tastatur herumhängen.

In unserer Story nutzt Dobbs Twitter, um Leon eine Botschaft zu senden, dass er gerade Besuch vom FBI (Federal Bureau of Investigation) bekommen hat. Später bittet Bob über Twitter mit einer privaten DM (Direct Message) seinen Freund um Hilfe. DMs werden privat auf Twitter von einem Nutzer zu einem anderen gesendet, ohne dass jemand sie lesen kann. Sie sind eine der wenigen Einschränkung für die Privatsphäre, die in diesem Dienst genutzt werden.

Best Practices

Es gibt keine Möglichkeit, Ihre Angestellten daran zu hindern, irgendetwas im Internet zu publizieren, das alle lesen können. Allerdings gibt es effektive Wege, um das Risiko zu senken. Dazu muss man den Einstellungsprozess der Firma anpassen und interne Sicherheitsschulungen vornehmen.

Den Hintergrund der Mitarbeiter prüfen

Um Angriffe gegen seine Mitarbeiter zu verhindern, muss ein Unternehmen weitere Sicherheitsmaßnahmen einsetzen, um die persönliche Integrität der einzustellenden Personen zu gewährleisten. Allerdings ist das schwerer, als es klingt. Viele Unternehmen führen bei neuen Bewerbern keine Referenzanrufe durch und treffen ihre Entscheidungen einzig aufgrund eigener Erfahrungen mit dem Bewerber bzw. der Bewerbungsunterlagen. Noch weniger Firmen nutzen sogenannte »Background Checks«, um sich den Hintergrund eines Bewerbers vor der Einstellung anzusehen, und somit abschätzen zu können, ob sie für Bestechung oder Ausbeutung anfällig sein könnten. Ferner wird nur ein sehr kleiner Prozentsatz den finanziellen Aufwand für eine vollständige Sicherheitsfreigabe in Kauf nehmen.

Für Deutschland gilt: Falls Sie in Ihrer Firma Informationen besitzen, verarbeiten oder lagern, die einen Verschlusssachengrad haben, sollten Sie beim Bundesministerium für Wirtschaft eine Geheimschutzbetreuung erbitten. Dort bekommen Sie Auskünfte, wie Sie ggf. Angestellte gesetzeskonform überprüfen können (*https://bmwi-sicherheitsforum.de*).[b]

Schulungen

Nach außen sickernde Informationen, die für Ihr Unternehmen abträglich sein können, kann man weitgehend dadurch mildern, dass Ihre Nutzer und Angestellten geschult werden. Eine solche Schulung muss weiter gehen als die simple Aufforderung, »Zurückhaltung« zu üben und Richtlinien der Form »Das darf man nicht« zu veröffentlichen. Moderne User wollen Informationen online posten und werden empört sein, wenn dieses Privileg eingeschränkt werden soll. Stattdessen sollten Sie mit ihnen wie mit Gleichberechtigten arbeiten. Stellen Sie Usern tatsächliche Fälle vor, bei denen Informationen aus Firmen gesickert sind, und gehen Sie gemeinsam durch, wie man das Risiko senken kann. In den weiter oben als Beispiel gebrachten Botschaften hätte Mitarbeiter 1 den Exploit von seiner persönlichen Arbeit getrennt halten können, indem er einfach feststellt, dass ein neuer Exploit erschienen ist, ohne das wehklagend zu kommentieren. Angreifer suchen andauernd danach, wie unschuldige Botschaften mit persönlichen Aktivitäten im Alltag einer Person verknüpft werden können. Erleichtern Sie nicht deren Arbeit, indem Sie öffentlich verkünden, dass oder ob ein Sicherheitsproblem sich auf Sie oder Ihre Firma auswirken wird.

Schulen Sie Kolleginnen und Kollegen, wie man Online-Einstellungen zur Privatsphäre korrekt vornimmt. Wenn sie Twitter nutzen, sollten sie ihr Konto »schützen«, um außer bei Freunden Einzelheiten privat zu halten. Bei Facebook gehen Sie mit den Nutzern die Einstellungen zur Privatsphäre durch und erklären alles im Detail. Für jede Art von Daten, die auf Facebook gepostet werden, gibt es ein Setting, das steuert, wer sie sehen darf. Damit wird kontrolliert, ob Ihre Daten sichtbar sind für »Alle«, »Freunde von Freunden«, »Nur Freunde« oder ob Sie eine benutzerdefinierte Einstellung vornehmen wollen.[5] Erklären und demonstrieren Sie, warum keine der Privatsphäreneinstellungen so gesetzt sein sollten, dass Informationen für »Alle« sichtbar sind.

ZUSAMMENFASSUNG

Wie in der Geschichte demonstriert, war der Auslöser für die ganze Kette der Reaktionen und Ereignisse ein beeinflussbarer Mitarbeiter, der zu viele

---

b. Dank an Frank Hitzke, Hanse Computer Service, www.hcs-net.com, für diesen Hinweis.

persönliche Details über sich selbst und seine Arbeit im Internet gepostet hat, die dann für alle einsehbar waren. Vlad und seine Kumpane haben diese Details aufgegriffen und diesen Angestellten als Ziel genommen, indem sie ihn mit einer großen Summe bestochen haben, damit er ein paar einfache Aufgaben innerhalb des 3DNF-Büros ausführt.

Das Problem der Online-Lecks von Unternehmens- und persönlichen Informationen wächst immer mehr, weil Millionen Menschen täglich über ihre Lebens- und Arbeitsgewohnheiten Updates ins Netz stellen. Das kann eine Ausbeutung sowohl des Mitarbeiters als auch des Unternehmens, für das er tätig ist, zur Folge haben. Solche Angriffe entschärft man am besten, indem man grundsätzlich verhindert, dass sie überhaupt geschehen können. Setzen Sie in Ihren Bewerbungsverfahren bessere Auswahlverfahren ein, um zu verhindern, dass anfällige Mitarbeiter angeworben werden. Schulen Sie Ihre Nutzer über die Gefahren, öffentliches Material online zu posten. Informieren Sie sie auch darüber, wie sie bei den Online-Systemen, die sie regelmäßig nutzen, die Einstellungen zur Privatsphäre korrekt gesetzt werden.

WEITERE INFORMATIONEN

Die Welt des Social Networkings wächst und entwickelt sich immer weiter. Manche Sites verändern sich im Laufe der Jahre dramatisch, und aktuelle Sicherheitsrichtlinien müssen sich anpassen, um den steigenden Risiken zu begegnen. Damit Sie mehr Material darüber bekommen, wie Sie Ihre Informationen und Ihr Netzwerk absichern können, geben wir hier eine Reihe von zusätzlichen lesenswerten Links an. In diesen Links finden Sie Ressourcen über korrekte Sicherheitsaktionen, die Sie heute schon implementieren können. Außerdem werden Sie zu Experten in diesem Thema geführt, die Sie bei Ihren Bemühungen um eine bessere Sicherheit unterstützen können.

- Das Twitter-Verzeichnis von Security Twits:
  https://twitter.com/securitytwits/lists
- This you?? What's the point of phishing a Twitter account?:
  www.f-secure.com/weblog/archives/00001893.html
- US-CERT: Staying Safe on Social Network Sites:
  www.us-cert.gov/cas/tips/ST06-003.html
- Sophos Social Media Threat Beaters: *www.sophos.com/lp/threatbeaters/*
- Social Media Security Podcast: *http://socialmediasecurity.com*
- »How cybercriminals invade social networks, companies«:
  www.usatoday.com/tech/news/computersecurity/2010-03-04-1Anetsecurity04_CV_N.htm

GOOGLE-HACKING

Anatomie eines Hacks

> Dann hatte Stepan ein paar Namen und E-Mail-Adressen aufgelistet, die zur Domäne 3dnf.com gehörten. Vlad konnte nur vermuten, dass Stepan den Domänennamen gegoogelt hatte, um diese Adressen abzugreifen. War das der Fall, dann war Stepan bei seinen Recherchen ziemlich einfallsreich. *(Seite 34)*

Praktisch allen in der Informationssicherheitsbranche tätigen Profis ist das Problem des Google-Hackings bekannt. Doch obwohl »googeln« bereits ein akzeptiertes Verb in der Alltagssprache ist, ist das Konzept des Google-Hackings für viele außerhalb dieser Branche immer noch Neuland.

Der Begriff Google-Hacking wurde von Johnny Long geprägt und perfektioniert. Dieser bekannte Sicherheitsforscher ist auch Gründer der »Hackers for Charity« und Autor einer Reihe von Büchern zu diesem Thema. Das aktuelle Werk heißt *Google Hacking for Penetration Testers, Volume 2*, ISBN 978-1-59749-176-1, Syngress). Er entdeckte, dass sorgfältig formulierte Google-Anfragen Suchergebnisse zurückgeben können, die zeigen, dass auf dem Ziel anfällige Software läuft, die nur darauf wartet, angegriffen zu werden. So schuf Johnny Long die Google Hacking Database (GHDB), zu finden unter *www.hackersforcharity.org/ghdb/*, die durch die Hunderte von Einreichungen durch Johnny Long und seinen Freiwilligenteams schnell wuchs.

Google-Hacking arbeitet mit bestimmten Schlüsselwörtern oder Phrasen, die nur innerhalb von Websites zu finden sind, auf denen anfällige Software läuft. Es zielt auch auf Schlüsselbegriffe sensibler Daten selbst ab, z.B. Kreditkarten- und Sozialversicherungsnummern. In manchen Fällen erlauben die spezifischen Google-Suchanfragen einem User sogar, die Sicherheitskontrollen einer Website zu umgehen und sich direkt als Administrator einzuloggen.

Obwohl es beim Google-Hacking ursächlich nur um die Lokalisierung von Schwachstellen und Datenlecks geht, wird der Begriff jetzt allgemeiner genutzt, um sich auf jede Art von Suchanfragen zu beziehen, mit denen man Informationen über eine Person oder Firma herausfinden kann, die eigentlich nicht für die Öffentlichkeit gedacht waren. Diese Nutzung hört allerdings nicht mit Google auf. Google war ursprünglich vielleicht die einzige Suchmaschine, die solch komplexe Anfragen erlaubte, doch jetzt unterstützen auch Yahoo! und Bing viele dieser Operatoren und können die gleichen Suchfunktionen ausführen. Aus Gründen der Einfachheit werden wir den Vorgang weiter als Google-Hacking bezeichnen, doch sollten Sie einfach im Hinterkopf behalten, dass die meisten der Operationen auch bei Ihrer bevorzugten Suchmaschine funktionieren.

Exploit-Techniken

Google und alle großen Suchmaschinen verfügen über sehr leistungsfähige Funktionalitäten, die Trillionen Webseiten durchsuchen können – und auch seitenübergreifend suchen. Wir werden in diesem Abschnitt verschiedene Wege vorstellen, um mit Google ein Ziel zu erkunden, und konzentrieren uns auf die in unserer Story genutzten Ansätze. Da bekam Vlad von Stepan eine Liste von Namen und E-Mail-Adressen, was den gewieften Verbrecher schwer beeindruckte. Vlad erwähnt, dass Stepan 3DNF »gegoogelt« hat, um die Informationen zu finden, was tatsächlich möglich ist, und wir stellen diesen Vorgang hier vor.

Erweiterte Suchoperatoren

Für die wichtigste Google-Hacking-Technik muss man die Nuancen der verschiedenen erweiterten Suchoperatoren verstehen, die von einer Suchmaschine unterstützt werden. Jeder kennt die grundlegenden Suchoperatoren wie + und -. Wenn ein Wort auf jeden Fall vorhanden sein soll, stellt man ihm ein + voran, z.B. *+Hacking*. Wenn entsprechend ein bestimmtes Wort nicht vorkommen soll, kommt ein - davor, z.B. *-Google*. Eine Anfrage mit *+Hacking -Google* gibt jede Seite aus, die sich mit Hacking beschäftigt, aber nicht das Wort »Google« enthält.

Wenn man nach einer Phrase oder einem Satz sucht, setzt man ihn in Anführungszeichen, z.B. *Hack the Planet* (dieses Zitat ist manchen vielleicht noch aus dem Film *Hackers – Im Netz des FBI* bekannt). Diese Suche gibt Seiten aus, die sich dem Konzept »Hack the Planet« widmen, das der Computerforscher Wes Felter[6] formuliert hat.

Für die Mehrheit der Internetnutzer reichen diese Basisoperatoren, aber ihnen mangelt es an den subtilen Fähigkeiten, die von einem Meistersucher gefordert werden. Solche Suchanfragen zu formulieren, die Trillionen potenzieller Webergebnisse nehmen und sie auf genau jene Resultate limitieren, nach denen man sucht, ist eine Kunst, die Übung und Sorgfalt erfordert. Um diese Macht zielgerichtet einzusetzen, braucht man weitere Suchoperatoren, z.B. jene, die in Tabelle 1.1 gezeigt werden.

Sie können all diese Operatoren selbst ausprobieren, während Sie weiterlesen. Machen Sie einfach mal beim Lesen eine Pause und nutzen Sie mit Ihren neu gewonnenen Kenntnissen Google. Als Erstes schauen wir uns den Operator *site:* an. Dieser Operator beschränkt die Ergebnisse nur auf den angegebenen Domänennamen. Wenn Sie also eine Basissuche nach *site:microsoft.com* durchführen, erhalten Sie eine Liste von Webresultaten, die alle von *www.microsoft.com* und deren verschiedener Subdomänen stammen. Wenn Sie das weiter auf eine Subdomäne wie z.B. *http://store.microsoft.com*

einschränken wollen, passen Sie die Suchanfrage an und schreiben *site:store.microsoft.com*. Dann können Sie nach einem bestimmten Item suchen, an dem Sie interessiert sind, und wissen, dass nur der Microsoft Store erscheinen wird. Probieren Sie einmal diese Suche nach dem Microsoft Flugsimulator: *site:store.microsoft.com flight simulator*.

Der Operator *inurl:* erweist sich bei vielen Suchen als immens hilfreich. Manchmal geht es bei den gesuchten Daten nicht nur um den Text einer Seite, sondern stattdessen um den Text, der im URL (Uniform Resource Locator) einer bestimmten Seite erscheint. Auf der Suche nach E-Mail-Adressen, Postanschriften oder Telefonnummern einer Site können Sie probieren, direkt nach einer häufig vorkommenden Seite namens »Kontakt« oder »contact« zu suchen. Abhängig von der auf dem Webserver eingesetzten Software kann diese Datei verschiedene Erweiterungen haben, z.B. contact.htm, contact.html, contact.asp, contact.php etc. Eine generische Suche nach *inurl:contact* wird all diese Ergebnisse ausgeben. Viele Sites haben für diese bestimmte Seite unterschiedliche Namen, manche nennen sie auch »ueberuns« (»aboutus«). Wenn man nur nach Seiten mit »contact« im Namen sucht, könnten einem diese anders benannten Seiten entgehen.

Tabelle 1.1: Operatoren für erweiterte Suche

Suchoperator	Beschreibung
site:	Beschränkt alle Suchergebnisse auf einen einzigen Domänennamen und die darin enthaltenen Seiten.
inurl:	Sucht im URL (Uniform Resource Locator) der Webseite nach dem Suchwort.
intitle:	Sucht das Suchwort im Titel der Webseite.
intext:	Legt fest, dass das Suchwort innerhalb des Textes der Webseite erscheinen *muss*.
inanchor:	Sucht das Suchwort nur innerhalb der HTML-Anker (Hypertext Markup Language), also den Seitenlinks.
link:	Sucht nach Webseiten, die auf den angegebenen URL verweisen.
ext:	Sucht nach Webdokumenten, die die angegebene Dateiendung tragen.
cache:	Sucht im archivierten Cache von Google nach dem angegebenen URL.

Gehen Sie nun zu Google und geben Sie *inurl:aboutus.htm* ein. Sie sollten mehrere Hunderttausende Treffer bekommen, die Sie durchsehen können.

Kombinieren wir das nun mit anderen Suchoperatoren, um die Resultate einzuschränken. Wir nehmen uns einmal vor, nur nach Behörden der US-Regierung mit dieser Seite zu suchen: *inurl:aboutus.htm site:gov*. In diesem Beispiel nehmen wir den Operator *site:* und begrenzen die Ergebnisse auf die Top-Level-Domain *.gov*. Schränken wir das noch mehr ein, indem wir nach Regierungsbehörden suchen, die Adressen in Washington, DC, haben, indem Folgendes eingegeben wird: *inurl:aboutus.htm site:gov "Washington, DC"*. Dann erkennen Sie, dass die Ergebnisse deutlich leichter zu überschauen sind (siehe Abbildung 1.1).

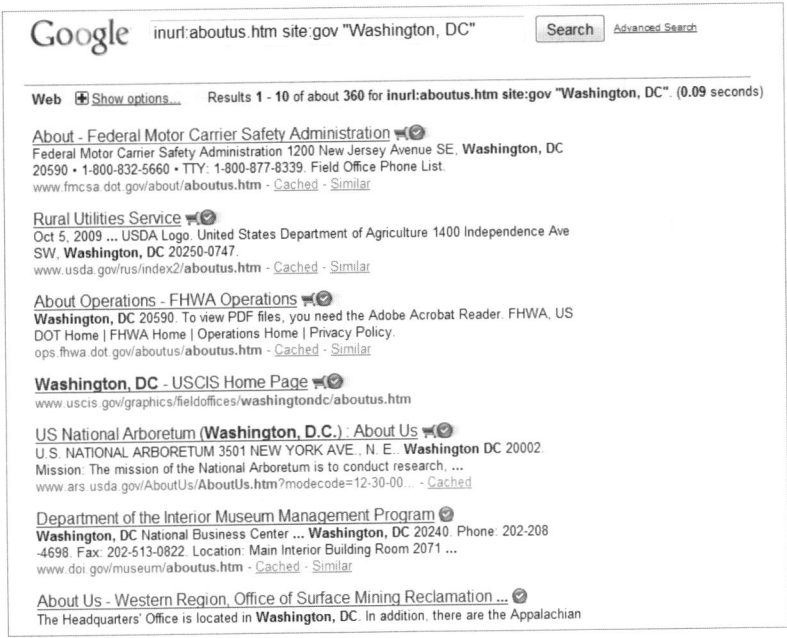

Abbildung 1.1: Suchergebnisse bei Google anhand von erweiterten Operatoren

In den vergangenen Jahren haben die Fähigkeiten von Google deutlich zugenommen. Anfangs konnte man nur einfache Textdokumente und Webseiten suchen, doch nun stehen einem auch Medieninhalte wie Microsoft Word-Dokumente, Tabellenkalkulationen und PDF-Dokumente (Portable Document Format von Adobe) zur Verfügung. Vor wenigen Jahren noch konnte man über solche Suchanfragen viele sensible und vertrauliche Dokumente aufspüren, die im ganzen Internet öffentlich sichtbar eingestellt worden waren. Nehmen wir z.B. Tabellenkalkulationen (Spreadsheets), in denen große Mengen geordneter Informationen gespeichert sind und die für Echtzeitberechnungen von Preisen und Zahlen eingesetzt werden. Kurz gesagt

werden Spreadsheets normalerweise für interne Datenberechnungen eingesetzt und meist nicht außerhalb einer Organisation weitergegeben. Durch den
Operator *ext:* können wir unsere Ergebnisse direkt auf eine bestimmte Datei-
art eingrenzen, z.B. Microsoft Excel-Tabellen. Suchen Sie nach *ext:xls site:mil*
oder *ext:xlsx site:mil*. Diese Suchanfrage sucht nach allen öffentlichen Excel-
Tabellen mit der Dateiendung .xls bzw. .xlsx, die sich auf Webservern des
Militärs befinden (».mil«). Obwohl die Ergebnisse dieser Anfrage meistens
harmloses Material ergibt, holten sich in den Kindertagen des Internet viele
Organisationen ein blaues Auge, weil kritische Informationen hier unabsichtlich gepostet wurden und durchgesickert sind.

Archivierte Webseiten

Wenn man Webseiten nach für Angriffe relevanten Informationen durchsucht, ist es auch wichtig, die zeitliche Dimension einer Website zu berücksichtigen. Die Seite, die Sie heute sehen, könnte eine andere sein als die,
die gestern oder im vergangenen Jahr zu sehen war. Informationen ändern
sich andauernd, und manche Sites beginnen, aus Angst vor einem Angriff
die veröffentlichten Informationen schlicht zu reduzieren. Allerdings hilft
diese Reduktion ihnen nicht gegen Archivierungsdienste im Internet, z.B.
Google und die Wayback Machine des Internet-Archivs, die sich unter
www.archive.org/web/web.php befindet.

Google Cache speichert die letzte Kopie einer gefundenen Website auf den
Google-Servern und ist außerordentlich hilfreich für den Fall, dass eine Website aus Wartungsgründen aus dem Netz genommen wurde. Sie kann außerdem von Online-Suchern genutzt werden, um Informationen herauszuziehen,
die vielleicht gerade von einer Website entfernt oder modifiziert wurde, bevor
Google die Chance hatte, die Website erneut zu indexieren und die gecachete
Version zu ändern.

Um die gecachete Version einer Website aufzurufen, suchen Sie einfach
nach der fraglichen Seite und klicken auf den Link Im Cache direkt unter dem
Ergebnis (siehe Abb. 1.2). Durch Klick auf diesen Link wird die Webseite
gezeigt, aber sie kommt direkt von einem Google-Server statt vom eigentlichen Server der Website. Wenn diese Aussage Ihr Herz höher schlagen lässt,
haben Sie wahrscheinlich gemerkt, welch prima Chance das für weitere
Erkundungsarbeiten bietet.

Indem Sie eine direkte Verbindung mit der Website eines Unternehmens
aufbauen, wie wir es in diesem Abschnitt erläutert haben, verraten Sie Ihr
Vorgehen. Die Aktivitäten werden fortlaufend in einem Weblog protokolliert,
und zwar auf dem Webserver des Unternehmens für jede einzelne aufgerufene
Seite, und auch die IP-Adresse (Internet Protocol) des Computers, der sie
angefordert hat.

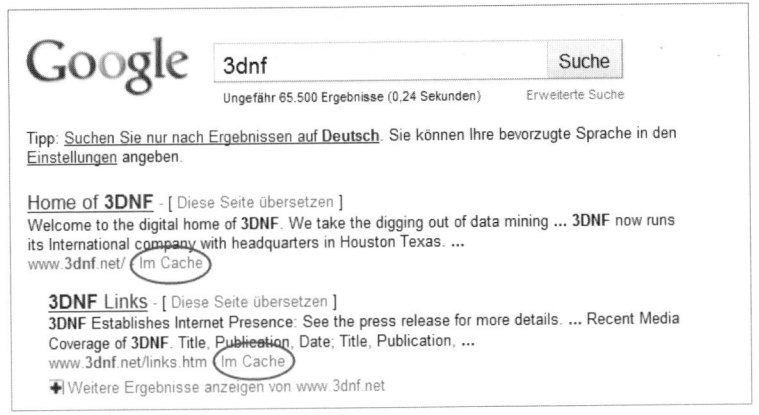

Abbildung 1.2: Der Link auf den Google-Cache

Die meisten Angreifer werden darauf achten, die IP zu verschleiern, indem sie die Verbindung im Netz über Proxies aufbauen, doch dafür kann auch der Google Cache genutzt werden. Indem wir unsere Suchanfragen auf den Google Cache konzentrieren, können wir bergeweise Informationen über das Ziel herausfinden, ohne jemals auf den Server des Ziels zuzugreifen. Allerdings ist das nicht vollständig narrensicher. Google cachet nur den eigentlichen Textinhalt der Seite, keine Bilder oder Multimedia-Inhalte. Diese liefert weiterhin der Server des Ziels direkt, und Ihre Anwesenheit fällt dem Ziel immer noch auf, wenn Sie versuchen, Grafiken, Bilder und Videos von der Seite herunterzuladen. Wenn Sie die Version einer Seite im Google Cache betrachten, sehen Sie einen großen Kasten oben auf der Seite (siehe Abb. 1.3). Unten rechts in diesem Kasten finden Sie einen Link, der Sie direkt zu einer reinen Textversion dieser Seite führt. Durch Klick auf diesen Link wird nur den Text der Seite selbst direkt vom Google-Server aufgerufen. Auf manchen Seiten sind Textinhalte nicht vollkommen getrennt, aber Sie haben gute Chancen, auf der großen Mehrheit von Websites die Seitendetails passiv anschauen zu können, ohne je auf den Server des Ziels zugreifen zu müssen.

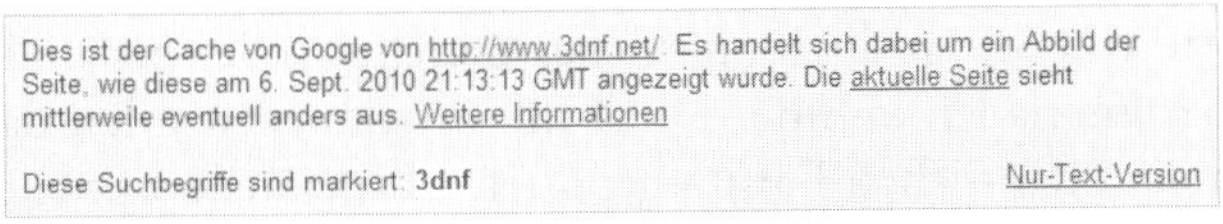

Google-Hacking

Dies ist der Cache von Google von http://www.3dnf.net/. Es handelt sich dabei um ein Abbild der Seite, wie diese am 6. Sept. 2010 21:13:13 GMT angezeigt wurde. Die aktuelle Seite sieht mittlerweile eventuell anders aus. Weitere Informationen

Diese Suchbegriffe sind markiert: 3dnf   Nur-Text-Version

Abbildung 1.3: Seitenbanner des Google-Cache mit Link
auf die Nur-Text-Version

Diese Aktion kann auch manuell vorgenommen werden, ohne sich durch die verschiedenen Google-Links zu klicken. Sie können direkt die Version einer Website aus dem Google-Cache entnehmen, wenn Sie die Google-Suche mit dem Operator *cache:* vornehmen. Wenn Sie beispielsweise nach *cache:3DNF.net* suchen, werden Sie direkt auf die gecachete Version geleitet. Wenn Sie dann die Bilder nicht haben wollen und nur den Text brauchen, klicken Sie in die Adresszeile des Browsers und ergänzen den URL-Text mit dem Argument *&strip=1.* Durch diese Zeichenfolge wird Google aufgefordert, die Seite erneut zu laden, aber alle Bilder und Multimediainhalte wegzulassen. Durch eine manuelle Ausführung dieser Aktionen greifen Sie beim ersten Cache-Request auf den realen Server der Webseite zu und bekommen die zu modifizierende Suchanfrage. Somit entfällt der Bedarf, beim zweiten Request die auf dem eigentlichen Server der Webseite gehosteten Inhalte wegzulassen. Diese Aktionen können allerdings auch automatisch durch verschiedene Browser-Add-ons ausgeführt werden, z.B. Passive Cache für Mozilla Firefox. Damit klicken Sie mit der rechten Maustaste auf einen URL und bekommen sofort die bereinigte Cache-Version. Passive Cache kann bei *https://addons.mozilla.org/en-US/firefox/addon/977* heruntergeladen werden.

Man kann sich ältere Details einer Site auch in deren Eintrag in der Wayback Machine vom Internet Archive anschauen. Auf dieser Site werden über 150 Milliarden Seiten nach Adresse und Datum archiviert. So können Sie z.B. die Website von Apple aus dem Jahr 1996 anschauen – lange bevor Apple international populär wurde. Sie können sich wahrscheinlich ausmalen, wie leistungsfähig diese Suchmaschine ist. In ihren Kindertagen werden viele Unternehmen unglaublich detaillierte Informationen auf ihren Webseiten posten, um dem Geschäft auf die Sprünge zu helfen. Im Laufe der Zeit tritt der Bedarf nach operationaler Sicherheit in den Vordergrund, während der Druck, neue Geschäftsfelder zu erschließen, sich verringert, und somit werden auch die Details auf den Webseiten weniger. Mit der Wayback Machine von Archive.org können Sie Seiten finden, die scheinbar schon längst aus dem Internet entfernt wurden.

Ein bemerkenswertes Beispiel eines Datenlecks stammt vom United States Postal Service (USPS) aus dem Jahre 2004. Damals installierte ein Abteilungsleiter von USPS auf seinem Bürocomputer Kazaa und gab versehentlich die gesamte Festplatte frei.[7] Das wurde von einem zufälligen P2P-User entdeckt, der Hunderte von Seiten disziplinarischer Berichte voller persönlicher Informationen herunterladen konnte. Diese Informationen wurden dann für alle lesbar in einem öffentlichen Forum gepostet. Mittlerweile wurde die Website vom Netz genommen und das Forum eingestellt. Diese Site kann nicht mehr aufgerufen werden und existiert nirgends ... außer in der Wayback Machine. Wenn man den URL in der Wayback Machine eingibt, kann man sich die gecachete Version des gesamten Forum-Postings anschauen und alle Details lesen (siehe Abb.1.4). Diese Funktionalität wird auch vom Add-on Passive Cache für Mozilla Firefox automatisiert.

Author	Message
riobranden gmmr Posts: 1826 See this user's pet Cash: 194969 Items	☐ 📧 Posted: Tue Jun 29, 2004 8:24 pm Post subject: Letter of Warning - Don't Share Your C Drive on Kazaa <u>Reply with quote</u> So a few months ago, a friend of mine did a search for "The Postal Service" on Kazaa, attempting to aquire their songs. However, he didn't specify audio files only, and so when Kazaa returned the results, several of the files were not MP3s. But what were they? They were **disciplinary write-ups from a U. S. post office computer in Decatur, IL.** Someone had installed Kazaa on the post office computer and shared the C drive with the world. The files, 21 in total, each contain the full letters of discipline given to postal service employees, including their full name and **social security number.** These USPS letters, depending on the seriousness of the infraction, either a Letter of Warning, a 7 Day Suspension, or a 14 Day Suspension. None of the letters were termination notices. For privacy reasons, I'm not going to distribute the files themselves. But I am going to give all the juicy details--just not the employee names or social security numbers. The format of each file begins with the header:

Abbildung 1.4: Darstellung einer gelöschten Website bei Archive.org

Advanced Dork

Obwohl Sie für diese Aktionen eigentlich nur Ihre Lieblings-Suchmaschine brauchen, gibt es einige zusätzliche Software-Tools, um den Prozess zu beschleunigen und leichter zu gestalten. Viele dieser Applikationen sind eigentlich kostenlose Add-ons für Browser, die weitere Funktionalitäten installieren, da die gesamte Welt des Google-Hackings innerhalb eines Browsers abläuft.

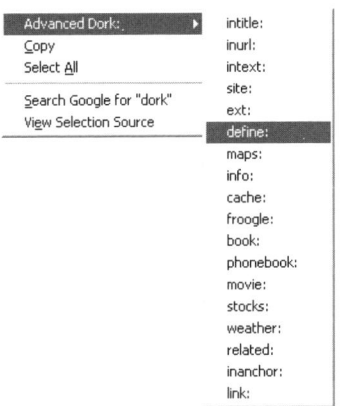

Abbildung 1.5: Die Erweiterung Advanced Dork für Mozilla Firefox

Ein bemerkenswertes Add-on ist Advanced Dork für Mozilla Firefox, entwickelt von CP (erhältlich unter *https://addons.mozilla.org/en-US/firefox/addon/2144*). CP ist ebenfalls Koautor des bekannten *Google Hacking for Penetration*

Testers, Volume 2 (ISBN: 978-1-59749-176-1, Syngress). Mit Advanced Dork klicken Sie einfach mit der rechten Maustaste auf einen URL in einer Website und bekommen eine Gruppe erweiterter Google-Suchoperatoren, um sich Suchanfragen maßzuschneidern. Sie können auch auf einen markierten Textstring rechtsklicken und den in Ihren Suchanfragen nutzen (siehe Abb. 1.5).

Best Practices

Als Firma müssen Sie davon ausgehen, dass jemand es gegen Sie verwenden wird, dass im Internet Unmengen verfügbares Material bereitstehen. Als Fingerübung sollten Sie Google-Hacking regelmäßig gegen Ihr eigenes Unternehmen einsetzen, um abschätzen zu können, welche Art Material der Öffentlichkeit im Internet zur Verfügung gestellt wird. Suchen Sie nach bestimmten Schlüsselwörtern Ihrer Firmenprodukte und schränken Sie die Resultate nur auf Ihre Domain ein, indem Sie den Operator *site:* verwenden. Suchen Sie auf Ihrer eigenen Site nach Details Ihrer Angestellten, um zu sehen, wie leicht verfügbar diese Informationen sind. Und vergessen Sie nicht, auch die archivierten Seiten der Wayback Machine von Archive.org zu durchsuchen, ob dort immer noch kritische Informationen verfügbar sind.

ZUSAMMENFASSUNG

In dem Maße, wie das Internet durch seine Trillionen von Webseiten immer weiter wächst, werden auch Einsatzbreite und Leistungsfähigkeit solcher Suchmaschinen wie Google zunehmen. Eine gut formulierte Suchanfrage kann dabei helfen, sehr exakte und spezifische Resultate für gesuchte Informationen zu finden, womit Google-Hacking fast zu einer chirurgischen Fähigkeit wird. Um darin kompetent zu werden, muss man den Einsatz der verschiedenen erweiterten Suchoperatoren zu üben, die innerhalb der Suchmaschinen wie Google, Yahoo! und Bing verfügbar sind.

WEITERE INFORMATIONEN

Google-Hacking ist zu einem sehr komplexen und äußerst effizienten Weg geworden, im Internet nach Informationen zu suchen, die nicht für die Öffentlichkeit gedacht sind. Im Zusammenhang dieses Buches konzentrierten wir uns nur auf eine sehr kleine Portion seiner Leistungsfähigkeit. Dazu gibt es noch sehr viel mehr Quellen (einige davon sind weiter unten aufgeführt), aus denen Sie lernen können, wie man in Google spezifische Begriffe für die Suche nach Material über Ihre Site formuliert.

- *Google Hacking for Penetration Testers, Volume 2*
  (ISBN: 978-1-59749-176-1, Syngress)

- Johnny Long: *Google Hacking, mitp-Verlag, 2008*
- GHDB: www.hackersforcharity.org/ghdb/
- Google Guide: Suchoperatoren: www.googleguide.com/advanced_operators.html
- Google Help: Cheat Sheet: www.google.com/help/cheatsheet.html

SUCHE IM VERSTECKTEN WEB

Anatomie eines Hacks

Er hatte ein paar Infos über eine kleine Firma namens 3DNF aus Houston, Texas, zusammengestellt, die im vergangenen halben Jahr von Data Mining aufgekauft worden war. Vlad fand ein paar Links von der Website der amerikanischen Börsenaufsicht U.S. Securities and Exchange Commission und den Text einer Pressemitteilung über diesen Firmenankauf. (*Seite 34*)

Heutzutage sehen sich Firmen aller Branchen der konstanten und hartnäckigen Bedrohung durch Hacker ausgesetzt. Zwar zielen die bekannten Hacking-Versuche auf Organisationen der Finanzbranche oder den militärischen Bereich ab, doch es gibt letztlich keine Branche, die vor Angriffen sicher ist. Es gibt kein Unternehmen, das sich vor einem Angriff sicher fühlen darf, nur weil sich für diese Branche keine Angreifer interessieren, denn viele kleine Unternehmen oder Organisationen werden einfach deswegen gehackt, um als Sprungbrett für weitere Angriffe gegen bessere Ziele genutzt zu werden. Es reicht, dass Sie eine Internetpräsenz führen. So müssen Sie sich in der aktuellen Umgebung unausweichlich mit der Bedrohung durch Hacker auseinandersetzen.

Hat ein Angreifer erst einmal ein Unternehmen ausgewählt, auf das er sich konzentrieren will, gehört zur ersten Phase der Erkundung, so viele öffentlich verfügbare Details über das Unternehmen und seine Angestellten herauszufinden wie möglich. Zu diesen Informationen gehören reale Standorte der Firmen, Durchwahlnummern oder Listen mit Mitarbeitern und Partnern. Wenn Sie einer solchen Firma angehören, könnte Ihr erster Gedanke sein, einfach möglichst wenig Details über die Firma im Internet zu zeigen. Das ist eine vernünftige Überlegung. Wenn die Adresse Ihres Gebäudes nirgends im Internet zu finden ist, kann ein Angreifer sie auch nicht finden, oder? Allerdings ist es praktisch unmöglich, eine Organisation vollständig geheim zu halten. Jeder findet die Hauptquartiere des CIA (Central Intelligence Agency), und viele gehen wissend an dem »Gebäude aus schwarzem Glas« vorbei. Das ist der

Spitzname des NSA-Hauptquartiers (National Security Agency) in Fort Meade, Maryland.

Irgendjemand weiß, dass Ihre Firma existiert, und vor dem Finanzamt können Sie sich auch nicht verstecken. Über die ganze Welt verteilt gibt es eine ganze Reihe von Datenbanken, in denen kritische Details über Firmen, deren Geschäftsvorgänge und ihre Mitarbeiter in einer Online-Welt gespeichert sind, die man das *Deep Web* nennt. Solche Details muss man z.b. veröffentlichen, wenn man in den USA eine Gewerbeerlaubnis beantragt. Diese Datenbanken werden zur öffentlichen Einsicht auch online gestellt, selbst wenn sie nicht direkt von Google oder anderen Suchmaschinen indexiert werden. Für einen Hacker bedeutet es nur wenig Aufwand, diese Datenbanken zu durchsuchen, um Details über das gewünschte Ziel zu finden.

Dieser Abschnitt beschäftigt sich mit den Abschnitten der Story, in denen die Hauptpersonen solche Datenbanken verwenden, um Details über ihre Ziele zu erkunden. Weiter werden zusätzliche Möglichkeiten der Suche besprochen, um zu sehen, welche Informationen über Sie oder Ihre Firma verfügbar sind.

Exploit-Techniken

Für Exploits sind diese Online-Datenbanken normalerweise offen und stehen allen zur Verfügung. Sogar Datenbanken mit einfachen Sicherheitskontrollen werden üblicherweise den Zugriff über registrierte Konten oder gut formulierte Anfragen erlauben. Die Datenbanken selbst stehen einem Angriff offen, und Hacker können hier einfach Details über die eigentlichen Ziele sammeln.

In dieser Phase eines Angriffs werden alle Informationen ausfindig gemacht, die gesammelt werden können. Obwohl die bereits angesprochenen öffentlichen Suchergebnisse schon einen großen Teil der öffentlich verfügbaren Informationen anzeigen, wird ein motivierter Hacker mit verschiedenen Datenbanksystemen arbeiten, um nach weiteren Details zu suchen.

United States Securities and Exchange Commission

Eine wesentliche Site, die für viele Erkundungsermittlungen verwendet wird, ist die Datenbank EDGAR (Electronic Data-Gathering, Analysis, and Retrieval), die von der amerikanischen Börsenaufsicht SEC (Securities and Exchange Commission) unter *www.sec.gov/edgar.shtml* geführt wird. Alle öffentlich gehandelten Unternehmen müssen regelmäßig der SEC den neuesten Stand ihrer wirtschaftlichen Operationen mitteilen, um zu versichern, dass sie legal und ehrlich operieren. Weil diese Firmen öffentlich gehandelt werden, steht das gesamte Material der Öffentlichkeit kostenlos zur Verfügung, ohne dass eine Registrierung erforderlich ist.

Die SEC speichert Hunderte verschiedene Eintragsarten, und alle haben ihre eigene spezifische Rolle und Zweck. Der grundlegendste Zweck ist einfach, die Geschäfts- und Postadressen des Unternehmens und die Liste der hochrangigen Mitarbeiter zu veröffentlichen, wie zum Beispiel der Eintrag für die Microsoft Corporation (siehe Abb. 1.6). Für Angreifer ist es natürlich sehr attraktiv, eine Liste der Angestellten zu bekommen. Warum wochenlang versuchen, in eine Firma einzubrechen, wenn man einfach einen Laptop aus dem Wagen eines Geschäftsführers stehlen und dann über VPN (Virtual Private Network) in das Firmennetzwerk eindringen kann oder die Daten direkt vom Laptop abgreift?

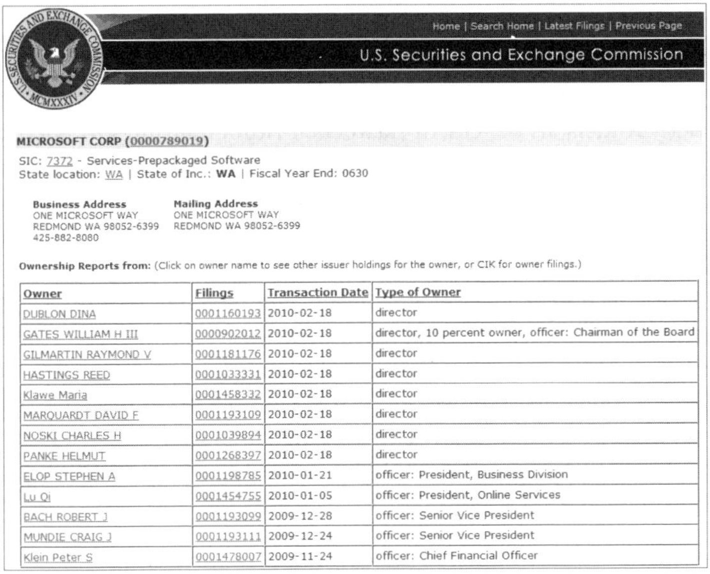

Home | Search Home | Latest Filings | Previous Page

U.S. Securities and Exchange Commission

MICROSOFT CORP (0000789019)
SIC: 7372 - Services-Prepackaged Software
State location: WA | State of Inc.: WA | Fiscal Year End: 0630

Business Address
ONE MICROSOFT WAY
REDMOND WA 98052-6399
425-882-8080

Mailing Address
ONE MICROSOFT WAY
REDMOND WA 98052-6399

Ownership Reports from: (Click on owner name to see other issuer holdings for the owner, or CIK for owner filings.)

Owner	Filings	Transaction Date	Type of Owner
DUBLON DINA	0001160193	2010-02-18	director
GATES WILLIAM H III	0000902012	2010-02-18	director, 10 percent owner, officer: Chairman of the Board
GILMARTIN RAYMOND V	0001181176	2010-02-18	director
HASTINGS REED	0001033331	2010-02-18	director
Klawe Maria	0001458332	2010-02-18	director
MARQUARDT DAVID F	0001193109	2010-02-18	director
NOSKI CHARLES H	0001039894	2010-02-18	director
PANKE HELMUT	0001268397	2010-02-18	director
ELOP STEPHEN A	0001198785	2010-01-21	officer: President, Business Division
Lu Qi	0001454755	2010-01-05	officer: President, Online Services
BACH ROBERT J	0001193099	2009-12-28	officer: Senior Vice President
MUNDIE CRAIG J	0001193111	2009-12-24	officer: Senior Vice President
Klein Peter S	0001478007	2009-11-24	officer: Chief Financial Officer

Abbildung 1.6: Einträge bei der SEC für Microsoft

Ebenso interessante Unterlagen sind der nach seinem Formularnamen benannte Jahresbericht »10-K« und der Quartalsbericht »10-Q«, in denen die Gesamtumsätze der Firmen aufgeschlüsselt sind. Sucht man nach CORRESP-Formularen (für *correspondence*), werden man Mitteilungen zwischen Firma und SEC untereinander gefunden. Diese Nachrichten mögen vielen banal erscheinen, aber sie eröffnen für einen Angreifer zusätzliche Erkundungsmöglichkeiten. Beispielsweise hat Apple Inc. 2009 bezüglich einer Bitte um vertrauliche Behandlung eines ihrer Berichte einen regen Schriftverkehr[8] mit der SEC gehabt. Durch ein solches Ersuchen kann der Bericht vor Anfragen unter dem *Freedom of Information Act* (FOIA) für zehn Jahre geschützt werden. Durch den FOIA hat jeder US-Bürger das Recht, Zugang zu Dokumenten der Regierung zu verlangen. Die Zusammenfassung des Apple-Berichtes hielt Übereinkünfte zwischen Apple, Google und Genentech fest. Im Zusammenhang mit großen Körperschaften sind solche Berichte nicht sonderlich ungewöhnlich. Allerdings deuten solche Details bei kleineren Unternehmen auf potenzielle Partner der Zielfirma hin. Wie wir später in diesem Abschnitt ausführen, führt die Erkenntnis, mit welchen Partnern Ihr Ziel aktiv ist, eventuell zu weiteren Angriffswegen.

Suchanfragen wie diese sind nicht nur auf die USA beschränkt. Viele Länder haben ihre eigenen Systeme installiert, um ihre Handelsgesellschaften zu überwachen. Die kanadische Version von EDGAR ist deren *System for Electronic Document Analysis and Retrieval* (SEDAR), zu finden unter *www.sedar.com*.

Datenbanken der Finanzämter

Auf Ebene von Bundesstaaten sind die Informationen nicht einheitlich gespeichert. Anders als bei einem staatlichen Aufbewahrungsort wie EDGAR von SEC kann jeder Staat für sich entscheiden, wie er seine eigenen Informationen speichert. Das kann natürlich für Angreifer sehr frustrierend sein, denn sie müssen dauernd neue und aktualisierte Datenbanken für jeden Staat herausfinden, wenn sie ihre Informationen sammeln wollen.

Das *Maryland Department of Assessments and Taxation* (MDAT) stellt beispielsweise ein öffentlich einsehbares Datenbanksystem bereit, in dem nach Adressen gesucht werden kann, um deren Besitzer festzustellen. Diese Site findet sich unter *www.dat.state.md.us*. Wenn eine Suche in der SEC EDGAR Datenbank beispielsweise zeigt, dass Ihr Ziel eine Geschäftsadresse in Maryland hat, könnten Sie über die MDAT weitere Details in Erfahrung bringen (siehe Abb. 1.7).

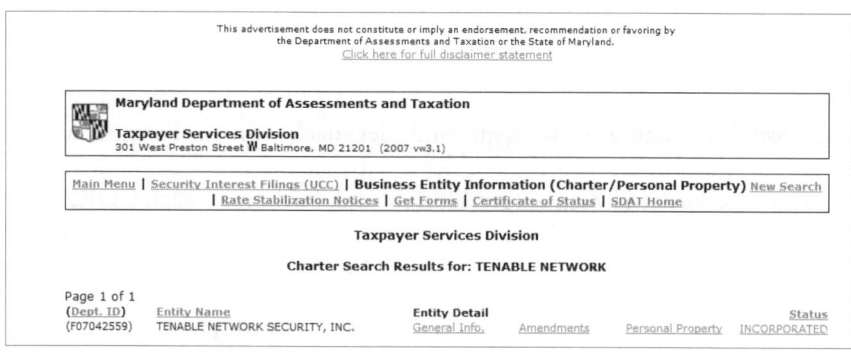

Abbildung 1.7: Maryland-Bericht für Geschäftseinträge

Solche Suchmöglichkeiten sind für alle ideal, die ihre Arbeit aus der Sicherheit der eigenen vier Wände heraus erledigen. Allerdings gibt es für den eher umtriebigen Kundschafter noch weitere Suchmöglichkeiten. Durch einfache Online-Suchläufe hat der Angreifer ein menschliches Ziel ausfindig gemacht und beschlossen, ihn während des Tages zu beschatten. Das Ziel fährt durch die Stadt zu einem Gewerbebezirk. Er parkt vor einem unbestimmbaren, nicht gekennzeichneten Büro und geht für einige Stunden hinein. Obwohl das Gebäude oder Büro keine verräterischen Schilder oder Zeichen hat, die beschreiben, was sich dahinter verbirgt, hilft uns die Site von MDAT weiter. Anhand einer Grundstückssuche für eine bestimmte Straße gibt die Site die Resultate für die Wohn- oder Geschäftshäuser aus, die sich in dieser Straße befinden.

Doch auch mit dieser Möglichkeit kann man die wahren Ergebnisse durch verschiedene übergeordnete Körperschaften und Holdings verschleiern. Das Suchergebnis aus Abbildung 1.8 zeigt beispielsweise die Läden an einer kleinen Straße direkt neben der Interstate 95. Was wie eine Liste unbekannter Firmen wirkt, sind eigentlich die beiden wahren Eigentümer von zwei großen Hotelketten: eine Pizza Hut und ein *Cracker Barrel*-Restaurant.

This advertisement does not constitute or imply an endorsement, recommendation or favoring by the Department of Assessments and Taxation or the State of Maryland.
Click here for full disclaimer statement

Maryland Department of Assessments and Taxation				Go Back		
HARFORD COUNTY				View Map		
Real Property Data Search (2007 vw5.1d)				New Search		

Page 1 of 1

Name	Account	Street	OWN OCC	Map	Parcel
S3 LLC	01 302744	1400 HANDLIR DRIVE	N	57	304
HARFORD HOTEL LLC	01 302736	1420 HANDLIR DRIVE	N	57	304
MANSI ENTERPRISES	01 302728	1435 HANDLIR DRIVE	N	57	304
CS REMAINDER II L	01 302698	1440 HANDLIR DRIVE	N	57	304

Abbildung 1.8: Maryland-Bericht für Grundstückseigentümerschaft (Straßensuche)

Außerdem ist es sogar möglich, ein Ziel bis zu seinem Haus zu verfolgen und anhand dieser Online-Datenbank zu bestimmen, wann das Haus gekauft wurde, von wem und für wie viel. Für einen ehrgeizigeren Angreifer, der wie Vlad und Andrei auch gewillt ist, in ein Haus einzubrechen, kann eine Kontaktaufnahme mit dem früheren Besitzer des Hauses dazu führen, mehr über den Grundriss, Sicherheitssysteme und andere wichtige Sicherheitsdetails zu erfahren.

Pressemitteilungen

Obwohl es eine ganze Reihe von Websites gibt, die man nach Details über sein Ziel durchsuchen kann, ist das Ziel selbst ebenfalls eine ausgezeichnete Informationsquelle. Viele Firmen publizieren zahlreiche Pressemitteilungen, in denen geschäftliche Vorgänge beschrieben werden. Bei solchen Presseberichten geht es um Details wie neue Partnerschaften, erster Spatenstich bei neuen Firmengebäuden oder neue entwickelte Softwarelösungen. Das gilt vor allem für öffentlich gehandelte Unternehmen, denen ein positives Image wichtig ist, um Investoren bei Laune zu halten. Diese Unternehmen neigen dazu, alle großen Innovationen und Vorgänge, die das Unternehmen in günstigem Licht erscheinen lassen, per Pressebericht zu verkünden.

Bei Pressemitteilungen kann man sicher davon ausgehen, dass sie die neuesten Buzzwords der Branche in genau jenem Verhältnis enthalten, das erforderlich ist, Investoren zu beeindrucken und die Konkurrenz neidisch zu machen. Allerdings liefern solche Informationen auch zusätzliche Munition für einen Angreifer.

Partnerschaften

Das Thema dieses Abschnitts ist ja Material, das man direkt über eine Firma finden kann, um zu einem späteren Zeitpunkt dann einen Angriff zu planen. Allerdings gibt es noch einen anderen, möglicherweise ebenso profitablen Weg: der Angriff auf die Partner des Zielunternehmens.

Diese Bedrohung wurde für Microsoft Anfang 2004 Wirklichkeit, als Teile des Quellcodes für die Betriebssysteme Windows 2000 und Windows NT ins Internet durchsickerten.[9] Die Dateien hat man nicht bei Microsoft gestohlen, sondern bei Mainsoft, einem langjährigen Partner von Microsoft.[10] Mainsoft bekam Teile des Quellcodes von Windows, den es auf dem gesicherten FTP-Server (File Transfer Protocol) der Firma postete. Allerdings litt der FTP-Server unter verschiedenen Schwachstellen, sodass die Angreifer dazu eine Verbindung aufbauen und darüber die Daten abschöpfen konnten.

Gelistetes Material verstehen

Die öffentlichen Informationen in den Datenbanken des Deep Web anzuschauen, ist nicht besonders kompliziert oder umständlich. Vieles des dort online platzierten Materials steht in einer Struktur zur Verfügung, die auch nicht-technische Betrachter, die im Behörden- oder Finanzsektor arbeiten, anschauen können. Das Material selbst ist sogar in eher technischen Formaten wie HTML und XML (Extensible Markup Language) verfügbar, damit es leichter zu verarbeiten ist und in selbst erstellte Applikationen eingebunden werden kann.

Die Spezialisierung besteht für Angreifer allerdings darin, die jeweilige (Fach)Sprache zu verstehen und abschätzen zu können, ob und wofür sich das auf diesen Sites verfügbare Material eignet. Ein erstmaliger Nutzer wird zweifelsohne viele Stunden damit verbringen, umfangreiche, langweilige und sehr technische Dokumente über die Buchungsverfahren von Körperschaften zu lesen, bevor er etwas Wertvolles findet. Sogar in einer solchen Situation könnten viele Angreifer ohne nähere Kenntnis des Finanz- oder Rechtssystems nicht verstehen und vielleicht auch gar nicht erkennen, ob sie vor einer Goldmine stehen, auch wenn sie vielleicht gerade mit der Nase darauf gestoßen sind. Ein Angreifer bräuchte ein grundlegendes Verständnis des Marktes oder müsste einen Freund greifbar haben, der ihn zu den richtigen Stellen führt.

Best Practices

Für ein Unternehmen ist es das Wichtigste überhaupt, jedes Jahr Profit zu machen. Somit ist es unmöglich zu erwarten, dass ein Unternehmen permanent unterm Radar bleibt. Informationen über dessen physische Ressourcen und Personal werden von einem hartnäckigen Hacker schließlich irgendwann im Internet gefunden. Allerdings gibt es einige Schutzvorkehrungen, mit denen man den Erkundungsprozess des Angreifers behindern oder verschleiern kann.

Viele Unternehmen gehören zu größeren Dachorganisationen. Somit kann die Eigentümerschaft von physischem Besitz auf zweierlei Art geregelt werden. Eine kleine Firma kann in öffentlichen Verlautbarungen ihre übergeordnete Organisation als Eigentümer nehmen. Umgekehrt kann eine große Organisation auch die Eigentümerschaft eines Büros oder eines Projekts hinter dem Namen einer ihrer Filialen verstecken. Ein Angreifer müsste all die verschiedenen Aspekte des Besitzes kennen, die es in Ihrer Firma gibt. Das kann sich bei größeren Organisationen, denen Dutzende von Tochterfirmen gehören können, als extrem schwierig erweisen.

Der Bedarf, regelmäßige Pressemitteilungen und Nachrichteninterviews herauszugeben, ist für ein öffentlich geführtes Unternehmen ganz wesentlich, um seine Investoren über die Fortschritte der Firma informiert und interessiert zu halten. Im normalen Entwicklungsprozess einer Pressemitteilung gibt es oft viele Einzelne, die als Mitverfasser darauf achten, dass in der Mitteilung genau das steht, was erforderlich ist, ohne irgendwelchen unnötigen Versprechungen zu machen oder Erwartungen zu wecken. In diesem Prozess ist es wichtig, sich den Input des CSO (Chief Security Officer) und des CISO (Chief Information Security Officer) Ihrer Organisation zu holen. So können Sie z.B. unterbinden, dass keine Pressemitteilung über Ihr brandneues Datencenter erscheint, aus der man dessen genauen Standort und die Sicherheitsvorkehrungen entnehmen kann.

ZUSAMMENFASSUNG

Im Internet gibt es mehr als nur das, was man an der Oberfläche findet. Google und andere große Suchmaschinen kratzen Online-Sites nur an der

Schale an und werden ausdrücklich davon ausgesperrt, Details der vielen Online-Datenbanksysteme abzugreifen. Manchmal muss bei der Suche auch manuell vorgegangen werden, damit die Resultate direkt auf den Sites gefunden und vom Angreifer interpretiert werden können.

Wenn ein Angreifer sich für ein Ziel entschieden hat, wird er jedes kleine Fitzelchen öffentlich verfügbarer Information nutzen, um über den Standort, die Netzwerkausstattung und das Personal so viele Details wie möglich zu sammeln. Alle diese Elemente können dann auf der Suche nach anderen Schwachstellen, die man später im Angriffsprozess nutzen kann, noch weiter gescannt werden.

Der erste Anlaufpunkt für Details über ein Unternehmen ist zu bestimmen, ob es sich um eine öffentlich gehandelte Firma handelt, und dann über SEC alle öffentlichen Verlautbarungen zu checken. Damit verschafft sich der Angreifer einen Überblick über die gesamte Bandbreite des Unternehmens und seiner Branche und bekommt auch Einzelheiten über den physischen Standort und möglicherweise Listen von Geschäftsführern, die sich als Ziel eignen.

WEITERE INFORMATIONEN

Will man im Deep Web suchen, ist großes Wissen und Geschick erforderlich. Es gibt buchstäblich Zehntausende von Online-Datenbanken, die man für Informationen zu beliebigen Themen anzapfen kann. Die Schwierigkeit besteht darin herauszufinden, wie man diese Datenbanken findet und wann man sie für einen bestimmten Angriff oder eine Verteidigung nutzen sollte. Wir können natürlich hier nicht jede Ressource aufführen. Deswegen stellen wir ein paar Hinweise von Fravia vor, einem bekannten Webforscher, die Sie auf Ihrer Reise leiten können.

- Recon 2005 – Fravia – Wizard searching: reversing the commercial Web for fun and knowledge: *www.archive.org/details/Recon2005_Fravia*
- Web Searchlores: *www.searchlores.org*

PHYSISCHE ÜBERWACHUNG

Anatomie eines Hacks

»Wir müssen los. Mir ist was eingefallen, wie wir checken können, wie es bei Dad ist. Da hätte ich auch eher dran denken können.«

»Um was geht's?« fragte Leon, als er Bob durchs Restaurant folgte.

> »Meine Webcam. Die auf meinem Hauptbildschirm sendet ihren Feed an eine passwortgeschützte Website. Wir brauchen nur ein Netzwerk, über das wir online gehen können. Dann kann ich sehen, was in meinem Lab abgeht. (*Seite 82*)

Ein integraler Part bei der Erkundung ist, ständig Ziele und deren Umgebung zu überwachen, aber auch die eigenen Perimeter. Ein Angreifer könnte beispielsweise die physischen Anlagen seines Ziels beobachten und auch relevante Mitarbeiter überwachen. Wann erscheinen die meisten Angestellten zur Arbeit? Wann machen die meisten Feierabend? Verlassen sie zum Essen das Gebäude oder essen sie drinnen? Gibt es Angestellte, die über Nacht arbeiten? Wann wird der Haupteingang abgesperrt und wann öffnet er wieder?

Wie Sie sich denken können, ist es für einen Einzelnen unmöglich, all diese Aspekte selbst zu untersuchen. Und auch wenn dazu jemand in der Lage wäre, fiele er zweifelsohne als verdächtige Person auf. Allerdings kann man dazu auf technologische Errungenschaften zurückgreifen, z.B. Überwachungskameras und Webcams.

Denken Sie daran, dass wir hier zwar die Erkundung diskutieren, aber nicht vergessen sollten, dass diese Geräte auch als Verteidigungsmechanismus genutzt werden können. Verteidiger müssen ebenfalls wachsam sein, wie sie ihre physischen Anlagen gegen Angriffe schützen. So auch in unserer Story, als Bob die Webcam in seiner Computerhöhle aufruft, um zu beobachten, wie Vlad und seine Gangster das Zimmer verwüsten. Durch die Erfindung von Webcams wird eine physische Überwachung extrem preisgünstig und ist leicht zu installieren. Allerdings gibt es auch Bereiche, in denen eine Webcam Sie im Stich lässt oder sich sogar gegen Sie wenden kann.

Exploit-Techniken

Wie Sie sich gewiss schon gedacht haben, ist es sowohl für den Angreifer als auch den Verteidiger wichtig, einen Plan zur physischen Überwachung zu entwickeln. Beide führen ihren Krieg, indem sie Überwachungsmaßnahmen der anderen Seite ausfindig machen und diese bei jeder Gelegenheit zerstören oder erschweren. Das Verstecken von Überwachungsvorrichtungen hat sich in den vergangenen Jahren zu einer regelrechten Kunst entwickelt, da die Technologie immer kleineres und billigeres Gerät bereitstellte. Der Markt für sogenannte »Nanny Cams« ist sogar noch viel mehr gewachsen und breit gefächert. Wie würde Ihnen ein erdfarbener hohler Stein gefallen, der eine tages- und nachtfähige Videokamera sowie einen eingebauten digitalen Videorekorder enthält, der in seiner Akkulaufzeit bis zu 160 Stunden Überwachungsmaterial aufzeichnen kann? Solche Geräte sind über Online-Shops erhältlich und können in den Außenanlagen eines Firmengeländes versteckt werden – und zwar sowohl von der Firma als auch dem Angreifer. In diesem Buch ist einfach nicht genug Platz, um alle Typen von verdeckter Überwachungsausrüstung vorzustellen, die man im Internet erwerben kann. Es lohnt sich aber, im Internet mal einen »Schaufensterbummel« zu machen, um sich die Vielfalt der total normalen Artikel anzuschauen, in denen alle möglichen Überwachungsvorkehrungen eingebaut sind.

Die Überwachung öffentlicher Webcams

Aus vielerlei Gründen bestücken sich Firmen und Individuen mit Webcams. Hat ein Unternehmen Publikumsverkehr oder möchte die Öffentlichkeit einbeziehen, setzen sie diese oft ein, um ihren Kunden eine gewisse Transparenz zu vermitteln. Andere nutzen Kameras, um ihre Entwicklungsarbeit vorzustellen, vor allem, wenn sie es mit wohlhabenden Kunden zu tun haben. Sie stellen zahlreiche Kameras auf dem Firmengelände auf, um während des Tages die Mitarbeiter oder die Bewegungen von Millionen Dollar schweren Teilen zu verfolgen.

Wenn ein Angreifer Webcams beobachtet und aufzeichnet, kann er wichtige Informationen über das Personal und die Sicherheitsvorkehrungen einer Anlage erfassen, z.B.: Wann erscheinen die Mitarbeiter zur Arbeit? Wer sitzt in welchem Büro? Wo sitzen die Manager und Geschäftsführer? Werden Teile über einen Strichcode-Scanner kontrolliert, wenn sie verschoben werden? Wo ist die Schaltanlage für das Alarmsystem?

Webcam-Hacking

Zwar klingt die Idee cool, dass der Angreifer eine verdeckte Kamera innerhalb des Geländes der Zielfirma installiert, aber es ist auch ein sehr riskantes Manöver. Gelegentlich lohnt sich der Aufwand gar nicht, vor allem, wenn die Firma das bereits für Sie erledigt hat. Hollywood verherrlicht die Fähigkeit, das vorhandene Sicherheitssystem eines Gebäudes anzapfen und steuern zu können, doch so etwas ist für den normalen Angreifer gewöhnlich unmöglich.

Mit den richtigen Tools und dem richtigen Know-how kann man manche Internet-basierte IP-Kameras übernehmen, die von vielen Organisationen verwendet werden. Diese Fähigkeit haben bei DEFCON 17 zwei Forscher von Voice over IP Exploit Research (VIPER) Lab demonstriert.[11] In einer Präsentation unter dem Titel »Advancing Video Application Attacks with Video Interception, Recording, and Replay« zeigte das Duo in einer Live-Demonstration, wie man eine vorhandene, auf IP basierende Überwachungskamera übernehmen kann und deren Livestream mit einem vorausgewählten Video »überschreiben« kann. Weitere Details über diesen Exploit und ein Videobeispiel finden Sie unter *www.wired.com/threatlevel/2009/07/video-hijack/*. Sie stellten neue Versionen ihrer kostenlosen Tools UCSniff (*http://ucsniff.source-forge.net*) und VideoJak (*http://videojak.sourceforge.net*) vor, damit das Publikum es zu Hause nachvollziehen konnte. Die Resultate waren schockierend genug, dass sie in den Daily Open Source Infrastructure Report des amerikanischen Heimatschutzministeriums (Department of Homeland Security) aufgenommen wurden (zu lesen unter *www.globalsecurity.org/security/library/news/2009/08/dhs_daily_report_2009-08-04.pdf*).

Für manche Kameras sind solche dramatischen Mühen vielleicht gar nicht notwendig. Mit ein paar bekannten Suchbegriffen im Google-Hacking findet man öffentlich zugängliche Webcams, die von Google indexiert wurden. Viele dieser Webcams haben ein webbasiertes Interface, über das die Nutzer auf die live übertragenen Videos zugreifen können, und natürlich kann man sich ausrechnen, welche Schlüsselwörter diese Schnittstellen enthalten, nach denen man suchen kann. Es gibt Dutzende von Suchanfragen, mit denen Sie so etwas lokalisieren, und viele finden sich in der GHDB unter *www.h.* Hier folgt nun eine, mit der Sie sich sofort daran machen können, das Internet nach Webcams zu durchforsten:

```
inurl:indexFrame.shtml?newstyle=Quad Axis
```

Wenn diese Anfrage bei Google eingegeben wird, bekommt man ein paar Dutzend öffentliche Webcams, die mit dem beliebten AXIS Video Server arbeiten.

Es gibt viele ähnliche Suchmethoden, um Sites mit Webcams zu finden, vor allem, wenn Sie diese mit dem Operator *site:* verknüpfen und sie dann auf die Domäne Ihres Ziels loslassen.

Neben den Techniken des Google-Hackings kann man auch über die kürzlich erstellte Suchmaschine SHODAN (*www.shodanhq.com*) nach mit dem Internet verbundenen Überwachungskameras suchen. SHODAN ist eine Suchmaschine, die sich auf die Art des Webservers konzentriert anstatt auf die darauf gehosteten Inhalte. Damit kann man Sites finden, auf denen eine bestimmte Software läuft, z.B. die für Internet-Überwachungskameras typischen Applikationen.[12] Zur Demonstration der bei SHODAN ausgegebenen Resultate tippen Sie eine einfache Anfrage nach Video ein durch Eingabe des folgenden URL: *www.shodanhq.com/?q=video*.

Wie viele in der Informationssicherheitsbranche wissen, suchen die meisten Computerleute nach Wegen, um ihre Arbeit zu vereinfachen, und sind mehr als gewillt, andere die Arbeit für sie machen zu lassen. Der beste Weg dafür ist – abgesehen davon, das Filmmaterial einer fremden Webcam anzuzapfen –, deren Archiv der gespeicherten Bilder zu finden. Bei den meisten Webcam-

Physische Überwachung

Applikationen kann man die Bilder als JPEGs auf die Festplatte exportieren. Tatsächlich findet man sehr häufig einen Ordner, in dem über viele Monate verteiltes Material aus einer Webcam enthalten ist, vor allem, wenn die Kamera über einen Bewegungsmelder ausgelöst wird. In unserer Story hat Bob in Sachen Sicherheit eine kluge Entscheidung getroffen, indem er alle seine Webcam-Bilder per FTP auf einen ausgelagerten Server übertragen ließ. Also konnte er seine Feeds immer noch bis zu dem Zeitpunkt betrachten, als eine Kugel seine Kamera zerstörte. Allerdings ist in dieser Situation seine Sicherheit nur so gut wie die auf dem FTP-Server. Auch wenn jemand nicht in der Lage ist, das Material von seiner Kamera direkt anzuschauen, könnte er über den Cache mit Webcam-Bildern stolpern und darüber das Büro überwachen.

Best Practices

Wie bei allen Sicherheitsvorkehrungen ist eine sorgfältige und korrekte Planung erforderlich, um zu gewährleisten, dass Ihre Anlagen vor Eindringlingen und Angreifern geschützt sind. Zwar kann ein typischer CISSP (Certified Information Systems Security Professional, etwa: zertifizierter Profi für die Sicherheit von Informationssystemen) die Standards der Branche herunterrattern, wo Überwachungsanlagen installiert werden sollten, aber jede Implementierung ist einzigartig und erfordert passende Untersuchungen. Es kann ratsam sein, außen um Ihre Anlagen herum gut sichtbare Überwachungsanlagen aufzubauen, um den Eindruck einer starken Sicherheit zu vermitteln und Vandalen und normale Kriminelle abzuschrecken.

Manche Beauftragte für die Gebäudesicherheit wollen die gleiche Implementierung auch innen einsetzen, aber das ist ein umstrittenes Thema – auch unter dem Aspekt des Schutzes der Privatsphäre von Mitarbeitern. Wenn Sie einfach nur jemanden abschrecken wollen, können auffällige Kameras und ein lauter Alarm den normalen Kriminellen zur Aufgabe zwingen. Allerdings wird ein fortgeschrittener Angreifer so etwas erwarten und Wege in Erfahrung bringen, wie man so etwas umgeht. Manche Firmen ziehen versteckte interne Kameras und stillen Alarm vor, um Kriminelle in einem falschen Gefühl der Sicherheit zu wiegen und der Polizei eine größere Chance zu geben, sie auf frischer Tat zu ertappen.

Verfolgung der Überwachung

Auf Seiten der Verteidigung ist es vorteilhaft, Überwachungsgeräte in oder um das Grundstück herum zu verstecken. Dafür gibt es eine Spezialausbildung, die bei militärischen und Regierungsoperationen eingesetzt wird und das amerikanische Kürzel TSCM trägt (Technical Surveillance Countermeasure, etwa: Maßnahmen gegen technische Überwachung). Dabei werden einzigartige Erkennungsgeräte in der Suche nach einer Vielzahl von »Bugs« in der Überwachung eingesetzt, und zwar in einem sehr langsamen, methodischen und kostspieligen Prozess. Wenn Sie aber ausreichend paranoid sind, könnte eine gründliche Suche nach solchen Bugs oder Löchern in der Verteidigung Ihre Ängste mindern und gewährleisten, dass Ihre Anlagen und Einrichtungen gut geschützt sind.

Speicheranforderungen

Überlegungen zum Thema Speicherplatz mögen sich wie ein komischer, abwegiger Vorschlag anhören, sind aber ganz wesentlich. Ihre Überwachungskameras brauchen Speicher, um die während eines Tages aufgenommenen Bilder oder Videos zu speichern. Wenn der Speicherplatz voll läuft, was bei »vergessbaren« Elementen wie Kameras gerne mal passiert, wird nichts mehr gespeichert. Das ist im Grunde genommen ein selbst verursachter DOS-Angriff (Denial of Service, etwa Dienstverweigerung).

Im Winter des Jahres 1999 arbeitete einer der Autoren dieses Buches in einem kleinen Datencenter. Weil er an einem gewissen Montagmorgen um 5 Uhr früh der erste Kollege im Betrieb war, fiel dem Autor auf, dass die Bürohintertür angelehnt war und der Türgriff fehlte. Der Bereich wurde abgeriegelt, als die Polizei und deren Ermittler zur Untersuchung geholt wurden. Ein Krimineller war in ein benachbartes Gesundheitsinstitut eingebrochen und hatte dann ein großes Loch in die Trockenmauer geschnitten, um den Innenhof des Hauptbüros zu betreten. Die Türriegel und Schlösser der Hintertür wurden aufgestemmt, sodass der oder die Kriminelle ins Büro eindringen konnte. In den Lagerschrank war eingebrochen worden, und ein Bodensafe lag offen auf der Erde.

Nach der kompletten Bestandsaufnahme wurde festgestellt, dass der Eindringling sich mit ganzen zehn Dollar in Münzen aus dem Getränkeautomaten davongemacht hatte. Im Safe befanden sich nur Softwarelizenzen und Serviceverträge, alle in versiegelten, ungeöffneten Umschlägen. Die Ermittlungen über das Netzwerk wurden von einer externen Agentur verwaltet.

Während der Gespräche dämmerte es dem IT-Personal, die Überwachungskamera zu überprüfen: eine versteckte Digitalkamera im Hauptflur. Man war perplex, als man sich den Ordner ansah. Die Videos reichten bis zum vorigen Mittwoch, danach kam nichts mehr. In diesem Moment kam das letzte Mitglied des technischen Teams zur Arbeit. Diese Person war dafür verantwortlich, dass die Videos von der Kamera auf CD-ROM gesichert und dann von der Festplatte gelöscht werden. Er gab zu, dass er so viel zu tun gehabt hatte, dass er seiner Pflicht seit ein paar Wochen nicht nachgekommen war.

Weil es nun keine Beweise am Tatort gab und keine Spuren einer Computernutzung, wurde der Fall nicht weiter verfolgt, und noch Wochen danach waren alle bestürzt darüber, wie leicht sie einen Kriminellen frei haben herumlaufen lassen ... mit einer Hosentasche voller Kleingeld.

Verschlüsselte Backups

Wie bereits erwähnt gibt es für alle Bilder und Videos aus der Überwachung einen großen Bedarf an Sicherung. Es ist üblich, mindestens ein Jahr lang (wenn nicht gar länger) das Videomaterial aufzubewahren zu halten, um interne Sicherheitsvorfälle aufklären zu können. So wie andere Backupdaten sollten auch die Backups der Überwachung verschlüsselt und in einer gesicherten Umgebung abgelegt werden. Wenn ein Angreifer an das Überwachungsmaterial eines ganzen Monats kommt, kann ihm das viele wesentliche Details über Personal- bzw. Anlagenprozeduren verraten.

ZUSAMMENFASSUNG

Die physische Überwachung ist oft die erste Verteidigungslinie gegen einen physischen Angriff oder ein Eindringen (*intrusion*) in Ihre Einrichtung. Allerdings kann diese Technologie auch gegen Sie verwendet werden, wenn Eindringlinge eigene Überwachungsgeräte installieren, um Ihre Anlagen zu beobachten. Schlimmer noch: Wenn die Angreifer mit bestimmten, gut dokumentierten Exploits arbeiten, wechseln Ihre Kameras sozusagen die Seite!

Ein Angreifer wird jede mögliche, ihm zur Verfügung stehende physische Ressource nutzen, um seine Ziele auszukundschaften, sogar öffentliche Webcams und städtische Kameras. Viele dieser Kameras findet man schnell mit ein paar allgemeinen Google-Suchbegriffen, die in Johnny Longs GHDB aufgeführt sind. Unter Ausnutzung von Angriffen, die auf der DEFCON vorgestellt wurden, können Angreifer sogar die IP-basierten Kameras einer Firma übernehmen und statt des Livestreams ihr eigenes Videomaterial einspeisen.

Unternehmen sollten für umfassende Überwachungsvorkehrungen ihrer Anlagen sorgen, sowohl intern als auch extern, und außerdem auch für die korrekte Wartung der Kameras. Eine gute Sicherheit hört nicht bei der Kamera auf: Backups sollten verschlüsselt sein und außerhalb des Firmengeländes gelagert werden, um den Diebstahl und die Nutzung durch Kriminelle zu unterbinden.

WEITERE INFORMATIONEN

In diesem Abschnitt haben wir die Grundlagen der physischen Überwachung und einige der Fallstricke für die Sicherheit untersucht, die innerhalb dieser Branche existieren. So wie bei jeder Sicherheitsbranche entwickeln sich

physische Überwachungsgeräte rasant weiter, was zu kleineren und leistungs-
fähigerem Apparaturen führt. Hier finden Sie einige Internetreferenzen, um
unterschiedliche physische Überwachungen zu verstehen und auch die aktuellsten Meldungen und Updates zu bekommen.

- Hack N Mod Surveillance Hacks:
  http://hacknmod.com/tag/surveillance/
- CCTV DVR Security Camera Blog: *http://cctv-dvr.blogspot.com/*
- Schneier on Security: On London's Surveillance Cameras:
  www.schneier.com/blog/archives/2009/08/on_londons_surv.html

LOG-ANALYSE

Anatomie eines Hacks

Der mittlere und größte Bildschirm war nicht gesperrt. Darauf
erschienen die gesammelten Daten der wenigen *Intrusion Detection*-
Netzwerksensoren, die im Firmennetzwerk eingesetzt wurden. Am
oberen Bildschirmrand standen die ältesten ungelesenen Einträge.
Ständig erschienen neue Einträge am Anfang der Liste. In der Mitte
glitt eine Gruppe von Einträgen in Rot gerade ein wenig nach unten.
Es blieb dem Schicksal überlassen, wie weit die Liste hinunterwanderte, oder ob sie überhaupt noch auf dem Bildschirm sichtbar wäre,
wenn am Montag der Analyst zur Arbeit erschien. (*Seite 94*)

Jonathan nahm noch ein paar Schluck seines kohlensäurehaltigen Frühstücks und überflog dabei die Einträge der Snort-Console. Selten war er bei diesem wöchentlichen Ritual völlig wach,
befolgte es aber stets treu und regelmäßig. Sollte er mal etwas
Interessantes finden, sprang meist nur ein Anruf beim Supportteam fürs Netzwerk heraus, weil ein Server down war. Jonathan
blinzelte, als er die Einträge von Freitagabend bis zum Samstag
überflog. Sein Ausdruck änderte sich nur dann, wenn er mal pausieren musste, um den nächsten Schluck seiner Koffeinzufuhr
zum Frühstück zu nehmen. Auf einmal sah er am Samstag um
23:06 eine Reihe von Alerts. Jemand hatte innerhalb der Firma
einen Netzwerkscan gestartet. Er verfehlte beinahe den Tisch, als
er sich abrupt aufrecht hinsetzte und sein Getränk geräuschvoll
auf den Tisch knallte. (*Seite 100*)

Als Verteidiger des Netzwerks sind Sicherheitsprotokolle Ihre erste Verteidigungslinie gegen einen Eindringling. Verschiedene Einrichtungen zur Netz-
werküberwachung agieren wie Überwachungskameras am Rande des Netzwerks und tracken Pakete, die über Zugangs- und hoffentlich aus Ausgangs-

punkte durch das Netzwerk reisen. Weil es physikalisch unmöglich ist, jedes einzelne Paket in Ihrem Netzwerk manuell zu überwachen, wurde der Prozess weitgehend automatisiert, verdächtige oder bösartige Pakete zu identifizieren. Jedes Paket wird profiliert, indem dessen Daten mit einer Reihe von speziellen Regeln verglichen werden, durch die nach verdächtigen Identifikatoren gesucht wird. Wenn ein positives Ergebnis gefunden wird, erfolgt ein Alarm, und der Eintrag wird zur weiteren Nachbearbeitung protokolliert, so wie es in unserer Story demonstriert wird.

Jonathan Tao, einer der Netzwerkadministratoren bei 3DNF, führt auf einem seiner Rechner ein Protokollprogramm für Sicherheitsvorfälle. Indem er die Einträge des vergangenen Wochenendes prüft, kann er eine Reihe von Paketen sehen, die von seinem automatischen Scanner mit einem Alarm (*alert*) versehen waren. So entdeckt er einen Portscan innerhalb des Netzwerks.

Um die Daten des Netzwerks verteidigen zu können, ist es absolut unverzichtbar, auf kritische Log-Daten in Echtzeit zugreifen zu können. Sie müssen fortwährend überwachen, was an den Grenzen Ihres Netzwerks passiert, und sich auf einen Angriff vorbereiten, der jederzeit erfolgen kann.

Exploit-Techniken

Jedem, der die TV-Serie »CSI« gesehen hat, ist das Zitat »Jeder Kontakt hinterlässt eine Spur« geläufig.[13] Seien es Fingerabdrücke, DNA-Spuren oder ein Haar – fast immer gibt es eine Spur, die man weiterverfolgen kann. Während im Fernsehland die Spuren innerhalb von Stunden untersucht und zurückgegeben werden, sitzt man in der realen Welt möglicherweise monatelang an einem Backlog, bevor man auf gerichtsfähige Beweise stößt, mit denen man arbeiten kann. Innerhalb Ihres Netzwerks hinterlässt jede Aktion eine Spur. Wird das Netzwerk angegriffen, geschieht das in Form von Paketen, die durch das Netzwerk geschickt werden. Das Problem besteht darin, diese Beweisstücke zu finden. Die Suche nach einem einzigen bösen Paket in einer Capture-Datei mit Millionen von Paketen gleicht buchstäblich derjenigen nach der Nadel im Heuhaufen. Aber seien Sie versichert: Sie sind da, und wenn sie gefunden werden, können sie ausgesondert und dann in einer Firewall- oder IDS-Regel (Intrusion Detection System) abgelegt werden, damit auf nachfolgenden Traffic reagiert werden kann, bevor er zu einem Exploit führt.

Best Practices

Ein gut gesichertes Unternehmen sollte jederzeit mit einem Netzwerkeinbruch rechnen, und entsprechende Reaktions- und Gegenmaßnahmen installiert haben. Zuallererst muss am Rande des Netzwerks ein korrektes Erkennungssystem eingerichtet werden, um einen gerade ablaufenden Sicherheitsvorfall überwachen zu können. Aber nur Mut: Dies ist ein großer Geschäftsbereich, und Dutzende von Anbietern wollen Ihnen gerne alle möglichen Dienste zur Sicherung Ihres Netzwerks verkaufen. Oder nutzen Sie die vielen kostenlosen und Open Source-Applikationen, die zur Überwachung der Netzwerk-Gateways erhältlich sind. Beachten Sie allerdings, dass diese Tools völlig wertlos sind, wenn es keinen extra eingesetzten Sicherheitsbeauftragten oder ein Team gibt, die konstant diesen Log-Output überwachen und täglich die Protokolle durchsehen. Diese Sicherheitsbeauftragen sollten auch korrekt ausgebildet sein, um ein verdächtiges Ereignis erkennen und es zur Überprüfung an die richtige Stelle weitergeben zu können.

Snort-Regeln

Ein solches kostenloses Open Source-Tool zur Überwachung der Netzwerkgrenzen ist Snort, das beliebteste IDS, das aktuell verwendet wird. Es ist eine kostenlose Open Source-Applikation, die von Sourcefire, Inc., entwickelt wurde (erhältlich unter *www.snort.org*). Snort kann an verschiedenen Stellen Ihres Netzwerks implementiert werden, um früh nicht-autorisierten Traffic zu erkennen, damit der Administrator ihn eindämmen kann, bevor er außer Kontrolle gerät. Snort-Regeln für die am weitesten verbreiteten Typen von Applikationen und Netzwerk-Traffic finden sich im Internet. Einige davon werden weiter unten angeführt und können in vorhandene Snort-Sensoren integriert werden.

Eigene Regeln für Snort zu schreiben, ist sowohl eine Wissenschaft als auch eine Kunst. Es erfordert fundamentale Kenntnisse Ihrer Netzwerkinfrastruktur und auch der allgemeinen Pakete, von denen man erwarten kann, dass sie durchs Netzwerk fließen. Ihr Team für die Netzwerksicherheit sollte den Finger am Puls des Traffics haben, indem regelmäßig die Firewall-Logs geprüft und auch Live-Captures mit einem Netzwerkprotokollanalysierer wie Wireshark vorgenommen werden (*www.wireshark.org*).

Obwohl wir Ihnen in diesem Abschnitt nicht das Verfassen von Snort-Regeln beibringen wollen, zeigen wir doch, wie einfach deren Entwicklung ist. Alle Regeln folgen dieser Struktur:

```
Aktion Protokoll Quell-IP Quell-Port Richtung Ziel-IP Ziel-Port (Optionen)
```

Wenn Sie also eine einfache Regel schreiben wollen, um benachrichtigt zu werden, wenn Leute auf die Website von Google gehen, könnten Sie etwa die folgende Regel schreiben:

```
alert tcp any any -> 66.249.90.104 80 (msg:"Da googelt jemand was!";)
```

Log-Analyse

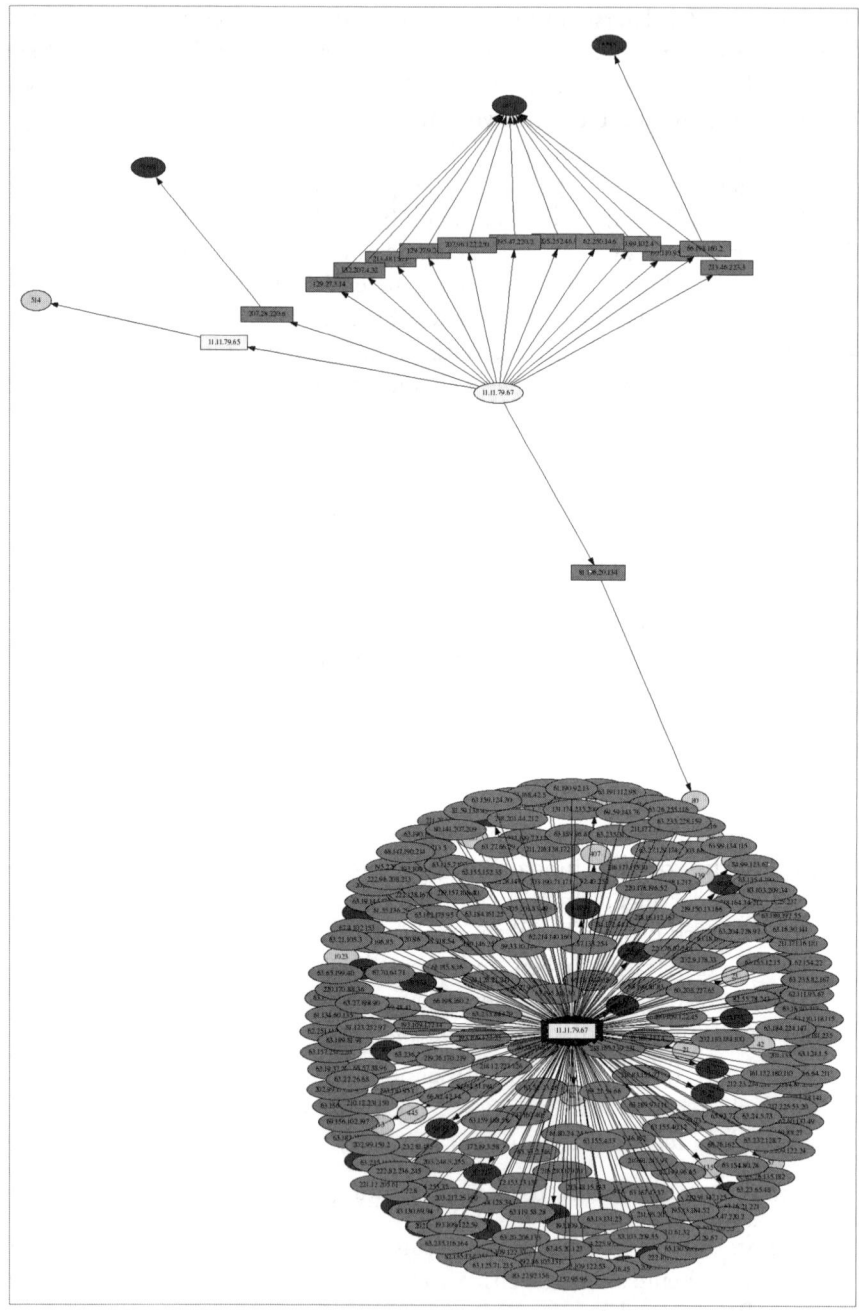

Abbildung 1.9: Visualisierung eines kompromittierten Hosts und die Auswirkungen aufs Netzwerk

Ein weiteres kurzes Beispiel ist zu erkennen, ob jemand versucht, mit einem externen SMTP-Mailserver (Simple Mail Transfer Protocol) über den TCP-Port 25 (Transmission Control Protocol) die Verbindung aufzubauen:

```
alert tcp any any -> any 25 (msg:"Da versucht jemand was zu mailen!";)
```

In unserer Story wird der Netzwerkadministrator Jonathan Tao alarmiert, indem Snort einen Port Scan Alert ausgibt. Diese Operation ist in Snort bereits integriert, und zwar mit einem Präprozessor namens *sfportscan*, der für bestimmte Arten von Portscans konfiguriert werden kann. Es war eine gut konfigurierte Snort-Regel, mit der die Netzwerkmonitore von 3DNF die korrekten Alerts für den ausgeführten Scan darstellen konnten. Wenn Jonathan diese Logs bloß schon am Wochenende gesehen hätte ...

Nagios

Obwohl Snort eines der besten Tools ist, um das Netzwerk auf Einbruchsversuche und verdächtigen Traffic zu untersuchen, sollten gute Administratoren auch alle ihre Server und Dienste innerhalb des Netzwerks überwachen. Obwohl viele Sicherheitsingenieure die Nase über ein solches Tool für die Sicherheitsüberwachung rümpfen würden, ist es ein höchst relevantes Tool, das Sie im Werkzeugkoffer haben sollten. Eines der ersten Symptome vieler amateurhafter Einbruchsversuche ist ein Netzwerkdienst oder System, der bzw. das abstürzt und nicht mehr verfügbar ist. Auch wenn sich ein Angreifer schon monatelang in Ihrem Netzwerk befindet, fallen viele Vorkommnisse erst auf, wenn ein kritischer Server sich aufhängt und ein Techniker nachhakt. Die Autoren haben auf solches Eindringen reagiert, das auf genau diese Weise entdeckt wurde. Das schließt nicht die Zahl der Server ein, die gehackt werden und sich aufhängen, dann gelöscht, neu formatiert und von einem Techniker erneut installiert und dann wiederum gehackt werden. Anders als Snort, das sich nur auf den Traffic konzentriert, der durch Ihr Netzwerk fließt, ist Nagios eine Art Krankenschwester für Ihre Systeme, die wie bei einer Katastrophe prüft, wer wie schlimm betroffen ist, und konstant die Vitalzeichen und den Gesamtzustand checkt.

Log-Visualisierung

Obwohl Log-Analyse ein wesentlicher Teil Ihrer Netzwerkverteidigungsstrategie ist, brauchen Sie auch ein höchst anspruchsvolles technisches Wissen auf hohem Niveau und eine gute Kenntnis Ihrer Netzwerksysteme und des Traffics insgesamt. Hin und wieder ist die Person, die am besten ausgestattet ist, Ihre Logs auf Einbruchsversuche zu überwachen, für den Job zu hoch qualifiziert und unterwegs, um die Welt zu retten. Zu anderen Zeiten geschieht ein ernsthafter Angriff, aber die Sicherheitsbeauftragten können das Problem dem

Management gegenüber nicht deutlich genug formulieren, um deren Billigung für Änderungen zu bekommen. Eine Visualisierung kann helfen, diese beiden Probleme zu lösen.

Visualisierung ist eine Technik, um Ihre Netzwerk-Logs bildlich darzustellen, damit in einem sehr vereinfachten Bild die gesamte Bandbreite eines Netzwerkproblems und dessen Auswirkungen gezeigt werden. In Abb. 1.9 wird der Output des Tools Port Scan Attack Detector (psad) gezeigt, das den Effekt eines kompromittierten Hosts innerhalb eines Netzwerks darstellt. Dieses eine interne System, der zentrale Rechner am unteren Rand, streut auf Hunderte von externen Computern und verbreitet bösartige Daten. Obwohl dieses Konzept sehr einfach zu erklären ist, hat ein Bild eine größere Wirkung, weil man es sich besser einprägen kann und anschaulicher wirkt. Sicherheitsingenieure können damit auch ihren Job leichter erledigen, weil es effektiver sein kann, Verbindungslinien zwischen Bildern zu verfolgen, als lange Listen von IP-Adressen aus einem Text-Log zu vergleichen.

Das bereits erwähnte Tool psad ist eine kostenlose Applikation, die den Log-Output von anderen Logging-Applikationen und sogar direkt durch Snort-Regeln als Grafiken wie in Abb. 1.9 ausgeben kann. Weitere Informationen über psad bekommen Sie auf der Website *www.cipherdyne.org*.

Die Visualisierung von Sicherheit ist eine wachsende Disziplin im Bereich der Informationssicherheit, und es ist eine besondere Kunst, genau die passendsten Graphen für den Traffic darzustellen, den man betrachtet. Eine der besten Community-Websites für die Visualisierung ist SecViz (*www.SecViz.org*). Besonders bemerkenswert an dieser Website ist der »Graph Exchange«, der Hunderte von Graphen zur Netzwerkvisualisierung für viele Arten von Angriffen und Einbrüchen enthält. Hier bekommen Sie viele Anregungen, wie Sie den Führungskräften Ihres Unternehmens Ihre eigenen Sicherheitsvorfälle demonstrieren können.

ZUSAMMENFASSUNG

Obwohl Überwachungskameras die erste Verteidigungslinie gegen einen Angriff an Ihrer Vordertür sein kann, ist eine korrekte Log-Analyse die erste Verteidigungslinie gegen einen Netzwerkeinbruch. Jeder Versuch eines Hackers, in Ihr Netzwerk einzubrechen, und auch jedes erfolgreiche Eindringen hinterlässt eine Paketspur, die man analysieren und nach der man suchen kann.

Netzwerkadministratoren und Sicherheitsingenieure sollten an jedem Ein- und Austrittspunkt des Netzwerks *Intrusion Detection-* oder *Prevention*-Systeme installieren, um nicht nur nach bösartigen eingehenden, sondern auch nach ausgehenden Paketen Ausschau zu halten. Kostenlose Tools wie Snort bieten ein leistungsfähiges System, um schnell und kostengünstig eine solche Sicherheitslösung umzusetzen.

Administratoren sollten zur Kontrolle der optimalen Funktion auch regelmäßig ihre Server überwachen. Mit einer ganzen Reihe von Produkten wie dem kostenlosen Nagios können sie dieser Pflicht nachkommen.

Obwohl die meisten Applikationen Details über den Traffic in einem reinen Textformat ausgeben, ist manchmal eine eher bildliche Darstellung für kompliziertere Netzwerk-Captures oder zur besseren Veranschaulichung für nichttechnische Personen vonnöten. Dafür stehen verschiedene Tools zur Verfügung, um den Netzwerk-Traffic zu visualisieren. Diese Grafiken können dann über einen Plotter ausgegeben werden, damit größere Diagramme von Teams überprüft und in den Büros als Erinnerung für bösartigen Traffic aufgehängt werden können.

WEITERE INFORMATIONEN

Das Feld der Log-Analyse ändert sich fortwährend, um gegen den neuesten bösartigen Traffic und Exploits gewappnet zu sein. Das in diesem Buch präsentierte Material liefert ein Basisverständnis dieses Feldes. Weitere detaillierte Informationen finden sich in den folgenden Publikationen:

- Eric Seagran: *Secure Your Network for Free* (ISBN: 978-1-59749-123, Syngress)
- Richard Bejtlich: *The Tao of Network Security Monitoring: Beyond Intrusion Detection* (ISBN: 978-0321246776)
- Caswell, Beale, Baker: *Snort Intrusion Detection and Prevention Toolkit* (ISBN: 978-1-59749-099-3, Syngress)
- Schuber, Bennet, Hay et.al: *Nagios 3 Enterprise Network Monitoring: Including Plug-Ins and Hardware Devices* (ISBN: 978-1-59749-267-6)
- Raffael Marty: *Applied Security Visualization* (ISBN: 978-0321510105)
- Michael Alexander: *Netzwerke und Netzwerksicherheit,* mitp-Verlag, 2006

DO IT YOURSELF: 3DNF HACKEN

Nun wird es Zeit, den Hacker-Hut aufzusetzen und nachzuverfolgen, welche Art Informationen wir über 3DNF sammeln können. Als Erstes gehen Sie natürlich zu Google. Geben Sie im Suchfeld 3DNF ein und klicken Sie dann auf den Button Google-Suche. Dann bekommen Sie für 3DNF viele Resultate. Die ersten paar Einträge werden wahrscheinlich mit dem Domänennamen 3DNF.net zusammenhängen, und darunter ist auch ein 3DNF-Twitter-Account. Wir notieren sowohl den Domänennamen als auch den Twitter-Account.

Mit dem Operator site: 3DNF.net greifen wir nur die Resultate für die Domäne 3DNF.net ab. Geben Sie ins Suchfeld einfach site:3DNF.net ein und klicken auf Suchen. Wie Sie in Abb. 1.10 sehen, hat unsere Suche ein paar Informationen mehr über die Webpräsenz von 3DNF ausgegeben. Von besonderem Interesse ist die Subdomäne blog.3DNF.net, das offizielle Blog von 3DNF. Hier stehen möglicherweise noch mehr Informationen über das Unternehmen, die man ausbeuten kann. Wenn Sie sich die Ergebnisse aller Seiten anschauen, merken Sie, dass überall Cache-Links stehen. Das bedeutet, dass Sie sich die Inhalte dieser Webseiten anschauen können, ohne direkt auf deren Website zuzugreifen.

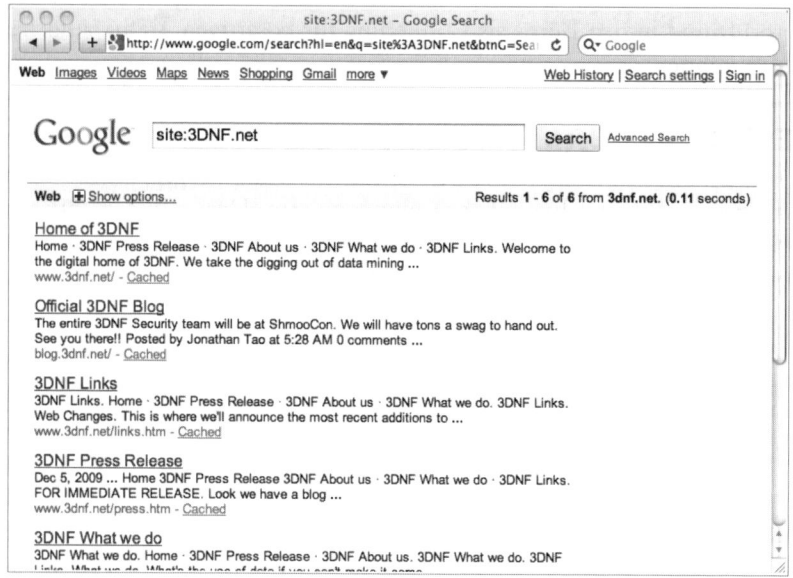

Abbildung 1.10: Ergebnisse der Google-Suche nach site:3DNF.net

Jetzt, da wir Informationen über die Organisation auf indirekte Weise sammeln können, wollen wir uns die damit erkundeten Informationen näher anschauen. In Abb. 1.11 sieht man mehrere Kontakte und eine E-Mail-Adresse. Diese Kontakte haben wahrscheinlich E-Mail-Adressen im 3DNF-Netzwerk.

Die im Internet angegebene Kontakt-E-Mail-Adresse lautet »info@3dnf.net«, woraus man schließen kann, dass wahrscheinlich alle E-Mail-Adressen im Netzwerk von 3DNF eine Kombination aus Mitarbeitername und der Domäne 3DNF.net sind. Beispielsweise könnte die E-Mail von Mike Resol entweder mike.resol@3dnf.net, mresol@3dnf.net oder mike@3dnf.net lauten. Das können wir überprüfen, indem wir testweise ein paar E-Mails verschicken. Wenn die E-Mail-Struktur erst einmal verifiziert worden ist, kann ein Angreifer jeden innerhalb der Organisation phishen. Durch einen Phishing-

Angriff kann ein Hacker eine gefälschte E-Mail konstruieren, die direkt an das Personal von 3DNF gerichtet ist und mit internen Informationen oder der Firmenterminologie arbeitet, damit das Opfer den Eindruck hat, die bösartige E-Mail sei authentisch. Ihnen wird auch auffallen, dass diese Seite eine physische Adresse für die Zielorganisation enthält.

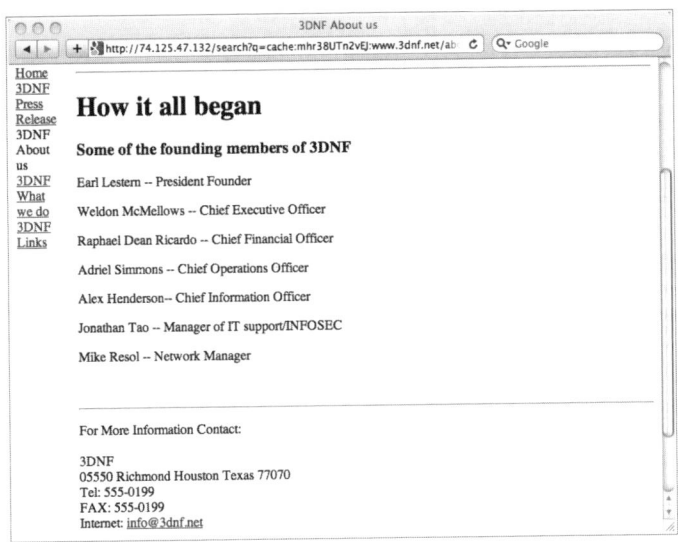

Abbildung 1.11: Ansicht des Google-Caches der Seite About us von 3DNF.net

Das Personal als Ziel

Um kurz zu zeigen, wie man Social Networking ins Visier nimmt, bringen wir in Erfahrung, ob Mike Resol einen Twitter-Account hat. Dazu tippen wir `site:twitter.com mike resol`. Wie Sie in Abb. 1.12 sehen, steht als oberstes Ergebnis ein Mike Resol. Mikes Name in Twitter ist MResol, und auf seinen Account kann man direkt unter *http://twitter.com/MResol* zugreifen. Probieren Sie das einmal selbst im Browser.

Der nächste erweiterte Operator von Google, den wir einsetzen, ist *intitle:*. Dieser Operator parst Informationen aus den Titeln von Websites, also dem Text, der in der Titelzeile eines Browsers erscheint, wenn man eine Seite aufruft. Wir nutzen dies nun in Kombination mit dem Operator *site:* von vorhin. Damit suchen wir nach Verzeichnissen, die sich auf der Website von 3DNF befinden. Es ist üblich, dass Organisationen Dateien in Verzeichnissen ablegen, damit Angestellte sie herunterladen können. Viele meinen, dass diese Verzeichnisse versteckt sind und nur die Organisation weiß, dass sie existieren. Doch es ist nur ein Link auf eines der Dokumente nötig, damit Google den Standort dieser Dokumente aufspüren kann.

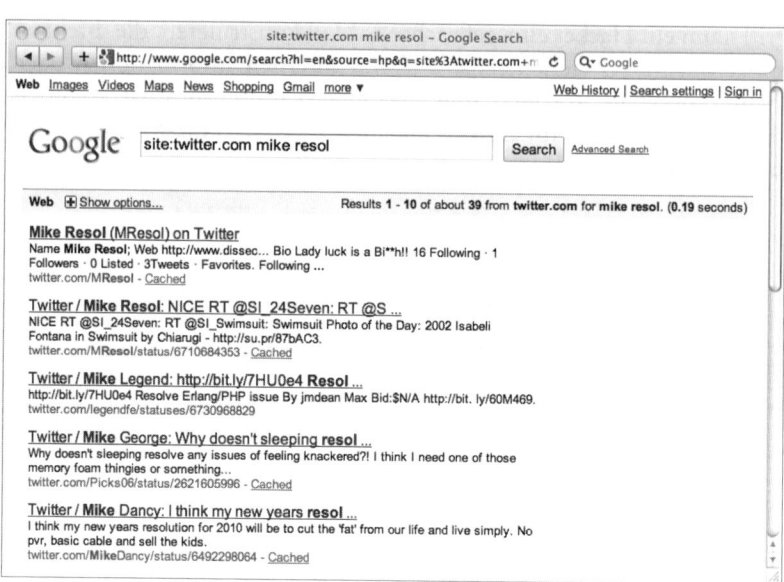

Abbildung 1.12: Google-Suche nach dem Twitter von Mike Resol

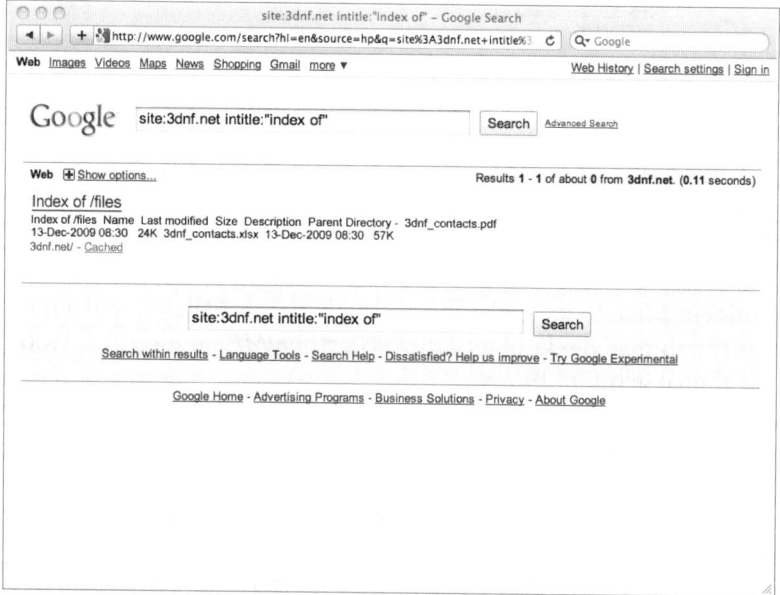

Abbildung 1.13: Google-Suche nach versteckten Verzeichnissen

Manchmal indexiert Google diese Verzeichnisse, was Angreifer in die Lage versetzt, Dokumente herunterzuladen, die nur für interne Zwecke gedacht sind. Diese Dokumente müssen nicht unbedingt sensible Informationen enthalten, wenn man sie separat liest. Allerdings werden bei einer Erkundung alle möglichen Quellen von Informationen gesammelt, um Auskünfte zu bekommen. In Abb. 1.13 sehen Sie, dass es ein Verzeichnis namens »files« auf der Website von 3DNF gibt. Schon auf den ersten Blick sehen wir, dass dieses Verzeichnis eine Reihe von Dateien enthält, die wir uns mal anschauen sollten.

Durch Klick auf den Link Index of /files in den Google-Resultaten gelangen wir in das Verzeichnis, das eine Reihe von Dateien enthält (siehe Abb. 1.14). Mit Blick auf die Namen lässt sich erkennen, dass das nach einer Kontaktliste der 3DNF-Organisation aussieht. Das ist genau die Art von Information, nach der Gegner jagen. Abb. 1.15 zeigt die Inhalte der Datei namens 3dnf_contacts.xlsx.

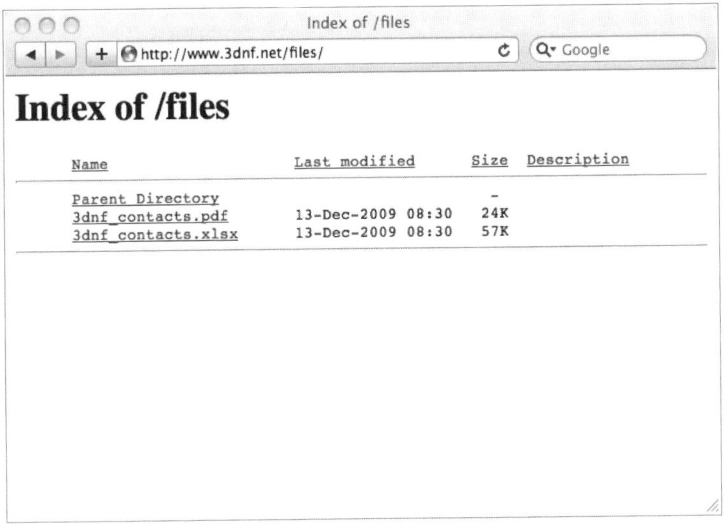

Abbildung 1.14: Verzeichnisinhalt von files auf 3DNF

◇	A	B	C	D
2		3DNF Important Contacts		
3	Name	Position	Phone	Email
4	Weldon McMellows	Chief Executive Officer	(713) 555-0201	weldon.mcmellows@3dnf.net
5	Earl Lestern	President Founder	(713) 555-0202	earl.lestern@3dnf.net
6	Raphael Dean Ricardo	Chief Financial Officer	(713) 555-0203	raphael.ricardo@3dnf.net
7	Adriel Simmons	Chief Operations Officer	(713) 555-0204	adriel.simmons@3dnf.net
8	Alex Henderson	Chief Information Officer	(713) 555-0205	alex.henderson@3dnf.net
9	Jonathan Tao	Manager of IT support/INFOSEC	(713) 555-0206	jonathan.tao@3dnf.net
10	Mike Resol	Network Manager	(713) 555-0207	mike.resol@3dnf.net

Abbildung 1.15: 3DNF Kontakte-Tabelle

In dieser Tabelle sind alle wichtigen Kontakte der Organisation aufgelistet. Nun hat der Angreifer alle nötigen E-Mail-Adressen, um eine zielgenau Phishing-Expedition zu starten, auch *spear phishing* genannt, in der er auf höchst wertvolle Ziele wie Geschäftsführer und Systemadministratoren abzielt.

Ihnen wird auch aufgefallen sein, dass diese Information sich in einer PDF-Datei auf dem Webserver befindet (siehe Abb. 1.16). Adobe PDF-Dokumente werden oft als Ziel genommen, weil Angreifer darin bösartigen Code einbetten können. Angreifer können legitime Dokumente von Websites nehmen, bösartigen Code darin einbetten und sie an potenzielle Kunden der Firma versenden. Wenn ein Angreifer dieses PDF nun herunterlädt und an Geschäftspartner von 3DNF schickt, könnte das für eine Infektion bei einem der Partner sorgen. Dann wäre die Organisation, die 3DNF vertraut, zum Opfer geworden und könnte kompromittiert werden. So könnte man dann auch umgekehrt 3DNF wieder kompromittieren, indem der kompromittierte Partner als Angriffsvektor benutzt wird.

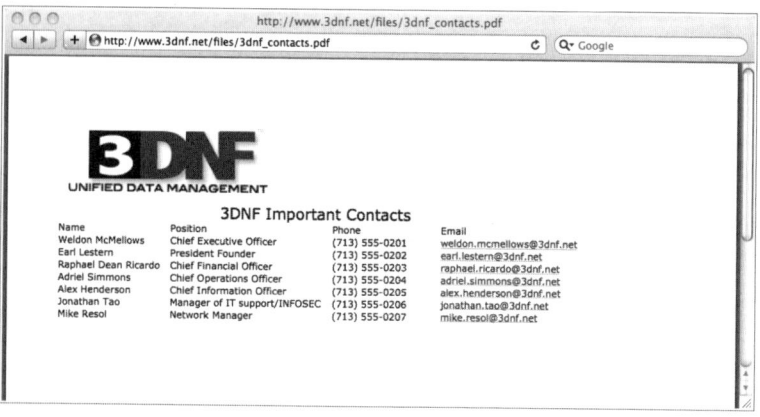

Abbildung 1.16: PDF mit Kontakten von 3DNF

Kapitel 1

Google Apps

Viele Organisationen nutzen Google Apps für E-Mail, Chat, Video und Dokumentverwaltung im Unternehmen. Das ist für die Organisationen ganz großartig, weil sie haufenweise Geld einsparen, indem sie diese Funktionen zu Google auslagern. Allerdings kann das auch problematisch werden, weil diese Informationen auch für andere Internetnutzer verfügbar sein können, wenn sie nur die Zugangsdaten zu einem gültigen Mitarbeiter-Account haben. Obwohl diese Informationen bei Google Apps durch einfache Kontozugangsinformationen geschützt werden, könnte die von Google gebotene Sicherheit, um seine Infrastruktur zu schützen, effektiver sein als die des lokalen Netzwerks eines Unternehmens. Man muss abwägen, ob man Informationen in Google Apps ablegt, weil Ihre Firma die direkte Kontrolle über Hardware-Ressourcen einem Dritten überlässt, aber den Vorteil hat, ein wahrscheinlich sichereres Netzwerk zu bekommen, was die Betriebskosten verringert. Diese Debatte wird begleitet von der Diskussion über Sicherheit bei der aktuellen Evolution des Cloud Computings. Bei diesem Modell werden Dienste über einen Internet-basierten Provider statt intern von der Firma selbst gehostet.

Man findet ganz einfach heraus, ob eine Organisation mit Google Apps arbeitet, indem man einfach den Domänennamen an *http://google.com/a/* anhängt. Um auf die Login-Seite von 3DNF für Google Apps zu kommen, geben Sie `http://google.com/a/3dnf.net` ein (siehe Abb. 1.17). Weil die gesamten Kommunikationsinhalte von 3DNF in der Google-»Wolke« (cloud) gespeichert ist, wird es für einen Angreifer einfacher, die Verbindung aufzubauen und das Material abzuschöpfen, wenn er erst einmal an gültige Account-Namen und entsprechende Passwörter gekommen ist.

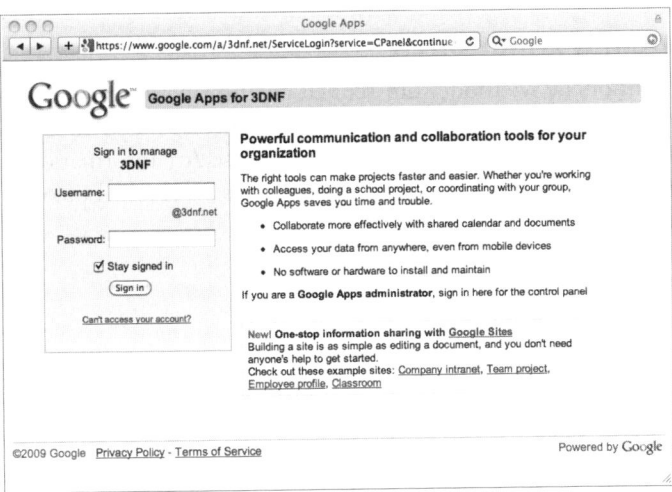

Abbildung 1.17: Google Apps für 3DNF

Informationsbeschaffung aus Blogs

Wie wir bereits vom Google-Hacking wissen, verfügt 3DNF über ein offizielles Blog. Sie können das Blog unter *http://blog.3dnf.net* aufrufen. Bei näherer Untersuchung stellen wir fest, dass Google ebenfalls das Blog von 3DNF hostet. Blogs von Unternehmen können eine sehr reichhaltige Informationsquelle sein, wenn man ein Ziel ausspäht. Mit Blick auf das Blog erkennen wir, dass Jonathan Tao eine wichtige Rolle bei den internen und externen Technologieangelegenheiten spielt. Abb. 1.18 zeigt das Blogger-Profil von Jonathan Tao. Ein Angreifer wird Blog-Informationen nutzen, um mit Insidern des Unternehmens schnell eine Beziehung herzustellen.

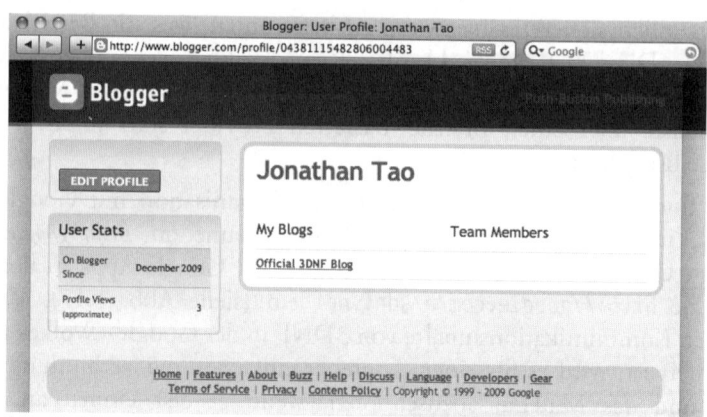

Abbildung 1.18: Blogger-Profil für Jonathan Tao

Domäneninformationen

Eine traditionelle Methode, um schnell an Informationen über eine Firma zu kommen, ist die Durchführung eines WHOIS-Lookups über den Domänennamen der Firma. Viele Websites bieten diese Art Information. Eine solche Site ist CentralOps.net. Der Output eines WHOIS-Lookups für den Domänennamen von 3DNF ist wie folgt:

```
Address lookup
Canonical name   3dnf.net
Aliases
Addresses        208.97.183.81


Domain Whois record
Queried whois.internic.net with "dom 3dnf.net"…
    Domain Name: 3DNF.NET
    Registrar: GODADDY.COM, INC.
    Whois Server: whois.godaddy.com
    Referral URL: http://registrar.godaddy.com
    Name Server: NS1.DREAMHOST.COM
    Name Server: NS2.DREAMHOST.COM
    Name Server: NS3.DREAMHOST.COM
    Status: clientDeleteProhibited
    Status: clientRenewProhibited
    Status: clientTransferProhibited
    Status: clientUpdateProhibited
    Updated Date: 01-dec-2009
    Creation Date: 01-dec-2009
    Expiration Date: 01-dec-2010
```

```
>>> Last update of whois database: Sun, 07 Mar 2010 01:55:40 UTC <<<
Queried whois.godaddy.com with "3dnf.net"…
Registrant:
Domains by Proxy, Inc.
Registered through: GoDaddy.com, Inc. (http://www.godaddy.com)
Domain Name: 3DNF.NET
Domain servers in listed order:
NS1.DREAMHOST.COM
NS2.DREAMHOST.COM
NS3.DREAMHOST.COM
```

Die DNS-Information von 3DNF gibt an, dass der Domänenname 3DNF.net durch GoDaddy registriert wurde. 3DNF hat die Domänen auch durch Proxydienste verwendet, um ihre Kontaktinformationen zu anonymisieren.

Twitter für Informationsbeschaffung

Twitter ist vielseitig. Jeder nutzt es ein wenig anders. Unternehmen veröffentlichen damit ihre aktuellsten Nachrichten, vermarkten neue Produkte und unterstützen damit den Kundendienst. Viele setzten Twitter als Plattform ein, um sich selbst zu einer Art Marke zu machen, und auch als Mittel, um Unterstützung zu suchen.

Während unseres Google-Hackings fanden wir heraus, dass sowohl 3DNF Inc. (Abb. 1.19) als auch Jonathan Tao (Abb. 1.20) Twitter-Accounts aufweisen. Mike Resol (Abb. 1.21) verfügt ebenfalls über einen solchen Twitter-Account.

Abbildung 1.19: Twitter-Profil

Abbildung 1.20: Das Twitter-Profil von Jonathan Tao

Abbildung 1.21: Das Twitter-Profil von Mike Resol

Die Echtzeitüberwachung von Twitter könnte wichtig sein, wenn Ihr Unternehmen negative Presseberichte bekommt oder sogar Opfer eines Einbruchs wird. Weil Twitter das Potenzial für Datenlecks hat, ist es empfehlenswert, dass Ihre Organisation damit beginnt, Ihre Nutzer zu überwachen. Wir haben für die fiktiven Charaktere mehrere Twitter-Accounts eingerichtet. Wenn Sie die Accounts der Firma 3DNF besuchen, können Sie sehen, dass 3DNF Follower für mehrere Firmenmitarbeiter auf Twitter ist. Diese Information kann benutzt werden, um Verbindungen für zukünftige Angriffe zu analysieren.

Wir schlagen Ihnen vor, für weitere Aufkläreraktivitäten die Website *www.dissectingthehack.com* zu besuchen.

QUELLEN

1. Pennsylvania school webcam spying suit could be settled, Associated Press, ABC News, http://abcnews.go.com/Technology/TheLaw/wireStory?id=10070533; 2010 [Zugriff 11.03.10].

2. The Spy at Harriton High, Stryde Hax, http://strydehax.blogspot.com/2010/02/spy-at-harrington-high.html; 2010 [Zugriff 03.03.10].

3. Facebook Press Room Statistics, www.facebook.com/press/info.php?statistics [Zugriff 03.03.10].

4. Faculty on Facebook: Privacy concerns raised by suspension, Jack Stripling, USA Today, www.usatoday.com/news/education/2010-03-02-facebook-professors_N. htm; 2010 [Zugriff 03.03.10].

5. Rafe N, CNet News. How to fix Facebook's new privacy settings, http://news.cnet.com/8301-19882_3-10413317-250.html; 2009 [Zugriff 03.03.10].

6. Wesley F. The Hack the Planet Manifesto, http://hack-the-planet.felter.org/meta/manifesto.html; 1998 [Zugriff 04.03.10].

7. 17 Postal Service employee Social Security numbers end up on Internet, Ron Ingram, Herald Review, www.herald-review.com/news/local/article_ff02815e-b982-518d-87be-543ec55ce693.html; 2004 [Zugriff 03.03.10].

8. APPLE INC Search Results, United States Securities and Exchange Commission, http://sec.gov/cgi-bin/browse-edgar?action=getcompany&CIK=0000320193&owner=exclude&count=40 [Zugriff 03.03.10].

9. Richard B. Expert Opinion on Microsoft Source Leak, TaoSecurity, http://taosecurity.blogspot.com/2004/02/expert-opinion-on-microsoft-source.html; 2004 [Zugriff 03.03.10].

10. Windows Source Leak Traces Back to Mainsoft, Nate Mook, BetaNews, www.betanews.com/article/Windows-Source-Leak-Traces-Back-to-Mainsoft/1076674118; 2004 [Zugriff 03.03.10].

11. ViperLabs. Speaking at DefCon 17!, www.viperlab.net/wordpress/?p=124; 2009 [Zugriff 04.03.10].

12. SHODAN: Cracking IP Surveillance DVR, Praetorian Prefect, http://praetorianprefect.com/archives/2009/12/shodan-cracking-ip-surveillance-dvr/; 2009 [Zugriff 04.03.10].

13. Matthew K. Every Contact Leaves a Trace, http://mechanismsbook.blogspot.com/2008/06/every-contact-leaves-trace.html; 2008 [Zugriff 21.03.10].

Kapitel 2

Scan

In Kapitel 1, »Erkundung«, war unser Thema, wie Ziele gefunden und ausgekundschaftet werden. So können Angreifer lohnenswerte Ziele entdecken. In der Scanning-Phase des Angriffs gehen sie einen Schritt weiter und wählen mögliche Angriffsbereiche ihres Zieles aus. Dazu gehört, die Verteidigungsvorkehrungen des Ziels abzuklappern, um nach kleinen Löchern in der Rüstung zu suchen, die man für einen späteren Angriff verwenden kann. Dies ist auch die erste Phase, in der das Ziel erkennen kann, dass es angegriffen wird – vorausgesetzt, das Ziel hat entsprechende Sicherheitsvorkehrungen installiert.

WARDRIVING

Anatomie eines Hacks

Für seine Hamstergewohnheiten bot die Rostlaube massig Platz, und außerdem hatte er in den vergangenen Jahren auch alle möglichen mobilen Computerteile im Wagen verbaut. Beim Fahren schaute er kaum auf die Straße, während er seinen alten Laptop einschaltete. Der Toshiba Libretto war auf das Armaturenbrett geschraubt. Bob hatte sich angewöhnt, so oft wie möglich Wardriving zu machen. Er war ständig auf der Suche nach offenen WLANs, und dieser Tag war ideal dafür, die neue Antenne auszuprobieren, die er am Vorabend installiert hatte. (*Seite 57*)

Der Begriff Wardriving mag sich anhören, als gehöre es zum Wortschatz der Pendler auf dem Kölner Ring. Aber damit ist die Suche nach Funknetzwerken (Wireless Networks) innerhalb eines bestimmten Bereichs gemeint. Wie der Name schon sagt, fährt man dabei in einer bestimmten Gegend herum, während mit einem Laptop mit WLAN oder einem anderen Funknetzgerät nach

Wireless Access Points gescannt wird. Alle Wireless Access Points werden in einer Datenbank mit GPS-Koordinaten gespeichert, um später bei Bedarf darauf zugreifen zu können.

Wardriving ist ein wesentlicher Teil eines Angriffs gegen ein Unternehmen und ein zentraler Teil unserer Story. Für Bob und Leon gehört es zu ihrem *Capture the Flag*-Wettkampf, in Houston Wardriving zu machen: Sie sind auf der Suche nach offenen Wireless Access Points und Netzwerken, um darin CyberBob-Flags zu verstecken. Bei diesem Wardriving entdecken sie den Access Point »F0RB1DD3N« und verstricken sich in ihr tödliches Abenteuer.

Exploit-Techniken

Beim Wardriving geht es darum, einen Bereich gründlich zu scannen und jedes Detail aller entdeckten Funknetzwerke aufzuzeichnen. Zu diesem Zweck gibt es abhängig vom jeweiligen Ziel eine ganze Reihe von Tools, zu denen auch die in das Betriebssystem integrierten Tools für die Funkverbindung gehören. Manche wollen nur wissen, ob ein Funknetzwerk in diesem Bereich immer noch zu empfangen ist, und dessen Reichweite und Standort durch Verfolgen der Signalstärke feststellen. Ein Angreifer kann allerdings auch Hunderte von offenen oder verschlüsselten Wireless Access Points aufzeichnen und sie geografisch auf einer Satellitenkarte eintragen.

Scans durch das Betriebssystem

Anatomie eines Hacks

»Ich zeige Ihnen das mal.« Jonathan öffnete das Fenster für die Drahtlosnetzwerke auf seinem Windows XP-System und klickte auf »Verfügbare Drahtlosnetzwerke anzeigen«. Die drei beobachteten, bis ein leeres Fenster ausgegeben wurde. »Rein gar nichts. Ich bin ein wenig überrascht, weil ich in letzter Zeit auch gar nichts von irgendwelchen anderen Büros hier herum empfangen habe.« (*Seite 112*)

In der Story setzt Jonathan die in Windows XP integrierte Software für die Funknetzwerkverbindung ein, um die Umgebung seiner Firma nach Funknetzwerken zu scannen. Das wäre als Maßnahme geeignet, wenn die Wireless Access Points ihre Anwesenheit in die nähere Umgebung sendeten. Allerdings hat Vlad etwas weiter vorn in der Story Michael explizit angewiesen, den Netzwerknamen des Wireless-Routers (SSID) zu ändern und das Public Broadcasting abzuschalten. Der Wireless-Scan von Jonathan ist unzureichend, weil das Erkennungssystem von Windows für Funknetzwerke keine Access Points bemerkt, bei denen das Broadcasting abgeschaltet ist. Jonathan könnte fast mit der Nase auf den aktiven Wireless Access Point stoßen, aber weil er das falsche Tool einsetzt, merkt er es nicht. Tools wie Kismet und NetStumbler, die Live-Netzwerke erkennen können, hätten das Vorhandensein des Netzwerks feststellen können.

Kismet und NetStumbler

Anatomie eines Hacks

»Ihr bekommt zwanzig Rätsel, die gelöst werden müssen. In jedem steckt ein Hinweis auf den Standort des ungesicherten Access Points. Alle Flags befinden sich innerhalb der Stadtgrenzen von Houston, um die Vororte braucht ihr euch also nicht zu kümmern. Ihr könnt selbst entscheiden, welche Ausrüstung ihr nehmt. Ich empfehle euch ein gutes GPS, eine gute externe Antenne und Netstumbler.« (*Seite 61*)

Bob und Leon beobachteten, wie auf dem Bildschirm des Librettos ein WLAN nach dem anderen erschien.

»Funktioniert davon eins?« Bobs Tonfall klang fast nach Beschwerde, als er auf NetStumbler zeigte.

»Ich weiß es noch nicht. Lass mich mal mit Kismet schauen. Man sieht einfach nicht genug, wenn man bloß mit NetStumbler arbeitet.« (*Seite 70*)

Anders als die in ein Betriebssystem integrierten Tools sind Kismet und NetStumbler zwei speziell dafür entwickelte Applikationen, lokale Funknetzwerke zu erkennen und zu analysieren. Zwar dienen beide dem gleichen Zweck, aber jede Applikation kommt auf ihre eigene Weise zum Ziel.

Kismet ist ein kostenloser Wireless-Scanner, erhältlich unter *www.kismet-wireless.net*. Dieses in erster Linie auf UNIX basierende Tool ist auch in Varianten für Linux, Mac OS X und BSD erhältlich. Es gibt zwar auch eine Windows-Version, aber aufgrund der Art, wie die meisten Funk-Gerätetreiber für Windows geschrieben sind, funktioniert sie nur mit einem AirPcap-Gerät vollständig (*www.cacetech.com*).

Das Einzigartige an Kismet ist, dass es passiv scannt. Kismet kann still und leise seine Umgebung überwachen, ohne Pakete an Wireless Access Points zu senden und dadurch seine Anwesenheit verraten. Kismet kann auch Traffic protokollieren, der ein offenes Funknetzwerk durchquert, und zwar in einer binären PCAP-Capture-Datei, die einfach mit Wireshark zu überprüfen ist.

Dagegen sondiert NetStumbler aktiv lokale Wireless Access Points, um Informationen von ihnen zu sammeln. Wie Kismet ist NetStumbler kostenlos, erhältlich unter *www.netstumbler.com* oder *www.stumbler.net*. Allerdings ist seine größte Einschränkung, dass es nur unter älteren Windows-Betriebssystemen läuft. Windows XP und Windows 2000 sind die letzten unterstützten Systeme. Mit Stand Februar 2010 wird weiter an der Entwicklung gearbeitet, NetStumbler kompatibel zu Windows Vista und Windows 7 zu machen, aber ein Veröffentlichungsdatum ist noch nicht in Umlauf. Obwohl NetStumbler als Applikation fürs Funknetzwerk-Scanning wohlbekannt ist, sind seine Resultate nicht so detailliert oder umfassend wie bei anderen Applikationen. Von daher schlägt Leon in der Story vor, lieber Kismet zu nehmen.

Als positiver Nebeneffekt für die Unfähigkeit von NetStumbler, unter modernen Betriebssystemen zu laufen, sind mittlerweile viele alternative Tools erschienen, z.B. inSSIDer von *www.metageek.net*. inSSIDer scannt die lokale Umgebung nach Wireless Access Points und trägt sie in einer leicht lesbaren Tabelle ein, dazu auch Graphen über Signalstärke (siehe Abb. 2.1).

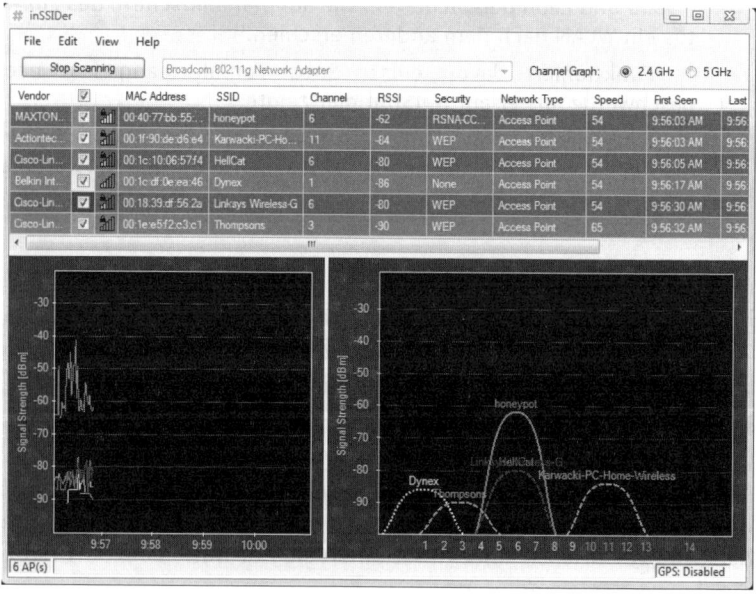

Abbildung 2.1: inSSIDer Wireless Network Scan

WiFiFoFum

Anatomie eines Hacks

Bob ließ auf seinem iPaq WiFiFoFum laufen. Mit dieser Software konnte er sich wie auf einem Radar die Wireless Access Points in diesem Bereich anzeigen lassen. (*Seite 127*)

WiFiFoFum ist ein anderer Wi-Fi-Scanner, mit dem man Wireless Access Points erkennen kann (erhältlich unter *www.aspecto-software.com/rw/applications/wififofum*). Anders als die anderen hier aufgeführten Applikation ist er für Pocket PC-Geräte wie das iPaq und andere mobile Geräte gedacht. Er wurde auch auf moderne Handhelds wie das iPhone von Apple portiert. Allerdings wurde es wegen der undokumentierten Aufrufe für das iPhone-API (Application Program Interface) im März 2010 aus dem Apple App Store[1] genommen.

Das radarähnliche Display, von dem in der Story gesprochen wird, sehen Sie in Abb. 2.2.

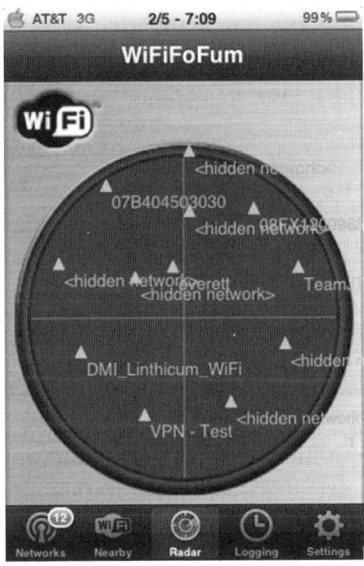

Abbildung 2.2: WiFiFoFum Wireless Radar Scan

Gehackte Funknetzverschlüsselung

Es ist nur die halbe Miete, einen lokalen Wireless Access Point zu lokalisieren, außer natürlich der Access Point ist offen, hat keine Verschlüsselung und verteilt bereitwillig an jeden eine IP-Adresse, der die Verbindung mit ihm aufbauen will. Doch auch für korrekt gesicherte Wireless Access Points ist es immer noch möglich, die Sicherheitsimplementierung anzugreifen, um die sicheren Passwörter zu bestimmen, die von autorisierten Laptops für die Verbindungsaufnahme genutzt werden.

Als die Wireless-Sicherheit zuerst implementiert wurde, einigte man sich auf den WEP-Standard (Wired Equivalent Privacy). Er bekam sogar einen korrekten sicheren Namen, der suggeriert, als wäre seine Verwendung so sicher wie eine direkte Kabelverbindung des Systems mit dem Router. Das erwies sich im Laufe der Jahre aber als falsch.[2] Die WEP-Sicherheit wurde einige Jahre nach der Implementierung einfach geknackt und wird nun als veraltet betrachtet. Aber wie Ihnen in Abbildung 2.1 vielleicht aufgefallen ist, bleibt dieser Standard unter den Konsumenten immer noch verbreitet. Wenn Sicherheitsprotokolle zur Auswahl angezeigt werden, wählt ein naiver Nutzer einfach den ersten gezeigten oder den, der am einfachsten zu konfigurieren ist. Das Problem wird weiter verkompliziert durch Hardware-Geräte, die nur auf WEP-Sicherheit beschränkt sind, z.B. ältere Laptops und der Nintendo DS und DS Lite.

Schließlich wurde Wi-Fi Protected Access (WPA) als Nachfolger von WEP veröffentlicht, aber der konnte ebenso einfach geknackt werden. Während WPA2 mit Advanced Encryption Standard (AES) das aktuell empfohlene Sicherheitsprotokoll ist, wird auch der Tag kommen, an dem es gehackt wird. Das könnte allerdings noch viele Jahre dauern.

T.J. Maxx-Exploit Bei einer Diskussion der Wireless-Sicherheit sollte man auf den Angriff gegen T.J. Maxx verweisen. Dieser Wireless-Einbruch führte zu einem der größten Lecks von Kreditkarteninformationen. 2005 fand eine Hackergruppe unter Leitung des bekannten Computerkriminellen Albert Gonzalez[3] durch Wardriving auf den Highways von Miami[4] in einer Filiale der Kaufhauskette T.J. Maxx einen nicht autorisierten, schlecht gesicherten Wireless Access Point. Sie schlachteten die schlechte Sicherheit fast zwei Jahre aus, bevor sie verhaftet wurden, und sammelten dabei über 45 Millionen Kreditkarten- und Debitkartennummern. Selbst nach dem öffentlichen Aufschrei über Millionen von gestohlenen Kreditkartennummern fand man ein Jahr später heraus, dass in der gleichen Filiale immer noch eine laxe Wireless-Sicherheit herrschte. Die ganze Situation hätte vermieden werden können, wenn T.J. Maxx in seinen Geschäften Wi-Fi-Audits durchgeführt und sich um korrekte Sicherheit gekümmert hätte. Stattdessen blieb die Sicherheit schlecht, und man entließ Mitarbeiter, die darauf hinwiesen.[5]

Funknetzwerke der Polizei

Anatomie eines Hacks

Auf dem Display wurden die Signalquellen von Funknetzwerken dargestellt und deren Abstand berechnet. Die Houstoner Polizei benutzte wie auch andere im Land Funksignale zwischen ihren Streifenwagen und den auf Ampeln montierten Repeater-Stationen. Über das resultierende Netzwerk bekamen sie einen Datenlink mit dem Hauptquartier in Hochgeschwindigkeit. Damit konnten sie Kfz-Kennzeichen nachschlagen oder auf Videos von bestimmten öffentlichen Überwachungskameras zugreifen. Problematisch an diesem System war, dass nicht berücksichtigt wurde, wie leicht das Funksignal zu erkennen war. Trotz der Verschlüsselung verriet es doch die Gegenwart der Polizei. Auch wenn sie sozusagen wie U-Boote auf »Schleichfahrt« waren, sandten sie ein Wi-Fi-Netzwerksignal aus. (*Seite 127*).

Aufgrund des wachsenden Bedarfs der Polizei, schnell auf Informationen zugreifen zu können, bekommen viele Streifenwagen High-Tech-Upgrades. Maßgeschneiderte Laptop-Halterungen und stabile Laptops werden in Tausenden von Streifenwagen in den USA in fast jeder großen bundesstaatlichen und lokalen Behörde eingesetzt. 2009 hatte ich die Möglichkeit, eine Tour durch die Anlagen der Brekford Corporation (Maryland) zu machen, die integrierte Computersysteme für Strafverfolgungsbehörden entwickelt. Durch diese Systeme greifen die Polizisten über einen stabilen Laptop der Marke Panasonic Toughbook auf Informationen zu. Sie lesen Informationen mit einem integrierten Strichcodescanner direkt vom Führerschein ab und übermitteln diese an einen zentralisierten Server, um bekannte Pseudonyme oder ausstehende richterliche Verfügungen abzufragen. Tippfehler bei der Eingabe in Computer sind praktisch eliminiert, und mit einem neuen elektronischen Ticketing-System werden Formulare automatisch ausgefüllt, wobei über eine Gegenverifizierung Vorladungsfehler reduziert werden.

Zwar ist die Technologie einwandfrei und bei den Kollegen der Strafverfolgung dringendst nötig, aber problematisch ist die Übermittlung dieser Daten zwischen dem Streifenwagen und den zentralisierten Servern. Während die meisten Großstädte mit VPN-Tunneln über eine Mobilfunk-Breitbandverbindung arbeiten, gibt es immer noch viele Gegenden, in denen Standard-Wi-Fi-Bridges genutzt werden, um den Laptop im Wagen mit dem Mobilfunk-Breitbandnetzwerk zu verbinden. Ein Beispiel aus der Welt der Verbraucher ist der *Autonet Mobile WiFi*-Router, der in jedes beliebige Fahrzeug eingebaut werden kann. Damit schafft er einen kleinen, mobilen Wi-Fi-Hotspot, der sich über ein Mobilfunk-3G-Signal mit dem Internet verbindet. So hat jedes Gerät bzw. jeder Laptop im Einzugsbereich des Fahrzeugs Internetzugang. Andere Low-Tech-Lösungen platzieren einen einfachen Wi-Fi-Transmitter ins Fahrzeug, der dann in der ganzen Stadt die Konnektivität mit Wi-Fi-Repeatern aufbaut.

In unserer Story ist es diese Art von Gerät, das Bob im Parkhaus aufs Korn nimmt. Mit einem Wi-Fi-Scanner sucht er nach dem verräterischen Wi-Fi-Signal, das von den örtlichen Streifenwagen verwendet wird. Weil er auf seinem Display nichts sieht, kann er daraus schließen, dass in dem Bereich keine Polizei zu finden sei.

Wardriving

Best Practices

Eine Wireless-Präsenz in der Firma einzurichten, ist nichts für Leute mit schwachen Nerven. Auch wenn alle Abteilungen Ihrer Organisation dem vollständig zustimmen, ist dafür eine ausführliche Entwicklung, Überprüfung und Überwachung erforderlich, um das Funknetzwerk gegen Angriffe abzusichern. Es sprengt den Rahmen dieses Buches, Hilfestellung für die Installation eines Funknetzwerks zu geben. Allerdings werden wir Ihnen einige Best Practices nennen, die Sie berücksichtigen sollten, wenn Sie mit den Teams für Sicherheit und Netzwerk an der Bereitstellung einer Funknetzwerklösung arbeiten.

Anmerkung

Auch wenn Ihre Firma kein Funknetzwerk hat, sollten Sie diesen Abschnitt nicht überspringen. In Ihren Richtlinien sollten Sie Wireless Access Points innerhalb des Firmengeländes verbieten. Sie sollten auch regelmäßige Wireless-Audits mit den hier beschriebenen Tools durchführen, um zu sehen, ob Sie auch so ein faules Ei wie Michael Resol im Büro haben.

Sicherheit der Funknetzwerke

Wenn Sie ein Funknetzwerk einrichten, brauchen Sie nicht mühsam einen eigenen Weg bahnen. Es gibt etablierte Richtlinien und Fallstudien für praktisch alle Business-Segmente, um Ihnen bei diesem Procedere zu helfen. Wer im kommerziellen Sektor tätig ist, kann sich zur Konformität an PCI (Payment Card Industry) und dessen Richtlinien orientieren, z.B. deren Data Security Standards (DSS). Rüstungsfirmen müssen mit der Direktive 8100.2 des amerikanischen Verteidigungsministeriums konform gehen. Suchen Sie also für Ihr Unternehmen die aktuelle und passende Richtlinie. Ein guter Startpunkt für Deutschland ist die Website des Bundesamtes für Sicherheit in der Informationstechnik (*www.bsi.bund.de*).

Wenn Sie eine Körperschaft auf Unternehmensebene leiten oder davon träumen, so etwas aufzubauen, dann sollten Sie ein 802.1x-Authentifizierungssystem implementieren. Dieses System gibt jedem Nutzer ein digitales Gerätezertifikat, mit dem es innerhalb der Netzwerkzugangskontrollen als valides System authentifiziert wird. Alle Funknetzwerke sollten auf jeden Fall mit WPA2 mit aktiviertem AES verschlüsselt werden. Eine solche Konfiguration kann mit der Erstellung eines RADIUS-Servers umgesetzt werden, um alle Wireless-Nutzer in Ihrem Netzwerk zu authentifizieren und zu tracken. Der heutzutage beliebteste RADIUS-Server ist kostenlos und heißt FreeRADIUS (*http://freeradius.org*).

Kompatibilität der Hardware

Eine der größten Hindernisse für die Sicherheit von Funknetzwerken ist in vielen Umgebungen die noch vorhandene alte Hardware. Viele Unternehmen nutzen immer noch alte Laptops und proprietäre Geräte, die nur WEP- oder WPA-Sicherheitsprotokolle kennen. In einem modernen Netzwerk reicht das einfach nicht aus. Das kann man nur umgehen, wenn man entweder das Gerät austauscht oder die Onboard-Wireless-Vorrichtungen deaktiviert und eine moderne Wireless-Karte installiert.

Im Falle von proprietären Geräten befinden Sie sich möglicherweise in der Zwickmühle. In manchen Fällen unterstützt der Hersteller das Equipment nicht mehr und versucht, Ihnen extrem kostspielige Upgrades aufzudrücken, um Ihr Unternehmen konform zu machen. In den meisten Fällen können Sie daran nichts ändern, außer die Kosten zu zahlen, damit Ihr Geschäft weiterläuft. Achten Sie auf jeden Fall darauf, dass heute gekaufte Geräte mindestens zu WPA2 kompatibel sind.

ZUSAMMENFASSUNG

Jede Firma in der Welt ist durch Wardriving gefährdet, auch wenn sie offiziell keine Funknetzwerktechnologie einsetzt. Wie im Buch gezeigt, kann ein Mitarbeiter auch seinen eigenen Wireless Access Point mitbringen und damit Schwachstellen für Ihr internes Netzwerk schaffen. Ein fähiger Netzwerkadministrator sollte bei der Sicherheit von Funknetzwerken ständig wachsam sein, auch wenn das bedeutet, regelmäßig nach Geräten zu suchen, die Funksignale in Ihrem Netzwerk senden, wo es aber keinen Traffic geben sollte.

Wir haben einige Möglichkeiten angesprochen, wie man feststellt, ob es einen Wireless Access Point oder ein entsprechendes Gerät in Reichweite gibt. Mit den Wireless-Tools des Betriebssystems bekommen Sie eine einfache Übersicht über die meisten Funknetzwerke in Reichweite, aber eben nur eine Momentaufnahme. Sie können nicht die technischen Informationen liefern, die ein guter Forscher zur Erkennung eines Funknetzwerks braucht. Arbeiten Sie stattdessen mit Tools wie Kismet, NetStumbler und inSSIDer. Kismet saugt still und heimlich Informationen aus den Funkwellen, während die anderen Tools aktiv mit Wireless Access Points sprechen, um Informationen von ihnen abzufragen. Mit Applikationen für mobile Geräte wie WiFiFoFum kann man einen Bereich schnell und einfach scannen, ohne zuviel Aufmerksamkeit auf sich zu ziehen – verglichen damit, dass jemand um ein Gebäude herum läuft und auf seinen aufgeklappten Laptop starrt.

Wenn ein Netzwerk gefunden wurde, können die Angreifer dann viele Angriffe auf die verwendete Sicherheit loslassen, vor allem, wenn dieses Netzwerk solch archaische Sicherheitsprotokolle wie WEP oder WPA einsetzt.

Wenn es Ihnen nicht gelingt, Ihr Netzwerk ausreichend zu schützen, kann das zu massivem Eindringen führen, zum Verlust von Kundendaten und möglicherweise später auch zum Verlust Ihrer Firma komplett.

Wenn eine Firma mit einer Wireless-Infrastruktur arbeitet, sollte sie mit WPA2 mit AES-Verschlüsselung arbeiten, um ihr Netzwerk von den meisten Angriffsformen zu schützen. Administratoren sollten auch erwägen, ein auf Zertifikaten basierendes Authentifizierungssystem wie einen RADIUS-Server einzusetzen, um ihre Netzwerke vor unbekannten Geräten zu schützen.

WEITERE INFORMATIONEN

Ein starkes Funknetzwerk aufzubauen, das einem routinemäßigen Wardriving und Angriffen standhält, ist ein schwieriges Unterfangen. Es gibt viele drastische Veränderungen, die für Ihre Infrastruktur und Firmenrichtlinien erforderlich sein können. Auch auf Hacker-Seite verändert sich die Technologie rapide, um mit den Änderungen der Funknetzwerktechnologie mitzuhalten. Weitere Informationen über dieses Thema finden Sie in den folgenden Publikationen, die die Sicherheit von Funknetzwerken eingehender erörtern.

- *WarDriving and Wireless Penetration Testing* (ISBN: 978-1-59749-111-2, Syngress)
- *Kismet Hacking* (ISBN: 978-1-59749-117-4, Syngress)

WIRELESS-SCANNING ÜBER DISTANZ

Anatomie eines Hacks

»Los jetzt! Ich hab gestern Abend die neue direktionale Antenne installiert. Ich will wissen, ob die besser funktioniert als die Pringles-Dose.« (*Seite 58*)

Im vorigen Abschnitt haben wir uns mit den Grundlagen von Wardriving beschäftigt, um Wireless Access Points zu lokalisieren. Das erledigt man manchmal mit einem einfachen Laptop und eingebauter Antenne und fängt damit Signale in einem Umkreis von bis zu 130 Meter auf. Hier in unserer Story wollen Bob und Leon die Grenze erweitern, bis zu der sie ein Funknetzwerk erkennen können. Dazu nehmen sie eine direktionale Antenne, die auf ein spezielles Ziel gerichtet werden kann. Bob erwähnt, dass er ausprobieren will, ob die neue Antenne besser funktioniert als ihre alte Pringles-Dose. Viele werden das als Scherz auffassen, doch Antennen aus Pringles-Dosen sind zum Symbol für das Wireless-Scanning über lange Strecken geworden.

Exploit-Techniken

Langstrecken-Scanning von Funknetzwerken baut auf den Wardriving-Fähigkeiten auf. Die gleichen Tools kommen ins Spiel – mit den gleichen Einschränkungen. Allerdings geht es in diesem Fall um Entfernungen von mehreren Hundert Metern oder gar Kilometern. Eine der längsten Strecken für eine Wi-Fi-Verbindung beträgt 383 Kilometer, aber dafür war eine Spezialausrüstung erforderlich und eine direkte Sichtlinie für die gesamte Distanz.[6] Die hier verwendeten Technologien sind eher Low-Tech, aber auch so können Eindringlinge sich immer noch sehr weit weg von ihrem Ziel und von irgendeiner physischen Überwachung befinden.

Cantennas

In der Story wird davon gesprochen, eine Dose (engl. *can*) Pringles als direktionale Antenne einzusetzen. Bei der Pringles-Dose wurde bei Experimenten entdeckt, dass sie eine der besten Kanäle für die meisten Langstreckenverbindungen darstellt. Allerdings reicht auch eine Tomatendose, wenn Sie nichts anderes haben. Jede Blechbüchse kann als »Cantenna« dienen, solange der Wireless-Radiator an der richtigen Stelle montiert ist.

Eine detaillierte Liste von Instruktionen mit Online-Rechner für die Berechnung der besten Bohrlöcher finden Sie unter *http://support.jefatech.com/cantenna* (deutsch unter *https://wiki.opennet-initiative.de/wiki/Bauanleitungen*). Die Firma JefaTech stellt Bauanleitungen bereit und verkauft auch für weniger bastelfreudige Hacker eigene Plug-and-Play-Bausätze für Cantennas.

Yagi-Gewehre

> #### Anatomie eines Hacks
>
> »Ich habe gedacht, ich fange mal bei 0hm und M00d1mus an. Sie haben an einem Yagi-Gewehr gearbeitet, mit dem wir ein Langstrecken-Hookup für ein WLAN machen können.« (*Seite 139*)

Kombiniert man den Enthusiasmus der Hacker-Kultur mit dem Bedarf an mobilen Wi-Fi-Geräten für Langstrecken, kommen dabei interessante Apparaturen heraus, die man *Yagi-Gewehre* oder *Yagi-Rifles* nennt. Mit diesen Apparaturen kann man weit entfernte Wireless Access Points erreichen und sieht dabei gleichzeitig noch cool und tödlich aus. Yagi-Gewehre gibt es in verschiedenen Ausführungen. Eines der bekanntesten ist die Sniper Yagi von Mike Messick (Cowboy Man), die er 2004 auf die Welt losgelassen hat. Wie berichtet und auch von seinem Schöpfer bestätigt[7], basiert dieses Gewehr auf einem handelsüblichen M16-Sturmgewehr, dessen Lauf durch eine 14.6 dBi-

Antenne für Wi-Fi-Verbindungen ersetzt wurde. Seine Schöpfung beeinflusste direkt das in unserer Story verwendete Gewehr. Es ist ein effektives Distanz-Wi-Fi-Gerät, das wie eine echte Waffe aussieht und sich auch so anfühlt.

Ein anderes beliebtes Yagi-Gewehr ist die BlueSniper, obwohl sie auf Bluetooth ausgelegt ist. Sie wurde von einer privaten Ideenfabrik namens Flexilis gebaut (jetzt Lookout, *www.mylookout.com*) und auf der DEFCON 2004 vorgestellt.[8]

Im Laufe der Zeit sind Yagi-Gewehre immer komplexer geworden und haben mehr Funktionalitäten bekommen. Bei der ShmooCon 2010 stellte John Dunning, auch bekannt unter seinem Handle .ronin von *www.Hack-FromACave.com*, sein neu konstruiertes Yagi-Gewehr namens VERA-NG vor, was für *Very Eccentric Radiofrequency Antenna – Nerf Gun* steht. Sie besteht aus zwei Pringles-Dosen für WiFi- und Bluetooth-Verbindungen, einem GPS-Receiver und einem montierten Tablet-Pocket-PC. Und das Beste: Damit kann man echte Nerf-Kugeln verschießen, und es hat eine eingebaute Taschenlampe für den Kampf in geschlossenen Räumen. Nerf ist ein amerikanischer Hersteller für kindersicher gestaltete Schaumstoffwaffen, die Schaumstoffkugeln abschießen können. John stellt uns sein Mehrzweckgewehr in Abb. 2.3 vor. Weitere Details über dieses Gewehr finden Sie unter *www.hackfromacave.com/projects/vera-ng.html.*

Abbildung 2.3: John Dunning mit der VERA-NG

Best Practices

Gegen Wi-Fi-Scanning aus der Distanz können Sie sich nur wehren, indem Sie die Stärke Ihres Funksignals reduzieren. Abgesehen davon ist es am besten, Ihr Netzwerk mit einer guten Funknetzsicherheit auszustatten.

Sie sollten, wie bereits im Abschnitt über Wardriving erwähnt, Ihr Funknetzwerk abhängig von Ihrer Branche und der Sensibilität der in Ihrem Netzwerk vorhandenen Daten absichern und sich dabei der allgemein anerkannten Richtlinien bedienen. Für standardmäßige Heim- und SOHO-Netzwerke sollte eine mit WPA2-AES verschlüsselte Verbindung Ihr Netzwerk recht gut sichern. Bei Unternehmensnetzwerken sollten Sie einen Server einer Zertifizierungsstelle wie einen RADIUS-Server installieren.

ZUSAMMENFASSUNG

Typisches Wardriving stellt für sich genommen schon eine Bedrohung dar, aber Unternehmen können sich selbst schützen, indem sie die Signalstärke ihrer Router begrenzen, darauf achten, dass das Signal nicht auf Parkplätze abgestrahlt wird, und außerdem Überwachungskameras einsetzen, um Wardriver zu beobachten. Allerdings wird es durch die Existenz von Cantennas und Yagi-Gewehren extrem schwierig, Ihr Netzwerk mit technischen Mitteln zu schützen. So muss den Sicherheitsvorkehrungen für das Funknetzwerk mehr Beachtung geschenkt werden, damit keine nicht-autorisierten Funknetzgeräte Zugang bekommen.

WEITERE INFORMATIONEN

Bei der Nutzung von modernen Distanz-Funknetzen kämpfen Technologie und Einfallsreichtum gegeneinander. Wenn sich der Stand der Technik verbessert, wird es für Verbraucher einfacher und preisgünstiger, eigene Distanzgeräte zu implementieren. Damit Sie sich über die Forschungen und Wettkämpfe informieren können, die sich in diesem Feld tummeln, geben wir ein paar Websites an.

- Long Range Wi-Fi Guide: www.ab9il.net/wlan-projects/wifi1.html
- DEFCON WiFI Shootout 2005: www.unwiredadventures.com/unwire/2005/12/defcon_wifi_sho.html

SCANNING-TOOLS

Anatomie eines Hacks

»Da scannt mich gerade jemand!« Bob nahm seine Hände schnell von der Tastatur, als stünde sie unter Strom. (*Seite 75*)

Nach Durchführung der grundlegenden Schritte für eine Erkundung, um ein Ziel zu lokalisieren und seine Netzwerk- und Anlagenstandorte aufzudecken, wird ein Angreifer sich an das Scannen des Netzwerks machen, um zu sehen, welche Schätze zu finden sind. Unternehmensnetzwerke weisen normalerweise mehrere nach außen gerichtete Server auf, die konstant nach eingehenden Verbindungen lauschen. E-Mail-Server, Webserver, FTP-Server und sogar Chat-Server sitzen bereit und willig da und warten auf einen einsamen Client, der vorbeikommt und mit ihnen chattet.

Exploit-Techniken

Im Internet gibt es eine Vielzahl von Tools, die Ihnen beim Scannen eines Netzwerks helfen, um dort nach verfügbaren und aktiven Systemen und Diensten zu suchen. Mit diesen Tools kann ein Angreifer innerhalb eines bestimmten Netzwerks oder gar im gesamten Internet nach aktiven Hosts suchen. Man kann damit auch einzelne Hosts ins Visier nehmen und feststellen, welche Dienste darauf laufen, und außerdem das Betriebssystem erkennen. Trotz der überwältigenden Anzahl der verfügbaren Scanner werden wir uns hauptsächlich auf die in der Story verwendeten konzentrieren.

SuperScan

Anatomie eines Hacks

Bob kehrte zu seinem »T00Lz«-Ordner zurück und klickte auf das SuperScan-Icon. (*Seite 72*)

Der Netzwerk-Scanner SuperScan wurde von Foundstone entwickelt, einer Abteilung von McAfee (zu finden unter *www.foundstone.com/us/resources/proddesc/superscan.htm*). Mit SuperScan lässt sich feststellen, welche Computer und Dienste in einem Netzwerk vorhanden sind. Das ist so, als ginge man in ein Bürogebäude und klopfe an alle Türen, um festzustellen, welche Geschäfte geöffnet haben. Aber da sollte man nicht aufhören: Natürlich wollen Sie auch wissen, welche Dienste jedes Geschäft anzubieten hat.

SuperScan durchläuft einen ganzen Block IP-Adressen, um festzustellen, ob dort jeweils ein Host aktiv und gestartet ist. Wenn ja, prüft es alle verfügbaren Netzwerkports, um zu sehen, welche externen Dienste auf dem System laufen. Die Resultate werden dann aufgelistet und zeigen alle aktiven IP-Adressen, deren Hostnamen und eine Liste der verfügbaren, lauschenden Ports (siehe Abb. 2.4). In diesen Ergebnissen werden Sie informiert, ob ein bestimmter Server ein FTP- oder ein Webserver ist. In der Welt der Netzwerk-Exploits kann man damit feststellen, welche Hosts für Angriffe anfällig sind.

In unserer Story startet Bob SuperScan zur Prüfung des 3DNF-Netzwerks, um festzustellen, welche Hosts im Netzwerk aktiv sind. Leon hält Bob vor, dass das Tool möglicherweise zu aggressiv ist, weil es bestimmt bei den meisten Netzwerk-IDS-Geräten (Intrusion Detection System) einen Alert-Flag auslöst. Bob gibt trocken zurück, wenn die Firma so blöde sei, einen offenen Access Point zu haben, dann hätte sie auch keine Ahnung, wie man auf einen SuperScan achtet. Das entbehrt nicht einer gewissen Logik. Zwar kannte die Firma in unserer Story den offenen Access Point nicht, doch sie war gut genug ausgerüstet, um den SuperScan zu erkennen.

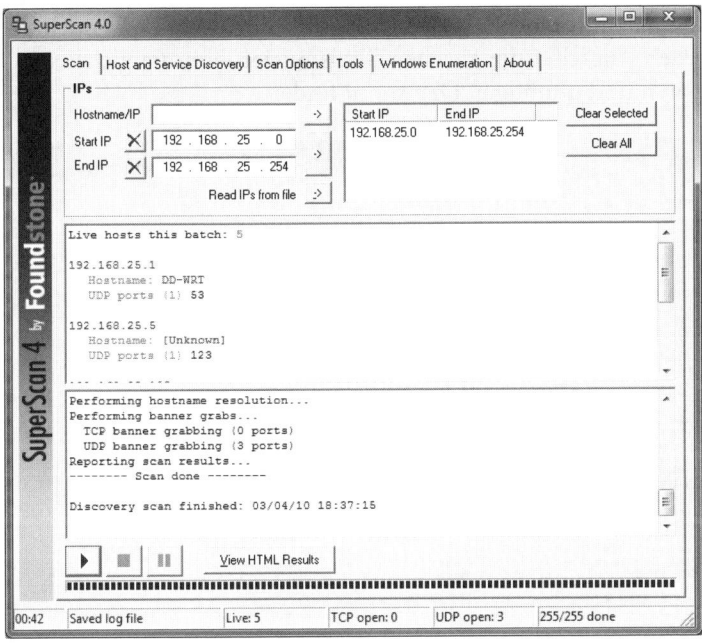

Abbildung 2.4: Resultate von SuperScan

Nmap

Anatomie eines Hacks

> Ein paar Klicks, und er hatte das Menü gefunden und Nmap auf seinem Rechner gestartet. Er tippte das Wireless-Subnetz 192.168.1.x ein, über das er mit dem 3DNF-Netzwerk verbunden war, und begann seinen Scan. Wenige Sekunden später erschienen auf der Liste zwei andere Computer, die dort nicht hätten sein sollen. (*Seite 74*)

In allen Erörterungen von Netzwerk-Portscannern wird Nmap stets als eine der führenden Applikationen erwähnt. Nmap war einer der ersten, komplett ausgestatteten Netzwerk- und Portscanner und wurde seit seiner ersten Veröffentlichung 1997 kontinuierlich weiterentwickelt und verbessert. Für jedes wichtige Betriebssystem gibt es einen Release. Es ist außerdem kostenlos und Open Source, die Applikation ist inklusive Quellcode unter *http://nmap.org* erhältlich. Nmap kann auf Tausenden von Zielsystemen die Ports auflisten. Im Prinzip geht Nmap zu allen Ports eines Remote-Systems und versucht zu erkennen, ob dahinter eine Applikation auf Verbindung wartet (siehe Abb. 2.5). Profis der Informationssicherheit sollten solche Tools wie Nmap einsetzen, um auf dem Netzwerk laufende unnötige Dienste zu erkennen. Anderenfalls werden Angreifer die gleichen Tools nutzen, um die gleichen potenziell angreifbaren und unnötigen Dienste zu finden.

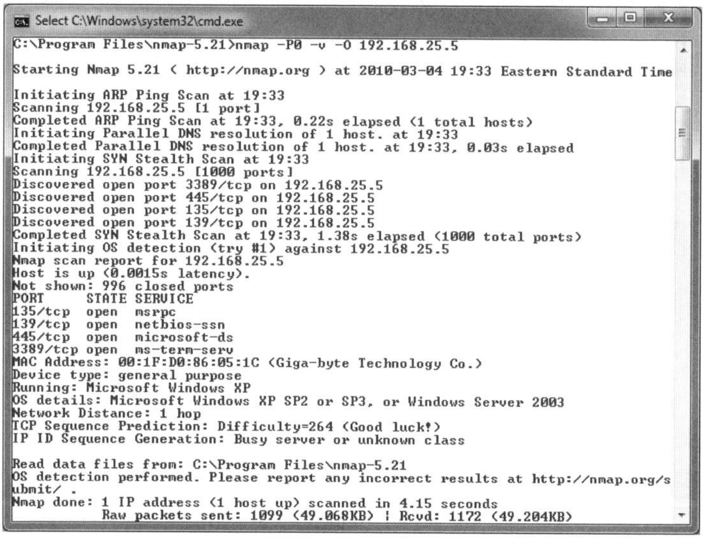

```
Select C:\Windows\system32\cmd.exe
C:\Program Files\nmap-5.21>nmap -P0 -v -O 192.168.25.5

Starting Nmap 5.21 ( http://nmap.org ) at 2010-03-04 19:33 Eastern Standard Time

Initiating ARP Ping Scan at 19:33
Scanning 192.168.25.5 [1 port]
Completed ARP Ping Scan at 19:33, 0.22s elapsed (1 total hosts)
Initiating Parallel DNS resolution of 1 host. at 19:33
Completed Parallel DNS resolution of 1 host. at 19:33, 0.03s elapsed
Initiating SYN Stealth Scan at 19:33
Scanning 192.168.25.5 [1000 ports]
Discovered open port 3389/tcp on 192.168.25.5
Discovered open port 445/tcp on 192.168.25.5
Discovered open port 135/tcp on 192.168.25.5
Discovered open port 139/tcp on 192.168.25.5
Completed SYN Stealth Scan at 19:33, 1.38s elapsed (1000 total ports)
Initiating OS detection (try #1) against 192.168.25.5
Nmap scan report for 192.168.25.5
Host is up (0.0015s latency).
Not shown: 996 closed ports
PORT     STATE SERVICE
135/tcp  open  msrpc
139/tcp  open  netbios-ssn
445/tcp  open  microsoft-ds
3389/tcp open  ms-term-serv
MAC Address: 00:1F:D0:86:05:1C (Giga-byte Technology Co.)
Device type: general purpose
Running: Microsoft Windows XP
OS details: Microsoft Windows XP SP2 or SP3, or Windows Server 2003
Network Distance: 1 hop
TCP Sequence Prediction: Difficulty=264 (Good luck!)
IP ID Sequence Generation: Busy server or unknown class

Read data files from: C:\Program Files\nmap-5.21
OS detection performed. Please report any incorrect results at http://nmap.org/s
ubmit/ .
Nmap done: 1 IP address (1 host up) scanned in 4.15 seconds
           Raw packets sent: 1099 (49.068KB) | Rcvd: 1172 (49.204KB)
```

Abbildung 2.5: Ergebnis eines Nmap-Scans

Während Pavel in der Story seine Zaubertricks durchführt, macht Andrei beim des ersten Angriffs auf 3DNF eine Pause und holt sich im Laden Zigaretten. Als er Bob und Leon hinter ihren Laptops sieht, berichtet er Pavel davon. Pavel lädt Nmap, mit dem er lieber arbeitet als mit SuperScan, und scannt das 3DNF-Netzwerk, in dem er dann Bobs Computer sieht.

Best Practices

In dieser Phase des Angriffs scannt der Eindringling einfach die Ports der nach außen gerichteten Server, um zu sehen, was eingeschaltet und aktiv ist. Wenn ein Amateur solche Tools nutzt, würde er Ihre Alert-Logs wahrscheinlich wie einen Weihnachtsbaum aufleuchten lassen, aber in den Händen eines

Experten sind sie garantiert praktisch unsichtbar. Dennoch sollten Sie auch solche Schutzvorkehrungen implementieren, um Schäden durch die große Menge von Angreifern zu verhindern, die Ihre Systeme scannen.

Intrusion Detection System

Bei einem Portscan besteht der erste Kampf darin, überhaupt zu erkennen, dass einer stattfindet. Zwar blockieren einige Tools Portscans aktiv, z.b. eine gut eingestellte Firewall oder ein Intrusion Prevention System (IPS), doch mit einem Netzwerk-IDS (NIDS) können Sie ganz einfach Log-Aufzeichnungen über Portscans prüfen, um umfassendere Regelrichtlinien zu formulieren. Wenn Sie Ihre Portscan-Logs prüfen und bemerken, dass 95 % des Traffics von asiatisch-pazifischen IP-Adressen (APNIC) stammen, aber Ihre Firma sich komplett auf US-amerikanische Geschäfte konzentriert, dann sollten Sie Firewall- und IPS-Regeln implementieren, die den von APNIC eingehenden Traffic blockieren.

Das beliebteste Netzwerk-IDS ist heutzutage Snort. Dieses Tool wird ausführlicher im Abschnitt »Log-Analyse« in Kapitel 1 besprochen.

Intrusion Prevention System

Während ein IDS am Rande des Netzwerks steht und den Traffic überwacht, klinkt sich ein IPS direkt in den Traffic ein und besitzt die Macht, Angriffsdaten fallen zu lassen. Es arbeitet mit einer ähnlichen Regelstruktur wie ein IDS, außer dass es bei einem positiven Ergebnis nicht nur einfach Alarm schlägt, sondern auch handeln kann und das Paket fallen lässt. Von daher kann ein IPS deutlich effektiver das Fortsetzen eines Portscans unterbinden, doch der Nachteil ist, dass IPS viel kostspieliger sind und die Performance Ihres Netzwerks belasten.

Eine Ausnahme zum Thema »kostspielig« ist das allgegenwärtige Snort, das man als IDS und auch als IPS konfigurieren kann. Außerdem ist es kostenlos und Open Source. Jedoch muss man sich immer noch genau überlegen, in welches Netzwerksegment das IPS platziert werden muss, damit die Auswirkungen auf die Netzwerkleistung reduziert werden und die kritischen Netzwerke trotzdem noch abgesichert sind.

ZUSAMMENFASSUNG

Nach der Durchführung grundlegender Erkundungsarbeiten am Zielnetzwerk wird ein Angreifer das Netzwerk scannen, um eine ungefähre Vorstellung davon zu bekommen, welche Ziele tatsächlich für weitere Exploits verfügbar sind. Mittels kostenloser Tools wie SuperScan und Nmap können Angreifer in einem Netzwerk einen ganzen IP-Adressbereich abklappern, um zu sehen, welche Adressen von aktiven Systemen besetzt sind. Wenn ein Angreifer erkannt hat, welche Rechner sich als Ziel eignen, kann er dort jeweils einen Portscan durchführen (einschließlich E-Mail-Server und Webserver), um zu erfahren, welche Dienste für Verbindungen zur Verfügung stehen.

Ein Netzwerkadministrator kann das Risiko eines Scans, dass dadurch alle Geräte und Dienste innerhalb eines Netzwerks erkannt werden, deutlich reduzieren. Die erste Verteidigung besteht einfach darin, ein aktives und aktuelles IDS zu installieren, das auf Scans achtet und den Administrator bei solchen Vorkommnissen alarmiert.

Um die Verteidigung noch mehr zu automatisieren, kann ein Administrator auch ein IPS einsetzen, das sich direkt um die Pakete kümmert und aktiv deren Inhalte inspiziert, um festzustellen, ob sie autorisiert sind oder nicht. Nicht autorisierte Pakete werden sofort fallen gelassen, aber der Angreifer bekommt dazu keine Meldung.

WEITERE INFORMATIONEN

Scanning ist nicht nur die erste Angriffslinie gegen das Netzwerk eines Unternehmens, sondern für die Verteidiger auch ein erstes verräterisches Zeichen für Eindringlinge. Viele der hier vorgestellten Tools haben sich im Laufe der Jahre nicht dramatisch verändert, aber es handelt sich um sehr leistungsfähige und vielseitige Tools. Dieses Buch kann nur die Grundlagen dieser Tools und ihrer Nutzung erläutern. Wenn Sie sie in Ihren Werkzeugkasten aufnehmen wollen, egal ob für Angriff oder Verteidigung, sollten Sie sich auch die im Folgenden erwähnten Publikationen vornehmen.

- *Nmap Network Scanning: Official Nmap Project Guide to Network Discovery and Security Scanning* (ISBN: 978-0-97995-871-7)

- *Nmap in the Enterprise: Your Guide to Network Scanning* (ISBN: 978-1-59749-241-6, Syngress)

- *Snort Intrusion Detection and Prevention Toolkit* (ISBN: 978-1-59749-099-3, Syngress)

SICHERHEIT BEI BLUETOOTH

Anatomie eines Hacks

»R10t, hast du die Bluetooth-Teile mit?«

»Klar, funktioniert prima«, antwortete R10t und drehte den kleinen EeePC zu Bob. R10t nahm einen kleinen Dongle hoch, der mit dem Laptop verbunden war. »Hiermit und der Bluesnarf-Software, die wir konfiguriert haben, kannst du damit entweder ein Bluetooth-Gerät im Zielbereich erkennen oder bei einigen der älteren Modelle sogar eine Verbindung aufbauen.« (*Seite 142*)

Wenn sich Technologie weiterentwickelt, findet unsere Gesellschaft immer auch neue Wege, um Produkte zur Verbesserung unseres Lebens zu integrieren. Jeder hat ein Handy, aber wäre es nicht auch schön, die Kalenderfunktion des Handys mit dem Computer zu verbinden, ohne dafür Kabel hervorkramen zu müssen? Oder mit einem Kollegen über das Radio des Autos telefonieren zu können? Bluetooth wurde erfunden, um ein Netzwerk für den persönlichen Bereich zu schaffen, ein PAN (Personal Area Network), über das unsere Geräte kabellos miteinander kommunizieren können, wenn sie nahe genug sind. Die Geräte haben eine unterschiedliche Signalstärke, aber operieren meist in einem Umkreis von etwa zehn Metern.

In unserer Story gibt R10t beim 2600-Meeting mit seiner Ausrüstung an, mit der er Bluetooth-Geräte erkennen und hacken kann, z.B. Handys. Er nutzt ein Asus Eee PC Netbook mit Bluetooth-Dongle, um nach Geräten in der näheren Umgebung zu suchen.

Exploit-Techniken

Bluetooth-Geräte gehören als Geräte normalerweise zum engsten Umkreis ihres Besitzers, z.B. Handys oder Handheld-Computer. Als solches sind diese Geräte eine Fundgrube persönlicher Informationen, die für einen Angreifer höchst interessant sind, weil sich dort Kontaktlisten und SMS finden lassen. Über Bluetooth können auch Viren zwischen mobilen Geräten verbreitet werden, wie man bei den Würmern Cabir (*www.f-secure.com/v-descs/cabir.shtml*) und Lasco (*www.f-secure.com/v-descs/lasco_a.shtml*) gesehen hat.

Die Ausnutzung von Bluetooth-Geräten kann auf verschiedenen Wegen erfolgen. Der Angreifer richtet einfach seinen Laptop so ein, dass er nach Bluetooth-Geräten in der näheren Umgebung sucht. Er kann sogar noch einen Schritt weitergehen, indem er sich in ein Bluetooth-Gerät »einklinkt« und an Geräte in der Umgebung unerlaubt Nachrichten und Inhalte sendet. Ein gleichermaßen beeindruckender Angriff findet beim sogenannten Bluesnarfing statt, bei dem ein Angreifer persönliche Informationen von Ihrem Handy abgreift, ohne dass Sie es merken.

Bluesniffing

Zwar kann man mit jedem Bluetooth-Gerät nach anderen Bluetooth-Geräten in der näheren Umgebung suchen, aber dabei ist man generell auf solche

Apparate beschränkt, die sich im »Sichtbar«-Modus befinden. Sie müssen Ihr Handy so einstellen, dass andere es auch finden können. Wenn diese Einstellung deaktiviert ist oder das Handy sich nicht selbst »zeigt«, reagiert es auf nicht Anfragen der Anwesenheit.

Eine der größten Herausforderungen für Angreifer ist zu erkennen, wenn ein nicht sichtbares Bluetooth-Gerät in einen bestimmten Bereich kommt, und dann darüber die Kontrolle zu erlangen. Für den ersten Teil wurde 2003 Redfang geschaffen, und zwar von Ollie Whitehouse von der ehemaligen Organisation @stake, die nun zu Symantec gehört. Die originale Website, wo das Tool gehostet wurde, wurde schließlich vom Netz genommen, weil Symantec die Organisation ja übernahm, aber man findet es immer noch auf vielen Mirrors im Internet unter dem Namen »redfang.2.5.tar.gz«.

Redfang war ein einfaches Befehlszeilen-Utility, das mit Brute-Force-Techniken andere Bluetooth-Geräte erkannte und auflistete. Dieser Prozess konnte abhängig von dem Rechner, auf dem es lief, recht lange dauern.

Um diese Prozedur zu vereinfachen, veröffentlichte Bruce Potter von der Shmoo Group ein grafisches Frontend für Redfang (*http://bluesniff.shmoo.com*), mit dem das Tool effizient alle verfügbaren Bluetooth-Geräte über ein einfaches Interface sichtbar machte, egal ob sie sichtbar waren oder nicht.

Bluejacking

Bluejacking nennt man den Vorgang, anonyme Bluetooth-SMS und Bilder von Ihrem Gerät an Handys in der Nähe zu schicken, indem man einen neuen Kontakt erstellt und in das Namensfeld des Kontakts eine persönliche Nachricht eintippt. Nach der Erstellung wird die Nachricht an alle Bluetooth-Geräte gesendet, die Sie in der Nähe entdeckt haben, und sofort auf deren Display dargestellt. Für diese Aktion ist wirklich keine spezielle Software nötig, und unklar bleibt, ob das legal ist. Es wurde vielfach als Utensil für alle möglichen Späßchen benutzt, kann aber auch im Zusammenhang eines größeren Social-Engineering-Angriffs verwendet werden.

Bluesnarfing und Bluebugging

Zwar kann man mit Bluesniffing und Bluejacking seinen Schabernack mit Bluetooth-Geräten treiben und sie für Erkundungen nutzen, doch schnell dienten diese Aktionen auch als Grundlage für Einbruchs-Tools.

Eines der ersten Tools, das in der Sicherheitsbranche für Aufsehen sorgte, wurde fürs Bluesnarfing eingesetzt, also die Möglichkeit, sich still und heimlich mit einem Bluetooth-Handy zu verbinden und dessen Daten zu kopieren, einschließlich der Kalendereinträge, Kontaktlisten, SMS und sogar den gespeicherten Multimediadaten. Der Exploit wurde ursprünglich 2003 von

Marcel Holtmann und Adam Laurie entdeckt und in viele automatisierte Tools übertragen, z.B. Blooover (eine Zusammenziehung der Wörter Bluetooth und Hoover-Staubsauger), das direkt von einem anderen Handy gestartet werden kann (*http://trifinite.org/trifinite_stuff_blooover.html*). Mit Bluebugging wird dieser Angriff noch einen Schritt weitergetrieben, indem man vollständige Kontrolle über das Telefon des Opfers bekommt. Nach einem erfolgreichen Bluetooth-Exploit kann sich das Telefon des Angreifers dann in bestehende Telefonate einklinken, um sie aufzuzeichnen und sogar neue auslösen. Anders als bei anderen Angriffen müssen beim Bluebugging die beiden Geräte aber anfangs dicht beieinander sein, was erst einmal ordentliches Social Engineering erfordert.

Best Practices

Als wichtigsten Schritt können Einzelpersonen oder Firmen alle Handys und Bluetooth-Geräte standardmäßig in den »Unsichtbar«-Modus versetzen. Handys sollten so umfassend wie möglich verriegelt werden, damit kein Eingriff in die geschäftlichen Vorgänge erfolgt. Es mag sich vielleicht verführerisch anhören, *alle* Bluetooth-Fähigkeiten auf den Handys Ihrer Mitarbeiter abzuschalten, aber das ist wohl keine gute Lösung. Einer der Vorteile von Bluetooth ist, dass man darüber einen Headset oder andere Geräte mit dem Handy verbinden kann, um im Auto frei sprechen zu können und dabei die Hände frei zu haben. Bei vielen Highend-Fahrzeugen »spricht« auch das Autoradio Bluetooth, sodass man die Kontaktliste direkt mit dem Auto synchronisieren und über Kontrollelemente am Lenkrad durch die Kontaktliste scrollen kann. Auch tragbare GPS-Geräte bieten diese Möglichkeit und erlauben somit weitere Optionen der Freihandkommunikation während der Fahrt. Mit einem vollständig verriegelten Handy könnten die Mitarbeiter keine Telefonate mehr im Auto durchführen.

Die meisten Handys können zwischen dem Sichtbar- und Unsichtbar-Modus wechseln. Andere sind da sensibler, z.B. das iPhone von Apple, das im Unsichtbar-Modus bleibt, bis man Bluetooth manuell aktiviert.

Die Bluetooth Special Interest Group (SIG) veröffentlicht auch grundlegende Sicherheitsvorkehrungen, die man bei den Geräten vornehmen sollte (*www.bluetooth.com/English/Technology/Works/Security/Pages/Protecting.aspx*).

ZUSAMMENFASSUNG

Bluetooth bietet einen persönlichen Angriffsvektor gegen Zielpersonen und deren Freunde und Kollegen. Durch Angriff auf die persönlichen Kommunikationsgeräte kann ein Angreifer bei vertraulichen Geschäftstransaktionen mithören und sogar SMS, E-Mails und Kalendereinträge kopieren.

Zumindest erlaubt eine schlechte Bluetooth-Sicherheit, dass ein Angreifer beliebige Geräte überwachen kann, die sich in der Nähe eines eingerichteten Horchpostens befinden. Abhängig vom Zielgerät kann man bei weiteren Angriffen auch große Mengen Informationen abgreifen. Viele dieser Risiken können reduziert werden, indem man Handy oder andere Bluetooth-Geräte einfach ständig im Unsichtbar-Modus belässt und sie nur auf sichtbar umschaltet, wenn man sie mit anderen Geräten synchronisieren will.

Fortgeschrittene Bluetooth-Angriffe wie Bluesnarfing und Bluebugging ermöglichen einem Angreifer fast die vollständige Kontrolle über das Handy. Bei einem erfolgreichen Bluesnarf-Angriff kopiert ein Hacker heimlich und unauffällig alle wesentlichen Daten vom Handy. Beim Bluebugging kann das Handy vom Angreifer komplett kontrolliert und mitgehört werden, obwohl dies den zusätzlichen Schritt erfordert, in der Nähe vom Apparat des Hackers zu sein.

WEITERE INFORMATIONEN

Bluetooth-Angriffe sind für viele in der Branche der Informationssicherheit ein recht neues Feld. Bei stetiger Weiterentwicklung der Technik wird sich Bluetooth immer weiter bei persönlichen elektronischen Geräten und Fahrzeugen verbreiten. In diesem Abschnitt haben wir uns mit einigen grundlegenden Angriffen auf Bluetooth beschäftigt, doch es gibt noch andere Bedrohungen, die nicht angesprochen wurden, und viele befinden sich noch in der Entwicklung. Um mehr über vorhandene Angriffe und allgemein über Sicherheitsprobleme bei Bluetooth zu erfahren, gehen Sie zu den folgenden Websites:

- BluejackQ: *www.bluejackq.com*
- Intro To Bluesnarfing By Williamc and Twinvega:
  www.irongeek.com/i.php?page=videos/bluesnarf1
- They've Got Your Number ...:
  www.wired.com/wired/archive/12.12/phreakers'.html
- Car Whisperer: *http://trifinite.org/trifinite_stuff_carwhisperer.html*
- Bluetooth Crack (btcrack):
  www.nruns.com/_en/security_tools_btcrack.php
- Bluetooth Stack Smasher (BSS):
  www.securiteam.com/tools/5NP0220HPE.html

QUELLEN

1. Rory P. WiFiFoFum Released for Free, in Cydia, iPhoneinCanada.ca, www.-iphoneincanada.ca/iphone-news/wififofum-released-for-free-in-cydia/; 2010 [Zugriff 07.03.10].

2. Robert M. Whapped by WEP: Dangerously defective security still being sold, Computer-world, http://blogs.computerworld.com/14860/whapped_by_wep_dangerously_defective_security_still_being_sold/; 2009 [Zugriff 06.03.10].

3. Sharon G. Government informant is called kingpin of largest U.S. data breaches, Computerworld, www.computerworld.com/s/article/9136787/Government_informant_is_called_kingpin_of_largest_U.S._data_breaches; 2009 [Zugriff 06.03.10].

4. Tech Target, TJX hacking ring charged in federal indictment, http://searchsecurity.techtarget.com/news/article/0,289142,sid14_gci1324105,00.html/; 2008 [Zugriff 06.03.10].

5. Kim Z. 4 Years After TJX Hack, Payment Industry Sets Security Standards, Wired, www.wired.com/threatlevel/2009/07/pci/; 2009 [Zugriff 06.03.10].

6. Michael K. New Wi-Fi distance record: 382 kilometers, CNet News, http://news.cnet.com/8301-10784_3-9730708-7.html/; 2007 [Zugriff 08.03.10].

7. Peter R. Live from DefCon: The Sniper Yagi, Engadget, www.engadget.com/2004/08/01/live-from-defcon-the-sniper-yagi/; 2004 [Zugriff 08.03.10].

8. Humphrey C. How To: Building a BlueSniper Rifle–Part 1, Tom's Guide, www.tomsguide.com/us/how-to-bluesniper-pt1,review-408.html; 2005 [Zugriff 08.03.10].

Kapitel
3

Ausspähen

Nachdem der Angreifer ein lohnenswertes Ziel gefunden und mit verschiedenen Scanning-Techniken Angriffsmöglichkeiten entdeckt hat, wird er sich daran machen, ein starkes Angriffsprofil aufzubauen. In dieser Phase hat der Angreifer kritische Informationen über die Infrastruktur des Ziels und seiner Präsenz gesammelt und kann damit fortfahren, den Bestand des Unternehmens zu erforschen, um Bereiche mit Schwachstellen auszumachen. In dieser Phase schaut der Angreifer tiefer in die Netzwerkinfrastruktur, um tatsächliche Schwachstellen und für Exploits anfällige Bedingungen zu erkennen, die sich aus seinen Recherchen aus der Erkundung und den Scanning-Taktiken ergeben, wie sie in den beiden vorigen Kapitel besprochen wurden.

SICHERHEIT DER AUTHENTIFIZIERUNG

Anatomie eines Hacks

> Stepan zog seinen Access Token hervor und gab die sechsstellige Zufallszahl aus dem Token ein und dann aus dem Gedächtnis die vierstellige PIN. Bald war die verschlüsselte Verbindung zum Büro in Zürich eingerichtet. Er startete seine E-Mail-Software und las die Nachricht, die gerade eingegangen war. (*Seite 27*)

Im Prolog nimmt Stepan einen RSA-Token, um sich im Büronetzwerk über eine VPN-Verbindung (Virtual Private Network) zu authentifizieren. Mit einem VPN kann man sich von überall her mit dem Heim- oder Büronetzwerk verbinden und ist dabei über dessen sehr gute Verschlüsselung gesichert. So kann man nun E-Mails lesen und Dateien auf dem Netzwerk anschauen, ohne dass Dritte den Netzwerk-Traffic mitverfolgen können.

Weil Stepan anhand der VPN-Verbindung in sehr wichtige Dateien in seinem Büro schauen kann, böte ein einfacher Benutzername und ein Passwort (siehe Abb. 3.1) gegen Hacker nicht genug Sicherheit. Also wird mit einem RSA-Token gearbeitet, durch das er für die Zugangsdaten einen Token-Wert bekommt, ergänzt durch eine PIN.

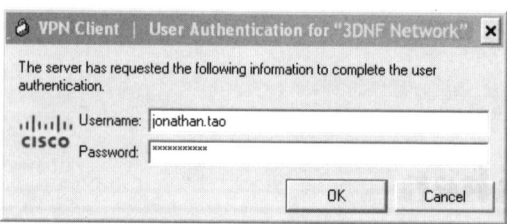

Abbildung 3.1: Account-Login eines VPN-Clients von Cisco

Exploit-Techniken

Bei einer Nutzerauthentifizierung ist die Gefahr stets auf Seiten des Nutzers. Fast alle Computersysteme in kleinen Büros und sogar in vielen großen Unternehmen verlassen sich zum Einloggen nur darauf, dass ein Nutzer den korrekten Benutzernamen und ein Passwort kennt. Da überall auch noch Roaming-Profile installiert sind, gibt es gewöhnlich nicht einmal eine Beschränkung dabei, von wo sich die Nutzer ins Netzwerk einloggen können. Doch solche Informationen können einfach gestohlen oder einem Nutzer per Social Engineering entlockt werden.

Wenn die Passwortanforderungen komplexer werden und sich die Nutzer auf immer mehr Websites tummeln, die jeweils eigene Passwörter brauchen, werden sich die Nutzer nach und nach immer öfter ihre Passwörter aufschreiben. Zwar ist einigen Nutzern auch klar, dass man vorsichtigerweise die Passwörter lieber in einer verschlüsselten Datenbank ablegen sollte, doch andere schreiben sie einfach auf einen Zettel und bewahren sie in der Brieftasche auf. Bedauerlicherweise ist ein noch größerer Anteil bereit, die Passwörter einfach unter die Tastatur oder das Mauspad zu legen.

Egal wie Nutzer nun ihre Passwörter lokal aufbewahren, sie werden auch irgendwo im Internet in der Nutzerdatenbank einer Website gespeichert. Wenn man Glück hat, ist diese Datenbank dann auch verschlüsselt. Ist das nicht der Fall und Sie registrieren sich mit einem Passwort auf einer weniger sicheren Site, die ihre Nutzerpasswörter nicht verschlüsselt, dann kann Ihr Passwort vom Website-Administrator genutzt werden, der sich dann an Ihrer Statt auf Sites einloggt, wo Sie sich mit dem gleichen Passwort registriert haben. Manchmal braucht es nicht einmal einen Hacker, um Sie zu kompromittieren, sondern nur einen Administrator, der nichts Besseres zu tun hat oder Geld braucht.

Wenn ein Angreifer die vollständige Datenbank einschließlich E-Mail-Adressen, Benutzernamen und Passwörtern hat, bekommt die Situation recht Furcht einflößende Ausmaße. Der Angreifer kann sich mit diesen Informationen dann Zugriff auf E-Mail-Konten, Facebook, PayPal und praktisch alles verschaffen, was mit den gleichen Zugangsdaten funktioniert.

Weitere Gefahr droht von Kriminellen, die eigene Sites eingerichtet haben, um die Zugangsdaten von Nutzern abzufischen. Anfang 2010 veröffentlichte Twitter Einzelheiten über einen massiven Angreifer auf viele Twitter-Accounts.[1] Diese Nutzer wurden kompromittiert, weil sie sich auf einer Website registriert hatten, die sich auf den illegalen Handel mit urheberrechtlich geschützter Software spezialisierte (Warez), und dort die gleichen E-Mail-Adressen und Passwörter genutzt haben wie auch woanders. Die Besitzer der Website testeten alle diese Accounts auf Twitter und fanden heraus, dass Dutzende funktionierten.

Best Practices

Wenn Sie eine durchschnittliche Person danach fragen, was sie über Computersicherheit weiß, wird sie wahrscheinlich als Erstes sagen, dass man Passwörter sicher aufbewahren sollte. Gewiss weiß sie dann noch, was mit Antivirus gemeint ist, aber dann ist meist das Ende der Fahnenstange erreicht, wenn es um Sicherheit geht.

> ### Anmerkung
>
> Starke Sicherheit verlässt sich auf mehrere Komponenten der Authentifizierung. Die meisten Websites und einfache Applikationen arbeiten nur mit einer Ein-Komponenten-Authentifizierung wie z.B. Benutzername und Passwort. Weil diese Informationen leicht gestohlen oder reproduziert werden können, sind bei besser gesicherten Websites weitere Komponenten erforderlich. Das beschreibt man in der Regel wie folgt:
>
> · »Etwas, was Sie wissen« (Passwort, PIN, Zugangssatz)
>
> · »Etwas, was Sie haben« (RSA-Token, Identifikationskarte, Kennkarte, Handy)
>
> · »Etwas, was Sie sind« (Fingerabdruck, Irisscan, Stimmerkennung, DNA-Probe)
>
> Wenn man Geld aus einem Automaten holt, wird dabei ein Authentifizierungssystem mit zwei Komponenten verwendet, weil dafür etwas erforderlich ist, was Sie *haben* (Geldkarte), und etwas, was Sie *wissen* (PIN).

Passwörter sind die einfachste Form der Sicherheit, und wenn man nichts Weiteres einbaut, führt das ganz schnell zur Kompromittierung. Wenn man bloß mit Passwörtern arbeitet, bezeichnet man das als Authentifizierung mit nur einer Komponente. Wobei die eine Komponente etwas ist, »was man nur selbst weiß«. Um die eigene Sicherheit zu steigern, wäre es klug, eine zweite Komponente einzusetzen, also z.B. ein Gerät, das eine dauernd wechselnde Zahl verwendet, wie ein RSA-Token, das nur der Besitzer und die Website kennen.

Stärke von Passwörtern

Die erste Verteidigung gegen einen Angriff auf die Passwörter, falls Sie so etwas in Ihrer Authentifizierung einsetzen, besteht einfach darin, mit starken Passwörtern zu arbeiten. Passwörter sind normalerweise die erste Verteidigungslinie bei Workstations und Netzwerkgeräten. Ein einfaches Passwort gibt für sich genommen eine schwache Sicherheit. Ein Passwort ist eine Zeichenfolge, die weitergegeben oder durch Brute-Force-Methoden (*brute force*, engl. für *rohe Gewalt*) gecrackt werden kann. Also wäre die beste Lösung, das Passwort so stark wie möglich zu machen. Allerdings muss man es sich auch noch merken können. Die meisten Organisationen haben gemerkt, dass es nicht reicht, den Mitarbeitern einfach zu empfehlen, stärkere Passwörter zu nehmen.

Nehmen wir die Passwortrichtlinien von SANS[2], die wahrscheinlich jene Richtlinie war, der Stepan zum Opfer gefallen ist, aber die eigentlich eine gute Richtlinie ist. SANS definiert, dass ein starkes Passwort folgende Eigenschaften aufweisen muss:

- Es enthält Groß- und auch Kleinbuchstaben (z.B. a-z, A-Z).

- Es enthält sowohl Zahlen und Satzzeichen als auch Buchstaben (z.B. 0-9, !@#$%^&*()_ +|~-=\`{}[]:”;’<>?,./).

- Es ist mindestens 15 alphanumerische Zeichen lang und eine »Passphrase«, also ein merkbarer Satz (z.B. me1nk0nt0ists1ch3r).

- Es gehört zu keiner Sprache, Slang, Dialekt, Jargon etc.

- Es basiert nicht auf persönlichen Informationen, Familiennamen etc.

Passwörter sollten niemals aufgeschrieben oder online gespeichert werden. Versuchen Sie, sich leicht merkbare Passwörter auszudenken. Eine Möglichkeit könnte sein, dass man ein Passwort von einem Songtitel, einem Sprichwort oder einem anderen bekannten Satz ableitet. Die Phrase könnte beispielsweise »Essen und Trinken hält Leib und Seele zusammen« lauten, und

Kapitel 3

das Passwort wäre dann »EuThLuSz!« oder »e+thl+s7!« oder eine andere Variante und könnte durch zweimaliges Eingeben verlängert werden.

RSA-Token

Wenn Sie etwas nehmen, »was Sie wissen« (Passwort oder PIN), plus etwas, »was Sie haben« (RSA-Token), wird es für einen Angreifer wesentlich schwerer, Netzwerke oder Systeme zu kompromittieren. In diesem Szenario müsste der Angreifer die Person zwingen, das Passwort oder die PIN weiterzugeben, und dann noch Zugang zu dem physischen Gerät bekommen. Die meisten sind mit Geldautomatenkarten (»etwas, was Sie haben«) vertraut, die mit PIN (»etwas, was Sie wissen«) arbeiten – also eine Authentifizierung mit zwei Komponenten. Dies ist keine perfekte Lösung, aber deutlich besser als jemand, der sein Passwort unter die Tastatur legt, oder einer, der sich einfach durch Eingabe eines Passworts im Netzwerk authentifiziert.

Es gibt viele Applikationen und Hardware, die solch eine Authentifizierung mit zwei Komponenten einsetzen. Viele Websites unterstützen RSA-Tokens wie die RSA SecurID.[3] Dieses Gerät zeigt alle zehn Sekunden eine neue, scheinbar zufällige sechsstellige Zahl an. Sie basiert auf einem Algorithmus, der nur für seine Seriennummer gilt. Beim Empfang eines Token-Geräts wird dessen Seriennummer auf dem Server registriert. Auf diese Weise ist nur an zwei Stellen bekannt, welche Nummer zu einem beliebigen Zeitpunkt dargestellt wird: beim Server und beim Besitzer des Geräts. Wenn ein solcher Benutzer sich bei einer Site einloggt, gibt er die sechsstellige Zahl als Teil seiner Kontozugangsdaten ein, um zusätzlich zu beweisen, dass er ein valider Nutzer ist. PayPal erlaubt seinen Kunden die Nutzung eines solchen Token-Geräts. Sie können aber auch mit dem eigenen Handy arbeiten, um einen Token-Wert zu empfangen, den sie beim Einloggen zur Authentifizierung eingeben. Die Spieler von *World of Warcraft* können sich ein solches Teil sogar dafür zulegen, um ihr Spielerkonto zusätzlich vor Hackern zu schützen.

Allerdings hat diese Technologie auch ihre eigenen Schwächen. Im März 2010 erfuhr man in den Nachrichten von einem Man-in-the-middle-Angriff gegen *World of Warcraft*-Spieler, die das Token des Blizzard Authenticators verwenden.[4] Auch wenn dieses Token benutzt wurde, konnten Accounts gekapert werden, um Ressourcen innerhalb des Spiels zu stehlen. Den Ärger hatten solche Nutzer verursacht, die von nicht vertrauenswürdigen Websites bösartige Add-ons für ihr Spiel heruntergeladen hatten. Diese Add-ons stahlen nach dem Einloggen des Nutzers die übermittelten Token-Werte. Der Wert wurde dann zusammen mit den restlichen Zugangsdaten fürs Login an eine Offshore-Site geschickt, wo sich Hacker sofort eingeloggt haben und für Schaden sorgten. Der Client des Endnutzers wurde zum Absturz gebracht, und der Nutzer war zeitweilig von seinem Account ausgesperrt. Das zeigt: Egal wie stark die von Ihnen eingesetzte Sicherheitslösung ist, wenn Ihre Nutzer gezielt ausgerichtete, bösartige Software installiert haben, dann wird sie nutzlos.

Smart Cards

Auf vielen Websites wird verstärkt mit RSA-Token und anderen Verschlüsselungsmechanismen gearbeitet, doch viele Organisationen bedienen sich für Workstations immer mehr eines Login-Systems mit Smart Card. Diese Karten bieten zur höheren Sicherheit bei Computersystemen eine Authentifizierung mit zwei Komponenten. Anstatt nur einen Benutzernamen und ein Passwort zu kennen, müssen die Nutzer eine sichere Smart Card besitzen und die zum Account gehörende sechs- bis achtstellige PIN kennen. Wenn die Karte wieder aus dem System entfernt wird, falls z.B. der Nutzer seinen Tisch verlässt, wird die Session automatisch gesperrt, bis die Karte wieder eingesteckt wird.

Die US-Regierung hat dieses Konzept mit ihrer Common Access Card (CAC) implementiert. Auf der Karte ist ein Chip (Integrated Circuit Chip, ICC) integriert, auf dem das digitale Zertifikat des Nutzers enthalten ist. Sie kann auch als Kennkarte zur visuellen Identifizierung genutzt werden. Auf jeder Karte ist ein Bild des Nutzers, seine Abteilung oder Mitgliedschaft und ein Verfallsdatum eingetragen. Außerdem enthält die Karte auch digitale Zertifikate für einen bestimmten Nutzer. Somit kann der Browser des Nutzers so konfiguriert werden, dass er diese Zertifikate für sichere Websites speichern kann. Viele militärische Websites fragen heutzutage CAC-Zertifikate ab, damit die Nutzer sich einloggen können. Also braucht ein Nutzer somit nicht nur ein CAC und seine PIN, sondern bei seinen Heim- und Bürocomputern auch ein CAC-Lesegerät.

ZUSAMMENFASSUNG

Eine Reihe der Exploits dieses Buches wurden gegen Sicherheitsmechanismen zur Authentifizierung durchgeführt. Im realen Leben ist dieser Bereich der Informationssicherheit ständigen Angriffen ausgesetzt, weil Angreifer versuchen, für den Zugriff auf eine Datenquelle die Zugangsinformationen eines Nutzers zu stehlen oder zu umgehen.

Solchen Versuchen kann man weitgehend begegnen, indem man eine Richtlinie für starke Passwörter für das Netzwerk und seine verschiedenen Orte zum Login einsetzt. Die Nutzer sollten mit Passwörtern arbeiten, die man nicht einfach erraten oder über einen Brute-Force-Angriff herausbekommen kann.

Für ein besonders sicheres Login-System sollten Sie zumindest eine Authentifizierung mit zwei Komponenten implementieren, bei der der Nutzer im Besitz eines Gerätes sein muss, um seine Zugangsberechtigung zu beweisen. Das kann z.B. ein RSA-Token sein, auf dem eine einmalige sechsstellige Zahl dargestellt wird, die nur Nutzer und Server kennen. So etwas kann auch in Form einer Smart Card umgesetzt werden, auf der dann digitale Zertifikate abgelegt sind.

WEITERE INFORMATIONEN

Applikationen entwickeln sich im Laufe der Zeit weiter, und das gilt auch für den Mechanismus, wie sich Nutzer authentifizieren. Authentifizierungsmethoden implementieren nun zusätzliche Komponenten der Sicherheit, um Nutzer vor einem Angriff zu schützen. Lesen Sie die folgenden Websites und Publikationen, um mehr über die Implementierung von zusätzlicher Authentifizierungssicherheit in Ihrer geschäftlichen Infrastruktur zu erfahren:

- RSA SecurID: www.rsa.com/node.aspx?id=1156
- DoD CAC: www.cac.mil
- Smart Card Basics: www.smartcardbasics.com
- Smart Card Alliance: www.smartcardalliance.org
- *Perfect Password: Selection, Protection, Authentication* (ISBN: 978-1-59749-041-2, Syngress)

PHYSISCHE SICHERHEIT

In der ganzen Story verteilt finden sich viele Beispiele, in denen die Angreifer physische Sicherheitsvorkehrungen ausbeuten, um weiter vorzudringen. Das hört nicht mit dem Einbruch in ein Gebäude auf, sondern dazu gehört auch das Hacken eines abgesicherten Laptops oder das Anzapfen von Überwachungssystemen. Dies ist ein Angriffsbereich, in dem wir einfache Erkundungstechniken hinter uns lassen und uns darauf konzentrieren, den Boden für den eigentlichen Angriff auf die realen Ressourcen vorzubereiten.

Exploit-Techniken

Hat ein Angreifer erst einmal physischen Zugang zu einer Anlage oder Einrichtung oder auch einer Hardware, besitzt er das Potenzial, die verfügbaren Ressourcen komplett auszubeuten. Das kann auf vielerlei Weise geschehen, doch in diesem Abschnitt konzentrieren wir uns auf die speziellen Angriffsstile aus der Story: vom Kapern eines Laptops bis hin zum heimlichen Betreten von Firmengebäuden.

Anatomie eines Hacks

> Während Vlad sich in dem Raum umschaute, Schubladen öffnete und in Stepans Koffer schaute, hob Pavel flink den Computer hoch. Er wirkte wie jemand, der es gewöhnt war, mit Geräten umzugehen, an die Tastaturen angeschlossen sind. Er schaltete das Gerät ein und drückte die Standard-Tastenkombination, um die Boot-Einstellungen zu ändern. Keine Passwortabfrage beim Hochfahren. Darauf konnte Pavel immer zählen: Diese Business-Typen machten ihre Hausaufgaben einfach nicht. Sie glauben, dass bei Spionage immer nur Regierungen die Zielscheibe sind. *(Seite 31)*

In der Branche der Informationssicherheit kursiert die Regel: Wenn ein Angreifer erst einmal physischen Zugang zu einem System hat, dann ist es ganz aus mit der Sicherheit. Das gilt zwar für viele Angriffe, aber es gibt auch Wege, den Angriff auf die Geräte Ihrer Firma zu verzögern.

Als Stepan sich in der Stadt umschaut, betreten Vlad und Pavel sein Hotelzimmer, um vertrauliche Informationen von seinem Laptop zu kopieren. Pavel bemerkt die fehlende physische Sicherheit bei Stepans Laptop, da das BIOS (Basic Input/Output System) nicht passwortgeschützt ist und es nicht einmal die einfachsten Sicherheitskontrollen gibt. So kann er ganz leicht den normalen Startvorgang umgehen und seine eigenen Hacking-Tools laden.

In einem Computersystem wird mit dem BIOS gesteuert, welche Interaktionen zwischen der Hard- und der Software des Computers geschehen, bis das Betriebssystem übernimmt. Das BIOS steuert, welche Festplatten gebootet werden, um das Betriebssystem zu laden. Über das BIOS können für die verschiedenen Steuerungen auch Passwörter gesetzt werden. Ist das System gesichert, muss der Nutzer ein Passwort eintippen, damit der Computer überhaupt hochfährt, um das Betriebssystem zu laden (siehe Abb. 3.2).

Alle Einstellungen, die den Systemstart kontrollieren, werden im BIOS-Konfigurationssystem verwaltet, üblicherweise auch als das CMOS-Setup bekannt (Complementary Metal Oxide Semiconductor). Von hier steuert ein Nutzer die dem System zugewiesene Hardware und kann weitreichende Änderungen vornehmen, wie das System operiert. Standardmäßig wird im BIOS eine Festplatte als Standard-Boot-Gerät für das Betriebssystem gewählt. Pavel umgeht das, indem er den Computer von seinem eigenen USB-Stick bootet. Das macht man, indem man auf das Boot-Menü des BIOS zugreift (siehe Abb. 3.3), bevor das Betriebssystem geladen wird. Meist erfolgt das über die Taste **F8**.

Kapitel 3

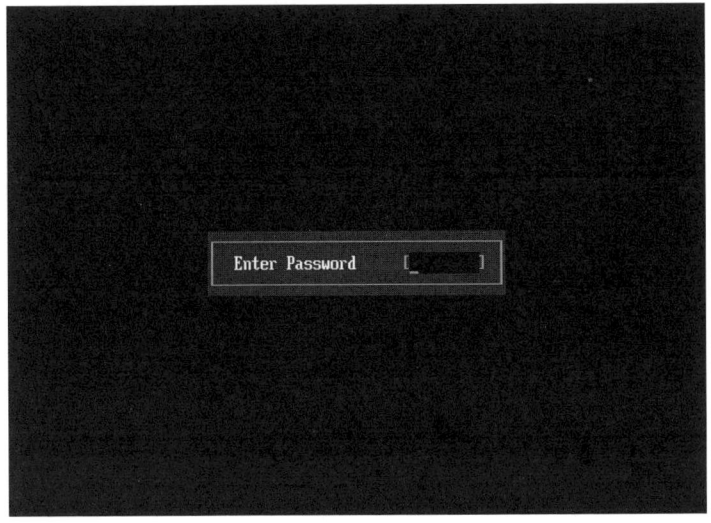

Abbildung 3.2: Boot-Passwort für das BIOS

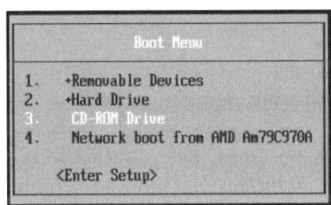

Abbildung 3.3: Boot-Menü des BIOS

Wenn Angreifer erst einmal von ihrem eigenen Gerät booten, können sie die meisten der Sicherheitskontrollen im Betriebssystem umgehen. Eine portable Windows-Distribution wie BartPE (*www.nu2.nu/pebuilder/*) oder ERD Commander, kürzlich umbenannt zu Microsoft Diagnostics and Recovery Toolset (DaRT) (*www.microsoft.com/windows/enterprise/products/mdop/dart.aspx*), kann man nutzen, um eine funktionsfähige Arbeitsumgebung zu schaffen, die vollständig von einem USB-Stick oder einer CD stammt. In diesen Umgebungen kann man dann das Administratorpasswort des installierten Systems ändern (siehe Abb. 3.4) oder einfach auf die Dateien auf der lokalen Festplatte zugreifen und sie kopieren.

Wenn es ein Angreifer wirklich unbedingt auf das Material auf der Festplatte angelegt hat, kann man ihn nicht davon abhalten, einfach die Festplatte auszubauen und sie in einem anderen Rechner anzuschließen, um dann die Informationen zu kopieren. Nun, außer mit einer Verschlüsselung der gesamten Festplatte, was wir in Kapitel 4, »Exploit«, näher erörtern.

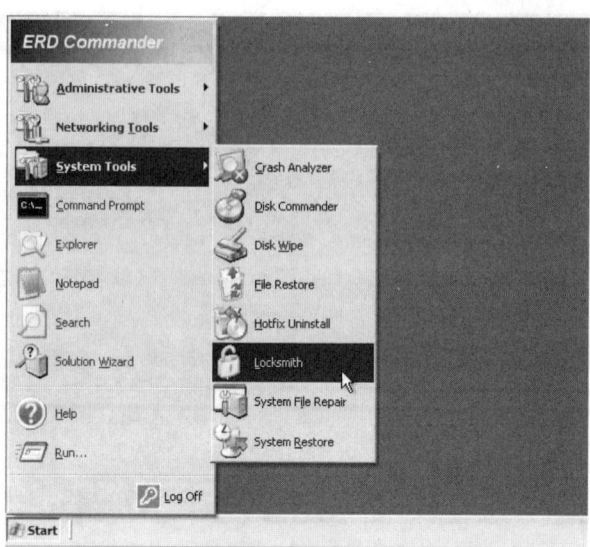

Abbildung 3.4: Das Dienstprogramm Locksmith im ERD Commander

Gefälschte Kennkarten

Anatomie eines Hacks

> »Nehmen Sie so einen Besucherausweis, wenn Sie reingehen, um den Access Point anzuschließen. Wenn jemand argwöhnisch wird, fällt der Verdacht auf den Subunternehmer.« (*Seite 54*)

Die erste Verteidigungslinie gegen Eindringlinge in Ihren physischen Arbeitsbereich ist normalerweise ein System mit Kennkarten. Um die Gehaltskosten für Wachen und das Bedienpersonal von Drehschleusen zu sparen, entscheiden sich die meisten Organisationen für ein digitales Zugangssystem bei ihren Türen. Alle Mitarbeiter bekommen Kennkarten mit digitalem Zertifikat, über dass sie sich im Gebäude einzig durch den Besitz dieser Karte authentifizieren. Diese Karten werden mit einem einmaligen Erkennungszeichen bedruckt, mit dem anhand einer Datenbank bestimmt wird, ob jemand mit dieser Karte Zugang zur jeweiligen Tür hat.

In unserer Story kann sich Michael Resol so einen Ausweis besorgen, mit dem er das Gebäude am Wochenende betreten wird. So werden die Sicherheitsprotokolle bei einer Überprüfung zeigen, dass ein Subunternehmer das Gebäude betreten hat und nicht Michael selbst. Mit diesem Ausweis kann er in den gesamten allgemeinen Arbeitsbereich kommen und verbirgt seine Identität digital.

Diese Sicherheitskennkarten werden ausgeliehen oder gestohlen, um in gesicherte Anlagen einzudringen. Aber auch die digitale Identifizierung einer Kennkarte kann gestohlen werden, um sie dann auf eine neue Kennkarte zu programmieren. Bei einem als RFID-Cloning (Radio-Frequency Identification)[5] bezeichneten Angriff ergaunert sich der Angreifer die Kennkarte und kopiert den Identifikationscode vom RFID-Chip. Für diesen Angriff braucht der Angreifer nur ein spezielles RFID-Lesegerät und muss die Kennkarte erreichen können, die er klonen will. Wenn die Identifikation aus der Kennkarte ausgelesen ist, kann sie auf eine fabrikneue Kennkarte geschrieben werden, mit der man dann ungehindert die Einrichtung betreten kann.

Andere Einrichtungen, die mit normalen Kennkarten ohne RFID-Chip arbeiten, setzen üblicherweise Sicherheitspersonal ein, das die korrekte Identifizierung prüft, wenn jemand das Gebäude betritt oder verlässt. Der Haupteingang der Anlage steht weit offen, und der gesamte Zugang wird von einer Person kontrolliert. Ein Angreifer verschafft sich den Zugang, indem er sich z.B. als Lieferant einer Sendung ausgibt. Oder der Eindringling hält sich einfach im Raucherbereich auf und geht dann dicht hinter den Mitarbeitern her ins Gebäude hinein, als gehöre er dazu, bevor die Tür ins Schloss fällt. In diesen Fällen kann man eine gefälschte Kennkarte nutzen, um die Aufsichtspersonen hereinzulegen. Aber wie findet man heraus, wie eine korrekte Kennkarte aussieht? Dafür beobachtet man z.B. die Mitarbeiter auf dem Parkplatz und in ihren Autos. Johnny Longs bekanntes Buch *No-Tech Hacking: A Guide to Social Engineering, Dumpster Diving, and Shoulder Surfing* (ISBN: 978-1-59749-215-7, Syngress) behandelt dieses Konzept in einem Kapitel über Kennkartenüberwachung.

Best Practices

Für Ihre eigene persönliche Sicherheit und die Ihres Unternehmens sollten Sie ein paar einfache Vorkehrungen treffen, um die Verteidigung Ihrer Ausstattung und Ihrer Anlagen zu stärken. Die hier besprochenen Änderungen bedeuten keine Umstände für die Nutzer und sind sowohl für die Nutzer als auch das Unternehmen vorteilhaft.

BIOS-Sicherheit

Jedes kontrollierte Computersystem, das zur Firma gehört, sei es ein Laptop oder eine Workstation, sollte mit BIOS-Sicherheitseinstellungen ausgestattet sein. Der Grad der Konfiguration kann sich je nach Nutzer und Arbeitsplatz unterscheiden, aber meist kann man einfach die höchsten Sicherheitseinstellungen verwenden.

Innerhalb des CMOS-Setups (siehe Abb. 3.5) nimmt ein Administrator die grundlegenden Passworteinstellungen für das Gerät vor. Es gibt zwei zu setzende Passwörter: User und Supervisor. Das User-Passwort wird in Kombination mit dem Feature »Password on boot« verwendet. Damit wird eine Passworteingabe erzwungen, bevor das System das Betriebssystem starten kann.

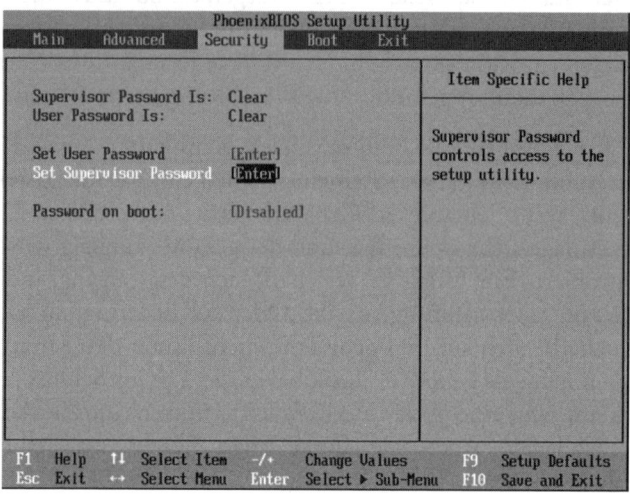

Abbildung 3.5: Boot-Passwörter für das BIOS

Das Supervisor-Passwort kann hier ebenfalls vergeben werden. Wenn man ein anderes Passwort eingibt als für den User, wird das CMOS-Setup auch vor den Usern geschützt. Administratoren können das BIOS des Systems ihren Sicherheitsrichtlinien entsprechend sperren und ein Passwort vergeben, um die Änderungen der Einstellung durch normale Nutzer zu unterbinden.

Eine der Einstellungen, die die meisten Administratoren und Besitzer auf ihren Computern als Erstes deaktivieren sollten, ist die Möglichkeit, von einem externen Gerät aus zu booten. In einer normalen Arbeitsumgebung gibt es keinen Grund, warum Nutzer nicht das vom Unternehmen installierte Betriebssystem zum Booten nehmen sollten. Der normale Nutzer weiß, dass solche Tools wie von Pavel ganz einfach zu finden und einzusetzen sind, und einige würden sogar das Administratorpasswort für den Computer hacken, bloß um wieder Solitär spielen zu können.

Allerdings weiß auch jeder technisch einigermaßen versierte Nutzer, dass es direkt auf dem Motherboard des Computers einen Jumper zum BIOS-Reset gibt, mit dem man alle BIOS-Passwörter löschen und alle Änderungen rückgängig machen kann. Das wiederum verhindert man durch ein Computergehäuse, das beim Öffnen einen Alarm von sich gibt. Ein solches Gehäuse hat ein Schalter an der Seite, der gedrückt wird, falls das Gehäuse geöffnet wird. Wird dieser Knopf ausgelöst, startet das System erst dann wieder, wenn ein Administrator sein Passwort eingegeben hat, um das Öffnen zu verifizieren.

Sicherheitskennkarten

Eine Sicherheitskennkarte ist ein Element der Verteidigung, das bedauerlicherweise bei vielen Firmen nicht sonderlich Beachtung erhält. Viele Firmen geben einfach eine weiße Kennkarte mit Foto und Namen ohne weitere Einzelheiten aus. Das mag bei der kleinen Firma mit fünf Mitarbeitern gut funktionieren, zieht aber Sicherheitsbedenken nach sich, wenn die Firma wächst.

Wenn die Karte so einfach gestaltet ist, kann man sie auch sehr einfach fälschen. Auch mit gültigen Kennkarten gibt es keine Möglichkeit, die verschiedenen Vertraulichkeitsstufen zu verwalten. Mit einer solchen Karte stehen praktisch alle auf der gleichen Stufe, obwohl manche Angestellten eventuell bei vertraulichen Daten eine höhere Freigabe haben als andere.

Ein farbkodiertes System funktioniert bei den meisten Organisationen gut. Jeder Abteilung oder jedem Team wird eine eigene Farbe zugewiesen, die gut sichtbar auf der Sicherheitskennkarte prangt. So können die Mitarbeiter mit Blick auf die Kennkarte die jeweilige Abteilung feststellen. In vielen Regierungsinstitutionen wird über den Farbcode der Karte die Stufe der Sicherheitsfreigabe einer Person kenntlich gemacht. Wenn ein Mitarbeiter geheimes Material auf seinem Schreibtisch liegen hat, kann er es schnell sichern, wenn ein Mitarbeiter mit einer »roten Kennkarte«, also ohne Freigabe, in seinen Bereich kommt. In manchen Organisationen wird eine rote Kennkarte ähnlich behandelt wie der literarische »scharlachrote Buchstabe«. Sein Träger wird von vielen Orten und Gesprächen ausgegrenzt.

Je größer ein Unternehmen wird, desto üblicher ist es, dass sich in Ihrer Umgebung Fremde aufhalten Dabei kann es sich um neue Mitarbeiter, Subunternehmer oder einfach Besucher handeln. Ihre Sicherheitsvorkehrungen sollten für alle diese Leute Bestimmungen bereithalten.

Über Kennkarten sollte klar identifizierbar sein, wer Besucher und wer Lieferant oder Subunternehmer ist. Bei jeder Karte sollte klar zugewiesen sein, ob eine Begleitung erforderlich ist. Sicherlich soll ein Techniker, der in Ihrem Datencenter etwas reparieren soll, unter Aufsicht stehen, aber genauso sollte es vermieden werden, dass für den CEO eines Partnerunternehmens plötzlich ein Aufpasser erscheint.

Wenn Sie in Ihrer Einrichtung mit Kennkarten mit digitalen Zertifikaten arbeiten, sollte jede Kennkarte ein einmaliges Zertifikat aufweisen. Erstellen Sie keine generische Gruppe »Besucher«, bei der Sie dann jeder Besucherkennkarte das gleiche Zertifikat geben. Geben Sie vielmehr jeder Kennkarte einen eigenen Identifikator und drucken Sie eine einmalige, fortlaufende Nummer vorne auf die Karte. Alle Kennkarten sollten an einem verschließbaren, sicheren Ort aufbewahrt werden. Alle Besucher oder Lieferanten sollten dann für ihre Kennkarte ein Protokoll unterschreiben und dort Folgendes eintragen: Name, Telefonnummer, Kennkartennummer, Datum und Uhrzeit der Kennkartenannahme sowie Datum und Uhrzeit der Rückgabe der Kennkarte.

Wenn man Nutzer über eine digitale Zugangssteuerung Gruppen zuordnet, verhindert das, dass unautorisierte Mitarbeiter in gesperrte Bereiche gehen. Allerdings ist es möglich, dass ein Innentäter oder gar ein externer Angreifer über RFID-Cloning den Identifikator der Kennkarte von einer gültigen Mitarbeiterkennkarte stiehlt. Mit dieser geklonten Kennkarte dringt der Angreifer somit in Bereiche ein, die ihm normalerweise versperrt bleiben. Solch ein Angriff kann allerdings durch den Einsatz von RFID-Shields vereitelt werden. Bei diesen Schutzhüllen handelt es sich um metallische Kartenhalter, die verhindern, dass Funksignale die Sicherheitskennkarte erreichen. Falls ein Angreifer die Kennkarte klonen will, müsste er direkt die Karte in die Hand nehmen können, anstatt sich nur wenige Meter entfernt zu befinden.

Auch Ihre eigenen Mitarbeiter sollten mit den Kennkarten sorgsam umgehen. Wenn ein Mitarbeiter seine Karte für den Arbeitsplatz verliert, fordert er Ersatz an. Oft findet er ein paar Wochen später dann seine ursprüngliche Karte doch wieder und behält beide, falls mal wieder eine von ihnen verloren gehen oder zu Hause liegen bleiben sollte. Das bedroht Ihre Sicherheit. Jede Mitarbeiterkennkarte sollte ein eindeutiges Zertifikat und einen einmaligen Identifikator haben. Wenn eine Kennkarte verloren geht, sollte das dazugehörige Zertifikat im System deaktiviert werden. Dann bekommt der Mitarbeiter eine neue, andere Kennkarte.

ZUSAMMENFASSUNG

Es gibt die Ansicht, dass die gesamte Sicherheit verloren ist, sobald ein Angreifer physische Kontrolle über Ihre Geräte bekommen hat. Das gilt in vielerlei Hinsicht, kann aber auch durch ein paar grundlegende physikalische Sicherheitsvorkehrungen gemildert werden. Diese Verteidigungsmaßnahmen schützen nicht gegen Netzwerkangriffe, sondern eher vor Angreifern, die vor der Tastatur sitzen.

Ein Beispiel ist die grundlegende BIOS-Computersicherheit. Gesicherte Systeme sind so konfiguriert, dass sie nur das vorinstallierte Betriebssystem booten. Ein Angreifer kann das Betriebssystem umgehen, indem er über das BIOS direkt von einem USB-Stick oder einer CD-ROM bootet. Darauf befindet sich dann ein alternatives Betriebssystem mit installierten Hacking-Tools, so wie Pavel es am Anfang unserer Story macht.

Die Gefahr solcher Angriffe kann gemindert werden, indem man einfach das BIOS auf User- und Administrator-Level mit einem Passwort schützt. Zwar können diese Passwörter durch Reset eines physikalischen Jumpers auf dem Motherboard von Desktop-Computern gelöscht werden, doch man kann auf modernen Desktop-Rechnern über Einbruchssensoren die Gehäuse zusätzlich so sichern, dass das System gesperrt wird, wenn das Gehäuse geöffnet wurde. Der Rechner bleibt dann solange eingefroren, bis der Administrator zum Booten sein Passwort eintippt.

Bei einem anderen, hier vorgestellten physikalischen Angriff hat man sich mit einer Kennkarte den Zugang zu den Anlagen von 3DNF erschlichen. Aufgrund der schlechten Absicherung konnte Michael Resol eine solche Kennkarte stehlen und sie nutzen, um Spuren seiner Anwesenheit innerhalb des Gebäudes zu verwischen.

Sicherheitskennkarten sind Gegenstände, die mit großem Respekt behandelt werden sollten und vor Diebstahl und Missbrauch geschützt werden müssen. Mit Blick auf eine Kennkarte sollte man ihren Träger sofort identifizieren können, aber sie sollte wie ein physischer Schlüssel weiterhin als kontrolliertes Sicherheitselement behandelt werden.

WEITERE INFORMATIONEN

Das Umgehen physischer Sicherheitsmethoden ist für viele Hacker definitiv neues Terrain, weil das Risiko immens steigt, entlarvt zu werden. Wir haben in diesem Abschnitt ein paar grundlegende Themen über physische Sicherheit besprochen, doch es gibt noch eine ganze Menge weiterer Referenzen. Das folgende Material hilft Ihnen, diese Themen eingehender zu erforschen.

- *No Tech Hacking: A Guide to Social Engineering, Dumpster Diving, and Shoulder Surfing* (ISBN: 978-1-59749-215-7, Syngress)
- Why Bother About BIOS Security? www.sans.org/reading_room/ whitepapers/threats/why_bother_about_bios_security_108 [PDF]

SNIFFING VON NETZWERK-TRAFFIC

Anatomie eines Hacks

»Starte mal Wireshark. Ich will sehen, was sonst noch so auf diesem Netzwerk los ist«, schlug Bob vor und schnappte sich vom Rücksitz seinen Rucksack, in dem sein Haupt-Laptop steckte. Bob und Leon richteten sich schnell darauf ein, erst einmal zu tippen und zu lesen. Die einzigen Geräusche auf dem Parkplatz machten die Kunden, die in den Laden gingen und wieder herauskamen.

Leon machte zuerst mehr Fortschritte, weil er verglichen mit Bob einen Vorsprung hatte. Leon folgte Bobs Vorschlag und setzte Wireshark ein. Mit diesem Programm verschaffte er sich einen Überblick darüber, was auf dem WLAN los war, das er sich zusammen mit Bob vorgenommen hatte. Leon erkannte schnell, dass sie auf dem Netzwerk nicht alleine waren. Jemand übertrug eine große Binärdatei. Zuerst sagte er nichts, sondern änderte die Einstellungen für Wireshark, um ein Packet Capture zu machen, damit er eine Kopie davon bekam, was durchs Netzwerk rauschte. (*Seite 71*)

Eine der gefährlichsten Angriffsmethoden in einem Netzwerk ist die Fähigkeit, einfach den Traffic zu belauschen und ihn für eigene Zwecke zu nutzen. Als das Computer-Networking noch in den Kinderschuhen steckte, übertrugen die Applikationen Benutzernamen und Passwörter im Netzwerk einfach in Klartext. Das File Transfer Protocol (FTP) macht das weiterhin und wird immer noch von Tausenden von Sites benutzt. Das Gleiche gilt für das Post Office Protocol (POP), mit dem man E-Mails checkt.

Beim Sniffing (*Schnüffeln*) von Traffic im Netzwerk erfährt der Beobachter, welche Rechner angeschlossen und im Netzwerk aktiv sind und welche Art von Traffic sie senden und empfangen. Durch Prüfen der Protokolle (Logs) kann man einfach erkennen, auf welchen Maschinen Windows-Nutzer gerade in eBay unterwegs sind und welche über UNIX-Server Firmendokumente verteilen. Diese Information ist wesentlich, um einen Angriff auf das Netzwerk zu planen.

Exploit-Techniken

Bei einem Netzwerk-Sniffer ist die halbe Miete, erst einmal einen Weg zu finden, um ihn in ein System und dessen Netzwerk zu integrieren. Doch sobald er installiert ist und läuft, erweist er sich als Füllhorn, mit dessen Informationen der Angreifer seine Attacken plant. Dabei beobachtet der aufmerksame Sniffer, wie kontinuierlich Benutzerkonten, Passwörter, Dienste, Traffic und Applikationsversionen über das lokale Netzwerk geschickt werden.

Die Platzierung eines Sniffers

Zur Nutzung eines Sniffers muss dieser zuerst einmal innerhalb des Netzwerks platziert werden, dessen Traffic Sie belauschen wollen. Im Falle von Funknetzwerken wird das z.B. einfach so erledigt, indem man einen Laptop in ein Fahrzeug neben das Gebäude stellt und die Wireless-Informationen aus der Luft abgreift. Wenn ein Angreifer bereits in eine Einrichtung eingedrungen ist, kann er sich mit einem freien Netzwerkport verbinden. Es gibt verschiedene Berichte über Laptops, die innerhalb von abgehängten Decken oder in Schränken versteckt waren und über das eingesteckte Netzwerkkabel den Traffic abgefischt haben. In Kombination mit der Gefahr, dass jemand gefälschte Sicherheitskennkarten nutzt, kann jemand mit bösen Absichten nachts oder am Wochenende ins Gebäude kommen und in wenigen Sekunden einen Sniffer installieren.

Ein Sniffer braucht nur ein einfaches Netbook, auf dem für die optimale Performance Linux läuft. Durch Größe und Design dieser Implementierung kann sich die Maschine einfach auf das Abfangen von Traffic konzentrieren und dafür ein diagnostisches Tool wie tcpdump nutzen.

Ist ein Sniffer installiert, kann er die Millionen übers Netzwerk fließenden Datenpakete loggen und zur späteren Überprüfung lokal abspeichern. Das hört sich allerdings leichter an, als es wirklich ist. Viele Tools fürs Network Capture bekommen in manchen Netzwerken ernsthafte Performanceprobleme und lassen Pakete wahllos fallen, wenn die Netzwerkkarte des Sniffers nicht mit dem Traffic im Netzwerk mithalten kann. Auch kann es Stunden dauern, den Traffic zu überprüfen, wenn die Capture-Dateien zu groß sind. Man kann auch Regeln setzen, um nur solche Pakete mit bestimmten Identifikatoren abzufangen, z.B. alle FTP-Pakete oder alle POP-E-Mail-Pakete. Dann hätte man weniger Material zum Sichten, und der Angreifer könnte sich einzig auf den verwertbaren Traffic konzentrieren.

Switches werden normalerweise einem Sniffer-Gerät nicht erlauben, den gesamten Traffic im Netzwerk zu belauschen, aber ein Innentäter oder ein angeworbener Mitarbeiter kann dem Angreifer helfen. Jemand mit Zugang zu den Switches der Firma kann einen der Ports aktivieren, um ihn als SPAN-Port (Switched Port Analyzer) zu konfigurieren. Durch dieses Port Mirroring kann man dann den gesamten Traffic sehen, der durch dieses Gerät fließt. Wird in diesen Port dann ein Sniffer eingesteckt, kann er jedes einzelne Paket sehen, das dieses Gerät durchläuft.

Traffic-Review

Zwar gibt es eine Menge verfügbarer Tools zum Abfangen von Netzwerk-Traffic, aber de facto ist Wireshark dafür das Analyse-Tool. Diese kostenlose Open Source-Applikation ist unter *www.wireshark.org* erhältlich. Wireshark hieß früher Ethereal und ist schon seit Jahren der beliebteste Traffic-Analyzer. Es kann auch zum Abfangen von Netzwerkdaten eingesetzt werden, doch seine Stärke liegt in der Fähigkeit, den Traffic darzustellen und die Pakete auf einfache Weise zu filtern und zu sortieren.

Nach der Installation sucht ein Angreifer nach Schlüsselwörtern innerhalb von Paketen, indem er die Suchfilter entsprechend anpasst. Für eine Schlüsselwortsuche muss man z.B. einfach nur folgenden Filter setzen:

```
frame contains "password"
```

Der obige Filter-String zeigt dann nur Pakete, in denen buchstäblich das Wort »password« steht. Mit Wireshark kann ein Angreifer auch bestimmte Traffic-Arten filtern. Sie können z.B. auch »smb« herausfiltern und bekommen dann nur Pakete gezeigt, die zu Windows-Dateifreigaben gehören. In Abb. 3.6 wird eine JPEG-Bilddatei über das Netzwerk von einem Rechner zu einem anderen kopiert.

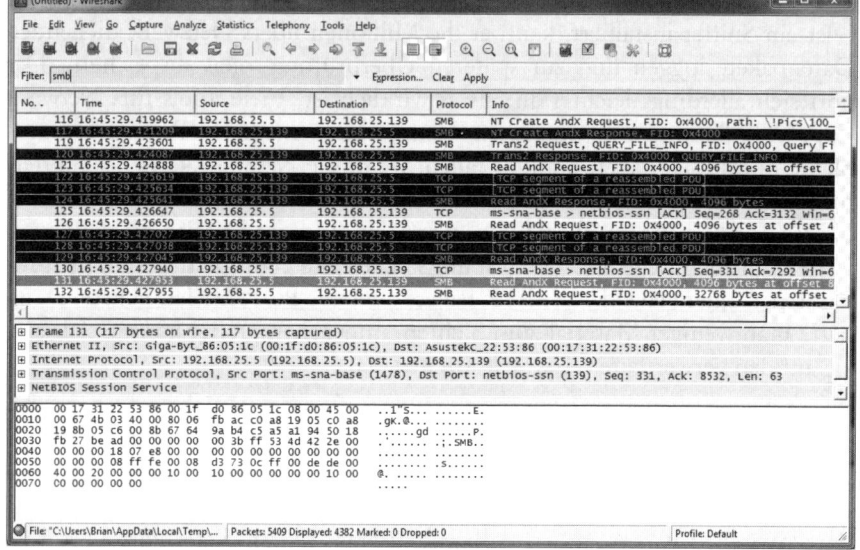

Abbildung 3.6: Wireshark-Ausgabe von Traffic mit Dateiübertragung

Best Practices

Die wenigsten sind dagegen gewappnet, wenn sie es mit einem Netzwerk-Sniffer zu tun bekommen. Wenn ein Sniffer erst einmal in Ihrem Netzwerk installiert und aktiv ist, bleibt Ihnen zum Entfernen des Sniffers ehrlich gesagt kaum etwas anderes übrig, als das gesamte Gebäude danach zu durchsuchen. Allerdings kann man auch proaktive Schritte unternehmen, um die Chancen zu reduzieren, dass ein Sniffer überhaupt in Ihr Netzwerk gelangt.

Schützen von Netzwerk-Ports

Heutzutage ist einer der einfachsten Schritte für Administratoren das generelle Verbot von Hubs in ihrem Netzwerk. Hubs senden jedes einzelne Paket an alle angeschlossenen Geräte. Weil sie billig und weit verbreitet sind, arbeiten viele Firmen in ihrer Netzwerkinfrastruktur immer noch mit Hubs,

Kapitel 3

obwohl ihre Zahl täglich abnimmt. Switches sind das Gerät der Wahl, weil sie Unicast-Pakete von der Quelle nur an das vorgesehene Ziel senden und kein anderer Port das Paket zu sehen bekommt.

Bei Switches sollte die Port Security aktiviert sein. Alle Switches halten die MAC-Adresse (Media Access Control) des Geräts fest, das jeweils in den Port gesteckt ist. Port Security geht noch einen Schritt weiter, indem die MAC-Adresse aufgezeichnet wird und dann nur dieses eine Gerät den Port weiterhin verwenden darf. Das verhindert, dass ein Nutzer den einen Computer ausstöpselt und einen anderen einsteckt.

Allerdings kann ein Angreifer auf manchen Geräten diesen Schutz umgehen, indem er im Prinzip das Transmission Control Protocol/Internet Protocol (TCP/IP) von der Netzwerkkarte entkoppelt. Dann kann dieser Rechner nicht kommunizieren, weil er keine IP-Adresse hat, aber er kann immer noch den im Netzwerk kursierenden Traffic belauschen.

Natürlich wäre es die einfachste und billigste Lösung, im Kabelschrank jeden einzelnen nicht zugewiesenen Port abzuklemmen. Der Administrator sollte dann nur jene Ports für Arbeitsplätze verbinden, die erforderlich sind, und alle anderen Ports leer lassen, wenn sie nicht gebraucht werden.

Erkennen von unpassendem Traffic

Für Sie als Netzwerkadministrator ist das Sniffing von Traffic als Verteidigung genauso dienlich wie für einen Angreifer. Sie können damit beispielsweise feststellen, ob es Traffic gibt, der auf anfällige Software in Ihrem Netzwerk hinweist, und diese absichern, bevor es einem Angreifer auffällt. Suchen Sie in Ihrem Netzwerk nach Klartextinformationen, die in verschlüsseltem Format versendet werden sollten. Achten Sie allerdings darauf, Management und Benutzer zu benachrichtigen, dass überwacht wird, um zu vermeiden, dass Ihnen der Geldhahn zugedreht wird.

Entwicklung von Firewall- und IDS-Regeln

Falls Ihnen bösartiger Traffic oder ein Angriff in einem Netzwerksegment aufgefallen sind, können Sie den Traffic mit Wireshark analysieren und die einzelnen Infos zusammenführen. Sie stellen mit Wireshark auch schnell Filterregeln zusammen, um über bösartige Pakete alarmiert zu werden oder diese zu blockieren.

Zu Demonstrationszwecken zeigt Abb. 3.7 eine einfache Dateifreigabeübertragung unter Windows. Durch Analysieren der Pakete können Sie herauszufinden versuchen, ob ein bestimmtes Segment in jedem Paket vorkommt. Dieses Segment wird ein Byte-Strom sein, der in allen bösartigen Paketen immer an der gleichen Stelle sitzt, aber nicht in normalen Paketen. Wenn Sie

dieses Segment gefunden haben, testen Sie den Filter in Wireshark, um sicher-
zugehen, dass es nur bei bösartigen Paketen vorkommt (siehe Abb. 3.7), wenn
der folgende Filter verwendet wird:

```
frame[58:4] == ff:53:4d:42
```

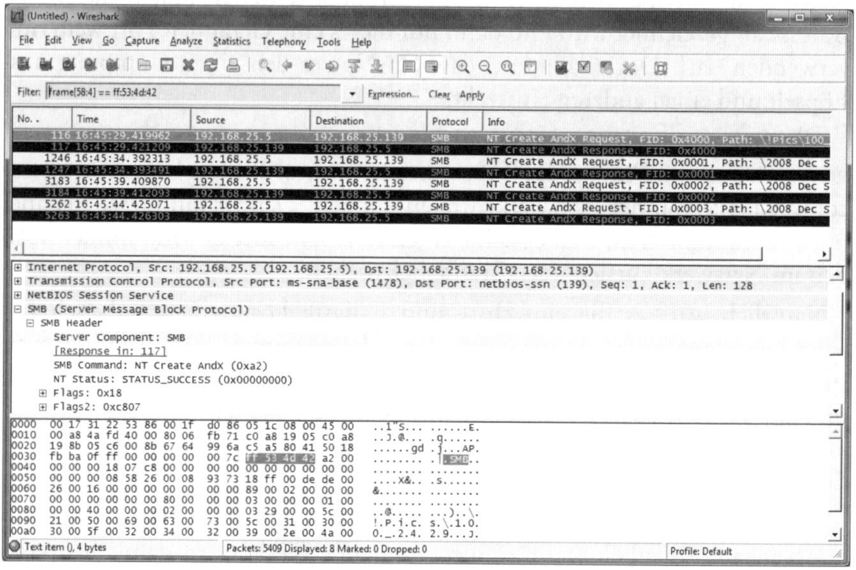

Abbildung 3.7: Die Suche nach Paket-Identifikatoren in Wireshark

Durch diesen Filter sucht Wireshark nach dem 58. Byte in jedem Paket und
vergleicht die 4 Bytes, die dort beginnen, mit dem hexadezimalen
»ff:53:4d:42«. Bei einem Treffer zeigt Wireshark die fraglichen Pakete in seiner Darstellung.

Anhand dieser Information erstellen wir dann einen Snort-Filter, um nach
solchen eintreffenden Paketen zu suchen und dann einen Alarm auszugeben.

```
alert tcp any any -> any any (content:"|ff 53 4d 42|"; offset:58;
msg:"Unauthorized traffic!";)
```

ZUSAMMENFASSUNG

Wenn ein Angreifer beim Netzwerk oder der Infrastruktur erst einmal einen
Fuß in der Tür hat, kann er sich über einen gut platzierten Sniffer die Schlüssel zum Allerheiligsten holen, was die Passwörter der Nutzer und die Sitten
der Netzwerknutzung angeht. Ein Angreifer platziert einfach ein Gerät in
Ihrem Netzwerk, um heimlich alle Informationen zu sammeln, die über das

Netzwerk bzw. ein bestimmtes Netzwerksegment übertragen werden. Zwar kann ein Unternehmen dieses Risiko vermindern, indem Netzwerkgeräte eingesetzt werden, die keine Pakete per Broadcast senden, aber ein böswilliger Insider kann solche Geräte so konfigurieren, dass sie sniffer-freundliche SPAN-Ports erlauben.

Wenn ein Angreifer ein paar Millionen Pakete abgefangen hat, durchsucht er dieses Material nach Benutzernamen, Passwörtern, häufig besuchten Servern und tatsächlichen Dateidaten, die über das Netzwerk übertragen werden.

Ein Netzwerkadministrator kann allerdings das Netzwerk-Sniffing auch als Schutzmaßnahme einsetzen. Indem er auf der Suche nach Netzwerkangriffen und zu Protokollzwecken einen Sniffer einsetzt, kann der Administrator eigene Filterregeln erstellen, die man in ein IDS (Intrusion Detection System) oder ein IPS (Intrusion Prevention System) implementieren kann.

WEITERE INFORMATIONEN

Sniffer für Netzwerk-Traffic sind ein unglaublich gefährliches und verborgen wirkendes Tool, wenn sie von einem Angreifer eingesetzt werden, der Zugang zu Ihrem Netzwerk bekommen hat. Dabei reicht auch schon ein teilweiser Zugang. Große Mengen von Datenpaketen abzufangen und zu filtern, ist eine Fähigkeit, die sowohl von den Angreifern als auch den Verteidigern sehr gut abgestimmt sein müssen, um nach speziellen Daten zu suchen. Wir haben in diesem Abschnitt nur die Grundlagen erwähnt, und Sie sollten sich bei den folgenden Quellen nach weiteren Details umsehen:

- **Writing Snort Rules:**
  http://packetstormsecurity.nl/papers/IDS/snort_rules.htm
- **Wireshark & Ethereal Network Protocol Analyzer Toolkit**
  (ISBN: 978-1-59749-073-3, Syngress)
- **Penetration Tester's Open Source Toolkit, 2nd Ed.**
  (ISBN: 978-1-59749-213-3, Syngress)

RUHENDE MALWARE

Anatomie eines Hacks

»Hier ist es. Das ist ein Windows-Rechner, auf dem sogar der SubSeven-Trojaner läuft.

Ich wette, da drinnen sitzt ein Teenie, der über Papas Rechner Musik saugt.« (*Seite 88*)

Leon öffnete die Client-Applikation und stellte die Verbindung mit der IP-Adresse her.

An diesem Punkt der Story brauchen unsere unglücklichen Helden dringend Geld, mit dem sie ihre nächsten Schritte planen können. In einer wohlhabenden Gegend suchen sie in den teuren Häusern nach einem angreifbaren Computer. Sie finden einen Heimcomputer, auf dem der Trojaner SubSeven abgelegt ist, und beuten den Rechner weiter aus, um Einzelheiten über Kontodaten abzugreifen, die sie gegen Bares weiterverkaufen können.

Bob und Leon handeln hier definitiv illegal, aber sie sind der Ansicht, dass ihre Situation das rechtfertigt. Um ihr Gewissen zu beruhigen, versprechen sie sich gegenseitig, jeden Cent zurückzuzahlen, wenn die Krise überstanden ist.

Exploit-Techniken

Diese Taktik wird tatsächlich häufig eingesetzt. Dabei braucht der Angreifer keinen Rechner auszunutzen, sondern erntet einfach die Vorarbeiten anderer. In diesem Fall hatte der Eigentümer dieses Hauses seinen eigenen Rechner unachtsamerweise mit dem Trojaner SubSeven infiziert. Bob schließt daraus, dort wohne wahrscheinlich ein Teenager, der den Computer durch das Herunterladen von Musik infiziert hat. Damit spielt er auf das Vorkommen bösartiger Software bei vielen P2P-Netzwerken (Peer to Peer) wie Kazaa und Gnutella an. Diese Programme schlummern dann auf dem Computer des Opfers und warten geduldig auf einen Angreifer, der sie ausnutzt.

Für diesen Exploit hat Bob einfach Heimnetzwerke mit offenen Wireless Access Points gescannt und dafür Wardriving-Techniken genutzt, wie sie in Kapitel 2, »Scan«, erläutert werden. Als er ein offenes Netzwerk findet, scannt er die Computer nach Spuren von Malware und findet tatsächlich einen mit SubSeven infizierten Rechner. Dann nutzt er seine Kenntnis eines Master-Passworts, das für diese spezielle Version gilt, um auf die Malware zugreifen zu können.

SubSeven

Bei der bösartigen Software, die Bob und Leon hier entdecken, handelt es sich um den Trojaner SubSeven. Dieses Remote Administration Tool (RAT) kann von bösartigen Websites an arglose Nutzer gepusht werden. SubSeven öffnet einen TCP-Port, auf dem es dann lauschen kann. Welcher das ist, hängt von der verwendeten Version ab. SubSeven etabliert einen Server-Port, über den Nutzer die Verbindung zum SubSeven-Client herstellen und das System übernehmen können. Abhängig von der verwendeten Trojaner-Version kann Bob außerdem schließen, dass darauf ein festkodiertes Master-Passwort verwendet wird, das zu einer kompletten Hintertür ins System führt. Dieses Feature hatte der Autor in früheren Versionen von SubSeven implementiert, es wurde aber nach Entdeckung entfernt. Wie durch Reverse Engineering von SubSeven[6] in Erfahrung gebracht wurde, lautet das Master-Passwort »14438136782715101980«. Durch Eingabe dieses Passworts bekam Bob die komplette Kontrolle über diese Computer und konnte nach finanziellen Daten auf diesem Rechner suchen.

Zwar ist SubSeven ein älteres Tool, aber Sie sollten es nicht für zukünftige Exploits ausschließen. Nach jahrelang stagnierender Entwicklung haben die Programmierer im Februar 2010[7] das Tool mit ein paar Überarbeitungen neu herausgebracht (*www.subseven.org*). Es ist aktuell auf 32-Bit-Windows beschränkt, doch wenn Sie diese Zeilen lesen, sollte die 64-Bit-Version erhältlich sein, die auf neue Windows 7-Homecomputer abzielt.

Best Practices

In jedem Augenblick gibt es in der ganzen Welt Millionen von Computer, die mit allen möglichen Arten bösartiger Software infiziert sind. Diese überwältigende Sammlung von Viren, Trojanern und Botnet-Nodes sorgt dafür, dass ansonsten fehlerfreie Computer mit gewaltigen Mengen illegalen oder unautorisierten Materials infiziert werden. Die empfohlene Vorgehensweise hier ist, solche Applikationen generell zu blocken, damit sie erst gar nicht auf Ihrem Computer installiert werden. Allerdings ist das nicht immer möglich, wenn man die fortgeschrittenen Methoden für das Social Engineering der Hacker berücksichtigt und das generell mangelnde Sicherheitsbewusstsein des normalen Nutzers. Auch bei erfolgter Infektion sollten die Systeme über Methoden verfügen, um routinemäßig nach bösartigen Applikationen zu suchen und sie zu entfernen.

Präemptiver Schutz

Die beste Heilmethode gegen eine Krankheit ist, gar nicht erst krank zu werden. Diese Philosophie gilt auch für Malware auf Ihrem Computer. Neben den seltenen viralen Angriffen auf anfällige Applikationen kommt die meiste Malware per »Drive-by Download« auf die Computer. Bei diesem Prozess werden Applikationen heruntergeladen und installiert, ohne dass der Nutzer es autorisiert hat. Das geschieht meist, wenn die User auf fragwürdigen Websites surfen – normalerweise gesteuert von Begehrlichkeiten. Wenn auf Sites Pornografie, Warez, Software-Cracks und Cheatcodes für Videospiele vorhanden sind, dann sind diese Sites besonders anfällig für Malware, denn die Site-Inhalte sind höchst gefragt.

Anmerkung

In der letzten Zeit hat man sich sehr darum bemüht, Malware bei Google über die obersten Links zu bestimmten Themen unter die Leute zu bringen. Mit ausgefeiltem SEO-Code (Search Engine Optimization) können Sites mit bösartigem Code infizierte Sites ganz oben in die Ergebnisliste einer Suche nach den neuesten Nachrichten schieben. Jedes Mal, wenn es eine die ganze Welt betreffende Nachricht gibt, finden sich unvermeidlich Sites, die den aktuellsten Stand der Berichterstattung versprechen und auf sehr verdächtigen Domänennamen innerhalb der ersten Seite der Suchergebnisse erscheinen. Diese Praxis wurde detailliert von Trend Micro untersucht, als die Firma Malware-News-Sites nach dem Erdbeben 2010 in Haiti unter die Lupe nahm[8]. Damals erschienen täglich neue Malware-Sites mit den neuesten Ereignissen im Netz.

Die Moral von der Geschichte: Wenn Sie aktuelle Nachrichten suchen, verlassen Sie sich nicht darauf, diese über Suchergebnisse zu bekommen. Tippen Sie manuell den Domänennamen der Homepage Ihrer bevorzugten News-Site ein und folgen Sie deren internen Links für die aktuelle Berichterstattung.

Weil die meisten Nutzer unwillig oder unfähig sind, ihre Surfgewohnheiten zu ändern, und weil Angriffe immer ausgefeilter und intelligenter werden, brauchen wir weitere automatische Puffer gegen eine Infektion. Die Browser Internet Explorer, Firefox und Google Chrome verfügen über sichere Webfeatures. Das ist im Grunde eine große Blacklist, in der schädliche Websites eingetragen sind. Wenn ein Nutzer eine solche Site aufrufen will, warnt sein Browser deutlich davor, dass diese Site bösartig sein kann und eine Verbindung damit vermieden werden sollte.

Viele umfassende Suites für die Endpunktsicherheit, z.B. Norton Security Suite, bieten ebenfalls an, Downloads sofort automatisch zu scannen.

Wenn Sie diese Zeilen lesen, wird ein adaptiveres Tools namens BLADE (Block All Drive-by Download Exploits) von seinen Entwicklern bei SRI International veröffentlicht sein. Wie Anfang 2010 von Brian Krebs[9] berichtet wurde, hat BLADE aktuell eine Blockierungsrate von 100 % gegen Tausende versuchter Infektionen. Mehr über dieses Tool und Testberichte lesen Sie unter *www.blade-defender.org*.

Entfernung von Malware

Wenn nun doch eine bösartige Applikation einen Computer befallen hat, gibt es immer noch Hoffnung, die Infektion zu beseitigen, um weiteren Schaden zu vermeiden. Im Internet finden Sie eine Vielzahl von Tools zum Entfernen von Spyware und Malware. Doch vor dem Herunterladen aller möglichen Applikationen sollten Sie sich im Klaren sein, dass es Hunderte von gefälschten und bösartigen Malware-Entfernungsprogrammen gibt. Diese Programme infizieren Ihren Computer, vermitteln aber den Eindruck, dass sie ihn säubern. Eine Masterliste solcher Programme findet sich unter *www.spywarewarrior.com/rogue_anti-spyware.htm*.

Die meisten bösartigen Applikationen können einfach dadurch entfernt werden, dass ein automatisches Tool gestartet wird: Man lässt das Tool nach den fraglichen Dateien suchen und löschen und bootet dann erneut, um noch einmal zu scannen. Es ist empfehlenswert, mehrere solcher Entfernungsprogramme zu installieren, damit sie verfügbar sind, falls sich Ihr Computer ungewöhnlich verhalten sollte.

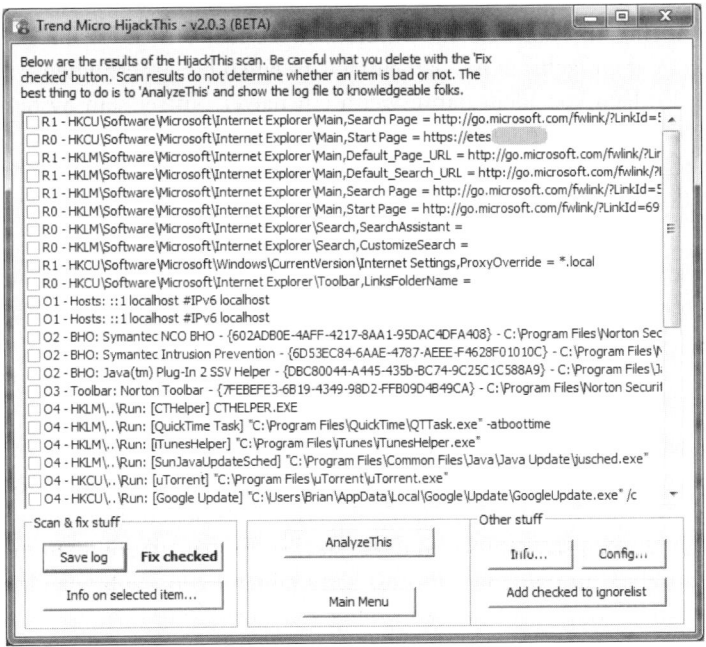

Abbildung 3.8: Scan-Ergebnisse von HijackThis

Zu solchen empfohlenen automatisierten Applikationen zum Entfernen von Spyware gehört Spybot Search & Destroy (*www.safer-networking.org*), SUPERAntiSpyware (*www.superantispyware.com*) und Anti-Malware von Malwarebytes (*www.malwarebytes.org*). Diese Programme haben den Vorteil, kostenlos und völlig automatisiert zu sein. Obwohl sie kostenlos sind, gibt es auch kommerzielle Versionen mit einem Echtzeitschutz gegen Malware, die Ihren Computer vor Drive-by-Download-Versuchen schützen.

Manche besonders ausgefeilte Malware braucht möglicherweise mehr manuelle Interventionen, um sie komplett aus einem System zu entfernen. Manche automatisierte Tools schaffen es nicht, mit den Signaturen aktuell zu bleiben, um Sie vor der Malware von heute zu schützen. HijackThis (HJT) ist eine Applikation, die keine bösartigen Applikationen ausfindig macht. Stattdessen sucht sie nach Bereichen Ihres Computers, in denen üblicherweise Malware versteckt ist, und berichtet ohne Ausnahme alles, was sie dort sieht (siehe Abb. 3.8). Für den Einsatz sind besondere Kenntnisse erforderlich, weil das Entfernen bestimmter Elemente aus dieser Liste das System beschädigen kann. Es ist auch eine einfache, portable Applikation und kann unter *http://free.antivirus.com/hijackthis/* heruntergeladen werden.

ZUSAMMENFASSUNG

Zwar sucht ein Angreifer nach allen möglichen Wegen in Ihr Netzwerk, aber einer der einfachsten ist, sich einfach an einen bereits erfolgten Angriff zu hängen. Einfach vor allem dann, wenn ein naiver Nutzer sein System durch den Download bösartiger Software unabsichtlich infiziert hat. Das zielt vor allem auf Nutzer der ersten P2P-Applikationen wie Kazaa und Gnutella und solche, die keinen oder unzureichenden Antivirenschutz auf ihrem System haben.

In unserer Story wurde der Trojaner SubSeven durch die Aktionen eines Computernutzers auf einem Heimcomputer installiert. Bob und Leon können das System angreifen und es durch den Trojaner, der still in dem System ruht und auf eine Verbindung durch einen Angreifer wartet, sofort übernehmen.

Solch bösartige Software ist eine große Bedrohung für Privatnutzer und Firmen, aber solche Software kann mit wenig Aufwand aus einem System meist auch wieder entfernt werden. Automatisierte Tools helfen dabei, den größten Teil solch bösartiger Software und Trojaner aus einem System zu entfernen, aber nicht alle. Ein manueller Prozess kann anhand von Tools wie HijackThis implementiert werden, um störende oder Zero-Day-Verseuchungen zu entfernen.

WEITERE INFORMATIONEN

Mit Trojanern versehene Applikationen und andere Formen von Malware infizieren in steigendem Maße Computer über das Internet, und das täglich. Während viele dieser Applikationen sofort damit beginnen, Ihren Netzwerk-Traffic zu sniffen und Zugangsinformationen für die Authentifizierung zu stehlen, können andere von einem Hacker aus der Distanz gesteuert und für personalisierte Attacken eingesetzt werden. In diesem Abschnitt haben wir das

Thema Malware-Angriffe und die Säuberung der Computer nur angekratzt. Die folgenden Referenzen zeigen Ihnen, wie man installierten Trojanern effektiv begegnet und wie man auch bei der neuesten Malware aktuell bleibt.

- Combating Spyware in the Enterprise: Discover, Detect, and Eradicate the Internet's Greatest Threat (ISBN: 978-1-59749-064-1, Syngress)
- F-Secure News from the Lab: www.f-secure.com/weblog/
- SophosLabs blog: www.sophos.com/blogs/sophoslabs/

DIE SICHERHEIT VON BROWSERN

Anatomie eines Hacks

> Leon öffnete ein Fenster auf Bobs Computer, auf dem der Desktop des Zielcomputers dargestellt war. Er ging verschiedene Verzeichnisse durch und fand schnell die gecachete Kopie eines Passworts für ein Online-Konto. Schnell überprüfte er, ob das Passwort funktionierte, und erkannte gleich, dass für ihre Zwecke genug Geld auf dem Konto war. (*Seite 89*)

Weil sie schnell Geld brauchen, suchen sich Bob und Leon in einer sehr wohlhabenden Wohngegend einen anfälligen Heimcomputer. Nachdem sie den Computer anhand des bereits installierten Trojaners SubSeven übernommen haben, schauen sie sich die Verzeichnisstruktur an, um die gespeicherte Passwortdatei für den Browser des Computers zu lokalisieren und anzuschauen.

Jeder große Internet-Browser bietet die Möglichkeit, die Passwörter des Nutzers für Websites auf dem lokalen Computer zu speichern. So können sich die Nutzer schnell und einfach in ihre Sites einloggen, ohne dauernd die Passwörter eingeben zu müssen. Allerdings ist dieser Speicherort für die Passwörter auch ein Angriffsziel und kann verwendet werden, um jedes einzelne beim Surfen benötigte Passwort zu orten. Das ist in unserer Story ziemlich desaströs, wo Bob und Leon sich in das Online-Konto des Opfers einloggen können, um dort das Geld abzugreifen.

Exploit-Techniken

Beim Ausbeuten gespeicherter Passwörter muss angemerkt werden, dass jeder Client diese Zugangsdaten auf unterschiedliche Weise speichert. Ein Angriff muss auf einen bestimmten Browser zielen und dann unter Umständen auch noch auf dessen spezielle Version. Zwar haben die Browser den Speicherort für diese Passwörter im Laufe der Zeit immer besser gesichert, doch es gibt immer viele Tools, um einen solchen Schutz zu knacken.

Passwortspeicher

Zwar hat jeder Browser seinen eigenen Ort und Stil, wie er gespeicherte Passwörter ablegt, doch alle verschlüsseln irgendwie die Passwörter und Nutzerkonten. Wir könnten hier nun Dutzende Seiten technischen Referenzmaterials aufzählen, wie die großen Browsern jeweils Passwörter speichern, aber wir konzentrieren uns lieber auf die Angriffe.

Wie haben Bob und Leon die Passwörter überhaupt abgreifen können? Der Speicherort muss lesbar sein und durch den Browser gefunden werden können. Diese Dateien gibt es an bekannten Stellen verteilt in der Windows-Registry und auf der Festplatte. Ältere Versionen von Mozilla Firefox führten im Profil des Nutzers Textdokumente, in denen alle verschlüsselten Nutzerkonten und Passwörter gespeichert wurden. Das sah dann in etwa wie folgt aus:

```
https://www.linkedin.com
session_key
MEIDEPgAAAAAAAAAAAAAAAAAAAAEwFAYIakVKcSL5IZxaKQe/
9n+Fake+BBiRTruRKJXcWAkVKcSL5IZxaKQe/9PY6CQ=
*session_password
MAoEEPgAAAAAAAAAAAAAAAAAAAAEwFAYqVKcSL5IZxaKQe/92+NotReal+BDgO/
4JoCdDauabcR41wvXm
https://www.linkedin.com
```

Eine andere Datei namens key3.db im gleichen Verzeichnis speicherte den Chiffrierschlüssel, mit dem die Werte geschützt wurden. In der neuesten Version von Firefox wird diese Information nun in einer kleinen Datenbankdatei namens signons.sqlite gespeichert.

Um Browser-Passwörter zu knacken, gibt es unter *http://www.NirSoft.net* eine Suite mit kostenlosen Windows-Tools, die vom Entwickler Nir Sofer veröffentlicht wurden. Eine seiner Spezialitäten ist eine große Bandbreite von Tools zur Wiederherstellung von Passwörtern (*password recovery*) für verschiedene Internet-Applikationen. Einige für unsere Ausführungen relevante Tools sind die folgenden:

- IE PassView: Passwort-Betrachter für Internet Explorer
- PasswordFox: Passwort-Betrachter für Mozilla Firefox
- ChromePass: Passwort-Betrachter für Google Chrome
- OperaPassView: Passwort-Betrachter für Opera

Wenn man PasswordFox auf einem System startet, sucht es automatisch nach Firefox-Nutzerprofilen und gibt alle Passwortkombinationen auf dem Bildschirm aus (siehe Abb. 3.9). Man kann auch in den Resultaten suchen und sie in einem Textdokument speichern.

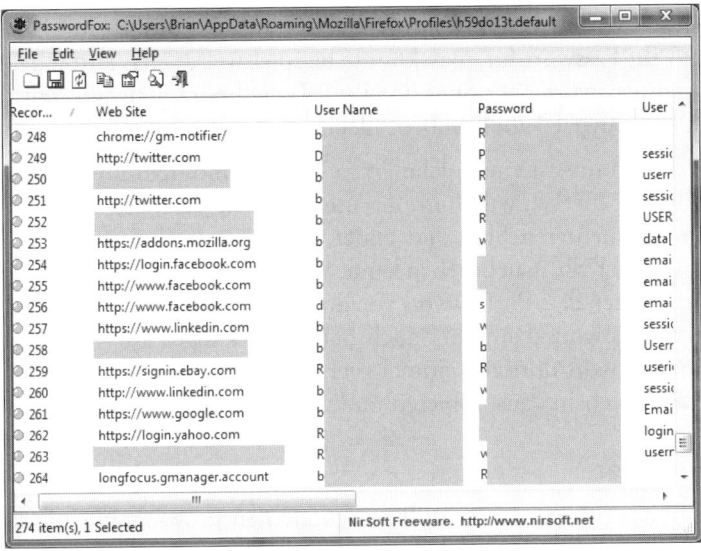

Abbildung 3.9: Gespeicherte Passwörter von Firefox, dargestellt mit PasswordFox

Mit diesen Informationen können Bob und Leon das Nutzerkonto und Passwort für die Site einer Online-Bank testen, ob es auch funktioniert, bevor sie Kontakt zu einem Carder aufnehmen, der ihnen hilft, das Opfer um 10.000 Dollar zu erleichtern.

Best Practices

Viele der Ratschläge für den Schutz Ihrer Online-Konten laufen auf grundlegende Fragen zur Passwortverwaltung hinaus. Allerdings wird dieses Thema in den Kreisen der Informationssicherheit hitzig debattiert. Es gibt keine einheitlich beste Lösung, doch wir präsentieren unseren Leser jede Seite, damit sie entscheiden können, was für sie am besten funktioniert.

Passwörter einprägen

Sie schützen Passwörter am einfachsten dadurch, dass sie nirgends zu finden sind. Schreiben Sie sie nicht auf und speichern sie auch nicht im Browser ab. Viele rümpfen die Nase bei dieser Idee, und das ist auch nachvollziehbar: Ein erfahrener Internet-Surfer hat Konten auf Dutzenden, wenn nicht gar Hunderten von Websites. Wenn Sie mal darüber nachdenken, dann kennen Sie wahrscheinlich auch Leute, die nur aus zwei Gründen ins Internet gehen: E-Mails lesen und bei eBay surfen. Für solche Leute dürfte es nicht schwer sein, sich zwei unverwechselbare Passphrasen zu merken. Implementieren Sie eine starke Passphrase anhand der im Abschnitt »Sicherheit der Authentifizierung« erläuterten Richtlinien. Die kann dann auch mit der Site zu tun hat, die Sie besuchen. Ihr Passwort für eBay könnte beispielsweise »ebay1stt0ll.de« lauten. Für längere Passwörter für Sites wie PayPal, die besser gesichert sein müssen, könnten Sie »paypalf1nde1chn0cht0ller.de« nehmen.

Für viele von uns ist eine solche Praxis einfach undurchführbar. Wenn man sich Passwörter merken will, führt das unweigerlich dazu, dass man das gleiche Passwort auf mehreren Sites verwendet, und das ist einer der schlimmsten Sicherheitsfehler, die man begehen kann. Vielleicht trauen Sie der Sicherheit bei eBay und Twitter, dass Ihr Passwort von dort nicht abgegriffen wird, und nutzen das gleiche Passwort dann aber auch bei einer weniger gut gesicherten Site. Wenn Ihr Passwort dort erst einmal gecrackt wurde, können Angreifer es auf allen großen Websites ausprobieren und u.U. einen echten Volltreffer landen.

Passwort-Safes

Wie bereits erwähnt gehört zu Ihrem modernen Browser ein einfacher Passwort-Safe, um das Material lokal zu sichern. In manchen Fällen wie z.B. bei Mozilla Firefox können Sie sogar ein Master-Passwort für den gesamten Safe vergeben. Mit einem einmaligen, starken Passwort öffnet der Browser dann den Safe mit den anderen Passwörtern.

Dafür gibt es auch verschiedene kommerzielle Produkte. Die Norton Security Suite (*www.symantec.com/norton/internet-security*) bietet ein System zur Verwaltung von Identitäten, um alle Ihre Web-Accounts in einem geschützten Safe zu speichern (siehe Abb. 3.10). Für Nutzer der Norton Security Suite ist dies eine unaufwendige und transparente Sicherheitslösung. Der Passwort-Safe von Norton enthält auch Plug-ins für den Internet Explorer und Firefox, wodurch die Software dann dem Browser die Passwortverwaltung komplett abnimmt. Bei Einsatz dieser Software bekommt ein Angreifer keine Resultate mehr, wenn er versucht, die Passwörter aus Ihrem Browser abzufischen.

Die Norton Security Suite ist ein exzellentes Produkt für viele Privatanwender und kleine Firmen. Allerdings will ein anspruchsvollerer Nutzer wahrscheinlich etwas haben, was zu Applikationen von Dritten kompatibler und natürlich kostenlos ist. Einer der beliebtesten Passwort-Safes ist KeePass. Diese kostenlose Open Source-Applikation gibt es unter *http://keepass.info*. KeePass wurde auf jedes wichtige Betriebssystem und sogar die meisten mobilen Geräte portiert.

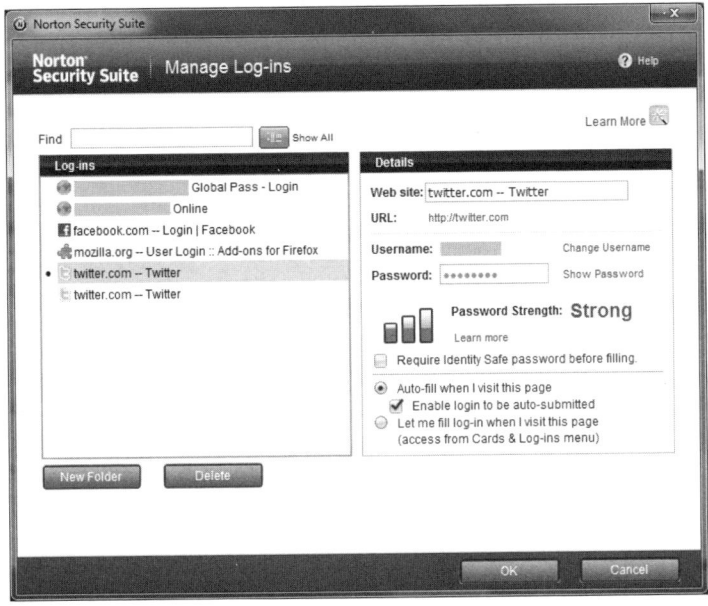

Abbildung 3.10: Der Passwort-Safe für Browser aus der Norton Security Suite

Standardmäßig legt KeePass Ihr gespeichertes Passwort in einer Datenbank mit einer AES-Verschlüsselung (Advanced Encryption Standard) ab, obwohl auch Twofish-Verschlüsselung unterstützt wird. Wenn Sie bereits einen Passwort-Safe in Ihrem Browser haben und zu KeePass wechseln wollen, nehmen Sie eines der Import-Plug-ins unter *http://keepass.info/plug-ins.html*. Damit importieren Sie automatisch alle Usernamen und Passwörter aus Ihrem Browser nach KeePass. Um die Passwörter von Mozilla Firefox zu bekommen, können Sie das Konvertierungsprogramm Clock-Work Firefox Tool KeePass nehmen. Dieses Programm erstellt aus allen Ihren Konten ein XML-Dokument. Dann können Sie das Plug-in VariousImport installieren und das XML-Dokument in Ihre KeePass-Datenbank importieren (siehe Abb. 3.11).

Anmerkung

Wenn Sie Ihre Firefox-Passwörter mit dem »ClockWork Firefox to KeePass Converter« nach KeePass verschieben, sollten Sie darauf achten, wo die erstellten XML-Dokumente abgelegt wurden. Nach dem Import der Passwörter müssen diese XML-Dokumente sicher gelöscht werden, weil darin alle Passwörter in Klartext enthalten sind und von jedem gelesen werden können.

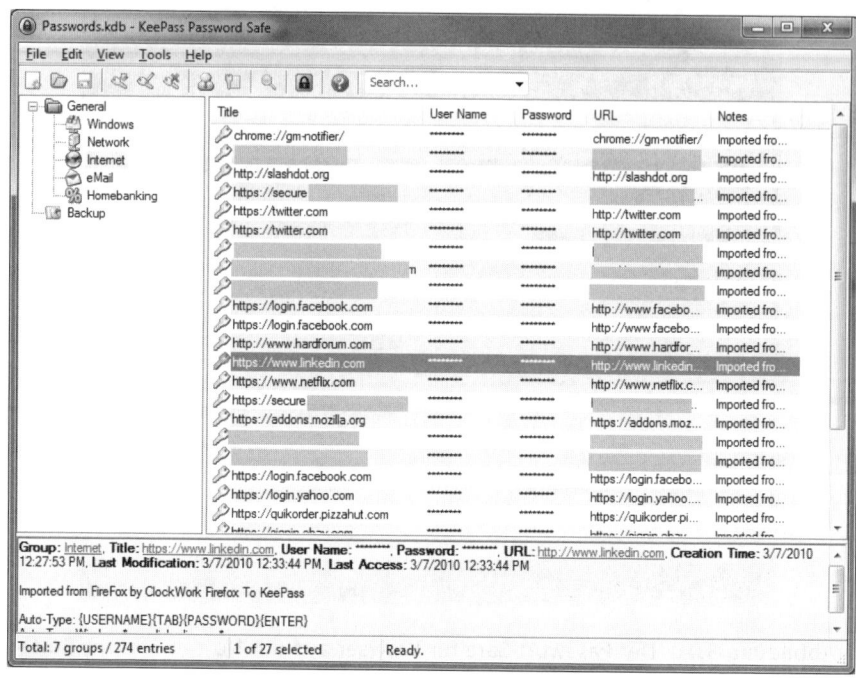

Abbildung 3.11: Der Passwort-Safe von KeePass

Ein weiteres Beispiel für einen umfassenden Passwort-Speicher ist LastPass (*www.lastpass.com*). LastPass integriert sich in alle großen Browser und mobilen Geräte und bietet sofortigen Zugriff auf Ihre Passwörter und gesicherten Informationen. Anders als KeePass, das die Passwörter in einer Datenbank auf Ihrer lokalen Festplatte speichert, verschlüsselt LastPass die Passwort-Datenbank und speichert sie direkt auf einem eigenen Webserver. Somit können Nutzer ihre Passwörter von mehreren Computern und Geräten aus synchronisieren. Passwörter können zufällig erstellt und beim Einloggen automatisch wieder in ein Websiteformular platziert werden. So haben die Nutzer extrem starke Passwörter, brauchen sich aber nicht darum zu kümmern, wie sie sich die alle merken sollen. Das Geschäftsmodell der Firma basiert auf einem Premium-Account für monatlich 1 Dollar. Dafür können Sie die Applikation für mobile Geräte installieren und in Ihrem Passwort-Speicher eine Authentifizierung mit zwei Komponenten nutzen.

Zufällig generierte Passwörter

Eine der besten Vorgehensweisen zur Absicherung Ihrer Konten ist, für jedes Konto zufällig generierte Passwörter zu verwenden. Viele Leute setzen die gleichen Passwörter auf mehreren Sites ein, und auch wenn sie mit einzigartigen

Kapitel 3

und starken Passwörtern arbeiten, verändern sie die Passwörter oft gewohnheitsmäßig nach bestimmten Sequenzen. Beim einen Konto ist das Passwort 1c4nhAzCh##z#burger1, beim anderen dann 1c4nhAzCh##z#burger2. Wenn einem Angreifer diese Masche auffällt, kann er ein eigenes Brute-Force-Passwort-Set erstellen, das auf die jeweiligen Passwortgepflogenheiten zugeschnitten ist.

Es ist offensichtlich, dass nicht jeder Passwörter zufällig erstellen kann oder will. Sie müssen dafür einen passenden Passwort-Safe bereitstellen, um Ihre Passwörter irgendwo ablegen zu können, denn es übersteigt das menschliche Gedächtnis, sich solche Passwörter zu merken. Das bereits erwähnte KeePass ist eine der besten Lösungen dafür. KeePass enthält schon einen Generator für zufällige Passwörter (siehe Abb. 3.12). Sie können einstellen, welchen Anforderungen Ihr Passwort genügen soll, und sogar »Entropic Seeding« nutzen (zufälliges Drücken von Tasten oder Mausbewegungen), um dessen Sicherheit zu verbessern.

Abbildung 3.12: Der Passwort-Generator von KeePass

Registrieren Sie auf einer Website einen Account, und wenn Sie nach dem Passwort gefragt werden, notieren Sie sich dessen Anforderungen. Geben Sie diese in den Passwort-Generator von KeePass ein, um Ihr neues Passwort zu bekommen. Dann fügen Sie es mit Copy & Paste in die Website ein, schließen den Registrierungsvorgang ab und speichern das Passwort in Ihrem Passwort-Speicher.

Mobile Passwort-Safes

Passwort-Safes bieten ein unglaublich sicheres Surfen im Netz von Ihrem Desktop-Computer aus. Doch was ist, wenn Sie unterwegs in einem Internet-Café sitzen oder mit dem Laptop surfen? Was sollen Sie nehmen, wenn Sie mit Ihrem Handy surfen? Sie wollen natürlich Ihren Passwort-Safe schnell zur Hand haben, um gleich nachschauen zu könne

Als mobiler Passwort-Safe ist ein Produkt wie das weiter oben beschriebene KeePass ideal geeignet. Dessen Vorteil ist, dass es kostenlos und eine Open Source-Applikation ist. So werden zusätzliche Erweiterungen und Plug-ins für verschiedene Geräte öffentlich entwickelt. Wir nehmen hier nur eines davon und schauen uns MyKeePass für das iPhone von Apple an. Dieses App ist im iTunes App Store für 0,99 Dollar erhältlich.

Nach der Installation auf dem iPhone kann MyKeePass die KeePass-Datenbank von Ihrem Desktop-Computer übernehmen, indem es einen Webserver aufsetzt. Dann können Sie über den Desktop-Browser auf Ihr Handy browsen und die Datenbank direkt hochladen. Nachdem die Datenbank mit einem Master-Passwort versehen ist, wird die gleiche Master-Liste von Websites präsentiert, wie Sie sie auf Ihrem Desktop sehen würden (siehe Abb. 3.13).

Kapitel 3

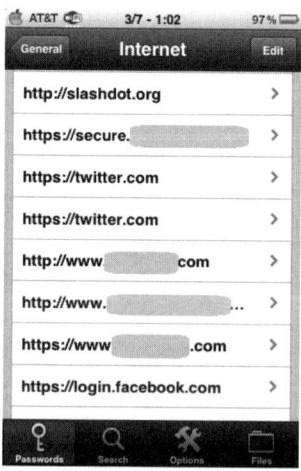

Abbildung 3.13: MyKeePass, der Passwort-Safe für das iPhone von Apple

Wenn Sie die Site gewählt haben, zu der Sie surfen wollen, werden die gespeicherten Account-Details dieser Site angezeigt. Von hier tippen Sie auf das Passwort-Feld, um den Wert für das Passwort zu kopieren (siehe Abb. 3.14). Sie können auch von hier direkt die Website besuchen und es der Applikation überlassen, automatisch die Kontozugangsdaten einzugeben.

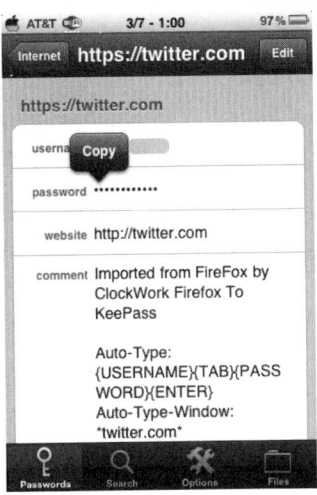

Abbildung 3.14: MyKeePass kopiert das Passwort für das iPhone von Apple.

ZUSAMMENFASSUNG

Einer der größten Schätze, die ein Angreifer bei einem Nutzer erbeuten kann, sind dessen valide Zugangsinformationen. Wenn Ihr Benutzername und Passwort auch nur von einer einzigen Website bekannt werden, kann das letzten Endes dazu führen, dass Sie ultimativ kompromittiert werden, weil viele für die meisten, wenn nicht gar alle Websites, die sie besuchen, gewohnheitsmäßig die gleichen Kontozugangsdaten nutzen. Vielleicht ist es egal, wenn die Daten für ein kleines Hobbyforum gehackt und damit publik werden, doch mit solchen Zugangsdaten steigt ein Hacker, wenn es ganz böse kommt, auch gleich direkt in Ihre Finanzen bei PayPal ein.

Um sich gegen diese Bedrohung zu schützen, sollten die Nutzer bei allen Konten starke Passwörter konfigurieren und diese am besten nur auf jeweils einer Site nutzen. Das ist zwar für manche Leute schwierig, denn so muss man sich ja mehrere Passwörter merken, aber dafür gibt es ja schließlich automatisierte Tools.

Die Nutzer sollten ihre einmaligen Passwörter geschützt in einem digitalen Passwort-Safe speichern. Die meisten Browser haben genau zu diesem Zweck einen integrierten Passwort-Safe, aber bei den meisten sind die Sicherheitsvorkehrungen recht dürftig, sodass jeder mit Zugriff auf die rohe Browser-Datenbank die Zugangsdaten abschöpfen kann.

Dritt-Applikationen wie KeePass helfen dabei, die Daten mit stark verschlüsselten Datenbanken abzusichern. Solche Programme unterstützen möglicherweise auch mobile Applikationen, sodass Sie auch von unterwegs gesicherten Zugang zu Ihren Passwörtern haben.

WEITERE INFORMATIONEN

Die in einer Client-Applikation gespeicherten Nutzerkonten und Passwörter können von einem Angreifer mit den richtigen Tools und Kenntnissen leicht abgegriffen werden. Damit die Nutzer vor dem Diebstahl dieser vertraulichen Daten geschützt sind, brauchen sie ausreichende Schulungen und leichte, mühelose Lösungen zur Verwaltung ihrer Accounts. Die folgenden Ressourcen helfen dabei, sich über die aktuellen Probleme bei der Account-Sicherheit von Browsern zu informieren und wie man diesen Problemen begegnet:

- Most consumers reuse banking passwords on other sites: www.theregister.co.uk/2010/02/02/e_banking_password_fail_survey/
- Reused Login Credentials Security Advisory: www.trusteer.com/sites/default/files/cross-logins-advisory.pdf
- The Easy, Any-Browser, Any-OS Password Solution: http://lifehacker.com/5483119/

OUT-OF-BAND-KOMMUNIKATION

Anatomie eines Hacks

Er schaute über seine Schulter und beobachtete, wie Bob *World of Warcraft* startete. Bald schon lief seine Spielfigur inmitten eines dunklen Waldes eine gepflasterte Straße entlang. Niemand war in der Nähe, aber links und rechts von der Straße waren gelegentliche Bewegungen zu erkennen. Bob ignorierte die Bewegungen und lief weiter, als sei er mit einem Auftrag unterwegs.

»Ich dachte, wir wären hierher gekommen, um von Max Hilfe zu holen«, sagte Leon und zog einen Stuhl heran.

»Genau das mache ich gerade, Alter.«

»Sieht für mich danach aus, als würdest du hier eine Runde zocken. Müsstest du nicht Max anrufen?«

Bob nahm seine Augen nicht vom Laptop. »Ich kann ihn überhaupt nicht anrufen. Das muss über einen separaten Kanal laufen.« (*Seite 96*).

Die OOB-Kommunikation (*out of band*, Kommunikation über einen separaten Kanal) ist als Konzept sogar schon Vierjährigen vertraut und wird von uns täglich genutzt. In bestimmten Situationen wollen wir vielleicht eine Botschaft an eine andere Person weitergeben, ohne dass jemand anderes sie hört oder erfährt. In einer ungezwungenen Umgebung beugen wir uns dann einfach hinüber und flüstern die Information oder senden sie per SMS, die von anderen nicht gelesen werden kann. Das Konzept bleibt gleich: Sende eine direkte Botschaft, die nicht belauscht werden kann.

Die OOB-Kommunikation ist tatsächlich sowohl für einen physischen als auch einen Netzwerkangriff ein sehr wesentlicher Teil. Wenn die Angreifer im Team arbeiten, muss es eine Methode der Kommunikation geben, die vor Polizei und Zielperson verborgen werden kann und nicht zu ihrem Sender zurückverfolgt werden kann. Im Internet gibt es dafür verschlüsselte Kommunikationskanäle. In der realen Welt wird das über verschlüsselte Kurzwellenradios und Einweg-Handys umgesetzt. Im Wesentlichen sabotiert das die Erkundung: Je besser Sie Ihre Kommunikation und Pläne verbergen können, desto schwerer ist es für andere, gegen Sie zu agieren.

In der Story will Bob Rat und Hilfe von Max St341. Mit ihm hat Bob schon früher bei der Entwicklung eines Exploits virtuell zusammengearbeitet. Später wird Max zu einem integralen Teil der Story, doch zuerst müssen sich unsere Helden treffen, um die Situation zu diskutieren. Weil Bob und Max so paranoid sind, können sie sich nicht einfach nur anrufen oder eine kurze E-Mail schicken. Stattdessen verlassen sie sich auf das MMORPG (Massively Multiplayer Online Role Playing Game) *World of Warcraft*, um sich zu treffen. Seiner Meinung nach ist das Spiel vor der Polizei sicher, weil ihm klar ist, dass nur wenige Vorgesetzte ihren Beamten erlauben würden, den Arbeitstag auf einem Game-Server spielend zu verbringen.

Exploit-Techniken

Viele greifen in der Welt der Informationssicherheit auf die OOB-Kommunikation zurück, egal für welches Team sie spielen. Das Ziel ist die Einrichtung von verdeckter Kommunikation mit dem eigenen Team, ohne dass die Gegner den Gesprächen lauschen können. Exploits kommen ins Spiel, da Angreifer die Kommunikationsleitungen anzapfen, um private Nachrichten zu lesen. Dieses Konzept nutzen auch Angreifer, die innerhalb Ihres Netzwerks mit nicht-standardkonformen Kommunikationsprotokollen arbeiten, um ihr Vorhaben zu koordinieren, oder die Daten herauszufiltern, ohne bemerkt zu werden.

Während viele Mitglieder aus der Informationssicherheit mit IRC (Internet Relay Chat) vertraut sind, und da es das Kommunikationsrückgrat vieler zwielichtiger Gruppen ist, basiert es auf einem Netzwerkprotokoll in Klartext. Jede einzelne Aktion und Nachricht wird stolz im Netzwerk gezeigt, damit auch jeder Administrator mit einem Netzwerk-Sniffer sie sehen kann.

Best Practices

Die einzige echte Verteidigung gegen eine OOB-Kommunikation ist zu versuchen, sie innerhalb Ihrer eigenen Umgebung aufzuspüren und zu hintertreiben. Die meisten Einrichtungen haben keine Kontrolle über Kommunikationskanäle, die außerhalb eines Netzwerks verlaufen, weil Handy-Störsender (»Jammer«) in den USA illegal sind.

Allerdings können Sie, wie jeder gute Administrator für Netzwerksicherheit es bereits machen sollte, den Traffic überwachen, der in Ihr Netzwerk ein- und wieder austritt, um Pakete zu finden, die einen Alarm auslösen könnten. Wenn Ihre Netzwerkrichtlinien die Kommunikation per Instant Messaging untersagen, dann sollten Sie passende Erkennungsgeräte haben, die nach solchem Traffic suchen, der das Netzwerk verlässt. Doch weil es für einen Entwickler ja so einfach ist, einen neuen, verschleierten Kommunikationskanal zu schaffen, hätten Administratoren wahrscheinlich mehr Glück, wenn sie nach ausgehendem Traffic suchen, der zu besonderen und ungewöhnlichen IP-Adressen über nicht-standardkonforme Ports geht.

Es wird zwar unmöglich sein, das Risiko von OOB-Kommunikation komplett zu blockieren, aber korrekte ausgehende Firewall-Regeln und eine aufmerksame Log-Analyse können das Risiko deutlich reduzieren.

ZUSAMMENFASSUNG

Wenn ein Angreifer sich entweder in Ihrem Netzwerk befindet oder einen Angriff darauf plant, wird er sich einer verdeckten Kommunikation bedienen müssen, damit seine Pläne nicht an die Verteidigung des Netzwerks durchsickern. Entsprechend müssen auch Bekämpfer von Eindringlingen, die einen aktiven Angriff überwachen, eine eigene OOB-Kommunikation etablieren, damit die aktiven Hacker wiederum deren Pläne nicht erfahren. Auch außerhalb einer Netzwerkumgebung werden OOB-Kommunikationen verwendet, um Kommunikationskanäle vor der Polizei, den Behörden und sogar öffentlichen Websuchen zu verstecken.

Die für eine OOB-Kommunikation einsetzbaren Tools variieren, da bei vielen Applikationen schon eine Chat-Funktionalität integriert ist. Im schlimmsten Fall kann ein Angreifer sich immer noch eine eigene Kommunikations- und Exfiltrationsapplikation (d.h. solche, die Informationen herausfiltern) ausdenken, um Informationen im Netzwerk vor allen zu verstecken.

Man kann das Risiko zwar nicht komplett eliminieren, aber solchen Traffic durch korrekte Log-Analyse und Sicherung der Netzwerkperimeter identifizieren. Große Mengen konstanter Daten, die an einen unbekannten externen Server gesendet werden, kann man entdecken und verfolgen, um festzustellen, ob da gerade ein Angriff geschieht oder droht.

WEITERE INFORMATIONEN

Bei jedem Angriff werden sowohl von Angreifern als auch Verteidigern OOB-Netzwerke genutzt, um ihre Kommunikation vor der Gegenseite zu sichern. Die für diese Kommunikation verwendeten Kanäle verändern sich sehr schnell, was auf der verfügbaren Technologie und Software basiert. Die folgende Referenz beschäftigt sich eingehend mit einem einzigartigen, gesicherten OOB-Netzwerk, das man einrichten kann:

- Authenticated Out-of-Band Communication Over Social Links: www.cc.gatech.edu/~avr/publications/wosn2008.pdf

QUELLEN

1. Del H. Reason #4132 for Changing Your Password Twitter, http://status.twitter.com/post/367671822/reason-4132-for-changing-your-password/; 2010 [Zugriff 06.03.10].

2. SANS Institute, SANS Password Policy, www.sans.org/security-resources/policies/Password_Policy.pdf; 2006 [Zugriff 07.03.10].

3. RSA Security, RSA SecurID, www.rsa.com/node.aspx?id=1156 [Zugriff 09.03.10].

4. Boyd C. World of Warcraft authenticator users come under attack, http://sunbeltblog.blogspot.com/2010/03/world-of-warcraft-authenticator-users.html [Zugriff 07.03.10].

5. Annalee N. The RFID Hacking Underground, Wired, www.wired.com/wired/archive/14.05/rfid.html; 2006 [Zugriff 08.03.10].

6. O'Reilly Media, Windows Reverse Engineering, www.aspfree.com/c/a/Windows-Security/Windows-Reverse-Engineering/8/; 2004-07-27 [Zugriff 07.03.10].

7. SubSeven, www.subseven.org [Zugriff 07.03.10].

8. Mary B. Haiti Spam Leads to New Malware, Trend Micro, http://blog.trendmicro.com/haiti-spam-leads-to-new-malware [Zugriff 08.03.10].

9. Krebs B. BLADE: Hacking Away at Drive-By Downloads, Krebs on Security, www.krebsonsecurity.com/2010/02/blade-hacking-away-at-drive-by-downloads [Zugriff 07.03.10].

Kapitel

4

Exploit

In dieser Phase des Angriffsprozesses hat der Angreifer Ihre Systeme geprüft und alle Schwachpunkte in Ihrem Netzwerk und anderen Einrichtungen gefunden. Der Angreifer wägt nun Pro und Contra aller Schwächen ab, um festzustellen, welche Attacke am effektivsten ist und das geringste Risiko birgt. In diesem Kapitel beschäftigen wir uns mit den verschiedenen Angriffsstilen, die ein Angreifer nutzen könnte, und konzentrieren uns dabei auf jene, die jeweils in unserer Story eingesetzt werden.

Dazu besprechen wir die verschiedenen, von den Handelnden in der Story gewählten Angriffsszenarien und darunter auch, wie ein Hacker sein Ziel direkt wählt, um an kritische Informationen zu kommen.

VERSCHLÜSSELTE SPEICHERMEDIEN

Anatomie eines Hacks

> Er wandte sich wieder zur Hauptkonsole. »Dies ist ein PGP-Passwort-Bildschirm. Wenn er irgendetwas Wertvolles hat, wird es auf diesem System sein, und da kommen wir nicht rein.« (*Seite 84*)

Sobald eine Firma ganz wesentliche und wertvolle Informationen besitzt, wird sie diese praktisch immer in einem verschlüsselten Laufwerk oder Gerät speichern, z.B. in Form eines verschlüsselten Speicherarchivs oder eines Laufwerks oder einer Partition, die komplett verschlüsselt sind. Wenn solche Informationen innerhalb eines verschlüsselten Datenträgers gespeichert werden, liegt es für den Angreifer nahe, sich diesen auf einem System als Angriffsziel auszuwählen.

Das gleiche Konzept greift für Heimnutzer und solche Hacker wie Bob, die anhand einer solchen Verschlüsselung persönliche Informationen auf ihren eigenen Geräten schützen. Nachdem Vlad und Pavel in Bobs Haus eingebrochen waren, bemerkt Pavel, dass auf einem bestimmten Rechner ein PGP-Fenster (Pretty Good Privacy) geöffnet ist, in dem fürs Entsperren ein Passwort angefordert wird. Pavel schließt aus dem Vorhandensein dieser Software, dass sich hier ein kritisches System voller wertvoller Daten verbirgt. Er erwähnt außerdem, dass es wahrscheinlich unmöglich zu cracken sei, weil es mit der starken Verschlüsselung von PGP arbeitet.

Eine verschlüsselte Speicherung ist vor allem für Laptops und Notebooks wichtig, die von einem Angreifer gestohlen und nach privaten Firmeninformationen durchsucht werden können. Die Organisation The Open Security Foundation beobachtet die Veröffentlichung oder den Verlust von persönlich identifizierbarer Information (PII) und bereitet dies in grafischen Statistiken auf. Diese Informationen finden sich unter *http://datalossdb.org*. Schaut man sich eine nach Art des Verstoßes sortierte Aufgliederung aller Vorfälle mit Datenverlusten an (siehe Abb. 4.1), erkennen Sie, dass besonders viele Vorfälle mit verlorenen oder gestohlenen Geräten zusammenhängen. Fasst man alle diese Vorfälle zusammen, lässt sich feststellen, dass 37 Prozent aller gemeldeten Vorfälle damit zu tun haben, dass Laptops, Desktop-Computer oder Speichergeräte von Mitarbeitern verloren gingen oder gestohlen wurden.[1]

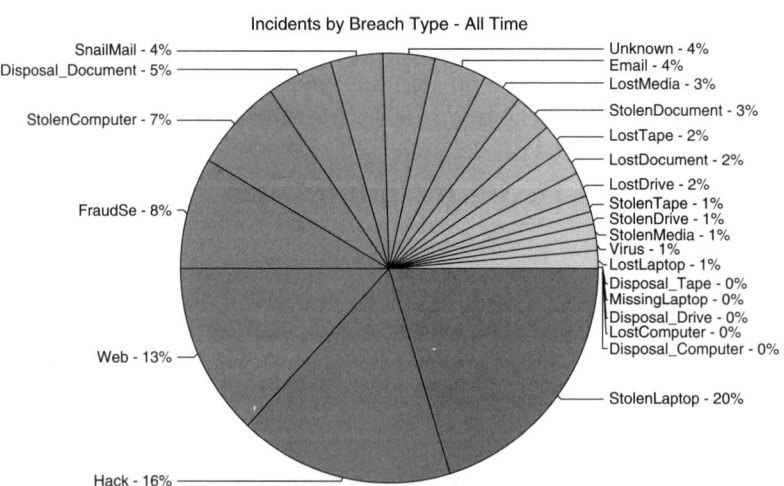

Abbildung 4.1: Datenverlustmeldungen von DataLossDB.org
(Quelle: Open Security Foundation/DataLossDB)

Die Ausstattung, die Ihr Unternehmen den Mitarbeitern bereitstellt, und auch alle eigenen Geräte der Mitarbeiter können als Angriffsvektor in Ihrem

Netzwerk verwendet werden. Das trifft vor allem in unserer Gesellschaft zu, in der motivierte Angestellte ermutigt werden, ihre Arbeit mit nach Hause zu nehmen und zu jeder Tageszeit verfügbar zu sein. Das macht Mitarbeiter auf der Arbeit, aber auch zu Hause zu einem Angriffsziel.

Exploit-Techniken

Der große Vorteil der Verschlüsselung ist, dass auch bei einem Diebstahl die Daten nicht ohne den entsprechenden Schlüssel betrachtet werden können. Der Schlüssel zum Entsperren der Daten liegt in Form eines digitalen Zertifikats vor und wird normalerweise in die verschlüsselten Daten integriert. Der Schlüssel ist allerdings passwortgeschützt, um nicht autorisierten Zugriff auf die Daten zu unterbinden. Wenn der Nutzer das korrekte Passwort eintippt, wird der Schlüssel entsperrt, und die verschlüsselten Daten können angesehen werden. Das erlaubt eine weitere Verteidigungslinie gegen einen Angriff, auch wenn andere physische und Netzwerkverteidigungsvorkehrungen bereits durchbrochen wurden.

Die meisten von einem Angreifer durchgeführten Exploits werden sich auf ein verschlüsseltes Speichermedium konzentrieren, das der Angreifer bereits besitzt. Diese Exploits sind wahrscheinlich nur dann möglich, wenn man für längere Zeiträume uneingeschränkten Zugang zu dem Medium oder Gerät hat oder es mit Spezialwerkzeug demontieren kann.

Zusätzlich gibt es auch noch das Problem, dass Angreifer selbst eine Verschlüsselung nutzen, um abgesichert Informationen aus Ihrem Netzwerk zu extrahieren, ohne bei einem Ihrer Sicherheitssensoren für das Netzwerk Alarm auszulösen.

Passwortangriff mit Brute Force

Der einfachste Angriff auf ein verschlüsseltes Speichermedium – und Passwörter überhaupt – ist ein Angriff mit Brute Force (wörtlich: *rohe Gewalt*), weil dafür nichts Besonderes erforderlich ist. Bei einem Brute-Force-Angriff werden einfach alle möglichen Kombinationen von Zeichen durchprobiert, bis die richtige erraten wurde. Die meisten Brute-Force-Angriffe können mit einfachen Befehlszeilen-Skripts geschrieben werden, die die einzelnen verfügbaren Zeichen durchgehen. Um per Brute Force einen mit TrueCrypt verschlüsselten Datenträger zu bearbeiten, schreibt man ein Skript, das die ausführbare TrueCrypt-Datei anhand jeder möglichen Passwortkombination abgleicht.[2] Weil der Master-Schlüssel für die Daten am Anfang des True-Crypt-Volumes außerhalb der verschlüsselten Daten gespeichert wird, versucht das Skript, das angegebene Passwort auszuprobieren, um den Schlüssel zu entsperren, bis das korrekte Passwort gefunden wurde.

Weitere Informationen finden Sie weiter hinten in diesem Kapitel im Abschnitt »Passwortsicherheit«.

Cold-Boot-Attacke

In der Computer-Community ist allgemein bekannt, dass alle Inhalte des RAMs (Random Access Memory) komplett gelöscht werden, wenn ein Computer abgeschaltet wird. Das stimmt im Prinzip auch, doch die meisten bedenken nicht, wie lange es dauert, bis alle Inhalte dann wirklich gelöscht sind. Eine Forschergruppe an der Princeton University veröffentlichte anhand dieses Konzepts einen neuen Angriff auf Rechner mit kompletter Festplattenverschlüsselung (Full Disk Encryption, FDE), z.B. solche Rechner, auf denen BitLocker von Microsoft aktiviert ist.[3] Mit FDE kann der Angreifer nur auf Dateien des Systems zugreifen, wenn er Passwort und Chiffrierschlüssel kennt. Kann er allerdings einen Computer entwenden, der bereits gestartet wurde, kriegt er den Chiffrierschlüssel durch die Cold-Boot-Attacke heraus.

Die Cold-Boot-Attacke nutzt die bekannte Schwäche von BitLocker und einer Reihe anderer FDE-Applikationen, dass der Chiffrierschlüssel im RAM unverschlüsselt gespeichert wird, bis der Computer vollständig gebootet hat. Schaltet man dann die Stromversorgung des RAM ab, werden die darin enthaltenen Daten – abhängig von der Temperatur des RAMs – innerhalb von Sekunden oder Minuten entfernt. Je kühler die RAM-Chips sind, desto länger halten sie die Daten. Wenn man das RAM mit Druckluft aus der Dose besprüht, wird durch diese Kühlung die Speicherzeit auf bis zu 10 Minuten verlängert.[4] Wird das RAM mit Flüssigstickstoff gekühlt, können die Daten auch mehrere Stunden erhalten bleiben. So kann ein Angreifer das RAM aus einem gestohlenen Computer entfernen, es schnell abkühlen und dann mit einem Spezial-Tool die Chiffrierschlüssel aus dem Speicher herausholen und extrahieren.

Exfiltrationscontainer

Die Möglichkeit einer Verschlüsselung kann man auch als Angriff gegen ein Unternehmen verwenden. Wenn ein Unternehmen sich dessen bewusst ist, dass gerade ein Einbruch in sein Netzwerk erfolgt ist, wird es nach Daten suchen, die durchgesickert sind. Regeln für den Netzwerk-Traffic werden für bestimmte Dateisignaturen geschrieben, um festzustellen, ob PDF- oder Word-Dokumente oder Tabellenkalkulationen aus dem Netzwerk heraus zur Site des Angreifers übertragen werden. Allerdings kann der Angreifer das Opfer über die tatsächliche Beschaffenheit der Daten täuschen, wenn er diesen Vorgang selbst verschlüsselt.

Diese Daten verschlüsselt man am einfachsten über irgendeine vorhandene Applikation, die sich bereits auf dem Zielcomputer befindet. Am besten geht das mit OpenSSL, denn diese Applikation ist standardmäßig auf vielen Linux- und UNIX-Systemen installiert. Der Prozess kann sehr schnell etwa mit diesem Befehl durchgeführt werden:

```
openssl enc aes-256-cbc in /tmp/Kundendaten.xls out /tmp/KD.enc
```

Diese Befehlszeile verschlüsselt die Datei /tmp/Kundendaten.xls mit 256-Bit Advanced Encryption Standard (AES) mit Cipher Block Chaining (CBC) und einer eingetippten Passphrase und gibt /tmp/KD.enc aus. Der Angreifer kann dann KD.enc aus dem Netzwerk ziehen und es später wieder entschlüsseln. Die Entschlüsselung erfolgt einfach anhand der Option -d mit OpenSSL, etwa wie hier:

```
openssl enc -d aes-256-cbc in KD.enc -out Kundendaten.xls
```

Mit einer solchen Taktik zieht ein Angreifer heimlich Informationen aus Ihrem Netzwerk. Diese Praktik bezeichnet man als *Exfiltration*.

Best Practices

Der Schutz gegen einen Verschlüsselungs-Exploit ist facettenreich. Die wichtige Überlegung muss dahingehend erfolgen, wie man den Angreifer davon abhält, dass er einen verschlüsselten Datenträger überhaupt in die Finger bekommt. Verschlüsselte Speichermedien sollten mit mehr Respekt und vorsichtiger behandelt werden als andere Speichermedien, denn diese Daten sind ja offensichtlich nicht ohne Grund verschlüsselt. Für Ihr Unternehmen gibt es verschiedene Verteidigungsmöglichkeiten, um grundsätzlich zu verhindern, dass Ihre geschützten Informationen gestohlen werden oder anderweitig durchsickern.

Stärke von Passwörtern

Zwar handelt es sich bei der Verschlüsselung wohl um den ultimativen Schutz gegen Datenverlust und Diebstahl, aber sie ist nur so stark wie das Passwort, mit dem auf den Schlüssel für die Daten zugegriffen wird. Einen stark gesicherter, verschlüsselter Datenträger ist nutzlos, wenn Ihr Passwort einfach nur »1234« oder »Passwort« lautet, weil eine Brute-Force-Applikation das innerhalb weniger Minuten knackt. Wie wir etwas später in diesem Kapitel erläutern, ist ein starkes Passwort die erste Verteidigungslinie gegen viele Angriffe auf dem Netzwerk- und dem physikalischen Level. Eingehender wird das in diesem Kapitel im Abschnitt »Passwortsicherheit« erläutert.

Passwörter sind außerdem nur der Ausgangspunkt für verschlüsselte Speichermedien. Mit dem Passwort selbst wird der Master-Key entsperrt, der dann wiederum die im Medium gespeicherten Daten entschlüsselt. Es ist gut, wenn die Nutzer mit starken Passwörtern arbeiten, aber es gibt noch zusätzliche Verteidigungsmaßnahmen, mit denen man den Schlüssel schützen kann. Viele Verschlüsselungsapplikationen unterstützen den Einsatz von Keyfiles, also externen Dateien, die man als Master-Key verwenden kann. TrueCrypt erlaubt beispielsweise die Wahl einer Text- oder gar einer Audiodatei als Schlüssel zu den Daten. Bei einer solchen Konfiguration muss der Nutzer nicht nur das Passwort kennen, sondern auch das richtige Keyfile zur Hand haben.

Außerdem erlauben viele Verschlüsselungsapplikationen die Arbeit mit Smart Cards, die dann als Schlüssel für ein verschlüsseltes Speichermedium fungieren. Das ist eine eher traditionellere Form der Zwei-Faktor-Authentifizierung, mit denen einige Nutzer sicher vertraut sind. Hier muss der Nutzer nicht nur das Passwort kennen, sondern auch die Smart Card in den Computer gesteckt haben, um auf ein verschlüsseltes Medium zuzugreifen. Weitere Informationen über diese zusätzlichen Vorkehrungen bei TrueCrypt erfahren Sie unter *www.truecrypt.org/docs/?s=keyfiles*.

Richtlinien zum Datenschutz

Gewiss helfen wirkungsvolle technische Vorkehrungen gegen einen Datenraub, doch auch starke Business-Richtlinien können für die Sicherheit eines Unternehmens wirksam sein, weil sie verhindern, dass solche Vorfälle überhaupt vorkommen. Jede Firma muss starke Grundsätze etablieren, wie die technische Ausstattung einheitlich verwaltet und am Arbeitsplatz gepflegt werden soll.

Viele Firmen untersagen z.B. strikt, dass irgendwelche Informationen aus einem vertraulichen Arbeitsbereich per Laptop oder USB-Stick mitgenommen werden dürfen. In manchen Organisationen werden die Mitarbeiter beim Betreten und Verlassen der Anlagen durchleuchtet, um sicher zu sein, dass kein Material heimlich mitgebracht oder entwendet werden kann. Um diese Richtlinie wirklich zu erzwingen, sollte die Firma eindeutige und gut sichtbare Etiketten auf allen physischen Unternehmenswerten befestigen lassen. Das kann in Form eines Strichcodes oder eines Firmenaufklebers geschehen, sollte aber auch von Mitarbeitern und Sicherheitspersonal einfach und leicht erkennbar sein. In der Firma muss dann auch eine detaillierte Datenbank für den Bestand geführt werden, in der jedes Computerelement mit Artikelnummer des Herstellers und Seriennummer aufgeführt wird.

Leider sorgen die gleichen Firmen auch selbst dafür, dass über Reparaturen oder Spenden diese Geräte einfach verschwinden. Im Jahre 2009 hat beispielsweise die National Archives and Records Administration (NARA) eine defekte Festplatte an den Hersteller zurückgeschickt, ohne vorher die darauf befindlichen Daten zu löschen. Zu diesen Daten gehörten Angaben über mehr als 70 Millionen Veteranenkonten.[5] Viele andere Firmen entsorgen ihre Altgeräte, indem sie diese einfach in den Müll werfen, an Schulen verschenken oder sie gleich auf eBay verkaufen, und alles ohne sich die Zeit zu nehmen, die Firmendaten von den Medien zu löschen.

Schließlich muss einer Firma auch einfach klar sein, dass geklaut wird. Auch wenn die Mitarbeiter ihr Bestes geben, um das Equipment zu schützen, wird doch immer wieder etwas gestohlen. Es ist wichtig, das Unternehmen so offen und ehrlich zu führen, dass die Mitarbeiter das Management über Vorfälle bereitwillig informieren. Sonst kommt es zu oft vor, dass Mitarbeiter Details tage- oder gar wochenlang zurückhalten, während sie sich Entschuldigungen oder Rechtfertigungen überlegen, was den Prozess der Risikominderung erschwert. Das Management sollte offen und bereitwillig mit den schlechten Nachrichten umgehen und es vermeiden, scharf und unüberlegt zu reagieren, indem der Mitarbeiter z.B. sofort entlassen wird. Gestohlenes oder verlorenes Equipment sollte sofort der Polizei gemeldet werden, damit in Pfandhäusern danach gesucht werden kann. Dieser Vorfall sollte in den USA auch dem National Crime Information Center (NCIC) des Federal Bureau of Investigation (FBI) gemeldet werden, wodurch die Polizei dann bundesstaatenübergreifend melden kann, falls das gestohlene Equipment wieder auftaucht.[6]

Gesicherte Client-Steuerung

Manchmal können Mitarbeiter einfach nicht alle ihre Arbeit am Platz erledigen. Ein Manager braucht seinen Laptop, um auf der Geschäftsreise einige Dokumente zu lesen, oder ein Dokumentationsentwickler will zu Hause an seiner Dokumentation weiterarbeiten, weil er sich um ein krankes Kind kümmern muss. Anstatt zu erlauben, dass eine verschlüsselte Ressource aus der Firma mitgenommen wird, kann ein Unternehmen auch ein System mit gesicherten Clients implementieren, damit die Mitarbeiter über ein Virtual Private Network (VPN) auch von ferne arbeiten können.

Ein Beispiel für dieses Konzept ist die Lösung mit dem Becrypt Trusted Client. Ein verschlüsselter USB-Stick (Universal Serial Bus) wird in den Computer gesteckt und öffnet ein dediziertes, verschlüsseltes VPN-Interface ins Home Office. Die Mitarbeiter arbeiten dann vollständig in einer Art Sandkastenumgebung, ohne dass die Informationen den Host-Computer tangieren.[7]

ZUSAMMENFASSUNG

Im Bestreben, ihre internen Informationsspeicher zu schützen, sind viele Firmen dazu übergegangen, verschlüsselte Speichermedien auf Desktops und Laptops firmenweit einzusetzen. Wie bereits erwähnt, werden über den Verlust mobiler Unternehmenswerte jährlich große Mengen von internen, proprietären Daten als gestohlen oder verloren gemeldet. Viele solcher Verluste wären verhinderbar, falls die Besitzer der Information einfach darauf bestanden hätten, dass die Daten per Verschlüsselung geschützt werden sollten.

Hat ein Angreifer erst einmal ein verschlüsseltes Speichermedium in Händen, kann er die Verschlüsselung zu knacken versuchen, um an die Informationen zu kommen. Dafür setzt er z.B. einen einfachen Brute-Force-Angriff ein, obwohl das (abhängig von der Komplexität des Passworts) mit die langsamste Methode ist. Ein Angreifer kann auch versuchen, bei laufender Maschine mit einem Cold-Boot-Angriff die Chiffrierschlüssel direkt aus dem Arbeitsspeicher zu ziehen. Hacker können nicht nur die Daten Ihrer Firma cracken, sondern selbst mit Verschlüsselung arbeiten, um die aus dem Netzwerk gestohlenen Informationen selbst zu exfiltrieren, ohne dabei bemerkt zu werden.

Solche Angriffe verhindert man am besten durch passende Richtlinien und Prozeduren. Starke Passwörter und der korrekte Umgang mit Firmengeräten helfen dabei, diese Problematik deutlich abzuschwächen, bevor Informationen verloren gehen. Externe gesicherte Computerplattformen helfen Ihren Mitarbeitern dabei, auf gesicherte Weise auf die internen Firmendaten zuzugreifen und ihre Arbeit von zu Hause oder andernorts zu erledigen.

WEITERE INFORMATIONEN

Der angemessene Schutz von Informationen ist in der heutigen Umgebung ein heiß diskutiertes Thema, das wir hier nur anreißen können, indem wir entsprechende Produkte und Technologien vorstellen. Wir raten Ihnen, auf den folgenden Websites über weitere Technologien nachzulesen:

- Ironkey Personal Security: www.ironkey.com/

- Becrypt DISK Protect:
  www.becrypt.com/americas/Products/disk-protect

- Windows 7 Microsoft BitLocker Encryption:
  http://windows.microsoft.com/en-US/windows7/products/features/bitlocker

- TrueCrypt Free Open-Source On-The-Fly Encryption:
  www.truecrypt.org/

Kapitel 4

RECHERCHE DER ANGRIFFSMETHODEN

In unserer Story werden verschiedene Unternehmen angesprochen, die die neuesten Exploits und Trends erforschen. Diese bieten Angreifern tatsächlich auch Geld oder andere Vergütungen, damit sie ihnen exklusive Einzelheiten neuer Exploits verkaufen. Ständig werden neue Exploits für Anwendungen und Dienste aufgedeckt, die auf Millionen von Computersystemen weltweit laufen. Bob und Leon fanden heraus, dass sie sich einen komfortablen Lebensstil leisten können, wenn sie sich ihr Computerhobby anhand solcher Dienstleistungen finanzieren.

Exploit-Techniken

Warum sollte ein Unternehmen aktuelle und populäre Exploits zur eigenen Nutzung erwerben wollen? Sie entscheiden sich dafür, um die Gefahren der vollständigen Offenlegung (*full disclosure*) zu vermeiden. Damit ist eine innerhalb der Sicherheitsbranche kontrovers diskutierte Anschauung gemeint. Bei einer vollständigen Offenlegung wird die von einem Forscher entdeckte Schwachstelle im Internet publiziert, wo sie jeder sieht und sofort darauf reagieren kann. Bedauerlicherweise gelingt es den Hackern oft schneller, einen funktionierenden Exploit zu entwickeln, als die Unternehmen ihre Server patchen können. Anstatt sich auf riskante Wettrennen mit Hackern einzulassen, arbeiten diese Firmen hinter den Kulissen mit Herstellern von Hard- und Software zusammen, damit auf jeden Fall ein Patch entwickelt und veröffentlicht werden kann, lange bevor ein Hacker seinen Exploit entwickelt hat. Diese finanzielle Vergütung braucht man einfach dafür, um die Entdecker davon abzubringen, ihren Fund an eine Black-Hat-Gruppe zu verscherbeln. Solche Gruppen sammeln die Exploits und greifen dann unschuldige Nutzer und Unternehmen an, um Geld und Daten zu stehlen oder zu erpressen. In der Welt der Sicherheit sind die Black Hats die Bösewichte.

SANS Internet Storm Center

Anatomie eines Hacks

> [Pavel] schaffte es gerade noch, auf seinem anderen Laptop die Seite des SANS Internet Storm Center aufzurufen, als er hörte, wie die Haustür geöffnet wurde. (*Seite 136*)

Das Internet Storm Center (ISC) ist ein Projekt des SANS-Instituts (SysAdmin, Audit, Network, Security), das von freiwilligen Helfern (Incident Handler) betreut wird, um aktive Exploits im Internet zu überwachen. SANS ISC (*http://isc.sans.org*) akzeptiert öffentlich Firewall- und System-Logs von

Anwendern und Firmen und nutzt diese Details, um sie mit Vorfällen im gesamten Internet in Bezug zu setzen. Daraus lassen sich aktuelle Trends bei Angriffen und Exploits ablesen. Das ISC veröffentlicht diese Information über Sicherheitstrends und Vorfälle für Unternehmen, damit sie ihre Netzwerke weiter absichern können.

Das ISC ist eine Site, die von Hackern und Verteidigern gleichermaßen beobachtet wird, um Angriffstrends einschätzen zu können. Gerade als Pavel in der Story merkt, wie gefährlich für ihn die Zusammenarbeit mit Vlad sein könnte, kehrt sein Kumpan plötzlich in den Unterschlupf zurück. Pavel ruft schnell die ISC-Site auf, um seine Aktivitäten zu verbergen, denn vom Hacker des Teams kann man erwarten, dass diese Site auf dem Laptop zu sehen ist.

Firmen für Exploit-Erfassung

Anatomie eines Hacks

»Woher kriegst du dann die Kohle fürs Lab?«, fragte Leon.

»Wenn ich Schwachstellen finde, verkaufe ich sie an iDefense.«

»Machst du echt? Ich verkaufe meine an die ZDI von Tipping-Point!«

Bob schüttelte den Kopf. »Digger, du solltest dich an iDefense halten. Bei DEFCON schmeißen sie die besseren Partys.« (*Seite 87*)

In unserer Story fahren Bob und Leon in der Stadt herum und versuchen zu planen, wo sie als Nächstes hinfahren und Unterschlupf finden können. Sie merken schnell, dass sie Geld brauchen, und entwerfen einen Angriffsplan. Als Bob nach seinen Finanzreserven gefragt wird, gibt er zu, sein ganzes Geld in die Verbesserung seines heimischen Computerlabors zu stecken. Nun gestehen beide, dass sie an ihr Geld kommen, indem sie Exploits und Schwachstellen an die beiden konkurrierenden Erfassungsfirmen für Exploits verkaufen, und zwar an ZDI und iDefense Labs.

Die beiden Firmen ZDI und iDefense Labs sammeln Informationen über Schwachstellen und/oder Exploit-Code von Hackern und Sicherheitsforschern. Die Zero Day Initiative (ZDI) ist ein von TippingPoint gegründetes Programm. Die iDefense Labs betreiben ein Vulnerability Contribution Program (VCP), das ähnliche Ziele wie die ZDI verfolgt. Beide Firmen vergüten Sicherheitsforscher in bar für gut dokumentierte Schwachstelleninformationen und/oder verlässliche Exploits. Die Höhe der Vergütung hängt davon ab, welche Auswirkungen der Exploit hat und wie gut er vom Einreicher erforscht und dokumentiert wurde. Üblicherweise spielt sich das im Bereich von mehreren Tausend Dollar ab.[8]

Diese Firmen kaufen die exklusiven Rechte an dem Material. Das recherchieren sie dann weiter und übergeben es den betroffenen Software-Herstellern, die es in voll funktionsfähige Patches umwandeln, mit denen Unternehmensnetzwerke abgesichert werden können. Jede Firma hat eine Kundenbasis, die zuerst über neue Schwachstellen informiert wird. So gewinnen sie Zeit, um ihre eigenen Dienste vor Angriffen zu schützen, bevor der Exploit veröffentlicht wird. Mit diesem Service von ZDI und iDefense haben die »Guten« bessere Chancen, ihre kritischen Server zu patchen, bevor die wahren »Bösewichte« die Schwachstelleninformationen oder Exploits in die Finger bekommen.

TippingPoint betreibt neben ZDI bei der CanSecWest-Sicherheitskonferenz auch den jährlichen Wettbewerb Pwn2Own. Bei diesem Wettbewerb gibt es zwei Events, die sich auf Angriffe konzentrieren, mit denen sowohl Browser als auch Handys ausgenutzt werden können. Als Preise winken auch hier mehrere Tausend Dollar.[9]

Best Practices

Für das moderne Business gibt es viele öffentliche Websites wie das SANS ISC, um die Angriffe und Einbruchsversuche zu verfolgen und zu überwachen, die auf ihre Branchen zielen. Damit können Sie proaktiv die Verteidigung Ihres Netzwerks planen, bevor die Angreifer Sie ins Visier nehmen. Dieser Prozess ist allerdings sehr arbeitsintensiv und artet zu einem Vollzeitjob aus. Sie können das allerdings völlig automatisieren, indem Sie sich bei einem der Exploit-Erfassungszentren für ein Abonnement anmelden, um für Ihre Verteidigungsinfrastruktur sofortige Updates in Echtzeit zu bekommen, noch bevor Angreifer einen Exploit schreiben können.

Exklusive Intrusion-Prevention-Systeme

Unter geschäftlichen Aspekten erfordert die Infrastruktur Ihres Netzwerks ein IPS (Intrusion Prevention System) oder ein IDS (Intrusion Detection System), um Angriffe entdecken und blockieren zu können, bevor sie Schaden anrichten. Obwohl es viele Open Source-Tools dafür gibt, ist ein echter Schutz nur möglich, wenn Sie einen kontinuierlichen Update-Plan mit den neuesten, für Sie erkannten Bedrohungssignaturen haben. Sowohl TippingPoint (ZDI) als auch iDefense Labs bieten umfassende IPS-Implementierungen mit höchst aktuellen Signaturen, um die Kunden vor neuesten Angriffen zu schützen. Genau deswegen werden die neuesten Exploits und Details über Schwachstellen ja auch gekauft: um daraus Signaturen zu erstellen, die IPS-Kunden sofortigen Schutz bieten.

Kostenlose Software kann auch von ebensolchen Diensten profitieren. Snort ist zwar das beliebteste IDS, dazu noch kostenlos und Open Source, aber seine

Entwickler bieten ebenfalls ein Abo für die Live-Signaturen an. Snort gehört zur Sicherheitsfirma Sourcefire, Inc., und wird auch von dort betrieben. Sourcefire beschäftigt ein eigenes Team mit Exploit-Experten. Dieses sogenannte Vulnerability Research Team (VRT) kümmert sich um die neuesten Exploits und entwickelt Zero-Day-Regeln für Snort sowie Signaturen, um Business-Umgebungen zu schützen.[10] Die aktuellsten Echtzeitregeln werden zuerst exklusiv an kommerzielle Kunden herausgegeben und dann später auch der Öffentlichkeit vorgestellt. Ein weiterer Vorteil der Snort-Regeln ist, dass sie Open Source sind und somit leicht von allen Kunden gelesen und angepasst werden können.

Wenn Sie ein Unternehmen mit wertvollen Informationsressourcen führen, sollten Sie bereits ein dediziertes IPS an Ort und Stelle haben. Obwohl Ihr Netzwerk durch standardmäßige kostenlose Regel-Updates vor Freizeit-Hackern geschützt ist, schützen Sie Netzwerks und Daten am besten mit einem Abonnement für Echtzeitregeln.

ZUSAMMENFASSUNG

Computerschwachstellen sind ein risikoreiches Geschäft. Sind erst einmal welche gefunden, kann sich der Umgang damit als genauso gefährlich erweisen wie der eigentliche Exploit selbst. Viele Forscher veröffentlichen Informationen über Schwachstellen allgemein im Internet, was sich aber für die Infrastruktur vieler Firmen als sehr schädlich erweisen kann. Stattdessen wollen Unternehmen wie SANS, TippingPoint und iDefenseLabs die Angriffe erforschen, die Exploits von der Straße bekommen und einen sicheren Verteidigungsplan mit den Herstellern entwickeln, um die Ressourcen ihrer Firmenkunden zu schützen. Diese Geschäftspraxis belohnt Entdecker von Schwachstellen und schützt gleichzeitig die von Unternehmen und Regierungsbehörden verwendeten Systeme. Hacker bekommen weniger Gelegenheiten, ihre Exploits in Netzwerken auszuprobieren, und Sicherheitsforscher geraten weniger in die Versuchung, mit Kriminellen gemeinsame Sache zu machen, um von deren Arbeit zu profitieren.

Wie bereits angesprochen, kaufen Unternehmen Informationen über Schwachstellen und Exploit-Code, um diese so lange zu verstecken, bis ein passender Patch als Schutz dagegen entwickelt werden kann. Manche Exploit-Entdecker arbeiten auch direkt mit Softwareherstellern zusammen, um Schwachstellen zu untersuchen, und helfen beim Aufbau von Verteidigungsmaßnahmen, während die Einzelheiten vor der Öffentlichkeit geheim gehalten werden. Diese Praxis nennt bezeichnet man als *Responsible Disclosure* (verantwortungsbewusste Offenlegung). Auf der anderen Seite der Medaille fühlen sich manche Sicherheitsforscher dazu genötigt, solche Einzelheiten komplett offen zu legen und Details ihrer Entdeckungen sobald wie möglich preiszugeben. Projekte wie ZDI und iDefense Labs gehen davon aus, dass ein bestimmter Exploit nur von einer einzigen Person entdeckt wurde. Einzelheiten werden zwar unter Verschluss gehalten, doch andere Forscher könnten auf den gleichen Exploit gestoßen sein und selbst Angriffe starten. Eine Full Disclosure bietet die Möglichkeit, dass alle von der gleichen Datenbasis aus daran arbeiten. Obwohl Angreifer so beim Erstellen von Exploits eine Starthilfe bekommen, können sich proaktive Unternehmen ebenfalls einen Vorsprung sichern, indem sie ihre Infrastruktur gegen den Exploit schützen.

WEITERE INFORMATIONEN

Schwachstellenforschung und die Offenlegung von Exploits sind im Internet heiß diskutierte Themen, vor allem wenn bei diesen Überlegungen auch noch finanzielle Vergütungen involviert sind. Weitere Einzelheiten über aktive Exploit-Entwicklung und die daran beteiligten Firmen erfahren Sie auf den folgenden Sites:

- Full Disclosure Mailing List: http://lists.grok.org.uk/mailman/list-info/full-disclosure
- SecurityFocus: www.securityfocus.com/
- The Open Source Vulnerability Database: http://osvdb.org/
- Exploit Database: www.exploit-db.com/

PASSWORTSICHERHEIT

Anatomie eines Hacks

Anstatt des normalen Startup-Bildschirms, den Stepan jeden Tag zu sehen bekam, wurde Pavel von einem schwarzen Bildschirm begrüßt, der nur ein paar einfache Befehlsoptionen hatte. Es war ein praktisches Tool, das Pavel sich von einer Security-Website besorgt hatte. Damit konnte er jedes Passwort auf einem Windows-System resetten, solange er steuern konnte, wie das System startet. Pavel machte sich nicht die Mühe, dem Administrator-Konto ein neues Passwort zu geben. Er setzte ein leeres Passwort, zog den USB-Stick heraus und startete den Rechner neu. Bald erschien der Begrüßungsbildschirm von Windows XP. Er tippte »administrator« als ID ein und ließ das Passwortfeld leer. Dann drückte er die Eingabetaste. Er war eingeloggt. (*Seite 31*)

Passwörter sind die erste Verteidigungslinie eines bekannten Benutzerkontos auf einem Zielsystem – und gleichermaßen auch der erste Angriffspunkt.

Wenn ein Passwort erst einmal kompromittiert wurde, ist es extrem einfach, sich über dieses Konto weiter in die Ressourcen des Unternehmens vorzuarbeiten. Schließlich muss man keinen Exploit starten und sich damit womöglich verraten, wenn man bereits ein valides Konto auf einem System übernommen hat.

In unserer Story bootet Pavel, nachdem er heimlich mit Vlad in Stepans Hotelzimmer geschlichen war, ein spezielles Tool, mit dem er das Administratorpasswort des Laptops überschreiben und so komplett umgehen kann. So bekommt er sofortigen Zugang zum System mit allen Rechten für alle darin enthaltenen Daten.

Exploit-Techniken

Weil Passwörter die am weitesten verbreitete Sicherheitsmaßnahme bei Computern sind, gibt es dafür natürlich eine ganze Reihe von Angriffsvektoren. Im Abschnitt über verschlüsselte Speichermedien dieses Kapitels besprechen wir die Grundlagen der Brute-Force-Angriffe auf Passwörter. Ein Passwort mit Brute Force (also roher Gewalt) zu knacken, bedeutet, dass der Angreifer der Reihe nach jedes einzelne Zeichen durchgeht, bis die richtige Kombination erraten wurde. Das ist der unkomplizierteste Angriff, aber wenn die Passwörter gut sind, dauert er Jahre. In diesem Abschnitt untersuchen wir die Grundlagen anderer Angriffsstile und wie sie durchgeführt werden.

Passwort-Blanking

Wenn man ein Systempasswort umgehen will, ist es am effektivsten, wenn man es am besten ganz aus dem Spiel kickt. Diese Methode wird als *Passwort-Blanking* bezeichnet. Das ist besonders bei Benutzerkonten auf Windows-Betriebssystemen wirksam, weil für den Zugriff aufs System dann kein Passwort erforderlich ist. Dieser Angriff wurde in unserer Story für Stepans Computer verwendet. Pavel nimmt ein Tool wie chntpw[11] zum Zurücksetzen von Passwörtern, um auf das System zugreifen zu können, und löscht das Administratorpasswort.[12] Weil Stepan sein eigenes Benutzerkonto hat und normalerweise nicht auf das Administratorkonto zugreift, bleibt ein solcher Angriff gänzlich unentdeckt, bis ein Systemadministrator der Firma den Laptop mal selbst prüft.

Passworterinnerung

Heutzutage treiben Websites und Online-Dienste Vorsorge, weil viele Nutzer regelmäßig ihre Passwörter vergessen oder verlieren. Praktisch alle Online-Dienste bieten nun die Möglichkeit, sich ohne Passwort zu authentifizieren, damit ihre Nutzer das Passwort zurücksetzen und wieder in ihr Konto kommen können. Früher wurde dieses Konzept so umgesetzt, dass man das Passwort im Klartext an die eingetragene E-Mail-Adresse des Nutzers schickte. Aber so kommt jeder, der auf die Mailbox zugreifen kann, auch an die Passwörter. Außerdem kann ein Angreifer, wenn er auf Ihr E-Mail-Konto zugreifen kann, auch Passworterinnerungen von allen anderen registrierten Sites anfordern. Dann schreibt er sich die Daten auf und löscht alle »Passwort vergessen?«-Meldungen aus dem Posteingang, bevor Sie sie zu Gesicht bekommen.

Ein anderes Schutzsystem der Online-Dienste implementiert verschiedene persönliche Fragen, bei denen man davon ausgehen kann, dass nur der echte Nutzer die Antwort kennt. Viele Sites arbeiten mit den gleichen Standardfragen. »Welches ist Ihre Lieblingsfarbe?« »Welches ist Ihr Lieblingsessen?« »Wo wurden Sie geboren?« »Wo haben Sie Ihren Mann/Ihre Frau kennengelernt?« Anfangs klang das nach einer tollen Idee, doch mit dem Aufkommen des Social Networking ist es unglaublich einfach, diese Details über das Leben anderer zu bekommen.

Zwei Kompromittierungen über solche persönlichen »Sicherheitsabfragen« sind sehr bekannt geworden. Die erste geschah 2005 bei Paris Hiltons T-Mobile-Konto. Es wurde gehackt und die Kontaktliste im Internet veröffentlicht.[13] Paris Hilton hatte sich als persönliche Frage für »Wie heißt Ihr Haustier?« entschieden. Als Prominente ist der Name ihres Haustieres natürlich weithin bekannt, und die richtige Antwort lautete »Tinkerbell«. So konnte der Hacker auf alle ihre SMS und die Adressenliste zugreifen. Bei einem ähnlichen Angriff wurde 2008 das persönliche Yahoo!-Konto von Sarah Palin gehackt, der Kandidatin für das Amt des US-amerikanischen Vizepräsidenten.[14] Zwar kannte der Hacker das richtige Passwort nicht, aber die drei einfachen Sicherheitsfragen konnte er problemlos beantworten: Geburtsdatum, Postleitzahl ihrer Privatadresse und wo sie ihren Mann kennengelernt hat. All diese Antworten lassen sich aus Pressemitteilungen bzw. von Palin selbst stammenden Angaben erschließen, und schon hatte der Hacker vollständigen Zugriff auf ihr Konto.

Leckerlis vom Hacker

Manchmal braucht ein Angreifer noch nicht einmal sein Ziel auszuspähen. Stattdessen richtet er einfach eine Site als Köder ein, ein sogenannter Honeypot (Honigtopf). Dann wartet er darauf, dass seine Opfer von sich aus zu ihm kommen. Wie die meisten Malware-Autoren wissen, fühlen sich leicht ausnutzbare Internet-User von Pornografie und Warez angezogen. Die Angreifer machen sich ebenso diesen Trend zunutze und generieren eigene Diskussionsforen zu solchen Themen. Wenn die Nutzer dann Konten in diesen Foren des

Hackers erstellen, werden alle Informationen in einer zentralen Datenbank abgelegt. Der Hacker filtert dann E-Mail-Adressen und Passwörter aus der Datenbank heraus und probiert sie auf verschiedenen anderen Websites aus. Genau mit dieser Angriffsmethode wurden Anfang 2010 Dutzender Twitter-Konten gekapert[15], wie es in Kapitel 3, »Ausspähen«, im Abschnitt »Sicherheit der Authentifizierung« erläutert wurde.

Auch wenn die Site nicht von einem Bösewicht eingerichtet wurde, kann sie immer noch indirekt zum Ziel eines Angreifers werden. Auf diese Weise beutet der Angreifer eine gemeinsam genutzte Ressource aus und stiehlt die Zugangsdaten der Zielpersonen, anstatt die Zielperson direkt ins Visier zu nehmen. Dabei wird – richtigerweise – unterstellt, dass die meisten Nutzer ihre Konten und Passwörter auf verschiedenen Sites immer wieder einsetzen. Zwar können Unternehmen ihre Netzwerke mit zusätzlichen Sicherheitsmaßnahmen absichern, aber wie geschützt sind Sie bei der Sicherheit eines beliebigen Diskussionsforums im Internet?

Wenn ein Angreifer die vollständige Datenbank einschließlich E-Mail-Adressen, Benutzernamen und Passwörtern hat, bekommt die Situation Furcht einflößende Ausmaße: Er kann sich dann mit diesen Informationen Zugriff auf E-Mail-Konten, Facebook, PayPal und praktisch alles verschaffen, was die gleichen Zugangsdaten hat.

Passwortangriff mit Brute Force

Der einfachste Angriff gegen ein Passwort ist ein simpler Brute-Force-Angriff. Dabei probiert ein Angreifer jede mögliche Passwortkombination aus, bis er endlich auf die richtige trifft. Die Brute-Force-Applikation fängt beispielsweise mit dem Buchstaben »a« an, macht mit »b« weiter, dann mit »c« usw. bis »z«, und in der nächsten Runde geht das Gleiche mit Großbuchstaben von vorne los. Wenn die Buchstaben durch sind, werden Zahlen und Sonderzeichen ausprobiert. Nachdem jedes bekannte Zeichen verwendet wurde, probiert die Anwendung Kombinationen aus zwei Zeichen aus. Das geht solange, bis das Passwort gefunden wurde, und bei extrem langen Passwörtern kann das Hunderte von Jahren dauern.

Brute-Force-Angriffe brauchen sehr lange bis zum Ziel, was an der Art liegt, wie Passwörter ermittelt werden. Wenn ein Nutzer ein neues Passwort für sein Konto festlegt, wird das eigentliche Passwort nicht in der Datenbank der Site direkt gespeichert. Stattdessen durchläuft das Passwort einen mathematischen Algorithmus, der eine einzigartige Kombination von Zeichen produziert, den sogenannten *Hash*. Unter Verwendung des bekannten Hash-Algorithmus MD5 führt ein Passwort namens »passwort« zu dem Hash »e22a63fb76874c99488435f26b117e37«. Hashing ist ein Einweg-

Algorithmus, was bedeutet, dass Sie aus dem Hash nicht das ursprüngliche Passwort bestimmen können. Stattdessen liefert eine Brute-Force-Applikation ein Passwort, das dann vom Authentifizierungssystem gehasht wird. Das System vergleicht die gehashten Resultate dann miteinander.

Viele Angriffe, die in diesem Kapitel noch erwähnt werden, dienen als Optimierungen dieses Prozesses, um Brute-Force-Angriffe zu beschleunigen.

Passwörter mithilfe der GPU knacken

Weil die Standardprozessoren eines Computers technologisch optimiert wurden, hat sich auch das Cracken von Passwörtern mittels dieser Prozessoren verbessert. Doch die russische Firma Elcomsoft, die sich mit der Wiederherstellung von Passwörtern beschäftigt, setzte beim Passwort-Cracken noch einen drauf: Sie nutzt die leistungsfähigen Grafikprozessoren (Graphics Processing Unit, GPU), die sich in vielen Highend-Gaming-Rechnern finden.[16] Da GPUs speziell für mathematische Berechnungen designt wurden, sind sie fürs Passwort-Cracken per Brute Force natürlich die beste Wahl.

Rainbow Tables

Den einfachen Brute-Force-Angriff, also den langsamen und methodischen Prozess des Erratens von Passwörtern, haben wir bereits angesprochen. Die negative Performance dieser Angriffsform liegt daran, dass das System wirklich jeden einzelnen Hash-Durchlauf berechnen muss. Vor diesem Hintergrund wurde eine neue Art des Passwortratens erfunden: die *Rainbow Tables* (Regenbogentabellen). Rainbow Tables sind im Grunde riesengroße Listen von vorberechneten Passwort-Hashes. Passwort-Hashes können dann direkt mit den Einträgen in dieser Liste bekannter Hashes verglichen werden, bis ein Treffer gefunden wurde, was den Prozess natürlich deutlich beschleunigt.

Für die meisten Formen von Passwörtern gibt es bereits große Rainbow Tables, z.B. MD5-Passwort-Hashes und sogar Passwörter für die Funkverschlüsselung.[17] Obwohl ein Angreifer anhand von Rainbow Tables deutliche Performance-Verbesserungen erzielt, ist ihr Nachteil, dass sie große Mengen Festplattenspeicher beanspruchen. Jede Tabelle wird basierend auf dem Hash-Typ und der Art von Zeichen, die im Passwort verwendet werden, gespeichert. Manche davon sind Hunderte von Gigabyte groß.[18] Wegen dieser immensen Größe verkaufen manche Sites sogar externe Festplatten mit 1 Terabyte bereits geladener Rainbow Tables, um Verzögerungen und die Kosten für die Bandbreite zu vermeiden.[19]

Wenn ein Hacker zum Angriff über Rainbow Tables verfügt, vergleicht er die Passwörter über ein spezielles Tool wie z.B. Ophcrack (*http://ophcrack.sourceforge.net*).

Passwörter mithilfe einer SSD knacken

Objectif Sécurité, die Entwickler von Ophcrack, gaben Anfang 2010 bekannt, dass sie mit einer Solid State Drive (SSD) solche Rainbow Tables hundertmal schneller verarbeiten.[20] In ihrer Verlautbarung zeigten sie auf, dass bei den meisten Crack-Versuchen mit Brute Force der Flaschenhals darin besteht, die Rainbow Tables von der Festplatte zu lesen. Weil in SSD-Speichermedien keine beweglichen Teile verbaut werden, sind sie exponentiell schneller als Standard-Festplatten.

Best Practices

Passwort-Cracking wird auch noch in den folgenden Jahren ein entscheidender Angriffspunkt der Hacker sein. Allerdings werden diese Angriffe durch angemessene Verteidigungsmaßnahmen gemildert, aber es könnte auch wiederum Jahre dauern, bis diese Praktiken von normalen Usern vollständig akzeptiert werden.

Starke und einmalige Passwörter

Die effektivste Verteidigung gegen einen Passwort-Cracker ist, einfach ein starkes Passwort zu verwenden. Obwohl jedes Passwort letzten Endes gecrackt werden kann, unterscheidet sich der Zeitaufwand um ein Vielfaches, wenn man ein Passwort mit sechs Zeichen oder eines mit 20 Zeichen cracken will.

Im Internet gibt es eine Vielzahl von Messgeräten für die Passwortstärke. Manche Sites haben sie schon eingebaut: Wenn Sie dort ein Konto einrichten wollen, bekommen Sie gleich die passende Rückmeldung über die Stärke Ihres Passworts. Generell ist es für einen Hacker umso schwerer, ein Passwort zu knacken, je stärker es ist. Mit diesem Allgemeinplatz sollte man annehmen, dass die meisten User für ihre Konten ein starkes, leicht zu merkendes Passwort vorziehen würden. Falsch gedacht, wie ein kürzlich erfolgtes Datenleck bei *www.rockyou.com* beweist! Im Dezember 2009 drang ein Hacker in die Nutzerdatenbank von RockYou ein (einer der wichtigsten Software-Lieferanten für Facebook) und fand heraus, dass alle 32 Millionen Kontonamen und Passwörter in der Datenbank im Klartext gespeichert waren.[21] Eine Überprüfung der Passwörter zeigte, dass die übergroße Mehrheit der Nutzer ihre Konten nur mit schwachen Passwörtern geschützt hatte.[22] Tatsächlich lautete das am häufigsten genutzt Passwort »123456« – und zwar von 290.000 Usern!

Solch simple Passwörter crackt ein Hacker in wenigen Minuten, wenn nicht gar Sekunden – auch wenn sie verschlüsselt sind. In der Praxis gehen viele davon aus, Passwörter mit acht Zeichen seien fürs Internet »ausreichend sicher«, doch aktuell werden Passwörter empfohlen, die mindestens 15 Zeichen lang sein sollten.[23] So lautet auch die Empfehlung der Password Policy von SANS, die wir in Kapitel 3, »Ausspähen«, besprechen. Außerdem sollten in den Passwörtern sowohl Groß- und Kleinbuchstaben als auch Sonderzeichen enthalten sein und auch nicht aus Begriffen bestehen, die in Wörterbüchern vorkommen (Namen etc.).

Wenn man die Passwörter einfach auf 15 Zeichen oder mehr verlängert, bringt das die meisten Passwort-Cracker schon zur Strecke. Bei dieser Länge und mit einer guten Mischung aus verschiedenen Zeichen brauchen die meisten Brute-Force-Applikationen Jahre, um ein Passwort zu cracken.

Obwohl für den Schutz Ihrer Daten ein starkes Passwort ganz wesentlich ist, bleibt es nutzlos, wenn es auf mehreren Sites eingesetzt wird. Sobald eine dieser Sites kompromittiert wurde und Ihr Passwort durchgesickert ist, kann jedes andere Ihrer Konten mit dem gleichen Passwort kompromittiert werden.

Automatische Bildschirmsperre

Anatomie eines Hacks

Michael achtete darauf, dass keiner ihn sehen konnte, und setzte sich hinter den Schreibtisch. Er klickte mit rechts auf den Desktop und wählte »Eigenschaften«. Sein Chef hatte einen passwortgeschützten Bildschirmschoner, der sich nach zwanzig Minuten einschaltete – genau den Firmenrichtlinien entsprechend. Michael deaktivierte den Bildschirmschoner und schaltete den Monitor aus, dann verließ er schnell das Büro. (*Seite 63*)

In unserer Story hat Michael Resol den schwierigen Job, einen speziell programmierten Trojaner irgendwie auf das Computersystem seines Chefs bei 3DNF zu bringen. Wegen einer Familienangelegenheit muss Michaels Chef plötzlich nach Hause und verschwindet aber in solcher Eile, dass er vergisst, den Computer zu sperren. So kann Michael einfach hereinspazieren und auf das System zugreifen.

Michaels Chef hat die Firma wahrscheinlich in dem Wissen verlassen, dass seine Daten von der automatischen Bildschirmsperre geschützt werden. Nach 20 Minuten Leerlauf würde der Computer automatisch den Bildschirmschoner aktivieren und sein Konto sperren. Wenn jemand nach diesem Zeitraum sich einzuloggen versucht, müsste er das Passwort eingeben. Doch Michael unterläuft dies dadurch, dass er einfach vor Ablauf der 20 Minuten den Bildschirmschoner deaktiviert.

Auch wenn es bei den Computern Ihrer Firma verbindliche Login-Richtlinien für die Konten gibt, die erzwingen, dass alle User sich am Computer einloggen müssen, stehen deren Daten auf dem Spiel, wenn die Mitarbeiter den Platz verlassen und den Computer nicht sperren. Innentäter, Lieferanten und

Kollegen, die gerne mal Streiche spielen, achten auf Mitarbeiter, die ihren Computer ungesperrt verlassen und somit den vollständigen Zugang zu den Daten dieses Users ermöglichen.

Eine sehr praktische Sicherheitsvorkehrung ist die automatische Sperre des Desktops, um die Daten der Nutzer zu schützen, falls sie den Computer unbeaufsichtigt lassen. Die Konfiguration ist ganz einfach, indem man den Bildschirmschoner so einstellt, dass er nach 10, 15 oder 20 Minuten aktiviert wird, und dann KENNWORTEINGABE BEI REAKTIVIERUNG anhakt (siehe Abb. 4.2).

Abbildung 4.2: Die automatische Sperre durch den Bildschirmschoner unter Windows

Diese Konfiguration funktioniert in den meisten Umgebungen, wird in unserer Story aber ausgehebelt. Da diese Einstellung auf dem Client-Rechner gespeichert ist, kann Michael auf den Bildschirmschoner zugreifen und diesen einfach deaktivieren. In einer besser gesicherten Umgebung sollte ein Administrator eine für das gesamte Netzwerk gültige Richtlinie konfigurieren, um diese Einstellung zu erzwingen. So wird verhindert, dass ein Nutzer den Bildschirmschoner deaktiviert oder den Zeitpunkt der Aktivierung verändert.

ZUSAMMENFASSUNG

Wir haben uns in diesem Abschnitt des Buches sehr ausführlich mit Passwörtern beschäftigt, und aus gutem Grund: Passwörter sind die Frontlinie der

Kapitel 4

Verteidigung, die viele Nutzer und Unternehmen gegen Angreifer einrichten. Außerdem wird dieses Thema universell von technischen und nicht technisch gebildeten Nutzern akzeptiert und verstanden. Durch die Implementierung von Richtlinien über starke Passwörter und den Einsatz verschlüsselter Passwort-Safes können Computeradministratoren dabei helfen, ihre Nutzer vor den vielen verschiedenen, aktuell existierenden Angriffen zu schützen. Wie hier gezeigt, arbeitet die Technologie definitiv dem Angreifer in die Hand, weil neue Geräte schnellere Brute-Force-Fähigkeiten erlauben. Allerdings wird ein solch technischer Vorsprung abgeschwächt, wenn man sich beim persönlichen Umgang mit Passwörtern ein paar einfache Umstellungen angewöhnt.

WEITERE INFORMATIONEN

Auch wenn wir uns hier so fokussiert mit Passwortsicherheit und Cracking beschäftigt haben, sind wir doch gerade mal an der Oberfläche geblieben. Eine Vielzahl von spezialisierten Tools zum Passwortknacken helfen den Angreifern bei ihrer »Arbeit«. Allerdings stehen den Nutzern und Firmenchefs genauso viele Tools zur Verfügung, um ihre Ressourcen zu schützen und das Passwort-Cracking zu vereiteln. Die folgenden Websites stellen einige dieser Tools und weitere Best Practices vor:

- Bruce Schneier: Choosing Secure Passwords: www.schneier.com/blog/archives/2007/01/choosing_secure.html
- The Default Password List: www.phenoelit-us.org/dpl/dpl.html
- Project Alecto: Default Password Database: www.helith.net/projects/alecto/
- John the Ripper: www.openwall.com/john/
- Cain and Abel Password Cracker: www.oxid.it/cain.html
- ElcomSoft Password Recovery Tools: www.elcomsoft.com/edpr.html
- Mnemonic Password Formulas: http://uninformed.org/?v=7&a=3&t=sumry

SICHERE E-MAIL

Anatomie eines Hacks

Vlad ignorierte Pavel und konzentrierte sich auf den Laptop. Er schaute in den Standardordner und fand schnell das Gesuchte. Er kopierte die Datei »outlook.pst« auf das Taschenmesser. So hatte er Kopien aller E-Mails, die Stepan lokal gespeichert hatte. Nachdem er die E-Mails gesicherte hatte, schaute er zu Pavel hoch. (*Seite 32*).

In der modernen Geschäftswelt laufen beträchtliche Mengen an Informationen über die einfache E-Mail-Kommunikation. Dazu gehören üblicherweise Sicherheitsrichtlinien, Passworterinnerungen, Personalwechsel, interne Produktdetails und andere, für den Angreifer wesentliche Informationen. In unserer Story hacken Vlad und Pavel Stepans Laptop, um mehr über den Job zu erfahren, mit dessen Ausführung sie beauftragt wurden. Weitere Informationen über seinen Auftraggeber sucht Vlad auf dem Laptop in einem PST-Archiv (Personal Storage Table) in Microsoft Outlook, aus dem er sich Informationen über den Angriffsplan erhofft.

Microsoft Outlook erlaubt den Nutzern, ihre persönlichen Daten in PST-Dateien zu speichern. Dazu gehören E-Mails, Kalendereinträge, Aufgaben und Journaleinträge. Diese Art von Information hätte ein Angreifer liebend gerne, um eine Firma auszubeuten. Durch die Kompromittierung von E-Mail-Informationen fasst ein Angreifer in den Gütern einer Organisation schnell Fuß.

Exploit-Techniken

Um die E-Mails eines Angestellten auszubeuten, ist der üblichste und unkomplizierteste Weg, einfach den Mail-Server selbst zu hacken. Egal ob Microsoft Exchange, Sendmail oder Postfix – jeder Typ Mail-Server hat seine Versionen, die für bestimmte Exploits anfällig sind. Wenn ein Angreifer einen Server geknackt hat, schöpft er alle E-Mails für eigene Zwecke ab.

Ein solcher Angriff führte zu einer Situation, die man »ClimateGate« getauft hat: Im November 2009 brachen Hacker in die E-Mail-Server des Climate Research Unit der University of East Anglia ein und stahlen 160 MB E-Mail-Archive.[24] Diese Dateien wurden dann auf einem russischen Webserver publiziert und gelangten über mehrere Mirrors in die ganze Welt. Tausende prüften die E-Mails und versuchten, Zusammenhänge mit der kontroversen Einschätzung zu Forschungsergebnissen über die globale Erwärmung und Verschwörungstheorien zu finden. Obwohl eine Untersuchung im Februar 2010 keine Anzeichen von Fehlverhalten erbrachte, litt die Organisation doch viele Monate unter dieser schweren und minutiösen Prüfung.

Cracken von Passwörtern

Obwohl Outlook die Möglichkeit bietet, die archivierten PST-Dateien mit einem Passwort zu verschlüsseln, gibt Microsoft tatsächlich zu, dass diese Verschlüsselung leicht geknackt werden kann und nicht vertrauenswürdig ist.[25] PSTs werden mit solch laxer Sicherheit implementiert, dass sie mit einfachen Tools leicht zu knacken sind. Tatsächlich hat Microsoft ein eigenes PST-Upgrade-Tool namens pst19ugp.exe veröffentlicht, um ältere PST-Dateien in das moderne Dateiformat zu konvertieren. Das hat allerdings den Nebeneffekt, dass alle Passwörter komplett entfernt werden.[26]

Umgeleitete E-Mails

Ein Angreifer kommt sogar ohne die archivierten PST-Dateien an Ihre E-Mail-Inhalte, indem er einfach E-Mail-Weiterleitungen nutzt. Moderne E-Mail-Systeme sind so eingerichtet, dass die E-Mails innerhalb einer Organisation bleiben, um aus Gründen der Sicherheit und des Auditings kontrolliert werden zu können. Allerdings leiten viele Mitarbeiter aus praktischen Gründen per E-Mail-Regel ihre Mails von der Arbeit an eine sekundäre Adresse weiter – wahrscheinlich eine, auf die sie auch von zu Hause zugreifen können. Nach Ansicht der Mitarbeiter eine prima Sache: Sie erfahren dann sogar privat vom Geschehen auf der Arbeit und können bei Bedarf auf Anfragen reagieren. Vom Standpunkt der Sicherheit ist das allerdings eine ganz schlechte Strategie.[27] So werden die gesamten internen E-Mails hinaus in die weite Welt geschickt, wo sie gestohlen werden können. Schlimmstenfalls könnten diese Informationen dann auch an Konkurrenzfirmen verkauft oder anderweitig weggegeben werden.[28]

Ein berüchtigtes Beispiel hierfür war 2007 das E-Mail-Leck von MediaDefender. MediaDefender, Inc., war ein Unternehmen, das Peer-to-peer-Ermittlungen für Besitzer von Urheberrechten durchführte, insbesondere für die Musik- und Filmbranche. Unglücklicherweise ließ ein Mitarbeiter automatisch seine gesamten E-Mails an seine Privatadresse bei Google Mail (Gmail) weiterleiten. Dann meldete er sich später bei einer der Warez-Sites an, die sein Unternehmen untersuchte, und wählte dazu die gleichen Kontozugangsdaten wie bei seinem Gmail-Konto. Die Besitzer der Warez-Site konnten sich dann mit seinem Passwort in sein Gmail-Konto einloggen. Durch diese Kompromittierung sickerten Tausende von E-Mails durch, in denen detailliert interne Firmenstrategien beschrieben wurden. Weiter hat man das dazu genutzt, um den Quellcode ihrer Applikationen zu extrahieren sowie Nachrichten von Telefon-Mailboxen abzuhören.[29]

Best Practices

E-Mail ist eine zentrale Informationsquelle über die Unternehmenswerte, die täglichen Abläufe und zukünftigen Pläne. Wenn solche Informationen einem Konkurrenten oder auch nur einem Angreifer in die Hände gespielt werden, kann das für viele Firmen zum Ruin führen. Doch es gibt Möglichkeiten, Ihre Firma davor zu bewahren, dass Angreifer oder Konkurrenten E-Mails in großem Stil in die Finger bekommen.

Richtlinie zur Aufbewahrung von E-Mails

Jedes international ausgerichtete Unternehmen mit Geschäftstätigkeit in den USA muss spätestens bei gerichtlichen Auseinandersetzungen damit rechnen, seine elektronischen Daten als Beweismittel offenlegen zu müssen. Dazu wurden Gesetze zur sogenannten Electronic Discovery (eDiscovery) erlassen. Als Reaktion auf diese eDiscovery legen viele Unternehmen jetzt Aufbewahrungszeiten für alle E-Mails fest. Mit einer solchen eingestellten Aufbewahrungszeit löscht der Mail-Server automatisch alle E-Mails, die beispielsweise älter als 30 oder 60 Tage sind. So wird die Menge der Dokumentation verringert, die von einem gegnerischen Gremium vor Gericht aufgedeckt werden kann.[30] Diese Option stellt man in der Konfiguration für Microsoft Exchange ein (siehe *http://technet.microsoft.com/en-us/library/bb124524.aspx*).

In Deutschland gibt es eine Pflicht zur E-Mail-Archivierung, die durch mehrere gesetzliche Regelungen vorgegeben ist. Zu nennen sind hier unter Anderem das Handelsgesetzbuch (HGB), das Bundesdatenschutzgesetz (BSDG) und das Telekommunikationsgesetz (TKB). Hier sollten Sie sich an die Rechtsanwaltskanzlei Ihres Vertrauens wenden, um über den aktuellen Stand informiert zu werden.

Unterbinden der PST-Nutzung

Wie bereits im Abschnitt Exploit-Techniken erwähnt, sind PST-Dateien kaum vor Angriffen geschützt. Bekommt ein Angreifer eines dieser E-Mail-Archive in die Finger, kann er ganz einfach die Passwörter und Verschlüsselung knacken, um die gespeicherten Nachrichten des Nutzers zu lesen. Das unterbindet man am einfachsten durch das Verbot, dass Nutzer PST-Dateien erstellen und lesen können. So müssen sie die Mails direkt von einem Mail-Server lesen und können sie nicht lokal speichern, wo sie gestohlen werden können. Dafür ergänzt man die lokale Registry des Nutzers einfach um einen Eintrag, der Outlook daran hindert, auf die PST-Dateien zuzugreifen (siehe Abb. 4.3).[31]

ZUSAMMENFASSUNG

Die Sicherheit von E-Mails sollte für jede Firma oder Organisation ein Schwerpunkt sein. Viele Ihrer kritischen Dateien sind wahrscheinlich in E-Mails gespeichert, und es liegt in deren Natur, dass E-Mails in besonderem Maße außerhalb Ihrer Organisation einfach portierbar sind. E-Mails können nicht nur an externe Mail-Konten weitergeleitet werden, bei denen es vielleicht schlecht um die Sicherheit bestellt ist, sondern die von Microsoft Outlook verwendeten Archivformate haben auch noch eine historisch schwache Sicherheit, die das Cracken der Passwörter oder auch den Diebstahl durch

Angreifer erleichtert. Durch die Ausbeutung von E-Mail-Archiven gewinnen Hacker wesentliche Erkenntnisse über Ihre Firma. Das kann man allerdings weitgehend durch Aufbewahrungsrichtlinien und die Unterbindung der Archiverstellung mildern. Wenn keine Archive erstellt werden und die Aufbewahrungszeit für individuelle E-Mails begrenzt wird, können Firmen die Menge an Informationen weitgehend reduzieren, die durchsickern können.

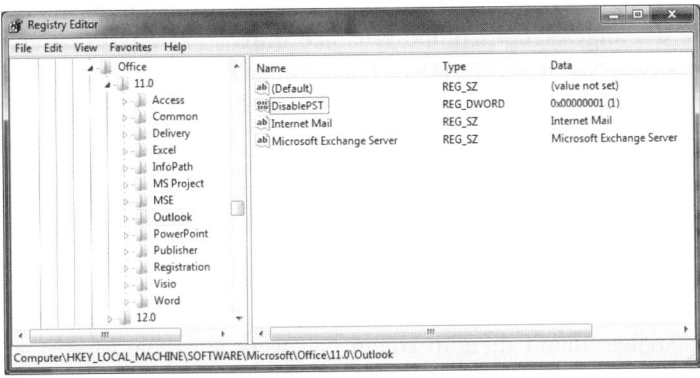

Abbildung 4.3: Den Zugriff auf PST in Microsoft Outlook deaktivieren

WEITERE INFORMATIONEN

Mit den neuen Gesetzen zur Beweislage vor Gericht ist die E-Mail-Archivierung neuerdings für viele Firmen zu einem sehr heißen Thema geworden. Wer sich um die Probleme der eDiscovery kümmern muss, sollte dafür spezielles Personal und Ressourcen abstellen, um sich auf juristische Ermittlungen angemessen vorbereiten zu können. Auf den folgenden Websites gibt es grundlegende Informationen über die Regeln für eDiscovery und Recht zum weiteren Studium:

- E-Discovery and Microsoft Technology: http://blogs.technet.com/ediscovery/default.aspx
- The Electronic Discovery Reference Model: http://edrm.net/

»NULL SHARE«-EXPLOIT UNTER WINDOWS

Anatomie eines Hacks

Bob brauchte nur wenige Augenblicke, um eine Liste der Computer zusammenzustellen, die sich auf dem gescannten Netzwerk befanden. Er ließ den Scan weiterlaufen und öffnete ein neues Fenster aus der »Run«-Box am unteren Bildschirmrand. Dort tippte er den ersten Namen eines Computers ein, von dem er vermutete, dass es ein Server war, gefolgt vom Standard-Root-Pfad \\3D-FS1\C$. *(Seite 73)*

Nachdem er seinen anfänglichen Scan des 3DNF-Netzwerks über den als Backdoor installierten Wireless-Router durchgeführt hat, beginnt Bob, nach einem Server zu suchen, auf dem er das CyberBob-Icon ablegen kann. Er geht die Liste der angezeigten Computernamen durch und wählt den ersten, der wie ein Server-Name wirkt: 3D-FS1. Da wir die Firma und deren Namenskonventionen kennen, können wir davon ausgehen, dass dieser Server-Name für »3DNF File Server 1« steht. Bob greift nun auf das Dateisystem des Servers zu, indem er einen der einfachsten Exploits nutzt, der je entdeckt wurde: den »Null Share«-Exploit unter Windows.

Exploit-Techniken

In einem Windows-Unternehmen kann ein Nutzer Ordnerfreigaben für andere erstellen, damit diese in einem Netzwerk auf seine Ordner zugreifen können. Allerdings kann man auch standardmäßig einen gesamten Datenträger freigeben, doch die meisten wissen das nicht. Windows wird automatisch jeden Datenträger bzw. Laufwerksbuchstaben auf Ihrem System für andere freigeben (siehe Abb. 4.4). Diese Freigaben werden normalerweise durch ein angehängtes Dollar-Zeichen am Ende des Freigabenamens versteckt. Durch dieses Zeichen weiß Windows, dass es die Freigabe nicht anzeigen soll. Als Bob die Verbindung mit \\3D-FS1\C$ aufbaute, hat er in Wirklichkeit eine Verbindung mit dem Laufwerk C: auf dem Dateiserver hergestellt.

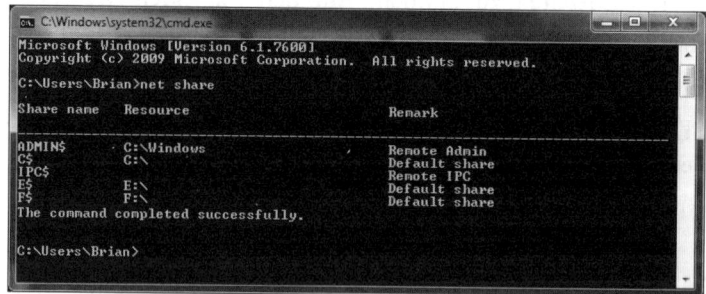

Abbildung 4.4: Versteckte Freigaben unter Windows

Wenn es um die Windows-Freigaben geht, bezieht sich »Null« auf die verwendete Authentifizierungs-ID. Wenn ein Nutzer versucht, sich anonym mit einer entfernten Freigabe zu verbinden, indem er kein Nutzerkonto als Authentifizierung angibt, verwendet er einen »Null-Identifikator«. Anderenfalls würde anhand seines Kontonamens als Identifikator festgestellt, ob er die passenden Berechtigungen hat. In unserer Story erlaubt der 3DNF-Dateiserver Bob ganz offen, sich mit der Primärpartition des Systems zu verbinden, um auf alle darauf enthaltenen Dateien zugreifen zu können.

Damit Bob den Angriff durchführen kann, muss er den entfernten Server darüber informieren, dass er die Verbindung über den IPC-Socket IPC$ (Inter-Process Communications) aufbaut, und zwar mit einem leeren Account.[32] Bei vielen Systemen erledigt man das mit folgendem Befehl:

```
NET USE \\3D-FS1\IPC$ "" /USER: ""
```

Mit diesem Befehl stellt der Computer des Angreifers eine temporäre IPC-Verbindung auf den Server mit einem leeren Usernamen und einem leeren Passwort her. Wenn das erfolgreich abgeschlossen ist, stellt der Angreifer einfach eine Verbindung mit dem Server her und hat umfassenden Zugriff auf die Dateien darauf.

Best Practices

Der hier und in der Story angesprochene Exploit arbeitet mit einer Standard-Konfiguration von vielen Windows-basierten Systemen. Zum Glück ist dieses Problem mittlerweile sehr gut bekannt, und die modernen Versionen von Windows sind für solch einfache Exploits nicht mehr anfällig. Der Exploit erfordert, dass auf dem entfernten Server NetBIOS auf dem TCP-Port 139 (Transmission Control Protocol) installiert und aktiv ist. Dieses Protokoll ist auf Computern nicht mehr standardmäßig aktiviert.

Basierend auf dem eigenen Sicherheits-Bulletin von Microsoft[33] wird dazu geraten, einfach »NetBIOS zu deaktivieren und zu prüfen, ob die Ports 139 und 445 geschlossen sind«. Durch Sperren dieser Ports und Deaktivieren von NetBIOS kann kein Nutzer mehr eine leer authentifizierte IPC-Session mit einem Windows-Computer herstellen. Um sich die Systemfreigaben wie C$ anzuschauen, muss der Nutzer ein valides Benutzerkonto und Passwort übermitteln, dem das Anschauen dieser Information erlaubt ist.

ZUSAMMENFASSUNG

Der in unserer Story vorgeführte Null Share-Exploit von Windows war ein kritischer Exploit, der auf ältere Windows-Rechner zielte. Für diesen Angriff nutzt man einfach die standardmäßigen Windows-Freigaben, über die man mit einem »leeren« Nutzer Lese- und Schreibzugriff auf kritische Systemdateien und Ordner bekommen kann. Mit diesem Exploit haben die Angreifer umfassenden Zugriff auf alle auf einem Systemlaufwerk gespeicherten Informationen, wozu neben Nutzerkonten und Passwörtern auch Firmendaten gehören können. Obwohl man diesen Exploit auch entschärfen kann, wurde er weitgehend unterbunden, denn das Betriebssystem hat verschiedene Revisionen erfahren. Computer mit modernen Betriebssystemen sind für diesen Angriff nicht mehr anfällig.

WEITERE INFORMATIONEN

Wir haben in diesem Abschnitt anhand eines simplen Beispiels erläutert, wie dieser Angriff erfolgt, aber es gibt noch weitere Methoden. Mehr über dieses Thema und seine Umsetzung erfahren Sie auf der folgenden Website:

- Microsoft MSDN: Null Session Vulnerability: http://msdn.microsoft.com/en-us/library/ms913275(WinEmbedded.5).aspx

KREDITKARTENBETRUG

Anatomie eines Hacks

Als Nächstes öffnete Leon eine IRC-Session und loggte sich schnell auf eine Carder-Site ein.

Brauch schnell Bargeld. $10K garantiert. 30/70 Teilung. Keine Ripper. Keine Nigerianer. (*Seite 89*)

Carder sind Leute, die gestohlene Kreditkarten(nummern) gegen Bares tauschen. Das Geschäft mit Kreditkarten wurde zu einem der lukrativsten Cybercrime-Märkte im Internet. Überdies hat es sich als Branche sehr komplex entwickelt und segmentiert sich immer mehr. Eine einzige Kreditkartennummer geht nun durch mehrere Hände, bevor sie schließlich verwendet wird.

In unserer Story meldet sich Leon in einem Chatroom für Carder, um jemanden zu finden, der als Hehler das von einem arglosen Hausbesitzer gestohlene Konto weiterverkauft. Leon übergibt dieses Online-Konto einem Carder, der daraufhin elektronisch 10.000 Dollar in eines seiner Konten überweist. Davon bekommt der Carder 30 Prozent, also 3.000 Dollar – eine saftige Summe für solch eine schnelle und einfache Transaktion. Doch als Hehler trägt der Carder das gesamte Risiko, und von ihm allein hängt ab, ob die Transaktion erfolgreich wird.

Leon ergänzt sein Posting mit zwei weiteren Kommentaren. Einmal schreibt er »Keine Ripper«. Ein Ripper ist jemand, der einen abzockt: Er nimmt das Geld und taucht einfach unter. In der Community sind außerdem viele der Ansicht, dass Carder aus Nigeria nicht vertrauenswürdig seien, und zwar weil diese nigerianischen Betrüger allgegenwärtig sind: Jeder kennt die Mails, die viel Geld versprechen und einen Vorschuss erwarten (bekannt als 419 Scam oder Nigerianischer Brief), und alle gehen ihnen bei Transaktionen möglichst aus dem Weg.

Exploit-Techniken

Es gibt viele Wege, wie ein Angreifer an eine Kreditkartennummer oder ein anderes Finanzkonto kommen kann, um es finanziell auszuschlachten. Der direkteste Weg wäre, einfach in das Abrechnungssystem eines Online-Shops zu hacken und die dort gespeicherten Kreditkartennummern abzugreifen. In jüngster Vergangenheit hat es mehrere solcher großen Kreditlecks gegeben, z.B. der berüchtigte T.J. Maxx-Angriff[34], den wir in Kapitel 2 »Scan« im Abschnitt »Wardriving« vorgestellt haben. In anderen Fällen gehen Hacker direkt die Kreditkarten und Konten von Firmen an, indem sie Hotels und Restaurants angreifen, die häufig Geschäftskunden haben. Das *Wall Street Journal* berichtete, dass Hotels momentan jene Branche sind, auf die die meisten Hacker zielen, wenn sie Geldinformationen stehlen wollen.[35] Im März 2010 erlitten die Wyndham Hotels ihren dritten Sicherheitseinbruch in gerade mal zwölf Monaten: Dabei wurden Finanzdetails von Gästen aus 37 ihrer Hotels publiziert.[36] Diese Einbrüche gefährden nicht nur die Konten der Gäste, sondern auch die Zukunft der Firma selbst. Ironischerweise kamen bei diesem neuesten Einbruch bei Wyndham auch Einzelheiten über die Gäste von *Notacon* heraus: Diese Jahrestagung von Hackern fand in einem der Hotels statt.[37]

Es gibt verschiedene Möglichkeiten für einen Angreifer, wie er an finanzielle Daten kommen und sie in Bares verwandeln kann. Diese stellen wir hier vor.

Skimming

Es wird immer beliebter, dass Angreifer Informationen über Kredit- und Debitkarten direkt am Punkt der Transaktion abgreifen. Immer wieder werden z.B. Kreditkarten in gehobenen Restaurants gestohlen. Dort geschieht einer jener wenigen Momente, in denen Kartenbesitzer ihre Karte freiwillig einer fremden Person überlassen. Diese verschwindet dann mit der Karte, um sie an einem Kreditkartenterminal zu scannen, das sich sonst wo befinden kann. Man kann sich denken, wie leicht es für den Kellner wäre, seinen eigenen Skimmer (eine Art mobiles Lesegerät) zu nutzen, um Ihre Kartendaten zu stehlen. Dazu sind bereits eine ganze Reihe von Fällen bekannt geworden, die gut dokumentiert sind.[38] Um hier Abhilfe zu leisten, lassen viele Restaurants mittlerweile ihre Gäste mit einem Lesegerät am Tisch zahlen. So wird die Kreditkarte gescannt und autorisiert, ohne dass der Besitzer sie aus den Augen verliert.[39] Aber man kann auch anders an die Karteninfos kommen: Angreifer nutzen heutzutage sogar die Geldautomaten, um Informationen der eingeschobenen Bankkarten abzufangen. Kriminelle bringen an einen Geldautomaten einen maßgeschneiderten Skimmer an. Oft wird das so gut erledigt, dass es dem normalen Kunden nicht auffällt.[40] In dieser Attrappe sind verdeckt kleine Kameras eingebaut, um die PIN-Eingabe aufzuzeichnen.[41] Neben Geldautomaten sind auch alle anderen Vorrichtungen in Gefahr, die Kredit- oder Debitkarten akzeptieren. Kürzlich wurden Skimmer auch an Benzinzapfsäulen in Utah eingesetzt, um Informationen über Kreditkartennummern aufzuzeichnen und sie dann per Bluetooth an einen Empfänger zu übermitteln.[42]

Hat ein Angreifer erst einmal eine Datenbank mit Kreditkartennummern gesammelt, kann er nach Gutdünken damit verfahren und sie selbst nutzen. Andere finden es lukrativer, diese Listen zu verkaufen und dafür solche Anzeigen wie in Abb. 4.5 zu schalten. Der finanzielle Nutzen fällt womöglich geringer aus als bei einer aktiven Nutzung, aber garantiert eine regelmäßige Einnahmequelle, mal abgesehen vom geringeren Risiko. Außerdem ist es ein Anzeichen dafür, wie sich die Rollen innerhalb der Carder-Community immer mehr spezialisieren.

ATM DUMPS
February 10, 2010 - 12:39 PM

We are selling fresh skimmed ATM dumps from Canada and USA ONLY (101/201) with PIN number, all dumps are skimmed on Atm's with dial pad (Pin Pad). We are selling the dumps w/pin USA, CAN ONLY for 180 USD each for Amex USA/CAN (050,041,040...) 250 USD each. No other countries at this time.
Everyday fresh dumps and never sold twice. No tests and no rippers (rippers will be posted), minimum order from $ 900 USD and up.

Minimal order amount for Payment, W-U and Money Gram.

US Dumps:
US Classic = 70$
US MC Standard = 80$
US Gold = 120$
US Platinum = 120$
US Business/Corporate = 180$
US Purchasing/Signature = 200$
US MC World = 200$

Abbildung 4.5: Anzeige für gestohlene Geldkartennummern und PINs für Geldautomaten

Geldkuriere

Auch wenn ein Angreifer erfolgreich verschiedene Kreditkartennummern gestohlen hat, steht er immer noch vor der Schwierigkeit, an das gestohlene Geld aus dem legitimen Konto zu kommen. Hacker rekrutieren dafür Geldkuriere, die das gestohlene Geld außer Landes bringen sollen, ohne näher zu wissen, was es damit auf sich hat. Solche Kuriere sind gewöhnlich normale Leute, die auf schnelles Geld aus sind, ohne zu erkennen, dass sie sich strafbar machen.[43] Sie werden normalerweise online über Werbeangebote rekrutiert, die ihnen schnelles Geld versprechen. Andere werden über bekannte Karriereportale und Sites zur Jobsuche von Kriminellen angesprochen, bei denen Heimarbeit angeboten wird.[44]

Ein Geldkurier (oder *Money Mule*, etwa: Geldesel) soll einzig und allein ein Online-Konto wie bei www.paypal.com einrichten und darauf warten, dass Geld auf dieses Konto überwiesen wird. Ist das Geld dort eingegangen, hebt der Geldkurier den Betrag ab, überweist ihn an den Kriminellen weiter und behält selbst einen kleinen Anteil. Wenn allerdings die Polizei dieses Verbrechen aufdeckt, muss dann der Kurier den Kopf hinhalten.

Best Practices

Viele der Best Practices, die ein Unternehmen oder ein Verbraucher befolgen kann, zählen zu den einfachen Verteidigungsmaßnahmen. Firmen müssen alle finanziellen Informationen absichern, die sie in ihrem Netzwerk speichern. Wenn eine Firma Kreditkarteninformationen ihrer Kunden erfasst, muss sie üblicherweise die Leitlinien des Payment Card Industry Data Security Standard (PCI DSS) befolgen. Die Konformität zu PCI DSS ist eine unglaublich detaillierte Sicherheitsstrategie, die sich auf jede Schicht Ihrer Netzwerkinfrastruktur und das Geschäftsmodell auswirkt und von daher hier nicht detailliert beschrieben werden kann. Weitere Informationen über die PCI-Konformität und wie Sie die Sicherheitsstandards für Ihr eigenes Business befolgen, erfahren Sie in *PCI Compliance: Understand and Implement Effective PCI Data Security Standard Compliance, Second Edition* (ISBN: 978-1-59749-499-1, Syngress).

Verbraucherschutz

Vom Standpunkt der Verbraucher ist der beste Schutz gegen den Diebstahl von Kreditkarteninformationen, dass man diese Nummern vor einer Veröffentlichung schützt. Bei Online-Käufen setzt man das beispielsweise durch die Verwendung einer sogenannten Zahlungsnummer bzw. einer Einmal-Kreditkartennummer um. Viele Banken bieten diesen Service, allerdings unter unterschiedlichen Bezeichnungen. Letzten Endes geht es darum, dass der Nutzer eine einmalige Kreditkartennummer mit einem gedeckelten Betrag bekommt.[45] Wenn diese Karte einmal zum Warenkauf verwendet wurde, wird sie nur noch Belastungen des gleichen Verkäufers akzeptieren und nur bis zu dem Betrag, den der Nutzer gewählt hat. Der Prozess erfordert auf Seiten des Verbrauchers einige zusätzliche Schritte, aber wenn seine Kreditkartennummer tatsächlich unter der Hand weitergegeben wird, wird so eine exzessive Nutzung durch Kriminelle verhindert. In Deutschland gibt es diese

Einmal-Kreditkartennummern noch nicht. Hier wird der Einsatz einer zweiten Kreditkarte empfohlen, die wie eine Geldkarte aufgeladen werden kann. Bei Online-Käufen wird dann diese Nummer angegeben, sodass im Schadensfall maximal nur der Betrag auf dieser Karte gestohlen werden kann. Allerdings wird mit alternativen Bezahlformen wie MicroMoney etc. experimentiert, was sich aber noch nicht durchgesetzt hat.

Bei Geldautomaten-Transaktionen sollten die Kunden darauf achten, Automaten an gut beleuchteten und öffentlichen Standorten zu nehmen. Wenn Kriminelle solche Aufsatzgeräte installieren, wählen sie meist Geldautomaten, die eher abgelegen sind, um Überwachungskameras zu vermeiden. Die meisten Attrappen werden einfach auf den Geldautomaten geklebt oder mit doppelseitigem Klebeband befestigt. Bevor Sie Ihre Geldkarte einstecken, sollten Sie am Kartenlesegerät wackeln, um sicher zu gehen, dass es das richtige vom Automaten ist und kein aufgesetztes Gerät. Wenn Ihnen Kabel oder lose Abdeckungen auffallen, lassen Sie diesen Automaten links liegen und gehen zu einem anderen.

Jeder Verbraucher sollte wachsam die eigenen Konten beobachten. Prüfen Sie Ihre Banktransaktionen oft und achten Sie auf verdächtige Einträge. Beim ersten Zeichen einer verdächtigen Transaktion informieren Sie sofort Ihre Bank, die das untersuchen und Ihre Bankkarte sperren soll. Überlegen Sie sich, ob Sie an einem Dienst zum Kreditschutz teilnehmen, der Sie benachrichtigt, wenn neue Konten oder Karten unter Ihrem Namen erstellt wurden, und Sie dabei unterstützt, wenn nicht autorisierte Konten angefochten werden sollen.

ZUSAMMENFASSUNG

So wie sich Internetverbrechen weiterentwickeln, legen Kriminelle es nicht mehr nur darauf an, Unheil anzurichten und Computer zu beschädigen. Heute ist es für Hacker üblicher, direkt von den Angriffen zu profitieren, und viele greifen dazu im Internet die Finanzdaten direkt an. Das Problem wird in den letzten Jahren wegen verschiedener bemerkenswerter Angriffe in großem Maßstab wie z.B. bei T.J. Maxx immer dringlicher. Obwohl auch der normale Verbraucher sich um den Schutz seiner Werte kümmern muss, sollte der zentrale Schwerpunkt der Verteidigung bei den Firmen liegen, die diese Finanzdaten speichern. Dazu gibt es das Regelwerk der Payment Card Industry, das dem Schutz kritischer Finanzdaten dient.

WEITERE INFORMATIONEN

Finanzverbrechen gehören zu den bekanntesten der heutzutage übers Internet durchgeführten Angriffe. Von daher müssen Verteidigungsmaßnahmen in der gesamten Infrastruktur Ihres Unternehmens umgesetzt werden. Im Rahmen dieses Buches haben wir uns grundlegend mit dem Kreditkartenbetrug und den mit dem Internet verbundenen Risiken beschäftigt. Die Sicherheit von Finanzdaten ist ein sich ständig entwickelndes Feld. Darum empfehlen wir die folgenden Publikationen und Websites, wo Sie sich mehr über den Schutz Ihrer Kunden informieren können:

- *PCI Compliance: Understand and Implement Effective PCI Data Security Standard Compliance Second Edition* (ISBN: 978-1-59749-499-1, Syngress, companion Web site at www.pcicompliancebook.info)
- Krebs on Security: www.krebsonsecurity.com/
- PCI Standards Council: www.pcisecuritystandards.org/

VERSCHLEIERUNG VON TRAFFIC

Anatomie eines Hacks

Hannah klinkte sich ins Gespräch ein:»Was immer ihr da angeschleppt habt, das waren keine Amateure. Ich habe Verweise auf IPs gefunden, die nach Deutschland, Russland, der Schweiz und China reichen. Man kann absolut nicht herausfinden, von wo das hier alles gesteuert wird. Ich habe versucht, mir diese IPs anzuschauen, aber alles wie schwarze Löcher. Entweder existieren die nicht oder sie haben gutes Source Filtering.« (*Seite 123*)

In unserer Story wird darauf angespielt, wie man im Internet eine Kommunikationsquelle verschleiern kann (engl. *to obfuscate*). Als Bob und Leon Hannah ins Team holen, wird sie von ihnen gebeten, den beim 3DNF-Angriff erbeuteten Code zu prüfen, um seinen Ursprung festzustellen. Nach einem Review des Trojaner-Codes stellt Hannah fest, dass es mehrere IP-Adressen (Internet Procotol) gibt, die Informationen an verschiedene Länder in der ganzen Welt weiterleiten.

Als Hannah sich daran macht, die IP-Adressen herauszufinden, bemerkt sie, dass alle auf nicht reagierende Computer zeigen. Ihren Worten zufolge existieren diese Adressen entweder nicht oder dort wird mit Source Filtering gearbeitet. Weil es unwahrscheinlich ist, dass Pavel einen nicht funktionierenden Trojaner einbaut, ist es wohl eher so, dass die Computer an den Endknoten nicht auf Hannahs Anfragen reagieren, weil sie die Verbindung von einem Hotelnetzwerk aufbaut. Mit gut formulierten Firewall-Regeln kann es so wirken, dass ein Server offline ist – außer für eine White List mit bestimmten IP-Adressen, vor allem jene, die von 3DNF und den Regierungsnetzwerken verwendet werden, in die der Trojaner schließlich eingefügt wurde. Wenn Hannah von den entfernten Servern eine Reaktion haben will, bleibt ihr also nicht anders übrig, als das Scanning aus dem Netzwerk von 3DNF heraus oder von den Zielnetzwerken der Regierung vorzunehmen.

Alternativ hätte Hannah ihre Anfragepakete an diese Server auch so modifizieren können, dass sie scheinbar von 3DNF kommen, und darüber versuchen können, eine Reaktion zu provozieren. Dieser Prozess ist nur eine der Methoden, die wir hier für die Obfuskation von Traffic in einem Netzwerk vorstellen wollen.

Exploit-Techniken

Bei der Verschleierung von Traffic sucht ein Angreifer generell nach Wegen, wie er Pakete in ein Netzwerk senden kann, ohne dass diese an ihren Ursprungsort zurückverfolgt werden können. Wenn dem Opfer die eigentliche IP-Adresse des Angreifers auffällt, kann das Opfer Firewall-Regeln zum Blockieren des Traffics einrichten und hat eine solide Spur, die den Behörden zur Strafverfolgung gemeldet werden kann. Doch es gibt verschiedene Wege, wie ein Angreifer den Traffic zu seinem Opfer verändern kann.

IP-Spoofing

Den Ausgangspunkt eines Angreifers verändert man am einfachsten, indem man die IP-Adresse spooft (*to spoof*: beschwindeln, täuschen). Dabei nutzt der Angreifer spezialisierte Software, mit der er die einzelnen Pakete bearbeitet, die seinen Rechner verlassen, sodass alle Vorkommen der echten IP-Adresse durch eine andere ersetzt werden.

Zwar war Spoofing in den Kindertagen des Internet sehr beliebt, ist aber heute deutlich weniger effektiv. Zum einen erlauben die modernen Betriebssysteme von Microsoft nicht mehr, dass ein solcher Vorgang funktioniert, denn Applikationen dürfen nicht mehr direkt auf die Netzwerk-Sockets zugreifen.[46] So wird verhindert, dass jedes Windows von XP Service Pack 2 bis zu den aktuellen Betriebssystemen TCP-Pakete spoofen kann. Aber UDP-Pakete (User Datagram Protocol) können sie immer noch spoofen.

Zum anderen hat auch das Spoofing seine Grenzen, denn große Netzwerkanbieter blockieren ausgehende Pakete, die scheinbar nicht innerhalb ihres Netzwerks entstanden sind. Einfach ausgedrückt: Wenn ein Mitarbeiter von Apple ein Microsoft-Paket spooft, lässt der Apple-Router das Paket fallen, weil es offensichtlich nicht bei Apple entstanden ist. Laut einer fortlaufenden Studie des Massachusetts Institute of Technology (MIT) über den Zustand des IP-Spoofings erlauben weniger als 20 Prozent aller IP-Adressen und Internetadressbereiche (*netblocks*) gespoofte Pakete (*http://spoofer.csail.mit.edu*).[47]

Umleitung von Traffic

Zwar können Sie mit einem gespooften Paket verhindern, dass man Ihrem ursprünglichen Rechner auf die Schliche kommt, doch es ist praktisch unmöglich, gespoofte Pakete in einer Zwei-Wege-Kommunikation zu verwenden. Wie kann der Server auf den echten Computer des Angreifers reagieren, wenn er glaubt, dass der eine andere IP hat? Ein Hacker braucht einen soliden Kommunikationsweg zwischen seinem Computer und dem Ziel und muss doch anonym bleiben. Das gelingt, indem die Pakete zwischen Angreifer und Ziel über mehrere Stationen geleitet werden. Jeder, der schon mal gesehen hat, wie ein Netzwerkangriff in einem Hollywood-Film dargestellt wird, kennt die Aufnahmen von Bildschirmen, wie ein Hacker seinen Traffic über Server in der ganzen Welt schickt. Dazu installiert der Hacker eine Relay-Applikation, die man auch als Bouncer bezeichnet, auf verschiedenen Servern im Internet. Der Angreifer baut dann die Verbindung zum ersten Relay-Punkt auf und springt von dort aus weiter zu einem zweiten, dann zu einem dritten. Jede Weiterleitung fügt zwischen dem Computer des Angreifers und demjenigen, zu dem die Verbindung mit dem Target-Computer aufgebaut wird, eine weitere Trennschicht hinzu (siehe Abb. 4.6).

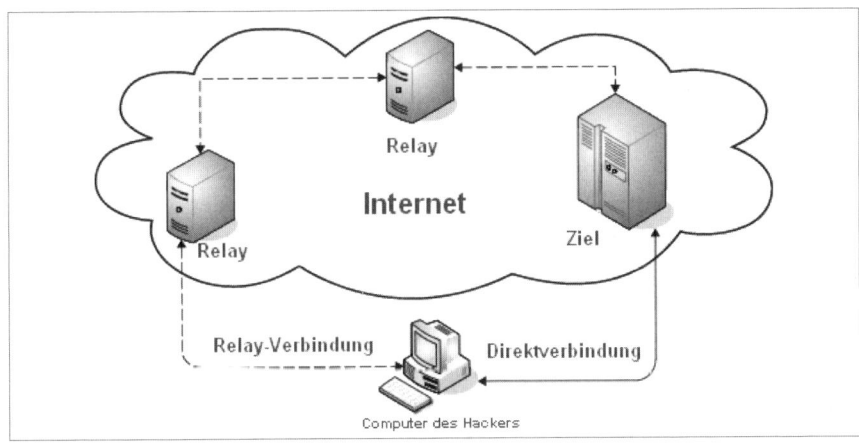

Abbildung 4.6: Weiterleitung von Traffic im Internet

Tor

Anatomie eines Hacks

> Bob schenkte ihr einen ungläubigen Blick. »Natürlich nicht. Ich habe kein Handy bei mir, und ich werde auch nicht Leons nehmen und ihnen damit eine Möglichkeit geben, uns zu tracen. Ich gehe mit einer VMware-Browser-Applikation über Tor zu einer Website, die SMS verschickt.« (*Seite 126*)

Zwar ist es für den Angreifer eine gute Verteidigungsmaßnahme, manuell Relay-Punkte übers Internet zu verteilen, letzten Endes aber doch eine mühsame Angelegenheit und nicht einmal immer verlässlich oder sicher. Mit Relays wird die IP-Adresse des Angreifers von der des Opfers getrennt, was sich aber in keinster Weise auf den Fluss des Traffics auswirkt. Wenn ein Incident Responder 50 MB an Daten zu einem Relay gehend findet und dann 50 MB dieses Relay wieder verlassen, dann kann der Incident Responder die Pakete verfolgen, bis die ursprüngliche Quelle gefunden ist. Um das zu umgehen, nutzt man Onion Routing (OR). Die Electronic Frontier Foundation (EFF) bietet eine Implementierung namens Tor (The Onion Router). Dabei handelt es sich um eine Applikation zur Anonymisierung von Traffic (*http:// tor.eff.org*).

In unserer Story spricht Bob von Tor, als er überlegt, wie er den Kontakt zum FBI verschleiern könnte. Unsere Helden beschließen letzten Endes, Agent Jackson zu kontaktieren, den sie als Jeb kennen, und mit dem FBI zusammenzuarbeiten. Bob erwähnt, dass sie Jeb eine SMS schicken sollten, um ein Gespräch zu beginnen, doch Hannah warnt ihn, nicht sein eigenes Handy zu nehmen, damit das Gespräch nicht an seinen Standort zurückverfolgt werden kann. Bob ist sich darüber offensichtlich im Klaren und meint, dass er von einer SMS-fähigen Website durch einen virtualisierten Rechner über das Tor-Netzwerk simsen will.

Durch diesen Plan nimmt Bobs Computer über vier Ecken eine Verbindung zu Agent Jackson auf. Seine SMS tippt er über Tor innerhalb eines virtuellen Rechners in eine Website ein. Die SMS-Website sendet die SMS an den Handy-SMS-Server, von wo sie dann an Jacksons Handy weitergeleitet wird. Durch jede dieser Trennschichten wird Bob besser gesichert. Weil er über eine Website simst, braucht er nicht das eigene Handy nehmen und verrät somit auch nicht seine persönliche Telefonnummer oder potenziell seinen Standort. Indem er diese Website über einen VMware-Browser besucht, hinterlässt er keine Spuren auf dem eigentlichen Laptop und dessen Host-Betriebssystem, die verraten könnten, dass er diese Website besucht hat. Ein forensischer Ermittler hätte in die virtuelle Umgebung eindringen müssen, um das herauszufinden, doch die meisten VMware-Browser löschen ihre History-Logs nach Verwendung. Die Nachricht wird dann von Bobs Laptop über Tor an die SMS-Website geschickt.

OR-Proxies (Onion Router) sind in der Welt der Proxies eine einmalige Innovation. Ihre Daten werden nicht mehr nur über einen einzelnen Proxy-Server weitergeleitet, sondern OR nutzt ein Netzwerk von mehreren Proxy-Servern (siehe Abb. 4.7), in dem die Daten scheinbar zwischen zufälligen Hosts hin und her geschickt werden, bevor sie das beabsichtigte Ziel erreichen.[48]

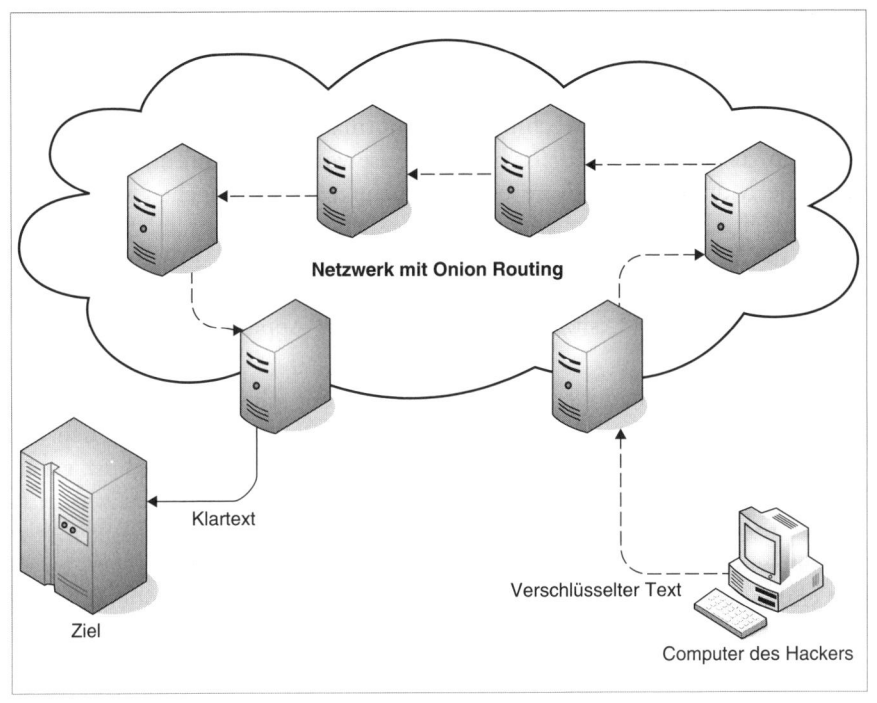

Netzwerk mit Onion Routing

Klartext

Ziel

Verschlüsselter Text

Computer des Hackers

Abbildung 4.7: Weiterleitung von Traffic im Internet über Tor

Tor baut dafür einen Kreislauf durch das OR-Netzwerk auf. Jeder Client hat eine Datenbank aller verfügbaren Tor-Server im Netzwerk, und der Client plant anhand dieser Liste seine Tour durchs Netzwerk. Die Daten werden dann in mehreren Verschlüsselungsschichten chiffriert (von daher die Metapher der Zwiebel (*onion*)) und an den ersten Tor-Server übergeben. Jeder Server arbeitet mit einer symmetrischen Verschlüsselung, um seine »Schicht« der verschlüsselten Daten zu entschlüsseln, was ihm die Daten für den nächsten Server gibt und die Instruktionen, an welchen Server diese Daten nun geschickt werden sollen. Wenn die Daten beim letzten Tor-Server eintreffen und entschlüsselt werden, werden sie direkt an das Zielsystem geschickt. Ab dem Moment, wo das Paket den Computer des Hackers verlässt, bis zu dem Zeitpunkt, wo es den »Austrittsserver« vom OR-Netzwerk verlässt, bleibt es verschlüsselt. Der einzige Moment, wo es überhaupt unverschlüsselt ist, ist der Augenblick, wo es vom Austrittsserver an das Zielsystem übertragen wird. Weil zusätzlich die Tor-Server auch geografisch weit verteilt sind und über verschlüsselte Pakete kommunizieren, ist es unmöglich, Traffic an einer Stelle zu sniffen und festzustellen, wer das Paket gesendet hat und für wen es letzten Endes gedacht war.

Best Practices

Für normale Firmen sollte es wenn überhaupt nur wenige Gründe geben, ihren Mitarbeitern zu erlauben, in ihrem Arbeitsalltag Techniken zur Obfuskation einzusetzen. Diese Techniken sind normalerweise dazu gedacht, Entdeckungen zu verhindern. Tor ist beispielsweise vor allem dann nützlich, wenn man die Monitoring-Software eines Firmennetzwerks umgehen will, damit ein Nutzer z.B. eBay oder andere Sites besuchen kann, was möglicherweise durch die Richtlinien zur Netzwerknutzung untersagt ist. Der beste Schutz gegen Clients wie Tor ist, dass Nutzer definitiv keine administrativen Rechte an ihren Computern besitzen dürfen und die Tor-Applikation nicht installieren können.

Viele Relay-Applikationen sorgen für Traffic, der schwierig zu tracken und zu blocken ist. Weil die Software komplett konfigurierbar ist, können die Pakete an beliebigen TCP-Ports ein- und austreten und zum Schutz gegen Überwachung sogar verschlüsselt sein. Will man im eigenen Netzwerk eine solche interne Weiterleitung finden, muss man die Netzwerkstatistiken sehr genau beobachten, um Server zu finden, die direkt die Pakete aus dem Internet empfangen und dann Pakete der gleichen Größe an einen anderen Internet- oder internen Host weiterleiten.

ZUSAMMENFASSUNG

Techniken der Traffic-Obfuskation wie das Spoofing von IP-Adressen unterstützen Angreifer dabei, ihre Attacken durchzuführen, und schützen sie gleichzeitig durch die Anonymität vor Verfolgung. Abgesehen von der Modifikation ihrer Pakete, was in modernen Betriebssystemen von Microsoft Windows schwieriger geworden ist, können Angreifer ihren Traffic auch zwischen verschiedenen Relay-Punkten hin und her schicken, bevor sie die Pakete Ihr Netzwerk schicken. Dazu kann ein Hacker im ganzen Internet verteilt Relay-Punkte installieren oder auch das verschlüsselte Tor-Netzwerk nutzen. Damit können Angreifer Ihr Netzwerk von verschiedenen externen IP-Adressen aus angehen und Ihre grundlegenden Firewall-Blockaden umgehen.

WEITERE INFORMATIONEN

Techniken zur Traffic-Obfuskation ändern sich im Laufe der Zeit regelmäßig, weil die Angreifer neue Technologien anwenden, um Firewall-Regeln und grundlegende Verteidigungsmaßnahmen umgehen. Wir haben die am weitesten verbreiteten Methoden vorgestellt, doch es gibt noch eine Vielzahl von Tools für andere Angriffe. Hier finden Sie einige Quellen dieser Tools und auch weiterführende Literatur, wie man sich in verschlüsselte Netzwerkkommunikation einklinkt.

- Intrusion Detection FAQ: What is the Q Trojan? www.sans.org/security-resources/idfaq/qtrojan.php

- Pivoting BOUNCEr: www.hackinthebox.org/modules.php?op=modload&name=News&file=article&sid=19325

- Peeling the Onion: Unmasking Tor Users: www.fortconsult.net/images/pdf/tpr_100506.pdf

METASPLOIT

Anatomie eines Hacks

Leon lud nmap und startete einen Profilscan dieser IP-Adresse. Nach kurzer Zeit identifizierte die Applikation den Ziel-Host als eine ungepatchte Installation von Fedora Core.

»Schau mal, auf dem Kasten läuft SNMP!« Leon deutete wieder triumphierend auf den Schirm. Bevor Leon die Maus über den Ordner fahren konnte, um sein nächstes Tool zu holen, verkündete Bob: »Nimm Metasploit.«

»Ja doch ...« Leon klang leicht verstimmt, als er die Applikation aufrief und einen Exploit auf das Ziel richtete. Nur wenige Sekunden brauchte die Remote-Shell zum Start, und sogleich tippte Leon fleißig vor sich hin, um die Verzeichnisstruktur des Systems zu untersuchen. (*Seite 148*)

345

Metasploit

Gegen Ende der Story statten Bob, Leon und Hannah 3DNF erneut einen Besuch ab und versuchen, den restlichen Trojaner-Code aus Pavels Angriff zu erwischen. Nach einem nmap-Scan des Netzwerks weist Leon darauf hin, dass auf einem Rechner das Simple Network Management Protocol läuft (SNMP). SNMP ist ein Management-Protokoll, das für die Remote-Konfiguration von Systemen und auch für die Durchführung einer Vitalitätsprüfung verschiedener Systeme und Dienste in einem Netzwerk verwendet wird, um einen Administrator darüber zu informieren, ob ein System abgestürzt ist oder sich ungewöhnlich verhält – ähnlich wie ein Nagios-Server. Das Trio will SNMP nicht einsetzen, sondern erkennt, dass es möglicherweise für einen in Metasploit integrierten Exploit von SNMP anfällig ist.

Damit Hacker ihre Angriffe durchführen können, müssen sie auf einen großen Bestand von Exploit-Code zurückgreifen. Ein Exploit funktioniert nur bei bestimmten Applikationen bzw. Versionen. Darum müssen Hacker alle möglichen Exploits sammeln und methodisch katalogisieren, um schnell darauf zugreifen zu können. Die Nutzung eines Exploits läuft im Kern darauf hinaus, den richtigen Exploit für einen anfälligen Computer zu wählen und festzulegen, wie der Exploit-Code korrekt gestartet werden muss. Dieser Vorgang wird durch Exploit-Code, der schlecht geschrieben ist, keine Dokumentation aufweist oder in einer Fremdsprache erscheint, noch weiter verkompliziert. Ein Hacker muss also nicht nur wissen, welchen Exploit er einzusetzen hat, sondern auch, wie man diesen Exploit-Code startet, damit er überhaupt funktioniert.

Metasploit (erhältlich unter *www.metasploit.com*) ist ein Open Source-Softwareprojekt, das es sich zur Aufgabe gemacht hat, die Entwicklung und Verteilung von Exploits für alle Beteiligten deutlich zu vereinfachen. Für Hacker, die Systeme ausnutzen wollen, bietet Metasploit eine aufgeräumte und einfache Bedienoberfläche, bei der die gleiche Befehlszeilensyntax für Hunderte unterschiedlicher Exploits verwendet werden kann (siehe Abb. 4.8). Außerdem können Exploit-Schreiber durch Einsatz eines üblichen Entwicklungs-Frameworks schnell und einfach neue Exploits programmieren, die sich in das Gesamtsystem einklinken lassen. So brauchen sich Entwickler nur auf den Exploit-Code zu konzentrieren und müssen keinen Debugging-Code oder eine Benutzeroberfläche schreiben.

Kapitel 4

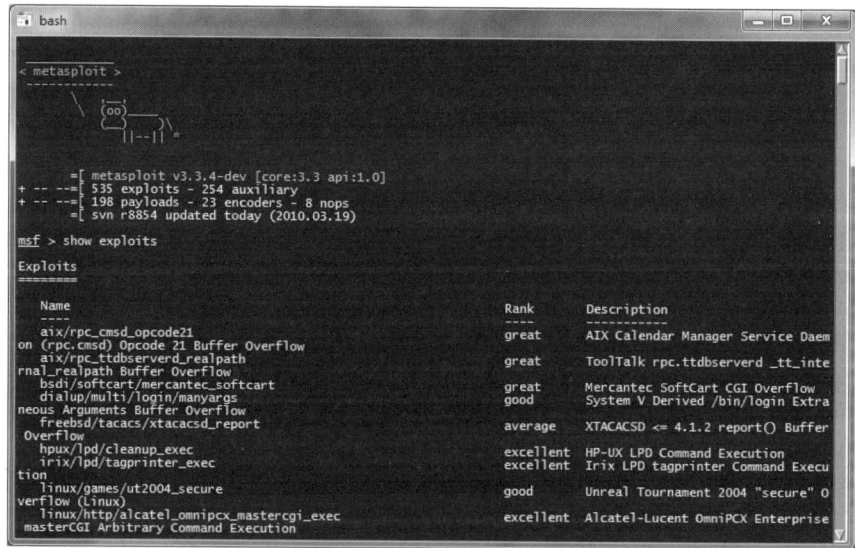

Abbildung 4.8: Befehlszeilenschnittstelle von Metasploit

Exploit-Techniken

Metasploit steht allen angehenden Hackern der Community zur Verfügung und stellt eine einfache Benutzeroberfläche bereit, mit der man Exploits einfach umsetzen kann. Über die optionale webbasierte Benutzeroberfläche aus Abbildung 4.9 können Hacker sich einfach ihren Weg zu einem Angriff durchklicken. Von hier kann sich sein Nutzer aus einer Liste von Hunderten integrierter Exploits bedienen. Neben diesen Exploits können die Nutzer auch zusätzliche Module anwählen, die weitere Aufgaben ausführen, z.B. das Scanning eines Netzwerks nach aktiven Computern, die Suche nach falsch konfigurierten Diensten oder die Einrichtung von gefälschten Diensten, um Zugangsdaten zu erschleichen.

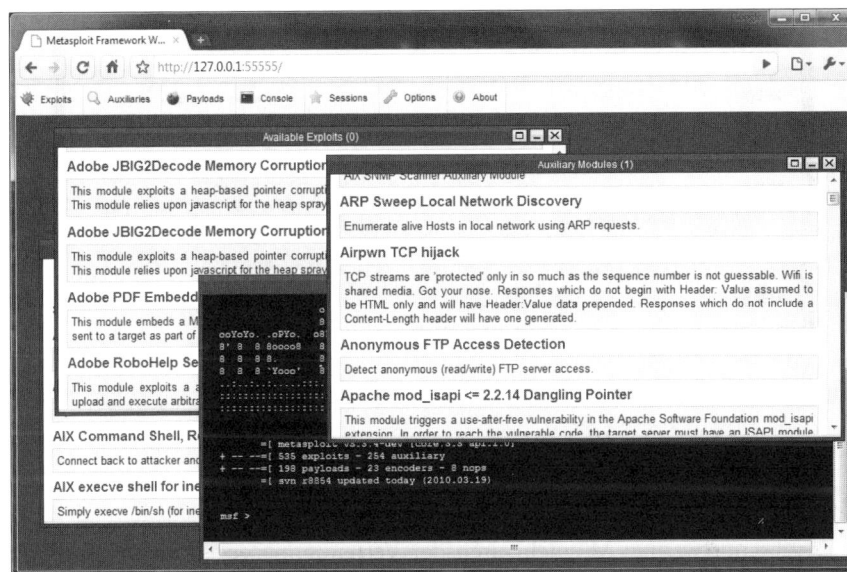

Abbildung 4.9: Das Web-Interface von Metasploit

Metasploit wird für seine Bedienoberfläche und seine automatische Funktionalität sowohl gelobt als auch kritisiert worden.[49] Manche betrachten Metasploit als Evolution der Tools für »Script Kiddies«, also technisch nicht sonderlich bewanderten Hackern, die sich mit automatischen Skripts in Systeme hacken. Weil allerdings Angriffe damit leichter auszuführen sind, können auch autorisierte Netzwerkadministratoren und interne Sicherheitsauditoren anhand von Metasploit ihr Netzwerk nach anfälligen Systemen scannen, die zusätzliche Sicherheitsvorkehrungen brauchen. Wenn man weiß, welcher Exploit zu wählen ist, braucht der Angreifer sich nur zu entscheiden, welche Art von Nutzlast (Payload) oder Exploit-Aktion er mit dem Angriff verknüpfen will. Diese Payloads reichen vom Öffnen eines Befehlszeilenterminals bis zum Einfügen eines neuen Nutzers mit Administratorrechten. Der Hacker tippt dann einfach die IP-Adresse des Ziels und den Service-Port ein (siehe Abb. 4.10) und startet den Angriff.

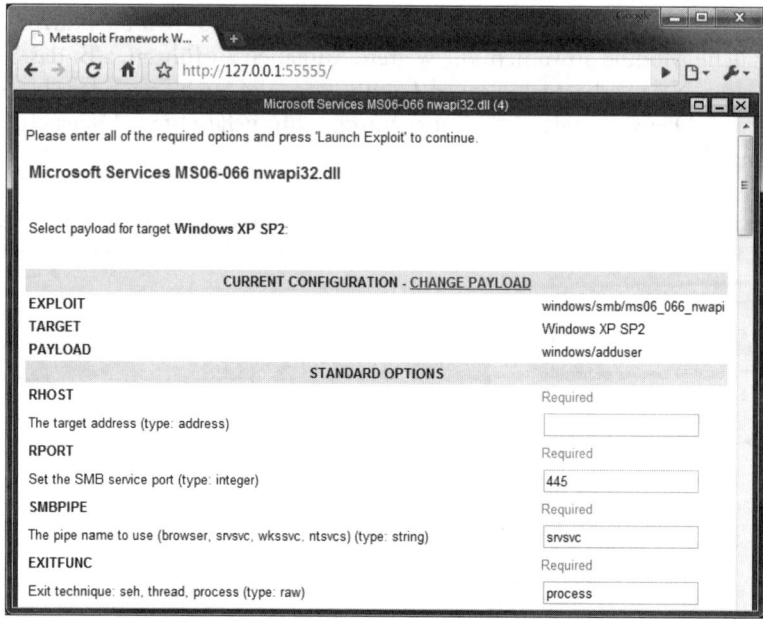

Abbildung 4.10: Konfiguration eines Angriffs mit Metasploit

Best Practices

Es gibt nur wenige Möglichkeiten der Verteidigung gegen einen Angreifer mit Metasploit. Weil es sich bei Metasploit im Grunde um eine Bedienoberfläche für Hunderte unterschiedlicher Exploits und Scanning-Routinen handelt, muss das Netzwerk Ihrer Firma gegenüber allen von Metasploit ausnutzbaren Schwachstellen abgesichert sein. Das mag sich anfänglich einschüchternd anhören, vor allem wenn Sie bedenken, dass viele der Entwickler von Metasploit ihre eigenen Exploits speziell zur Nutzung in diesem Tool erforschen und entwickeln. Wenn man die auf Full Disclosure veröffentlichten Schwachstelleninformationen nutzt, können diese Exploits schnell erforscht und in Metasploit integriert werden.

Ein aktives Team zur Internet- und Netzwerksicherheit kann Metasploit für eigene Zwecke sehr gut in der Verteidigung einsetzen. Durch proaktives Scannen und Testen der Rechner innerhalb des Netzwerks können sich autorisierte Sicherheitsingenieure um Probleme der Sicherheit kümmern und diese beheben, bevor sie von böswilligen Angreifern gefunden werden. Außerdem können Sicherheitsteams neue Schwachstellen entdecken und ihre Verteidigung darauf zuschneiden, wenn sie regelmäßig neu entwickelte Metasploit-Exploits überwachen.

Die beste Verteidigung gegen ein solches Tool wie Metasploit und die meisten Exploit-Angriffe im Allgemeinen ist, einfach routinemäßig ein Richtliniensystem für Patches zu pflegen. So kann Ihr Sicherheitsteam mit Netzwerkadministratoren zusammenarbeiten, um Sicherheitspatches für anfällige Systeme anzuwenden, bevor sich ein Angreifer darum »kümmert«.

ZUSAMMENFASSUNG

Für viele Angreifer bedeutet ein erfolgreicher Einbruch, dass ihnen ein geheimes, sofort einsetzbares Exploit-Lager zur Verfügung steht. Allerdings besteht der Hauptmangel solcher Exploits darin, dass sie in einem nicht standardisierten Format mit unterschiedlichen Benutzeroberflächen und Steuerungen geschrieben sind. Metasploit löst dieses Problem durch Bereitstellung eines standardisierten Frameworks, in dem alle Exploits auf die gleiche Weise ausgeführt werden. So kann der Angreifer die Exploits einfacher auf seine Ziele loslassen, denn eine strukturierte Exploit-Umgebung mit standardisierten Variablen und Befehlsstrukturen erleichtert den Angriff. Das senkt effektiv die Schwelle der Erfahrung und des Wissens, um Exploits zu starten, was zu mehr Angreifern führt, aber auch zu einer leichteren Nutzung innerhalb von Netzwerkteams zu Verteidigungszwecken. Diese internen Teams in großen Organisationen können somit routinemäßig ihre eigenen Verteidigungsmaßnahmen testen, bevor ein Angreifer das für sie besorgt, und sie bleiben auch bei den neuesten Exploits auf dem neuesten Stand.

WEITERE INFORMATIONEN

Metasploit wird als Tool ständig weiterentwickelt und profitiert von einem engagierten Entwicklerteam. Obwohl wir hier nur ganz grob die Grundlagen besprochen haben, beinhaltet Metasploit eine erstaunliche Tiefe, die sowohl von Angreifern als auch Verteidigern von Netzwerken genutzt werden kann. Mehr Informationen über dieses vielseitige Tool finden Sie in folgenden Publikationen:

- *Metasploit Toolkit for Penetration Testing, Exploit Development, and Vulnerability Research* (ISBN: 978-1-59749-074-0, Syngress)

- *Penetration Tester's Open Source Toolkit, Volume 2* (ISBN: 978-1-59749-213-3, Syngress)

- *Writing Security Tools and Exploits* (ISBN: 978-1-59749-997-2, Syngress)

QUELLEN

1. DataLoss DB. Data Loss Statistics, http://datalossdb.org/statistics?timeframe=all_time; 2010 [Zugriff 14.03.10].
2. Truecrypt, a variety of bruteforcing options, http://diablohorn.wordpress'.com/2009/01/01/truecrypt-variety-of-bruteforcing-options/; 2009 [Zugriff 11.03.10].
3. Ed Felton. New Research Result: Cold Boot Attacks on Disk Encryption, http://freedom-to-tinker.com/blog/felten/new-research-result-cold-boot-attacks-disk-encryption; 2008 [Zugriff 14.03.10].
4. Halderman JA, Schoen SD, Heninger N, Clarkson W, Paul W, Calandrino JA, Feldman AJ, Appelbaum J, Felten EW. Lest We Remember: Cold Boot Attacks on Encryption Keys, http://citp.princeton.edu/memory/; 2010 [Zugriff 14.03.10].
5. Singel R. Probe Targets Archives' Handling of Data on 70 Million Vets, Wired, 'http://www.wired.com/threatlevel/2009/10/probe-targets-archives-handling-of-data-on-70-million-vets/; 2009 [Zugriff 14.03.10].
6. National Crime Information Center, NCIC, http://www.fbi.gov/hq/cjisd/ncic_brochure.htm; 2010 [Zugriff 25.03.10].
7. Becrypt. Trusted Client – Bootable USB for Secure Remote Access, http://www .becrypt.com/americas/Products/trusted-client; 2010 [Zugriff 25.03.10].
8. Zero Day Initiative – Program Benefits, http://www.zerodayinitiative.com/about/benefits/; 2010 [Zugriff 25.03.10].
9. Portnoy A. Pwn2Own 2010, TippingPoint DBLabs, http://dvlabs.-tippingpoint .com/blog/2010/02/15/pwn2own-2010; 2010 [Zugriff 25.03.10].
10. Sourcefire, Inc., Snort® Rules, http://www.sourcefire.com/products/snort/rules; 2010 [Zugriff 25.03.10].
11. Freshmeat. chntpw, http://freshmeat.net/projects/chntpw/; 2010 [Zugriff 25.03.10].
12. Remote-Exploit. Chntpw, Remote-Exploit.org, http://forums.remote-exploit'.org/tutorials-guides/10876-chntpw.html; 2008 [Zugriff 25.03.10].
13. McWilliams B. How Paris Got Hacked? http://macdevcenter.com/pub/a/mac/'2005/01/01/paris.html; 2005 [Zugriff 13.03.10].
14. Zetter K. Palin E-Mail Hacker Says It Was Easy, Wired, http://www.wired.com/threatlevel/2008/09/palin-e-mail-ha/; 2008 [Zugriff 13.03.10].
15. Harvey D. Twitter. Reason #4132 for Changing Your Password, http://status'.twitter.com/post/367671822/reason-4132-for-changing-your-password; 2010 [Zugriff 14.03.10].

Kapitel 4

16. Ricker T. Elcomsoft turns your PC into a password cracking supercomputer (gulp), Engadget, http://www.engadget.com/2007/10/24/elcomsoft-turns-your-pc-into-a-password-cracking-supercomputer/; 2007 [Zugriff 13.03.10].

17. RenderLab. Church of Wifi WPA-PSK Rainbow Tables, http://www.renderlab .net/projects/WPA-tables/; 2010 [Zugriff 25.03.10].

18. ophcrack XP Rainbow tables, http://ophcrack.sourceforge.net/tables.php; 2010 [Zugriff 25.03.10].

19. Tables for this hash routine, Free Rainbow Tables, http://www.freerainbow-tables.com/en/tables/ntlm/; 2010 [Zugriff 25.03.10].

20. Leyden J. SSD tools crack passwords 100 times faster, The Register, http://www'.theregister.co.uk/2010/03/12/password_cracking_on_crack/; 2010 [Zugriff 25.03.10].

21. O'Dell J. RockYou Hacker: 30% of Sites Store Plain Text Passwords, The New York Times, http://www.nytimes.com/external/readwriteweb/2009/12/16/16readwriteweb-rockyou-hacker-30-of-sites-store-plain-text-13200.html; 2009 [Zugriff 14.03.10].

22. Gabbatt A. As easy as ABC! Hackers reveal easy-to-crack passwords, Guardian News and Media Limited, http://www.guardian.co.uk/technology/blog/2010/jan/21/rockyou-hackers-reveal-simple-passwords; 2010 [Zugriff 14.03.10].

23. SANS Institute. SANS Password Policy, http://www.sans.org/security-resources/policies/Password_Policy.pdf; 2010 [Zugriff 25.03.10].

24. de Souza M. »Climategate« inquiry shows scientist didn't falsify data, Montreal Gazette, http://www.montrealgazette.com/technology/Climategate+inquiry+'shows+scientist+didn+falsify+data/2518522/story.html; 2010 [Zugriff 14.03.10].

25. Microsoft Support. XLCN: Improving the Security of PST Files, http://support .microsoft.com/kb/143241; 2006 [Zugriff 24.03.10].

26. Jerry B. »pst19upg.exe« For Removing PST Password, Article Alley, http://www .articlealley.com/article_719835_11.html; 2008 [Zugriff 24.03.10].

27. Mosey BM. Why are .PST files a security threat to Exchange Server mailboxes, Search Exchange, http://searchexchange.techtarget.com/generic/'0,295582, sid43_gci1320572,00.html; 2008 [Zugriff 24.03.10].

28. Paton N. Fowarding emails home puts security at risk, workers warned, Management-Issues, http://www.management-issues.com/2007/1/11/research/forwarding-emails-home-puts-security-at-risk-workers-warned.asp; 2007 [Zugriff 25.03.10].

29. Paul R. Leaked Media Defender e-mails reveal secret government project, Ars Technica, http://arstechnica.com/software/news/2007/09/leaked-media-defender-e-mails-reveal-secret-government-project.ars; 2007 [Zugriff 25.03.10].

30. Spencer JJ. Prepare for E-Discovery Before a Lawsuit Is Filed, Base-line Magazine, http://www.baselinemag.com/c/a/Legal/Prepare-for-EDiscovery-Before-a-Lawsuit-Is-Filed/; 2009 [Zugriff 20.03.10].

31. Microsoft Support. A network administrator can add the DisablePST registry value to a registry key so that all the users of a computer cannot create or access Outlook .pst files in Outlook 2003, http://support.microsoft.com/kb/896515; 2009 [Zugriff 25.03.10].

32. Exploiting The IPC Share, GovernmentSecurity.org, http://www.-overnmentsecurity.org/articles/hack-exploit-ipc-share.html; 2009 [Zugriff 14.03.10].

33. Null Session Vulnerability, Microsoft MSDN, http://msdn.microsoft.com/en-us/library/ms913275(WinEmbedded.5).aspx; 2006 [Zugriff 14.03.10].

34. Zetter K. 4 Years After TJX Hack, Payment Industry Sets Security Standards, Wired, http://www.wired.com/threatlevel/2009/07/pci/; 2009 [Zugriff 13.03.10].

35. Nassauer S. Data Breaches Are Heaviest at Hotels, The Wall Street Journal, http://online.wsj.com/article/SB100014240527487047434045751276740942491.64.html; 2010 [Zugriff 14.03.10].

36. McMillan R. Wyndham: 37 hotels were hit in latest hack, CSO Online, http://blogs.csoonline.com/wyndam_37_hotels_were_hacked_in_latest_hack; 2010.

37. Froggy. Wyndham security breach, part 2, Notacon, http://blog.notacon'.org/?p=310; 2010.

38. News Tribune. Credit card skim-scam waitress arrested, http://blog.-the-news-tribune.com/tntdiner/2008/02/21/credit-card-skim-scam-waitress-arrested/; 2008 [Zugriff 20.03.10].

39. Fabricant F. After the Meal, the Credit Card Scanner Is Served, The New York Times, http://www.nytimes.com/2007/11/21/dining/21hand.html; 2007 [Zugriff 20.03.10].

40. Krebs B. Would You Have Spotted the Fraud? Krebs on Security, http://www'.krebsonsecurity.com/2010/01/would-you-have-spotted-the-fraud/; 2010 [Zugriff 20.03.10].

41. Krebs B. ATM Skimmers, Part II, Krebs on Security, http://www'.krebsonsecurity.com/2010/02/atm-skimmers-part-ii/; 2010 [Zugriff 20.03.10].

Kapitel 4

42. Goodin D. Payment card skimmer secretly planted in gas station pump, The Register, http://www.theregister.co.uk/2010/02/23/card_skimmer_scam/; 2010 [Zugriff 20.03.10].

43. Krebs B. Data Breach Highlights Role of 'Money Mules,' The Washington Post, http://voices.washingtonpost.com/securityfix/2009/09/money_mules_carry_loot_for_org.html; 2009 [Zugriff 20.03.10].

44. Krebs B. 'Money Mules' Help Haul Criminals' Loot, The Washington Post, http://www.washingtonpost.com/wp-dyn/content/article/2008/01/25/AR2008012501435.html; 2008 [Zugriff 20.03.10].

45. The Finance Buff. One-Time Credit Card Numbers for More Security, http://thefinancebuff.com/2009/01/one-time-credit-card-numbers-for-more-security .html; 2009 [Zugriff 21.03.10].

46. Microsoft MSDN. TCP/IP Raw Sockets, http://msdn.microsoft.com/en-us/library/ms740548(VS.85).aspx; 2010 [Zugriff 25.03.10].

47. Spoofer Project: Spoofer Main, http://spoofer.csail.mit.edu; 2010 [Zugriff 25.03.10].

48. Dingledine R. Tor: The Second-Generation Onion Router, Nick Mathewson, 'Paul Syverson, http://tor.eff.org/doc/design-paper/tor-design.html; 2010 [Zugriff '25.03.10].

49. Feid A. Easy Pentesting: Metasploit's db_autopwn, http://allanfeid.com/-content/easy-pentesting-metasploits-dbautopwn; 2009 [Zugriff 26.03.10].

Quellen

Kapitel

5

Spuren verwischen

Mit Spuren verwischen ist der Prozess gemeint, Informationen über eigene Computernutzung zu zerstören. Durch diese Schritte entfernt ein Anwender Anzeichen seiner Aktivitäten auf einem Computer, damit niemand anschließend erkennen kann, was gemacht wurde. Jedes moderne Computersystem enthält Protokollfunktionen, in denen festgehalten wird, wann welche Aktivitäten stattfinden. Diese Logs umfassen alle Aktivitäten, die von rechtmäßigen Nutzern des Systems vorgenommen wurden, und zeichnen u.U. auch Aktionen des Angreifers auf. In diesem Kapitel beschäftigen wir uns mit einigen einfachen Methoden, um Informationen zu löschen und die Präsenz eines Hackers auf einem Computersystem zu verschleiern.

SPUREN VON WINDOWS-LOGINS ENTFERNEN

Anatomie eines Hacks

Pavel nahm sich Stepans Laptop von Vlad und leerte die drei Log-Files für die Windows-Events. Als Nächstes änderte er den Registry-Schlüssel des zuletzt angemeldeten Benutzers (*last logged in user*), damit es so wirkte, als ob das Konto zuletzt von Stepan benutzt worden war. (*Seite 33*)

Zu Beginn unserer Story hacken Pavel und Vlad den Computer von Stepan, um Einzelheiten ihres Auftraggebers und des Jobs herauszufinden. Pavel arbeitet mit einem bootfähigen Linux-Betriebssystem auf einem USB-Stick, um das Passwort des Administratorkontos zu ändern und das System übernehmen zu können. Doch als er alle Informationen vom Laptop abgefischt hat, macht er sich noch die zusätzliche Mühe, aufzuräumen und alle Spuren zu entfernen die zeigen, dass er am Computer gewesen ist.

Exploit-Techniken

Es gibt viele Wege, wie ein Angreifer nach getaner Arbeit an einem gehackten System die Spuren seiner Aktionen entfernen kann. Bei allen modernen Betriebssystemen ist in irgendeiner Form eine Auditing- und Loggingfunktion aktiviert, um festzuhalten, wann sich Nutzer am System an- und abmelden. Das kann bei Ermittlungen hilfreich sein. Der Computer kann beispielsweise auch alle Aktivitäten loggen, die eine Person durchgeführt hat, während sie angemeldet war. Es kann auch noch mehr Stellen geben, wo die Daten gespeichert werden, aber nur, wenn der Angreifer weiß, wo zu suchen ist.

Event-Logs

Microsoft Windows speichert alle bemerkenswerten Vorkommnisse in einer Sammlung von Protokolldateien, die man *Event-Logs* (Ereignisprotokolle) nennt. Diese Logs speichern Informationen über Ereignisse, die regelmäßig vom Windows-Betriebssystem und auch den Applikationen, die darauf laufen, durchgeführt werden. Wenn man sich diese durch die integrierte Applikation Windows Event Viewer anschaut, sind diese Event-Logs üblicherweise der erste Anlaufpunkt, zu dem ein Systemadministrator gehen wird, wenn etwas verkehrt läuft. Pavel nimmt an, dass Stepan mit dem Laptop an die Arbeit zurückkehren wird, und er entfernt die Aufzeichnungen seiner Arbeit am System, indem er die drei Event-Logs darauf vollständig löscht.

Obwohl Windows Ereignisse in einer Sammlung von Event-Logs ablegt, speichert jedes Log auch noch eine bestimmte Art von Daten. Seit Aufkommen dieser Event-Logs (erstmalig in Windows NT) werden drei Hauptprotokolldateien verwendet: das Anwendungsprotokoll (Application), das Sicherheitsprotokoll (Security) und das Systemprotokoll (System).[1] Mit den Einzelheiten dieser Logs beschäftigen wir uns eingehender im Abschnitt »Best Practices« unter »Ereignisprotokolle«, doch hier soll erst einmal erwähnt werden, dass in diesen drei Logs viele Informationen gespeichert werden, die ein Hacker lieber gelöscht haben will.

In den Umgebungen von Windows NT und XP werden diese Protokolle im Verzeichnis %SystemRoot%\System32\Config gespeichert bzw. bei den meisten Computern ist das C:\Windows\System32\Config. Diese Dateien heißen AppEvent.evt, SecEvent.evt und SysEvent.evt. Obwohl die meisten Computersysteme das Betriebssystem auf Laufwerk C: speichern, wählen einige wenige ein anderes; das %SystemRoot% wird automatisch durch den eigentlichen Laufwerksbuchstaben ersetzt, damit es auf allen Systemen läuft.

In einer Windows Vista- oder Windows 7-Umgebung werden diese Logs unter %SystemRoot%\System32\winevt\Logs gespeichert, normalerweise angezeigt als C:\Windows\System32\winevt\Logs. Hier gibt es eine andere Namenskonvention: Die Dateien heißen Application.evtx, Security.evtx und System.evtx.

Üblicherweise werden diese Dateien durch einen auf dem System laufenden Event-Logger-Dienst gesperrt, um zu verhindern, dass ein User sie einfach direkt löscht. Doch wenn es schnell gehen soll, können ihre Inhalte auch immer aus der Event-Viewer-Applikation selbst gelöscht werden. Dazu markieren Sie das zu löschende Protokoll und wählen aus dem Pulldown-Menü ACTION | CLEAR LOG... (siehe Abb. 5.1). So werden sofort alle Einträge aus dem markierten Protokoll entfernt, aber ein Eintrag bleibt übrig, dass das Log zu diesem Datum und Uhrzeit gelöscht wurde.

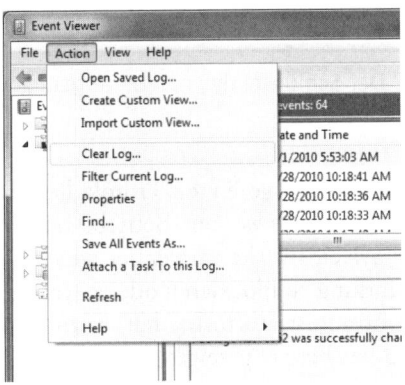

Abbildung 5.1: Löschen eines Windows-Event-Logs

Der Schlüssel des zuletzt angemeldeten Benutzers

Direkt nach Säubern der Ereignisprotokolle wird in der Story vermerkt, dass Pavel den Registry-Schlüssel des »zuletzt angemeldeten Benutzers« löscht. Das ist tatsächlich ein Wert in der Windows-Registry, in dem gespeichert wird, mit welchem Account sich zuletzt am Computer eingeloggt wurde. Diese Information wird im folgenden Registry-Schlüssel gespeichert:

- `HKEY_LOCAL_MACHINE\SOFTWARE\Microsoft\Windows NT\`
  `CurrentVersion\Winlogon\DefaultUserName`

Dieser Registry-Schlüssel (siehe Abb. 5.2) zeichnet den Namen des letzten Nutzers auf, der manuell in das System eingeloggt war.[2] Weil Pavel sich an Stepans Laptop als Administrator eingeloggt hat, erscheint der Name in diesem Registry-Eintrag. Um seine Spuren zu verwischen, da Stepan sich nicht als Administrator hätte einloggen können, ändert Pavel diesen Eintrag von »Administrator« auf den Namen von Stepans Konto.

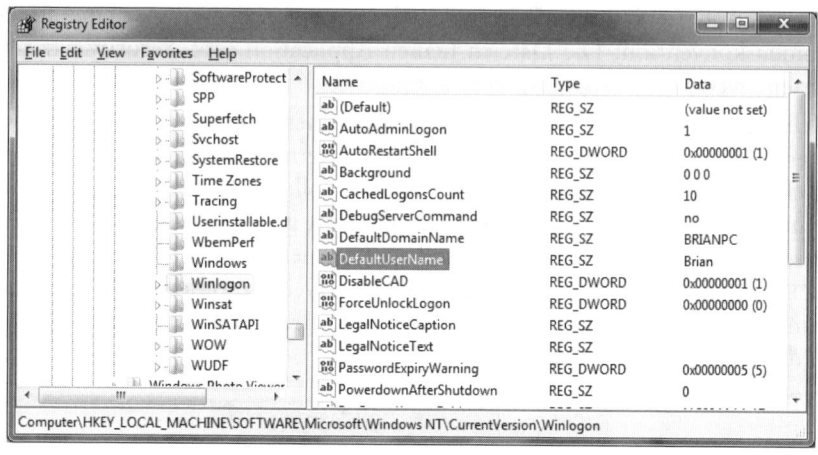

Abbildung 5.2: Der Schlüssel des zuletzt angemeldeten Benutzers

Best Practices

Wenn ein Angreifer die hier gezeigten Protokolle überprüft, findet er die Informationen direkt in Windows vom Betriebssystem selbst abgespeichert. Weil diese Daten für Systemzwecke verwendet werden, ist es eventuell nicht möglich, deren Verwendung zu blockieren oder zu modifizieren. Jeder Nutzer, der an einem System Administratorrechte hat, kann beispielsweise den Registry-Editor öffnen und das bereits gezeigte Feld DEFAULTUSERNAME ändern. Das kann man nicht verhindern, wenn der Angreifer die Administratorrechte für diesen Computer besitzt. Ihre Verteidigung muss deutlich vor diesem Punkt einsetzen, damit ein Hacker gar nicht erst Administratorrechte bekommt.

Die Ereignisanzeige

Anders als ein Schutz gegen einen Eintrag in der Registry können Sie Schritte unternehmen, um die Ereignisanzeige in Ihren Windows-Systemen zu pflegen, auch wenn sie bereits gelöscht oder modifiziert wurden. Doch schauen wir uns zuerst einmal an, welche Daten in diesen Dateien enthalten sind.

Das Anwendungsprotokoll speichert Ereignisse, die von auf diesem System laufenden Applikationen ausgelöst wurden. In dieser Datei werden normalerweise Fehler und Warnungen der Applikationen abgelegt, wenn sie z.B. abstürzen oder bemerkenswerte Fehler zeigen. Ein Beispiel davon sehen Sie in Abb. 5.3: den Eintrag für einen Absturz von Mozilla Firefox. Für dieses Ereignis wird das genaue Datum mit Uhrzeit festgehalten, an dem die Applikation abgestürzt ist, sowie grundlegende Debugging-Informationen. Diese Informationen besagen, dass Firefox wegen eines fehlerhaften Moduls namens FOX-ITR~1.OCX abgestürzt ist. Macht man sich auf die Suche nach dieser Datei, stößt man auf das Plug-in FoxitReaderOCX für Firefox. Das gehört zu Foxit Reader, einem kostenlosen PDF-Betrachter von *www.FoxitSoftware.com*. Dieses Ereignis passierte in dem Moment, als der Browser ein beschädigtes PDF öffnen wollte und anschließend abstürzte.

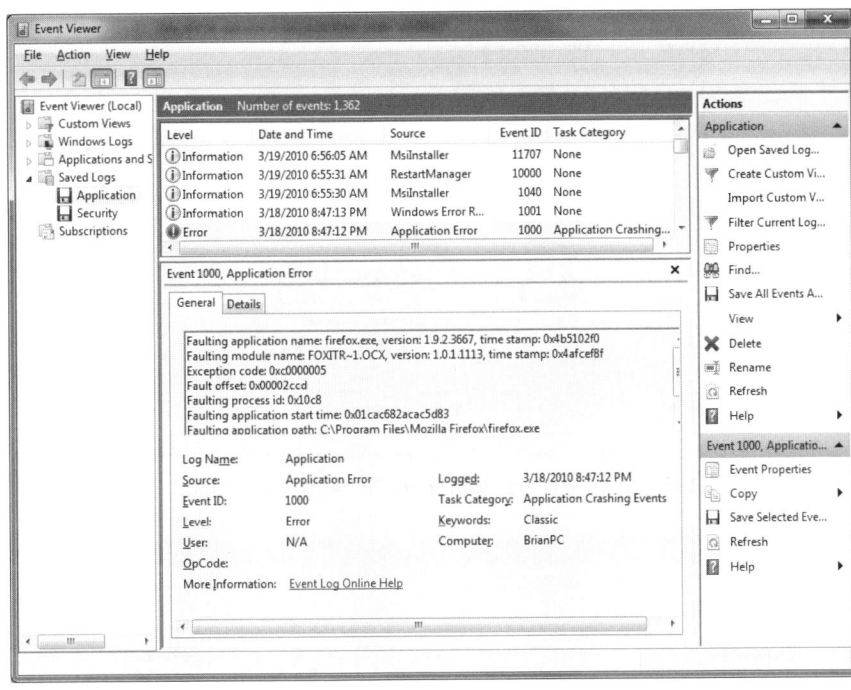

Abbildung 5.3: Das Windows-Ereignisprotokoll für Anwendungen

Das Sicherheitsprotokoll wird von Windows zum Verfolgen von Sicherheitsereignissen wie Account-Logins und -Logoffs verwendet (siehe Abb. 5.4). Dort wird ebenfalls vermerkt, falls von bestimmten Accounts versucht wird, geschützte Audit-Files zu lesen, zu modifizieren oder zu löschen. Auf einem korrekt konfigurierten System hält dieses Log alle Aktivitäten fest, die wegen verdächtigen Verhaltens ein Security Audit auslösen.

Das Systemprotokoll kümmert sich um Fehler und Warnungen auf Systemebene, z.B. solchen, die von Gerätetreibern und Systemdiensten verursacht wurden. In diesem Log stehen Einzelheiten über Hardware-Probleme und auch, wann Dienste gestartet und gestoppt wurden. Außerdem werden darin außerdem alle Fehlermeldungen dargestellt, die auf Dienstebene erscheinen, z.B. die DNS-Fehler in Abb. 5.5.

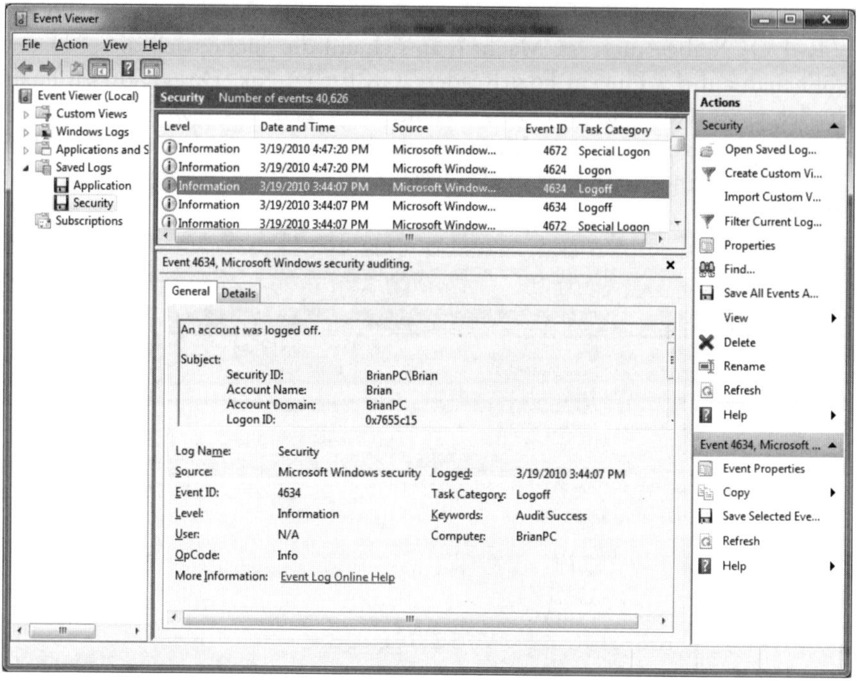

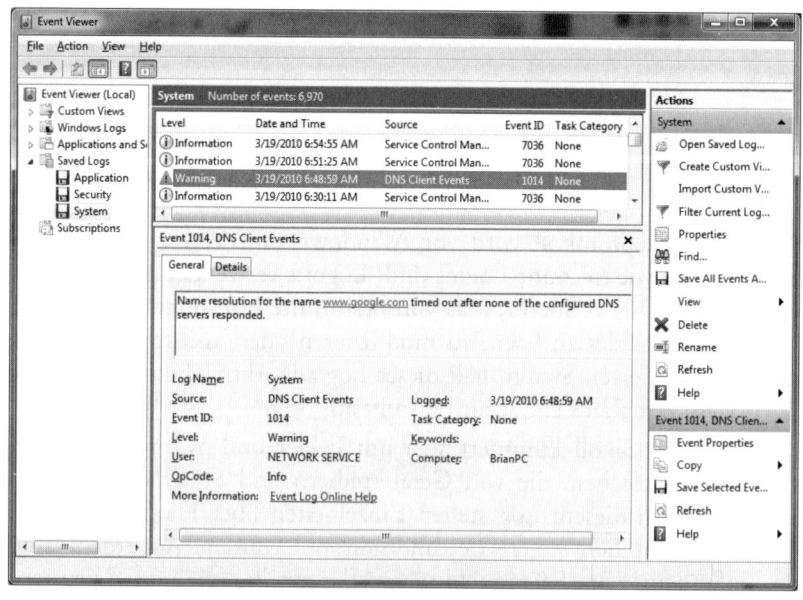

Abbildung 5.4: Das Windows-Sicherheitsprotokoll

Abbildung 5.5: Das Windows-Systemprotokoll

Zwar sind die Anwendungs-, Sicherheits- und Systemprotokolle die primäre Datenquelle für Systemereignisse, aber Microsoft hat mit jedem neuen Release einer Windows-Version zusätzlich neue Logs installiert. In Windows Vista und Windows 7 gibt es Dutzende verschiedener Event Logs, die viele Aspekte des Betriebssystems abdecken. Die neueren Versionen von Windows enthalten beispielsweise eine Ereignisdatei namens Microsoft-Windows-Application-Experience%4Program-Inventory.evtx. In diesem Log (siehe Abb. 5.6) wird jede über offizielle Setup-Scripts auf dem Computer installierte Applikation festgehalten. Jeder Eintrag enthält den Namen der installierten Applikation und deren Versionsnummer. Dieser Log-Eintrag sollte regelmäßig gescannt werden, um die von Ihren Nutzern installierten Applikationen zu prüfen.

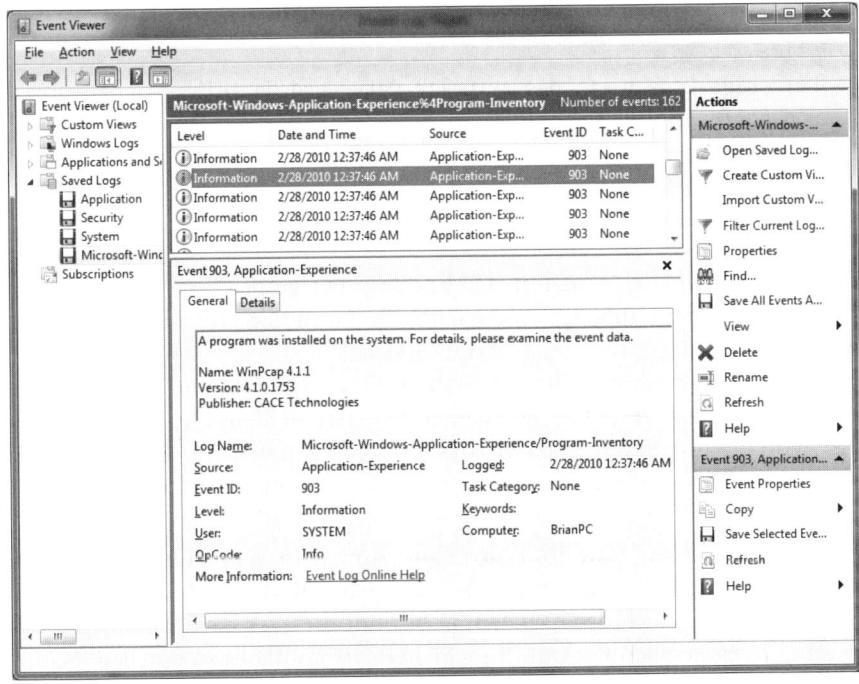

Abbildung 5.6: Das Bestandsprotokoll von Windows

In früheren Versionen von Microsoft Windows konnten die Ereignisprotokolle einfach über die Befehlszeile gelöscht werden. Dazu brauchte ein Hacker nur die mit der Ereignisanzeige verknüpften Windows-Dienste anzuhalten und konnte dann die Einträge manuell löschen oder umbenennen. Allerdings ist es jetzt für Hacker durch die in Windows Vista und Windows 7 integrierten Dateikontrollen schwer geworden, einfach die Dateien zu entfernen oder zu bearbeiten. Falls nun ein Hacker die Ereignisprotokolle gesäubert hat, kann man dieses Problem am ehesten beheben, wenn man von den bereits erstellen Ereignisprotokollen Sicherungskopien besitzt. Den Backup-Prozess nimmt man mit dem integrierten Befehlszeilentool wevtutil.exe vor.

Um ein regelmäßiges Backup mit dem Utility wevtutil zu erstellen, richten Sie im Windows Task Scheduler eine neue Aufgabe ein. Erstellen Sie in den »Geplanten Tasks« eine neue Task und stellen Sie sie so ein, dass sie täglich ausgeführt und alle 5 Minuten wiederholt wird. Für eine Aktion starten Sie eine Batchdatei mit dem folgenden Inhalt:

```
@echo off
for /f "tokens=2-4 delims=/" %%a in ('date /t') do
(set mydate=%%c-%%a-%%b)
for /f "tokens=1-2 delims=/:" %%a in ("%TIME%") do (set
mytime=%%a%%b)
:Der obige Code nimmt das aktuelle Datum und Uhrzeit
:und entfernt die illegalen Dateinamenzeichen, von
:http://stackoverflow.com/questions/203090
wevtutil epl Security C:\Users\
_Hidden\SecurityBackup-%mydate%_%mytime%.evtx
```

Diese Batch-Datei wird mit der Endung .bat gespeichert und irgendwo auf Ihrem System abgelegt. Sie schafft die Grundlage für ein eigenes, auf Ihre Zwecke zugeschnittenes Script. Aktuell liest das Script Datum und Uhrzeit aus und entfernt die unerlaubten Doppelpunkte und Schrägstriche. So können diese Werte im Dateinamen platziert werden. Das Utility wevtutil wird dann gestartet, um das Sicherheitsprotokoll in die Datei C:\Users_Hidden\SecurityBackup-%mydate%_%mytime%.evtx zu exportieren (natürlich geht das auch in einen anderen Ordner).

Achten Sie darauf, dass die Task so konfiguriert ist, dass sie mit den höchsten Privilegien läuft, damit das Script auch auf das Sicherheitsprotokoll zugreifen kann. Nach der Aktivierung beginnt die Task dann damit, in fünfminütigen Intervallen Backups Ihres Sicherheitsprotokolls zu erstellen. Natürlich läuft so nach und nach Ihre Festplatte voll. Also müssen Sie das Script modifizieren, dass es dem Platz entspricht, oder eine Säuberungsroutine einbauen. Dies ist nur ein einfaches Beispiel, um die vorhandenen Möglichkeiten aufzuzeigen.

ZUSAMMENFASSUNG

Die Ausführung eines Exploits ist nur der erste Schritt beim Angriff auf ein Netzwerksystem. Hat ein Angreifer erst einmal den Fuß in der Tür und die benötigten Ressourcen eines Systems gestohlen, wird der Angreifer versuchen, seine Spuren zu verwischen, um alle Ermittlungen in dieser Richtung abzuschütteln. In unserer Story gab es ein paar Beispiele dafür, und diese Taktik wird auch anderweitig von Angreifern gerne verwendet. Es ist relativ leicht, mit dem Windows Registry Editor einfache Spuren eines normalen Logins zu entfernen. Obwohl es sich als schwierig erweisen kann, die Basissystemlogs zu entfernen, werden sie von Hackern gerne ins Visier genommen, weil sie eine Fülle von Details über systemweite Operationen enthalten.

Systemadministratoren können durch korrekte Sicherheit und Backups ihrer Systemprotokolle viele dieser Angriffe in ihrer Brisanz mindern. Mit einer korrekten Backup-Strategie kann ein Administrator immer noch Details eines Angriffs auslesen, auch wenn die Logs leergefegt sind.

WEITERE INFORMATIONEN

Für dieses Kapitel haben wir die Grundlagen besprochen, wie man Protokolle leert, um die Spuren eines Angriffs zu entfernen. Es gibt eine Vielzahl extra darauf abgestimmter Tools für diese Aufgabe und zusätzliche Wege, um sich davor zu schützen. Für weitere Informationen verweisen wir Sie auf die folgenden Websites:

- WinZapper, Tool: http://ntsecurity.nu/toolbox/winzapper/
- ClearLogs, Tool: http://ntsecurity.nu/toolbox/clearlogs/
- How to Delete Corrupt Event Viewer Log Files: www.windowsnetworking.com/kbase/WindowsTips/WindowsNT/AdminTips/EventLogs/HowtoDelete-CorruptEventViewerLogFiles.html
- Back Up Your Event Logs with a Windows PowerShell Script: http://technet.microsoft.com/en-us/magazine/2009.07.heyscriptingguy.aspx

AUFRÄUMEN DES BROWSERS

Anatomie eines Hacks

Das Geräusch einer Wagentür vor dem Haus kündigte Vlads Rückkehr an. Pavel surfte zur Site der Black Hat-Konferenz und leerte dann seinen Browser-Cache, bevor Vlad hereinkam. (*Seite 169*)

In unserer Story macht Pavel sich gerade Sorgen über seine Arbeitsbeziehung zu Vlad. Er fürchtet um sein Leben und überlegt sich, wie er im Notfall aus der Gegend verschwinden kann. In diesem Moment kehrt Vlad zu ihrem

Unterschlupf zurück, und Pavel verwischt schnell seine Spuren. Er wechselt zur Black Hat-Website (denn Vlad würde erwarten, dass Pavel sich dort herumtreibt) und leert seinen Browser-Cache.

Durch diese Aktion entfernt er alle Spuren seiner Chronik beim Surfen und kann verbergen, dass er eben noch auf Websites von Fluggesellschaften und Autovermietungen gesurft hat. Falls Vlad doch versuchen sollte, sich die Chronik von Pavel anzuschauen, zöge er eine Niete.

Exploit-Techniken

Das Löschen des Verlaufs oder der Chronik eines Browser ist für viele ein üblicher Teil ihrer Surfgewohnheiten geworden. Beim Surfen wird so die Privatsphäre gewahrt, weil das Aktivitätenprotokoll des Nutzers entfernt wird, sodass andere es später nicht mehr ansehen können.[3] Obendrein kann es auch die Performance des Browsers verbessern, weil sich im Cache auf der Festplatte oft große Mengen von Daten befinden.

Kapitel 5

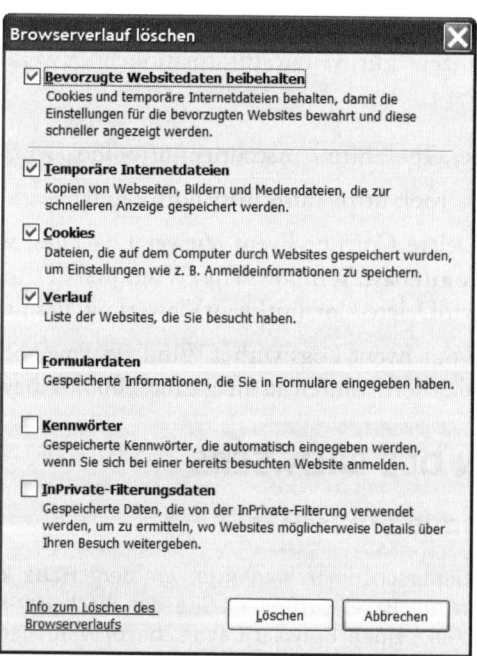

Abbildung 5.7: »Browserverlauf löschen« im Internet Explorer 8

Der typische Browser zeichnet viele Aspekte unseres täglichen Surfverhaltens auf. Jede einzelne Website, die Sie aufgerufen haben, und auch jede einzelne Seite, jedes Bild und jeden Film, den Sie sich angesehen haben – alles wird gespeichert. Außerdem werden auch alle eingetippten Benutzernamen und Passwörter und jede heruntergeladene Datei festgehalten. Bei modernen Browsern können Sie den Browserverlauf löschen. In Abb. 5.7 wird beispielhaft der Internet Explorer 8 gezeigt.

Obwohl diese Optionen normalerweise innerhalb der verschiedenen Pulldown-Menüs der jeweiligen Browser vergraben sind, haben alle modernen Browser ein universelles Tastenkürzel, um diese Löschfunktion hervorzurufen: STRG+UMSCHALT+ENTF. Werden diese drei Tasten gleichzeitig gedrückt, erscheint das Fenster BROWSERVERLAUF LÖSCHEN. Zwar gestaltet jeder Browser seine Funktionen etwas anders, doch alle funktionieren auf die gleiche Weise. Abbildung 5.7 zeigt, wie das beim Internet Explorer 8 aussieht, und in Abbildung 5.8 sehen Sie links Mozilla Firefox und rechts Google Chrome.

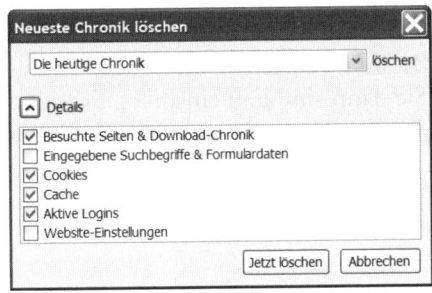
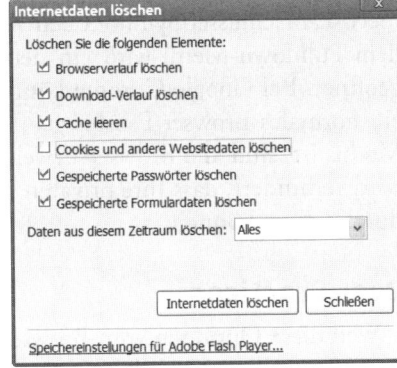

Abbildung 5.8: Browserverlauf löschen bei Mozilla Firefox (links) und Google Chrome (rechts)

Privatsphäre beim Surfen

Obwohl moderne Browser es ihren Nutzern ermöglichen, den Browserverlauf zu löschen, bevor sie sich abmelden, können sie auch so eingestellt werden, dass das System diese Informationen erst gar nicht festhält. Dieser Schutz der Privatsphäre wird bei den Browsern unterschiedlich bezeichnet, aber im Wesentlichen sollen Cookies blockiert werden, und außerdem sollte verhindert werden, dass der Browserverlauf auf dem lokalen System gespeichert wird. Weiter werden auch die in Online-Formularen eingetippten Informationen nicht gespeichert und auch keine Daten auf der Festplatte gecacht.

Beim Internet Explorer heißt dieses Feature *InPrivate-Browsen*. Obwohl beim InPrivate-Browsen keine Sucheinträge oder Websites gespeichert werden, cachet es Daten auf der Festplatte. Diese gecacheten Daten werden gelöscht, wenn Sie den Browser schließen, aber sie können durch einfache forensische Maßnahmen auch wiederhergestellt werden. Sie aktivieren das InPrivate-Browsen im Menü über EXTRAS | INPRIVATE-BROWSEN. Details über das InPrivate-Browsen des Internet Explorers finden Sie unter *http://windows.microsoft.com/de-de/Windows7/What-is-InPrivate-Browsing*.

Mozilla Firefox bietet ein ähnliches Feature mit vielen der gleichen Möglichkeiten. Dieser sogenannte *Private Modus* blockiert auch Cookies und unterbindet das Speichern der Chronik auf dem lokalen System. Er wird aktiviert unter EXTRAS | PRIVATEN MODUS STARTEN. Mehr Einzelheiten über dieses Feature finden Sie unter *http://support.mozilla.com/de/kb/Private+Browsing*.

Der Browser Chrome von Google bietet die gleichen Features wie die anderen großen Browser und bezeichnet dies als Inkognito-Modus. Die Implementierung des privaten Browsens unterscheidet sich ein wenig vom Internet Explorer und von Firefox. Nach Klick auf GOOGLE CHROME ANPASSEN (Sechskantschlüssel-Symbol oben rechts) | NEUES INKOGNITO-FENSTER aus dem Pulldown-Menü wird ein neues Browser-Fenster im Inkognito-Modus geöffnet. Bei Google Chrome können Sie dann simultan ein Inkognito- und ein normales Browser-Fenster geöffnet haben. Wenn Chrome im Inkognito-Modus ist, sind alle Browser-Erweiterungen und Add-ons deaktiviert. Damit wird verhindert, dass Ihre privaten Informationen durch Dritt-Anwendungen durchsickern können.

Best Practices

Weil diese Optionen vom Browser selbst gesteuert werden, ist es schwierig, ihre Verwendung als Administrator zu kontrollieren. Die einzige Ausnahme stellt hier der Internet Explorer 7 und spätere Versionen dar, für die es eine Gruppenrichtlinie gibt, mit der Sie die Fähigkeit zum Löschen des Verlaufs deaktivieren können. Dies stellen Sie im Editor für Gruppenrichtlinien unter ADMINISTRATIVE VORLAGEN | WINDOWS-KOMPONENTEN | INTERNET EXPLORER | BROWSERVERLAUF LÖSCHEN ein. In diesem letzten Ordner gibt es neben anderen Steuerungsmöglichkeiten zur Löschung die Einstellung BROWSERVERLAUF LÖSCHEN DEAKTIVIEREN.[4]

Für ernsthafte Übertretungen, bei denen es absolut erforderlich ist, dass der Browserverlauf eingesehen werden kann, kann es auch möglich sein, gelöschte Dateien des Browser-Caches forensisch wiederherzustellen. So könnte man dann sehen, welche Inhalte der Nutzer heruntergeladen oder welche Sites er angesehen hat, aber das kann auch seine Grenzen haben. In Mozilla Firefox werden nun beispielsweise alle Details der Chronik in Miniaturdatenbanken gespeichert, die geleert werden, nachdem ein Nutzer seinen Browserverlauf gelöscht hat.

ZUSAMMENFASSUNG

Da viele Angriffe mittlerweile den Browser als Angriffsvektor nutzen, müssen Kriminelle unbedingt dafür sorgen, dass ihre Spuren im Browser gelöscht werden. Außerdem werden auch einfache Recherche- und Erkundungsaktivitäten im Browser-Cache abgelegt, die Angreifer oder Forscher während ihrer Tätigkeit belasten können. Mit den im Browser-Cache gespeicherten Informationen kann man genau die Webseiten erkennen, zu denen jemand gesurft ist, und auch alle Inhalte, die er angeschaut und heruntergeladen hat. Darin sind nicht nur private Daten, sondern auch potenziell blamable Informationen über den Nutzer gespeichert. Um die Privatsphäre nun auf einfache Weise zu schützen, können mittlerweile bei allen großen Browsern der Browserverlauf und damit zusammenhängende Statistiken gelöscht werden, obwohl auch Angreifer sich das zunutze manchen können. Ein Nutzer kann ganz einfach seinen persönlichen Browserverlauf löschen, doch das Gleiche gilt auch für Angreifer für den Fall, dass sein Equipment von der Polizei beschlagnahmt wird. In betrieblichen Zusammenhängen können auch Angestellte ihren Browserverlauf löschen, um Belege für ihre Aktivitäten auf unerlaubten Websites zu entfernen. Allerdings kann von Seiten des Unternehmens sehr wenig gegen diese Aktion vorgenommen werden. Wenn man die Nutzer zwingt, eine moderne Version des Internet Explorers zu verwenden, alternative Browser blockiert und die Möglichkeit deaktiviert, den Browserverlauf zu löschen, kann man den Cache auf einem vom Unternehmen kontrollierten System pflegen. Ein Restrisiko bleibt allerdings immer.

WEITERE INFORMATIONEN

Wir haben uns in diesem Kapitel viel mit den Möglichkeiten beschäftigt, wie man aus einem Browser den Verlauf und Surfaktivitäten löschen kann und außerdem, wie man in einen privaten Surfmodus einsteigen kann. Es gibt einige Themen, die wir hier nicht ansprechen konnten, vor allem im Bereich der Best Practices. Auf den folgenden Websites werden einige der verschiedenen Aspekte abgedeckt, z.B. die Wiederherstellung der Daten aus einem Browser und auch, auf welche Weise immer noch Daten durchsickern können, auch wenn das private Surfen aktiviert ist.

- Web Browser Forensics – Part 1:
  www.symantec.com/connect/articles/web-browser-forensics-part-1

- Web Browser Forensics – Part 2:
  www.symantec.com/connect/articles/web-browser-forensics-part-2

- Why Private Browsing Isn't…:
  http://ouseful.wordpress.com/2009/07/15/why-private-browsing-isnt/

QUELLEN

1. How to view and manage event logs in Event Viewer in Windows XP, Microsoft Support, http://support.microsoft.com/kb/308427; 2007 [Zugriff 18.03.10].

2. DefaultUserName, http://technet.microsoft.com/en-us/library/cc939710.aspx; 2010 [Zugriff 18.03.10].

3. Rick B. Erase Internet Explorer 8's Browsing History, The Washington Post, www.washingtonpost.com/wp-dyn/content/article/2010/03/03/AR 2010030302628.html; 2010 [Zugriff 18.03.10].

4. Prevent users from deleting IE browsing history, Online Tech Tips, www.online-tech-tips.com/internet-explorer-tips/prevent-users-from-deleting-ie-browsing-history/; 2009 [Zugriff 18.03.10].

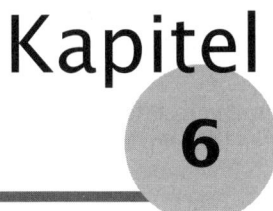

Kapitel 6

Kultur der Hacker

In diesem Kapitel stellen wir Ihnen Hintergründe über die dem Buch zugrunde liegende Kultur der Hacker vor, weil die Schritte in der realen Welt genauso zu der Story gehören wie die fiktiven über Bob und Leon. Anders als in den meisten Hollywood-Filmen ist die Grenze zwischen gut und böse nicht klar definiert. Es gibt keine Schwarz/Weiß-Motive. Alles spielt sich in Graustufen ab. Um Hacker ganz und gar verstehen zu können, müssen Sie die Kultur verstehen, in der sie sich bewegen. Was bringt jemanden dazu, einen fremden Computer anzugreifen? An welche Informationen will man so gelangen? Will man überhaupt Informationen haben oder ist alles nur sportlicher Wettkampf? Das sind schwierige Fragen, die sich im Laufe der Zeit dramatisch verändern. Wie wir in unserer Story sehen, kann man einen Guten sehr einfach dazu verführen, böse Dinge zu machen. Doch es ist ebenso einfach, einen Bösewicht davon zu überzeugen, der guten Seite zu helfen. Alles läuft darauf hinaus, die Rollen zu verstehen, die jede Person in einer Angriffssituation hat, und sie letzten Endes überhaupt als Ergebnis herausbekommen will.

PROMINENTE HACKER

Anatomie eines Hacks

Bob wandte sich an Leon. Als die Ausmaße dieser ungeheuerlichen Geschichte langsam auf ihn zu wirken begannen, breitete sich ein Grinsen über sein Gesicht aus. »Wir haben gerade die USA gerettet! Das ist riesig – noch größer als das Internet zu retten! Das bedeutet, wir sind größer als Dan Kaminsky! Oder Tony Watson!«

Leon sah verärgert aus. »Bob, wir stehen nicht mal auf einer Stufe mit GOBBLES – oder jedenfalls diesem n3td3v.«

Bob ließ die Achseln ein wenig sinken und fragte fast ein wenig traurig: »Tja, bekommen wir denn wenigstens ein Interview mit Stephen Colbert?«

»Sorry, Alter, ich würde da nicht mal einen Anruf von Letterman erwarten«, antwortete Leon mit einem zufriedenen Lächeln, als die Dinge sich wieder normalisierten. (Seite 184).

Als sich die Story ihrem Ende nähert, denken unsere Helden über ihre Abenteuer nach und sinnieren über ihren eigenen Anteil am Geschehen. Nachdem sie erkannt haben, dass sie ein professionelles Team von Cyberkriminellen aufhalten konnten, erklärt Bob, sie seien nun populärer als Dan Kaminsky und Tony Watson.

Leon betrachtet ihre Situation nüchterner und findet, dass Bob die geleistete Arbeit übertreibt. Leon entgegnet, dass sie nicht einmal so populär sein werden wie GOBBLES oder n3td3. Von wem ist hier die Rede?

Dan Kaminsky

Dan Kaminsky ist ein berühmter Sicherheitsforscher, der für seine Arbeit mit dem DNS-Protokoll (Domain Name System) und den damit zusammenhängenden Sicherheitsproblemen bekannt ist. Kaminsky hat bei Unternehmensnetzwerken und Software-Produkten erfolgreiche Penetrationstests durchgeführt und war Mitautor von *Hack Proofing Your Network, Second Edition* (ISBN: 978-1-928994-70-1, Syngress) und außerdem von *Stealing the Network: The Complete Series Collector's Edition, Final Chapter, and DVD* (ISBN: 978-1-59749-299-7, Syngress). Kaminsky wurde erst prominent, als er 2008 einen großen Sicherheitsmangel im DNS veröffentlichte. Durch den von Kaminsky entdeckten Fehler konnte der Adress-Cache eines DNS-Servers vergiftet oder verändert werden, um den für eine legitime Firma gedachten Traffic an den persönlichen Server eines Angreifers umzuleiten.[1]

Kaminsky arbeitete im Geheimen mit einem kleinen Team DNS-Experten, um einen Patch für diesen Fehler zu entwickeln, der dann veröffentlicht wurde, ohne dass es Einzelheiten über den Fehler selbst gab. Viele Experten für Computersicherheit hatten Bedenken, einen Patch zu installieren, ohne zu wissen, wofür er benötigt wird[2]. Die Details sollten solange geheim gehalten werden, bis Kaminsky bei den Black Hat Security Briefings später im selben Jahr darüber einen Vortrag gehalten hatte. Doch so konnte man wahrscheinlich am besten gewährleisten, dass diese Schwachstelle nicht von Hackern ausgenutzt werden konnte, bevor es entsprechende Gegenmaßnahmen gab. Allerdings sickerte diese Information in der Öffentlichkeit dann doch durch[3], und für Metasploit wurde noch schnell ein Exploit entwickelt und publiziert.

Tony Watson

Vor Kaminsky gab es eine ähnliche Geschichte mit dem Sicherheitsforscher Paul »Tony« Watson. Watson entdeckte einen Fehler beim im Internet allgegenwärtigen Transmission Control Protocol (TCP). Damit konnten Angreifer ihren Opfern TCP-Reset-Angriffe aufzwingen.[4] Durch den Einsatz speziell gespoofter Pakete kann ein Angreifer einen Denial of Service (DoS) bei anderen Computern im Internet verursachen, indem eine bereits etablierte TCP-Verbindung terminiert wird.[5] Arbeitet man damit im großen Stil, kann eine solche Attacke große Bereiche der Internet-Backbones dezimieren. Watson arbeitete mit Entwicklern und Herstellern daran, einen Patch zu schaffen, um vor seiner Präsentation bei der Sicherheitskonferenz CanSecWest 2004 das Problem abgeschwächt zu haben. Seit seiner Entdeckung und dem anschließenden Patch kennt man Watson als »The Man Who Saved The Internet«[6], was Bob zu dem Kommentar veranlasst: »Das ist riesig ... noch größer, als das Internet zu retten!«

GOBBLES Security

GOBBLES ist der Name einer Gruppe von Sicherheitsforschern[7], die regelmäßig Ratschläge für Sicherheitsprobleme im Internet veröffentlichen.[8] Die Gruppe wurde am bekanntesten durch eine Pressemitteilung, in der sie verkündeten, dass sie mit der Recording Industry Association of America (RIAA) zusammenarbeiten. Diese Organisation widmet sich dem Schutz des Copyrights und wird von vielen in der Hacker-Community geschmäht. GOBBLES verkündete, dass sie einen Trojaner freigegeben haben, der sich über Peer-to-peer-Netzwerke (P2P) verbreiten würde. Er sollte Audiodateien auf Computern inventarisieren und die Ergebnisse an die RIAA melden.[9] Die GOBBLES-Gruppe widerrief später diese Geschichte und meinte, man habe mit dieser Taktik einfach für Aufmerksamkeit sorgen wollen.[10]

n3td3v

In der langen Reihe der Internet-Trolls ist wohl keiner so bekannt geworden wie n3td3v. Viele Jahre lang hat sich n3td3v auf der Mailing-Liste Full Disclosure herumgetrieben, die unter *https://lists.grok.org.uk/mailman/listinfo/full-disclosure* veröffentlicht wird. Dort postete er kontroverse Argumente und Gegenpositionen zu den Diskussionen des Forums.[11] Es gab einige Nachforschungen über den Hintergrund des n3td3v-Accounts, um die wahre Person (oder Personen) hinter dem Pseudonym zu erkunden[12], doch der Account-Inhaber blieb weiterhin anonym, bis Ende 2009 Details über den vermeintlichen n3td3v freigegeben wurden, um seine Verteidigung zu unterstützen.[13]

Stephen Colbert

Stephen Colbert ist ein sehr beliebter Entertainer mit einem politischen Satireprogramm namens *The Colbert Report* (ausgesprochen »koul-bär ripohr«) beim Fernsehsender Comedy Central. Colbert ist bekennender Techno-Junkie, der sich liebend gerne den allerneuesten technischen Schnickschnack leistet. Er wurde bekannt als einer der ersten Verbraucher, die das neue Apple iPad nutzten. Er prahlte damit bei der Grammy-Verleihung[14] 2010 – Wochen, bevor das Gerät im Laden erhältlich war. Colbert ist bekannt für seine viralen Angriffe auf Wikipedia-Inhalte durch den von ihm geprägten Begriff *wikiality* (eine Zusammenziehung von *Wikipedia* und *reality*). Damit ist gemeint, dass eine auf Wikipedia veröffentlichte Falschinformation als Realität betrachtet werden kann, wenn dem nur genug Leute zustimmen.[15] Er ist auch sehr bekannt für seine konzertierten sozialen Angriffe, bei denen er große Mengen Freiwilliger im Internet online anonyme Aktionen zu seinen Ehren ausführen lässt, z.B. dafür zu stimmen, dass die ungarische Megyeri-Brücke[16] oder ein Modul der Internationalen Weltraumstation ISS nach ihm benannt werden. Obwohl er beide Abstimmungen gewonnen hat, wurde sein Name letzten Endes doch nicht gewählt. Allerdings taufte man das Trainingslaufband der ISS auf seinen Namen, und zwar »Combined Operational Load Bearing External Resistance Treadmill« (COLBERT, etwa: *kombiniertes, tragfähiges, externes Widerstandslaufband*).[17] Colbert ist ein modernes Beispiel dafür, wie ein einzelner Mensch die Massen mit Social Engineering beeinflussen kann, um Veränderungen im Internet zu bewirken.

In der Sicherheitsbranche werden viele der von Praktikern implementierten Ideen und Konzepte über jährlich wiederkehrende oder einmalige Sicherheitskonferenzen unters Volk gebracht. Von solchen Konferenzen gibt es Dutzende pro Jahr, in Themenbreite und Schwerpunkt sehr unterschiedlich. Manche werden nur von ein paar Hundert besucht, während bei anderen Tausende von Besuchern erscheinen. Bei einigen wenigen sind die Teilnehmerzahlen sehr streng begrenzt, damit das Publikum in einer überschaubaren und zu bewältigenden Größe bleibt. Für die Teilnahme an solchen Sicherheitskonferenzen ist die Chance, sich mit anderen Sicherheitsprofis zu vernetzen, die größte Motivation. Profis der Informationssicherheit entwickeln Beziehungen, die die professionelle Entwicklung stärken und die gemeinsame Zusammenarbeit in der Zukunft fördern. Viele Organisationen profitieren von dem Wissen, das ihre Mitarbeiter auf solchen Konferenzen bekommen, denn sie bleiben auf dem Laufenden bei den neuesten Trends und Sicherheitsbedrohungen, mit denen sich die Branche beschäftigen muss.

Im Folgenden finden Sie eine Auswahl verschiedener Konferenzen, die für Sie interessant sein könnten.

- ARES, The International Dependability Conference (The International Conference on Availability, Reliability and Security): www.ares-conference.eu/conf/
- Best of Open Source Security (BOSS) Conference: www.bossconference.com/
- Black Hat: www.blackhat.com/
- BlueHat: http://technet.microsoft.com/en-us/security/cc261637.aspx
- BruCON: www.brucon.org/index.php/Main_Page
- CanSecWest: http://cansecwest.com/index.html; http://cansecwest.com/dojo.html
- Chaos Communication Congress (CCC): http://events.ccc.de/congress/
- Computer and Communications Security (CCS): www.sigsac.org/ccs/CCS2010/
- Computer and Enterprise Investigations Conference (CEIC): www.ceicconference.com/
- Computer Forensics Show: www.computerforensicshow.com/
- Computer Security Institute Annual Conference (CSI): www.gocsi.com/
- Computer Security Institute Security Exchange (CSI-SX): www.csisx.com/
- CONFidence: http://confidence.org.pl/
- DeepSec In-Depth Security Conference: https://deepsec.net/
- DEFCON: www.defcon.org/
- DojoSec Monthly Briefings: www.dojosec.com/
- Ekoparty Security Conference: www.ekoparty.com.ar/
- EUSecWest: http://eusecwest.com/index.html
- ExcaliburCon: www.newcamelotcouncil.com/
- FRHACK International IT Security Conference: www.frhack.org/
- Hack.in: www.security.iitk.ac.in/hack.in/
- Hack in the box (HITBSecConf): https://conference.hackinthebox.org/
- Hacker Halted: www.hackerhalted.com/
- IPTComm: Principles, Systems and Applications of IP Telecommunications: http://iptcomm.org/

- Infosecurity Europe: www.infosec.co.uk/
- International Conference on Security and Cryptography (SECRYPT): www.secrypt.org/
- International Workshop on Fast Software Encryption (FSE): https://www.cosic.esat.kuleuven.be/fse2009/
- Internet Security Operations and Intelligence (ISOI): www.isotf.org/isoi6.html
- Kiwicon: www.kiwicon.org/
- LayerOne: http://layerone.info/
- PH-Neutral: http://ph-neutral.darklab.org/
- PacSec: http://pacsec.jp/
- RSA: www.rsaconference.com/
- Rocky Mountain Information Security Conference (RMISC): www.issa-denver.org/RMISC.htm
- SEaCURE.it: www.seacure.it/
- SecTor, Security Education Conference Toronto: www.sector.ca/
- SecureWorld Expo: www.secureworldexpo.com/
- Shakacon: www.shakacon.org/
- ShmooCon: www.shmoocon.org/
- SOURCE Conference: www.sourceconference.com/
- SyScan: www.syscan.org/
- Techno Forensics and Techno Security Conferences: www.thetrainingco.com/
- THOTCON: http://thotcon.org
- ToorCamp: www.toorcamp.org/
- ToorCon: www.toorcon.org/
- uCon: http://ucon-conference.org/
- USENIX Security Symposium: www.usenix.org/
- Workshop on Collaboration and Security (COLSEC): www.univ-orleans.fr/lifo/Manifestations/COLSEC/
- XCon: http://xcon.xfocus.org/
- You Shot the Sheriff: http://ysts.org

FIXPUNKTE DES HACKER-KOMPASSES: VON BRUCON ZU DEFCON UND VON BEIJING NACH BRASILIEN

Jayson Street, der Autor unserer fiktiven Story, ist seit vielen Jahren in der Sicherheitsbranche verwurzelt. Er nimmt jährlich weltweit an Dutzenden von Konferenzen teil und macht sich so seine Gedanken zu den Konferenzen, die er persönlich besucht hat. Lesen Sie seine Ansichten über eine Auswahl der Konferenzen, die man im Laufe eines Jahres besuchen kann.

BruCON

Ich hatte das Glück, bei der ersten BruCON-Konferenz in Brüssel einen Vortrag halten zu dürfen. Schon als ich vom Flugsteig kam, war ich beeindruckt, wie einfach alles lief. Ich bin sicher, dass dort eine Menge Chaos herrschte. Doch eindrucksvoll war, dass sich dieses Chaos offenbar nicht auf die Teilnehmer oder Redner auswirkte. Diese Konferenz versammelt Sprecher aus der ganzen Welt und aus allen Disziplinen der Informationssicherheit. Ich bin schon bei einer Menge Konferenzen in der ganzen Welt gewesen, doch diese hier liefert ein ausgezeichnetes Vorbild. Das liegt daran, wie schnell die Redner und Teilnehmer miteinander in Kontakt kommen und sich auseinandersetzen können. Information ist hier keine Einbahnstraße, sondern die Konferenz ist gleichermaßen ein Ort des Lernens und des Lehrens. Diese Konferenz sollte man im Auge behalten, denn wenn sie es schafft, ihre Atmosphäre und Energie zu halten, wird sie bald zu einer der Pflichtkonferenzen Europas werden.

PH-Neutral

Ich bin felsenfest davon überzeugt, dass viele der Recherchen, die auf Konferenzen wie CCC oder DEFCON vorgestellt werden, von Besuchern der PH beim Drink ausgeheckt wurden. Wenn Sie sich je gefragt haben, was passieren würde, wenn man die klügsten und kreativsten Köpfe aus den Bereichen Hacking und INFOSEC an einem Ort versammelt, liefert PH die Antwort. FX gründete diese Konferenz als kleine Zusammenkunft, und er durfte im Laufe der folgenden Jahre beobachten, wie sie über alle Erwartungen hinweg immer weiter wuchs. Falls Sie zu den Glücklichen gehören, die zu dieser Konferenz nach Berlin eingeladen werden, bleiben Ihnen keine Ausflüchte, nicht auf diese Reise zu gehen! Freuen Sie sich auf tolle Gespräche, super Vorträge und abgefahrene Dance Beats!

XCon

Was mich bei der XCon-Hackerkonferenz in Beijing am meisten verwirrt hat, waren Teetassen aus Porzellan für alle. Egal um welches Thema es ging, man wurde einfach immer wieder daran erinnert, dass anständiges Verhalten erwartet wird. Als Hackerkonferenz toll, aber alles war eher gedrückt und formell. Nur wer sich schon kannte, kam miteinander ins Gespräch. Die Redner hielten ihre Vorträge, und dann diskutierte man die Inhalte in den Pausen, wenn die Redner weg waren, mit engen Freunden und Kollegen.

ShmooCon

Stellen Sie sich eine kleine Konferenz vor (verglichen mit anderen Mega-konferenzen, wo all die großen Namen erscheinen), wo Sie nicht nur ausgezeichnete Vorträge hören, sondern anschließend auch noch mit den Rednern diskutieren. Dann haben Sie ShmooCon! Natürlich hatten wir auf der Konferenz 2010 noch die erfreuliche Begleiterscheinung, dass wir eingeschneit wurden und eine Atmosphäre von »Jetzt alle zusammenhalten« entstand.

Bei ShmooCon treffen sich eine Menge Leute aus aller Welt. Dabei entsteht eine tolle Mischung aus Spiel und unterschiedlichen Ansätzen beim Hacking (Hardware, Software und biologisch). So kriegt man nicht nur großartige Vorträge, sondern man begegnet auch vielen coolen Leuten und tauscht sich miteinander aus. Da trifft man eine Menge, mit denen man höchstwahrscheinlich die gleichen Interessen teilt. Bruce und Heidi Potter und die Shmoo Group stecken eine Menge Arbeit hinein, um dieses Treffen nicht nur klein, sondern auch handhabbar und persönlich zu halten. Außerdem achten sie darauf, dass man sich nicht nur ausgezeichnet unterhält, sondern auch eine Menge neuer Sachen erfährt und mitnehmen kann.

SYSCAN

SYSCAN Shanghai war zum Teil Konferenz und zum Teil CORE-Trainingsklasse. Es war ein interessantes Konzept, sich ein paar wirklich hervorragende und informative Vorträge anzuhören. Dann konnte man daraus einiges mitnehmen und versuchen, es zu implementieren. Weil ich nur normaler Teilnehmer und kein Redner war, bin ich Thomas Lim sehr dankbar, der mich zu den Abendessen einlud. Außerdem konnte ich was mit der Crew von SYSCAN unternehmen. In Shanghai geht es eher west-

lich-ungezwungen ab, und dort wurde es akzeptiert, mit Fremden zu spre-
chen. So war es sehr schön, mit anderen einfach die freie Zeit zu genießen.
Wenn Sie in Asien leben und nicht so viel herumreisen können, sind die
SYSCAN-Konferenzen für Sie genau das Richtige.

ExcaliburCon

Ganz offen will ich gestehen, dass ich einer der Gründer und Organisato-
ren dieser Konferenz bin. In China gibt es noch andere Konferenzen, doch
ExcaliburCon hat sich aus dem Stand als die westlichste und offenste der
INFOSEC-Konferenzen in China erwiesen. Ich wurde gefragt: »Warum so
viele Redner nach China bringen?« Die Antwort lautet einfach: Wenn sie
nicht an die Infos kommen, bringen wir die Infos zu ihnen! Das Credo der
Hacker lautet im Kern: »Information will frei sein«, und Hacker kennen
bei ethnischer Herkunft, politischer oder religiöser Überzeugungen keine
Unterschiede. Ich darf das mal selbst so ausdrücken: Daraus wurde eine der
größten Konferenzen in China. Sie wird noch weiter wachsen und alle mit
Informationen versorgen, die lernen und weitergeben wollen.

DEFCON

Wenn Sie diese Story lesen, merken Sie, dass DEFCON in meinem Herzen
einen besonderen Platz einnimmt. Ich bin nicht der Einzige, den die Ener-
gie und die Erfahrung von DEFCON einfach umgehauen haben. Das ist
wild, das ist verrückt und auf eine sichere Art echt gefährlich – alles gleich-
zeitig und dann noch eine Party, bei der man dauernd was lernt. Wenn Sie
den Mangel an Schlaf ertragen und dass in drei Tagen Exploits auf Sie ein-
prasseln, die für ein Jahr reichen, dann werden Sie dankbar sein, diesen
Trip gewagt zu haben. Nach über 17 Jahren ist einfach für jeden etwas
dabei. Wenn Sie sich als Freund der Sperrtechnik für Schlösser interessieren,
einen Roboter programmieren oder einfach CTF spielen und sich die bla-
mable Wand der »Wall of Sheep« anschauen wollen – bei der DEFCON
werden Sie fündig.

CCC

Seit über 25 Jahren findet in Berlin zwischen Weihnachten und Silvester
der Chaos Communication Congress statt. Dies ist die größte und älteste
Hacker-Konferenz in Europa.[18] Und wenn ich Hacker sage, meine ich das
auch! Diese Konferenz ist nicht für die Massen, die INFOSEC-Zertifikate
vor sich hertragen. Bei dieser Konferenz machen sich die Hacker gern die
Finger schmutzig und probieren tatsächlich alles aus, was am Rednerpult

erzählt wird. Hier wird außerdem über Politik nicht nur gesprochen, sondern umgesetzt. Zu viele Leute wollen am Rand im Schatten stehen und sind nicht bereit, Stellung zu den Problemen zu beziehen. Da ist es sehr inspirierend zu sehen, wie hier viele Hacker auf die Straße gehen und gegen solche Gesetze protestieren, die die Privatsphäre und Persönlichkeitsrechte bedrohen.

UCon

In einem Land wie Brasilien, das für seine schwachen Anti-Hacker-Gesetze berühmt-berüchtigt ist[19], war es interessant zu sehen, wie die dortige Hacker-Community sich mit diesem Problem auseinandersetzt. Also fuhr ich dorthin zur UCon-Konferenz. Das war ein eintägiges kleines Treffen, zu dem Sprecher aus aller Welt erschienen. Es war die Reise wert und schön, solche Leute zu treffen, von denen ich gelesen hatte. Ich bin nicht sicher, ob diese Konferenz wieder aufgelegt wird. Falls nicht, gibt es noch zwei andere brasilianische Konferenzen, und zwar H2HC und YSTS, die immer noch laufen und jedes Jahr größer und besser werden.

Treffen der Sicherheitsbranche

Während die jährlichen, formalisierten Konferenzen sich als wesentliche Institution des Informationsaustauschs erwiesen haben, gibt es neuerdings eine Tendenz in Richtung eher informeller und weniger regulierter Sicherheitszusammenkünfte. Ein Beispiel dafür ist CitySec. Bei dieser Bewegung organisieren Freiwilligengruppen aus verschiedenen Großstädten monatliche Treffen für örtliche Sicherheitsprofis, um in ungezwungener Form ihre Arbeit und persönliche Projekte zu diskutieren. CitySec ist insofern eine Besonderheit, da es keine Tagesordnung oder Präsentationen und üblicherweise auch keine Sponsoren gibt. Dort treffen sich einfach Profis und Interessierte, um die drängenden Fragen des Tages zu besprechen. Ein paar Beispiele für CitySec-Meetings folgen hier:

- BaySec (San Francisco, CA): www.baysec.net
- BeanSec (Boston, MA): www.beansec.org
- CharmSec (Baltimore, MD): www.charmsec.org
- ChiSec (Chicago, IL): www.sockpuppet.org/chisec/
- NYSec (Manhattan, NY): www.sockpuppet.org/nysec/

Neben den CitySec-Meetings gibt es noch die Austin Hackers Association (AHA!). Bei AHA! und seinen Splittergruppen dreht es sich normalerweise um kurze und relevante Präsentationen von Peers aus der Community, die beim Essen gezeigt werden. Tatsächlich ist die Teilnahme daran für die Mitgliedschaft in der Gruppe verpflichtend, was jeden Monat für frische, unverbrauchte Briefings und Diskussionen sorgt. Der Verband in Austin ist der größte und älteste seiner Art und trifft sich seit 2006, aber im ganzen Land folgen andere Gruppen diesem Vorbild. Weitere Einzelheiten über AHA! und ihresgleichen finden Sie unter *http://wiki.austinhackers.org/our-spawn*. Die folgenden Gruppen existieren (Stand April 2010):

- AHA! – Austin Hackers Association
- CSHA – Colorado Springs Hackers Anonymous
- DOH! – Dallas Order of Hackers
- HAHA! – Houston Area Hackers Anonymous
- NoVAH! – Northern Virginia Hackers
- SAHA! – San Antonio Hackers Association

Ebenfalls erwähnenswert sind die berühmt-berüchtigten 2600-Meetings, die in vielen Städten monatlich stattfinden. Darüber mehr in Kapitel 7, »Bit Bucket«.

379

WEITERE INFORMATIONEN

Wie hier angesprochen gibt es Dutzende Sicherheitskonferenzen, die für alle Profis in diesem Bereich von besonderer Bedeutung sind. Natürlich bleibt es eine persönliche Entscheidung für sich und die eigene Gruppe, zu welcher dieser Konferenzen man geht, aber die Auswahl ist groß. Bei der Planung solcher Termine helfen verschiedene Online-Kalender, in die Termine und Dauer aller großen Konferenzen zum Thema Informationssicherheit eingetragen sind. Diese Kalender finden Sie auf den folgenden Websites:

- Von Dustin D. Trammell (alias I)ruid) gepflegter Kalender: http://lists.grok.org.uk/pipermail/full-disclosure/2008-April/061359.html oder www.dustintrammell.com/projects/
- Veranstaltungen zur Informationssicherheit: http://infosecevents.net/calendar/

PODCASTS

Neben den kostspieligen Reisen zu Konferenzen in aller Welt können Sie sich die wesentlichen Informationen in regulären Formaten auch gleich jede Woche zu Hause anhören. Viele Podcasts über Informationssicherheit beschäftigen sich mit den Themen Technologien, Schwachstellen, Exploits und die in dieser Branche geltenden rechtlichen Rahmenbedingungen. In dieser Liste finden Sie regelmäßige Podcasts mit unterschiedlichen Schwerpunkten und Stilen, die für Sie interessant sein könnten.

- CyberSpeak: http://cyberspeak.libsyn.com
- Exotic Liability: www.exoticliability.com/
- EuroTr@sh: www.eurotrashsecurity.eu/
- Hacker News Network (HNN): www.hackernews.com
- PaulDotCom: http://pauldotcom.com/
- Securabit: http://securabit.com/
- Security Justice: http://securityjustice.com/
- Southern Fried Security: www.southernfriedsecurity.com/

BLOGS

Suchen Sie nach den besten und aktuellsten Informationen, die Sie sofort nutzen können? Während die Sicherheitsforscher vielleicht noch an den Einzelheiten ihres letzten Konferenzvortrags oder eines Interviews für ein Podcast feilen, haben sie eventuell ihre Unterlagen und Recherchen in eigenen Blogs online gestellt. Verfolgen Sie die Arbeit von Sicherheitsforschern, dann sind Sie proaktiv über nahende Schwachstellen informiert und können Ihr Netzwerk patchen, bevor sich das Problem verbreitet hat. Wer Lust hat, kann sich auch aktiv an der Forschungsarbeit der Community beteiligen, um bessere Verteidigungsmaßnahmen für alle zu entwickeln. Wir haben eine Liste mit Blogs zusammengestellt, in denen viele der innovativsten und einflussreichsten Köpfe der Informationssicherheit ihre Arbeiten veröffentlichen.

- Adrian Lamo: http://pax.vox.com/
- Alex Sotirov: www.phreedom.org/
- Anthony Gartner: http://grassrootssecurity.com/
- Benny Ketelslegers: http://blog.security4all.be/
- Chris Gates: http://carnal0wnage.attackresearch.com/
- Chris John Riley: http://blog.c22.cc/
- Christophe Veltsos: http://blog.drinfosec.com/
- Cody Pierce: http://codypierce.com/
- Dale Pearson: www.headhacker.net/

- Dustin D. Trammell alias I)ruid: http://dtrammell.wordpress.com/
- Felix FX Lindner: www.phenoelit.net/lablog/
- Jayson E. Street: www.dissectingthehack.com/
- Joanna Rutkowska: http://theinvisiblethings.blogspot.com/
- Joe Grand: www.kingpinempire.com/whatsup/
- Joe McCray: www.learnsecurityonline.com/
- Johnny Long: www.hackersforcharity.org/
- Kevin Poulsen: www.wired.com/threatlevel/
- Leon van der Eijk: http://lvdeijk.wordpress.com
- Marcus J. Ranum: www.ranum.com/
- Richard Bejtlich: http://taosecurity.blogspot.com/
- Richard Stallman: www.fsf.org/blogs/rms
- Rob Fuller: www.room362.com/
- Rsnake: http://ha.ckers.org/
- Saint Patrick: www.l1pht.com/
- Tim Berners-Lee: http://dig.csail.mit.edu/breadcrumbs/blog/4

Neben den hervorragenden Einblicken, die private Forscher in dieser Branche bieten, gibt es auch viele Blogs von Sicherheitsorganisationen, in denen die neuesten, für die Branche relevanten Schwachstellen und Risiken offen diskutiert werden. Hier finden Sie eine Auswahl der Blogs von Firmen und Organisationen, die für Praktiker der Informationssicherheit hilfreich sind.

- BreakingPoint: www.breakingpointsystems.com/community
- Fast Horizon: http://fasthorizon.blogspot.com/
- Google Online Security: http://googlonlinesecurity.blogspot.com/
- Independant Security Evaluators: http://securityevaluators.com/content/blog/
- Matasano Security: http://chargen.matasano.com/
- McAfee Security Insights Blog: http://siblog.mcafee.com/
- McAfee Labs Blog: www.avertlabs.com/research/blog/
- Metasploit Blog: http://blog.metasploit.com/
- Microsoft Security Research & Defense Blog: http://blogs.technet.com/srd/
- nCircle: http://blog.ncircle.com/

- Saecur: http://blog.saecur.com/
- SourceFire Vulnerability Research Team (VRT): http://vrt-sourcefire.blogspot.com/
- Symantec Security Blogs: www.symantec.com/connect/blogs
- Tenable Security Blog: http://blog.tenablesecurity.com/
- TippingPoint Digital Vaccine Laboratories: http://dvlabs.tippingpoint.com/blog/
- Voice of VoIPSA: http://voipsa.org/blog/

INTERVIEW MIT EINEM HACKER

In der Welt der Informationssicherheit ist es wichtig zu begreifen, welche Motivation die Beteiligten antreibt. Sie können zwar die Schwierigkeit würdigen, ein Netzwerk gegen Hacker und Kriminelle zu verteidigen, doch der Job ist leichter zu bewältigen, wenn man genau begreift, wonach der Hacker sucht und warum.

Jeff Moss (Dark Tangent)

Jeff Moss ist als Gründer und Leiter der Sicherheitskonferenzen DEFCON und Black Hat seit Langem eine bekannte Persönlichkeit. DEFCON ist die berühmteste und größte Hackerkonferenz der Welt. 2009 nahmen 10.000 Personen an der DEFCON 17 teil.[20] DEFCON ist seit seiner Gründung 1992 ein zentraler Sammelpunkt in der Hackerkultur und hat in den vielen Jahren ein bemerkenswertes Wachstum erfahren, so wie auch die Community gewachsen ist. Obwohl Black Hat als Konferenz noch nicht so alt ist und erst 1997 startete, ist sie zu einer Premierenstätte geworden, auf der die Verteidiger der Informationssicherheit weltweite Schulungen organisieren.

Ich möchte deine Meinung über die Verwendung des Begriffs Hacker hören und wie es kommt, dass damit immer nur Bösewichte gemeint sind. Kannst du das bitte kurz beantworten?

Jeff Moss: Ja, dieses alte Thema stirbt einfach nicht aus. So war das auch mit der Offenlegung von Schwachstellen, und was dieses Wort Hacker semantisch für die Leute bedeutet, die schon lange dabei sein, und mit lange meine ich so seit den 70er Jahren. Ich selbst beschäftigte mich seit Anfang oder Mitte der 80er Jahre mit Computern.

Damals war der Begriff Hacker sehr positiv besetzt. Bekannt wurde er in Silicon Valley (damals war es noch nicht *das* Silicon Valley). Ich wuchs in der Bay Area auf. Steven Levy schrieb ein Buch mit dem Titel *Hackers* und beschäftigt sich darin mit den ersten Hackern, die die Computerrevolution auslösten, und den Leuten von DEC und Apple. Die vorherrschende Ansicht dabei war, dass Hacker eine sehr große Bandbreite an Wissen haben, Probleme anders betrachten, komplizierte Probleme lösen, sehr erfinderisch sind, immer neugierig sind und dauernd versuchen herauszufinden, wie man Sachen auseinander nehmen und sie zum Funktionieren bringen kann.

Als das Internet reifer wurde und Kriminelle damit begannen, für ihre Verbrechen auch Computer zu nutzen, brauchten die Medien meines Erachtens einen Namen, um diese Leute zu beschreiben. Der einzige Begriff, den es damals gab, mit dem sie nicht vertraut waren, war eben *Hacker*. Also haben sie sich den angeeignet und damit Leute gemeint, die Straftaten mit Computern begehen. Tja, anstatt sie einfach als Computerkriminelle zu bezeichnen, was ja sehr griffig ist, haben sie sich einfach von uns einen Begriff geliehen, und der lautete Hacker.

Als meine Mutter dann also von Computerkriminellen hörte, erfuhr sie von diesen Hackern. Das brachte natürlich alles durcheinander, weil die Leute im Untergrund und in der Branche einander natürlich so Komplimente gaben wie »Yup, der ist wirklich ein toller Hacker«. Doch wenn das jemand außerhalb der Community hörte, war der natürlich total verwirrt und dachte, wir reden von Kriminellen.

Also alles ganz verwirrend. Und bevor das Web dann populär wurde, kam alles noch schlimmer. Ich erinnere mich noch an diese Debatten in den Bulletin Boards und im Internet: »So, wir brauchen einen neuen Namen für Hacker, und vielleicht nennen wir sie Cracker. Ach nein, lass sie uns Spider nennen. Die kriechen ja durchs Netz und suchen nach Sachen.« Dann wurde das World Wide Web erfunden, also funktionierte die Metapher mit der Spinne nicht mehr, weil es dieses World Wide Web gab. Das brachte noch mehr Verwirrung.

Okay, nennen wir sie also Cracker, weil sie Systeme cracken, und das hat ja einen negativen Beiklang: cracken, also kaputtmachen. Aber den Leuten war nicht klar, dass in der Welt der Software-Piraterie, in der Warez-Welt ein Cracker ein Reverse Engineer ist, also jemand, der den Kopierschutz umgeht. Also handeln die Leute, die Computerkriminelle als Cracker bezeichnen, genauso wie die Medien mit den Hackern. Sie borgen sich fälschlicherweise einen Begriff aus einer anderen Community, mit der sie nicht vertraut sind.

Also spreche ich von »Computerkriminellen«. So bleibt das alles klar und deutlich: Immerhin gibt es kriminelle Klempner oder solche, die nicht kriminell sind, oder Klempner, die gut sind, und welche, die böse sind, egal, alles eine Suppe. Guter Hacker, böser Hacker, krimineller Hacker, sei's drum. Mit dem einen bezeichnet man bestimmte Fähigkeiten und Kenntnisse und mit dem anderen Begriff eine Absicht.

Okay, das gefällt mir. Nächste Frage: Ich habe kürzlich ein paar Sachen über die Weitergabe von Informationen gelesen. Nach dem 11. September sollte die US-Regierung angeblich in der Lage sein, mehr Informationen weiterzugeben, und kürzlich ist herausgekommen, dass es in den letzten paar Jahren all diese Einbrüche in Netzwerke der Regierung gegeben hat. Aber es scheint nicht so, als gäben die Behörden Informationen untereinander weiter. Es scheint so, als hätten wir keine Lektion aus 9/11 gelernt, vor allem, da sich das doch auf die Computerwelt auswirkt. Ich weiß, dass das Thema bei dir emotional aufgeladen ist. Kannst du uns bitte sagen, wie da bei dir der Stand der Dinge zu diesem Thema ist?

Jeff Moss: Tja, also zu emotional aufgeladen kann ich jetzt nichts sagen, es ist aber generell so, dass man dieses Verbrechen, egal was für eins das ist, durch die Weitergabe von Informationen bekämpft. Das sieht man auch bei diesen Bewegungen, wo Nachbarn auf ihre Wohngegend aufpassen, und dass Statistiken veröffentlicht werden, welche Gegenden stark von Kriminalität betroffen sind. Weißt du, da werden Rückrufaktionen für Fahrzeuge publiziert, alles wird publiziert, damit die Leute ein Bewusstsein dafür entwickeln, denn sonst kriegen sie Angst vor dem, was sie nicht verstehen.

Oder wenn du ein Entscheidungsträger bist, egal ob beim Militär oder bei der Regierung oder einer klitzekleinen Firma, wie kannst du fundierte Entscheidungen über die Zukunft deiner Firma treffen, wenn du die wahren Fakten nicht kennst? Am Ende machst du alle möglichen komischen, bizarren Entscheidungen, die dich in die Irre führen.

Ich bin also der Überzeugung, dass man eher mehr Informationen weitergeben sollte als weniger. Klar, es gibt zweifellos dabei auch Ausnahmen wegen der nationalen Sicherheit, aber generell gesprochen glaube ich, dass es eher vereinfacht werden muss, Informationen weiterzugeben, anstatt erschwert. Ein bisschen sieht man das auch mit diesen Gesetzen wegen Meldepflichten, die jetzt in Kalifornien umgesetzt werden sollen, und jetzt auch in so etwas bei 20 anderen Staaten übernommen werden. Das sind also Gesetze mit einer Meldepflicht: Falls es Sicherheitsvorfälle gegeben hat, muss man die öffentlich mitteilen. Ich bin ein großer Fan von bundesstaatlichen Gesetzen zur Meldepflicht, weil ich hoffe, dass das FBI oder der Kongress ein Gesetz erlassen kann, das einen für die ganzen USA gültigen Standard schafft. Denn heutzutage ist es so, wenn du eine Firma hast und in den 50 Bundesstaaten Geschäfte machst, und wenn bei dir in deine Systeme eingebrochen wird, dann musst du dich zu ungefähr 20 verschiedenen Meldepflichtgesetzen konform verhalten.

Ein absoluter Alptraum. Man braucht nur *einen* Standard. Also ich glaube, wenn man erst einmal einen Standard hat, dann kann man sich daran machen, statistische Daten zu sammeln, und dann fängst du langsam an, diese

Einbrüche besser zu verstehen, die überall passieren. Ich kann mir kaum viele andere Beispiele vorstellen, wo die Feds sich mit irgendeiner anderen Rechtfertigung einschalten sollten, dass sie eine Informationsweitergabe anordnen sollten, aber dies ist das offensichtlichste.

Okay, jetzt noch kurz Folgendes: Innerhalb der Sicherheits-Community gibt es eine große Debatte darüber, was ein Cyberkrieg ist und was nicht. Du hast bereits erwähnt, dass deiner Ansicht nach eine ganze Menge unter den Oberbegriff Computerkriminelle oder Computerverbrechen fallen kann. Was denkst du über Cyberkrieg?

Jeff Moss: Da habe ich keine klar formulierte Vorstellung, aber ich treffe ein paar klare Unterscheidungen. Eine ist, dass es Unterschiede gibt zwischen dem, was Kriminelle wollen, und was Nationen und Staaten wollen oder auch Geheimdienste. Also generell gesagt legen Kriminelle es auf Geld an und Nationen und Staaten eher auf Geheimnisse oder Informationen, damit sie wissen, was ihre potenziellen Gegner machen oder nicht machen. Oder sie besorgen sich diese Informationen aus wirtschaftlichen Gründen, um die Firmen ihres Landes zu unterstützen.

Also meiner Ansicht nach haben wir noch keinen Cyberkrieg erlebt. Das liegt nicht daran, dass ein Cyberkrieg technisch unmöglich ist. Ich bin vielmehr der Ansicht, dass wir momentan nicht mitten in einem drinstecken, sondern dass eine ganze Menge Sachen gerade passieren, und da wir Angriffe nicht einfach auf jemanden zurückführen können, macht es uns das ziemlich schwer, den Kampf wirklich aufzunehmen. Man kann ja das Konzept der Abschreckung nicht anwenden, wenn man keine Ahnung hat, wer angreift.

Wie kann man jemanden abschrecken, der nicht identifizierbar ist? Das ist doch viel schwerer, oder? Und so kannst du nach diesen »Aurora-Angriffen« auf Google und Adobe und die anderen sehen, dass alle ganz plötzlich wie verrückt herauskriegen wollen, wie man irgendwem die Angriffe anhängen kann. Charaktermodelle der Gegner, statistische Modelle und Softwareanalyse – Tools, über die man herauszufinden versucht, woher die Malware stammt, wie die Evolution gelaufen ist. Wie oft hat man dieses Code-Snippet schon gesehen? Wo wurde es eingesetzt? Wie wurde es modifiziert? Passt das zu dem, wie andere Gruppen es verwendet haben? Und so weiter und so fort.

Man versucht es jemandem anzukreiden, aber das läuft meines Erachtens auf altmodische Detektivarbeit mit bodenständigen Ermittlungen hinaus, kombiniert mit Hightech-Forensik, weil man nie eine hundertprozentige Antwort bekommen wird, und deswegen muss man es mit dieser Art von Verhaltensmuster ergänzen. Alle Indikatoren verweisen auf dieses Land oder diese Gruppierung. Aber man ertappt da keinen direkt – so wie bei *Cluedo* den Oberst, der in der Bibliothek den Kerzenleuchter schwingt.

Das wird viel zu schwierig, meine ich, wenn man es mit einem gewieften Gegner zu tun hat. Und ich glaube, wenn wir doch in einen Cyberkrieg verwickelt werden, dann wirst du es verdammt schnell merken, weil auf beiden Seiten einiges zusammenbrechen wird. Das kann superschnell dann zu so einer Art elektronischem Krieg führen, einem kinetischen Krieg. Es gibt Leute, die behaupten, wir stecken schon mitten in einem Cyberkrieg, aber das sehe ich nicht so. Nein, absolut nicht. Wir befinden uns in einer Art elektronischem Kalten Krieg. Alle sind am Posieren, alle versuchen, Vorteile herauszuschinden.

Was das Ganze interessant macht: Einige behaupten, dass ein chinesisches Unternehmen in eine amerikanische Firma eingebrochen ist. Das chinesische Unternehmen gehört der chinesischen Regierung und versucht, da Beziehungen herzustellen. Das ist alles ganz schön wischi-waschi, oder?

Jeff Moss: Ja, genau. Wie kann man es also jemandem zuschreiben? Und ich will also klarmachen, dass deine Verteidigung gegen so etwas praktisch die gleiche Verteidigung ist, die du gegen alles andere hast. Das läuft also auf bessere Systeme hinaus, die Überwachung der eigenen Systeme, den Ausbau der Verteidigung, denn wenn sie bei dir erst gar nicht einbrechen können, schert sich keiner drum, nicht wahr? Das ist so ähnlich, als würdest du ein IDS z.B. am Rande des Netzwerks von Amazon anbringen, am externen Perimeter, und wenn du dann dieses IDS einstöpselst, was passiert dann wohl? Da springen gleich die roten Lichter an! Und Amazon ist das wahrscheinlich ziemlich egal, weil bei solchen Angriffen keiner durchkommt.

Wenn du in der Lage bist, hinter ihrer ersten Verteidigungslinie eine Überwachung vorzunehmen, würde es ihnen längst nicht so egal sein, was durchkommt. Sie müssen ihre begrenzten Ressourcen in die Bereiche stecken, die am meisten zählen. Achte auf die, die durchkommen. Amazon ist weder eine Uni noch das Militär und hat eben keine Zeit, die es für Recherchen und Analysen neuer Angriffe aufwenden könnte. Die wollen einfach Bücher und anderes verkaufen, und für sie ist das Schlaueste, schnelle Reaktionsmöglichkeiten zu haben, nicht wahr? Wenn also ein Angriff passiert, schnell erholen, und weiter geht's mit dem Geschäft.

Und es wäre toll, wenn man jemanden dafür bestrafen könnte, der einen beklaut, aber was sie machen, um diese Fähigke,iten aufzubauen, also Forensik, Systemwiederherstellung, Disaster Recovery und so, die Systeme härten – das ist das Gleiche, was alle anderen auch machen sollten. Ich finde, es ist nichts Magisches daran, sich wirklich gegen einen Cyberangriff zu verteidigen, außerhalb einer militärischen Situation oder des Fortbestehens einer Regierung. Ich rede hier von etwa 90 % der Bevölkerung.

Mir ist da eine Sache aufgefallen, die zu meiner nächsten Frage führt, und zwar: Wie bezahlt die Regierung die Leute, damit sie nach Europa zu DEFCON oder zu Black Hat gehen und dort geschult werden? Ich sehe eine große Bewegung in der Regierung, dass Sicherheitsprofis unbedingt Zertifikate benötigen. Glaubst du, dass diese Zertifikate für adäquate Cyberverteidiger der US-Regierung sorgen werden?

Jeff Moss: Tja, adäquat finde ich es nicht, aber leider ist das wohl nötig, weil das Problem bei der Regierung liegt, die so gerne nach Schema F vorgeht. Für die ist das total schwer zu verstehen, wer eine angemessene Erfahrung hat und wer nicht.

Das ist so ähnlich wie die Frage, ob man einen Collegeabschluss braucht, um ein guter Programmierer zu sein. Nein, natürlich nicht. Brauchst du einen Collegeabschluss, um ein guter Sicherheitsfachmann zu sein? Auch nicht. Aber viel Glück dabei, wenn du ohne Abschluss versuchst, jetzt noch einen Top-Job zu bekommen. Das ist schwerer als vor zehn Jahren. Was diese Zertifikate angeht, würde ich sagen, dass 80 % davon echt Mist sind. Diejenigen, die wertvoll sind, beziehen sich auf ganz spezielle Kenntnisse. Z.B. das Cisco, wie heißt das noch mal, CCNA, CCNE oder ...

CCIE, wo man diese Labs machen muss, diese intensiven Labs?

Jeff Moss: Genau, der CCIE. Der genießt in der Branche großen Respekt. Ich weiß nicht, ob jemand von den Lesern mit dem »Goat Lab« des medizinischen Programms der Spezialeinheiten vertraut ist, aber es hört sich ziemlich so an wie eine Miniversion des »Goat Lab«, wo die Leute nachts reinkommen und deine Router-Konfiguration auf den Kopf stellen und im Prinzip echt alles durcheinander bringen. Dann kommst du am nächsten Morgen rein und hast nur eine bestimmte Zeit herauszukriegen, was da mit deiner Routing-Infrastruktur passiert ist. In der Zeit musst du alles finden und reparieren.

Die nehmen alles mit rein, alles, ob du Ahnung hast, wie das eingerichtet werden muss und wenn du es eingerichtet hast, dann stellen sie alles auf den Kopf. Du musst lernen, wie das Troubleshooting läuft, du musst alles wieder beheben können, die lassen von dem Spektrum absolut nichts aus. Und wenn dann einer dieses Zertifikat bekommt, weißt du einfach, der hat das alles von der Pieke auf gelernt. Und diese anderen Papierzertifikate, bei vielen wird einfach das Verständnis der Fachsprache geprüft, die haben ein paar der Konzepte kapiert, haben aber keine Ahnung, wie man die umsetzt oder wann und wo.

Meiner Ansicht nach müssen wir uns bei unserem Beruf mehr in die Richtung bewegen, dass wir die Skills testen. Schau mal, wie Steuerberater arbeiten oder Ärzte oder wie das bei Klempnern und so läuft. Bei allen gibt es eine Lehrzeit, und dann kriegen sie irgendeine Art Zertifikat. So ein Modell finden viele Leute sehr erstrebenswert, und wir sollten das umsetzen. Für die Steuerberater, Ärzte und Klempner hat das Jahrzehnte gedauert, bis die das mit ihrer

Ausbildung und so geregelt haben. Wir sind im Grunde ein Beruf, den es erst etwa zwanzig Jahre gibt.

Ich weiß, dass die Community der Sicherheitsprofis sehr breit gestreut ist und viele unterschiedliche Geräte und Technologien hat. Mit welchen Kernkompetenzen sollten wir deiner Meinung nach anfangen?

Jeff Moss: Ich finde, man sollte mit den Grundlagen anfangen. Denk mal drüber nach, wie bei den Leuten eingebrochen wird. Das passiert über unsichere Web-Apps. Also könnte eine Zertifizierung für sichere Webentwicklung dazugehören. Also jemand, der Quellcode analysieren und Perl, PHP und Python usw. bearbeiten kann. Der versucht dann rauszufinden, wie man das beim Frontend schützen kann. Es sollte auch einer sein, der kompetent Filter bauen kann, damit der User-Input in SQL-Datenbanken korrekt ist. Das sind die Basics. Ich bin unsicher bei dem Teil, wie man die amerikanische Unternehmenskultur, die das alles ja gar nicht wirklich begreift, dazu bringt, eine Menge Geld dafür auszugeben, damit ihre Angestellten diese Zertifikate bekommen. Alles ziemlich unklar.

Was nachvollziehbar ist: »Wenn ich Klempner werden will, mache ich am besten eine Klempnerlehre.« Aber in der Sicherheitsbranche gibt es solche ökonomischen Kräfte nicht, die so eine Haltung vorantreiben, die besagt: »Ich will drei Programmierer einstellen, also achte ich mal besser darauf, dass die Zertifikate für X, Y oder Z mitbringen.«

Es gibt ein paar von den SANS GIAC-Zertifikaten, die vom Verteidigungsministerium anerkannt sind, dann gibt es den CISSP, und seit Neuestem auch den Certified Ethical Hacker.

Jeff Moss: Klar, und die laufen alle unter der Überschrift, einen minimalen Grad einer akzeptablen Zertifizierung zu bekommen. So wie vor zehn Jahren: Da habe ich in Minneapolis gearbeitet. Wenn ich an die Systeme der Regierung von Minnesota heran wollte, brauchte ich einen CISSP. Das ist irgendwie bekloppt, aber ich kann erkennen, was die da versucht haben. Die brauchten einfach irgendwas. Die mussten bestimmte Gruppierungen ausfiltern. Vor zehn Jahren war der CISSP das einzig Wahre oder es gab ein Auditing-Zertifikat, also haben sie den CISSP genommen. Darüber kannst du den ganzen Tag diskutieren, aber wenn dir diese Netzwerke gehören, und du musst die Spezifikationen darüber schreiben, wer die anrühren darf, dann musst du einfach was auf die Beine stellen, um zu zeigen, dass sie nur Leute kriegen, die sich an einen Verhaltenskodex halten und zu den »Guten« gehören. Es hat ihnen eine gewisse Last abgenommen.

Okay, dann nur noch eine Frage. Diese Sicherheitskonferenzen schießen nun regelrecht ins Kraut. Du bist als Wegbereiter für die Organisation von Sicherheits-

konferenzen ein bekannter Name. Was sagst du dazu, dass nun allerorten diese Konferenzen hochschießen?

Jeff Moss: Ich finde das toll. DEFCON und später Black Hat gingen aus etwas unterschiedlichen Gründen an den Start. Aber eigentlich wollen wir hier wirklich für die Verbreitung von Wissen sorgen. Wenn du mal drüber nachdenkst, sind wir irgendwie so in dem Metier des Wissenstransfers. Je mehr Konferenzen es also gibt, desto mehr Wissen wird transferiert, und das ist wunderbar. So wie wir das schon angesprochen haben: Je mehr Bildung und Bewusstsein wir generieren können, desto besser ist es für alle.

Vom wirtschaftlichen Standpunkt aus betrachtet haben all diese zusätzlichen Konferenzen dem Geschäft nicht geschadet. Ich finde, das verweist auf den immensen Bedarf. Es gibt einen so großen Bedarf für diese Art Information, dass man auch Hunderte von Sicherheitskonferenzen durchführen kann, und das reicht dann immer noch nicht. Das finde ich echt klasse.

Eine andere Sache ist, dass Nachahmung die höchste Form der Anerkennung ist. Ich liebe es zu sehen, wie an Orten wie Pakistan, Afghanistan, Ägypten und sonst wo neue Konferenz gegründet werden. Ich kriege E-Mails von solchen Leuten, die sagen, sie fangen mit diesen Konferenzen an und ob ich ein paar Tipps für sie habe. Es ist wahnsinnig spannend zu sehen, was diese Konferenzen global bewirken. Die Leute sagen, ich sei hier der Pate, aber diese Ehre gebührt eigentlich dem deutschen CCC. Deren Hackerkonferenzen gibt es schon am längsten. Unterschiedliche Gruppen haben das organisiert, und es waren auch verschiedene Leute daran beteiligt, aber die Europäer haben das zuerst und am besten gemacht.

In den Staaten haben wir meiner Meinung nach dem Ganzen noch einen speziellen Touch gegeben. Ich finde das großartig. Ich liebe es, zu anderen Events zu gehen und zu sehen, womit die sich beschäftigen. Ich bin immer hungrig nach neuen Sachen, ich will sehen, wie die Leute die Dinge anders betrachten.

Ich hätte nie gedacht, dass das mal zu meinem Job wird. Das war einfach ein Hobby. Irgendwie war das so wie bei allen anderen aus der Hackerwelt. Wir haben mitgemacht, weil es spannend war und Spaß gemacht hat. Du lernst eine Menge, und plötzlich kam die Dot-Com-Blase, und auf einmal hatten wir alle Jobs. Dann wurden unsere Jobs zur Berufung.

Das ist ja wie ein Kind, das Basketball spielt und nie im Leben dran gedacht hätte, in der NBA zu landen.

Jeff Moss: Ganz genau, aber damals hatten wir noch nicht mal erkannt, dass die NBA überhaupt eine Option war! Es gab einfach überhaupt keine Jobs für Hacker. Damit ließ sich kein Geld verdienen, warum sollte man dich also einstellen? Aber sobald die Firmen sich ins Internet eingeklinkt haben und Geld reingesteckt haben, brauchten sie plötzlich jemanden, der alles absichert. Als das erstmal geschehen war, ging es bei den Jobs einfach total rund.

Als es zum Beruf wurde, meinten viele von meinen Freunden: »So ein Mist, das ist ja jetzt ein Beruf!« »Das macht keinen Spaß mehr!« »Die haben aus meinem Hobby alles Leben rausgenommen!« Also wurde Hacking dann zum Job, und sie mussten sich ein neues Hobby suchen.

Was heutzutage in der Sicherheit scheinbar fehlt, ist die Leidenschaft. Als die Leute das ohne Geld gemacht haben, haben sie gelernt, einfach um des Lernens willen. Jetzt lernen die Leute, um bezahlt zu werden. Ist nicht das Gleiche.

Jeff Moss: Nein, dann wird es zum Kochrezept. »Welche Zertifikate brauche ich?« »Welche Bücher soll ich lesen?« »Okay, ich habe alles gemacht, und nun bin ich in meinem Job gut.« Ich finde, das ist ein Symptom dafür, dass die Branche erwachsen wird.

Es gibt ein paar wirklich talentierte Leute, die keinen Abschluss oder Zertifikat haben, und genau die lassen die meisten Leute, die ich kenne, die alles ordentlich abgehakt haben, echt ganz schön im Regen stehen. Solche Stellen wie die Regierung müssen sich darum kümmern, diese Leute zu anzuwerben.

Jeff Moss: Ich finde, du hast recht. Doch wenn du solche Leute in die Regierung oder in irgendein Unternehmen bringst und die dann innerhalb der Bürokratien und so klarkommen müssen, geht deren Effektivität den Bach runter. Jetzt müssen sie Personalpapiere ausfüllen, sich mit Rechtsfragen herumschlagen, Telefonkonferenzen abhalten. Und ihre Wirksamkeit ist auf dem absteigenden Ast. Denk mal dran, wann du am effektivsten bist. Ist es dann, wenn du auf der Arbeit bist? Oder wenn du am Wochenende zu Hause sitzt und das Telefon abstellst?

Ich weiß noch, wie Leute mir sagten, dass das Wochenende die beste Zeit zum Hacken ist. Das war echt eine Binse, weil alle diese ernsthaften Administratoren zu Hause bei ihren Familien hocken. Also ist der 4. Juli und so immer die beste Gelegenheit. Wenn du älter wirst, erkennst du, dass es einen Grund gibt, dass das so eine Binsenweisheit ist – denn es stimmt. Wenn es nicht gerade so eine große Firma wie Microsoft ist, die rund um die Uhr ein SOC oder ein NOC betreibt, liegt das einfach in der Natur der Sache. Wir müssen einfach damit aufhören zu hoffen, dass irgendeine magische Lösung kommt und uns rettet. Wir müssen realisieren, dass dieses Problem mit Bewusstheit und Bildung zu tun hat und dass es auch auf Skills beruht. Es ist zum Teil politisch, zum Teil organisatorisch und zum Teil technologisch – und du kannst das Problem nicht lösen, indem du nur eines dieser Teile reparierst. Die müssen alle gleichermaßen mit ins Spiel kommen.

Das sehen wir auch mittlerweile mit immer mehr bundesstaatlichen Regulationen.

Dan Kaminsky

Wie bereits erwähnt, ist Dan Kaminsky ein Computerforscher und sehr bekannt dafür, dass er eine Schwachstelle im DNS-Protokoll aufgedeckt hat, die das ganze Internet betrifft. Wir konnten uns bei der ShmooCon 2010 mit Dan Kaminsky treffen, um ihn über seine Meinung nach der Hackerkultur zu befragen. Das ganze Interview finden Sie unter *www.dissectingthehack.com/video/dan-kaminsky-dissecting-the.*

Gibt es eine Art Doppelmoral, wenn es um Hacker geht? Man beschwert sich über Organisationen wie NSA und AT&T, die andere anzapfen und Informationen publizieren. Und dann gibt es solche Organisationen wie EFF, die Hacker verteidigen. Glaubst du, dass es eine Doppelmoral gibt, wenn Hacker offen für die Kompromittierung von Daten eintreten und die EFF das offenbar auch noch unterstützt?

Dan Kaminsky: Nein, nein, nein. Letzten Endes läuft es auf den Unterschied zwischen Fähigkeiten und Aktionen hinaus. Bei Hackern geht es im Kern darum, egal auf welcher Seite des Hackings man sich befindet, auch wenn man gar nichts mit Sicherheit zu tun hat – also beim Hacking geht es darum, den Unterschied zu sehen zwischen dem, zu was ein System in der Lage ist, und dem, was ein System von seinem Design her können soll. Nimm mal eine Gabel: Damit kannst du essen, aber du kannst sie auch als Antenne nutzen. Diese Art und Weise, Objekte zu verschieben und auch Geschaffenes zu verschieben, das ist im Kern die Hacker-Ethik. Das ist auch der Kern der Erfinderethik. Und das ist letzten Endes der Antrieb dafür, wie wir an neue Dinge kommen.

Ist das nun der Frage ganz wesensfremd, wie Gesellschaft und Strafverfolgung funktioniert? Also, letzten Endes ist es eine Frage des Könnens. So liegt das Thema auf der Hand, dass es möglich ist, alle auszuspionieren. Tatsächlich ist dies letzten Endes etwas, um das sich niemand wirklich gekümmert hat. Es gibt einen Wendepunkt, ab dem es billiger wird, alle auszuspionieren, als selektiv auszuwählen, wen du ausspionierst und wen nicht.

Das ist jetzt eine ganz neue Geschichte. Als man damals noch tatsächlich jemanden losschicken musste, damit ein Verdächtiger überwacht wird, wurde das natürlich umso teurer, je mehr Leute du überwachen willst. Jetzt ist es umgekehrt. Wegen all der technologischen Fortschritte kostet es immer mehr, je weniger Leute du beobachtest. Denn du musst ja all diese Filter haben und die ganzen Ausnahmen, also etwa »Nein, nicht die Rechtsanwälte« und »Oh, das sind die nicht-amerikanischen Bürger« und »Oh, das sind die amerikanischen Bürger.« Und wenn man Regeln festlegt, da sich nun die Technologie verändert hat, und wenn man die Regeln festlegt, wie das von den Agenten des Staates eingesetzt werden soll, stellt sich diese Debatte völlig neu.

Die Debatte darüber, was der legitime Bereich der Strafverfolgung sein soll – also sorry, meiner Meinung nach hat nichts zu tun mit etwa »So sollten sich die Leute anschauen, wozu wir fähig sind und wozu nicht«.

Willst du damit sagen, dass die technologische Seite sich völlig davon unterscheidet, wofür man etwas einsetzt und was man damit macht?

Dan Kaminsky: Ich will sagen, dass es keinen umhaut, dass man Daten protokollieren kann. Das ist kein Hack. Keiner ist überrascht und sagt: »Mein Gott, mein Telefonat kann man aufzeichnen?« Ja, genau: Telefonate kann man aufnehmen. Daran ist nichts Hackermäßiges. Es stellt sich die Frage, ob der Staat das machen sollte oder nicht. Ich will nur sagen, dass es bei der Debatte ums Belauschen um das geschriebene Gesetz der Strafverfolgung geht. Die Debatte beim Hacking läuft darauf hinaus, ob man in der Lage sein sollte zu sehen, was man mit den Sachen machen kann, also wozu sie wirklich fähig sind. Das sind einfach zwei unterschiedliche Debatten.

Man kann heute Nachmittag zu verschiedenen Vorträgen gehen, und da knacken die Leute die GSM-Verschlüsselung und solche Sachen, sie überwachen 3G. Um so etwas zu tun, muss man das Gesetz übertreten.

Dan Kaminsky: Ich will das mal so sagen: Schaut man sich die Aussage »Hey, man kann GSM cracken« mal an, dann geht es nicht darum, ob das gut oder schlecht ist. Und offen gesagt, eine Gruppe wird sagen: »Du meine Güte, GMS kann man knacken. Das ist ein Problem, und das werden wir reparieren«, eine absolut vernünftige Reaktion! Und eine andere Gruppe sagt darüber: »Hey super, das ist ja klasse! Ich kann Leute ausspionieren, und das macht total Spaß.« Keine davon hat irgendwas mit der Frage der Strafverfolgung zu tun. Die lautet nämlich: »Wie finde ich die Bösen?« Das ist eine ganz andere Szenerie.

Das eine ist: »Was kann die Technologie machen?«, und das andere: »Und was soll der Staat nun mit dieser Technologie machen?«

Ich kenne deinen Hintergrund ein wenig und wie du so bekannt geworden bist. Was würdest du Leuten empfehlen, die hier einen Fuß in die Tür kriegen wollen? Was sollen die machen? Netzwerkkenntnisse, Programmieren und so, worum sollten die sich kümmern?

Dan Kaminsky: Rumspielen, einfach rumspielen. Mit allen möglichen Geräten und Spielzeugen rumspielen. Sieh mal, überall gibt es so viel Software, so viele Systeme, so viele Hacks – ich will sagen, wir werden von Technologie doch förmlich überschwemmt. Computer, die sind doch nicht mehr bloß für Geeks. Alle arbeiten damit. Wirklich, mein bester Ratschlag lautet, lerne einfach irgendwas total leidenschaftlich. Das kann auch der Controller von einem Nintendo Wii sein. Kann auch die Firmware von einem Intel-SSD sein. Die Kernaussage von Hacking lautet: »So, das ist ja ein super Teil, und es kann X machen. Was kann man noch damit machen? Wie funktioniert das innen drin?«

Finde den Strippenzieher und freunde dich mit ihm an. Darum geht's. Mach dir keine Sorgen darum oder glaub nicht, dass schon alles gefunden wurde. Ich sage dir nämlich, das stimmt nicht. Glaub nicht, dass du die Großen nicht schlagen kannst, denn du hast wahrscheinlich mehr Zeit als sie. Die Großen sind mächtig beschäftigt, und am Ende siehst du das Ergebnis von ein paar Wochen oder Monaten Arbeit. Jeden Tag kommen neue Sachen raus. Spiel damit. Probiere aus, was du damit machen kannst.

Cool. Okay, eine Frage noch. Erzähl mal bitte was darüber, worin deiner Meinung nach die Relevanz all dieser Sicherheitskonferenzen und die Informationsweitergabe auf den Konferenzen besteht.

Dan Kaminsky: Ich finde, das ist eine sehr interessante Frage. Ich habe meine Karriere Ende der 90er Jahre begonnen. Das war das Ende einer Ära. Vom Ende der 80er bis in die 90er haben wir geglaubt zu wissen, wie Sicherheit funktioniert. Wir dachten, die Antwort liegt in der Kryptographie. Wenn man alles verschlüsselt, werden wir sicher sein. Vielleicht einen Schuss Java dazu, aber vor allem Kryptographie – angewandte Kryptographie sollte die Welt retten. Dann kam das Millennium, und wir merkten: »Mein Gott, wir liegen komplett falsch.« Überall Implementierungs-Bugs, überall Design-Bugs. Wir müssen völlig neu überdenken, wie Angriffe funktionieren, weil wir sonst zusammengeschossen werden.

Bei der Ausbreitung dieser Konferenzen geht es vor allem darum, dass alle miteinander reden. »So passieren diese Angriffe tatsächlich.« Es wurde von einer kleinen Angelegenheit, die nur wenige kannten, wirklich zu einem echten Fachgebiet. Wir sind sehr, sehr gut, wenn wir über Angriffe reden. Doch bin ich der Meinung, dass wir doch auch mehr darüber reden sollten, wie man eine Verteidigung aufbaut. Darin sind wir noch nicht so gut. Wir wissen wirklich noch nicht so viel darüber, was es eigentlich heißt, uns selbst zu schützen.

Ich war mal in einem tollen Thread, und einer meinte: »Ach, der IE ist doch echt ein mieser Browser.« Also hab ich gefragt: »Welcher ist denn gut? Jetzt sag mal, welcher Browser ist sicher?« Und natürlich bekam ich die Antwort zurück: »Naja, Telnet – du kannst einen Port telnetten.« Tja, eine Antwort in der Art wie »Schau mal, du machst Witze, aber werde dir mal klar, dass du keine vernünftige Antwort hast«. Du hast einen Hammer und dann läufst du rum und kloppst Nägel ein. Das ist auch toll, du da mit deinem Hammer, aber du musst auch ein paar Wände bauen.

Dazu noch eine Nachfrage. Was meinst du zum Thema Compliance und wohin tendiert deiner Meinung nach die Industrie?

Dan Kaminsky: Da mache ich mir Sorgen, und zwar über die Compliance. Der Grund meiner Besorgnis: Die große Herausforderung besteht darin, wie man Sicherheit operationalisiert. Wir haben da ein paar Leute, die rumlaufen und sagen, wir wissen, wie man irgendwo einbricht, und wir machen unsere Pen Tests, und wir bringen die Leute da rein, was ich als »Pen Test Hölle« bezeichne. Dann tauchen wir auf. Wir machen alles kaputt, und dann sagen wir: »Los, reparier das wieder.« Dann kommen wir nach sechs Monaten wieder. Wir machen alles kaputt und dann sagen wir: »Los, reparier das wieder.« Und das wiederholst du dann bis zum Erbrechen, bis das Budget aufgebraucht ist. Das nervt total.

Die Compliance-Leute tragen ihr Herz an der rechten Stelle. Sie versuchen, eine Serie von operationalen Regeln zu schaffen, die besagen: »Das musst du machen, damit du sicher bist.« Das Problem ist, wir glauben nicht, dass ihre Empfehlungen ausreichend konkret oder – offen gesagt – überhaupt effektiv sind. Ich möchte gerne Belege darüber sehen, ob konforme Operationen weniger gehackt werden. Solche Daten sind mir noch nicht untergekommen.

Tatsächlich ist es in unserer Branche so, dass wir es lieben, nach Gerüchten zu handeln. Aber hallo! Wir sind sehr gut dabei, Geheimnisse zu bewahren. Egal was wir aufgreifen, wir haken nicht nach oder hinterfragen das nicht oder wollen keine Hintergründe wissen, weil wir sie insgeheim sowieso herausfinden werden. Das bedeutet also, dass wir wenig Ahnung davon haben, was abläuft, und uns nicht wirklich damit auskennen, wie wir uns selbst schützen können. Also ist es genau die richtige Idee, ein Compliance-Programm zu haben. Aber eine Branche hinter sich zu lassen, die so durchdrungen ist von Gerüchten und schlechten Daten – das ist echt *garbage in, garbage out*.

Ich will damit nicht behaupten, dass irgendein spezielles Compliance-Programm schlecht wäre. Ich will damit nur sagen, dass ich mir Sorgen darüber mache, dass das, was wir haben, entweder zu vage ist, um etwas zu bewirken, oder so speziell ist, dass wir wissen, dass es eigentlich keinen Unterschied macht.

Johnny Long

Wir erwischen Johnny Long per Skype, da er in Uganda ehrenamtliche Arbeit macht. Johnny ist die treibende Kraft hinter der Google Hacking-Bewegung und hat einen Großteil seines Berufslebens als Penetrationstester zugebracht. Aktuell ist er Kopf der *Hackers for Charity* und hilft in verarmten Gegenden Afrikas bei der Umsetzung technischer Lernumgebungen und Klassenräumen.

Könntest du dich bitte zuerst einmal selbst vorstellen und sagen, wer du bist?

Johnny Long: Klar! Ich heiße Johnny Long und bin professioneller Hacker. Ich habe 15 Jahre in der Sicherheitsbranche gearbeitet und lebe momentan in Uganda in Ostafrika. Hier konzentriere ich mich auf die Arbeit von *Hackers for Charity.*

Okay, Johnny, kannst du uns beschreiben, was deiner Ansicht nach die »Hackerkultur« ist?

Johnny Long: Junge, das ist eine schwere Frage. Tja, »Hackerkultur« ist etwas, bei dem schon immer Mythen und Legenden mitschwingen. Doch etwa in den vergangenen zehn Jahren ist das tatsächlich real geworden, und zwar durch die Konferenzen und Versammlungen und solche Sachen. Da treffen sich Hacker an halböffentlichen Orten und reden offen über die Sachen, die sie so machen. Auf den ersten Blick könnten die meisten Leute glauben: »Okay, da trifft sich also ein Haufen Krimineller und redet darüber, wie sie Verbrechen begehen.« Doch Hacking ist vor allem etwas Mentales, eine Geisteshaltung. Da nimmt man sich ein Problem vor und lässt sich kreative Lösungen dafür einfallen. Man beschäftigt sich mit einer Technologie und findet schlaue Wege heraus, wie man sie nutzen kann, und zufällig geht es dabei vor allem um Sicherheit, weißt du, denn Sicherheit ist der Gipfel oder zumindest eines der Top Level von Technologie, wo die Dinge wirklich komplex und schwierig werden. Und bei der Hackermentalität geht es darum, all diese wirklich schwierigen Sachen herauszufinden.

Also besteht diese Kultur in Wirklichkeit aus einer Ansammlung wirklich schlauer Köpfe, die aus vielen verschiedenen Disziplinen kommen. Da gibt es Programmierer, Netzwerkfachleute, alle möglichen verschiedenen Disziplinen kommen zusammen und haben interessanterweise eine Menge darüber erzählen, was sie alles wissen. Eine wirklich coole Sache bei der Hackerkultur ist Folgendes: Wenn du wirklich bereit bist, zu recherchieren und Handbücher zu lesen und dich richtig in eine Sache reinzuknien, um Sachen herauszufinden, dann gibt es eine Menge Leute, die dir beim nächsten Schritt helfen, solange du bereit bist, selbst nachzuforschen und zu recherchieren. Also eine wirklich erstaunlich offene Gruppe von Menschen aus aller Welt, die sich nicht um geografische Grenzen schert. Alle teilen die Liebe zur Technologie und haben Lust, sich mit deren schwierigsten Problemen zu beschäftigen.

Danke, eine gute Erklärung. Okay, als Nächstes möchte ich dich bitten, den Unterschied zwischen »White Hats«, »Black Hats« und »Grey Hats« zu erklären.

Johnny Long: (lacht) Das erkläre ich, so gut ich kann. Ich meine, ich selbst habe da ein wenig den Überblick verloren. Okay, also zumindest theoretisch reicht das mit dem White Hat in die Zeit zurück, als es noch Schwarzweißfilme gab. Da konnte man den Protagonisten und seinen Gegenspieler, also den Guten und den Bösen, an der Farbe der Hüte erkennen. Bevor die Filme eine Tonspur bekamen, gab es ja auch dunkle Charaktere, und die waren ganz in Schwarz gekleidet, also das waren die Bösewichte. Der Held war weiß gekleidet, daran konntest du die beiden unterscheiden. Und dann gab es noch die kitschige Pianomusik, die einem dabei geholfen hat herauszufinden, wer auf welche Seite gehört. Also noch ein Überbleibsel aus diesen Tagen.

Also betrachtet man die Black Hats als Bösewichte und White Hats als die Guten. Doch technisch gesprochen wird generell akzeptiert, jemanden so zu nennen, der an der Computersicherheit arbeitet, egal ob das Pen Tests sind oder Reverse Engineering und all diese Sachen. Die White Hats machen das jedenfalls professionell. Die kriegen Lohn dafür, solche Arbeit zu machen. Aber sie bringen auch diese Vertrauensbasis mit, da sie für Unternehmen gearbeitet haben. Sie haben sich das Vertrauen einer Kundenbasis erarbeitet und können anhand von Arbeitsergebnissen belegen, dass sie diese Sachen ethisch machen.

Die Black Hats andererseits verdienen in manchen Fällen auch Geld, aber ihre Motive sind oft ganz anders. Entweder haben sie rein böse Motive und wollen Schaden anrichten oder sie legen es darauf an, in Systeme reinzukommen, wo sie nichts zu suchen haben und aus deren Beschädigung sie selbst auch keinen Vorteil ziehen. Sie haben jedenfalls keine Erlaubnis vom Ziel dafür bekommen. Also gibt es diese Unterscheidungslinie, und die läuft letzten Endes auf die jeweils eigenen Motive hinaus.

Wenn dein Motiv ist, ein System absichern zu helfen, dann betrachtet man dich als White Hat. Wenn dein Motiv Neugier ist und du einfach etwas erforschen willst, wenn du es also nicht machst, um das Problem zu beheben, sondern Teil des Problems bist, dann kriegst du generell das Etikett Black Hat.

Nun wird es aber ganz schön kompliziert, wenn du einen Typen hast, der sein Leben lang nur White Hat gewesen ist und nichts anderes als Pen-Tests gemacht hat. Aber dann übertritt er vielleicht für einen Auftrag eine Grenze oder er ärgert sich über irgendwas oder macht etwas, das böswillig ist, oder nutzt seine Macht für etwas Böses aus – was ist das denn für einer? Manche würden sagen, dass wir eine andere Klassifikation brauchen, weil das eher ein »Grey Hat« ist. Doch meist ist man Weiß mit ein bisschen Schwarz drin. Das Ganze muss wirklich mal ausführlich ausdiskutiert werden. Um mal 'nen ganz lahmen Joke zu machen: Es gibt nichts Schwarzes im Weißen. Es gibt keine klare Grenze. Das sind wirklich nur die Ansichten der Leute. Leider trifft manchmal die Hacking-Community die Entscheidung für dich.

Schau dir einen wie Dan Kaminsky an. Der ist sein ganzes Leben schon Profi und hat für viele Unternehmen legitime Sicherheitsarbeit geleistet. Dann kriegt er bei einer Sache, die er veröffentlicht hat, ordentlich Dresche dafür, wie er mit dem Problem umgeht, das er entdeckt hat. Plötzlich kriegt er die ganze Schuld, er wird an den Pranger gestellt, und man schimpft ihn einen Black Hat und solche Sachen. Da ist das letzte Wort noch nicht gesprochen.

Okay, jetzt in diesem Zusammenhang noch eben eine weitere Frage. Glaubst du, dass die Hacker-Community als böse wahrgenommen wird, weil scheinbar viele so tun, als wären sie Black Hats, auch wenn sie White Hats sind? Es scheint, als ob alle irgendwie gerne die Rolle des Gesetzlosen spielen wollen. Kannst du was dazu sagen?

Johnny Long: Ich glaube, hier kommen mehrere Fragen zusammen. Das Erste, was du hier ansprichst, wäre: »Wie wird man von außen wahrgenommen?« Meiner Ansicht nach ist die Außenwahrnehmung das, was die Medien produzieren. Die Hacking-Community ist im Wesentlichen ein Haufen Krimineller, eine Truppe Black Hats. Von denen kann nichts Gutes kommen. Das sind nur Leute, die mit deiner Kreditauskunft herumdaddeln, dir Sachen klauen und Viren anhängen. Also so ist meiner Meinung nach durch die Bank die Wahrnehmung. Sprich mit jemandem und du merkst, welch ein negativer Beiklang erscheint, wenn du über Hacker und die Community redest.

Also, das zum ersten Teil deiner Frage. Beim zweiten geht's darum, wenn du anfängst, über diese Gesetzlosenrolle zu reden, und die Leute, die diese Skills haben, die wollen als Überläufer wahrgenommen werden oder so was. Ich finde, das ist geht ziemlich in Ordnung. Das kann man nicht so einfach grob skizzieren, aber ich glaube, Hacking ist so eine ganz mysteriöse Geschichte. Vor zwanzig Jahren waren Computer irgendwie so ein bisschen von Magie umgeben. Und wenn du damals irgendeine Programmiersprache kanntest, dann wurdest du absolut wie eine Art Zauberer betrachtet. Tja, das war vor zwanzig Jahren, und heutzutage schaut man auf so echte Highend-Sachen wie Sicherheitsarbeit auf genau die gleiche Weise. Ganz viele Leute sehen den Hacker und finden ihn sehr mysteriös. Im Bestreben, irgendwie auch dieser Rolle gerecht zu werden, wenn es darum geht, dass du in diesem Spiel mitspielst, weil du jemand Mysteriöses sein willst, der irgendwie »Superkräfte« hat, dann machst du schon solch versponnenen Sachen, damit du wie ein Gesetzloser oder Außenseiter wirkst oder wie so ein Zauberkünstler, der ein paar Tricks aus dem Ärmel schüttelt. Aber ich finde, das hängt damit zusammen, was du selbst ins Geschäft mitbringst. Legst du es auf solche Geschichten an, dann wirst du dir auch eine Umgebung schaffen, die sehr danach aussieht.

Du bist ja auf einer Menge Sicherheitskonferenzen gewesen, hast bei unzähligen Konferenzen Vorträge und so gehalten. Aus der Perspektive einer Organisation, des Managements oder auch aus der Perspektive einer Person, die die Sicherheit zu erlernen versucht, kannst du uns bitte sagen, welche Vorteile so eine Sicherheitskonferenz bringt?

Johnny Long: Die Konferenzen heutzutage sind eine zweischneidige Sache. Redet man in Verallgemeinerungen darüber, dann haben die meisten Konferenzen eine gemischte Teilnehmergruppe. Es gibt ein paar Konferenzen, die sich speziell dem einen oder einem anderen Thema widmen. Schau dir mal die Cyber Crime Conference an, die vom DoD, dem amerikanischen Verteidigungsministerium, durchgeführt wird, und das sind vor allem Gute. Wenn du dann zu einigen kleineren, weniger bekannten Konferenzen kommst, merkst du, dass da vor allem Black Hats auftauchen. Aber generell mischt sich das alles. Wenn du also zu so einer Konferenz gehst, bekommst du vor allem eine Ahnung von dieser Kultur, so einen Vorgeschmack. Wenn du zu etwas wie DEFCON in Vegas gehst, dann ist das definitiv eine ziemlich bunte Mischung. Der weitaus größte Teil der Vorträge da wurde früher von Black Hats gehalten. Heute hörst du Vorträge von Leuten, die fürs DoD arbeiten, also FBI-Agenten. Da gibt es dann auch das Forum »Meet the Fed«. Aber da gibt es auch Leute, die sind ein bisschen mysteriöser. Vielleicht Grey Hats. Und definitiv Black Hats. Was wirst du also sehen? Du kriegst einen Eindruck, so einen Vorgeschmack auf die Kultur, wie es so ist, wenn Black Hats und White Hats zusammenkommen. Du schnappst die Fachsprache auf. Aber das Wichtigste überhaupt ist, wenn du dich in jede Spur begibst, dann lernst du die Sicherheit von beiden Seiten her kennen. Du lernst Angriffe und auch Verteidigung. Wenn du vieles von den Curricula am College durchläufst, sorgt das eher weniger für Ausgewogenheit. Und jeder, der irgendwas über Kriegsführung weiß, da kannst du bis zu solch erstaunlichen Büchern wie *Die Kunst des Krieges* zurückgehen, also du musst verstehen, wie Angriff und Verteidigung funktionieren. Damit dir ein richtig guter Angriff gelingt, musst du eine richtig gute Verteidigung hinkriegen. Wenn du an den Punkt kommst, die Kunst des Krieges zu meistern, da verschmelzen Angriff und Verteidigung. Es gibt da wirklich keinen Unterschied. Das ist oft so bei der Computersicherheit. Wenn du nur die Aspekte der Verteidigung studierst, ohne dich mit den Angriffsvektoren zu beschäftigen, begreifst du die Sicherheit nicht vollständig. Dann gehst du in deinem Job mit Pauken und Trompeten baden, weil du einfach nicht kapiert hast, zu was die Bösen fähig sind. Auf Konferenzen hast du die Chance, dich auf beiden Seiten des Zauns umzutun – um die Kultur kennenzulernen. Dort kannst du etwas Zukunftsluft schnuppern. Die Leute auf diesen Konferenzen sind die Zukunft, im Guten wie im Bösen. Das Durchschnittsalter der Besucher ist ziemlich niedrig. Die meisten sind aufstrebende Talente in der Branche. Da bekommst du die Chance, mit ihnen in Kontakt zu kommen und auf persönlicher Ebene mit ihnen zu sprechen.

Du hast ja vorhin davon gesprochen, dass man sich auf eigene Faust informieren soll und dass es Leute gibt, die einem dabei helfen wollen. Wenn du jemandem einen Ratschlag geben solltest, wo er in der Sicherheit anfangen sollte, was würdest du sagen? Soll er offensiv oder defensiv anfangen?

Kapitel 6

Johnny Long: Also zuerst mal fragst du hier einen, der seine Karriere in der Offensive gelebt hat. Wenn du also beim Fußball den Stürmer fragst, wo es langgeht, dann lautet die Antwort natürlich klar »Angriff«. Bei mir, und da will ich ganz ehrlich zu dir sein, liegen die Skills in der offensiven Seite. Ich kann eine Firewall konfigurieren und auch ein paar Verteidigungsmaßnahmen einrichten. Aber um ganz ehrlich zu sein, wenn das echt ernsthaft laufen soll und wirklich wichtig ist, dann hole ich mir jemanden, der sich wirklich bei der Verteidigung auskennt. Bei mir liegt der Reiz im Angriff. Ganz viele finden das auch ganz schön sexy. Doch wie es momentan in der Branche aussieht, gibt es ganz viele Spezialisierungen. Du musst als Erstes herausfinden, was dir Spaß macht. Manche Leute romantisieren den ganzen offensiven Kram wirklich. Sie haben Filme und so gesehen und glauben nun, dass der offensive Hackerkram wirklich super sexy ist, und schlagen diesen Weg ein. Dann merken sie so nach zehn Jahren in dieser Richtung: »Das ist doch nicht so ganz das, für was ich es gehalten habe.« Viele lange Stunden sitzt du da vor deinem Computer und verbringst Wochen und Monate mit der Arbeit an einem Problem, und dann kommt es zum Showdown, und der dauert dann gerade mal zehn Minuten. Das ist kein konstanter Adrenalinschub.

Du musst wirklich Zeit dafür aufwenden herauszufinden, was du liebst. Ich kann programmieren, so ein bisschen – wenn man das so nennen will. Wer sich dann vielleicht meinen Code anschaut, hätte daran berechtigte Zweifel. Mir macht es keinen Spaß, und das sieht man meiner Arbeit an. Ich werde echt bösartig, wenn ich programmiere, weil ich das absolut hasse. Ich bin nicht aus dem Holz geschnitzt, aus dem Programmierer sind. Manche leben und atmen das wirklich. Die gehen einkaufen, und wenn sie dann an der Kasse stehen, formulieren sie im Kopf eine Routine, vielleicht irgendeinen Pseudo-Code, wie man den Fortgang in der Warteschlange optimieren kann und wie man da Fehlerkorrekturen einbaut. Solchen Mist haben die im Kopf, so sind die einfach gestrickt.

Also musst du einfach ein bisschen Zeit damit zubringen und dich mit unterschiedlichen Dingen beschäftigen. Da muss man einfach auch mal nur rumdaddeln. Du musst mit ein paar Technologien herumspielen. Auch ein paar Einführungskurse muss man da mal machen, so was in der Art – vielleicht über Organisationen wie SANS, die echt gute Schulungen machen, und dabei lernst du dann eine Menge unterschiedlicher Technologien in dieser Disziplin kennen. Dann musst du alles auch noch etwas eingrenzen.

Die Grenzlinie verläuft nicht mehr wirklich nur zwischen Offensive und Defensive. Das vermischt sich immer mehr. Mein bester Ratschlag ist zu arbeiten. Wir arbeiten, um zu leben. Wir leben nicht, um zu arbeiten. Also musst du letzten Endes was finden, was dir wirklich Spaß macht. Wenn du dich dann auf diesen Weg machst, solltest du dich fragen: »Wenn's dafür kein Geld gäbe, würde ich es trotzdem machen?« Kannst du das mit Ja beantworten, hast du wahrscheinlich genau den richtigen Aufgabenbereich gefunden.

So, das war es eigentlich, was ich besprechen wollte.

Johnny Long: Okay, Marcus, vielen Dank, hat Spaß gemacht, mit dir zu reden.

Wie läuft's übrigens mit dem Internetcafé?

Johnny Long: Oh Mann, ein echt irrer Ort. Das neue Gebäude, wie ich schon gepostet habe, ist so, als ginge man ins Mittelalter. Das wird absolut unbeschreiblich. Wir haben hier das Potenzial, eine ganze Menge Geld zu verdienen und für ein Einkommen zu sorgen, um unsere Arbeit hier finanziell zu unterstützen. Aber ich will ehrlich zu dir sein: Als wir hier den Scheck für die sechs Monate Miete für die Räume ausgestellt haben, hat uns das fast total ruiniert. Momentan arbeiten wir mit dem allerbesten Glauben daran, dass es sich um den richtigen Weg handelt. Ich habe wirklich das Gefühl, dass wir aus vielen verschiedenen Gründen hierher geführt wurden. Keine Firma hatte ein Auge auf dieses Objekt geworfen. Wir bekamen es auf einem silbernen Tablett serviert, und das für deutlich weniger, als was man für viele andere Gebäude in dieser Gegend auf den Tisch legen muss. Ich bin sehr zuversichtlich, dass wir in die richtige Richtung gehen, aber mein Konto sieht das momentan total anders. Das werden einige interessante Monate. Ich bin total gespannt. Das ist ein bisschen so wie in einer Start-up-Firma, alles total basic und richtig von Grund auf.

Mehr Infos über diesen letzten Teil des Gesprächs mit Johnny erfahren Sie auf seiner Website *Hackers for Charity*. Dort finden Sie auch Bilder des Internetcafés, das sie in Uganda gegründet haben und mit dem sie ihre Arbeit finanzieren (*www.hackersforcharity.org/long-journey/buy-a-piece-of-the-hfc-internet-cafe/*).

Marcus Ranum

Marcus Ranum ist Sicherheitsforscher und aktuell bei Tenable Network Security als deren Chief Security Officer angestellt. Ranum blickt auf eine lange Karriere in der Informationssicherheitsbranche zurück, in der er u.a. die ursprüngliche Website whitehouse.gov mit der dazugehörigen Infrastruktur aufgebaut hat.[21]

Wie reagierst du auf diese Situation Google gegen China?

Marcus J. Ranum: Ich bin über einige der Behauptungen verblüfft, die in Zusammenhang mit Google gegen China gemacht werden. Ich habe gerade

Gerald Posners Artikel auf der Website »The Daily Beast« darüber gelesen, und ich halte Posner allgemein für einen soliden und überlegten Journalisten. Ich glaube, ich lese hier nichts zwischen den Zeilen heraus, wenn ich sage, dass er bei einigen der aufgestellten Behauptungen auch ein wenig skeptisch zu sein scheint. Da behauptet z.B. laut Posner das FBI, dass die chinesische Regierung eine Armee mit 180.000 Cyberspionen führt. Ich finde diese Behauptung buchstäblich surreal.

Zuallererst stammt diese Behauptung vermutlich von einem höheren FBI-Agenten und basiert auf einem vertraulichen Bericht. Das würde bedeuten, dass jemand ganz bewusst vertrauliche Unterlagen an die Presse lanciert – aber das ist schlichtweg lachhaft. Wie berechnen die überhaupt die Anzahl von Cyberspionen? Wurde dafür die Anzahl der chinesischen IP-Adressen zusammengezählt, die bei einer Site der US-Regierung aufgeschlagen sind? Die Zahl 180.000 steht in keinem Verhältnis zu allem, was meines Erachtens ein Sicherheitsexperte erwarten würde.

Wenn du dich für China um die Cyberkrieg-Operationen kümmern müsstest, wie groß wäre dann deine Streitmacht idealerweise? Ich würde sagen, maximal vielleicht 400 Leute. Und das wären hauptsächlich Leute, die sich um Forschung und Entwicklung kümmern, ohne die Analytiker vom Geheimdienst mitzuzählen, die Daten durchsieben. Wenn man die noch hinzunimmt, kommt man vielleicht auf Tausend Leute, oder? Wenn das FBI nun 180.000 Leute ausmacht, dann müssen die wirklich irgendwas von dem Zeug geraucht haben, was da auf den Boote in Miami konfisziert wird.

Die Behauptungen unserer Regierung über chinesische Cyberangriffe sind durchweg unglaubhaft und sensationsheischend. Da wird zum Beispiel von 90.000 »identifizierbaren Angriffen« gesprochen, die aus China stammen sollen. Abhängig davon, wie das gezählt wird, sind das entweder ein Haufen Nessus-Scans oder eine große, lärmende Herde von Script Kiddies.

Meiner Meinung nach geschieht da gerade genau das: Wir haben es mit einer großen, lauten Meute von Script Kiddies zu tun. In China werden Leute wegen Hacking hingerichtet. Ich tippe mal, dass die typischen chinesischen Script Kiddies ihre Aufmerksamkeit auf irgendwas anderes richten werden als die Systeme der eigenen Regierung. Wenn man bedenkt, dass die chinesische Internetbevölkerung jetzt größer ist als die der USA, müssen wir davon ausgehen, dass darunter rein prozentual auch eine Herde von Script Kiddies ist, die ganz schön Krach machen, aber im Grunde absolut chaotisch sind. Die wissen, dass es

1. für sie eine sichere Nummer ist, es auf Rechner der US-Regierung anzulegen,
2. für sie sicherlich besser ist, die Finger davon zu lassen, Rechner der chinesischen Regierung anzuticken.

Genau, ich gehe also davon aus, dass es eine Bedrohung gibt, aber wahrscheinlich sieht auch die chinesische Regierung keinen Anlass, diese Idioten, die bloß ihren Kick suchen, davon abzuhalten, auf unsere Kosten Spaß zu haben, insbesondere weil es für die Regierung natürlich auch nicht einfach und vor allem kostspielig wäre, sie auszubremsen.

Der Teil der ganzen Geschichte, wo ich sehr skeptisch bin, ist das mit den »ausgefeilten und gezielten Angriffen«. Wenn man bedenkt, wie wenig sich unsere Regierung bisher historisch über die Computersicherheit bewusst gewesen ist, dann tippe ich mal, dass für unsere Leute da oben alle fortgeschritteneren Script Kiddies gleich schwer nach Robo-Cyber-Ninja-Todesschwadron aussehen. Ich glaube, es geht bei dieser ganzen Aufregung vor allem darum, dass da Leute für einen größeren Etat bei der Cyberverteidigung die Hand aufhalten wollen. Das ist bedauerlich, denn was bisher so gelaufen ist, war reine Geldverschwendung.

Glaubst du, dass es an einem Versagen auf Seiten der Software- und Security-Hersteller liegt, dass die Sicherheits-Compliance so betont wird? Wofür geben die ihr Geld als Nächstes aus?

Marcus J. Ranum: Ich bin wirklich der Meinung, dass die Betonung der Security-Compliance an einem Versagen auf Leitungsebene liegt. Du weißt genauso wie ich, dass die Techniken und Tools, die eine gute Sicherheit bringen, nicht teuer sind, dass man sie überall kriegen kann und dass sie seit langer Zeit schon sehr gut verstanden werden. Sie wurden einfach noch nicht effektiv eingesetzt, und die Schuld daran findet sich eindeutig in der Leitungsetage. Das sind die Leute, die erlauben, dass Flash-App-Streams durch die Firewall dürfen, der aktive Content, der herunterladbare Code, das mobile Blablabla – du verstehst, worauf ich hinaus will.

Ich fürchte, dass nun gerade die Leute Geld kriegen, die für das aktuelle Desaster verantwortlich sind. Das führt natürlich zu einem größeren, schlimmeren Desaster.

Auf welche Weise kommuniziert man das Risiko am besten an die Leitungsebene? Wer sollte ihnen das sagen? Das wirkt so wie bei Henne und Ei.

Marcus J. Ranum: Darauf habe ich keine Antwort. Ernsthaft, es scheint genauso zu sein, wie du es sagst: Henne oder Ei. Ich hoffe jedenfalls, dass ich es noch erleben werde, dass die momentane Generation der Führungskräfte (also die, die Golf statt *World of Warcraft* spielen und die Gartner-Berichte statt Dr Dobbs lesen) den Löffel abgeben muss. Ich will damit nicht vorschlagen, dass wir die jetzt abmurksen sollen, aber die müssen sich aus der Belegschaft herausentwickeln, bevor es die Chance zu weiteren Fortschritten gibt. Die neue Generation der technischen Manager, mit denen ich arbeite, ist mit dem Wissen aufgewachsen, dass es ein Problem ist, wenn man Passwörter raten kann, dass Social Engineering eine Bedrohung ist usw. Also werden uns die Zeit und die Evolution sehr helfen.

Ich habe das nie so richtig als kulturelle Geschichte betrachtet. Glaubst du, dass sicheres Programmieren ebenfalls eine kulturelle Angelegenheit ist? Müssen wir warten, bis der alte Code weg ist, anstatt ihn zu patchen?

Marcus J. Ranum: Letzten Endes ist das Problem, dass von unseren Führungskräften erwartet wird, kluge Entscheidungen zu treffen, die aber auf unvollständigen Informationen beruhen. Das ist ihr Job. Also freuen sie sich über so einen Code-Knecht, der ihnen sagt: »Hey, Web 2.0 Cloud-Mashups sind das Allerschärfste!«. Dann schießen sie aus der Hüfte und folgen ihm mit ihrer Entscheidung. Ich erkläre für gewöhnlich also, dass mir klar ist, dass genau darin ihre Stärken liegen, aber dass das auch eine Schwäche ist, und dass sie lernen müssen, über die Versprechen der neuen Technologien etwas skeptischer zu sein, und dass sie nicht davon ausgehen können, bei bestimmten Sachen sei absolut kein Risiko enthalten. Die erinnere ich dann immer gerne daran, dass diese neophilen Experten behauptet haben, Wireless Computing hätte keine Chance, weil das FDDI (Fiber Distributed Data Interface) viel, viel besser wird. Am besten bringt man die Führungskräfte dazu, über diese Sachen nachzudenken, aber nicht, indem man ihnen Vorträge hält, sondern indem man vorsichtig die Basis in Frage stellt, von der sie glauben, dass sie davon Ahnung haben. Wenn es gute Manager sind, wird es sie anregen, ein bisschen zu recherchieren. Wenn es schlechte Manager sind, werden sie ihre Entscheidungen basierend auf dem treffen, was Gartner sagt, und alle stecken knietief im Schlamassel.

Die Programmierpraxis muss sich dramatisch ändern. Momentan sehe ich allerdings nur, dass alle Veränderungen uns in die falsche Richtung bringen. Und die Bewegung in die falsche Richtung nimmt an Tempo zu.

Ich will das mal anhand eines Beispiels erläutern: Nehmen wir an, du bist CTO einer Firma, die Software entwickeln wird, auf die dein Geschäft angewiesen ist. Okay? Du setzt dein gesamtes Geld darauf und deine Karriere obendrein.

So, jetzt kommen Leute und sagen, sie wollen diese Applikation programmieren, und zwar in einer Umgebung, in der es so etwas wie einen »Debugger« nicht gibt, aber die einzige Möglichkeit, wie Programmierer den Code analysieren können, ist, wenn sie ihn solange mit einem Löffel malträtieren, bis er nicht mehr abstürzt. Das ist das Programmiermodell von Web 2.0: Es verfügt weder über eine Komponente für die Software-Zuverlässigkeit, sondern es ist auch noch unmöglich, so was zu erstellen, denn der Code wird überall verteilt ausgeführt, und es gibt nicht einmal mehr irgendeine Grenze zwischen Daten und Ausführungsstatus.

Es ist absoluter, totaler Wahnsinn, aber alle brüllen »Hurra, Hurra!« und springen auf den Zug, der immer schneller in Richtung Abgrund rast.

Letzte Frage: Bitte gib uns noch mal Tipps darüber, was jemand, der neu in der Informationssicherheit ist, im Allgemeinen wissen sollte. Besser gesagt: Wenn du jetzt ein Curriculum erstellen solltest, was würde darin drinstehen?

Marcus J. Ranum: Mein ideales Curriculum für Informationssicherheit wäre eine Zusammenstellung von Netzwerkmanagement, militärischer Strategie und Betriebswirtschaft. Ernsthaft – das sind die Skills, die gebraucht werden. Du musst technisch einfach Ahnung haben, damit du von Anbietern, Programmieren und Kollegen nicht vorgeführt werden kannst, und das musst du dann mit Wissen übers Management kombinieren, damit du das Organigramm so gut durchschaust, dass du die richtigen Druckpunkte finden kannst.

Anders gesagt: Du musst ein Musashi mit TCP/IP-Skills sein und das persönliche Geschick haben, das Musashi eindeutig gefehlt hat, um deine Feinde davon zu überzeugen, dass du recht hast, ohne dein Schwert ziehen zu müssen.

> ### Anmerkung
> Miyamoto Musashi war ein berühmter japanischer Samurai und wird als einer der größten Krieger der Geschichte betrachtet.[22]

Meines Erachtens ist ein rein technischer Weg der beste, um anzufangen. Wenn du technisch nicht so bewandert bist, um bei den Geeks gegenhalten zu können, kannst du dich nicht behaupten, und die verfrühstücken dich. Du musst beispielsweise genug Ahnung haben, falls jemand versucht, deinen Chef davon zu überzeugen, dass man besser mit irgendeinem Shovelware-Framework entwickeln sollte. Dann musst du gleich vor allen Leuten da die Luft rauslassen können. Denn anderenfalls fällt die Entscheidung ohne dich, und deine ganze Laufbahn besteht nur noch aus Rückzugsgefechten.

ZUSAMMENFASSUNG

Wie wir in diesem Kapitel erfahren haben, besteht die Hacking-Community nicht nur aus den guten und den bösen Leuten. Viele der daran Beteiligten sind keine bösartigen Schurken. Vielmehr gibt es da viele sehr wissbegierige Forscher, die die Grenzen weiter verschieben wollen, um das digitale Kapital der Zukunft besser zu schützen. Eine defensive Sicherheitseinstellung ist nur die halbe Miete. Große Sicherheit kommt daher, dass man weiß, welche Schwachstellen in einem System existieren und wie sie von einem Angreifer ausgebeutet werden können. Doch was ermutigt diese Angreifer letzten Endes, unsere Systeme anzugreifen? Viele Angriffe erfolgen allerdings aus bösen Beweggründen, aber manchmal werden sie einfach aus reiner Neugier durchgeführt. Wenn man verstanden hat, welches Produkt die eigene Firma entwickelt, welche Informationen darin gespeichert sind und welchen Wert das für einen Angreifer von außen haben kann, hilft das, eine bessere Verteidigung gegen Angriffe aufzubauen.

Aber Sie brauchen hier allerdings nicht nur unseren Worten Glauben schenken. Wir haben Experten aus der Branche Informationssicherheit versammelt, damit Sie deren Meinung über den aktuellen Stand in der Hacker-Community und Kultur kennenlernen können. Wenn Sie ihre verschiedenen Standpunkte kennen und verstehen, können Sie sich ein besseres Bild davon machen, wie ein typischer Hacker ist und wonach er strebt.

Für weitere Informationen über die Hackerkultur laden wir Sie ein, die Site *www.dissectingthehack.com* zu besuchen. Dort können Sie online mitdiskutieren und sich Videoaufzeichnungen der Interviews anschauen, die exklusiv für dieses Buch gemacht wurden.

QUELLEN

1. Davis J, Secret Geek A-Team Hacks Back, Defends Worldwide Web, Wired, www.wired.com/techbiz/people/magazine/16-12/ff_kaminsky; 2008 [Stand 21.03.10].

2. Steve F. An Illustrated Guide to the Kaminsky DNS Vulnerability, www.unixwiz.net/techtips/iguide-kaminsky-dns-vuln.html; 2008 [Stand 21.03.10].

3. Zetter K, Details of DNS Flaw Leaked, Wired, www.wired.com/threatlevel/2008/07/details-of-dns/; 2008 [Stand 21.03.10].

4. Watson PA. SLIPPING IN THE WINDOW: TCP RESET ATTACKS, www.osvdb.org/ref/04/04030-SlippingInTheWindow_v1.0.doc; 2003 [Stand 21.03.10].

5. US-CERT. Technical Cyber Security Alert TA04-111A Vulnerabilities in TCP, www.us-cert.gov/cas/techalerts/TA04-111A.html; 2004 [Stand 21.03.10].

6. Lemos R, CNet News. Net's 'savior' sets the record straight, http://news.cnet.com/2100-7355-5198853.html; 2004 [Stand 21.03.10].

7. Phrack. SIGINT Confidential Report on GOBBLES, Issue #58, www.phrack.com/issues.html?issue=58&id=3; 2001 [Stand 20.03.10].

8. GOBBLES Security Advisories, Attrition.org, http://attrition.org/security/advisory/gobbles/; 2010 [Stand 20.03.10].

9. Orlowski A, The Register. Is the RIAA »hacking you back«? www.theregister.co.uk/2003/01/14/is_the_riaa_hacking_you/; 2003 [Stand 21.03.10].

10. McWilliams B, Hackers Humble Security Experts, Wired, www.wired.com/techbiz/it/news/2003/01/57229; 2003 [Stand 21.03.10].

11. Neal K, Hacker Factor. I am who I am, www.hackerfactor.com/blog/index.php?/archives/2006/11/01.html; 2006 [Stand 20.03.10].

12. Hacker Factor Solutions. Who is 'n3td3v'? www.hackerfactor.com/papers/who_is_n3td3v.pdf; 2006 [Stand 20.03.10].

13. Kaibelf. Impersonation is a against the law. Full Disclosure mailing list, lists.grok.org.uk/pipermail/full-disclosure/2009-November/071521.html; 2009 [Stand 20.03.10].

14. Colbert Shows Off His iPad At The Grammys, Mocks Jay-Z, Huffington Post, www.huffingtonpost.com/2010/02/01/stehen-colbert-ipad-at-gr_n_444210.html; 2010 [Stand 21.03.10].

15. McCarthy C, CNet News. Colbert speaks, America follows: All hail Wikiality! http://news.cnet.com/8301-10784_3-6100754-7.html; 2006 [Stand 21.03.10].

16. Bridges of Budapest. Megyeri Bridge, www.bridgesofbudapest.com/bridge/megyeri_bridge; 2010 [Stand 29.03.10].

17. Jake C. NASA: Colbert name on treadmill, not room, Associated Press, MSNBC, www.msnbc.msn.com/id/30217550/; 2009 [Stand 29.03.10].

18. Toralv D, McAffee Labs Blog. Here Be Dragons: The 26th Chaos Communications Congress, Part 1, www.avertlabs.com/research/blog/index.php/2009/12/29/here-be-dragons-the-26th-chaos-communication-congress-26c3-part-1/; 2009 [Stand 22.03.10].

19. Michael M, Foreign Policy Journal. Brazil's Next Battlefield: Cyberspace, www.foreignpolicyjournal.com/2009/11/15/brazils-next-battlefield-cyberspace/; 2009 [Stand 29.03.10].

20. Lingefors E, Reliant Security. Defcon 17, Eiwe Lingefors, http://blog.reliantsec.net/2009/08/defcon-17/; 2009 [Stand 29.03.10].

21. Who's Who in Infosec: Marcus Ranum, SearchSecurity.com, http://searchsecurity.techtarget.com/news/article/0,289142,sid14_gci906598,00.html; 2003 [Stand 29.03.10].

22. Daniel D. One of the Greatest Warriors in History, www.danieldimarzio.com/miyamotomusashi.htm; 2010 [Stand 29.03.10].

Kapitel 7

Bit Bucket

Im Verlauf unserer Story haben wir eine ganze Reihe obskure Kommentare versteckt, um die Leser zum Suchen zu animieren. Einige offensichtliche »Easter Eggs« stellen wir in diesem Kapitel näher vor. In der Computerwelt ist das »Bit Bucket« der Ort, in den verlorene Daten verschwinden – so eine Art »runde Ablage«, ein virtuelles Jenseits für alle Computerdaten, manchmal auch als »/dev/null« bekannt. In anderen Zusammenhängen ist damit ein Auffangbecken für alle Daten gemeint, die in keine definierte Kategorie passen. In unserer Story haben wir mit echten Beispielen von echten Menschen gearbeitet, um zu zeigen, wie die sich hier entfaltenden Ereignisse tatsächlich passieren können.

Mit dem Begriff *Easter Egg* (Osterei) sind versteckte Überraschungen gemeint, die aufmerksamen Lesern vielleicht nach näherer Untersuchung eines Buches, Bildes oder Videos auffallen. Easter Eggs kommen in vielen Storys, Fernsehserien, Filmen und Videospielen vor, mit denen wir uns im Alltag beschäftigen, obwohl wir das vielleicht gar nicht realisieren. Damit Sie eine Vorstellung bekommen, was Ihnen vielleicht entgeht, schauen Sie doch mal beim Easter Egg Archive unter *www.eeggs.com* vorbei. Wir haben in unserer Story viele Bezüge auf Prominente und bemerkenswerte Ereignisse aus der Welt der Informationssicherheit und auch auf populäre kulturelle Symbole gemacht. Ein aufmerksamer Leser wird so manche dieser Anspielungen in unserer Story bemerkt haben. Diese Kapitel untersucht einige dieser unbedeutenderen Themen und Easter Eggs, damit Sie noch eher die Zusammenhänge verstehen, worum es sich dabei handelt und wie diese mit unserer Story verbunden sind. Obwohl wir hier einige Easter Eggs vorstellen, decken wir doch nicht alles auf. Den Rest müssen Sie in der Story und auch auf der begleitenden Website unter *www.dissectingthehack.com* schon selbst finden.

VERBORGENE GERÄTE

Anatomie eines Hacks

Vlad schien dieses Gespräch zu reichen. Er nahm ein Schweizer Taschenmesser heraus und zog eine kleine Kappe vom Messer. Nun konnte er es mit einem Verbindungsstück in den USB-Port von Stepans Laptop stecken. Dann kopierte er den Ordner »Eigene Dateien« von Stepans Laptop auf sein »Taschenmesser«. *(Seite 32)*

Vlad öffnete den versiegelten Umschlag. Darin war ein Stift.

»Wofür ist dieser Stift?«

»Das ist ein Datenspeicher. Wenn Sie die Kappe abnehmen, sehen Sie einen USB-Anschluss für Ihren Rechner.« *(Seite 37)*

Je besser die Technologie geworden ist, desto vielfältiger sind die Optionen der Hersteller, immer mehr Daten in immer kleinere Behältnisse einzubauen. Kombiniert mit normalen Alltags- oder Haushaltsgegenständen, ist es unglaublich einfach, Datenspeichergeräte zu verstecken, um sie heimlich in gesicherte Firmen und Regierungsbehörden einzuschleusen. Mit den neueren Flash-Speicherkarten wie dem MicroSD ist es nun möglich, Gigabytes an Daten auf einem Objekt kleiner als eine Münze zu speichern (siehe Abb. 7.1). Diese Strategie wird im Film *Der Einsatz (The Recruit)* aus dem Jahr 2003 vorgestellt. Da versteckt eine CIA-Agentin den USB-Flashdrive in ihrer Kaffeetasse und kann ihn so an den Sicherheitsleuten vorbei in die Einrichtung schmuggeln.

Abbildung 7.1: Größenvergleich einer MicroSD-Karte

In unserer Story wird ein Schweizer Messer mit USB-Anschluss erwähnt. Dieses Produkt gibt es tatsächlich: ein USB-Flashdrive in einem Schweizer Armeemesser.[1] Neuartig ist, dass USB-Flashdrives auch schon in eine Vielzahl unschuldiger Gegenstände eingebaut wurden, z.B. auch in den Griff eines Kamms.[2]

In der Story kommt auch ein Füller mit einem versteckten USB-Anschluss vor. Auch den gibt es wirklich, so ähnlich wie der unscheinbare Stift in Abb. 7.2.

Abbildung 7.2: Stift mit verstecktem USB-Anschluss

ODYSSEUS

Anatomie eines Hacks

> Vlad nahm Pavels Laptop und schaute sich die Liste der Dateien
> an, die sie gerade von Stepans Laptop abgegriffen hatten. Er hatte
> nicht viel Zeit, also sortierte er die Dateien nach dem Änderungs-
> datum und überflog die Liste. Eine Datei fiel ihm sofort auf. Sie
> hieß »Odysseus.doc« und war gerade gestern aktualisiert worden.
> *(Seite 33)*

»Odysseus« wird in der Story als Dateiname und auch Passwort für
bestimmte Daten an mehreren Stellen erwähnt. Dies ist ein direkter Bezug
zum Anführer der Soldaten in Vergils Epos *Aeneis*. Dieses Heldenepos
beschreibt die berühmte Geschichte des Trojanischen Pferdes, der hohlen Sta-
tue, die auf Rädern vor die Tore der Stadt Troja geschafft wurde. Obwohl die
Hauptarmee der Griechen sich zurückgezogen hatte, versteckte sich mit dem
Anführer Odysseus eine kleine Gruppe Soldaten im Pferd, das dann in die
Stadt gezogen wurde. Nachts verließen die Soldaten das Trojanische Pferd und
öffneten die Tore der Stadt, gerade rechtzeitig, damit die zurückkehrenden
Griechen die Verteidigungsanlagen der Stadt überrollen konnten.[3]

Wenn heute vom Trojanischen Pferd oder auch kurz Trojaner gesprochen
wird, bezieht sich das auf bösartige Programme, die in einem harmlosen Programm versteckt werden. Vielleicht wissen Sie, dass das Trojanische Pferd
damals wohl nicht erfolgreich gewesen wäre, wenn nicht Sinon, ein griechi-
scher Überläufer, mit Social Engineering einen Überlauf zu den Trojanern
vorgetäuscht hätte. Er war etwas engagierter als der heutige Social Engineer,
denn er wusste, dass er glaubwürdig die Idee vermitteln musste, nicht mehr
zur griechischen Armee zu gehören. Sinon hat sich selbst auf solch grauen-
hafte Weise entstellt, dass man es ihm abnahm, sich gegen die Griechen
gewandt zu haben, und dass das zurückgelassene Trojanische Pferd für die
Trojaner tatsächlich ein Gewinn sei. Das zeigt uns, dass sogar schon vor vielen
Jahrhunderten Angriffe mit Social Engineering sehr wirksam waren. Hacking
ist also nichts völlig Neues. Der Geist des Hackings weht schon seit Tausen-

den von Jahren, obwohl er sich immer wieder unter neuen Namen und Technologien manifestiert.

VOLKSBANK

Anatomie eines Hacks

> Vlad nahm einen Stift und einen kleinen Zettel aus seiner Manteltasche und schrieb auswendig »Volksbank, 111-8-18-1-13-15-27-1« darauf. »Lassen Sie die erste Hälfte der Zahlung auf dieses Konto überweisen. Ich fange an, nachdem ich den Geldeingang feststellen konnte. Übrigens sollten Sie sich nicht beschweren, falls Sie extra Zahlungen auf Ihrer American Express-Karte bemerken. Ich erwarte von Ihnen, dass Sie ein paar meiner sonstigen Spesen abdecken.« *(Seite 36)*

Wenn Sie *Die Bourne Identität* als Film oder Buch kennen, haben Sie vielleicht diese Anspielung erkannt. Die Zahlenstruktur basiert auf dem Schweizer Bankkonto, das in einem Gerät in Bournes Körper integriert ist.[4] Die Kontonummer ist sein einziger Hinweis auf seine wahre Identität.

Wesentlich an diesem Easter Egg ist, dass es die Bedeutung des Identitätsdiebstahls zeigt, und dass eine einfache Zahlenkombination der Schlüssel zu Ihrer Existenz sein kann. Wir besitzen so viele mit unseren Identitäten verknüpfte Zahlen, dass wir oft übersehen, was passieren würde, wenn wir diese Zahlen nicht mehr besäßen. Es brauchte nur eine Zahlenfolge und reine Beharrlichkeit, um Jason Bourne sein Leben zurückzugeben. Wir sollten uns auch fragen, bei welchen Zahlen wir alles verlieren würden, wenn sie uns genommen werden. Identitätsdiebstahl verbreitet sich immer mehr, und auf dem Schwarzmarkt werden Identitäten und Kreditwürdigkeit en gros verkauft. Wer die Fernsehserie *Caprica* von SyFy gesehen hat, bekam schon einen einmaligen Ausblick darauf, wie Informationen im Internet gespeichert werden. In der Serie erstellen Wissenschaftler Online-Avatare, deren Identitäten tatsächlichen Menschen sehr ähneln: Die Wissenschaftler erfassen und sammeln alle öffentlich verfügbaren Informationen einer bestimmten Person, bis die Avatare tatsächlich zu diesen Personen werden.[5]

DAS TIGER TEAM

Anatomie eines Hacks

> »Verstärkung ist das Letzte, was wir hier brauchen. Ich hab' genug kahlgeschorene Kämpfer gesehen, als ich beim Tiger Team

Ein *Tiger Team* ist historisch gesehen ein militärisches Team, das die Verteidigungsvorkehrungen der eigenen Lager und Anlagen testet.[6] Lange bevor 1992 der Film *Sneakers – Die Lautlosen* die Weltöffentlichkeit mit der Arbeit von White-Hat-Pentestern vertraut machte, hat das Militär schon mit diesem Konzept gearbeitet, um die eigene Sicherheit zu testen. Allerdings ist damit aber nicht nur die Informationssicherheit gemeint, auf die Agent Jackson hier anspielt. Auch eine Fernsehserie bei TruTV hieß *Tiger Team*. Darin führte eine von Chris Nickerson geführte Gruppe von Sicherheitsexperten Penetrationstests bei ausgewählten Firmen durch.[7] Die Stars dieser Show machten später damit weiter, den populären Podcast *Exotic Liability* zu hosten.

ONLINE-BÜRGERWEHR

Anatomie eines Hacks

In der Story erfahren wir aus einem früheren Fall, den Agent Mark Jackson gerade abschließt, über die Gruppe Perverted Justice. Perverted Justice ist eine Freiwilligengruppe, die online die Allgegenwart von potenziellen Kinderschändern bekämpft. Die ehrenamtlichen Mitarbeiter sitzen in Chatrooms und geben sich als Minderjährige, meist Mädchen, aus. Dann warten sie darauf, dass ihnen Verabredungen zu sexuellen Begegnungen vorgeschlagen werden. Die Gruppe operiert schon seit vielen Jahren. Wie ihrer Website *www.perverted-justice.com* zu entnehmen ist, können sie seit 2004 schon über 500 strafrechtliche Verurteilungen aufweisen.

Als Perverted Justice seine Arbeit aufnahm, haben sie zuerst nur die anstößigen Chatprotokolle online gestellt, um die Missetäter zu blamieren. Das machen sie zwar heute auch noch, doch sie wurden berühmter dafür, als sie direkt mit der Polizei zusammenarbeiteten, um größere verdeckte Operationen durchzuführen.[8] Perverted Justice informiert die jeweilige Polizeidienststelle, wenn ein Online-Täter gefunden wurde, der ein persönliches Treffen arrangieren will. Die Polizei wartet dann solange ab, bis ein eindeutiges Angebot gemacht wird, bevor sie am Tatort den Straftäter festnimmt. Diese Arbeit führte schließlich zur Gründung der Show »To Catch a Predator«, gesendet von der National Broadcasting Company (NBC), in der der Showmaster Chris Hansen darauf wartet, diese Sexualverbrecher über ihre Motive zu befragen, bevor sie dann von der Polizei abgeführt werden. Diese Show war auch Vorbild der seit Herbst 2010 im deutschen Fernsehen ausgestrahlten Sendung »Tatort Internet«.

In unserer Story hatte Perverted Justice eine Online-Begegnung mit einem potenziellen Straftäter namens Randolf Jamison und schickte Einzelheiten darüber an die Niederlassung des Federal Bureau of Investigation (FBI) in Houston. Dann entschlüsselte Agent Mark Jackson später die Festplatten von Jamison und stellte darin gespeicherte Beweise für seine Straftaten sicher.

SPOT THE FED

Anatomie eines Hacks

> »Was bedeutet ›I am the Fed‹?«, fragte Battle, als Jackson ihr die Dose aus der Hand nahm und einen Schluck der mittlerweile warmen Pepsi trank.
>
> »Mich haben sie diesen Sommer bei der DEFCON ›entdeckt‹.« *(Seite 47)*
>
> »Scheint, als wäre die Nachricht nach unserem letzten Meeting gut rumgegangen. Da sind eine ganze Menge Gesichter, die ich nicht kenne. Wenn jemandem hier ein Fed in der Gruppe auffällt, sollte er sich melden.« *(Seite 60)*

An verschiedenen Stellen in unserer Story spielen wir darauf an, dass »Feds«, also FBI-Agenten, gesucht und erkannt werden. Das bezieht sich auf ein »Insiderspiel« jedes Jahr auf der DEFCON. DEFCON ist zweifellos eine der bekanntesten Hackerkonferenzen der Welt. Wegen der dort anzutreffenden Zielgruppe bekommt die Konferenz seit Längerem immer mehr Zulauf von Polizei und FBI-Agenten. Allerdings nicht deswegen, um ein paar Hacker hochgehen zu lassen, sondern eher, damit die Polizei bei den neuesten Technologien und Angriffen auf dem Laufenden bleibt und diese Infos bei der eigenen Ermittlungsarbeit einsetzen kann.

Diese Mixtur aus Strafverfolgern und Hackern führte zu dem mittlerweile schon traditionellen Spiel »Spot the Fed« (etwa: *Finde den FBI-Agenten*). Falls ein Besucher der DEFCON von jemandem meint, dieser gehöre irgendwie

zur Polizei, kann er diese Person einem Mitglied des DEFCON-Teams gegenüber outen. Handelt es sich wirklich um jemanden von einer Strafverfol-
gungsbehörde, bekommt er ein T-Shirt mit der Aufschrift »I am the Fed«,
während der Melder entsprechend eines mit »I spotted the Fed« erhält.

In der Story war Agent Jackson erfolgreich bei der DEFCON entdeckt und
geoutet worden. Während seine neue Partnerin sich dafür schämen würde,
öffentlich als FBI-Agentin bei einer Hackerkonferenz enttarnt zu werden,
zeigt Jackson es stolz an seinem Arbeitsplatz vor.

BOB FALKEN

Anatomie eines Hacks

> Nichteingeweihten erschien Bob Falkens Schlafzimmer teils wie
> ein Kontrollraum der NASA und teils als Hightech-Schrottplatz.
> Bob diente es gleichzeitig als Labor und Heiligtum – es war der
> einzige Ort, wo er die Dinge in seiner Welt selbst bestimmen
> konnte. *(Seite 55)*

Der Name Falken ist eine direkte Anspielung auf den Forscher über Künst-
liche Intelligenz, der 1983 im Film *WarGames – Kriegsspiele* den WOPR-
Supercomputer (War Operation Plan Response) geschaffen hatte. Dr. Stephen
Falken entwickelte und programmierte WOPR, um Kriegssimulationen
durchzuführen. Dazu gehört das Programm über den globalen thermonuklea-
ren Krieg, mit dem im Film die Story ihren Lauf nimmt.[9]

HONEYPOTS

Anatomie eines Hacks

> »Wir platzieren zwanzig Flags. Und eine davon ist bei mir zu
> Hause.«
>
> Leon sah ihn überrascht an. »Warum willst du alle Hacker vom
> 2600 Club auf dein Netzwerk loslassen? Stellst du einen Honeypot
> auf, um jemanden zu tracken?«
>
> »Nein, ich mach das wegen der glaubhaften Abstreitbarkeit,«
> antwortete Bob. »Und wehe, du verrätst jemandem, dass ich das
> gesagt habe.« *(Seite 58)*

Ein *Honeypot* ist schlicht eine Applikation, ein Computersystem oder Netzwerk, das den Eindruck vermittelt, ein Angriff darauf lohne sich. Allerdings

überwacht das System selbst alle Anzeichen eines Angriffs und loggt alle Aktionen, die von Hackern daran durchgeführt werden. Wie der Name schon sagt, ist dieses System wie ein Honigtopf, der von außen verführerisch aussieht, aber bei dem die Opfer in die Falle tappen, so wie in den Geschichten von Pu der Bär[10]. Als Bob ein CyberBob-Icon auf seinem eigenen Computer ablegt, wird er von Leon gefragt, ob er einen Honeypot einrichtet. In diesem Kontext hätte Bob dann sicherlich auch gleich ein Computersystem aufgesetzt, das alle Einbrüche protokolliert. So hätte Bob ausführliche Informationen über die Angreifer und die von ihnen ausprobierten Exploits erhalten.

Obwohl Honeypots hauptsächlich für Computereinbrüche aufgestellt werden, kann man sie auch in sehr vielen anderen Branchen einsetzen. Es wurde beispielsweise kürzlich ausführlich vorgestellt, wie der CIA mit der saudischen Regierung zusammengearbeitet hat, um eine Honeypot-Website zu schaffen, auf der die Rekrutierung von Terroristen protokolliert wurde[11].

Bei einer regelmäßig wiederholten Aufgabenstellung namens *Honeynet Project* soll man in echte Honeypot-Systeme einbrechen. Die dabei gesammelten Informationen werden an Sicherheitsforscher weitergegeben, damit diese untersuchen können, wie die Exploits gemacht wurden. Um bei einer der »Challenges« des Honeynet Projects mitzumachen, besuchen Sie *www.honeynet.org*.

2600 CLUBS

Anatomie eines Hacks

> Bald waren sie drinnen und machten sich auf den Weg zur Gastromeile. Als sie sich *Ninfas Express* näherten, sahen sie, dass sich die übliche Truppe versammelt hatte, dieses Mal ergänzt durch ein paar weitere Leute. Dies war das monatliche Treffen des 2600 Clubs. Leon und Bob kamen regelmäßig. Heute leiteten sie die Vorbereitungen für den ersten *Capture the Flag*-Wardrive, der von der Regionalgruppe durchgeführt wurde. (Seite 59).

Der 2600 Club ist schon seit ewigen Zeiten eine wichtige Säule der Hacker-Community. Er wurde ursprünglich im Kontext regelmäßiger Publikationen gegründet, in denen Informationen über Sicherheit, Telefon-Hacking (Phreaking) und verschiedene Themen der Subkultur verbreitet wurden. Aktuell produziert man eine Quartalszeitschrift, die als Abo unter *http://2600.com* erhältlich ist.

In der ganzen Welt gibt es zahlreiche Meetings der 2600 Clubs, bei denen sich monatlich alle möglichen Hacker und Interessierte versammeln. In der Story trifft sich der Houstoner 2600 Club in der Galleria Mall neben Ninfas Express. Das ist auch real der echte Treffpunkt, wo jeden ersten Freitag des

Monats die Houstoner Hacker zusammenkommen. Houston 2600 führt unter *www.hou2600.org* eine eigene Website, und eine offizielle Liste aller Club-Treffen findet man unter *www.2600.com/meetings*.

CAPTURE THE FLAG

Anatomie eines Hacks

>Hey Leute!«, begann Bob. »Sieht so aus, als hätten wir eine tolle Truppe hier zusammen. Heute legen wir die Regeln für *Capture the Flag* fest«. Langsam erstarb das Gemurmel, und alle schauten von den vielen, mit Stickern beklebten Laptops hoch zu Bob. *(Seite 60)*

Mit *Capture the Flag* ist ein Hackerwettkampf gemeint, bei dem die Teilnehmer versuchen, Computer per Exploit auszunutzen, um Punkte zu sammeln, während andere versuchen, ihre Server vor den Angriffen zu schützen und zu kontrollieren. Diese Wettkämpfe sind normalerweise so eingerichtet, dass dabei die Skills der Wettkämpfer auf unterhaltsame Weise getestet werden.

In unserer Story entwickeln Bob und Leon ihren *Capture the Flag*-Wettkampf, über den sie direkt den Bösewichten in die Quere kommen. Die beiden fahren durch die Stadt und suchen nach Computersystemen mit offenem Wi-Fi-Zugang. Auf solchen Systemen lädt Bob CyberBob-Icons hoch, die als »Flag« fungieren. Wenn die Teams damit fertig sind, diese Flags um die Wette zu lokalisieren und auszulesen, geben sie am Ende des Wettkampfs ihren Cache ab. Flags werden normalerweise in Form einfacher Textdateien oder Grafiken erstellt, die die Wettkämpfer dann nur einzusammeln brauchen. Manche Flags werden in offenen Systemen ganz offensichtlich abgelegt und andere auf abgesicherten Systemen versteckt, die man dann per Exploit knacken muss.

MD5-HASH

Anatomie eines Hacks

Leon stand wieder auf, um noch etwas zu ergänzen. »Versucht hier nicht, die Schlaumeier zu spielen und eine eigene Kopie der Icon-Files mitzubringen. Alle Files kriegen ihren eigenen MD5-Hash, damit ich weiß, ob ihr auch das echte File habt.«

»Absolutes *No-no* ist, wegen der MD5-Hash-Files den PC unseres Schiedsrichters zu hacken oder auf euren PS3 eine Collision

> auszuhecken,« fügte Bob hinzu. »Der Wettbewerb beginnt nächs-
> ten Freitag um 17 Uhr. Wir treffen uns dann am Tag danach, also
> Samstag, und bringt die gefundenen Files mit. Leon und ich müs-
> sen noch ein paar Flags klarmachen. Wir posten die Rätsel zum
> Startzeitpunkt auf der Website. Aber eins kriegt ihr jetzt schon von
> mir, damit ihr anfangen könnt.« *(Seite 61)*

MD5 ist ein Mechanismus zur Integritätsprüfung, um Informationen zu verifizieren, die über ein Netzwerk oder einen anderen Kanal geschickt werden. MD5 steht für »Message-Digest Algorithm 5«. Diese mathematische Hash-Funktion berechnet aus rohen Daten einen Textstring in voreingestellter Länge, den man als *Hash* bezeichnet. In vielerlei Hinsicht gleicht das einem Fingerabdruck der Daten.[12] Wenn sich irgendein Wert der ursprünglichen Daten verändert, kommt auch ein anderer Hash heraus. So kann ein Computernutzer einfach und schnell erkennen, ob die Daten irgendwie geändert wurden.

Beim *Capture the Flag* aus unserer Story warnt Leon die Teilnehmer, keine eigenen Flags von zu Hause mitzubringen. Bob und Leon haben von allen ihren eigenen Flags MD5-Hashes erstellt. Wenn die Flags am Ende eingereicht werden, berechnen Bob und Leon die Hashes aller CyberBob-Icons, um festzustellen, ob sie zu den Originalen passen. So wird verhindert, dass Wettbewerbsteilnehmer eigene Flags erstellen.

Bob scherzt zwar darüber, dass keine Sony PlayStation 3 (PS3) für die Berechnung einer MD5-Kollision genommen werden soll, aber ein solcher Angriff wurde tatsächlich schon einmal erfolgreich umgesetzt. Beim 25. Chaos Communication Congress 2008 stellte ein Team Sicherheitsforscher vor, wie man Kollisionsangriffe gegen Web-Sicherheitszertifikate mit SSL (Secure Sockets Layer) ausführt, deren Signaturen mit MD5-Hash-Funktionen erstellt wurden. Sie führten ihre Tests auf einem verteilten Netzwerk mit mehr als 200 PS3s durch und konnten tatsächlich erfolgreich fiktive Sicherheitszertifikate erstellen, mit denen Traffic zu einem bösartigen Server umgeleitet werden konnte.[13]

SYDNEY BRISTOW

Anatomie eines Hacks

> Michael erstarrte und lauschte ... da war nur jemand im Flur
> beim Kopierer. Er atmete tief durch, setzte sich langsam wieder
> auf den Stuhl und schaute im Arbeitsbereich herum. Nichts. »Wo
> ist Sydney Bristow, wenn man sie braucht?« murmelte er, als er
> wieder auf den Monitor schaute. *(Seite 64)*

Michael Resol schleicht sich vorsichtig durch die Büros von 3DNF und versucht, bösartige Software auf dem Computer seines Chefs zu installieren. Allerdings sind seine Nerven zum Zerreißen gespannt, und er zuckt bei jedem Geräusch im Büro zusammen. In diesem Moment wünscht er sich inständig, dass Sydney Bristow ihm bei seiner Aufgabe helfen möge.

Sydney Bristow, die fiktive CIA-Doppelagentin aus der TV-Serie *Alias – Die Agentin*, wäre diesem Job definitiv gewachsen.[14] Bristow gerät immer wieder in sehr gefährliche Situationen, in denen sie viele verschiedene Identitäten annimmt, um während ihrer Missionen in gesicherte Anlagen einzubrechen.

In der Hackerkultur gelten für Helden und Heldinnen etwas andere Standards. Deren Aussehen ist nicht so wertvoll wie ihr Gehirn. Sydney Bristow wäre die ideale Frau für Hacker und Geeks. Das basiert nicht auf ihrem Äußeren, sondern auf ihrer ganz persönlichen Kombination aus Verstand, frechem Mundwerk und Kampfkünsten (obwohl ihr Aussehen auch nicht zu vernachlässigen ist). Ein besonders geschätzter Held ist David Tennant, seines Zeichens besser bekannt als der zehnte Dr. Who. Diese Verehrung wird ihm nicht wegen seines Geschicks im Umgang mit Waffen, seines Säbelrasselns und der Art, Frauen ohnmächtig werden zu lassen, entgegengebracht, sondern deswegen, weil er Konflikte ohne Waffen löst und seine Gegner austricksen kann.[15]

CYBERBOB

Anatomie eines Hacks

»Als ob irgendwer Lust hätte, sich ein paar arbeitslose Nerds anzuschauen, wie sie irgendwo CyberBob-Icons ablegen,« brummelte Leon und beschäftigte sich wieder mit seinem Bildschirm. Bob kehrte zu seinem »T00Lz«-Ordner zurück und klickte auf das SuperScan-Icon. Wenn jemand eine Datei von diesem .2-Rechner auf diesen Netzwerkrechner transferiert, musste es noch andere interessante Sachen auf diesem Netzwerk geben. Diese Site wäre ein prima Bonus für das CyberBob-Icon. Nach dem Programmstart begann Bob mit dem Scan, um das 10.24.53.x-Netzwerk zu untersuchen und zu sehen, was er finden konnte. *(Seite 72)*

Schnell wurde er mit einer Liste von Dateien und Ordnern belohnt. Er verlor keine Zeit und zog eine Kopie des CyberBob-Icons von seinem Desktop auf dieses neue Fenster. *(Seite 73)*

Hannah gehorchte und bog vor direkt vor dem kleinen Shop, wo Bob und Leon vor nur wenigen Tagen gesessen hatten, bevor sie für ein Spiel ein CyberBob-Icon versteckt hatten, von der Zufahrtsstraße ab. Sie fuhr die Straße hinunter und hielt vor einem leeren, dreigeschossigen Bürogebäude. Draußen war es dunkel, und nachdem sie die Scheinwerfer abgeschaltet hatte, tauchten sie in den Schatten unter. *(Seite 144)*

In unserer Story ist CyberBob die direkte Referenz auf einen fiktiven Charakter des Films *Das Netz* von 1995 mit Sandra Bullock in der Hauptrolle.[16] In diesem Film ist CyberBob der Spitzname einer Online-Bekanntschaft von Sandra Bullock, obwohl sie ihn nie persönlich getroffen hat. Diese Tatsache macht sich der Bösewicht des Films zunutze, der den echten Cyber-Bob tötet und seine Identität annimmt. Obwohl es in dem Film um viele Aspekte von Internetidentität und Malware mit Trojanern ging, wurde er in der Hacker-Community nicht gut akzeptiert. Deswegen machen Bob und Leon in ihrem *Capture the Flag*-Wettkampf auch nur sarkastische Anspielungen darauf.

Für jede positive Darstellung von Hackern in Film und Fernsehen gibt es noch mehr grässliche Fehldarstellungen. Leider ist das ein trauriger und bedenklicher Zustand heutzutage, wo wir mehr über Cyberverbrechen erfahren müssen und man von Cyberkriegsführung munkelt. Die Unterhaltungsindustrie verdreht die Wahrnehmung von Hackern und ihrer Kultur immer noch derart schlimm, dass es schwer ist, Realität und Fiktion auseinanderzuhalten! Hier folgt eine Liste mit einigen besonders schlimmen Übeltätern – vom Autor dieses Buches zusammengestellt und in der Syngress-Mailingliste Phishwrap[17] veröffentlicht:

10. *Firewall*

iPod + Faxgerät (auch wenn mit OCR-Software programmiert) = Fehlschlag!

9. *Transporter 2*

Es ist glaubwürdiger, dass ein Kerl seinen Wagen von einer Rampe jagen kann und dann einen Überschlag so hinkriegt, dass die Bombe unter seinem Auto von einem Kran weggeschlagen wird, als mit einem iPod einen Screenshot von einer Sicherheitskamera abzugreifen und den dann im eigenen Wagen einzustecken, um ihn automagisch an die U.S.-Marshalls zu senden! Nicht einmal Jack Bauer besitzt eine solche Dreistigkeit, mit so etwas durchkommen zu wollen (jedenfalls noch nicht).

8. *Independence Day*

Option 1: Kaum jemand auf der Erde arbeitet mit einem Mac, also ist es natürlich völlig normal, mit einem außerirdischen Betriebssystem Verbindung aufzunehmen.

Option 2: Das sind unglaublich überlegene Wesen, also arbeiten sie völlig selbstverständlich mit einem Mac-ähnlichen Betriebssystem. (Es möge der Flame-War über Betriebssysteme beginnen!)

7. *Das Netz*

Ich weiß, dass Sandra Bullock eine Super-Elite-Hackerin spielt, aber nicht mal Neo war *leet* genug, an eine E-Mail-Adresse zu telnetten und darüber auch noch in ein Computernetzwerk einzudringen.

6. *Passwort: Swordfish*

Auch mit der gesamten positiven oder negativen Verstärkung der ganzen Welt bleibt es unmöglich, die verschlüsselte Passphrase zu visualisieren, nicht einmal mit Regierungssystemen. (Allerdings gibt es fünf Extrapunkte für die beste grundlose Verwendung von Monitoren in einem Film. Dagegen wirkt *Matrix* richtig vernünftig.)

5. *Der Einsatz*

Spartakus: ein großer Name zum Bejubeln, nicht wahr? Aber Spartakus als Protokoll, das alle Computersysteme übernimmt, um Videos zu übertragen? Geht gar nicht! (Das ist noch unwahrscheinlicher als Viren, die sich über die Steckdose verbreiten.)

4. *Transformers*

Das muss ich hier mal klarstellen: Zugriff auf Cray-Supercomputer und Genies aus dem ganzen Land? Totaler Fehlschlag. Dann noch so ein Typ mit Laptop, nebenbei ein Spielchen *Dance Dance Revolution*, und schon ist der Alien-Stream der Decepticons entschlüsselt. Da ist doch Chuck, der sprechende Truck, noch plausibler.

3. *Das Vermächtnis des geheimen Buches*

Ja, war ganz schön cool, aber ein Befehlszentrum im Klo einrichten und dann das Sicherheitssystem für Regierungseinrichtungen kapern? Geht ja gar nicht. (Sicher, das war vielleicht das Haus der Queen, aber das wird trotzdem noch von der Regierung geführt.)

2. *Sneakers – Die Lautlosen*

Du bist in der Lage, ein Gerät zu bauen, das jedes mit Firewalls oder sonst wie gesicherte und verschlüsselte System in den USA in wenigen Sekunden entschlüsseln und knacken kann? Aber *nur* in den USA, weil es nur englische Verschlüsselungsmethoden kennt? Hallo?!? Dann programmier mal schnell ein Rosetta Stone™-Plugin, und schon beherrschst du die Welt.

1. *The Core – Der innere Kern*

Was ist noch schlimmer als ein Hacker, auf den keiner gewartet hat? Ein Hacker, auf den keiner gewartet hat, der Origami aus Kaugummipapier macht und murmelt: »Hier, Ihre Ferngespräche mit diesem Telefon sind nun umsonst. Für immer.« Urgs!

LINKSYS

Anatomie eines Hacks

> »Man sollte glauben, die Leute hätten mittlerweile rausbekommen, wie man all diese alten Linksys-Netzwerke verschlüsselt, die alle immer noch verwenden«, kommentierte Leon, als Bob darauf wartete, dass sein Browser die Seite von einem seiner Webserver geladen hatte. *(Seite 82)*

Als Bob und Leon durch eine wohlhabende Wohngegend fahren und nach Opfern suchen, von denen sie sich Geld »leihen« können, entscheiden sie sich für ein Haus mit einer offenen Wi-Fi-Verbindung von Linksys. Leon merkt nebenbei an, dass die Leute mittlerweile wissen sollten, wie ihre alten Linksys-Netzwerke verschlüsselt zu konfigurieren sind. Linksys ist einer der größten Produzenten für Wireless Access Points für den Hausgebrauch. Doch die ersten Linksys-Modelle konnte man ab Werk einfach so einstecken, und sie funktionierten ohne irgendeine Konfiguration. Durch diese einfache Einrichtung kamen auch Anwender ohne technische Kenntnisse schnell ins Internet, aber die Access Points blieben unsicher und behielten ihre Standardkonfiguration. Ein Bericht von RedSpin zeigt eine Wardriving-Analyse, bei der herauskam, dass zehn Prozent aller erkannten Netzwerke immer noch »linksys« als Netzwerkidentifikator hatte.[18] Von allen Access Points mit Standardkonfiguration waren 80 Prozent von Linksys, und bei 33 Prozent war keine Verschlüsselung aktiviert.

INFRAGARD

Anatomie eines Hacks

> »Hey, äh, hallo. Hier spricht Jonathan Tao von 3DNF. Wir haben uns vor ein paar Wochen beim InfraGard-Treffen kennengelernt.« *(Seite 103)*

Als Jonathan Tao in seinem Netzwerk ungewöhnliches Verhalten bemerkt, weiß er, dass er sich Hilfe holen sollte. Sein erster Anruf gilt FBI-Agent Jackson. Den hatte er zuerst bei einem örtlichen InfraGard-Meeting getroffen, einer Arbeitsgruppe des FBI mit Organisationen aus dem privaten Sektor. Dort können Personen, die für den Schutz der kritischen nationalen Infrastruktur verantwortlich sind, untereinander Beziehungen knüpfen. Wenn es dann zu einem Notfall kommt, sind die kommunikativen Kanäle schon etabliert. InfraGard ist eine freie, nicht-kommerzielle Organisation mit mehr als

36.000 Mitgliedern (Stand März 2010).[19] Weitere Informationen erhalten Sie auf www.infragard.com.

ECHELON

Anatomie eines Hacks

Mark gab auf. »Chris, das ist Dobbs. Er ist ein Freund von Bob von den 2600 Meetings.«

»Ich wusste es!« rief Dobbs. »Ihr mit eurem Patriot Act seid die Typen, die uns alle überwachen!«

Marks Ausdruck ließ eine Mischung aus Verzweiflung und Ärger erkennen, als er beide Hände hob und leicht in Dobbs' Richtung bewegte. »Ich bin bloß ein Techie, der gelernt hat, dass man am besten nicht gleich allen erzählt, wo man arbeitet.«

»Was für ein Mist! Ich wette, du gehörst zu einem ganzen Programm, das nur dazu da ist, Leute wie uns zu beobachten. Du willst nur all den ganzen Daten, die du mit Echelon zusammengekratzt hast, ein paar Gesichter geben!« *(Seite 119)*

Als FBI-Agent Jackson ganz arglos versucht, Dobbs über den Verbleib von Bob Falken zu befragen, wird Dobbs total paranoid. Er ist schockiert, als er erfährt, dass ein Mitglied seines 2600 Clubs FBI-Agent ist, und glaubt sofort, dass er auf kriminelle Aktivitäten überwacht wird. Als Mark versucht, Dobbs zu beruhigen, reagiert dieser mit der Behauptung, dass die Agenten nur mehr Informationen bekommen wollen, um ihre Echelon-Daten zu ergänzen. Echelon bezieht sich auf Signal Intelligence (SIGINT): Die abgehörten Funksignale werden von Regierungen oder militärischen Organisationen gesammelt. SIGINT bezieht sich auf die Sammlung von Daten über irgendeine elektronische Leitung, z.B. Telefonate, Handyanrufe, SMS, Faxe und E-Mail. Manche sind der Meinung, dass mit Echelon schon seit Jahrzehnten Informationen über amerikanische Bürger gesammelt und gespeichert werden.[20]

PERL-SKRIPTE

Anatomie eines Hacks

»Dobbs ist bei den 2600-Meetings einer von den ganz Cleveren. Ich schwöre dir, wenn man an einem '57 Chevy eine Tastatur einbaut, könnte er ein Perl-Skript schreiben, um den Benzinverbrauch zu verbessern.«

»Was ist ein Perlen-Skript?« fragte Chris. *(Seite 120)*

Perl ist eine Skriptsprache für verschiedene Betriebssysteme. Weil Chris das vom Klang an »Perle« erinnert, glaubt sie, sich verhört zu haben, und bekommt die Begrifflichkeit durcheinander. Traditionelle, kompilierte Programmiersprachen erfordern, dass ein Programmierer den Code schreibt, ihn kompiliert und dann startet, doch Skriptsprachen entlasten den Code sehr von der Komplexität und der Notwendigkeit einer Kompilierung. Wenn ein Programm geschrieben ist, kann es sofort von einem Interpreter gestartet werden. Perl wird für seinen Tiefgang sehr geschätzt und erlaubt den Programmierern viele anspruchsvolle Funktionen, die in einer Skriptsprache normalerweise nicht zu finden sind. Perl ist außerdem dafür bekannt, dass diese Sprache extrem komplex zu lesen und zu verstehen ist. Das demonstriert u.a. der befristete Obfuscated Perl Contest und einer der Teilnehmenden unter http://perl.plover.com/obfuscated/. Perl wird auch beim Einsatz in der Computerforensik und der Analyse von Netzwerkintrusionen hoch geschätzt. Über Perl wird regelmäßig auf SysAdmin, Audit, Network, Security (SANS) gebloggt, wie man es für die Datenanalyse nutzen kann.[21] Harlan Carvey hat ein Buch über die Nutzung von Perl in der Forensik geschrieben: *Perl Scripting for Windows Security: Live Response, Forensic Analysis, and Monitoring* (ISBN: 978-1-59749-173-0, Syngress).

Wer die Sprache Perl gemeistert hat, genießt in vielen Computerkreisen sehr hohe Anerkennung, was durch Marks Aussage belegt wird, dass Dobbs ein Perl-Skript für einen '57 Chevy schreiben könnte.

GH0STRAT

Anatomie eines Hacks

>»Gut. Genau die wird dein Ziel sein, sobald wir eintreffen. Als Nächstes brauchen wir mehr Standard-Malware, die wir auf ein paar Systemen innerhalb von 3DNF ablegen können.«

>»Das löst doch bloß Alarm aus«, gab Pavel zu bedenken

>»Ich will nur ein paar, und das wird reichen, damit es wirkt, als wären die mit ihren Surfgewohnheiten ziemlich schludrig ... und dessen bin ich mir ziemlich sicher. So werden sie nicht nach externen Aktivitäten suchen.«

>»Geht klar. Ich habe eine Kopie von gh0stRAT«, bot Pavel an.

>»Sehr gut ... alle schieben den Chinesen liebend gerne was in die Schuhe. Die Amerikaner werden ihre Zeit damit verplempern, am falschen Ort zu suchen«, stimmte Vlad zu. »Meist ist das ganz einfach, sie dazu zu bringen, nach dem falschen Feind zu suchen.« *(Seite 140)*

Als Vlad und Pavel ihren erneuten Angriff auf 3DNF planen, erkennen sie, dass sie unbedingt von sich ablenken sollten. Falls jemand verdächtige Aktivitäten innerhalb des 3DNF-Netzwerks bemerkt, könnte ein Ermittler über ihren Trojaner stolpern und ihn entfernen. Also planen sie, auf einem der Systeme einen normalen Trojaner zu installieren, um die Aufmerksamkeit von ihrem eigenen Code abzulenken. Sie gehen also davon aus, wenn Ermittler die einfache Malware-Applikation gh0stRAT finden, werden sie nicht mehr weitersuchen und hoffentlich die von ihnen geschriebene Malware übersehen.

Das Tool gh0stRAT ist ein Remote Access Trojan (RAT) und wurde von einer Gruppe namens C.Rufus geschrieben. Von ihm weiß man, dass er von chinesischen Hackern gegen amerikanische Ziele eingesetzt wird. Dass Pavel hier gh0stRAT nutzt, ist auch ein sehr politischer Schachzug. Jetzt, da die Spannungen im Cyberspace zwischen den USA und China zunehmen, wird China allenthalben als offensichtlicher Übeltäter betrachtet.[22] Wenn es auf dem System hier Beweise eines Trojaners gibt, den es auch schon bei ähnlichen Vorfällen gegeben hat, könnten die Ermittler schlussfolgern, dass der 3DNF-Angriff Teil einer größeren Gruppierung von Angriffen ist. Das könnte dazu führen, dass die Ermittler nach den falschen Beweisen auf den Systemen suchen und den eigenen Trojaner von Vlad und Pavel übersehen.

LOCKPICKING

Anatomie eines Hacks

> Bob kniete sich hin und begann, in seinem Rucksack zu suchen. »Ich habe mich eine Zeitlang mit Schlagschlüsseln beschäftigt und bin mittlerweile ziemlich gut damit.« *(Seite 145)*

In einer Branche, die es schon seit Generationen gibt, ist die Schlagtechnik eine recht neue Taktik, die von vielen zertifizierten Schlüsseldiensten und angehenden Hackern verwendet wird. Ein speziell geformter Schlagschlüssel wird ins Schloss eingeführt und wird leicht gestoßen oder geschlagen. Durch die Erschütterung werden die internen Stifte des Schlosses berührt, die sich dann zurückziehen, als wäre der richtige Schlüssel eingesteckt worden, und der Angreifer kann das Schloss öffnen.[23] Diese Erklärung des Angriffs ist sehr vereinfacht, und wie es bei beim Lockpicking insgesamt der Fall ist, erfordert diese Technik regelmäßige Übung und spezielle Instrumente.

Wenn ein Hacker es wirklich auf ein spezielles Ziel angelegt hat, reicht manchmal ein rein netzwerkbasierter Angriff nicht aus. Dann muss ein Angriff auch in der physischen Welt erfolgen. Es kann unter Umständen einfacher sein, durch eine Firewall einzubrechen als durch die Hintertür. Allerdings ist ein Einbruch durch die echte Tür manchmal auch der einzige Weg, um das Ziel zu erreichen, weil immer mehr Firmen ihren digitalen Verteidigungsumkreis härten. Wenn ein Angreifer den physischen Zugriff zu einem Computer Ihres Netzwerks bekommt, kann er ihn ganz leicht ausbeuten. Lockpicking ist nicht mehr länger eine obskure, mysteriöse Kunst. Bei DEFCON gibt es ein sogenanntes »Lockpicking Village«. In dieser ungezwungenen Umgebung kann man diese Techniken üben und lernen, wie man alle möglichen Schlösser knackt: von Handschellen bis zu Vorhängeschlössern. Das Lockpicking Village bei der DEFCON wird ehrenamtlich von Deviant Ollam betreut. In der Welt der Lockpicker ist er sehr bekannt und gehört zum Vorstand der US-Abteilung von The Open Organization of Lockpickers (TOOOL).[24] Ollam hat auch das gerade erschienene Buch *Practical Lock Picking: A Physical Penetration Tester's Training Guide* (Syngress) verfasst. Allgemein werden manchmal Stimmen laut, die behaupten, dass man solch gefährliche oder böse Skills nicht öffentlich vermitteln sollte. Noch einmal betonen wir hier die Tatsache, dass nicht die Skills und Tools inhärent böse sind. Sie sind moralisch neutral, doch vielmehr wird ihr Kontext von dem bestimmt, was ihr Besitzer mit ihnen anstellt und vorhat. Dem muss die Bewertung gelten.

QUELLEN

1. ThinkGeek. Swiss Flash USB Knife, www.thinkgeek.com/gadgets/tools/ad41/; 2010 [Zugriff 21.03.10].

2. TechChee. Comb USB flash drive keeps your hair neat always, www.techchee.com/2009/10/12/comb-usb-flash-drive-keeps-your-hair-neat-always/; 2010 [Zugriff 21.03.10].

3. Gill NS. The Trojan War and the Trojan Horse, About.com, http://ancienthistory.about.com/cs/troyilium/a/taleoftroy_3.htm; 2010 [Zugriff 21.03.10].

4. Anthology of Swiss banks in fiction. The Bourne Identity Photo Gallery : Laser device projecting a Swiss numbered account number on the wall, http://swiss-bank-accounts.com/e/fiction/bourne-identity/account-number.html; 2010 [Zugriff 21.03.10].

5. Striphas T. Where the Cylons will come from, http://striphas.blogspot.com/2010/02/where-cylons-will-come-from.html; 2010 [Zugriff 21.03.10].

6. Washington Technology. Want to win big? Call in a tiger team, http://washingtontechnology.com/Articles/2009/08/10/Upfront-Tiger-Teams.aspx; 2009 [Zugriff 22.03.10].

7. Bruce S. »Tiger Team« Reality TV Show, www.schneier.com/blog/archives/2007/12/tiger_team_real.html; 2007 [Zugriff 22.03.10].

8. Rob S. Dateline NBC. Your kid's cyber secret, www.msnbc.msn.com/id/ 9878187/; 2006 [Zugriff 23.03.10].

9. Brown S. *WarGames*: A Look Back at the Film That Turned Geeks and Phreaks Into Stars, Wired, www.wired.com/entertainment/hollywood/ magazine/16-08/ff_wargames; 2008 [Zugriff 21.03.10].

10. Richardson WTG. Honey Pots, www.witiger.com/ecommerce/honey-pots.htm; 2007 [Zugriff 21.03.10].

11. Nakashima E. Dismantling of Saudi-CIA Web site illustrates need for clearer cyberwar policies, The Washington Post, www.washingtonpost.com/ wp-dyn/content/article/2010/03/18/AR2010031805464_pf.html; 2010 [Zugriff 29.03.10].

12. Rivest R. The MD5 Message-Digest Algorithm, http://tools.ietf.org/ html/rfc1321; 1992 [Zugriff 25.03.10].

13. Sotirov A, Stevens M, Appelbaum J, Lenstra A, Molnar D, Osvik D, et al. MD5 considered harmful today; Creating a rogue CA certificate, www.win.tue.nl/hashclash/rogue-ca/; 2008 [Zugriff 27.03.10].

14. Robert B. Super 'Alias' will bowl you over, USA Today, www.usatoday.com/life/television/reviews/2003-01-23-alias_x.htm; 2003 [Zugriff 26.03.10].

15. Aislinn S, Telegraph Media Group. Dr Who's David Tenant joins other 10 Time Lords for one-off show, www.telegraph.co.uk/culture/tvandradio/doctor-who/5609141/Dr-Whos-David-Tenant-joins-other-10-Time-Lords-for-one-off-show.html; 2009 [Zugriff 26.03.10].

16. Passwall. The Net: Suspense, http://mike.passwall.com/uselesstrivia/ thenet.html; 2010 [Zugriff 29.03.10].

17. Top Ten Most Ridiculous Movie Hacks of All Time, Jayson Street, Syngress Phishwrap, www.elsevierdirect.com/Phishwrap/Top_10_Most_ Ridiculous_Movie_Hacks.html; 2009 [Zugriff 29.03.10].

18. Nathan D, Redspin Inc. War-Driving, www.redspin.com/securityadvisory/securityadvisory_march2009.html; 2009 [Zugriff 25.03.10].

19. InfraGard. About InfraGard, www.infragard.net/about.php; 2010 [Zugriff 21.03.10].

20. Duncan C, ZDNet. Echelon: Sigint under the spotlight, www.zdnet .co.uk/news/security-management/2000/06/30/echelon-sigint-under-the-spotlight-2079876/; 2000 [Zugriff 21.03.10].

21. Michael W, SANS Institute. Forensics and Perl-Fu, http://blogs.sans.org/ computer-forensics/2009/04/17/forensics-and-perl-fu/; 2009 [Zugriff 21.03.10].

22. Cathal K, Toronto S. Cyberspies' code a click away, www.thestar.com/ news/world/article/610860; 2009 [Zugriff 21.03.10].

23. Tobias M, Engadget. The Lockdown: Locked, but not secure (Part 1), www.engadget.com/2006/08/24/the-lockdown-locked-but-not-secure-part-i/; 2006 [Zugriff 21.03.10].

24. Deviant O. Lockpicking, http://deviating.net/lockpicking/bio.html; 2010 [Zugriff 29.03.10].